北京律师智库丛书
重大复杂案件课题组

刑事二审再审改判案例

诉讼过程与争点剖析

北京市律师协会／主编

法律出版社 | LAW PRESS

本书编委会

北京市律师协会智库重大复杂案件课题组

组　长

王　峥

副组长

付世德　谢炳光　毕文胜

刑事组组长

许兰亭

刑事组副组长

马　建

小组成员

王兆峰　余　尘　林小建　李向辉　常　铮　王　收

民商一组组长

郝　萍

小组成员

刘玉明　王连清　刘　勇　李学辉　张雪梅　由莉雅　王文杰　王　收

民商二组组长

房德权

小组成员

张凤成　张亚梅　梁　枫　马　建　程　璇　李　梅　张　鹏　齐红玲

秘书组秘书长

潘泽河

副秘书长

王文杰　齐红玲

成　员

王　收　陈　俊

序　言

由北京市律师协会智库重大复杂案件课题组撰写的《民事二审再审改判案例：诉讼过程与争点剖析》《刑事二审再审改判案例：诉讼过程与争点剖析》即将付梓，这是一件值得庆贺和很有意义的事情。

这套书内容丰富，涵盖了各级法院相关案例的判决以及律师的简介、总结律师辩护词、代理词，"重案组"成员的点评，全方位、多维度、多视角展示了一个个鲜活改判案例的全貌，贴近律师、贴近实践、贴近真实，这对于科学总结诉讼业务实践经验，正确指导律师开展诉讼代理业务，乃至准确认识律师在司法审判中的角色与定位，增进法律职业共同体的集体共识和认知，均具有积极意义。

律师是依法治国的一支重要力量。律师以法为业、以律为师，通过依法履行职责，维护法律尊严，捍卫正当程序，进而推动司法民主、强化司法监督、促进司法公正，特别是在刑事诉讼中，辩护律师扮演着重要角色。律师参与刑事辩护是刑事诉讼现代化与民主化的标志，刑事辩护工作与人权司法保障紧密相连，辩护律师和司法机关在实现刑事诉讼价值取向上具有一致性。随着以审判为中心刑事诉讼制度改革的推进，刑辩律师的专业价值必将进一步凸显。当前民事案件的广博程度，要求律师向专业化、精细化迈进；不断增加的律师新业务，要求律师博学且"术业有专攻"。本套书集中各类民事案例，会给律师界以及法律共同体成员借鉴和参考。

习近平总书记强调："没有正确的法治理论引领，就不可能有正确的法治实践。"我们不仅仅要关注律师所办理的具体案件，还要以"努力让人民群众在每一个司法案件中都感受到公平正义"为基本价值准则，从司法规律本身出发，来审视和认识律师制度与律师的职业使命，也只有这样，才能对律师制度改革的方向有准确把握。因此，我们有必要进一步对包括改判案例在内的司法审判案例深入分析，提炼规律性认识，开展创新性理论研究，为完善中国特色社会主义律师制度，推进以审判为中心的诉讼制度改革提供理论支撑。

本套书的出版，是集体智慧的结晶，凝结了众多律师同仁的辛勤汗水与创新创造的努力，他们没有任何酬劳，没有丝毫抱怨，有的只是对律师职业深沉的爱，以及作为律师与生俱来的社会责任感和使命感，他们以实际行动诠释了法律职业精神的真谛。

感谢北京市律师协会智库“重案组”,感谢北京律师同仁为行业发展所做的努力,期待推出更多精品力作,为推进我国律师事业健康发展,为中国的法治建设做出更大贡献。

是为序。

中华全国律师协会会长　王俊峰

2017 年 8 月 26 日

前　言

诉讼律师，国际称大。公平正义，大任在肩。诉讼水准，良知促之。有错必纠，司法本真。经验教训，正当总结。

英国哲学家培根曾说过："一次错误的判决，有甚于十次犯罪。"习近平主席表示："让人民群众在每一个司法案件中都感受到公平正义。"有错必纠是促成公平正义的重中之重。由是，因为原错，一审改判起诉，二审改判一审，再审改判终审，正是感受公平正义的难得畅快。

北京律协智库《民事二审再审改判案例：诉讼过程与争点剖析》、《刑事二审再审改判案例：诉讼过程与争点剖析》记载了40个刑事、民事案例，绝大部分为改判案例，将我国的四级二审终审制度、有错必纠制度通过实例整理得以诠释。这些案例经历不同的法官裁判、历经不同的审级，或从有罪到无罪，或从重罪到轻罪，或从罪重到罪轻，当事者从死亡获得新生有之，企业从濒临消亡到重振雄风有之。其彰显了人民法院自我纠错的勇气和公正，凸显了改判案件辩护人或代理人的法治风骨、业务能力，得到了委托人及执法机关之认可。其既可以总结有关执法人员在认定事实、适用法律以及其他程序等方面存在的瑕疵，也可以看到北京律师的辩护词、代理词所展现的理论深度、操作技能、法治风骨。为了公平正义，执法人员与北京律师同为法律人，以同一法律为标尺，站在不同的角度，各司其职，各尽所能，担当定位，书写着属于他们的良知与水准。

这套书开创了律师研究的先河，填补了法律界的空白之一。此前尚无其他律协编辑如此规模的改判案例丛书，因其经验教训鲜活，于律师于老师于执法，可收实务操作、教学研究、借鉴交流、自我检视之功效。

"奉法者强则国强"，这套书顺势而上，将近年来北京律师在全国领域内办理的各类刑事、民事改判案件汇总、梳理、甄选并汇编成册。认真翻阅，文中北京律师通过一审、二审、再审诸程序，展示修为、秉持良知、坚持真理、敢于谏言、忠于事实、唯法是从的操守，可见一斑。

北京律协智库重大复杂案件课题组成立一年多来，"重案组"成员为策划出版这套书编写了内部"规则"、"细则"、"说明"等六个内部文件，在组织征集案例、审核、复核、点评案例的工作中,认真负责,贡献良多。在此,向他们表示最崇高的敬意和衷心的感谢!同时,对北京市司法局有关领导的大力支持一并致谢!

此乃北京律协第一部出版丛书,北京律协智库第一次编写“二审再审改判案例”,其中的缺点和不足难免,恳请读者批评指正!仅以此套书,献给北京律师!献给各位律师!献给共同体的所有法律人!献给所有关心法治建设和平安中国的人们!

北京市律师协会会长　高子程

2017年9月30日

目　录

有疑犯未到案，不应加重到案犯的处罚

——刘某某绑架、故意毁坏财物案*

争议焦点

故意毁坏财物罪的构成；共同犯罪的分工与罪责；有疑犯未到案，对到案犯的处罚。

关键词

绑架罪　故意毁坏财物罪　共同犯罪　主犯

案情简介

一、绑架、杀人情节

2012 年 8 月 28 日凌晨 2 时许，邢某（另案处理，案发后潜逃）伙同刘某某、唐某某经预谋，到 S 省 Y 市 Z 镇 W 村吴某家中，将被害人吴某绑架，并给吴某的儿子伏某涛打电话索要赎金 200 万元及摩托车 1 辆。伏某涛在接到勒索电话后向公安机关报案。

8 月 29 日凌晨，邢某怀疑已被吴某认出面貌，便伙同刘某某、唐某某在邢某的家中采用勒脖子、捂鼻嘴的方式杀害吴某，致吴某机械性窒息死亡。吴某被害后，邢某和唐某某将吴某埋尸荒野，并逃跑。

二、故意毁坏财物情节

2012 年 4 月 15 日 14 时许，刘某某因祁某（另案处理）殴打自己的亲戚，气愤之下，用砖头将祁某停放于 Y 市 × × 门窗厂迈腾车砸坏。经 Y 市涉案物品价格鉴定中心认定，涉案车辆损失价值 6972 元。后刘某某因涉嫌故意毁坏财物罪被刑事立案，并取保候审。

---

* 案例提供人、承办律师：邢占涛（北京市东友律师事务所）。

三、定罪与量刑

故意绑架、杀人案案发后,邢某一直潜逃,并未到案。2012 年 8 月 31 日,刘某某因涉嫌绑架罪被 Y 市公安局刑事拘留,2012 年 10 月 5 日经 Y 市人民检察院批准逮捕。2012 年 9 月 2 日,唐某某因涉嫌绑架罪被 Y 市公安局刑事拘留,2012 年 10 月 5 日经 Y 市人民检察院批准逮捕。2013 年 2 月 4 日,市人民检察院依法向 Y 市中级人民法院提起公诉,2013 年 2 月 27 日,被害人吴某的家属向 Y 市中级人民法院提起刑事附带民事诉讼。

经审理,Y 市中级人民法院于 2013 年 4 月 17 日作出(2013)某刑初字第 × × 号刑事附带民事判决书,判决:刘某某犯绑架罪,判处死刑,剥夺政治权利终身,并处没收个人全部财产;犯故意毁坏财物罪,判处有期徒刑 6 个月;决定执行死刑,剥夺政治权利终身,并处没收个人全部财产。唐某某犯绑架罪,判处死刑,缓期二年执行,剥夺政治权利终身,并处没收全部财产(限制减刑)。

因不服一审判决,刘某某于 2014 年 4 月 26 日向 S 省高级人民法院提起上诉。经审理,S 省高级人民法院撤销一审判决中对于刘某某故意毁坏财物的量刑判决。本案遂进入死刑复核程序。2015 年 3 月 30 日,最高人民法院作出不予核准并撤销一审判决发回重审的刑事裁定书。2015 年 11 月 3 日,S 省高级人民法院作出终审判决,撤销对刘某某绑架罪的量刑判决,并改为缓期二年执行,撤销对其故意毁坏财物罪的定罪、量刑及数罪并罚决定的判决。

案件历程

【起诉书】

S 省 Y 市人民检察院
起诉书

某检刑诉(2013)第 × × 号

被告人刘某某,男,1987 年 10 月 12 日出生,身份证号码:13098219871012 × × × ×,汉族,初中文化,农民,S 省 Y 市 W 乡 M 村人。2012 年 8 月 31 日因涉嫌绑架被 Y 市公安局刑事拘留,同年 10 月 5 日经 Y 市人民检察院批准被逮捕。

被告人唐某某,又名斌子,男,1984 年 10 月 11 日出生,身份证号码:53212519841011 × × × ×,汉族,小学文化,农民,S 省 Y 市 Z 乡 W 村人。2010 年 12 月 2 日因犯盗窃罪被 Y 市人民法院判处有期徒刑 7 个月,2011 年 4 月 1 日刑满释放。2012 年 9 月 2 日因涉嫌绑架被 Y 市公安局刑事拘留,同年 10 月 5 日经 Y 市人民检察院批准被逮捕。

本案由Y市公安局侦查终结，以被告人刘某某、唐某某涉嫌绑架罪、故意毁坏财物罪于2012年12月3日移送Y市人民检察院审查起诉。Y市人民检察院于2012年12月24日转至本院审查起诉。本院受理后，于2012年12月27日告知被告人有权委托辩护人、被害人及其近亲属有权委托诉讼代理人，依法讯问了被告人，审查了全部案件材料。经依法审查查明：

1. 2012年8月28日凌晨2时许，被告人刘某某、唐某某伙同邢某（另案处理）经预谋到Y市X镇W村吴某家中，将被害人吴某绑架，后给吴某的儿子伏某涛打电话索要200万元赎金及一辆摩托车。29日凌晨，三被告人怕被吴某认出，在Y市Z镇Q村市场南侧邢某的家中杀害了吴某，并将吴某的尸体掩埋后逃走。

2. 2012年4月15日14时许，被告人刘某某在Y市××门窗厂门口，因祁某（另案处理）殴打刘某某的亲戚，被告人刘某某气愤之下用砖将祁某的迈腾车砸坏，损失价值6972元。

认定上述犯罪事实的证据如下：

1. 物证、书证：手机、手机卡、电线、胶带、布条、某人民法院判决书、户籍证明等；

2. 证人伏某A、王某、高某、及某A、陈某A、张某A、陈某B、祁某、张某B、及某B、及某C、刘某A、张某、卢某、张某C、张某D、及某E、朱某、李某、周某、刘某B的证言；

3. 被告人刘某某、唐某某的供述和辩解；

4. Y市公安局物证鉴定室法医学尸体检验鉴定意见书、价格鉴定报告书；

5. 现场勘验、检查、辨认等笔录；

6. 视听资料。

本院认为，被告人刘某某绑架他人，并杀害人质，故意毁坏财物，其行为触犯了《中华人民共和国刑法》第239条第2款、第275条，犯罪事实清楚，证据确实、充分，应当以绑架罪、故意毁坏财物罪追究刘某某的刑事责任；被告人唐某某绑架他人，并杀害人质，其行为触犯了《中华人民共和国刑法》第239条第2款，犯罪事实清楚，证据确实、充分，应当以绑架罪追究唐某某的刑事责任，根据《中华人民共和国刑事诉讼法》第172条之规定，特提起公诉，请依法判处。

此致

S省Y市中级人民法院

检察院：徐某某

2013年1月22日

附：1. 被告人刘某某、唐某某现押于Y市看守所；

2. 案卷3册。

【一审判决书】

S省Y市中级人民法院
刑事附带民事判决书

(2013)某刑初字第××号

公诉机关S省Y市人民检察院。

附带民事诉讼原告人伏某,男,1946年4月26日出生,汉族,住S省Y市Z镇W村。系被害人吴某之夫。

附带民事诉讼原告人伏某涛,男,1977年1月13日出生,汉族,住址同上。系被害人吴某之子。

附带民事诉讼原告人伏某云,女,1968年6月5日出生,汉族,住S省Y市Z镇W村,系被害人吴某之长女。

附带民事诉讼原告人伏某明,女,1970年9月10日出生,汉族,住S省Y市Z镇W村。系被害人吴某之次女。

诉讼代理人胡某、云某。S省××××律师事务所律师。

被告人刘某某,男,1987年10月12日出生,身份证号码:13098219871012××××,汉族,初中文化,农民,S省Y市W乡M村人。

2012年8月31日因涉嫌绑架被S省Y市公安局刑事拘留,同年10月5日经S省Y市人民检察院批准被逮捕,现羁押于S省Y市看守所。

辩护人郑某,S省××律师事务所律师。

被告人唐某某,又名斌子,男,1984年10月11日出生,身份证号码:53212519841011××××,汉族,小学文化,农民,S省Y市Z乡W村人。

2010年12月2日因犯盗窃罪被S省Y市人民法院判处有期徒刑7个月,2011年4月1日刑满释放。2012年9月2日因涉嫌绑架被S省Y市公安局刑事拘留,同年10月5日经S省Y市人民检察院批准被逮捕,现羁押于S省Y市看守所。

指定辩护人赵某,S省××律师事务所律师。

S省Y市人民检察院以某检刑诉(2013)第××号起诉书指控被告人刘某某犯绑架罪、故意毁坏财物罪,被告人唐某某犯绑架罪一案,于2013年2月4日向本院提起公诉。在诉讼过程中,附带民事诉讼原告人伏某、伏某涛、伏某云、伏某明向本院提起附带民事诉讼。本院依法组成合议庭,公开开庭进行了合并审理。S省Y市人民检察院指派检察员徐某某出庭支持公诉,附带民事诉讼原告人伏某涛及诉讼代理人胡某、云某，被告人刘某某及其辩护人郑某、被告人唐某某及其指定辩护人赵某到庭参加诉讼。现已审理终结。

S省Y市人民检察院指控：

1. 2012年8月28日凌晨2时许，被告人刘某某、唐某某伙同邢某(另案处理)经预谋到Y市Z镇W村吴某家中将被害人吴某绑架，后给吴某的儿子伏某涛打电话索要200万元赎金及一辆摩托车。29日凌晨，刘某某、唐某某伙同邢某在Y市Z镇Q村市场南侧邢某的家中杀害了吴某，并将吴某的尸体掩埋后逃走。

2. 2012年4月15日14时许，被告人刘某某在S省Y市××门窗厂门口，因祁某(另案处理)殴打刘某某的亲戚，被告人刘某某气愤之下用砖将祁某的迈腾车砸坏，损失价值6972元。

为证实上述事实，公诉机关提供了如下证据证实：被告人刘某某、唐某某的供述和辩解；证人伏某涛、王某某等人的证言；S省Y市公安局法医学尸体检验鉴定意见书；现场勘查笔录；S省Y市公安局刑事判决书；被告人户籍证明等相关证据。

公诉机关认为，被告人刘某某绑架他人，并杀害人质；故意毁坏他人财物，其行为触犯了《中华人民共和国刑法》第239条第2款、第275条的规定，犯罪事实清楚，证据确实、充分，应当以绑架罪、故意毁坏财物罪追究其刑事责任。被告人唐某某绑架他人，并杀害人质，其行为触犯了《中华人民共和国刑法》第239条第2款，犯罪事实清楚，证据确实、充分，应当以绑架罪追究其刑事责任。

附带民事诉讼原告人及诉讼代理人请求：依法从重追究二被告人绑架的刑事责任；并判令二被告人赔偿附带民事诉讼原告人丧葬费、死亡赔偿金等各项经济损失共计160,477元。

被告人刘某某、唐某某对起诉书指控的犯罪事实和附带民事诉讼原告人的诉讼请求无异议。

被告人刘某某的辩护人提出：(1)关于故意毁坏财物罪，被害人祁某有明显过错。(2)被告人刘某某的认罪态度好，如实供述犯罪事实，有悔罪表现，请求法院从轻处罚。

被告人唐某某的指定辩护人提出：(1)被告人唐某某没有参与预谋，在实施犯罪过程中处于从属地位，系从犯，对其应当减轻或从轻处罚。(2)被告人唐某某认罪态度好，如实供述犯罪事实，有悔罪表观，请求法院从轻处罚。

经审理查明：

一、2012年8月28日凌晨2时许，被告人刘某某伙同他人经预谋与唐某某到Y市Z镇W村吴某家中，将吴某绑架，并给吴某的儿子伏某涛打电话索要200万元赎金及一辆摩托车。29日凌晨，刘某某、唐某某伙同他人在Y市Z镇Q村邢某(另案处理)的家中杀害吴某，致其机械性窒息死亡。后由刘某某提供铁锨，唐某某等人将吴某的尸体掩埋后逃走。

另查明,附带民事诉讼原告人伏某1946年4月26日出生,伏某涛1977年1月13日出生,伏某云1968年6月5日出生,伏某明1970年9月10日出生。被告人刘某某、唐某某的行为给附带民事诉讼原告人造成的直接经济损失为:丧葬费18,083元。

认定上述事实的证据如下:

1. S省Y市公安局接受刑事案件登记表、立案决定书证明:2012年8月28日,S省Y市Z镇W村的伏某涛报警称,其母不知去向,凌晨3时左右,其接到一名男子的电话,对方称已将其母绑架,向其索要200万元赎金和一辆摩托车,接报后,S省Y市公安局于当日决定立案侦查。

2. 辨认笔录及照片

(1)被告人刘某某的辨认笔录(附照片)证实:2012年9月1日在丁某某的见证下,①刘某某指认掩埋被害人吴某尸体的地点为,S省Y市Z镇Q村的村东北地里的一条东西方向的排水沟。②从排水沟处沿一条小土路向南走,一直到Q(家)村铝型材市场,然后通过该市场的一条东西公路,在该公路的南侧有一条小土路,沿着该小土路向南走,在100多米处小土路的东侧有一处院落,刘某某指认该处即为其伙同唐某某等人看押并杀害吴某的地点。③沿着该小土路向南走,在距该处院落不远处的小土路的东侧路边有一个不大的坑,刘某某指认该坑即是其伙同唐某某等人拔掉电缆标示石后留下的坑。④后继续沿该小土路向南走大约300米处有一条东西方向的小土路(两侧均为耕地),沿东西方向的小土路向东走200米左右,刘某某指认小土路南侧的棉花地即为其伙同他人抛弃吴某手机和手机卡的地方。⑤沿小土路向西走一直到106国道,沿106国道一直向北走到S省Y市X工业区路口,然后向南走大约两公里后在H南道东侧有一条小土路(东西方向,小土路南侧为耕地,北侧为排水渠),沿该小土路向东走后经过S省Y市路桥公司,然后向南走,沿路桥公司南侧的一条南北方向的小土路(两侧均为玉米地)继续向南走,在该小土路西侧的玉米地边上发现一根电缆标示石桩,刘某某指认该石桩为其伙同唐某某等人抛弃的电缆标示石桩。⑥S省Y市Z镇W村内,在一条南北方向的街道处南头路西有一处新建的房子,房子上面有架子管,其后都为两扇大铁门,门向东开,刘某某指认该处为其伙同唐某某等人绑架吴某的地点。

(2)被告人唐某某的辨认笔录(附照片)证实:2012年9月7日在尹某某的见证下,①唐某某指认其为了实施绑架而购买手机卡的地点为某某商店。②唐某某指认其为了实施绑架而购买手套的地点为某超市。③唐某某指认其为了实施绑架而购买口罩的地点为某商店。④唐某某指认,Q(家)村与Z庄交界处(Z庄村村北)的一条南北小土路东侧的一处院子即为其伙同刘某某等人看押、杀害吴某的地点（该处为邢某家的一处闲院）。⑤唐某某指认，Q（家）村村东北角的地里一条东西方向的排水沟，为其伙同他人掩埋吴某尸体的地点。

(3)被告人刘某某、唐某某当庭对记载有铁锨、蓝色上衣等作案工具的照片辨认无误。

3. 现场勘查笔录及照片

(1)S省Y市公安局2012年9月1日出具的公（×某）勘(2012)××××××号现场勘验检查笔录、现场照片、现场示意图证实：现场位于S省Y市Z镇W村吴某家。吴某家东侧是街道，南侧是伏某A家，西侧是伏某B家，北侧是伏某C家。吴某家东墙南部有一双扇铁门通街道，双扇铁门西侧是门洞。吴某家院子上方有防护网，车库北墙西部架有一竹质梯子，梯子上方防护网被破坏，有一范围2.5米×0.3米的洞口。

(2)S省Y市公安局2012年9月1日出具的公（冀某）勘(2012)××××××号现场勘验检查笔录、现场照片、现场示意图证实：杀人现场位于S省Y市Z镇Q村邢某家。邢某家东侧和南侧是玉米地，北侧隔玉米地及一条东西土路是某齿轮厂，某齿轮厂北侧是某散热器厂，某散热器厂北侧是××路。邢某家西墙有一单扇蓝色推拉铁门，由铁门进入是院子。院子西北角有坐北朝南三间正房，由东向西依次是东屋、中间屋、西屋。东屋南侧7.4米处的院内地面上放有一把铁锨。东屋东侧7.8米处码放有南北方向的砖垛，砖垛东侧的草丛内放有一件蓝色上衣、八段布条及两段胶带。东屋东墙南部有一单扇蓝色防盗门通院子。东屋南墙中部有双扇铝合金窗户，窗户外侧防护网，防护网上挂有一件白、灰、棕相间色上衣。东屋内东侧放有一把转椅，转椅上放有件蓝、黄相间色上衣。转椅西侧放有一架叉梯，靠西墙放有白色塑料管。东屋西墙南部有一门口通中间屋，门口东侧2.1米处的东屋地面上放有一段胶带。中间屋南墙中部有一双扇铝合金推拉门通院子，推拉门外侧有一扇卷帘门。中间屋内屋顶上挂有一个沙袋。东南角放有液化气罐、炉灶、锅、雨伞。西南角放有两个纯净水空桶，西南角地面上放有一卷胶带。靠西扇铝合金门放有一把笤帚。东北角放有一辆手推车。西北角放有一张单人床，床头朝东北床尾朝西南，床上东北侧放有一个枕头。中间屋西墙南部有一个门口通西屋。西屋南墙中部有一双扇铝合金窗户，窗户外侧装有防护网。西屋内西南角放有一张桌子，桌子下的西南角地面上放有红色电线及四根黄色电线。靠北墙有一个炕，炕上放有褥子及一床绿色被子、一床花色被子。绿色被子里装有一段布条及一段胶带。

由杀人现场邢某家西侧土路向北620米至一个十字路口，由路口向东140米土路南侧的排水沟内是埋尸现场。

埋尸现场位于S省Y市Z镇Q村一条东西方向的排水沟内。排水沟南侧是Q

村十一队杨某某家棉花地,排水沟北侧是一条东西土路,土路北侧是Q村十队王A现家玉米地。经挖掘,在排水沟内发现一具尸体,尸体头朝东脚朝西里左侧卧状。

现场提取:在院内地面上提取铁锨1把,西屋地面上提取黄色电线4根,院内草丛内提取蓝色上衣1件,东屋窗户外侧防护网上提取白、灰、棕相间色上衣1件,东屋转椅上提取蓝、黄相间色上衣1件,院内草丛内提取布条8段,西屋绿色被子里提取布条1段,中间屋地面上提取胶带1卷,院内草丛内提取胶带2段,东屋地面上提取胶带1段,西屋绿色被子里提取胶带1段。

4. 提取笔录

(1)S省Y市公安局刑事侦查大队出具的提取笔录及提取痕迹、物证登记表(附照片)证实:2012年9月3日,在王B的见证下,该队民警在S省Y市某铝业有限公司东围墙外面的小土路上发现并提取黑色捷达轿车一辆,在车内提取胶带、唐某某身份证一张,邢某的驾驶证及行驶证(某JVK9××)、匕首、手电等物。

(2)S省Y市公安局刑事侦查大队提取笔录证实:2012年9月8日,在牛某某的见证下,该队民警提取伏某涛、伏某血斑样本各一份。2012年9月10日,在孙某某的见证下,提取被告人刘某某、唐某某指端血样各一份。

(3)S省Y市公安局刑事侦查大队出具的提取笔录(附照片)证实:2012年8月31日,在丁某某的见证下,该队侦查员根据被告人刘某某的指认,在S省Y市Z镇J村北的棉花地里发现折坏的黑色直板摩托罗拉手机一部以及摩托罗拉手机电池一块,予以提取。

2012年9月1日,在丁某某的见证下,该队侦查员根据被告人刘某某的指认,在S省Y市X镇J村北的棉花地里发现折坏的手机卡一张,予以提取。

5. 公安机关办案情况载明:2012年9月1日,据被告人刘某某的指认,在S省Y市Z镇J村北的棉花地里提取的被折坏的手机卡,该手机卡的背面显示该手机卡的小卡号为89860112818××××4117W,经调查,手机卡的卡号为131××××0685。

6. 鉴定结论

(1)S省Y市公安局物证鉴定室出具的(某)公(物)鉴(尸检)字(2012)×××号法医学尸体检验鉴定意见书(附照片)证实:尸体高度腐败,全身见腐败静脉网,腐败气泡和水泡,呈巨人观。尸长160cm,发长8cm,黑白相间。角膜混浊。不能透视瞳孔,双侧球、睑结膜充血。口腔、鼻腔内有腐败血性液体流出。下唇黏膜内侧及牙龈见瘀血,舌尖于齿弓外,牙齿无缺失。颈部皮肤局部腐败脱落。尸斑呈紫红色,位于腰背部未受压部位,指压不褪色。尸僵缓解。

解剖检验:切开头皮,颞肌无出血,颅骨未见骨折,脑内无出血。切开颈部,见下颌区皮下出血,左侧深肌群出血,舌骨右侧大角骨折。切开胸腹部,见胸腹腔脏器腐败,双肺瘀血,叶间裂有点片状出血,肝表面散在出血斑。

提取检材：死者肋软骨。

鉴定意见：死者系机械性窒息死亡。

(2)S省Y市公安局物证鉴定所出具的(某)公(某)鉴(法物)字(2012)××××号生物物证鉴定书证实：送检的“无名尸体肋软骨”来源尸体是伏某孩子伏某涛的生物学母亲的可能性大于99.9999%。

(3)S省Y市公安局物证鉴定所出具的(某)公(某)鉴(法物)字(2012)××××号生物物证检验报告证实：通过对被告人刘某某、唐某某指端血的DNA检验，获得二被告人的STR多态性化验结果。

(4)中华人民共和国公安部出具的公物证鉴字(2012)××××号物证检验报告证实：

送检材料：现场提取蓝色上衣1件；现场提取胶带1份；邢某黑色捷达车(某JVK9××)上提取胶带1份，胶带上所粘毛发1根；尸体肋软骨1份。

鉴定结论：现场提取蓝色上衣上斑迹、现场提取胶带上斑迹、邢某黑色捷达车(某JVK9××)上提取胶带上斑迹获得混合DNA分型，均包含尸体的DNA分型。邢某黑色捷达车提取胶带上所粘毛发来源于尸体的可能性大于99.999999%。

(5)中华人民共和国公安部出具的公物证查询(2012)××号物证鉴定查询比对报告证实：将(某)公(某)鉴(法物)字(2012)××××号检验报告、(某)公(某)鉴(法物)字(2012)××××号鉴定书与公物证鉴字(2012)××××号检验报告进行对比，结果现场提取胶带上斑迹、邢某黑色捷达车(某JVK9××)上提取胶带上斑迹检出的混合DNA分型包含伏某涛的生物学母亲和唐某某的DNA分型；邢某黑色捷达车(某JVK9××)提取胶带上所黏毛发来源于伏某涛的生物学母亲的可能性大于99.999999%。

7. 证人证言

(1)证人伏某涛证言证明：其报案。2012年8月28日凌晨3点多钟，其妻子王某某接到了一名男子的电话，显示的电话号码是其母亲所使用的号码，后转由其接听电话，该名男子在电话中称绑架了其母，向其索要200万元赎金和一辆摩托车。其接到电话后返回家中，发现其家院门是虚掩的，院子里的防盗网也被掀开了一角，其母已不在家中。接到索要赎金的电话是其妻子的，号码为186××××0830。其母亲用的是一部黑色的摩托罗拉直板手机，号码是131××××0685。在28日的晚上11点多钟，那名男子又用别的电话打了其妻子的手机，在得知其还没有凑齐赎金后，挂断电话后再也没有和他联系。(侦查人员向其出示从棉花地里提取的黑色手机)伏某涛证实该部手机为其家交电话费赠给其的，该部手机一直为其母亲吴某所使用。

(2)证人王某某证言证明：2012年8月28日凌晨3点5分、3点8分，其接到用其婆婆的手机号打过来的电话,对方是一名男子,说要找伏某涛,然后其将电话给了伏某涛,伏某涛说对方在电话里称绑架了其婆婆吴某并索要200万元赎金和一辆摩托车。28日晚上11点50分左右又打来电话,其丈夫伏某涛接的,具体内容其不知道,对方的号码已经没有了。吴某一直使用的是一部黑色的直板摩托罗拉手机,手机号是:131××××0685。

(3)证人高某某证言证明:唐某某是其小舅子。2012年9月1日晚上唐某某找其,说他们绑架了一个人,现在他们同伙中的一个人被抓了。

(4)证人及某A证言证明:其经营的某超市,主要是卖日常用品杂货,也卖白色的线手套。

(5)证人陈某A证言证明:其经营的某商店,主要是卖日常用品杂货。在2012年的八月中旬卖过白色的口罩,卖了不是两个就是三个,口罩就是普通的白色的口罩。其记得买口罩的是一个男的,20多岁,个头一般,长得不胖,外地口音,穿什么衣服记不清了。

(6)证人张某A证言证明:其在S省Y市Z镇H村106国道路东开了一家门市,名字叫某某商店,主要销售日用百货、食品,还有销售移动手机号和交纳移动手机费的业务。其对销售的手机号没有记录,其不清楚其卖出去的手机号具体卖给谁了。

(7)证人陈某B证言证明:2012年9月2日19时左右,邢某光着膀子一个人来到其门市,骗走其家一辆嘉陵JL110-×型摩托车。

(8)证人伏某A证言证明:在2012年8月28日凌晨1点多,其与伏某B、曾某某、伏某C、伏某D、王某某在其家的新房玩扑克牌时,听到伏某涛家里"咕咚"响了一声,像是东西掉在地上的声音,邻居家的狗也没叫,其就没有当回事,过了10分钟听见伏某涛家里屋门响了,紧接着当街的院门也响了,随后听见大门外面就有汽车发动的声音。

(9)证人伏某B、伏某C、王某某、伏某D的证言均证实:2012年夏天的一天,具体时间记不清了,其几人与伏某A在伏某A的新房(吴某家邻居)玩扑克牌,当时挺热闹,没有注意到有什么动静。

8.被告人供述

(1)被告人刘某某供述证明:2012年8月28日凌晨2点来钟,其伙同邢某、唐某某绑架了一个老太太。几个月前其和其表姐夫邢某吃饭的时候,邢某对其说绑架一家有钱人的孩子,那样能赚到钱。大概一个月前,邢某说找到了一家,两人开车去认了这家的门,其认的这家就是绑架老太太的家,位置就在××镇Q村往南一点。认完门后,邢某让其再找一个人,其就找了以前在其家厂子干活的斌子(唐某某)。其和邢某安排斌子出去买的手机卡还有口罩、帽子、手套等东西,另外还准备了两把匕首，邢某买了两把小手电，一卷宽透明胶带。说好由邢某监视这家的举动伺机动手，斌子负责在商定好的日子进院子看情况、开大门，其负责跟斌子把人质从家中弄到车上去，然后其负责给人质家打电话和从人质家属那儿接钱，三人平分得来的钱。

2012年8月27日晚10点多，邢某跟斌子开车接着其，三人一起去Q（家）村市场南面邢某的院子里来，到第二天凌晨两点左右，其三人开着邢某的黑色捷达轿车去了邢某选定的那家。到了那家门口后，其和斌子下车，邢某开着车又往北走了一段距离，在那儿等着。因为那家前部有人说话，其和斌子到捷达车里聊天。后来其和斌子又去了，那家门朝东开，院子上有防护网，先是斌子在院子的西南角的防护网上弄开了一个洞钻进去的，他下到院里，给其开了大门。其和斌子去了正房西屋里，进屋后发现那个老太太在睡觉，斌子用匕首顶着老太太的脖子，老太太就没敢反抗，其看到老太太睡觉的床上有一部黑色直板手机，就问老太太她儿子的号码，老太太告诉了其。用带去的透明胶带把老太太的嘴粘上后，其打电话通知邢某来，其和斌子就把老太太带到了车上，用褂子把老太太的头蒙住，其坐副驾驶，邢某开车，斌子和老太太在后排座上，然后邢某就开车去开始碰头（商量）的那个Q（家）村市场南边的院子。邢某的院子有三间北房，中间屋子的南门不开，其几人把老太太放在了中间的屋子里，让老太太在地上躺着，用破床单子把老太太的眼蒙上了，又用透明胶带绑上老太太的手、腿。斌子看着老太太，其和邢某去院子里，邢某让其跟老太太的儿子要200万元来赎老太太，在交钱的时候还要准备一辆摩托车。大约是28日的凌晨3点，其和邢某从院子里出去沿着土路往南走了一段，其用老太太的手机按老太太说的号码打了过去，结果接电话的是个女的，邢某告诉其说让伏某涛接电话，接着伏某涛就接了电话，其在电话里告诉伏某涛绑架他母亲的事，让他准备200万元和一辆摩托车。挂断电话后，其把老太太的手机卡抠出来，连手机带卡都扔在地里了。然后邢某就开车把其送回了家。

28日晚12点左右，其骑着摩托车带着邢某一起去L庄集东边的街口那儿，其用邢某的手机装上斌子提前买好的手机卡给伏某涛打电话要钱，伏某涛说只准备了40万元。邢某听后让挂了，其便挂断电话，把卡抠出来，扔在了公路边上的地里，后来其和邢某又把打电话的手机也弄烂扔了。

在其和邢某出去打电话之前，老太太自己解开手脚看见邢某了，怕她以后认出来，即使拿了钱也花不了。到了29日凌晨三四点钟，邢某说把老太太弄死，其和斌子也同意了。商量好后，其3人进中间屋，邢某拿着屋里的一件蓝色男士秋衣捂住了老太太的嘴，斌子按着老太太的双腿，其一手按着老太太的右手，一手拿着手电，邢某一手捂着老太太的嘴，一手按着老太太的左手，按了一会儿，邢某累了，看老太太还喘气，好像是斌子就在地上找了一根黄色大概有圆珠笔笔芯粗的电线，勒住了老太太的脖子,斌子拉一头,邢某拉着另一头,其一直给他们打着手电了,直到老太太不动了,他们才松开。然后其3人就把老太太的尸体放到了邢某那辆黑色捷达车的后备厢里,走的时候还拿着一盘电线,想着是用电线把尸体绑住,再绑一块石头什么的,好让尸体在河沟里不浮上来,这样就找了一个洋灰柱子拿着。邢某开车,其3人就找水沟扔尸体,一直到了凌晨5点多钟也没找到合适的地方,后来邢某和斌子商量着把尸体埋了,让其别管了,他们让其从家给他们拿了一把锨,他们就走了。

30日早上9点多钟,在其家房后其给了邢某1000元。邢某讲在他家那处闲置院子出来后,顺着门口的那条南北土路往北走,第二个路口有一条河沟,在河沟边上有新土的地方就是埋老太太尸体的地方。邢某让其找个死狗死猫放在埋尸体的地方掩盖尸体腐烂后的气味。绑架的老太太有六七十岁,个子不高,身材稍胖。老太太当时上身好像穿的一件灰色褂子,下身穿的什么记不清了。老太太的手机是一部黑色直板手机,什么牌子的不知道。

(2)被告人唐某某供述证明:2012年8月28日凌晨两点多钟,其和刘某某还有一个叫力哥(邢某)的,在S省Y市Z镇的一个村里面绑架了一个老太太。在实施绑架的前些天,刘某某让其和他去做一个事挣个钱花,后来在实施绑架的前几天,刘某某就把其拉到了Q村桥头向东走有1000米来远的地方,然后有一条向南拐的小土路,沿着小土路向南走大约有几百米远的地方,在小土路的路东侧有一个院子,后来其知道那是力哥家的一处院子,院子里只有3间小屋,在那其见到了叫力哥的男子,见了面以后,他们说想绑架这件事,其当时也同意了。那个叫力哥的说他认识一家,那一家离他们挺近的,他调查了半年,说去了以后如果那家的小孩没在家,就绑架老头。当时其3人商量了一下分工,就是先准备帽子、手套、口罩等东西,力哥开车拉着其和刘某某去,然后其和刘某某进院子把人弄出来,然后把人弄到那个院子里让其负责看着人。一共买了三张手机卡,第一张和第二张卡都是在106国道西侧的一个小卖部里面买的,第三张卡是用其身份证办的是在另外一个地方买的。刘某某给其钱,其还买了3个黑色的带帽檐的帽子,3个白色的线手套,还有3个白色的口罩,他们准备了宽的透明胶带以及两把刀子和两把红色的小手电筒。

2012年8月27日晚上11点左右,其3人在力哥的那处闲院集合好了,待了一段时间力哥开着他那辆黑色的捷达轿车拉着其和刘某某就去了一个村里面,这个村的村名其不知道,进了村里以后,力哥把车停在了一条南北街上,让其和刘某某下了车,他就把车向南开了一段在车上等着,下了车以后其看见要去的那一家是两扇绿色的大铁门,大门向东开,在这一家的前部是新建好的房子,上面的架子管还没拆,其沿着架子管上了房,结果上去一看,要进的这一家上面封着护网,其就下来和刘某某说了,刘某某和其沿着架子管上了房,上去以后刘某某看见在那家的院子的西南角那一块护网上有个口子，下面还放着一个毛竹梯子，于是其和刘某某一起从那儿卷了一下护网，这样护网上面就开了一个口子，然后刘某某就沿着架子管到了街上，其顺着梯子进到了院子里，先打开了那家的大门，刘某某也进到了院子里和其说前部的院子里还有人说话再等一会儿，这样其2人就把大门轻轻地带上，到捷达车里聊天，待了有40来分钟的样子，其和刘某某就从那一家的大门进到了院子里其2人就在各个屋里找人，最后在那家正房最西屋里发现了一个人在睡觉，其和刘某某各自拿着事先准备好的一把水果刀和一个手电筒进去，其2人一看是一个70来岁的老太太，其就一手捂着那个老太太的嘴，一手拿着刀子顶着老太太的脖子，让她别动，其和刘某某把老太太的嘴用胶带粘上，刘某某打电话叫力哥开车来接，其和刘某某把老太太架到车上，去了力哥家的那处闲院里。到后其3人把老太太的双手和双脚用胶带粘上了，其自己在屋里看着老太太，刘某某和力哥说出去打电话要赎金，他们说要200万元。过了一小会儿，他们说事情办好了让其看着人，他俩回家了。其看着老太太一直到了早上的6点来钟，力哥给买了点吃的然后就走了，一直到了当天下午六七点来钟，力哥和刘某某先后去了闲院，其3人在那儿吃饭喝酒，后来其就睡着了，一直到了晚上10点来钟其3人把老太太的嘴、眼都蒙上，手和脚拿布条捆上了，想着其3人一起去要赎金，其3人在院里待着还没走的时候，那个老太太自己挣开了手脚把蒙住眼的布条扯开了看见了院里的力哥和刘某某，这样他们俩就让其再看着老太太，然后他俩就走了。大约到了第二天的凌晨2点，他们说没有拿着钱，只准备了40万元。一直到了天快要亮的时候，在院里力哥说“那个老太太不该看见的全看见了，咱们得把她弄死”，刘某某也是说要把她弄死，当时其也同意了。其3人进屋后，力哥戴着手套捂住了老太太的嘴，其按住老太太的双脚，刘某某按住了老太太的胳膊和手，过了一会儿老太太还是没有死，这样力哥就用一件蓝色的上衣捂住了老太太的嘴，过了一会儿老太太还是喘气，这时，力哥让其把其身后的一根黄色的电线给他，他把电线套在了老太太的脖子上挂住了电线的一头，他喊其帮忙其就用手拽住了电线的另一头，其和力哥使劲拽电线勒老太太的脖子，大约不到一分钟的时间力哥摸了一下鼻孔说没气了。当时力哥和刘某某说把老太太的尸体拉着扔到水沟里边去，这样就把老太太的尸体放到捷达车后备厢里面，其3人开车就去找水沟，在走的时候其3人还拿了一盘电线，在棉花地边上找了一个石头桩子，想把老太太绑在石头桩子上沉到水沟子里面去。后来力哥开着那辆捷达车拉着其和刘某某去找水沟子，但是转了很长的时间也没有找到合适的地点。具体怎么走的其也不清楚，最后力哥说找个地方把老太太的尸体用土埋起来，这样刘某某在他家里拿了一把铁锹给了其和力哥，刘某某就回家了。然后力哥开车拉着其到了洼里有一条没水的沟子，其和力哥就替换着在沟里面挖了一个坑，然后把老太太埋在了坑里面。

9. 电话通话清单证实:被害人吴某使用的移动号码为131××××0685与伏某涛之妻王某某使用的移动号码为186××××0830的通话记录能够与案情相吻合。

10. S省Y市人民法院出具的(2010)任某刑初字第×××号刑事判决书、S省Y市看守所出具的某看刑释字(2011)第××号刑满释放证明书证实:2010年12月2日被告人唐某某因犯盗窃罪被判处有期徒刑七个月,2011年4月1日被释放。

11. S省Y市Z县公安局M派出所出具的户口证明证实:被告人唐某某1984年10月11日出生。

12. S省Y市看守所出具的入所健康检查表证实:被告人唐某某入所时身体检查合格。

13. 附带民事诉讼原告人提供的证据:

(1)户籍证明证实:伏某1946年4月26日出生,伏某涛1977年1月13日出生,伏某云1968年6月5日出生,伏某明1970年9月10日出生。

(2)S省Y市Z镇W村村民委员会出具的证明证实:附带民事诉讼原告人与被害人吴某的身份关系。

二、2012年4月15日14时许,被告人刘某某在S省Y市××门窗厂门口,因祁某(另案处理)伙同他人殴打刘某某的亲戚,刘某某用砖将祁某的迈腾车砸坏。经鉴定,该迈腾车损坏价值6972元。

认定上述事实的证据如下:

1. S省Y市公安局出具的接受刑事案件登记表、立案决定书证实:2012年4月15日,及某B报案称其在S省Y市××南道××门窗厂门口附近被多名男子无故殴打致伤。接报后,S省Y市公安局决定当日立案侦查。

2. S省Y市人民法院出具的(2012)某刑初字第×××号刑事判决书证实:2012年4月15日14时许,祁某、张某B伙同他人,酒后在S省Y市××南道××门窗厂附近,无故持械将张某C、及某B等人打伤。经鉴定,张某C的伤情为轻伤,及某B等人的伤情为轻微伤。

3. S省某市涉案物品价格鉴定中心出具的某市价鉴字(2012)第×××号价格认定报告书证实:大众新迈腾FV7207TFATG型轿车一辆,牌照号某J111××,车架号LFV3A2361B3×××4487,发动机号10××90。损坏部位:(1)右后1多处凹坑,门内侧一处变形,内饰板有砸痕;(2)前机器盖多处砸痕,右侧前叶子板有一砸痕;(3)右侧前大灯。

价格认定结论:价格认定标的总价值人民币6972元。

4. S省Y市公安局××刑警队出具的提取笔录证实:2013年3月22日,在边某的见证下,该队侦查员从张某D手中提取某J111××轿车的机动车行驶证复印件一份及张某D的组织机构代码证复印件一份。

5. 中华人民共和国机动车行驶证证实:某 J111 × × 的小型轿车,品牌型号为大众牌 FV7207TFATG,车辆识别代号 LFV3A2361B3 × × ×4487,发动机号 10 × ×90,所有人为 S 省 Y 市铝门窗配件经销处。

6. 中华人民共和国组织机构代码证证实:S 省 Y 市铝门窗配件经销处的法定代表人为张某 D。

7. 被害人祁某陈述打架的过程与(2012)某刑初字第 × × × 号刑事判决书认定的事实相一致,另其陈述在打架过程中,其见孔某某头受伤了,让边某开其的迈腾拉孔某某、潘某某、张某 E 去医院,走时有人用砖头砸了其的迈腾车。

8. 证人证言

(1)证人张某 B 证言与被害人祁某的陈述相吻合,另其证明,在他们走的时候,W 村的三四个人拿砖块砸那辆迈腾车,有的砸中了,有的没砸中,他们砸的是轿车的副驾驶那边,其看见他们砸了右后车门。

(2)证人刘某 A 证言证明:2012 年 4 月 21 日前三四天,下午 2 点左右,刘某某开车带着其还有两个其不认识的男子回村,到 × × 南道及某 C 的 × × 铝材门市附近的时候,碰见刘某 B 的三儿子,他说"我姑父在那边挨打了",其和刘某某还有那两个不认识的男子下车,其一个人在一个广告牌子下面捡起来两块砖,朝着打架的地方去,那几个小伙子就上了一辆轿车向南跑了,其当时手里拿着两块砖,一块是半块的,还有一块是整块的,这两块砖其都没有扔出去。

(3)证人张某 D 证言证明:2012 年 4 月 15 日,祁某在村与张某 C 打架时开的是一辆银灰色迈腾轿车,车牌照是某 J111 × ×,这车平时都是祁某开。该车行车证登记的是 S 省 Y 市铝门窗配件经销处,S 省 Y 市 × × 铝门窗经销处的法人代表是其。

9. 被告人刘某某供述证明:其大伯刘某 D 的儿子刘某 C 门市开张的那天中午,刘某 C 请其和刘某 D 等十几个人吃饭,吃完饭后,其开车带着刘某 D、张某、张某 F 回村。在路过其村卖沙石料的门市斜对面时碰到刘某 B 的三儿子,他说"北边挨打的是咱们姑父",其和刘某 D 赶紧在 × × 战道西一个广告牌子下面每人捡了两块砖,向北跑了过去。到那儿其看见躺在三马车旁边的就是其姑父及某 C,打其姑父的有七八个小伙子,这些人把十来根锹把、镐把装进了一辆停在 × × 战道中间那块的迈腾轿车后备厢里,好像还有人带着锹把、镐把上了迈腾车,他们开车往南跑,迈腾车刚走了几米远,还没有关好车门的时候,其就朝着那辆车右后门扔了一块砖,砸在右后门上。刘某 D 拿的砖,其印象中也扔了出去,但是砸没砸到那车其记不清了。

综合证据:

1. 户籍证明证实:被告人刘某某 1987 年 10 月 12 日出生。

2. S省Y市看守所出具的入所健康检查表证实:被告人刘某某入所时身体检查合格。

本院认为,被告人刘某某、唐某某伙同他人以勒索财物为目的,绑架他人并杀害被绑架人,其行为均已构成绑架罪;被告人刘某某故意毁坏他人财物,价值6972元,数额较大,其行为已构成故意毁坏财物罪。对被告人刘某某所犯数罪,应依法并罚。S省Y市人民检察院指控的罪名均成立。在实施绑架犯罪过程中,被告人刘某某参与预谋,被告人刘某某、唐某某与他人相互配合,共同实施绑架并杀害被绑架人的行为,在共同犯罪中均起主要作用,均系主犯,且手段特别恶劣,后果特别严重,社会影响极坏,应依法严惩。考虑到唐某某在共同犯罪中所起的作用相对刘某某较小,对其判处死刑,可不立即执行。被告人唐某某曾被判处有期徒刑以上刑罚,刑罚执行完毕后在5年内再犯应当判处有期徒刑以上刑罚之罪,构成累犯,应当从重处罚。被告人刘某某、唐某某因其犯罪行为给附带民事诉讼原告人造成的经济损失,依法应予赔偿。附带民事诉讼原告人关于赔偿死亡金的赔偿范围,本院不予支持。关于赔偿丧葬费18,083元的诉讼请求,于法有据,本院予以支持。

被告人刘某某的辩护人提出,刘某某实施故意毁坏他人财物的行为,被害人祁某有明显过错,经查属实,本院予以采纳。刘某某辩护人提出,刘某某认罪态度好,如实供述犯罪事实,有悔罪表现的意见经查属实,但被告人刘某某所犯绑架罪的罪行特别严重,情节特别恶劣,不足以对其从轻处罚。

被告人唐某某的辩护人提出,唐某某认罪态度好,如实供述犯罪事实,有悔罪表现的意见经查属实,本院予以采纳。另提出,被告人唐某某没有参与预谋,在实施犯罪过程中处于从属地位,系从犯,对其应当减轻或者从轻处罚。经查,在共同犯罪过程中,虽被告人唐某某没有直接参与预谋,但被告人刘某某、唐某某的供述证实,唐某某同意与刘某某等人实施绑架,作案时其经手购买了口罩、手机卡等作案工具,具体实施绑架行为时,唐某某进入被绑架人家中,又用刀抵住被绑架人的脖子,并伙同刘某某等人将被绑架人的带至他处,之后又伙同刘某某等人实施了杀害被绑架人的行为,因此被告人唐某某在共同犯罪中起了主要作用,系主犯。故辩护人的上述辩护意见不能成立,本院不予支持。

综上,根据二被告人犯罪的事实、犯罪的情节、性质和对社会的危害程度,依据《中华人民共和国刑法》第239条第1款、第2款、第275条、第25条第1款、第65条第1款、第69条、第56条第1款、第57条第1款、第50条第2款、第36条第1款及《中华人民共和国民法通则》第219条、第130条之规定,判决如下:

1. 以被告人刘某某犯绑架罪,判处死刑,剥夺政治权利终身,并处没收个人全部财产;犯故意毁坏财物罪,判处有期徒刑6个月;决定执行死刑,剥夺政治权利终身,并处没收个人全部财产。

2. 被告人唐某某犯绑架罪，判处死刑，缓期二年执行，剥夺政治权利终身，并处没收个人全部财产；

3. 对被告人唐某某限制减刑；

4. 被告人刘某某、唐某某共同赔偿附带民事诉讼原告人直接经济损失人民币18,083元，并互负连带责任。（限判决生效后30日内履行完毕）

如不服本判决，可在接到判决书的第二日起10日内，通过本院或者直接向S省高级人民法院提出上诉，书面上诉的，应当提交上诉状正本一份，副本二份。

审　判　长　×××
审　判　员　×××
代理审判员　×　×
2013年4月17日

【二审辩护词】

审判长、审判员：

根据我国《刑事诉讼法》第32条和《律师法》第28条的规定，北京市东友律师事务所接受本案被告人刘某某的委托，指派我们担任其二审的辩护人，参与本案的诉讼活动。开庭前我们查阅了全部案卷材料，对全案进行了深入地分析和研究，会见了被告人并进行了必要的调查。在辩护之前辩护人首先代表被告人向被害人家属致以深深的歉意，当然这份道歉并不能挽回被害人的生命，也不能掩盖被告人恶劣的犯罪行为。在从事法律工作之余，辩护人也是一名普通的公民，对于这样的犯罪行为也是深恶痛绝。但是在法律的层面，作为法律人我们必须依据证据材料进行分析、论证，不应夸大也不应缩小被告人应承担的法律责任。“罪刑法定”、“罪刑相适应”、“法律面前人人平等”是我国刑法三大原则。因此，我们不能因为被告人参与了绑架的犯罪行为而忽略其自身的诉讼权利，也不能用内心的是非观点、判断标准代替法律的量刑准则。现提出如下辩护（罪轻）意见：

一、关于故意毁坏财物罪部分

（一）被告人刘某某没有故意损害财物的主观故意

根据卷宗材料记录，该案案发前即2012年4月15日14时许被告人刘某某正与亲戚朋友在饭店喝酒。在吃完饭走出饭店回家的过程中，看到另案处理的犯罪嫌疑人张某正在殴打其家里亲戚，并且在殴打结束后欲乘车逃离现场。在此情形之下，被告人刘某某临时捡起地上的砖头朝逃跑车辆扔了过去，打在了涉案车辆后门的位置上。车上人员随即下车对其追赶准备进行殴打，但是因为其中一人认识被告人刘某某又中止了伤害行为,随后驾车逃离现场。从案发的整个过程来看,被告人刘某某并不具有故意毁坏财物的主观故意,完全是由一起意外事件引起的过限行为。从看到亲属被打到打人者欲乘车逃跑到捡起砖头进行反击,这一系列的行为都并非是事先计划或者组织的。同时,也正是因为被告人刘某某的反击行为,才延缓了涉案犯罪嫌疑人逃跑的时间,对公安机关的破案及抓获犯罪嫌疑人起到了关键的作用。

(二)价格认定报告书严重失实,不能作为本案的定案依据

根据《中华人民共和国刑法》司法解释的相关规定,故意毁坏财物罪的立案标准是5000元。因此,本案定罪量刑的主要依据就是涉案财物的实际损失数额。辩护人对2012年4月24日某市涉案物品价格鉴定中心出具的价格认定报告书提出严重质疑。首先,在此份报告书中并没有出现涉案车辆的现场损坏部位照片,缺乏直接的现场损害依据,如何出具鉴定意见。其次,报告书中描述的损坏部位是:右后门多处凹坑,门内侧一处变形,内饰板有砸痕;前机器盖多处砸痕,右侧前叶子板有一砸痕;右侧前大灯。根据被告人刘某某本人口供及现场证人笔录都可以证实,当时被告人刘某某就是临时捡起一块砖头扔了过去,感觉是打在了后侧车门上。但是,鉴定机关给出的损坏部分描述无疑是涉案车辆遭受了一场砖头雨的袭击。是自前到后、由里到外,明显不符合客观事实。卷宗材料记录整个案发过程不过是几分钟的时间,而且又是被告人刘某某一人拿砖头扔过去。而车辆的受损部分描述为多处、多方面的砸痕,明显为强加定罪提供所谓的依据标准。在此,辩护律师提出严重质疑,并且提起二审法院进行重新鉴定!

(三)故意毁坏财物罪定性存在重大瑕疵

根据《中华人民共和国刑法》中关于故意毁坏财物犯罪构成的相关规定,主观上必须是故意,客观上实施了故意毁坏的行为且造成的损失要达到一定的数额。本案中,被告人刘某某没有毁坏财物的主观故意,一审判决书中也认定了对方的过错行为,在此情形下被告人刘某某的行为可以理解为一种自我保护式防卫行为。同时,鉴定报告所承载的信息,完全偏离了本案的客观事实。虽然被告人刘某某的行为造成了对方的财物损失,但是根据刑法的谦抑性原则,可以用民事、商事或者其他行政手段有效的控制和防范的行为,就没有必要采取刑事处罚的措施。没有可以代替刑罚的其他适当方法存在的条件下,才能使某种违反法律秩序的行为设定为犯罪行为。本案属于明显的经济纠纷,辩护人通过查询相关材料可以得知,车辆的实际损失价值非常小,完全可以用民事赔偿的方法进行解决。但本案中,鉴定机关强行扩大车辆损失,增加损失费用,目的就是强行定罪。其行为背离了刑法的立法宗旨和刑事诉讼相关程序,应当撤销该份鉴定报告,被告人刘某某的行为属于民事纠纷范围,其行为根本不构成刑事犯罪。

二、关于绑架罪部分

（一）被告人刘某某并不是绑架犯罪的组织者、策划者

综观本案的卷宗材料，本案最关键、最核心的人物无疑是没有到案的犯罪嫌疑人邢某。从当初的提议实施绑架犯罪行为到后来的组织人手、到作案地点进行踩点、确定绑架目标，都是由其一人完成。同时，又组织被告人唐某某、刘某某准备前期的作案工作，在实施绑架的过程中指挥两被告人进入被害人房间内、在其被发现后又指使并亲自参与杀害被害人，后期又掩埋被害人尸体。通过以上过程可以看出，在此犯罪过程中，犯罪嫌疑人邢某起到了完全的核心和关键作用，也是整个犯罪行为的策划者、组织者、实施者。通过一审庭审情况可以看出，一审法院明显因为犯罪嫌疑人邢某在逃，或者是被告人刘某某与邢某之间的亲属关系，而过分地夸大了被告人刘某某在本案中的作用。对于被告人刘某某而言，自始被指挥、被摆布，没有任何的主观想法，只是被动地参与到此案中，一切行为都是在犯罪嫌疑人邢某的意志下进行的。因此，辩护人恳请二审合议庭综合全案证据材料对其犯罪过程中的作用进行重新认定。

（二）被告人刘某某对于被害人的死亡并没有直接的致害行为，在整个过程中发挥了辅助作用，不应当以主犯论处

通过卷宗材料可以得知，在绑架被害人之后，被告人刘某某在邢某的指导下给被害人亲属打去电话索要赎金。在与家属的周旋中，在逃犯罪嫌疑人邢某判断出被害人家属已经报案，加之被害人解脱捆绑后认出了犯罪嫌疑人邢某，所以直接导致犯罪嫌疑人邢某动了杀机。在被告人刘某某笔录中供述：2012 年 8 月 29 日凌晨，当犯罪嫌疑人邢某决定要杀害被害人时，刘某某并没有同意，而是一味地劝阻。这时邢某又提出要杀害本案另一被告人唐某某时，被告人刘某某也是极力阻止并发生小小的冲突。此番陈述虽然没有犯罪嫌疑人邢某的笔录对应，但是通过案件的相关细节完全可以推断出被告人刘某某的供述符合客观情况。由此可见，被告人刘某某曾经试图通过自己的努力阻止犯罪嫌疑人邢某实施加害行为，只是没有成功，其犯罪的主观恶性较之犯罪嫌疑人邢某弱化了许多，恳请合议庭对此情节予以认定。

通过另一被告人唐某某及刘某某的笔录供述，基本上可以还原当天杀害被害人的情景。当天 3 人进入屋内对被害人进行加害时均戴着口罩和手套。但是，因为天还没有亮，屋里没有通电设备，被告人刘某某就随手拿了一把手电筒进去。2012 年 8 月 31 日 20 时 40 分至 23 时 32 分被告人刘某某在 Y 市公安局某刑警队询问室的笔录第 8 页中供述内容：邢某拿着屋里的一件蓝色秋衣捂住了老太太的嘴，斌子按着老太太的双腿，我一手按着老太太的右手，一手拿着手电，邢某一手捂着老太太的嘴，一手按着老太太的左手，按了一会儿，邢某累了，看着老太太还喘气，斌

子就在地上找了一根电线勒住了老太太的脖子斌子拉一头,邢某拉着另一头,我一直给他们打着手电了,直到老太太不动了,他们才松开。当时邢某和斌子勒了老太太一分钟左右的时间,邢某摸摸老太太的胸口,说:“不跳了,应该是死了。”被告人刘某某关于犯罪的整个过程有着多份供述,口供内容基本上是稳定一致的。同时,被告人唐某某的口供也可以对以上情节予以证实。

通过以上的笔录供述可以看出,犯罪嫌疑人邢某组织两被告人对被害人实施了两次的加害行为。在一次捂嘴的过程中,被告人刘某某仅仅是负责按住了被害人的右手,由犯罪嫌疑人邢某实施主要加害行为,这一过程并没有导致被害人的死亡。随即,犯罪嫌疑人邢某指挥被告人唐某某随手找来一条电线,两人配合一人拉一头最终致使被害人窒息死亡。在第二次的加害过程中,被告人刘某某一直站在旁边为两人打着手电,没有参与任何实质性的加害行为。根据侦查机关出具的尸检报告显示,被害人死亡的原因是机械性窒息死亡,因此,可以推定直接导致被害人死亡的原因是犯罪嫌疑人邢某和被告人唐某某利用电线勒脖的行为所致。在此过程中,被告人刘某某并没有实质参与加害行为,仅仅起到辅助、次要的作用,请合议庭对此情节结合卷宗材料予以认定。

(三)被告人刘某某没有参与后期掩埋尸体,主观恶性相对较轻

在犯罪嫌疑人邢某与被告人唐某某合力杀害被害人之后,被告人刘某某参与将被害人的尸体抬入涉案车辆的后备箱内。在车上3人也曾讨论过如何处理尸体的问题,当车辆行至村口时被告人刘某某下车回家并没有参与后期尸体的掩埋。从策划绑架、实施绑架、勒索被害人家属及杀害被害人、掩埋被害人尸体的一系列犯罪行为,犯罪嫌疑人邢某都是自始参与,而被告人唐某某除了前期策划外,其他的犯罪行为也是全程参与、积极配合。而只有被告人刘某某,是部分参与其中,发挥了相对较小的作用,主观恶性较轻,请合议庭予以认定。

(四)被告人积极认罪、悔罪,并愿意尽最大努力对被害人家属作出赔偿

虽然辩护人在实体上、程序上对被告人的犯罪行为作出罪轻的刑事辩护,但不可否认的是,由于被告人的伤害行为,确实给被害人的家庭带来了莫大的伤害,也可以说是晴天霹雳般的打击。被告人也深深意识到自己的犯罪行为所带来的社会危害性,其被采取刑事强制措施后就一直坦白交代、积极配合公安机关的侦查工作。在羁押期间也是积极认罪、悔罪,并表示愿意尽自己最大的努力对被害人家庭进行民事赔偿,其父母也愿意通过各种的努力帮助被告人刘某某进行赔偿,促成双方达成民事和解。

综上所述,辩护人认为本案一审量刑过重,对被告人加重判决没有任何的法律依据。恳请二审合议庭重新核实案件相关情节,并考虑案发当晚的实际情况,对被告人从轻判处,给予重新做人的机会!

此致

S省高级人民法院

辩护人:北京市东友律师事务所律师

邢战涛、王子昌

2013年8月20日

【二审判决书】

S省高级人民法院
刑事判决书

(2013)S刑一终字第×××号

原公诉机关S省Y市人民检察院。

上诉人(原审被告人)刘某某,男,1987年10月12日出生,汉族,初中文化,农民,S省Y市W乡M村人。2012年8月31日因涉嫌犯绑架罪被刑事拘留,同年10月5日被逮捕。现羁押于Y市看守所。

辩护人邢战涛、王子昌,北京市东友律师事务所律师。

原审被告人唐某某,又名斌子,男,1984年10月11日出生,汉族,小学文化,农民,S省Y市Z乡W村人。2010年12月2日因犯盗窃罪被Y市人民法院判处有期徒刑7个月。2011年4月1日刑满释放。2012年9月2日因涉嫌犯绑架罪被刑事拘留,同年10月5日被逮捕,现羁押于Y市看守所。

指定辩护人××,河北×××律师事务所律师。

S省Y市中级人民法院审理Y市人民检察院指控原审被告人刘某某、唐某某犯绑架罪、刘某某犯故意毁坏财物罪及原审附带民事诉讼原告人伏某、伏某涛、伏某云、伏某明提起附带民事诉讼一案,于2013年4月17日作出(2013)某刑初字第××号刑事附带民事判决。原审被告人刘某某对刑事部分判决不服,提出上诉。本院受理后,依法组成合议庭,于2013年8月20日公开开庭审理了本案。S省人民检察院指派检察员×××、书记员×××出庭履行职务,上诉人(原审被告人)刘某某及其辩护人北京东友律师事务所律师邢战涛、王子昌,原审被告人唐某某及其指定辩护人S省×××律师事务所律师××到庭参加诉讼,现已审理终结。

一审法院判决查明及认定部分(略)。

刘某某上诉及其辩护人辩护主要提出,刘某某不是绑架罪的组织者,对被害人的死亡没有直接致害行为,不应认定为主犯;原判决认定被告人唐某某在共同犯罪中所起的作用相对上诉人较小,与事实不符;唐某某与邢某直接勒死受害人,唐某某又系累犯,量刑上不应轻于刘某某、关于故意毁坏财物罪,被害人祁某有明显过错,该罪不能成立。

唐某某的辩护人辩护主要提出,唐某某在犯罪过程中所起作用较小,起次要和辅助作用,应认定为从犯。

S省人民检察院检察员出庭意见认为,本案事实清楚,证据确实充分。本案是有准备、有预谋的犯罪,3人进行了明确分工,又互相配合,共同绑架杀害了被绑架人吴某。刘某某、唐某某在共同犯罪中的作用基本相当。建议二审法院根据本案的性质、情节、社会危害程度及上诉人刘某某在共同犯罪中所处的地位和作用,依法裁判。

经审理查明,(1)2012年8月28日凌晨2时许,上诉人刘某某、原审被告人唐某某伙同邢某(另案处理)经预谋到Y市Z镇W村吴某家中,将被害人吴某绑架,并给吴某之子伏某涛打电话索要200万元赎金及一辆摩托车。29日凌晨,刘某某、唐某某伙同邢某在邢某的家中采取捂堵口鼻、勒颈等手段致吴某机械性窒息死亡。后邢某、唐某某将吴某的尸体掩埋后逃走。

认定上述事实,有经原审法院及本院庭审举证、质证的Y市公安局接受刑事案件登记表,立案决定书;辨认笔录及照片,现场勘查笔录及照片,现场勘验检查笔录,Y市公安局出具的提取笔录及提取痕迹,物证登记,法医学尸体检验鉴定意见书;证人伏某涛、王某A、高某某、及某A、陈某A、张某A、陈某B、伏某A、伏某B、伏某C、王某B、伏某D的证言;被告人刘某某、唐某某的供述;Y市人民法院出具的(2010)某刑初字第×××号刑事判决书、Y市看守所出具的某看刑释字(2011)第××号刑满释放证明书,S省Y市T县公安局××派出所出具的户口证明,Y市看守所出具的入所健康检查表,户籍证明等证据证实。上述证据本院予以确认。

(2)2012年4月15日14时许,上诉人刘某某在Y市××门窗厂门口,因祁某(另案处理)伙同他人殴打刘某某的亲戚,刘某某伙同他人用砖将祁某的迈腾车砸坏。经鉴定,该迈腾车损坏价值6972元。

认定上述事实,有经原审法院及本院庭审举证、质证的Y市公安局出具的接受刑事案件登记表、立案决定书、Y市人民法院出具的(2012)某刑初字第×××号刑事判决书、某市涉案物品价格鉴定中心出具的××市价鉴字(2012)第×××号价格认定报告书、Y市公安局××刑警队出具的提取笔录、中华人民共和国机动车行驶证、中华人民共和国组织机构代码证、被害人祁某陈述、证人张某B、刘某A、张某D证言、刘某某供述等证据证实。上述证据本院予以确认。

对于刘某某上诉及其辩护人辩护所提理由和意见，经查，在实施绑架犯罪过程中，上诉人刘某某、原审被告人唐某某伙同邢某相互配合，共同实施绑架并杀害被绑架人，在共同犯罪中均起主要作用，均系主犯，且均直接参与了致害行为，所提不是主犯及没有直接致害行为的理由和意见不能成立。刘某某在共同犯罪中参与预谋并纠集唐某某，准备并指使唐某某购买作案工具，诉称所起作用相对唐某某小的理由和意见不能成立。所提不应认定故意毁坏财物罪的理由与查明的事实不符。

唐某某的辩护人辩护所提唐某某系从犯的意见，与查明的事实不符，不能成立。

本院认为：上诉人刘某某，原审被告人唐某某伙同邢某共同绑架并杀害被害人，其行为均已构成绑架罪。刘某某、唐某某在绑架犯罪过程中情节特别恶劣，后果特别严重，社会危害性极大，均应依法惩处。刘某某伙同他人故意毁坏他人财物，造成经济损失6972元，其行为已构成故意毁坏财物罪，考虑到该起犯罪的具体情况，可对其免予刑事处罚。刘某某的上诉理由及辩护人辩护意见，唐某某辩护人辩护意见，本院均不予采纳。原判决认定事实清楚，证据确实、充分，定罪准确，审判程序合法。对刘某某、唐某某犯绑架罪量刑适当。对刘某某犯故意毁坏财物罪量刑不当。依照《中华人民共和国刑事诉讼法》第225条第1项、第2项、第233条，《中华人民共和国刑法》第275条、第37条之规定，判决如下：

1. 驳回刘某某上诉。

2. 维持Y市中级人民法院(2013)某刑初学第××号刑事附带民事判决第一项中对被告人刘某某犯绑架罪的定罪量刑部分、犯故意毁坏财物罪的定罪部分和第二、三项。即被告人刘某某犯绑架罪，判处死刑，剥夺政治权利终身，并处没收个人全部财产；犯故意毁坏财物罪；被告人唐某某犯绑架罪，判处死刑，缓期二年执行，剥夺政治权利终身，并处没收个人全部财产；对被告人唐某某限制减刑。

3. 撤销Y市中级人民法院(2013)某刑初学第××号刑事附带民事判决第一项中对被告人刘某某犯故意毁坏财物罪的量刑部分。

4. 上诉人(原审被告人)刘某某犯绑架罪，判处死刑，剥夺政治权利终身，并处没收个人全部财产；犯故意毁坏财物罪，免予刑事处罚；决定执行死刑，剥夺政治权利终身，并处没收个人全部财产。

本判决为终审判决。

根据《中华人民共和国刑事诉讼法》第237条之规定，本判决即为核准以绑架罪判处被告人唐某某死刑，缓期二年执行，剥夺政治权利终身，并处没收个人全部财产，对被告人唐某某限制减刑的刑事判决。

根据《中华人民共和国刑事诉讼法》第235条之规定，对被告人刘某某犯绑架罪，判处死刑，剥夺政治权利终身，并处没收个人全部财产，犯故意毁坏财物罪，免予刑事处罚；决定执行处死刑，剥夺政治权利终身，并处没收个人全部财产的刑事判决，依法报请最高人民法院核准。

审 判 长 ×××
代理审判员 ×××
代理审判员 ×××
2014年2月18日
书 记 员 ×××

【死刑核准裁定书】

中华人民共和国最高人民法院
刑事裁定书

(2014)刑四复××××××号

被告人刘某某，男，汉族，1987年10月12日出生于S省Y市，初中文化，农民，S省Y市W乡M村人。2012年10月5日被逮捕。现在押。

S省Y市中级人民法院审理S市人民检察院指控被告人刘某某犯绑架罪、故意毁坏财物罪一案，于2013年4月17日以(2013)某刑初字第××号刑事附带民事判决，认定被告人刘某某犯绑架罪，判处死刑，剥夺政治权利终身，并处没收个人全部财产；犯故意毁坏财物罪，判处有期徒刑6个月，决定执行死刑，剥夺政治权利终身，并处没收个人全部财产。宣判后，刘某某提出上诉。S省高级人民法院经依法开庭审理，于2014年2月18日以(2013)S刑一终字第×××号刑事判决，维持第一审对刘某某所犯绑架罪的定罪、量刑，对刘某某所犯故意毁坏财物罪改判免予刑事处罚，并依法报请本院核准。本院依法组成合议庭，对本案进行了复核，依法讯问了被告人，听取了辩护律师意见。审查了最高人民检察院意见。现已复核终结。

S省Y市中级人民法院和S省高级人民法院认定：

一、关于绑架事实

被告人刘某某与邢某(在逃)共谋绑架他人勒索钱财，后刘某某纠集唐某某(同案被告人，已判刑)参与作案。邢某选定与其邻村的伏某涛家作为目标，三人共同准备了匕首、胶带、手电筒、手套、口罩、手机卡等作案工具。2012年8月28日2时许，邢某驾驶其无牌黑色捷达轿车载刘某某、唐某某来到S省Y市Z镇W村伏某涛家附近，唐某某、刘某某上墙撕破伏某涛家金属防护网，唐某某翻墙进院打开大门，唐某某、刘某某各持一把匕首将独自居住的伏某涛母亲受害人吴某(被害人，殁年66岁)挟持到车上，载至Z镇Q村邢某的一处空闲宅院内监押。刘某某打电话向伏某涛索要200万元赎金，但未得逞。次日凌晨，邢某提议杀死受害人吴某，唐某某、刘某某表示同意。刘某某、唐某某按住受害人吴某四肢，邢某用一件蓝色秋衣捂堵受害人吴某口鼻，邢某、唐某某用在屋内找到的一根电线各拽一头猛勒受害人吴某颈部，致受害人吴某机械性窒息死亡。后邢某、唐某某开车运载受害人吴某尸体，使用刘某某提供的铁锹将尸体掩埋在Q村一条排水沟内。

S省Y市中级人民法院和S省高级人民法院认定上述事实的证据，有作案工具捷达轿车及车内的胶带、匕首、手电筒、唐某某的身份证、根据被告人刘某某指认提取的被害人吴某的尸体、手机、手机电池及用于打勒索电话的手机卡等物证，证人伏某涛、王某某、高某某、及某A、陈某某、张某A、陈某某、伏某B等的证言，尸体鉴定意见、DNA鉴定意见，现场勘验、检查笔录，指认笔录，同案被告人唐某某和被告人刘某某的供述等证据证实。

二、关于故意毁坏财物事实

2012年4月15日14时许，被害人祁某伙同张某B、孔某某等多人，在S省Y市××道××门窗厂附近，酒后无故持械殴打被告人刘某某的姑父及某B以及张某C、及某C等人，致张某C轻伤、及某B等五人轻微伤。刘某某听闻其姑父及某B被殴打，即与刘某A等人赶到出事地点，见及某B面部受伤流血躺在地上，多名男子将锹把、镐把装进一辆无牌迈腾轿车后备厢止欲开车离开。刘某某在该车开动后，向该车投掷砖块，砸中车右后门，致该车损失6972元。

S省Y市中级人民法院和S省高级人民法院认定上述事实的证据，有机动车行驶证、证实被害人祁某伙同他人酒后无故持械打伤被告人刘某某亲属的刑事判决书等书证，证人张某B、刘某A、张某D等的证言，车损检验鉴定意见，被害人祁某的陈述以及被告人刘某某的供述等。

本院认为，被告人刘某某结伙以勒索钱财为目的绑架他人，其行为已构成绑架罪。刘某某在绑架过程中杀害被绑架人，犯罪情节恶劣，手段残忍，后果严重，应依法惩处。鉴于刘某某在共同犯罪中不属罪责最为突出的主犯，且其归案后认罪、悔罪，对其判处死刑，可不立即执行。此外，第一审、第二审认定刘某某犯故意毁坏财物罪的事实不清，证据不足。依照《中华人民共和国刑事诉讼法》第235条、第239条和《最高人民法院关于适用〈中华人民共和国刑事诉讼法〉的解释》第350条第5项、第353条第1款的规定，裁定如下：

1. 不核准S省高级人民法院(2013)S刑一终字第×××号对被告人刘某某以绑架罪判处死刑，剥夺政治权利终身，并处没收个人全部财产；以故意毁坏财物罪免予刑事处罚，决定执行死刑，剥夺政治权利终身，并处没收个人全部财产的刑事判决。

2. 撤销S省高级人民法院(2013)S刑一终字第×××号对被告人刘某某以绑架罪判处死刑、剥夺政治权利终身，并处没收个人全部财产；以故意毁坏财物罪免予刑事处罚，决定执行死刑，剥夺政治权利终身，并处没收个人全部财产的刑事判决。

3. 发回S省高级人民法院重新审判。

本裁定自宣告之日起发生法律效力。

审 判 长 ×××
代理审判员 ×××
代理审判员 ×××
2015年3月30日
书 记 员 ×××

【重审终审判决书】

S省高级人民法院
刑事判决书

(2013)S刑一终字第105-1号

原公诉机关S省Y市人民检察院。

上诉人(原审被告人)刘某某，男，1987年10月12日出生，汉族，初中文化，农民，S省Y市W乡M村人。2012年8月31日因涉嫌犯绑架罪被刑事拘留，同年10月5日被逮捕。现羁押于Y市看守所。

辩护人邢战涛、王子昌，北京市东友律师事务所律师。

S省Y市中级人民法院审理Y市人民检察院指控原审被告人刘某某、唐某某犯绑架罪、刘某某犯故意毁坏财物罪及原审附带民事诉讼原告人伏某、伏某涛、伏某云、伏某明提起附带民事诉讼一案，于2013年4月17日以(2013)某刑初字第××号刑事附带民事判决，认定被告人刘某某犯绑架罪，判处死刑，剥夺政治权利终身，并处没收个人全部财产；犯故意毁坏财物罪，判处有期徒刑6个月；决定执行死刑，剥夺政治权利终身，并处没收个人全部财产；被告人唐某某犯绑架罪，判处死刑，缓期二年执行，剥夺政治权利终身，并处没收个人全部财产；对被告人唐某某限制减刑；被告人刘某某、唐某某共同赔偿附带民事诉讼原告人直接经济损失人民币18,083元，并互负连带责任。原审被告人刘某某对刑事判决部分不服,提出上诉。本院依法组成合议庭,经公开开庭审理,于2014年2月18日以(2013)S刑一终字第×××号刑事判决维持第一审对被告人刘某某所犯绑架罪的定罪、量刑部分,对刘某某所犯故意毁坏财物罪改判免予刑事处罚,并依法报请最高人民法院核准。最高人民法院经过复核,于2015年3月30日以(2014)刑四复××××××号刑事裁定,不核准并撤销本院(2013)S刑一终字第×××号对被告人刘某某以绑架罪判处死刑,剥夺政治权利终身,并处没收个人全部财产;以故意毁坏财物罪免予刑事处罚,决定执行死刑,剥夺政治权利终身,并处没收个人全部财产的刑事判决,发回本院重新审判。本院依法另行组成合议庭审理了本案。现已审理终结。

原判决认定:(略)。

经审理查明:

原判决认定,2012年8月28日凌晨2时许,上诉人刘某某伙同他人经预谋到Y市Z镇W村吴某家中,将吴某绑架,并给吴某之子伏某涛打电话索要200万元赎金及一辆摩托车。29日凌晨,刘某某、唐某某(已判刑)伙同邢某(另案处理)在邢某的家中采取捂堵口鼻、勒颈等手段致吴某机械性窒息死亡。后邢某、唐某某将吴某的尸体掩埋后逃走的事实清楚。

上述事实,有经原审法院及本院庭审举证、质证的Y市公安局接受刑事案件登记表,立案决定书,辨认笔录及照片,现场勘查笔录及照片,现场勘验检查笔录,提取笔录及提取痕迹、物证登记,法医学尸体检验鉴定意见书,证人伏某涛、土某A、高某某、及某A、陈某A、张某A、陈某B、伏某A、伏某D、伏某E、王某B、伏某F等证言,被告人刘某某、唐某某的供述,(2010)某刑初字第×××号刑事判决书,某看刑释字(2011)第××号刑满释放证明书,入所健康检查表,户籍证明等证据证实,上述证据本院予以确认。

关于对辩解及辩护意见的查证情况:在实施绑架犯罪过程中,上诉人刘某某积极主动,与同案犯伙同他人相互配合,共同实施绑架并杀害被绑架人,在共同犯罪中起主要作用,系主犯,且直接参与了致害行为,所提不是主犯及没有直接致害行为的理由和意见不能成立。刘某某在共同犯罪中参与预谋并纠集唐某某,准备并指使唐某某购买作案工具,所提刘某某在绑架罪中所起作用相对唐某某小的理由和意见不能成立。关于故意毁坏财物罪,2012年4月15日案发后,被害人方开走了被毁坏的车辆,公安机关既没有拍照也没有相关毁坏情况的描述记载,定损数额是4天后(4月19日)被害人方重新把车开到公安机关后进行的评估。而且从证人证言分析,不能确定当时的砸车行为只是刘某某一人所为。故原判决认定刘某某毁坏他人财物价值6972元的事实不清,证据不足。故所提不应认定故意毁坏财物罪的理由和意见,予以采纳。

本院认为，上诉人刘某某结伙以勒索钱财为目的绑架他人，其行为已构成绑架罪。刘某某在绑架犯罪过程中杀害被绑架人，犯罪情节恶劣，手段残忍，后果严重，应依法惩处。鉴于刘某某在共同犯罪不属于罪责最为突出的主犯，且其归案后认罪、悔罪，对其判处死刑，可不立即执行。上诉及辩护所提原判量刑过重，请求从轻处罚的意见，予以采纳。原判决认定刘某某犯绑架罪的事实清楚，证据确实、充分，定罪准确，审判程序合法，但量刑不当；认定刘某某犯故意毁坏财物罪的事实不清，证据不足。依照《中华人民共和国刑事诉讼法》第225条第1款第2项、第3项，第233条，《最高人民法院关于适用〈中华人民共和国刑事诉讼法〉的解释》第353条第2款和《中华人民共和国刑法》第239条第1款、第2款，第48条第1款，第56条，第57条第1款之规定，判决如下：

1. 维持××市中级人民法院(2013)某刑初字第××号刑事附带民事判决第一项中对被告人刘某某犯绑架罪的定罪部分；

2. 撤销××市中级人民法院(2013)某刑初字第××号刑事附带民事判决第一项中对被告人刘某某犯绑架罪的量刑部分和犯故意毁坏财物罪的定罪、量刑部分及数罪并罚决定执行的刑罚部分；

3. 上诉人(原审被告人)刘某某犯绑架罪，判处死刑，缓期二年执行，剥夺政治权利终身，并处没收个人全部财产。

本判决为终审判决。

审　判　长　×××
代理审判员　×××
代理审判员　×××
2015年11月3日
书　记　员　×××

办案总结

本案虽为故意绑架并杀人的暴力性犯罪案件，但律师经过对案件的综合评估，认为判决刘某某死刑立即执行实属量刑畸重，且刘某某案发时年仅25岁，家中还有两个幼子，保全生命对于其本人及家庭具有重要意义，于是接受了为其进行辩护的委托。

接受委托后，律师向刘某某的家属了解了民事赔偿情况，第一时间会见了刘某某，并仔细听取了案件具体情况。经与S省Y市人民检察院沟通，律师及时进行了阅卷。在对卷宗材料进行多次分析论证及会见后，律师发现，刘某某并不符合死刑立即执行的条件。而且在整个办案过程中，刘某某一直认罪、悔罪，并愿意尽最大努力对被害人家属作出赔偿。因此,在案件二审辩护中,律师提出了一审法院对于刘某某犯故意毁坏财物罪定性有误,对于刘某某犯绑架罪的量刑畸重的辩护意见。S省高级人民法院于2014年2月18日作出二审判决书,判决认定刘某某犯绑架罪,判处死刑,剥夺政治权利终身,并处没收个人全部财产;犯故意毁坏财物罪,免于刑事处罚。

本案一进入死刑复核阶段,律师及时向最高人民法院立案庭提交了委托手续,在最高人民法院立案庭谈话室向接待法官阐明了基本的辩护意见并提交了《约见死刑法官申请书》。之后,在与最高人民法院承办法官的面谈过程中,律师向承办法官详细阐述了本案的辩护意见并表达了刘某某及家属的意愿和想法,之后又向主审法官提交了书面辩护意见及刘某某所在村村民的联名信。在此期间,律师经与法官及刘某某家属协调,向最高人民法院预交了相应的民事赔偿款。

经过一年的漫长等待,在与承办法官无数次沟通之后,最终最高人民法院作出了裁定不予核准刘某某死刑判决的裁定。

本案在发回S省高级人民法院之后,律师与主审法官进行了电话沟通,并提交了书面的辩护意见。最终,S省高级人民法院采纳了律师关于刘某某犯绑架罪的量刑部分的意见及关于其犯故意毁坏财物罪的定性部分的意见。

每一个案件对于律师而言都是一个重新认识社会和自我的过程,本案更是如此。"刀下留人"虽然结果令人欣慰,但实现的过程却满是荆棘与煎熬,律师每争取的一个工作日,都是当事人度过的一个生命日。办案的过程也让律师认识到了专业、技能、坚韧、责任心的重要性,认识到了自由和生命的意义。

专家点评

最高人民法院于2007年8月28日印发《最高人民法院关于进一步加强刑事审判工作的决定》的通知(法发[2007]28号)文件。根据文件精神,贯彻执行"保留死刑,严格控制死刑"的刑事政策。对于具有法定从轻、减轻情节的,依法从轻或者减轻处罚,一般不判处死刑立即执行。坚持死刑只适用于罪行极其严重的犯罪分子。

本案系为共同犯罪案件,其中刘某某与邢某共谋绑架他人勒索钱财,后刘某某纠集唐某某参与作案。案发后以及案件审理过程中邢某一直在逃。犯罪嫌疑人邢某作为本案的最关键核心人物,其在共同犯罪当中所起的作用大小对本案其他被告人的量刑有着一定的影响。本案辩护律师对刘某某在共同犯罪过程中所起的作用大小进行了认真细致分析,并且刘某某具有积极悔罪表现,以及其所犯故意毁坏财物罪事实不清、证据不足,提出了翔实的辩护意见,虽然遗憾二审法院没有采纳辩护律师意见,但在二审过程中,律师协调刘某某家属倾其所有积极赔偿凑足20万元交到了二审法院,体现了被告人刘某某积极赔偿并渴望获得被害人家属谅解的态度!根据司法实践经验,有下列情形之一的,就属于"不是必须立即执行"的特殊从宽情节:(1)罪该判处死刑,但犯罪行为不是最严重地侵害国家或人民利益,人身危险性不是特别严重的;(2)罪该判处死刑,但被害人有一定过错的;(3)罪该判处死刑,但在共同犯罪活动中不是起最主要作用的;(4)罪该判处死刑,但犯罪分子犯罪后坦白交代、认罪悔改、投案自首或有立功表现的,等等。最高人民法院对于此案持以非常严谨的态度,邢某在逃,案件相关事实及相关证据并不足以证明刘某某罪行极其严重,性质极其恶劣,社会危害极大。通过S省高级人民法院的再次重新审判,维护了被告人的合法权益和稳定的社会秩序。这既体现了我国对人权司法保障的重视,也表明了我国司法机关自我纠错的勇气。

审核人、点评人:谢炳光(北京市华联律师事务所主任、北京市律师协会智库重大复杂案件课题组副组长)

复核人:王峥(北京市立天律师事务所主任、北京市律师协会智库重大复杂案件课题组组长)

利害关系人证人证言的证明力

——刘某故意杀人案*

争议焦点

证人证言与被害人存在利害关系的证明力；自首的认定。

关键词

故意杀人罪　主动投案　自首　赔偿　被害人亲属的谅解

案情简介

2014 年 6 月 6 日中午，被告人刘某某及其妻子与几个朋友在一起吃饭，其间，刘某某喝了很多酒。饭后，几人来到被害人蒋某的装饰公司玩砸筒子，玩了两三个小时，刘某某和蒋某均输了钱，后蒋某提出向刘某某借钱。由于刘某某身上钱也不多，当时并未借钱给蒋某。

后双方发生口角，当时都想动手，但被人劝开回家。过了一会儿，蒋某说过来找刘某某吃饭，让其准备饭，刘某某想出去吃饭，故开车到在某小区门口等着蒋某。待蒋某到小区门口后，刘某某准备和蒋某好好说说这事，没想到蒋某说了一句："上你家说去"，然后直奔小区开去。刘某某由于担心蒋某伤害其家人，故也开车跟了过去。

行驶至某小区 6 号楼北侧路上时，刘某某驾驶北京现代牌汽车故意加速冲撞蒋某，致蒋某重度颅脑损伤死亡。刘某某下车发现撞人后，立即拨打了"120"，并在现场等候，后被民警当场抓获。刘某某案发前因赌博，于 2012 年 3 月 11 日被行政拘留 10 日，罚款人民币 500 元；因犯盗窃罪，于 1999 年 5 月 7 日被判处有期徒刑 6 个月，罚金

* 案例提供人、承办律师：刘帅军（北京市京德律师事务所）。

人民币1000元。

起诉书以被告人刘某某构成故意杀人罪向某中级人民法院提起公诉。某中级人民法院以故意杀人罪判处刘某某死刑。刘某某不服一审判决,以量刑过重为由向某市高级人民法院提起上诉,某市高级人民法院改判上诉人刘某某为无期徒刑。

案件历程

【起诉书】

北京市人民检察院某分院
起诉书

京××分检公诉刑诉(2014)×××号

被告人刘某某,男,××年××月××日出生,身份证号码×××××××××××,汉族,小学文化程度,无业,户籍所在地××省××市×××自治县×××镇×××村××组××号。住本市××区××镇×××居××号楼××单元×××。因赌博于2012年3月11日被行政拘留10日,罚款人民币500元;因犯盗窃罪,于1999年5月7日被判处有期徒刑6个月,罚金人民币1000元。因涉嫌犯故意杀人罪,于2014年6月7日被北京市公安局某分局刑事拘留,经本院批准,于同年7月10日被某市公安局逮捕。

本案由某市公安局侦查终结,以被告人刘某某涉嫌故意杀人罪,于2014年9月4日向本院移送审查起诉,本院受理后,已依法告知被告人有权委托辩护人,已告知被害人近亲属有权委托诉讼代理人,依法讯问了被告人,听取了辩护人、被害人近亲属的意见,审阅了全部案卷材料。期间,依法退回补充侦查一次,延长审查起诉期限一次。

经依法审查查明:被告人刘某某于2014年6月6日,因故与被害人蒋某(男,殁年50岁)引发冲突。后于刘某某于同日18时许,酒后驾驶北京现代牌汽车(车牌号为:京×××××××),在北京市××区××××居××号楼北侧小区路上,故意加速冲撞蒋某,致蒋某因重度颅脑损伤死亡。

被告人刘某某作案后被当场抓获。

认定上述事实的证据如下:

现场勘查笔录、雷春某等人的辨认笔录、法医学尸体检验鉴定意见书等鉴定意见、刘某某驾驶的北京现代牌轿车(京×××××××)等物证,证人高艳某、杨宝某等人的证人证言,被告人刘某某供述和辩解等证据以及到案经过等证明材料。

本院认为,被告人刘某某故意非法剥夺他人生命,致一人死亡,犯罪性质恶劣,犯罪情节、后果严重,社会危害性大,其行为已触犯《中华人民共和国刑法》第232条,犯罪事实清楚,证据确实、充分,应当以故意杀人罪追究其刑事责任。本院依据《中华人民共和国刑事诉讼法》第172条之规定,提起公诉,请依法判处。

此致

北京市某中级人民法院

检　察　员　×××

代理检察员　×××

2014年12月18日

附:

1. 被告人刘某某现羁押于北京市某看守所;

2. 案卷材料7册(内附光盘18张);

3. 涉案扣押物品清单一份。

【一审刑事判决书】

北京市某中级人民法院
刑事判决书

(2015)××中刑初字第×××号

公诉机关北京市人民检察院某分院。

被告人刘某某,男,××岁(×××年××月××日出生),汉族,出生地××省××市,小学文化,农民,户籍所在地××省××市×××自治县×××镇×××村××组××号。因赌博于2012年3月11日被行政拘留10日,罚款人民币500元;因犯盗窃罪,于1999年5月7日被判处有期徒刑6个月,罚金人民币1000元。因涉嫌犯故意杀人罪于2014年6月6日被羁押,次日被刑事拘留,同年7月10日被逮捕。现羁押于北京市某看守所。

辩护人×××,北京市××律师事务所律师。

北京市人民检察院某分院以京××分检公诉刑诉(2014)×××号起诉书指控被告人刘某某犯故意杀人罪,于2015年1月4日向本院提起公诉。本院依法组成合议庭,公开开庭审理了本案。北京市人民检察院某分院指派检察员李某、代理检察员安某出庭支持公诉,被告人刘某某及其辩护人×××到庭参加诉讼。现已审理终结。

北京市人民检察院某分院指控:被告人刘某某于2014年6月6日,因故与被害人蒋某(男,殁年50岁)发生冲突。后刘某某于同日18时许,酒后驾驶北京现代牌轿车(京××××××),在本市××区××××居××号楼北侧小区路上,故意加速冲撞蒋某,致蒋某因重度颅脑损伤死亡。

被告人刘某某作案后被当场抓获。

针对指控的上述事实,公诉机关当庭宣读和出示了现场勘查笔录,雷春某等人的辨认笔录,高艳某等人的证人证言,法医学尸体检验鉴定意见书等鉴定意见,北京现代牌汽车(京××××××)等物证照片,被告人刘某某的供述和辩解等证据材料,认为被告人刘某某故意非法剥夺他人生命,致一人死亡,犯罪性质恶劣,犯罪情节、后果严重,社会危害性大,其行为触犯了《中华人民共和国刑法》第232条之规定,犯罪事实清楚,证据确实、充分,应当以故意杀人罪追究其刑事责任,提请本院依法判处。

在法庭审理中,被告人刘某某对公诉机关指控的主要犯罪事实和罪名不予认可,辩称案发时其没有看到被害人蒋某,下车后才看到的,其没有撞死蒋某的故意。辩护人×××当庭申请对被告人刘某某做精神病鉴定,并提出如下辩护意见:被告人刘某某不具有杀人的动机和主观故意,主观上系过失,其行为不构成故意杀人罪;被告人刘某某明知他人报警而在现场等候,并如实交代了犯罪事实,构成自首。综上,建议法院对被告人刘某某从轻或减轻处罚。

经审理查明:被告人刘某某于2014年6月6日,因故与被害人蒋某(男,殁年50岁)产生矛盾并引发冲突。后于当日18时许,在××市××区××××居××号楼北侧小区路上,刘某某酒后驾驶北京现代牌汽车(车牌号为:京××××××),在××市××区××××居××号楼北侧小区路上,故意加速冲撞蒋某,致蒋某因重度颅脑损伤死亡。被告人刘某某作案后明知他人报警而在现场等候,并被民警当场抓获。

上述事实,有公诉机关提交的,并经法庭举证、质证,本院予以确认的下列证据予以证实:

1. 证人刘瑞某的证言证明:2014年6月6日上午,她和丈夫刘某某去看门面房,中午和吴海某等一起吃饭,刘某某喝了酒。大概下午3点多钟,刘某某就去边上一门脸房内玩牌,玩了2小时左右。其间,蒋某跟刘某某借钱,刘某某说自己就几百元钱了,蒋某说又不是不还,后二人就吵吵起来,刘某某把手里的500元钱摔在桌子上,蒋某就恼了,骂刘某某,二人就互相骂。蒋某用手杵刘某某,刘某某要拿凳子被大家按住并给分开了。刘某某被大家劝出来,她开车走的,快走到某环岛处,刘某某就上她的车回家了。下午5点左右到的家,她把车停在×××居××号楼西侧拐角处,在楼下刘某某接了一个电话,不知道刘某某在电话里说了什么。她就去买菜了。买菜回来,刘某某还在楼下打电话,不知道给谁打的,就听刘某某说了一句"让姓蒋的接电话,我跟他说几句话。"对方好像没让姓蒋的接电话,就挂了,接完电话她和刘某某就上楼了。她又下楼去买药,买药回来,刘某某拿着车钥匙就出去了,因为刘喝酒了,她怕刘开车,也跟着出去。她开上车,刘某某坐在车上,开到小区门口时,刘某某说:"一会儿蒋哥要过来,我俩要出去喝酒。"并让她把车停下,她停下后就下车了。一会儿蒋某开车就过来了,刘某某就跟蒋某说:"咱俩就在这说说这事。"蒋某没停车,也没说话,直接就开车进了小区。她赶紧步行追着蒋某进了小区,刘某某开始跟着她走的,走了几步就回小区门口开车。她走到××号楼拐角的时候,刘某某已经开车到××号楼××单元门口,那时车速还不快,接着刘某某往西开的速度越来越快,她听见车发动机的响声很正常。她看见刘某某开车撞了一辆黑色轿车,撞得挺远,当时也没看见撞到人,她跑过去时才发现蒋某躺在自己奇瑞车旁的地上。刘某某下车,她就骂刘某某怎么开的车。后她就打"120"和"110"叫救护车、报警了。

蒋某被撞倒时头朝东、面朝南躺在地上,头挨地处有血,而且越来越多,当时一动不动了,但还有呼吸,旁边的人都让等"120"来。

2. 证人刘芳某的证言证明:2014年6月6日中午,她和父亲刘某某、母亲刘瑞某还有她父亲的两个朋友在怀柔南关一个饭店吃的饭,吃完饭她先坐车回家了。17时30分左右,她下楼拿菜,她妈看她精神不好,就去给她买药。大概过了10分钟,她妈回家后让她去小区门口找她爸,到楼下没走多远,她就听见她爸打电话的声音,之后他们就一起回家了。到家没几分钟,不知道刘某某是接电话还是打电话,一边说着就出门往楼下走,她怕刘某某去玩牌,就跟在后面也往楼下走,刘某某不让跟着,她就回家了,她进门后刘瑞某紧接着就出去了。后来她透过窗户往楼下看,见刘某某在楼下站着,面前一两米的地方躺着一个人,而且看见那个人身上往外流血,一股股的,她就赶紧下楼,在楼下看见地上躺着的那个人流了很多血,一会儿"120"和警察也来了。在楼下时刘某某让她打过"110"报警,在楼上时没有听到异常声音。

3. 证人高艳某的证言证明:2014年6月6日下午5时45分许,她下班到家,18时10分左右她爱人杨宝某和女儿杨某到家。他们三人下楼准备去外边吃饭,她家的别克商务车停在了5单元门口行车路北侧草坪,准备上车的时候,她家车头的右前侧停了一辆黑色轿车,车的左侧门打开着,过了一会儿,车上的男子下车站在驾驶室边。当他们经过这辆车时,那男子和她老公打了个招呼,正当她系安全带时,听到××号楼××单元那边有很大的轿车发动机声,她扭头看到一辆银灰色轿车从

××单元向5单元,也就是从东向西高速开过来,直接把刚才站在车边上的男子撞飞了。那男子撞在西边北斗星车的车尾上又弹了回来然后摔在了地上,肇事车接着又把停在西边的黑色轿车撞横过来了。他们全家发现那个男的被撞倒后,就直接下车了,看见那个男子头朝东,脚朝西蜷着,头上全是血。肇事司机的老婆从东边跑过来,到了受伤者的边上,看看受伤者的情况,边看边骂:"让你别这样,你偏要这样做。"她老公让(肇事司机)老婆赶紧打"120"急救,不一会儿警察就来了。

在17时45分左右,她上楼时看到肇事司机和他儿子、女儿在××号楼5单元门口,肇事司机在打电话,在电话里骂人,具体骂什么没听清楚。18时10分她下的楼,下楼后她看到肇事者的车停在××单元边角上,车上下来一个人,是男是女没印象。

4. 证人高艳某的辨认笔录证明:在见证人的见证下,辨认人高艳某对十张男子正面照片辨认后指出,7号照片上的男子(刘某某)就是开车把蒋某撞倒的人;高艳某对另一组十二张男子正面照片进行辨认后指出,6号照片上的男子(蒋某)就是被撞倒的人。

5. 证人杨宝某的证言证明:2014年6月6日下午大概6时20分,他和爱人下楼准备出去,刚出单元门,看到认识的一个男子在车里驾驶座坐着,他和该男子打了个招呼,对方说过来找人的。这人就下车跟他打招呼,后他和爱人就上车了。他的车停在那个男子的车后边,两辆车离得很近。上车后,他在低头系安全带时,听到很大的发动机轰鸣声从他车旁开过,他抬头一看,一辆银灰色三厢现代牌小轿车把刚才和他说话的那个男子撞了出去,男子被撞到前面停着的一辆北斗星车的尾部,然后又被弹到了肇事车的前发动机盖上后,从右侧滚到地上。撞人的这辆现代车撞到前面停着的一辆帕萨特尾部才停下来,帕萨特被撞七八米远,变了个方向。他看见撞人了,马上就下车,看见从东边跑过来一个女子,该女子骂道:"刘某某,你他妈该死的。"从那辆现代轿车下来一个人,应该叫刘某某,往倒地的男子方向走过来,手里拿个拳头大小的石头,走到跟前,看见倒地的人头部已经流血了,刘某某就把手里的石头扔了。那个女的来了后,他就让那女子打"120"。后他给龚某打电话,告诉龚某他们村人被撞了。过了一会儿,救护车就来了把被撞的人拉走了。

当时,他没听到有刹车声,下车后,也没看到地面上有刹车的痕迹。刘某某撞完人后,从车上下来,特别淡定,一点都不慌,慢慢地往被撞的人跟前走,看见被撞的人流血了,刘某某就走到一边打电话去了。刘某某根本就没有那种撞人后的慌张、害怕表情。刘某某的媳妇特别慌张、着急。

6. 证人杨宝某的辨认笔录证明:在见证人的见证下,辨认人杨宝某对一组10张男子正面照片辨认后指出,7号照片上的男子(刘某某)就是开车把蒋某撞倒的人;杨宝某对另一组12张男子正面照片进行辨认后指出,6号照片上的男子就是被撞倒的蒋某。

7. 证人董庆某的证言证明:2014年6月6日下午6点多,他正在家做饭,突然听到"当"的一声巨响,透过窗户他看见他们单元东北方向几米处撞车了。他出楼门看到他的车(白色北斗星,车号是京P××××××)左后方躺着一个男的,头下有血,一个开银色现代车司机撞了停在原地的一辆黑色帕萨特,并把帕萨特向西撞进了草地。开现代轿车的那个司机下车后,走到地上躺着的男子身旁打电话,好像是给"120"打电话。过了一会儿,救护车来了,医务人员把受伤的男子抬上车拉走了。交警来了之后给现代轿车的司机测了酒精,对被撞车行拍照,后交警就把肇事司机带走了。

8. 证人李岱某的证言证明:他是被撞的帕萨特轿车的车主,昨晚6时20分左右,他在家中的厨房,正好能看见楼下他停车的地方。他的车停在××号楼和12号楼中间的北面位置,车头朝西,当时他看见一辆银灰色现代轿车从东向西开过来,把他的车直接顶到西边的草坪上了,被撞成车头朝北的方向。他赶紧下楼,看见一个人被撞倒在地上,好多血,看样子是被这辆银色现代给剐了。在楼下听周围人说,才知道这辆奇瑞车的车主是被撞的那个人,旁边站着那辆现代轿车的车主,还有他的老婆、孩子。他看见这些情况后就赶紧报警了。他的车是一辆黑色帕萨特轿车,车牌号京××××××,当时银色现代车怎么撞得人他没看到。

9. 证人张文某的证言证明:2014年6月6日中午12时许,她和蒋某、杜迎某三人一起吃的中午饭,后一起回到南大街他的装饰公司待着。14时许,刘某某和他妻子及两个朋友一共四个人从外面吃完饭到他店里待着,没多会儿,强某也来了,因为下雨没事,有人提议玩牌。刘某某、强某、刘某某的朋友姓孙的,还有一姓于的女子四人玩砸筒子,蒋某看他们玩牌。后来那女的出去接电话让蒋某替玩两把,玩的时候,蒋某牌桌上的钱没了,就要从刘某某那儿借200元,刘某某说借给你自己就没钱玩了。蒋某说:"以前你从我这拿钱我都给你,现在从你借钱你不给。"刘某某就说:"你妈×,就不给你。"后刘某某和蒋某就对骂,并动手要打架,被大家劝开了。刘某某在屋里时还说"今天有你没我,今天我就弄死你。"她就将蒋某劝到马路边,强某拉着刘某某往强某白色轿车里拉,后开车将刘某某送走了,刘某某的妻子开着自己家的银色现代车跟着走了。刘某某走后,她把蒋某劝回店里,强某开车回店里后说:"我把刘某某送回家了,老蒋你没事也回家吧。"正说着,刘某某就给她打电话,在电话里说:"我没有老蒋的电话,你把电话给老蒋。我跟老蒋说,今天老蒋欺负我,我俩约个地儿,就我们俩,今天就是有我没他,有他没我。"她听完就说:"今天你喝多了,你们俩都在气头上,明天再说。"她没把电话给蒋某。刘某某接连打了好几个电话,她一接刘某某还是说那些话,后来她就不接了。刘某某又打电话给强某,强某接完电话就让蒋某回家,蒋某从床上起来,展贵某也要走,于是蒋某开着自己的车拉上展贵某走了。她当时怕出事,在蒋某走后20分钟左右,她给蒋某打电话,蒋某的妻子说:"蒋某在××××撞车了,你过去看看。"这样,强某就开车拉上她,到××××小区,但没见人,只看到现场有血迹。

她跟刘某某认识两年多了,刘某某跟蒋某也认识好几年了,都是朋友,平时他俩经常一起吃饭,一起玩牌。除了案发当天玩牌时发生点矛盾外,没有别的矛盾。当天中午刘某某饮酒了,脾气特别暴躁,平时刘某某不这样。

10. 证人张文某的辨认笔录证明:在见证人的见证下,辨认人张文某对一组10张男子正面照片辨认后指出,7号照片上的男子就是玩牌时跟蒋某发生口角的刘某某;张文某对另一组12张男子正面照进行辨认后指出,6号照片上的男子就是玩牌时跟刘某某发生口角的蒋某,也就是后来被刘某某开车撞死的蒋某。

11. 证人郑建某的证言证明:2014年6月6日下午3点左右,他到蒋某公司玩。见到蒋某、刘某某、张文某和一个姓于的女子、展贵某及刘某某的媳妇在蒋某公司,当时蒋某、刘某某、一个叫大龙和一个他不认识的人一起玩砸筒子。过了一会儿,他不认识的那个人就不玩了,他就上去接着玩,其他人在一旁看。玩到下午5点左右,蒋某输得没钱了,想借刘某某200元钱,刘某某说自己只有500元钱,借了自己就没钱玩了,要不把这500元钱给蒋某自己不玩了。蒋某就生气了,两人吵了起来,后来不知道他俩谁骂了一句,两人开始撕扯,刘某某还从地上拿起一把凳子想砸蒋某,被他们给拉开了。他就把刘某某拉到他的车上,但刘某某还在骂蒋某欺负自己,他车开到某环岛时看到刘某某的车,当时是刘某某媳妇开的车,她让刘某某上了自己的车。下午6点半左右,张文某给他打电话说蒋某出事了,他就开车拉张文某一起去了××××刘某某楼下,蒋某已经被"120"拉走了。

刘某某上了车后五六分钟,给他打过一个电话,说还得回蒋某的店里找蒋,把今天这事说说。刘某某还向他要蒋某电话,他没告诉刘某某。

12. 证人郑建某的辨认笔录证明:在见证人的见证下,辨认人郑建某对一组10张男子正面照片辨认后指出,7号照片上的男子就是玩牌时跟蒋某发生口角的刘某某;郑建某对另一组12张男子正面照片进行辨认后指出,6号照片上的男子就是玩牌时跟刘某某发生口角的蒋某。

13. 证人于淑某的证言证明:刘某某与蒋某二人在牌桌上因为借钱的事发生矛盾,后被大家劝开,强某开车将刘某某送走。

14. 证人展贵某的证言所证明的内容与于淑某所证内容一致。

15. 证人雷春某的证言证明:昨天晚上6点多,同村的龚某到她家,告诉她蒋某出事了,在××××小区里被车撞了,让她赶紧去看看。她坐龚某的车到了××××小区××号楼和××号楼中间的位置,看到她爱人蒋某倒在地上,地上一大堆血,当时她就被吓坏了。过了一两分钟,救护车来了把她丈夫拉走抢救去了。撞人的人她不认识,当时也不知道是谁撞的。听说是杨宝某打电话告诉龚某的。

16. 证人雷春某的辨认笔录及录像证明:在见证人的见证下,辨认人雷春某在北京某司法鉴定所辨认出尸体是她丈夫蒋某。

17. 证人龚某的证言证明：昨天18时23分，杨宝某给他打电话说他们村的蒋某在××××小区被车撞了。他就去蒋某家把这件事告诉蒋某的妻子雷春某，并开车带着雷春某来到××××小区，大概18时35分到的。到后就看见蒋某躺在××号楼西边的地上，喘着粗气，地上有好多血。开车撞人的那个人开的是一辆银色的现代轿车，也站在旁边，有一辆黑色轿车被撞到了西边草坪上，还有两辆车也受到了剐蹭，其中一辆是蒋某的黑色奇瑞轿车，还有一辆是白色昌河北斗星。过了一两分钟，救护车就来把蒋某拉走了。杨宝某家就住在蒋某被撞的小区，杨宝某跟他和蒋某互相认识。

18. 证人于淑某的证言证明：他是北京市××区××镇××××小区物业办公室主任。小区内录像监控由他负责，小区内部、大门口及周边都装着摄像头，今年5月中旬进行过一次检修，之后不知什么原因就不能回放也不能录像了。

19. 北京市公安局某分局刑侦支队出具的现场勘验笔录、提取痕迹、物证登记表、现场照片、事故现场图及现场图补充说明、北京市公安局某分局刑侦支队出具的工作说明证明：现场位于北京市××区××镇××××小区××号楼5单元北侧。现场东侧为小区内道路，道路北侧为绿地，南侧为×××居××号楼；现场南侧为小区内道路；现场西侧为绿地，绿地南侧为小区内道路和××××12号楼，绿地北侧为××××11号楼；现场北侧为花台。现场地面为红色水泥地面，该处地面西侧边缘为一段水泥砌成的弧形外沿，外沿西侧为绿地。经勘查发现，中心现场有两组轮胎擦蹭痕迹，呈平行状态，这两组轮胎擦蹭痕迹分别编号为1号痕迹和2号痕迹，1号痕迹的两组平行痕迹均呈断开状态，2号痕迹的平行痕迹为连续状态。经测量，1号痕迹宽12厘米，内沿距离138厘米；2号痕迹宽15厘米，内沿距离为137厘米；1号痕迹北侧东段长170厘米，北侧西段长240厘米，两段痕迹之间的距离为115厘米；1号痕迹南侧东段长187厘米，南侧西段长118厘米，两段痕迹之间的距离为235厘米；2号痕迹北侧长410厘米；2号痕迹南侧长560厘米。水泥砖弧形外沿西侧的绿地见有两条重复轮胎痕迹，北侧痕迹长6201米，南侧痕迹长425厘米。中心现场地面轮胎擦蹭痕迹东侧地面见一处血泊，血泊长90厘米，宽50厘米，已用棉签提取该处血迹。血泊北侧见一木珠，血泊西侧见一红色打火机，经处理，均未见可疑痕迹反映。经勘查，血泊处和轮胎痕迹处见散落的汽车碎片，经处理，未见可以痕迹反映。在现场勘查中，共有两组轮胎痕迹，编号为1号痕迹和2号痕迹，每组轮胎痕迹均为平行的2条轮胎挫印。故在现场勘查图中出现了四条轮胎挫印，两者勘查是一致的。经现场测量，案发的××区××镇××××小区门口位于小区东围墙中部，××号楼位于小区内北部，小区门口距××号楼距离为100米，××号楼东西向总长72米，单元门均向北开，由东向西依次为1单元至5单元，1单元至5单元距离为57.6米。

案发后,涉案汽车已被北京市公安局某分局交通支队停放在涉案物品存放处。刘某某驾驶的银灰色现代牌汽车,车牌号为:京××××××。经勘查,该车前保险杠和机器盖均已损坏,破损情况见现场照片。经处理,已用棉签擦拭提取前保险杠及机器盖脱落细胞;该车右侧反光镜呈关闭状,已用棉签擦拭提取右侧反光镜脱落细胞;已用棉签擦拭提取车身右侧脱落细胞;已用棉签擦拭提取汽车内方向盘、档把、手刹、中央空调、收音机开关、雨刷开关、转向灯开关脱落细胞。蒋某的汽车为黑色奇瑞牌,车牌号为:京××××××,经勘查,该车左侧反光镜已损坏,破损情况见现场照片,经处理,未见可疑痕迹物证反映。停放在路旁的两辆被损坏汽车,其中一辆为白色昌河铃木北斗星汽车,车牌号为:京××××××。该主后侧保险杠和左后侧车灯已损坏,破损情况见现场照片,经处理,未见可以痕迹物证反映;另一辆为黑色大众帕萨特牌汽车,车牌号为:京××××××,该车后侧保险杠和后备厢已损坏,破损情况见现场照片,经处理,未见可以痕迹物证反映。

20. 扣押决定书、扣押清单、北京市公安局某分局交通支队公安交通管理行政强制措施凭证、北京市公安局某分局预审大队出具的工作说明证明:刘某某驾驶的涉案灰色现代牌机动车(车牌号为:京××××××)及机动车行驶证(刘瑞某所有)依法予以扣押;该涉案车辆机动车行驶证均由北京市公安局某分局交通支队先行扣押后移送至该局预审大队的。

21. 北京市某急诊抢救中心出具的蒋某住院病案材料及死亡证明书证明:蒋某于2014年6月6日20时入院,经抢救无效于6月7日0时46分死亡。

22. 北京市××区××鉴定中心出具的京××公司鉴(病理)字(2014)第×××号法医学尸体检验鉴定书证明:据检验所见,死者双耳道出血,左颞部、枕部颅骨粉碎性骨折,蛛网膜下腔出血;右颞部、左额部、左枕部可见脑挫伤,小脑扁桃体广泛出血,脑干出血,符合重度颅脑损伤死亡的特点。死者体表外伤较轻而颅内损伤较重,符合减损损伤的特点。结合案情,死者符合被撞击后摔伤头部致重度颅脑损伤死亡。鉴定意见为:蒋某符合重度颅脑损伤导致死亡。

23. 北京市××中心出具的京××鉴(物证)字(2014)第××××-××××号法医物证鉴定书、北京市公安局某分局刑侦支队出具的工作说明及录像证明:在排除同卵双胞胎和其他外源性干扰的前提下,支持送检的03号(地面血迹)、06号(刘某某驾驶的汽车右侧车身擦拭脱落细胞)检材为蒋某所留。不支持为其他随机个体所留;民警于2014年6月7日对刘某某进行了血样采集,并送检。

24. 北京市××中心出具的京××鉴(物证)字(2014)第××××-××××号法医物证鉴定书及北京市公安局某分局刑侦支队出具的工作说明证明:在排除同卵双细胞和近亲的前提下,蒋某是蒋赛某的生物学父亲,在上述基因座中,从遗传学角度已经得到了科学合理的确信。民警依法对雷春某、蒋赛某的血样进行了采集,并送检。

25. 某法庭科学技术鉴定研究所出具的××(2014)物检字第××××号司法鉴定意见书及北京市公安局某分局刑侦支队出具的工作说明证明:(1)小型轿车(京××××××)与小型轿车(京××××××)碰撞前的瞬时速度约为41.2公里/小时;(2)小型轿车(京××××××)的制动系、转向系工作状况正常。刘某某驾驶的现代汽车与现场的奇瑞及帕萨特汽车发生撞击,现代汽车的前部已严重变形,故不能确定撞击部位;无法对涉案车辆在撞人撞车后主动刹车制动停止还是撞击后熄火停止进行认定;对现场勘查中,所遗留的轮胎痕迹以及涉案三辆汽车的撞击过程和部位无法进行鉴定。

26. 北京市××区价格认证中心出具的京××价(鉴)字(2014)第×××号价格鉴定结论书证明:涉案的大众牌×××型轿车(车牌号为京××××××)受损价格为人民币15,659元。

27. 北京市××区价格认证中心出具的京××价(鉴)字(2014)第×××号价格鉴定结论书证明:涉案的奇瑞牌×××型轿车(车牌号为京××××××)受损价格为人民币2041元。

28. 北京市公安局某分局刑侦支队出具的工作说明证明:本案中被撞受损的白色北斗星(车牌号为京××××××)汽车,经询问事主是否需要进行价格鉴定,事主董庆某表示车辆损毁轻微,不要求进行价格鉴定。

29. 车辆登记信息证明:涉案被撞的三辆汽车(车牌号分别为京××××××、京××××××、京××××××)的车辆信息。

30. 北京市×××中心出具的京×××(酒检)字(2014)第×××号酒精检测报告证明:在所送血液检材(刘某某)中检出酒精,其含量为73.7mg/100ml。

31. 刘某某所用133××××0806、186××××4868手机号码通话记录证明:刘某某所用133××××0806手机于2014年6月6日18:01接到蒋某使用的手机159××××6952的来电,通话时长16秒;于当日18:04主叫蒋某所用手机159××××6952,通话时长8秒;于当日18:09主叫蒋某所用手机159××××6952,通话时长32秒。刘某某所用手机133××××0806、186××××4868于当日18:30许分别主叫拨打"110"、"122",均有通话时长。

32. 蒋某所用手机159××××6952号码通话记录证明:刘某某所用手机133××××0806在蒋某所用手机159××××6952通话记录单上有相应主被叫显示和通话时长。

33. "122"报警电话记录证明:手机号为133××××9906的女事主报警称,在××区××镇×××居××号楼小区内有一辆现代车与行人剐撞。

34. 北京市某县人民法院刑事判决书、北京市公安局某总队及某自治县公安局刑侦大队出具的工作说明证明:被告人刘某某于1999年5月因犯盗窃被判处有期徒刑6个月,罚金1000元;未能找到刘某某的释放证明。

35. 受案登记表、到案经过、破案报告及北京市公安局某分局交通支队出具的工作说明证明:2014年6月7日7时50分,某分局刑侦支队接分局交通支队转来线索:2014年6月6日18时许,刘某某驾驶家中的现代轿车在××镇××××小区××号楼北侧将蒋某撞倒,同时将停放在路旁的两辆轿车不同程度撞伤,后蒋某经抢救无效死亡。经对刘某某血液酒精含量进行检验,其酒精含量为73.7mg/100ml。经初步侦查,2014年6月6日刘某某在蒋某公司玩牌过程中与其发生纠纷,后刘某某在××镇××××小区××号楼北侧驾车故意将蒋某撞倒,致其死亡。2014年6月7日8时许,某分局刑侦支队民警到交通支队出示传唤证将刘某某传唤至某分局刑侦支队接受讯问,刘某某对其犯罪事实拒不供认。北京市公安局某分局交通支队民警勘查现场时,刘某某在现场等候,现场用呼气式酒精检测仪对其进行检测,结果为95mg/100ml,后民警将其带至怀柔医院抽血检测。因刘某某呈醉酒状态,故将其带至交通支队约束至酒醒后进行讯问,2014年6月7日8时,将刘某某移交某分局刑侦支队。

36. 申领机动车驾驶证材料:证明刘某某申领的准驾车型为B2车型。

37. 户籍证明材料证明:被告人刘某某和被害人蒋某的身份情况。

38. 被告人刘某某的供述与辩解:2014年6月6日中午,他和媳妇还有两个朋友一起在某区金百万西侧的一个饭店吃饭,他喝了七八两白酒和3瓶啤酒,饭后他到蒋某的装饰公司和两个男的斗地主。蒋某说也想玩,后他们四人一起玩砸筒子。大概玩了两三个小时,他和蒋某都输钱了,蒋某在牌桌上向他借钱,他说自己就几百元了,借给蒋自己没法玩了。蒋某有点生气说:"你他妈从我借钱行,我从你借钱你就没有。"蒋某挺生气的,就自己拿钱去了,还要动手,被边上的人拉开了。当时生气想拿凳子砸蒋,也被别人拉住了,他俩就对着骂,之后就不玩了。强某开车送他回家了,到家时是下午4点多钟,因为他跟蒋某吵架这事心里不舒服,他就给强某和张文某打电话,他打电话时说:"我受气了,我跟蒋某,有我没他,有他没我,不是我弄死他,就是他弄死我。"强某和张文某就劝他,他就不生气了。后蒋某给他打电话说让他准备饭,晚上蒋来他家吃饭,他就开车去××××门口等蒋某,当时他的车停在小区大门外北侧,车头朝西。蒋某也开车过来,他拦住蒋某要跟蒋说说,蒋说不是要打架吗,上他家说去,蒋某开车就奔他家小区了。这时他看见他妻子也在车旁边,他妻子就说他:"你俩原来关系也不错,这点事你俩有完没完呀。"当时他的两个孩子还在家,他怕蒋某真去他家祸害他家人,他当时确实挺害怕,就对他妻子说你别管。他当时挺着急的,开车追进去了,他妻子当时也上车了,记得她坐后边,到了小区他家××号楼东侧拐角处时,他对妻子说你赶紧下车赶紧回家,别管了。他一嚷,他妻子一害怕就下车了,后他看见蒋某的车停在他家5单元右前方,他看到这种情况,就加大油门过去了,他当时的想法就是不能让蒋某去祸害他的家人。他当时开得挺快的,到3单元门口时,感觉车速应该达到七八十迈,这时他看见蒋某刚下车,他加大油门就冲蒋某冲过去了,在离蒋某两三米处时,他踩了刹车,但是车速没减下来,当时他都没注意到碰没碰到蒋某,反正就看不见蒋某了,他往南掰了一下轮,就直接对准前边的帕萨特撞过去了,这时他都不知道自己踩的是油门还是刹车,一直把帕萨特车顶到前边土坡上,给顶得由东西向变成南北向,顶得不能动了。他听别人嚷,撞我车干啥呀,这时他才发现自己脚还在油门上踩着,他松开后,车就灭火了,是给别灭的。

下车后,他走到蒋某身边,同时拨打了120电话。过了一会儿,救护车和交警的车都来了,医护人员把蒋某抬上车就走了,他就在原地配合交警处理现场事宜。交警当时给他测了酒精含量,事后又带他到医院抽血测了酒精含量,后把他带到交通队。

蒋某是某镇某村的,开了一个装饰公司,公司位于某区国税对面某包子店的东边一点。他和蒋某之前没有矛盾,就是昨天在牌桌上吵了几句,还差点动手打起来。

39. 被告人刘某某的辨认笔录及照片证明:在见证人的见证下,刘某某带领公安民警驱车来到北京市某区某酒楼西侧路南,刘某某指着牌子上写有"建筑装饰公司"的门脸房说:"我就是在这个门脸房内玩牌,然后跟蒋某发生争吵的。"后又指着门脸房内的桌子说:"我们就是在这张桌上玩的牌",接着,在刘某某的指引下,又来到××区××镇××××小区门口,刘某某指着小区门口北侧说:"那天我就是把车停在这里等蒋某的。"接着,在刘某某的指认下,又来到××××小区××号楼东北角,刘某某指着这里说:"我开车在这里由北向西转弯的。"接着,在刘某某的指认下,来到×××居××号楼2单元门前,刘某某指着2单元门口的路说:"我开车到这里的时候,看见蒋某在前面站着。"接着向西走,又来到××××小区××号楼5单元西侧,刘某某指着路面说:"我就是在这里踩的刹车。"后在刘某某的指认下又往西走了几步,刘某某指着路面说:"蒋某被撞之前就是站在这里,他的车就是停在他的北边大概1米的地方。"后又往西来到××××11号楼东南角,刘某某指着花台边上说:"帕萨特轿车被撞之前就停在这里。"接着,刘某某指着××号楼西侧的草地说:"帕萨特轿车被我撞到这里,我下车后就在这里捡的石头,我把石头也扔在这里了,但现在石头找不到了。"被告人刘某某对上述地点表示确认。

关于被告人刘某某的辩护人向本院提交的相关证明材料及所提对刘某某进行司法精神病鉴定的申请,经查,辩护人向本院提交的相关证明材料的出具单位并不具有精神病鉴定的资质,且所反映的刘某某的情况也难以确定其客观真实性,故该证明材料不具备证据的属性,本院不予采信;被告人刘某某对其涉案行为的性质和后果具有明确、清晰的判断和认知能力,且在案证据不能证明刘某某曾因患精神疾病到医疗机构就医或其家族具有精神病史,故对辩护人所提申请,本院不予准许。

关于被告人刘某某所提案发时其没有看到被害人蒋某,下车后才看的。且其没有撞死蒋某的故意的辩解以及其辩护人所提被告人刘某某不具有杀人的动机和主观故意,主观上系过失,其行为不构成故意杀人罪的辩护意见,经查,在案证据能够证明,被告人刘某某与被害人蒋某因牌桌上借钱一事发生冲突并怀恨在心。当蒋某驾车到刘某某家所在小区后,刘某某驾车跟随,当蒋某在刘某某家单元楼门口下车后,刘某某遂驾车加速冲撞蒋某,致蒋某因重度颅脑损伤死亡;刘某某明知驾车冲撞他人会致人死亡,而驾车冲撞蒋某并致蒋某死亡,其主观上具有杀人的故意。故被告人刘某某的上述辩解及其辩护人的上述辩护意见与事实不符,无法律依据,本院不予采纳。

关于被告人刘某某的辩护人所提刘某某明知他人报警而在现场等候,并如实交代了犯罪事实,构成自首,建议法院对刘某某从轻或减轻处罚的辩护意见,经查,被告人刘某某于案发后确有明知他人报警而在现场等候的行为,但到案后刘某某不能如实供述其犯罪事实,并当庭对指控犯罪事实和罪名予以否认。故辩护人的上述辩护意见与事实不符,无法律依据,本院不予采纳。

本院认为,被告人刘某某曾因违法或犯罪行为受到行政处罚和刑罚,仍不思悔改,又采取驾驶机动车撞人的方式,故意非法剥夺他人生命,致人死亡,其行为已构成故意杀人罪,犯罪性质恶劣,情节、后果特别严重,社会危害性极大,依法应予惩处。北京市人民检察院某分院指控被告人刘某某犯故意杀人罪的事实清楚,证据确实、充分,指控罪名成立。本案虽因琐事引起,被告人刘某某虽具有投案等情节,但其作案手段残忍,后果极其严重,尚不足以对其从轻处罚。根据被告人刘某某犯罪的事实、犯罪的性质、情节和对社会的危害程度,依照《中华人民共和国刑法》第232条、第48条第1款、第56条第1款、第57条第1款、第61条之规定,判决如下:

被告人刘某某犯故意杀人罪,判处死刑,剥夺政治权利终身。

如不服本判决,可在接到判决书的第二日起10日内,通过本院或者直接向北京市高级人民法院提出上诉。书面上诉的,应当提交上诉状正本一份,副本二份。

审 判 长 ×××
代理审判员 ×××
人民陪审员 ×××
2015年6月19日

此件与原本核对无异

书 记 员 ×××

【一审刑事附带民事裁定书】

北京市某中级人民法院
刑事附带民事裁定书

(2015)××中刑初字第×××号

公诉机关北京市人民检察院某分院。

附带民事诉讼原告人雷春某,女,××岁(××年××月××日出生),汉族,户籍所在地××市××区××镇×××村×××号××。系被害人蒋某之妻。

附带民事诉讼原告人蒋某某,女,××岁(××年××月××日出生),汉族,户籍所在地××市××区××镇×××村×××号。系被害人蒋某之女。

诉讼代理人×××,北京市××律师事务所律师。

被告人刘某某,男,47岁(××年××月××日出生),汉族,出生地××省××市,小学文化,农民,户籍所在地××省××市××××自治县×××镇×××村××组××号。因赌博,于2012年3月11日被行政拘留10日,罚款人民币500元;因犯盗窃罪,于1999年5月7日被判处有期徒刑6个月,罚金人民币1000元,因涉嫌犯故意杀人罪于2014年6月7日被刑事拘留,同年7月10日被逮捕。现羁押于北京市某看守所。

辩护人×××,北京市××律师事务所律师。

北京市人民检察院某分院以京××分检公诉刑诉(2014)×××号起诉书指控被告人刘某某犯故意杀人罪,于2015年1月4日向本院提起公诉。在诉讼过程中,附带民事诉讼原告人雷春某、蒋某某向本院提起了附带民事诉讼。本院依法组成合议庭,公开开庭进行了合并审理。在本院审理过程中,附带民事诉讼原告人雷春某、蒋某某向本院申请撤回对被告人刘某某的附带民事起诉。

本院认为,附带民事诉讼原告人雷春某、蒋某某申请撤回被告人刘某某的附带民事诉讼,符合法律规定,应予准许。依照最高人民法院《关于适用〈中华人民共和国刑事诉讼法〉的解释》第140条、第163条及《中华人民共和国民事诉讼法》第145条及《中华人民共和国民事诉讼法》第145条第1款、第154条第1款第(5)项之规定,裁定如下:

准许附带民事诉讼原告人雷春某、蒋某某撤回对刘某某的附带民事诉讼。

本裁定送达后即发生法律效力。

审　判　长　×××
代理审判员　×××
人民陪审员　×××
2015 年 6 月 19 日

此件与原本核对无异

书　记　员　×××

【二审辩护词】

尊敬的审判长、审判员:

北京市京德律师事务所接受被告人刘某某的委托,指派刘帅军律师担任其故意杀人案的辩护人,经过反复阅卷和会见被告人,现根据本案的事实和法律,发表如下辩护意见:

辩护人认为,被告人所犯罪行未达到“手段残忍、情节特别严重、社会危害性极大”的程度,更未达到“不杀不足以平民愤”的严重程度。原审法院对被告人判处死刑(立即执行),量刑明显不当,严重违反了罪责刑相适应原则和宽严相济的刑事司法政策。具体事实和理由如下:

一、原审法院对被害人在案发前的站立位置以及被撞击的部位等事实并未查清,该事实对被告人的量刑有直接的影响,仅依杨宝某夫妇的证词作为认定被害人被撞的过程,证据明显不足

除证据本身存在瑕疵外,并未有其他证据相互印证来证实被害人被撞的全部过程。辩护材料卷第 10 页和第 12 页的工作说明也表明根本无法证明车辆的撞击部位和蒋某站立的位置与案发当时的经过。

被害人被撞击的过程只有两位证人,且两位证人系夫妻关系,是被害人的债权人。据知情人透露,案发后,杨宝某夫妇顺利地实现了债权。当时,两位证人在自己的车里,根据他们的陈述来判断,无论从两车间的车距及他们所处的角度和可视范围来看,根本无法看清被害人被撞击的部位。

二、原审法院无法排除被告人未采取任何行为阻止结果的发生,也无法排除被害人剐蹭所致。且证人证言与法医物证鉴定书和鉴定结论之间存在多处矛盾

首先,主观上无法排除被告人因车技不好,加之案发当天醉酒而发生了意料之外的结果;也无法排除被告人当时的确想踩刹车,由于酒后大脑反应迟缓,没来得及踩或者说踩的不够彻底等原因未能采取有效的措施才造成了这样的结果。

其次,客观上也无法排除被害人是被告人驾驶的车辆剐蹭倒地致颅脑损伤而亡,事实上得出这样的结论更符合客观事实。诚如两位证人所说,如果被害人先是被撞到北斗星车的尾部,后又被弹到了被告所驾驶的车辆的发动机盖上,那么被害

人的外伤必然非常严重。而法医学尸体检验鉴定书鉴定结果表明:被害人外伤较轻而颅内损伤较重,两份证据存在矛盾。法医物证鉴证书鉴定结果表明:来自被告人车辆上的检材编号为04号检材名称为前保险杠及机器盖擦拭棉签(检测脱落细胞)和检材编号为05号检材名称为右侧反光镜擦拭棉签(检测脱落细胞)并非为被害人所留,该部位也并未发现有被害人的血迹,这与杨宝某夫妇的证词存在矛盾。通过以上证据得出,被害人是被被告人的车辆剐蹭倒地导致重度颅脑损伤而亡,更符合客观事实。这也跟被告人的右侧车身擦拭棉签(检测脱落细胞)为被害人所留的鉴定结果相吻合。

再次,杨宝某夫妇的证词与被害人存在直接利害关系,不能采信。事实上,被害人曾经欠杨宝某20万元,案发后,被害人家属找到杨宝某夫妇并偿还了该笔欠款。虽无直接的证据,但根据证词的内容,产生这样的怀疑也不无道理。我相信公诉人也无法排除这样的合理怀疑。

最后,杨宝某的证词中还存在其他疑点:第一,杨宝某存在故意隐瞒行为。杨宝某说不知道被害人叫什么,可案发后杨宝某立刻电话告知龚某说被害人蒋某被车撞了,这通过龚某的证词可以看出。说明杨宝某故意隐瞒与被害人的关系程度。第二,杨宝某下车后不是关注被害人的情况,而是非常关注被告人的表情,这与常理不符。第三,杨宝某在证词里说被告人手里拿着一块拳头大的石头,后看到被害人头流血后才扔掉,这带有主观推测的成分,与事实不符。案发后也并未找到所谓的石头,无法证实其证词的真实性。

三、原审法院对被告人所说的不是故意撞倒被害人的辩解,错误地认定被告人未能如实供述犯罪事实属典型的适用法律错误,根据最高人民法院《关于被告人对行为性质的辩解是否影响自首成立问题的批复》第1条之规定,犯罪以后自动投案,如实供述自己的罪行的,是自首。被告人对行为性质的辩解不影响自首的成立。因此,被告人的行为应当认定为自首

本案中,被告人自动投案后,根据自己的认知能力和记忆力如实供述自己的罪行,积极配合司法机关指认现场,为本案的顺利侦查提供了很大的帮助,不能因被告人对主观上的过错程度的辩解,而否定其自首的成立。《公检法办案指南》2004年第5期中记载,在审判过程中,只要被告人不否认其供述的犯罪事实,就不影响自首的成立。本案中,被告人始终没有否认过自己的犯罪的事实,虽有几次陈述不相一致,但并不能否定被告人如实供述。退一步讲,被告人供述的事实是否构成犯罪,也不以被告人的认识、判断、辩解为转移,而由司法机关依法认定。因此,被告人应认定为自首。

四、被告人的主观恶性不大,社会危害性程度也未达到“极大”的标准,且被告人存在抢救行为,具有从轻情节

首先,案发后,被告人没有选择逃跑,而是主动报警并等待救援,充分表明其投

案的决心。

其次,被告人具有抢救行为。案发后,被告人积极拨打“120”叫救护车,并抬被害人上救护车,还有被告人让其爱人带上钱和银行卡去医院。其目的是希望被害人能够得到及时的救助,并不希望看到被告人死亡的结果。

最后,京××公司鉴(病理)字(2014)第×××号法医学尸体检验鉴定书鉴定结果表明:被告人存在减速的情况。

五、辩护人坚持被告人构成自首的观点。如果合议庭不采信辩护人的观点,那么请合议庭充分考虑被告人主动投案的情节以及悔罪的表现等从轻处罚的情节

会见时,被告人多次对辩护人说非常后悔自己所犯的罪行,也深刻意识到自己所犯的罪行的严重性,并多次对被害人家属表示歉意和关切,希望他们能够尽快从悲痛中恢复过来。希望辩护人转告家属哪怕倾家荡产也要尽力赔偿被害人家属,尽全力满足其所有要求。

六、辩护材料卷第6页工作说明中查证情况提到:某派出所民警会对刘某某提供的地点进行关注,力争铲除,予以打击。以上用词充分证明了刘某某提供赌博线索的真实性,符合检举型立功的条件

辩护人坚持认为被告人具有立功的情节,即便合议庭不采信辩护人的观点,那么也请合议庭充分考虑被告人积极为办案机关提供有价值的线索,对被告人酌情从轻处罚。

七、被告人家属已经代被告人对被害人家属进行了足够的赔偿,得到了被害人家属的充分的谅解。被害人家属在谅解书中明确表示,希望合议庭对被告人减轻处罚

为最大限度地抚慰被害人家属的心灵创伤,被告人把唯一的住房卖掉,对被害人的家属进行了全额赔偿,被害人家属也对被告人的行为进行了谅解,希望合议庭对被告人进行减轻处罚。恳请合议庭考虑被害人家属对被告人的罪行充分谅解的情节,依法对刘某某进行减轻处罚。

以上辩护意见,请合议庭结合本案已查明的事实和被告人主动投案并能够按照其记忆如实供述的情节及立功情节;被告人对被害人家属赔偿的情节和被害人家属对被告人进行谅解的情节;被告人认罪、悔罪的态度;证据之间的矛盾及被害人被撞的部位和倒地位置等情节进行综合判断,对被告人作出减轻处罚的判决。建议对被告人判处无期徒刑或有期徒刑15年。

审判长,辩护意见发表完毕。

此致

北京市高级人民法院

辩护人:刘帅军

2016年2月26日

【二审刑事判决书】

北京市高级人民法院
刑事判决书

(2015)高刑终字第×××号

原公诉机关北京市人民检察院某分院。

上诉人(原告)刘某某,男,49岁(1967年8月21日出生),汉族,出生地××省××市,小学文化,农民,户籍所在地××省××市×××自治县×××镇×××村××组××号;因犯盗窃罪于1999年5月7日被判处有期徒刑6个月,罚金人民币1000元。因涉嫌犯故意杀人罪于2014年6月6日被羁押,同年7月10日被逮捕。现羁押于北京市某看守所。

辩护人刘帅军,北京市京德律师事务所律师。

北京市某中级人民法院审理北京市人民检察院某分院指控被告人刘某某犯故意杀人罪一案,于2015年6月19日作出(2015)××中刑初字第×××号刑事判决。在法定期限内,原公诉机关没有提出抗诉,原审被告人刘某某对判决不服提出上诉。本院依法组成合议庭,公开开庭审理了本案。北京市人民检察院指派代理检察员×××出庭履行职务。上诉人刘某某及其辩护人刘帅军到庭参加诉讼。本院现已审理终结。

一审法院判决查明及认定部分(略)。

刘某某提出上诉,原判量刑过重。

刘某某的辩护人的主要辩护意见为:刘某某没有杀人动机,也不希望被害人死亡,原审法院认定刘某某故意杀人罪存疑;现有证据无法证实被害人被撞击的部位及站立的位置,无法排除系剐蹭使被害人脑部倒地致死的合理怀疑;刘某某具有自首、立功、赔偿并获得谅解、认罪悔罪等量刑情节,应对其减轻处罚。

北京市人民检察院的出庭意见为:原判认定刘某某犯故意杀人罪的犯罪事实清楚、证据确实充分,定性准确、量刑适当,且审判程序合法。刘某某具有杀人动机与主观故意,不属于过失犯罪;其虽具有案发后报案及在现场等候警察的情节,但到案后一直没有如实供述罪行,不成立自首,也没有认罪悔罪表现。但鉴于刘某某家属已赔偿被害人家属经济损失并与被害人家属达成谅解协议,故建议二审法院对刘某某的量刑依法公正处理。

经审理查明:

刘某某于2014年6月6日,因故与被害人蒋某(男,殁年50岁)产生矛盾并引发冲突。后于当日18时许,在北京市××区××××居××号楼北侧小区路上,刘某某酒后驾驶北京现代牌汽车(车牌号为:京××××××)故意加速冲撞蒋某,致蒋某因重度颅脑损伤死亡。刘某某作案后明知他人报警而在现场等候并归案。另查明,二审期间,刘某某的家属代为赔偿了被害人近亲属的全部经济损失,被害人近亲属对刘某某表示谅解。

上述事实,经质证属实,本院予以确认的下列证据证明:(略)。

本院审理过程中,刘某某的辩护人向本院提交了证人、鉴定人出庭作证申请。对于辩护人所提申请证人张文某、龚某出庭作证的申请,因二人的证言对案件定罪量刑无重大影响,且与在案其他证据并无矛盾,本院已当庭驳回上述申请。对于辩护人所提的申请证人高艳某、杨宝某出庭作证的申请,经审查,证人高艳某、杨宝某的证言内容清晰且相互印证,与在案其他证据亦无矛盾,辩护人认为二人与被害人有利害关系,所作证言不利于被告人属主观推测,并未向本院提交任何证据材料,故对上述申请予以驳回。对于辩护人所提申请作出尸检鉴定的某公安司法鉴定中心鉴定人出庭的申请,经审查,该鉴定机构和相关鉴定人员具有鉴定资质,鉴定程序合法,分析说明合理,鉴定意见明确,辩护人要求鉴定人出庭说明"能否排除被告人采取了减速措施可能性"等问题,显然超出了尸体检验鉴定的范围,故对上述申请予以驳回。

关于刘某某的辩护人所提认定刘某某故意杀人罪存疑、无法排除系剐蹭使被害人头部倒地致死的合理怀疑、刘某某有自首情节等辩护意见,经查,有两名证人直接目击了刘某某驾车撞人的过程,并有其他证据予以印证;经鉴定,刘某某的车辆最后碰撞帕萨特车时速度达41.2公里;尸检情况证明,被害人头部损伤严重,身体外伤分布范围广、面积大,且涉及腹股沟、左肘部等部位,仅是被剐蹭后倒地难以形成。刘某某驾车撞人时车辆有一定速度,该行为危险程度高,致人死亡可能性大,具有非法剥夺他人生命的主观故意,其行为已构成故意杀人罪。刘某某虽有投案情节,但未能如实供述犯罪事实,不成立自首。刘某某的辩护人所提上述辩护意见缺乏事实及法律依据,本院不予采纳。

本院认为,上诉人刘某某与他人因琐事发生矛盾后,采取驾驶机动车撞人的方式,故意剥夺他人生命,致人死亡,其行为已构成故意杀人罪,犯罪性质恶劣,情节、后果严重,依法应予惩处。原审人民法院根据刘某某犯罪的事实、犯罪的性质、情节及对社会的危害程度所作的判决,定罪及适用法律正确,审判程序合法。考虑二审期间,刘某某家属代为赔偿了被害人近亲属全部经济损失并得到被害人近亲属谅解等情节,对其依法可以从轻处罚。对刘某某及其辩护人所提量刑方面的上诉理由及辩护意见,本院酌予采纳。对北京市人民检察院出庭发表的意见,本院亦予采纳。据此,本院依照《中华人民共和国刑事诉讼法》第225条第1款第2项,《中华人民共和国刑法》第232条、第56条第1款、第57条第1款、第61条之规定,判决如下:

1. 撤销北京市某中级人民法院(2015)××中刑初字第×××号刑事判决。

2. 上诉人刘某某犯故意杀人罪,判处无期徒刑,剥夺政治权利终身。

本判决为终审判决。

审　判　长　肖××
审　判　员　赵××
代理审判员　吴××
2016年10月12日

本件与原件核对无异

书　记　员　李　×

办案总结

作为辩护律师,除了具备很强的专业知识和丰富的实践经验外,还需具备较高的道德品质,绝不能为了收取代理费而不考虑案件实际情况,随便对被告人及其家属作出"保命"的承诺。本案中,一审法院判处被告人死刑(立即执行),在这样的情况下,被告人家属找到本律师,当其初步听完本律师对案情的分析和梳理之后,便委托本律师担任被告人的二审辩护律师。被告人及其家属能委托本律师,是对本律师的肯定和充分信任,作为辩护律师,绝不能辜负被告人及其家属的信任。

接受委托后,本律师立即到北京市高级人民法院了解案件情况,然后到看守所去会见,进一步了解案情。首次阅完卷后,本律师对定罪量刑的证据有了一定的了解。于是,带着问题再去会见,并向被告人求证,之后反复阅卷,多次求证,终于发现本案中有几个关键情节尚未查清,证据与证据之间存在矛盾且无法得到合理排除。至此,为二审改判找到了理论依据。根据经验判断,保住被告人的命应该没有问题。但人命关天,不敢有丝毫草率和怠慢,仍尝试与被害人家属沟通,希望能够达成谅解。

一审中,被害人家属撤回附带民事诉讼,并要求法院严惩。二审中,若想与被害人家属调解,将会难上加难。即便如此,基于被告人家属对自己的这份信任,也本着对被告人负责任的态度,也要努力达成赔偿协议并得到谅解,其中的艰难和曲折可想而知。但功夫不负有心人,经过长达半年的沟通和协商,终于达成了赔偿协议,被害人家属也同意谅解被告人。此时,仍不能松懈。凡刑辩律师都知道,赔偿和谅解并不是法定的从轻处罚情节,而是酌定的从轻处罚情节。既然是酌定情节,法官就可根据案件的具体情况来行使自由裁量权,这就有很大的随意性。《刑事审判参考》林某龙强奸案中,被告人虽有赔偿和谅解情节,最高人民法院仍然核准了林某龙死刑。这充分说明了如果被告人所犯罪行达到了死刑(立即执行)的严重程度,即使存在赔偿谅解情节,也有可能不被法院采纳。从一审判决中对被告人使用的字样来看,似乎已经达到了足够判处死刑的严重程度。所以,要想被法院考虑或充分考虑该量刑情节,还需要从证据入手,如定罪量刑事实是否已经达到确实充分、是否存在非法证据排除、证据证明力的大小及证据之间是否存在矛盾等。

综观全案,只有一对夫妇为目击证人,该证人证言与被害人存在利害关系,并对定罪量刑有重大影响,与其他证据也不能相互印证。本辩护律师坚决要求关键证人出庭作证,虽然关键证人没有出庭作证,但法院充分考虑赔偿和谅解这一情节,最后北京市高级人民法院对被告人改判为无期徒刑。

专家点评

该案一审时,由于被害人家属"只要命,不要钱",再加上法院不认可被告人刘某某构成自首,所以刘某某被一审法院判处死刑立即执行。二审时,刘帅军律师接手此案,压力之大可想而知。

二审期间,刘律师认真负责,找出疑点,发现瑕疵,并力促被告人家属尽最大努力赔偿被害人亲属,双方达成和解,被害人亲属表示可以对被告人减轻处罚。

经过律师的辛勤工作和不懈努力,终于使二审法院对刘某某减轻改判,由死刑立即执行改判为无期徒刑,实现了"由死到生"的巨大转变。

办理刑事案件,应该从实际出发,面对现实,该认罪认罪,该赔偿赔偿。对于"命案"来说,被告人对被害人家属进行赔偿,取得被害人家属谅解是非常重要的。没有被害人家属的谅解,被告人想保命是很难的。通过此案,使我们明白了"命案"辩护中,赔偿被害人亲属、取得被害人亲属谅解的重要性。

点评人:许兰亭(北京市君永律师事务所律师、北京市律师协会智库重大复杂案件课题组刑事组组长)

复核人:马建(北京市嘉和律师事务所律师,北京市律师协会智库重大复杂案件课题组刑事组副组长、秘书组、民商二组成员)

刑事案件中惩罚与救济的平衡

——李某故意杀人案*

争议焦点

从轻处罚的酌定情节的认定:认罪态度诚恳、悔罪表现积极、如实供述不法行为、充分赔偿被害人亲属;被害人对案件的发生需承担一定的责任;犯罪故意的认定。

关键词

故意杀人罪　犯罪故意　从轻处罚的酌定情节

案情简介

被告人吴某伙同被告人李某及章某,于2007年8月18日13时许,在某饭店内,因故与王某、刘某发生争执。吴某遂指使并伙同李某、章某持械对王某及刘某进行殴打。吴某持刀砍击刘某的头部和躯干部,李某持刀刺伤刘某的右上腹部,贯通肝脏,膈肌及右肺下叶,致刘某死亡,王某左臂开放性骨折。案件经过侦查机关侦查,法院审理调查,做出一审判决,判处如下:

1. 被告人李某犯故意伤害罪,判处死刑,缓期两年执行,剥夺政治权利终身;

2. 被告人吴某犯故意伤害罪,判处无期徒刑,剥夺政治权利终身;

3. 被告人李某、吴某赔偿附带民事诉讼原告方各项经济损失共计人民币464,033.5元,且二被告人承担连带赔偿责任。

一审判决后,被告人吴某、李某、被害人的诉讼代理人分别提出上诉,某高级人民

---

* 案例提供人、承办律师:刘笑宇(北京市汉良律师事务所)。

法院做出终审判决:

1. 驳回李某的上诉,准许附带民事诉讼上诉人原告刘某某、原告马某撤回上诉,维持一审所作部分判决,驳回附带民事诉讼上诉人其他诉讼请求;

2. 撤销一审法院对吴某所作判决;

3. 上诉人吴某犯故意伤害罪,判处有期徒刑15年,剥夺政治权利3年。

法庭采纳了吴某辩护人的意见,吴某犯故意伤害罪,由一审的无期徒刑、剥夺政治权利终身改判为判处有期徒刑15年、剥夺政治权利3年,辩护成功。

案件历程

【起诉书】

某市人民检察院第二分院
起诉书

某市检二分刑诉(2008)××××号

被告人吴某,男,1983年3月6日出生,现年25岁,身份证号码×××××××××××××××××××,汉族,某省人,初中文化程度,农民,住某省某市某垦殖场1号。因嫖娼,于2000年9月被劳动教养1年。因涉嫌故意伤害罪,于2007年10月18日被某公安局某分局刑事拘留,经本院批准,于同年11月23日被某公安局某分局逮捕。

被告人李某,男,1985年10月21日出生,现年23岁,身份证号码×××××××××××××××××××,汉族,某省人,小学文化程度,农民,住某省某市某乡某组1号。因犯抢劫罪,于2001年6月被某省某县人民法院判处有期徒刑2年;因犯故意伤害罪,于2005年3月被某省某市人民法院判处有期徒刑2年6个月,2007年2月27日刑满释放。因涉嫌故意伤害罪,于2007年10月18日被某公安局某分局刑事拘留,经本院批准,于同年11月23日被某公安局某分局逮捕。

本案由某公安局侦查终结,以被告人吴某、李某涉嫌故意伤害罪,于2008年1月25日向本院移送审查起诉。本院受理后,于同日已告知被告人有权委托辩护人,已告知附带民事诉讼的当事人及其法定代理人有权委托诉讼代理人,依法讯问了被告人,审查了全部案件材料。其间,因案情重大、复杂,依法退回公安机关补充侦查一次,依法延长审查起诉期限半个月。

经依法审查查明：

被告人吴某伙同被告人李某及章某(另案处理)于2007年8月18日13时许，在本市某饭店内，因故与王某(男,33岁)、刘某(男、35岁)发生争执。被告人吴某指使并伙同被告人李某及章某持械对王某及刘某进行殴打膈肌及右肺下叶，致刘某急性失血性休克死亡，致王某左臂开放性骨折。

认定上述犯罪事实的证据有物证、书证、证人证言、被害人陈述、鉴定结论、现场勘查笔录、被告人陈述等。

本院认为，被告人吴某、李某无视国法，故意伤害他人身体并致人死亡，情节恶劣，后果严重，两名被告人的行为触犯了《中华人民共和国刑法》第234条之规定，犯罪事实清楚，证据确实、充分，应当以故意伤害罪追究被告人吴某、李某的刑事责任。被告人李某在本案中系累犯，应当从重处罚。本案依据《中华人民共和国刑事诉讼法》第141条之规定，提起公诉，请依法判处。

此致

某第二中级人民法院

检　察　员　×××

2008年5月26日

附注：1. 被告人吴某、李某现押于某看守所；

2. 证据目录、证人名单各一份；

3. 主要证据复印件1册；

4. 扣押物品清单1份。

【一审刑事附带民事判决书】

某市第二中级人民法院刑事附带民事判决书

(2008)二中刑初字第××××号

公诉机关某市人民检察院第二分院。

附带民事诉讼原告刘某某(被害人刘某之父)，70岁，1938年6月7日出生于山东省某市，汉族，退休职工，住黑龙江省某农垦社区××××号。

附带民事诉讼原告马某(被害人刘某之母),62岁,1946年5月24日出生于山东省某市,汉族,退休职工,住址同上。

上述附带民事诉讼原告人的诉讼代理人××××,某市××律师事务所律师。

被告人李某,男,23岁,1985年10月21日出生于某省某市,汉族,小学文化,农民,住某省某市东上某乡某组1号;2001年6月因犯抢劫罪被判处有期徒刑2年,并处罚金人民币3000元,2005年3月因犯故意伤害罪被判处有期徒刑2年6个月,2007年2月刑满释放;因涉嫌犯故意伤害罪,于2007年10月18日被羁押,同年11月23日被逮捕;现羁押在某第一看守所。

指定辩护人××××,某市×××律师事务所律师。

被告人吴某,男,25岁,1983年3月6日出生于某省某市,汉族,初中文化,农民,住某省某市某乡某垦殖场1号;1995年5月因敲诈被处以行政拘留15日,1999年11月因殴打他人被处以行政拘留10日,2000年9月因嫖娼被处以劳动教养1年;因涉嫌犯故意伤害罪,于2007年10月18日被羁押,同年11月23日被逮捕;现羁押在某第一看守所。

辩护人暨附带民事诉讼代理人××××、××××,某市××××律师事务所律师。

某市人民检察院第二分院以某市检二分刑诉(2008)××××号起诉书指控被告人吴某、李某犯故意伤害罪,于2008年6月2日向本院提起公诉。在诉讼过程中,附带民事诉讼原告刘某某、原告马某向本院提起附带民事诉讼。本院依法组成合议庭,公开开庭进行了合并审理。某检察院第二分院指派检察员×××出庭支持公诉,附带民事诉讼原告人的诉讼代理人×××,被告人李某及其指定辩护人××××、被告人吴某及其辩护人××××、××××到庭参加了诉讼,附带民事诉讼原告刘某某、原告马某因故未能到庭参加诉讼。因被告人李某、吴某的辩护人分别提出需要调取新的证据,经本院批准延长审理期限4个月。本案现已审理终结。

某市人民检察院第二分院指控,被告人吴某伙同被告人李某及章某(另案处理)于2007年8月18日13时许,在本市某饭店内,因故与王某、刘某发生争执。吴某遂指使并伙同李某、章某持械对王某及刘某进行殴打。吴某持刀砍击刘某头部和躯干部,李某持刀刺伤刘某的右上腹部,贯通肝脏、膈肌及右肺下叶,致刘某死亡,王某左臂开放性骨折。

针对上述指控事实,公诉机关当庭出示了物证照片。书证、证人证言、被害人陈述、鉴定结论、现场勘查笔录、被告人供述等证据,并认为吴某、李某故意伤害他人身体并致死亡,二被告的行为触犯了《中华人民共和国刑法》第234条之规定,应当以故意伤害罪追究刑事责任。

附带民事诉讼原告刘某某、原告马某的诉讼请求及其诉讼代理人的意见是,由于吴某、李某的犯罪行为给附带民事诉讼原告人造成了经济损失,要求二被告人赔偿死亡赔偿金、被扶养人生活费、丧葬费、交通费、住宿费、经济抚慰金等经济损失共计人民币2,575,343.5元,并向法庭提供了部分证据。

在法庭审理过程中,被告人李某、吴某对公诉机关指控故意伤害犯罪事实无异议,均表示愿意赔偿被害人亲属的经济损失。李某的指定辩护人所提辩护意见是,李某系被吴某指使实施的犯罪行为,归案后能如实供述自己的罪行,建议法院对其从轻处罚。吴某的辩护人所提辩护意见是,现有证据不能证实吴某对被害人的死亡结果承担责任,且吴某无伤害刘某的故意,并有悔改表现,建议法院对吴某从轻或者减轻处罚。

经本院审理查明:

2007年8月18日13时许,被告人吴某伙同被告人李某及章某、邝某(均另案处理),在某饭店内,因故与王某、刘某(男,35岁)发生争执。后吴某指使并伙同李某、章某持自制刀具,邝某持椅子对王某、刘某进行殴打。期间,李某持刀刺伤刘某的右上腹部,贯通肝脏、膈肌及右肺下叶,吴某持刀砍击刘某的头部和躯干部,致刘某急性失血性休克死亡,同事造成王某左肘开放性骨折及皮裂伤。

被告人李某、吴某作案后于2007年10月18日被抓获归案。

另查明:被告人李某、吴某的犯罪行为给附带民事诉讼原告人造成的经济损失有:死亡赔偿金人民币43,780元、丧葬费人民币23,253.5元、交通费、住宿费人民币1000元,共计人民币464,033.5元。在本院审理期间,吴某亲属自愿交纳赔偿款人民币370,000元。

上述事实,有下列经庭审举证、质证,本院予以确认的证据证实:

1. 被害人王某的陈述证实,2007年8月17日上午,吴某约其18日中午12时在某饭店见面。18日上午适逢刘某到其家调解与女友的纠纷,其遂与刘某于13时许到某饭店。其间,因与吴某言语不和,吴某让3名男子上车拿东西。这时刘某劝吴某,吴某说"不关你的事,我找王某"。后吴某也出去。几人回到饭馆后,有3个人拿着刀。其中一个戴眼镜的人用凳子向其砸,其用凳子挡,一个胖子拿刀向其砍。此后吴某和另外一人持刀砍刘某。吴某手里拿的刀是钢制,单刃,刀把长1米左右,刀刃呈圆弧形,长60厘米带尖。打刘某的另一人也拿凶器,但记不清是刀还是棒子。其跟砍他的胖子抢刀,胖子的刀和吴某的一样。后吴某拿刀砍其左胳膊关节一刀,其往厨房跑。吴某等人走后,其看见刘某倒在饭馆门口,肠子都流出来了。其打"110"报警。其怕警察说与吴某互殴,将自己车内的棒球棒放到饭店。

2. 证人汪某的证言及辨认笔录证实,2007年8月18日12时至13时,其经营的某饭店内有一桌客人打架。其中4人先到,半小时后又来了2人,没几分钟双方就打起来。先来的4人中穿黑T恤的人和白T恤的人出去拿了两根铁棒子,4个男的都动手打高个子。其中,穿花衬衫的和另外一人拿着铁棒往矮个子身上乱打。其看见被打的高个男子左胳膊有一条约10厘米的口子,矮个子浑身是血趴在饭店门口。2人被先来的4人用铁棒打的,打人的铁棒长约1米,直径2厘米,银灰色。其辨认出吴某是2007年8月18日在案发地穿花衬衣的男子,并指认该男子当时拿一个类似铁棒的东西打一个矮个男子。

3. 证人魏某的证言证实,2007年8月18日12时许,其在后厨干活时听见大厅有人吵闹,其看见穿白衣的男子正举着一把椅子要砸向另一名穿浅色衣服的男子。一两分钟后,高个男子推开门摔在地上。其看见那个人胳膊流血。后穿白色衣服的男子驾驶一辆白色轿车走了。其不能确定所说的两个穿白衣男子是同一人。

4. 证人尹某的证言证实,2007年8月18日中午12时许,四名男子在12号桌吃饭,后又来一高一矮两名男子,坐在12号桌与那四名男子说话。不久一个身穿白衬衣上有花纹图案的男子叫另外3名男子去外面的一辆银灰色小轿车上拿东西。那3名男子回来时手里都拿着刀,与后来的一高一矮两名男子打起来。刀是像水管一样的东西,前面有一个尖,大概有80厘米长。

5. 证人刘甲某的证言证实,其辨认出死者是其兄刘某。

6. 证人邝某的证言证实,2007年8月18日12时30分,其和吴某、李某、章某到某湘菜馆吃饭,13时许两名男子找吴某。其中高个男子和吴某没谈一分钟,吴某说"出去拿家伙,揍他们"。后吴某、李某、章某拿三把刀,刀口有20厘米左右,刀柄50厘米长,是自来水管子焊接的。其知道要打架,就拿椅子与章某去打高个。打斗中章某的刀被高个抓住。其从后面抱住那个高个的肩。章某第一刀砍哪儿其不清楚,第二刀砍到高个的手上。大约过了30秒,吴某过来叫其走。其最后一个出来,看见矮个子躺在地上,高个跑进厨房。其看见吴某、李某去砍矮个,但没看见砍的部位。打架之后其看见吴某手和脸上都受伤,砍人的刀被抛弃。

7. 证人朱某的证言证实,2007年8月18日13时16分,其接到"999"指挥中心报警电话,后到达"某饭店"门口。其看见伤者上腹部有一斜形伤口,肠腔及大网膜外露,不能自主呼吸,无心跳,瞳孔散大,生理反应消失,后送至某医院。伤者胸部和胳膊上有文身,穿短袖T恤,深色牛仔裤。另外一名伤者左肘部有皮裂伤出血,穿蓝色短袖T恤,白色裤子。

8. 证人杨某的证言证实,其是某医院急诊大夫,2007年8月18日14时10分许,接诊一名"999"急救中心送来的伤者。伤者到医院时已经死亡。

9. 证人苑某的证人证言,其与王某是男女朋友关系,因二人近期经常吵架,刘某想帮二人和好。2007年8月18日上午10时许,刘某到其住处为二人说和。王某知道刘某要来,将其反锁在屋内,下楼等刘某。下午2时许,王某打电话说,有人把刘某扎了。

10. 某公安局某分局法医鉴定所出具的尸体检验鉴定书证实,刘某系被他人用锐利刺器(片刀类)刺击右上腹部,贯通肝脏、膈肌及右肺下叶,致急性失血性休克死亡。

11. 现场勘查笔录、提取痕迹物证登记表、现场平面示意图证实,现场位于某饭店内,饭庄大门西侧停放有一辆灰色江淮机动车,机动车车身下有一根棒球棒。公安机关从现场提取烟蒂、棒球棒、地面上血迹、圆桌桌布血迹、尸体衣着、白色小碗上可疑指纹痕迹。

12. 某公安局刑事科学技术研究所出具的手印鉴定书证实,现场白色小碗上提取的指纹痕迹与送检的吴某左手中指的样本指纹是同一人所遗留。

13. 某公安局法医检验鉴定中心出具的生物物证鉴定书证实,极强力支持送检刘某上衣上血迹及现场血迹4、9、11号为刘某所留;送检现场血迹1、2、10号,棒球棒2-4上血迹。烟蒂5上脱落细胞为王某所留。送检现场血迹3、5-8号及烟蒂2、3上脱落细胞为吴某所留。送检烟蒂6上细胞脱落为李某所留。

14. 现场照片证实,案发现场的具体情况及尸体状况。

15. 接受刑事案件登记表、立案报告书、破案报告书及"110"接处警记录、到案经过证实,案件的来源及侦破情况。

16. 吴某的手机通话明细单证实,吴某于2007年8月17日至2007年8月18日与被害人王某曾通话。

17. 常住人口信息及某省某市劳动教育管理委员会劳动教养决定书证实吴某的身份及曾被劳动教养情况。

18. 常住人口信息表、某省某县人民法院判决书、某省某市人民法院刑事附带民事判决书及释放证明证实,李某身份及前科情况。

19. 人口信息表及诊断证明证实王某的身份及所受损伤。

20. 户籍证明、死亡证明证实刘某身份及2007年8月18日死亡。

21. 被告人李某在公安机关及庭审中供述的作案时间、地点、手段等情节与上述证据相符。李某辨认并指认某区东某乡某庄村"某饭店"就是其伙同吴某持刀将他人扎伤致死的犯罪地点。

22. 被告人吴某在公安机关及庭审中供述的作案时间、地点、手段等情节与上述证据相符。吴某辨认并指认某区东某乡某庄村"某饭店"就是其伙同李某持刀将他人扎伤致死的犯罪地点。

23. 附带民事诉讼原告人提供的身份材料等证据证实其经济损失情况。

本院认为,被告人吴某、李某持刀故意伤害他人身体并致人死亡,二被告人的行为均已构成故意伤害罪,且犯罪后果严重,依法应予惩处。李某在刑满释放后5年内又犯罪,系累犯,依法应予从重处罚。鉴于本案的具体情节,对李某判处死刑,可不予立即执行。吴某的亲属代为赔偿被害人亲属的部分经济损失,本院对吴某量刑时酌予考虑。某市人民检察院第二分院指控被告人吴某、李某犯故意伤害罪的事实清楚,证据确实、充分,指控的罪名成立。吴某的辩护人所提吴某起初不具有伤害刘某的故意,不应对刘某死亡结果负责的辩护意见,经审核,在案证据足以证实吴某指使并伙同李某持刀殴打刘某的事实,故吴某具有伤害的故意,且其行为与刘某的死亡结果存在刑法上的因果关系,应对死亡结果承担刑事责任,对吴某辩护人所提上述辩护意见本院不予采纳。吴某的辩护人所提其余意见,经审核属实,本院予以采纳。李某指定辩护人所提辩护意见,经审核,无事实和法律依据,本院不予采纳。由于李某、吴某的犯罪行为给附带民事诉讼的原告刘某某、原告马某造成的经济损失,依法应予合理赔偿。附带民事诉讼原告刘某某、原告马某所提赔偿经济损失、被扶养人生活费的诉讼请求,无法律依据,本院不予支持。据此,本院依据《中华人民共和国刑法》第234条,第48条第1款,第51条,第57条第1款,第65条第1款,第25条第1款,第26条第1款、第4款,第61条,第64条,第36条第1款及《中华人民共和国民法通则》第119条、第130条,最高人民法院《关于审理人身损害赔偿案件适用法律若干问题的解释》第17条第3款、第27条、第29条之规定,判决如下:

1. 被告人李某犯故意伤害罪,判处死刑,缓期两年执行(死刑缓期执行的期间,从某高级人民法院核准之日起计算),剥夺政治权利终身。

2. 被告人吴某犯故意伤害罪,判处无期徒刑,剥夺政治权利终身。

3. 被告人李某、吴某赔偿附带民事诉讼原告刘某某、原告马某丧葬费、死亡赔偿金、交通费、住宿费等经济损失共计人民币464,033.5元,且二被告人承担连带赔偿责任(已交纳的人民币37万元赔偿款在案,余款限判决生效后1个月内给付)。

4. 驳回附带民事诉讼原告刘某某、原告马某的其他诉讼请求。

5. 随案移送之物品均予以没收(清单附后)。

如不服本判决,可在接到判决书的第二日起10日内,通过本院或者直接向某高级人民法院提出上诉。书面上诉的,应当提交上诉状正本一份,副本一份。

审 判 长 ×××
代理审判员 ×××
代理审判员 ×××
2008年10月21日
书 记 员 ×××

随案移送物品处理清单

下列物品予以没收:

1. 餐巾纸 1张

2. 布条 1块

3. 烟蒂	6个
4. 袜子	1双
5. 蓝色裤子	1条
6. 腰带	1条
7. 深色内裤	1条
8. 鞋	1双
9. T恤	1件
10. 棒球棍	1根

【上诉状】

刑事上诉状

上诉人:吴某,男25岁,1983年3月6日出生,汉族,住某省某垦殖场社区×××号。

上诉请求:

撤销某市第二中级人民法院(2008)二中刑初字第××××号刑事判决书第二项,依法对吴某从轻或减轻处罚。

一、一审法院忽略了许多重大案件事实未能查清,导致对上诉人量刑过重

1. 一审对案发的原因未予查清。对此,上诉人在公安侦查阶段已向公安机关做过交代(见对上诉人的讯问笔录)。由于被害人王某敲诈上诉人客户10,000元人民币,上诉人与被害人王某相约协商解决,意在要回10,000元人民币,但王某态度蛮横,双方系发生争执。被害人王某敲诈上诉人客户的行为是本案发生的导火索。被害人王某应对本案的发生承担一定的责任。

2. 一审对上诉人对被害人刘某伤害结果的主观心理状态未予考虑。一审判决中认定"吴某指使并伙同李某、章某持自制刀具……对王某、刘某进行殴打"。这种认为是不正确的。上诉人与刘某素不相识,无冤无仇。在发生打斗时,上诉人没有任何伤害被害人刘某的故意。这一点从上诉人口供和王某的陈述中都可以得到证实。上诉人2007年10月23日口供中说:"我对他们说,你们不要砍胖的,要砍高的。"当看到刘某被扎后说:"你捅他干嘛?"2007年8月18日王某陈述中说:"吴某说不关你事,我找王某。"这些都证明了上诉人并不想伤害刘某。

3. 一审对被害人刘某的死亡结果是由谁造成的未予查清。一审法院认定:"李某持刀……吴某持刀砍击刘某的头部和躯干部,致刘某急性失血性休克死亡。"把被

害人刘某的死亡认定为是上诉人与李某共同造成的,这是与事实不符的。本案中刘某致命伤不是上诉人所为,上诉人的行为与刘某的死亡无直接因果关系。

二、上诉人家属已对被害人刘某家属进行了充分的经济赔偿,上诉人有充分的悔改表现,但一审法院并未在量刑上予以充分考虑,量刑过重

综上,上诉人认为,一审法院的判决认定上诉人构成故意伤害罪的事实不清,证据不足,量刑过重,是不公平的判决,理应予以撤销。

为维护合法权益,上诉人特向贵院提出上诉,请贵院支持上诉人的上诉请求,依法公正裁决此案。

此致

某高级人民法院

上诉人:吴某

2008 年 10 月 27 日

【二审辩护词】

审判长、审判员:

北京市汉良律师事务所接受被告人吴某之父吴某某的委托,指派本人担任故意伤害案被告人吴某的辩护人,参加诉讼。接受委托后,辩护人查阅了案卷材料,会见了被告人吴某,详细了解了案件的事实经过,对本案的证据及法律问题有了清晰的认识。经过认真审慎的研究,结合相关法律规定,提出以下辩护意见,供合议庭参考:

一、一审判决认定事实不清

1. 一审法院忽视了案发的原因

被害人王某敲诈被告人吴某客户的行为是本案发生的导火索。被害人王某应对本案的发生承担一定的责任。

对此,上诉人在公安侦查阶段已向公安机关做过交代(见对被告人的讯问笔录)。由于被害人王某敲诈上诉人客户 10,000 元人民币,被告人吴某与被害人王某相约协商解决,意在要回上诉人客户的 10,000 元人民币,但因王某态度蛮横,才导致双方发生争执。

2. 一审法院对造成被害人刘某死亡的致害行为未予查清

一审法院认定:“李某持刀……吴某持刀砍击刘某的头部和躯干部,致刘某急性失血性休克死亡。”把被害人刘某的死亡认定为是吴某与李某共同造成的,这与事实不符。本案中刘某致命伤不是被告人吴某所为,吴某的行为与刘某的死亡并

无直接的因果关系，请二审法庭查明事实。

3. 一审法院对被告人实施伤害行为的主观心理状态未予考虑

被告人吴某虽然实施了伤害行为，但其主观上并没有明确的杀害他人的犯罪故意。一审判决中认定“吴某指使并伙同李某、章某持自制刀具……对王某、刘某进行殴打”。事实上，被告人吴某与刘某素不相识，无冤无仇，没有犯罪动机。在发生打斗时，被告人没有伤害被害人刘某的故意。

这一点从被告人口供和王某的陈述中都可以得到证实。被告人吴某于2007年10月23日的口供中也曾说：“我对他们说，你们不要砍胖的，要砍高的。”当看到刘某被扎后说：“你捅他干嘛？”

2007年8月18日王某陈述中讲：“吴某说不关你事，我找王某。”这些都证明了上诉人并不想伤害刘某。但是一审所作判决量刑处罚中对此处并未提及。

二、被告人吴某具有从轻处罚的酌定情节，一审对其量刑过重

1. 吴某归案后能积极地配合侦查机关的调查，并如实地供述自己的不法行为，从辩护人会见吴某及吴某在看守所内的表现情况可知，吴某认罪态度很是诚恳，多次表示对受害人家属的同情、对自己不法行为的悔恨。

2. 被告人吴某有积极的悔罪表现，委托其家属对被害人刘某亲属进行了充分的经济赔偿。吴某对因犯罪失去自由感到很痛心，其家庭也因此不再圆满，很长的一段时间自己孩子不能见到父亲，父母不能看到自己的儿子，妻子不能见到自己的丈夫，不能再享受到家庭的亲情和温暖。同样，吴某作为父亲也不能再照顾自己的幼儿、作为丈夫不能帮助妻子操持家务、作为儿子无法向父母尽孝。

推己及人，被告人更深刻地感受到受害人父母失去儿子的痛苦。中国有句俗话“可怜天下父母心”，作为父母，从子女出生的那一刻起就为了子女的成长付出了无数的心血，尝尽了酸甜苦辣。他们时刻呵护、关怀着子女，期盼着子女健康快乐的长大成人，即使子女犯了错仍然牵肠挂肚。“儿行千里母担忧”，多少父母为不在身边的子女终日祈祷，期盼他们能够平安快乐。

被告人吴某痛心、悔恨因为他的犯罪行为使被害人的父母失去了辛苦抚养的儿子，使被害人的妻子失去了丈夫，孩子失去了父亲，并且是永远地失去了这些不可替代的、家人间的感情和温暖；他的行为，不仅仅是使受害人失去了生命，还破坏了一个本应和谐美满的家庭，给他们造成了不论用什么永远都无法弥补的精神上的伤害。良心时刻受到谴责，期望能以实际的行动向被害人的亲属认罪、赔罪。

综上，被告人吴某虽然实施了不法伤害行为，但其伤害行为并未导致被害人刘某的直接死亡结果，同时被告人对伤害被害人主观上也不具有杀害被害人的故意，归案后如实供述自己的犯罪行为。同时，也认真的反思忏悔自己的行为，认罪伏法，愿意承担相应的责任，期望争取早日改造成为一个对国家对社会有益的人。鉴

于其积极认罪、悔罪的态度和行为,建议合议庭对被告人吴某从轻处罚。

以上意见,请合议庭斟酌并予采纳!

辩护人:北京市汉良律师事务所　刘笑宇

【二审判决书】

某高级人民法院刑事附带民事判决书

(2008)高刑终字第×××号

原公诉机关某市人民检察院第二分院。

上诉人(原审附带民事诉讼原告人)原告刘某某,男,70岁(1938年6月7日出生),汉族,山东省某市人,退休职工,住黑龙江省某农垦社区××××号;系被害人刘某之父。

上诉人(原审附带民事诉讼原告人)原告马某,女,62岁(1946年5月24日出生),汉族,出生地山东省某市,退休职工,住黑龙江省某农垦社区××××号;系被害人刘某之母。

上诉人(原审被告人)李某,男,23岁(1985年10月21日出生),汉族,出生地某省某市,小学文化,农民,住某省某市某乡某组1号;2001年6月因犯抢劫罪被判处有期徒刑2年,并处罚金人民币3000元;2005年3月因犯故意伤害罪被判处有期徒刑2年6个月,2007年2月刑满释放;因涉嫌犯故意伤害罪于2007年10月18日被羁押,同年11月23日被逮捕;现羁押在某市第一看守所。

辩护人×××,某市××律师事务所律师。

上诉人(原审被告人)吴某,男,25岁(1983年3月6日出生),汉族,出生地某省某市,初中文化,农民,住某省某市某垦殖场1号;1999年5月因敲诈被处治安拘留10日,2000年9月因嫖娼被处劳动教养1年;因涉嫌故意伤害罪于2007年10月18日被羁押,同年11月23日被逮捕;现羁押在某市第一看守所。

辩护人暨附带民事诉讼代理人刘笑宇,北京市汉良律师事务所律师。

某市第二中级人民法院审理某市人民检察院第二分院指控被告人吴某、李某犯故意伤害罪及原审附带民事诉讼原告刘某某、原告马某提起提附带民事诉讼一案,于2008年10月21日作出(2008)二中刑初字第××××号刑事附带民事判决。

原审附带民事诉讼原告刘某某、原告马某对附带民事部分判决不服,原审被告人李某、吴某对刑事部分判决不服,分别提出上诉。本院依法组成合议庭,经过阅卷,讯问上诉人李某、吴某,听取上诉人李某的辩护人×××、吴某的辩护人暨附带民事诉讼代理人刘笑宇的辩护、代理意见,认为事实清楚,决定不开庭审理。现已审理终结。

一审法院判决查明及认定部分(略)。

刘某某、马某的上诉理由及诉讼代理人×××的代理意见:在原审判决赔偿464,033.5元的基础上,请求二审法院判决被告人再赔偿精神抚慰金200万元。

李某上诉提出,原审法院未考虑被害人有过错,对其量刑过重。李某的辩护人×××的辩护意见为,李某实施犯罪行为事先没有预谋,主观恶性不大,情节不是特别严重,且认罪态度良好,具有悔罪表现,不属于罪行极其严重的情形,原审判处死缓量刑过重,建议对李某酌情从轻处罚。

吴某上诉提出,原判量刑过重。吴某的辩护人暨附带民事诉讼代理人刘笑宇的辩护、代理意见为,吴某的主观恶性较小,其行为在刑法因果上仅为辅助作用,积极赔偿应可取得被害人家属谅解,对吴某处无期徒刑偏重,建议对吴某予以改判。

经审理查明:

上诉人吴某伙同上诉人李某及章某、邝某(均另案处理)于2007年8月18日13时许,在某饭店内,因故与王某、刘某(男,殁年35岁)发生争执。后吴某指使并伙同李某、章某持自制刀具,邝某持椅子对王某、刘某进行殴打。期间,李某持刀刺伤刘某右上腹部,贯通肝脏、膈肌及右肺下叶,吴某持刀砍击刘某的头部和躯干部。刘某因右上腹部被刺,贯通肝脏、膈肌及右肺下叶,致急性失血性休克死亡;并致王某左肘开放性骨折及皮裂伤。李某、吴某作案后于2007年10月18日被抓获归案。

李某、吴某的行为给附带民事诉讼原告刘某某、原告马某造成经济损失有:死亡赔偿金人民币439,780元、丧葬费人民币23,253.5元、住宿费人民币1000元,共计人民币464,033.5元。

上述事实,有下列证据证明(略)。

以上证据,经某第二中级人民法院庭审质证属实,本院经审核予以确认。

对于李某的辩护意见,经查,在案证据证明,李某持刀刺伤刘某右上腹部,贯通肝脏、膈肌及右肺下叶,致急性失血性休克死亡,李某系致刘某死亡的直接行为人;现有证据不能证明被害人有过错。

对于吴某的辩护意见,经查,在案证据证明,吴某指使并伙同李某持刀刺伤刘某,在共同犯罪中起主要作用,应对被害人死亡结果共同承担责任。

在本院审理期间,上诉人原告刘某某、原告马某没有提供新的证据支持其要求赔偿精神抚慰金的意见。吴某的亲属自愿在一审交纳赔偿款37万元的基础上再交纳94,033.5元,全部履行支付原判赔偿款数额。附带民事诉讼上诉人原告刘某某、原告马某接受吴某亲属交纳的代赔偿款人民币94,033.5元,撤回上诉并表示对吴某一定谅解,可对吴某酌予从轻处罚。

本院认为,上诉人李某、吴某持刀故意伤害他人身体并致人死亡,均已构成故意伤害罪,李某所犯罪行极其严重,依法应予惩处。李某在刑满释放后5年内又犯罪,系累犯,依法应当从重处罚。鉴于本案的具体情节,对李某判处死刑,可不立即执行。考虑吴某的亲属代为赔偿被害人亲属遭受的经济损失,对吴某可酌予从轻处罚。经查,李某的上诉理由不能成立,应予驳回,李某的辩护人的辩护意见,理由不足,本院不予采纳。由于李某、吴某的犯罪行为给附带民事诉讼上诉人原告刘某某、原告马某造成的经济损失,依法应予合理赔偿并承担连带赔偿责任。原审人民法院根据李某、吴某的行为给上诉人原告刘某某、原告马某造成经济损失的事实及证据,依法对附带民事部分所作的判决适当。在本院审理期间,附带民事诉讼上诉人原告刘某某、原告马某与吴某的亲属达成和解,接受吴某亲属代为赔偿的全部判决赔偿款,并撤回上诉,本院予以准许。原审人民法院根据李某、吴某犯罪的事实、犯罪的性质、情节和对于社会的危害程度所作的刑事附带民事判决,定罪正确,对李某的量刑及附带民事判决赔偿的数额以及对随案移送之物品的处理适当,审判程序合法,应予维持。考虑上诉人吴某如实供认罪行并悔罪,其亲属在一、二审期间,积极代吴某赔偿附带民事诉讼上诉人原告刘某某、原告马某遭受的经济损失,附带民事诉讼上诉人均表示愿意接受并表示对吴某一定谅解等具体情节,故对吴某的量刑可酌予从轻处罚。据此,本院依据《中华人民共和国刑法》第189条第1项、第2项,《中华人民共和国刑法》第234条、第48条、第51条、第57条第1款、第56条第1款、第55条第1款、第65条第1款、第25条第1款、第26条第1款、第4款、第61条、第64条、第36条第1款及《中华人民共和国民法通则》第119条、第130条和最高人民法院《关于审理人身损害赔偿案件适用法律若干问题的解释》第17条第3款、第27条、第29条之规定,判决如下:

驳回李某的上诉,准许原告刘某某、原告马某撤回上诉,维持某第二中级人民法院(2008)二中刑初字第××××号刑事附带民事判决主文第一、三、四、五项,即李某犯故意伤害罪,判处死刑,缓期二年执行,剥夺政治权利终身。李某、吴某赔偿附带民事诉讼原告刘某某、原告马某丧葬费、死亡赔偿金、交通费、住宿费等经济损失共计人民币464,033.5元,且二被告人承担连带赔偿责任。驳回附带民事诉讼原告刘某某、原告马某的其他诉讼请求。随案移送之物品均予以没收。

撤回某市第二中级人民法院(2008)二中刑初字第×××号刑事附带民事判决主文第二项,即吴某犯故意伤害罪,判处无期徒刑,剥夺政治权利终身。

上诉人(原审被告人)吴某犯故意伤害罪,判处有期徒刑15年(刑期自判决执行之日起计算,判决执行前先行羁押的,羁押1日折抵刑期1日,即自2007年10月18日至2022年10月17日止),剥夺政治权利3年。

本判决为终审判决。

根据《中华人民共和国刑事诉讼法》第201条的规定,本院核准某市第二中级人民法院以故意伤害罪判处李某死刑,缓期二年执行,剥夺政治权利终身的刑事判决。

审 判 长 ×××

审 判 员 ×××

代理审判员 ×××

2009年2月3日

书 记 员 ×××

办案总结

刑事案件关系到被告人的生命和自由,与普通民事、商事案件相比,对律师的法律素养、责任心、业务能力提出了更高的要求,对律师事务所的规范化程度和专业化程度提出了更高的要求。针对一个具体案件的总结,为了被告人的生命和自由,身为辩护人当谨慎为之。

1. 律师不能被委托人对案情的描述左右自己的思维。因为委托人见不到卷宗,除非已经取保候审或监视居住,委托人也见不到犯罪嫌疑人或被告,案发当时委托人也未必在场,犯罪嫌疑人或被告在侦查机关讯问时是如何交代的,其他人是如何交代的,这些情况,委托人一概不知。而且基于亲情关系,委托人的描述往往掺杂了极其浓郁的感情色彩,难以客观公正。律师应当针对一些细节之处着重展开询问。

2. 辩护律师需要认真研究公诉机关的《起诉书》。《起诉书》是公诉机关对案卷材料的提炼,里面几乎每一句话都来源于案卷材料。辩护律师要端正心态,清楚自己的立场。辩护律师的职责是为被告人提供法律服务,所处的应当是与《起诉书》所指控不同的角度,去认真审查案卷材料。如果辩护律师的内心已经与公诉机关保持了一致,阅卷也就失去了意义,不可能取得重大突破。本案吴某所犯故意伤害罪,在公诉机关与被害人家属纷纷要求判处吴某死刑的意愿下,辩护人一直坚持吴某不对刘某死亡结果负责的辩护意见。

3. 在刑事案件辩护中,阅卷质量的高低,直接关系到案件的成败。阅卷的首要前提是,案卷材料一定要全面、完整。只要是与案件有关的材料,一页都不能少,全部要复制。如果办案单位不提供完整的案卷材料,辩护律师应当与办案人员交涉,据理力争,维护自身的阅卷权利。复印回来的卷要认真、仔细、全面地研究案卷材料,有助于律师了解案情,发现问题,提炼辩护观点。律师如果对现有的证据材料不认真审查和充分利用,完全寄希望于自身的调查取证,不但阻力重重,而且具有较大的风险,这是舍近求远的笨办法。侦查机关通过强大的国家机器取得的证据材料,办理公安机关侦查的案件,要格外关注讯问笔录中的矛盾之处。如果能为我所用,在法庭审理中,往往可以出其不意,获得最佳的辩护效果。

4. 辩护人应尽可能与被害人家属沟通,在被告人家属可以承受的范围内进行赔偿,缓和矛盾,取得受害人的谅解,请求法院从轻处理。本案中吴某之所以二审能得到较大幅度改判,一个重要的原因就是吴某及其家属积极赔偿被害人家属的行为。

专家点评

吴某、李某持刀故意伤害他人并致人死亡一案,一审判决认定吴某构成故意伤害罪,在量刑时已酌予考虑吴某家属积极赔偿被害人家属损失的情节,判处吴某无期徒刑,剥夺政治权利终身。所判较李某轻,无疑给二审辩护增加了难度。

作为吴某二审的辩护律师,从一审判决忽视了被害人王某敲诈吴某的客户,吴某意在为客户索回被王某敲诈款是本案诱发的起因入手,再从一审判决对吴某并非想伤害被害人刘某这一至关重要的主观意图毫无提及,阐述一审判决存在被害人刘某死亡的事实没有查清、吴某具有从轻处罚的酌定情节均未得到充分考虑、量刑过重等情形阐述自己的辩护观点,思路无疑是十分正确的。

同时,辩护律师还阐述了吴某具有从轻处罚酌定情节,如案发后积极配合侦查机关调查,如实供述犯罪事实,认罪态度诚恳,亲属积极赔偿,特别吴某亲属在一审自愿赔偿37万元的基础上,二审仍竭尽财力,全部履行支付原判的赔偿义务,得到被害人亲属谅解等完全可酌情从轻处罚的辩护意见。

二审判决完全采纳了辩护律师关于吴某具有如实供认罪行并悔罪,家属积极代为赔偿,被害人亲属完全谅解等量刑可酌情从轻处罚的辩护意见,改判吴某犯故意伤害罪,判处有期徒刑15年,剥夺政治权利3年。辩护获得成功。

审核人、评论人:潘泽河(北京市安衡律师事务所主任、北京市律师协会智库重大复杂案件课题组秘书长)

复核人:许兰亭(北京市君永律师事务所律师、北京市律师协会智库重大复杂案件课题组刑事组组长)

故意杀人罪与故意伤害罪的界定

——刘小某故意杀人案*

争议焦点

故意杀人罪的犯罪构成要件；因果关系；故意杀人罪与故意伤害罪的区别；共同犯罪中，多名被告人共同致死一名被害人的，原则上只判处一人死刑。

关键词

故意杀人罪　故意伤害罪　因果关系　共同犯罪　共同致死　主犯　从犯

案情简介

刘大某在河北省某市经营一家饭店，因与在同一地段经营饭店的老板受害人A存在竞争矛盾，便决定找人教训教训受害人A。2003年3月刘大某要远在黑龙江做水果生意的弟弟刘小某来帮他收拾受害人A，接着又安排自己的外甥任某以2000元的价格雇用打手苏某和苏某某，一起教训受害人A。2003年4月7日，被告人刘小某来到某市同其兄刘大某及被雇佣的两名打手会合，并准备好作案用的钢筋棍和铁镐把等工具，于2003年4月8日，在其兄刘大某的指引下，来到受害人A经营的“某明珠”饭店附近观察地形，刘大某负责放哨，苏某则负责观察情况。4月11日凌晨4时许，经过多次蹲守，刘大某等人在探知受害人A回到自己饭店后，刘小某手持钢筋棍，其兄刘大某则手持木质铁镐把，苏某和苏某某则各持铁管闯入饭店。被告人刘小某首先用钢筋棍将在大厅休息的女服务员受害人B打昏，接着又伙同苏某闯入饭店受害人A的卧室，

* 案例提供人、承办律师：李红钊（北京市冠腾律师事务所）。

用钢筋棍击打受害人 A 的头部数下。苏某则手持铁管击打与受害人 A 在一个卧室休息的受害人 C 头部,紧接着用铁管对受害人 A 的头部进行了击打。随后刘大某冲进受害人 A 的卧室,手持木质铁镐把对准受害人 A 的背部进行多次击打,并用铁镐把打断屋内的电话线,切断卧室内同外界的通讯联系。被告人刘小某伙其他行凶者走出受害人 A 的卧室后,又对在另一个房间休息的饭店服务员受害人 D 的头部进行了击打,随后便与其他同案犯迅速逃离作案现场,受害人 A 因伤势过重在被送往医院的途中死亡。

经河北省某市公安机关鉴定,"某明珠"饭店服务员受害人 B、受害人 C、受害人 D 均构成轻伤,受害人 A 系颅内出血及脑组织挫伤重度颅脑损伤导致死亡。2004 年 6 月 23 日,河北省某市中级人民法院判决刘大某系本案雇凶伤人主犯,应对全案负责;且犯罪情节、后果特别严重,依法判处死刑。2004 年 11 月 12 日,河北省高级人民法院驳回刘大某的上诉,维持原判(现已执行)。

被告人刘小某案发后畏罪潜逃,2011 年 10 月被公安机关抓获归案。某人民检察院指控被告人刘小某在实施行凶报复行为时,用钢筋棍击打受害人 A 头部数下,手段特别残忍,致使受害人 A 因颅脑重度损伤死亡,应以故意杀人罪追究其刑事责任。刘小某对某人民检察院指控其用钢筋棍击打受害人 A 头部的行为供认不讳。其辩护人认为被告人刘小某的行为构成故意伤害罪,以及现有证据不能证明只有被告人刘小某用铁棍击打了被害人 A 头部。辩护意见被一审法院予以采纳,被告人刘小某以故意伤害罪被判处无期徒刑。被告人在法定上诉期间没有提起上诉,某检察院在法定抗诉期限内没有提起抗诉,一审判决生效。

案件历程

【起诉书】

河北省某市人民检察院
起诉书

冀某市检刑诉字(2012)22 号

被告人刘小某,男,1964 年 3 月 29 日出生,身份证号码:23023119640329541X,汉族,初中文化,农民,住黑龙江省哈尔滨市南岗区××街 22 号,户籍地:黑龙江省×县永久村 7 组。2003 年 11 月 30 日因涉嫌故意伤害被某检察院批准逮捕,2011 年 12 月 15 日由某公安局执行逮捕。

本案由某公安局侦查终结,以被告人刘小某涉嫌故意伤害罪,于2012年2月9日向某检察院移送审查起诉。某检察院于2012年3月10日转至本院审查起诉。本院受理后,已依法告知被告人有权委托辩护人,告知被害人、被害人近亲属有权委托诉讼代理人,依法询问了被告人,审查了全部案卷材料。

经依法审查查明:

2003年3月,被告人刘小某的哥哥刘大某(已判刑)因与A有矛盾,决定找人教训A。刘大某打电话叫来刘小某,安排其外甥任某(已判刑)以人民币2000元雇用苏某(已判刑)、苏某某(已判刑)。2003年4月7日,刘小某、苏某、苏某某来到某市,刘小某准备了作案用的钢筋棍。4月8日,刘大某将刘小某、苏某、苏某某带至×县两间房乡,指认了A经营的"某明珠"饭店,四人在饭店外蹲守A。4月11日凌晨4时许,在得知A回到饭店后,刘大某持木棍、刘小某持钢筋棍、苏某、苏某某持铁管闯入饭店,刘小某用钢筋棍将大厅服务员B打昏,又同苏某闯入A卧室。刘小某用钢筋棍击打A的头部,苏某用铁管击打服务员C的头部,将二人打昏,刘大某又持木棍击打A背部。刘小某、刘大某又将服务员D头部打伤。经鉴定,A系头部受直接暴力致颅内出血及脑组织挫伤重度颅脑损伤死亡。B、C、D均为轻伤。

认定上述事实的证据如下:

(1)被告人刘小某的供述及辩解;(2)同案犯刘大某、任某、苏某、苏某某的供述及辩解;(3)被害人B、C、D的陈述;(4)证人甲、乙等人的证言;(5)现场勘查笔录及照片;(6)法医学尸体检验报告等鉴定结论;(7)书证等。

本院认为,被告人刘小某故意非法剥夺他人生命的行为,已触犯《中华人民共和国刑法》第232条之规定,犯罪事实清楚,证据充分,应当以故意杀人罪追究其刑事责任。依据《中华人民共和国刑事诉讼法》第141条之规定,提起公诉,请依法判处。

此致

河北省某市中级人民法院

(此页无正文)

检察员:×××

2012年3月20日

附:

1. 被告人刘小某现羁押于×县看守所;

2. 移送本案证人名单、证据目录、主要证据复印件。

【一审辩护词】

尊敬的审判长、审判员:

北京市君永律师事务所接受当事人的委托,指派李红钊、孔建律师担任刘小某故意杀人案的辩护人。辩护人通过会见被告人,查阅相关的卷宗材料,对本案有了较为全面的认识。现依据事实与法律,提出如下辩护意见。

一、对公诉机关指控被告人刘小某犯故意杀人罪有异议

被告人刘小某并没有杀害受害人 A 的主观故意。本案证据显示,被告人刘小某之兄刘大某因为与受害人 A 存在经营上的冲突,才找来被告人刘小某帮忙收拾受害人。刘大某在第一次委托本案另一被告人任某找人报复受害人 A 时就明确表示:“打残他,让他坐轮椅”;在同被告人刘小某通话时也表示仅限于收拾收拾受害人 A,被告人刘小某也只回答:“我过去不就得了”。从本案整个讯问笔录来看,刘大某在与其他几名被告人包括刘小某商量如何对付受害人 A 时,目的就是打其一顿出出气,被告人对此也表示同意。由此可见策划者刘大某并没有故意杀害受害人 A 的目的,被告人刘小某也没有对受害人 A 实施杀害的主观故意。

公诉机关在庭审中认为,被告人刘小某具有杀害受害人 A 的间接故意。根据《刑法》第 14 条规定,间接故意是明知自己的行为会发生危害社会的结果,却放任这种结果发生,辩护人认为被告人刘小某并不具备这种主观心态。首先,被告人刘小某主观方面并不具备故意杀人的意识因素,刘小某等人事先商量报复受害人 A 的目的是把其打残,这同欲剥夺其生命是有本质区别的。刘小某与受害人 A 事先根本不认识,他们之间没有直接矛盾和恩怨,犯罪工具为随手捡来的钢筋棍,并不是杀伤力很强的斧头、刀具、枪支、爆炸物等凶器。这些应当证明被告人刘小某明知自己的行为会发生对受害人 A 造成伤害的结果,而不是明知会造成死亡的结果,不能必然得出明知以上行为会造成受害人 A 死亡。其次,被告人刘小某在意志因素方面也不具备放任受害人 A 死亡的主观心态。本案的客观事实是刘小某对受害人 A 胡乱击打几下,不是凶残无休止或者对准人体要害部位有目的进行猛击,不能证明被告人具有放任被害人死亡的主观心态。最后,被告人刘小某主观方面也不符合间接故意的重要特征。间接故意的一个重要表现是行为人为了实现自己的某种目的而放任了另一个危害结果的发生,这个目的既可以是合法也可以是非法的。比如为了多出煤而不顾瓦斯超限就是为了实现合法目的而放任了爆炸危险,为了毒害甲却把乙毒死就是为了实现非法目的而置他人生命于不顾。刘小某等人的目的就是实施把被害人受害人 A 打残的故意伤害行为,导致的危害结果也是刑法规定的故意伤害结果,并不是同被告刘小某行为目的性质不同的另外一种危害结果。因为刑法把故意致人损伤和致人死亡归属于故意伤害结果,殴打致伤或殴打致死是同一性质的危害行为。本案刘小某追求实现目的同危害结果的一致性,说明其

行为并不符合间接故意的构成要件。

公诉机关指控被告人刘小某构成间接故意杀人罪没有证据支持,构成间接故意的法律适用也是不准确的。被告人在故意伤害心理支配下实施的故意伤害行为应当认定构成故意伤害罪,本案在没有证据证明刘小某具有杀害受害人A主观故意的情况下,认定其构成故意杀人罪,违背了犯罪构成的主客观相一致原则。

二、被告人在本案中应当属于起次要或辅助作用的从犯

同案主犯刘大某在供述中承认是自己纠集他人报复受害人A,与被告人刘小某称是刘大某让他一起打受害人A一顿的供述一致。根据同案犯任某供述,刘大某让他找人打受害人A,踩点时刘小某告诉他让他盯着受害人A,刘大某先领着任某等人踩的点。同案犯苏某供述,任某给其打手机,让他过来帮忙收拾一个人,那个矮个子(指刘大某)让苏某等人各自买各自的车票,别让别人看出这几个人是一伙的,在旅馆那个矮个子给了苏某500元钱,踩点时见受害人A不在,矮个子让苏某、苏某某和高个子(被告刘小某)进屋打人,他到前门放哨。同案犯苏某某供述,一会儿矮个子拿一根镐把回来了,他对大家说:“受害人A在家呢,进吧”,作案后矮个子让这几个人将铁管、铁棍扔到路边的坡下,矮个子在某市一个旅店里给这几个人分工,苏某、苏某某和高个子进屋打人,刘大某守前门望风。

由此可见,本案中刘大某直接联系找人、出资、提供住宿、指挥踩点、指挥分工,对共同犯罪的形成、实施与完成起着决定或重要作用,应当认定为主犯。被告人刘小某只是根据主犯刘大某的分工,与同案犯苏某、苏某某等人一起进屋殴打被害人受害人A,应当认定为从犯。

三、被告人行为与受害人死亡没有法律上必然的因果关系

根据公安机关的尸检报告,被害人受害人A系颅脑损伤死亡。从本案被告人的有关供述及被害人陈述来看,虽然被告人刘小某在行凶时击打过受害人A的头部,但不能同时排除其他人对受害人A头部也进行过击打行为。同案犯苏某某在供述中称:“高个子拿铁棍子打受害人A头部两下……紧接着矮个子用铁管打受害人A头部一下”,“电话线是矮个子用铁管或木棍子打断的,打完受害人A后临走时他打的”。被害人周某陈述:“就看见两个男的进来,都是瘦高个……在脚底下就打受害人A脑袋”,并不能证明只有被告人刘小某一人用铁棍对受害人A头部进行过击打。后苏某某又供述:“高个子没说话,拿铁棍子打受害人A头部两下……这时矮个子冲进屋说我操你妈受害人A,随手打受害人A后背一木棒”,对于刘大某是否击打过受害人A头部前后供述不一致,却没有不一致的原因,并且其供述与受害人周某的陈述并不能相互印证。只有被告人刘小某一人用铁棍对受害人A头部进行过击打,并不能形成完整和确凿的证据链进行证明。

四、被告人刘小某犯罪前及在畏罪潜逃过程中并没有其他违法犯罪行为

在实施犯罪行为后被告人刘小某对受害人的死亡感到深深的忏悔,为自己为一时哥儿们义气而触犯了法律成为罪人而深深的自责,请求人民法院酌情予以从轻或减轻处罚。根据《最高人民法院关于印发〈全国法院维护稳定刑事审判工作座谈会纪要〉的通知》(1999 年 10 月 27 日)精神:“对于故意伤害致人死亡,手段特别残忍,情节特别恶劣的,才可以判处死刑”,“共同犯罪中,多名被告人共同致死一名被害人的,原则上只判处一人死刑”,主犯刘大某已经被执行死刑,请求人民法院给予被告人刘小某一次再生的机会。

此致

河北省某市中级人民法院

辩护人:李红钊律师

【一审判决书】

河北省某市中级人民法院
刑事判决书

(2012)××市刑初字第××号

公诉机关河北省某检察院。

被告人刘小某,男,1964 年 3 月 29 日出生,汉族,初中文化,农民,住黑龙江省×××区××街××号,户籍地:黑龙江省×县××村 7 组。2003 年 11 月 30 日因涉嫌故意伤害罪被某县人民某检察院批准逮捕。2011 年 12 月 15 日由某县公安局执行逮捕。现押某县看守所。

辩护人李红钊,北京市君永律师事务所律师。

辩护人孔建,北京市君永律师事务所律师。

河北省某检察院以冀某市检刑诉字(2012)22 号起诉书指控被告被告人刘小某犯故意杀人罪,于 2012 年 3 月 20 日向本院提起公诉。本院受理后,依法组成合议庭,公开开庭对本案进行了审理。河北省某检察院×××出庭支持公诉。被告人刘小某及其辩护人李红钊、孔建均到庭参加诉讼。现已审理终结。

河北省某检察院指控:2003 年 3 月,被告人刘小某的哥哥被告人刘大某(已判刑)因与受害人 A 有矛盾,便让被告人任某(已判刑)找人教训受害人 A。被告人刘

大某打电话叫来其弟弟被告人刘小某，安排其外甥被告人任某（已判刑）以人民币2000元雇佣到被告人苏某（已判刑）、被告人苏某某（已判刑）。2003年4月7日，被告人刘小某、被告人苏某、被告人苏某某来到河北省某市，被告人刘小某准备了作案用的钢筋棍。4月8日，被告人刘大某将被告人刘小某、被告人苏某、被告人苏某某带至某县两间房乡，指认了受害人A经营的"某明珠"饭店，四人在饭店外蹲守受害人A。4月11日凌晨4时许，被告人刘小某伙同被告人刘大某、被告人苏某、被告人苏某某闯入"某明珠"饭店，被告人刘小某用钢筋棍将大厅服务员受害人B打昏，又同被告人苏某闯入受害人A卧室。被告人刘小某用钢筋棍击打受害人A的头部，被告人苏某用铁管击打服务员受害人C的头部，将二人打昏，被告人刘大某又持木棍击打受害人A背部。被告人刘小某、被告人刘大某又将服务员受害人D头部打伤。经鉴定，受害人A系头部受直接暴力致颅内出血及脑组织挫伤重度颅脑损伤死亡。受害人B、受害人C、受害人D三人均为轻伤。

针对上述指控的犯罪事实，公诉机关当庭宣读了被害人陈述、证人证言、现场勘查笔录、法医学尸体检验鉴定书、法医活体检查鉴定书、刑事科学技术鉴定书等证据，还当庭出示作案凶器铁棍一根照片及现场照片等证据。据此，认定被告人刘小某构成故意杀人罪。

被告人刘小某及辩护人对起诉书指控的犯罪事实均无异议。但辩护人李红钊、孔建认为，被告人刘小某的行为构成故意伤害罪，且系从犯。现有证据不能证明只有被告人刘小某用铁棍击打了被害人的头部。应当对其从轻处罚。

经审理查明：2003年3月，被告人刘小某的哥哥被告人刘大某（已判刑）因与受害人A有矛盾，决定找人教训受害人A。被告人刘大某打电话叫来被告人刘小某，安排其外甥被告人任某（已判刑）以人民币2000元雇佣到被告人苏某（已判刑）、被告人苏某某（已判刑）。2003年4月7日，被告人刘小某与被告人苏某、被告人苏某某来到河北省某市与被告人刘大某会合，被告人刘小某准备了作案用的钢筋棍。4月8日，被告人刘大某将被告人刘小某、被告人苏某、被告人苏某某带至某县两间房乡，指认了受害人A经营的"某明珠"饭店，四人在饭店外蹲守受害人A。4月11日凌晨4时许，在得知受害人A回到饭店后，被告人刘大某手持木棍、被告人刘小某手持钢筋棍、被告人苏某及被告人苏某某均手持铁管闯入饭店，被告人刘小某用钢筋棍将大厅服务员受害人B打昏，又同被告人苏某闯入受害人A的卧室。被告人刘小某用钢筋棍击打受害人A的头部，被告人苏某用铁管击打与受害人A同在卧室一起睡觉的服务员受害人C的头部，将二人打昏，被告人刘大某又进入受害人A的卧室，手持木棍击打受害人A背部。被告人刘小某、被告人刘大某又将服务员受害人D的头部打伤。经鉴定，受害人A系头部受直接暴力致颅内出血及脑组织挫伤重度颅脑损伤死亡。受害人B、受害人C、受害人D三人的损伤均为轻伤。

上述事实,有检察机关提交,并经法庭质证、认证的下列证据予以证明:

1. 受害人 C 陈述事实:其与受害人 A 在饭店西边屋里睡觉,进来两个男的,用铁管打受害人 A 脑袋,后一男子用铁管打其脑袋一下。

2. 受害人 B 陈述证实:其在大厅长椅上睡觉,进来两个男的,其中一个男的用铁管打其头部以下。

3. 受害人 D 证实:其正在床上睡觉,被人揪下来,见两个人用铁棍打其头部。

4. 现场勘查笔录记载:某明珠饭店大厅、受害人 A 卧室、走廊等处均发现血迹。

5. 尸检报告记载:死者受害人 A,男,35 岁,尸长 1.72 米。尸表检验:枕部头皮肿胀,项部软组织瘀血,左顶枕部见 11cm 缝合伤口,左枕部有 5cm、1.5cm、4.5cm、6cm 缝合伤口,右前臂有片状皮下瘀血,软组织肿胀,左肩部、左上臂有大面积皮下瘀血,左手有皮下瘀斑,颈、胸、腹背及双下肢未见外伤及骨折。解剖所见:切开头皮见右颞枕部头皮下淤血、肿胀,并有颅骨缺损(开颅术所致),硬膜下及受到直接暴力致颅内出血及脑组织挫伤重度颅脑损伤死亡。结论:综上所述受害人 A 系颅脑损伤死亡。

6. 法医活体检查鉴定书记载:受害人 C、受害人 D、受害人 B 头部的伤均为轻伤。

7. 同案犯被告人刘大某供认其让被告人任某雇人打受害人 A 及在河北省某市将被告人苏某、被告人苏某某、被告人刘小某领到某县两间房乡“某明珠”饭店附近熟悉地形情节。

8. 同案犯被告人任某供认被告人刘大某让其雇人打受害人 A 及其联系被告人苏某、被告人苏某某情节。

9. 同案犯被告人苏某供认:被告人任某让其找人过去收拾一个人。后其与其哥被告人苏某某坐班车来到河北省某市,一高一矮两个人在车站接的二人,后四人坐班车从河北省某市到某县两间房乡下车,矮个子指认一个饭店说是受害人 A 的店。到某县的第三天夜里一点多钟,四人到受害人 A 店的后山,高个子将铁管和铁棍子取回来,其和被告人苏某某各拿一根铁管,高个子拿一根铁棍,矮个子拿一根木棒,来到饭店被告人苏某某在后门放哨,矮个子在前门放哨,其和高个子进的饭店,在大厅高个子用铁棍将一个服务员打倒,后二人冲进受害人 A 的卧室,高个子用铁棍打受害人 A 两下,其用铁管打一个女的头部一下,后矮个子进屋用木棒打受害人 A 后背一木棒,并用木棒把电话线打断。从受害人 A 卧室出来,高个子和矮个子又进服务员的卧室了。打完后,矮个子骑摩托车将三人拉到某县城,给其 1500 元钱。还供认在河北省某市矮个子给其 500 元钱。

10. 同案犯被告人苏某某供述与被告人苏某供述基本一致。

11. 同案犯被告人苏某辨认出被告人刘大某是矮个子犯罪嫌疑人。

12. 被告人刘小某及同案犯被告人刘大某、被告人任某、被告人苏某、被告人苏某某均对当庭出示的现场照片辨认无误。

13. 河北省某市中级人民法院(2004)某市刑初字第42号刑事判决书,认定被告人刘大某犯故意伤害罪判处死刑,剥夺政治权利终身。认定被告人苏某犯故意伤害罪,判处有期徒刑15年,剥夺政治权利5年。认定被告人任某犯故意伤害罪,判处有期徒刑12年,剥夺政治权利3年。认定被告人苏某某犯故意伤害罪,判处有期徒刑10年,剥夺政治权利2年。此判决发生法律效力。

14. 被告人刘小某供述:我老家是黑龙江省齐齐哈尔市某县的,家里兄弟3人,老大是被告人刘大某,我是老二,我大哥被告人刘大某在九几年的时候就到某县两间房乡开饭店,我一直在家卖水果。2003年春天,具体日期我记不清了,我大哥被告人刘大某给我打电话,让我到河北来找他,电话里也没说什么事,我当时也同意了,他打完电话四五天后,我就坐火车到了河北省某市一个旅店内,在旅店内被告人刘大某和我说:"现在我开饭店,有个叫受害人A的也开饭店,总抢我生意,咱们打他一顿出出气。"我当时也同意了,之后他又带着我在河北省某市接了两个男的,这两个男的叫啥我也不知道,他俩是黑龙江××县人,他俩是我外甥被告人任某找来的,也是为了打受害人A的,当天我从河北省某市一个工地上捡了一根铁棍,为的就是打受害人A用。铁棍是圆形的,有一米多长,直径两厘米粗,施工地上的钢筋。我们四个人在河北省某市住了一宿,第二天我们坐汽车来到某县两间房乡,到两间房乡后,那两个人就随我大哥被告人刘大某住在他的饭店。我怕被人看见就住在两间房乡的一个大棚里,接下来的几天被告人刘大某就带着我们3个人在受害人A的饭店附近蹲守受害人A,找机会打他,因为当时饭店人太多,一直也没有机会,这样过了四五天,被告人任某看到受害人A回饭店住了,回来他就告诉被告人刘大某一行人,我们就商量好晚上去饭店打受害人A,那天晚上后半夜,具体几点我记不清了,被告人刘大某拿着一个木棍,我拿从河北省某市带来的铁棍,被告人任某找来那两个人各拿一根铁管,我们四个人就悄悄地去了受害人A的饭店,当时是被告人刘大某摩托车驮着我们三个去的。到饭店后我们四个人让被告人刘大某在外面放风,其余三个人从饭店后门先进的大厅,在大厅内看见有个女服务员正在睡觉,什么也没说,我们三个人就用拿着的工具把这服务员给打了。我们三个人当时就是用铁棍往这个服务员头部和身上打,一直把她打倒在地不动了,我们才住手。之后我们三个人又去了受害人A睡觉的地方,当时他那屋也没插门,我们三个人进屋后看见受害人A和一个女服务员正在睡觉呢,我们进屋内也是啥也没说上来就用铁棍打,我当时先用铁棍打了受害人A头部一下,把他打昏之后我们又往受害人A身上打了几下,之后又打了那个服务员几下,当时屋里光线暗,没开灯,具体打到什么部位我也没看清,我们乱打了一阵之后,从饭店另一个屋跑出来一个女服务员,我们三个人又追着打这个服务员,这时候被告人刘大某也进来了,他又拿了木棍到受害人A房间打了受害人A几下。后来我们听到有人来了,我们四个人就跑了,我们跑出来后,被告人刘大某骑着摩托车驮着我们直接跑到某县城。被告人刘大某给了那两个人2000元钱,之后被告人刘大某把我们三个人送到汽车站,送我们到那儿后被告人刘大某就骑自行车回去了,我们三个人坐汽车到了河北省某市里,到市里后另两个人就坐火车走了。当天晚上我也坐火车回到老家,后来我听说被告人刘大某抓了,我就坐火车从家跑到吉林,在吉林打工一年,风声不紧后,我又回到哈尔滨市里卖水果,直到被公安机关抓获。还供述:我以前就认识受害人A,他家也是老家一个县的,我们还是亲戚关系,他是我叔伯姑姑家的孩子。又供述:因为受害人A开饭店和我哥被告人刘大某抢生意,被告人刘大某让我们打他出出气。打完人那天我们往某县城跑时把铁棍扔到马路边上的沟里了。那两个人拿的铁管有一米半长,直径一寸粗,被告人刘大某拿的木棍什么样我记不清了。庭审时供述被告人刘大某、被告人苏某也打了受害人A头部。

以上足以证明被告人刘小某伙同被告人刘大某、被告人苏某、被告人任某、被告人苏某某(四人均已判刑)故意伤害他人身体,致一人死亡、三人轻伤的犯罪事实属实。

辩护人李红钊、孔建辩称:被告人刘小某的行为构成故意伤害罪,且系从犯。现有证据不能证明只有被告人刘小某用铁棍击打了受害人A的头部。应对其从轻处罚。经查,从被告人刘小某及同案犯被告人刘大某、被告人苏某、被告人任某、被告人苏某某的供述中,可以看出同案犯被告人刘大某让被告人任某找人打受害人A及他找被告人刘小某打受害人A是为了出气,在主观上并没有剥夺他人生命的故意。被告人刘小某虽然在犯罪过程中用铁棍击打被害人受害人A头部,但没有充分证据证明其在主观上具有非法剥夺他人生命的故意。且本院的生效刑事判决书对同一犯罪事实及其他共同犯罪定罪已经做出认定。被告人刘小某的行为构成故意伤害罪。另,同案犯被告人苏某供述称被告人刘小某打受害人A头部两下,被害人受害人C证明进屋的两个人,其中一个人打了受害人A头部一下。被告人刘小某庭审时供述被告人刘大某、被告人苏某也打了受害人A头部。尸检报告记载,死者受害人A,左顶枕部见11cm缝合伤口,左枕部有5cm、1.5cm、4.5cm、6cm缝合伤口。综上,不能排除他人也对受害人A头部进行了殴打。被告人刘小某在犯罪过程中起主要作用,系主犯。故意伤害罪后果严重,不应从轻处罚。辩护人李红钊、孔建认为被告人刘小某的行为构成故意伤害罪及现有证据不能证明只有被告人刘某用铁棍击打了受害人A头部的辩护意见,本院予以采纳。其辩称被告人系从犯的辩护意见,本院不予采纳。

本院认为,被告人刘小某伙同被告人刘大某、被告人苏某、被告人任某、被告人苏某某故意伤害他人身体,致一人死亡,三人轻伤的行为,构成故意伤害罪。其在犯罪过程中起主要作用,系主犯,且后果严重。公诉机关指控的罪名不能成立。考虑到被告人刘小某在共同犯罪中所起作用的具体情况,依据《中华人民共和国刑法》第234条第2款、第57条第1款、第25条第1款、第26条第1款之规定,判决如下:

被告人刘小某犯故意伤害罪,判处无期徒刑,剥夺政治权利终身。

如不服本判决,可在接到判决书的第二日起10日内,通过本院或者直接向河北省高级人民法院提出上诉。书面上诉的,应当提交上诉状正本一份、副本二份。

审 判 长 ×××
代理审判员 ×××
代理审判员 ×××
2012年4月20日
书 记 员 × ×

办案总结

刘小某故意杀人案有两个关键问题:一是被告人刘小某是否构成故意杀人罪,二是受害人A死亡是否同被告人行为具有法律上必然的因果关系。

首先,从本案整个讯问笔录来看,召集人刘大某在与刘小某商量如何对付受害人A时,目的就是打其一顿出出气,被告人刘小某对此也表示同意,没有实施杀害的直接故意。

公诉机关指控被告人构成间接故意杀人罪,从刘小某只是答应帮助刘大某收拾一下被害人和所持工具为从工地捡来的钢筋棍,而并不是杀伤力很强的斧头、刀具、枪支、爆炸物等凶器来看,主观方面并不具备故意杀人的意识因素。刘小某对受害人A头部胡乱击打几下,并不是凶残无休止或者针对要害部位有目的地进行猛击,不能证明被告人具有放任被害人死亡的意志因素。

被告人刘小某主观方面也不符合间接故意的重要特征。间接故意的一个重要表现是行为人为了实现自己的某种合法或者非法目的而放任了另一个危害结果的发生,希望实现目的同行为结果不具备同一性。因为刑法把故意伤害致人损伤和致人死亡都归属在故意伤害罪,殴打致伤或者殴打致死是同一性质的危害结果,刘小某等人的目的就是实施把被害人受害人A打残的故意伤害行为,导致的危害结果也是刑法规定的故意伤害结果,故刘小某并不具备间接故意的构成要件。

其次,也不能证明受害人A的死亡必然由被告人刘小某的行为造成。本案既有被告人刘小某对受害人A头部实施击打行为的证据,又有其他同伙击打受害人A头部行为的证据,不能证明被害人死亡与被告人击打头部行为存在必然的因果关系。

辩护人以上两个观点均被某市中级人民法院所采纳,最终认定被告人刘小某不构成故意杀人罪,以故意伤害罪被判处无期徒刑。

专家点评

故意杀人罪与故意伤害罪的区分问题,是一个经常困扰司法实践的问题。从概念上讲,故意伤害罪与故意杀人罪之间的界限是比较明确的,故意伤害的主观方面是非法损害他人身体健康,而故意杀人主观方面则是非法剥夺他人的生命权。由于客观情况的复杂性和主观故意作为人的一种心理活动的隐蔽性,以及证明主观故意的证据主要是犯罪嫌疑人、被告人的供述,属言词证据,具有不确定性,因此在司法实践中如何正确界定比较复杂。

在公诉实践中,定故意杀人或故意伤害有争议的案件,往往社会影响都较大,如处理不好,会对一些正常的社会关系造成影响,有时还会影响社会稳定。因此区分故意杀人罪和故意伤害罪,对打击侵害公民人身权利的犯罪,保障犯罪嫌疑人、被告人合法权益,维护社会公平正义,维护社会稳定都具有十分重要的意义。

根据刘小某团伙故意杀人案的案情可知,被告人刘小某案发后畏罪潜逃,2011年10月被公安机关抓获归案。检察院指控被告人刘小某在实施行凶报复行为时,用钢筋棍击打A头部数下,手段特别残忍,致使A因颅脑重度损伤死亡,应以故意杀人罪追究其刑事责任。刘小某对检察机关指控其用钢筋棍击打被害人A头部的行为供认不讳。辩护律师通过会见被告人,查阅相关的卷宗材料,对案有了较为全面的认识。经过对法律条文的充分理解以及案件事实的详细了解,并根据《最高人民法院关于印发〈全国法院维护稳定刑事审判工作座谈会纪要〉的通知》(1999年10月27日)关于"对于故意伤害致人死亡,手段特别残忍,情节特别恶劣的,才可以判处死刑","共同犯罪中,多名被告人共同致死一名被害人的,原则上只判处一人死刑"的规定,鉴于主犯刘小某之兄刘大某已经被执行死刑,请求人民法院给予被告人刘小某一次再生的机会。最终,法院根据该案的案件事实及辩护律师的辩护意见,认定被告人刘小某犯故意伤害罪,判处无期徒刑,剥夺政治权利终身。

本案中,辩护律师辩护条理清晰、论点鲜明,法学理论深厚、专业功底扎实,成功地将故意杀人罪辩护改成故意伤害罪,辩护效果明显,值得借鉴。

点评人:林小建(北京市国舜律师事务所律师、北京市律师协会智库重大复杂案件课题组刑事组成员)

复核人:李向辉(北京市盛法律师事务所律师、北京市律师协会智库重大复杂案件课题组刑事组成员)

“义愤杀人”的认定及处罚

——张某某杀人案*

争议焦点

“义愤杀人”的认定;“义愤杀人”属故意杀人罪情节较轻。

关键词

弑父案　义愤杀人　故意杀人罪　罪轻辩护　联名信

案情简介

新婚后,张某某要外出打工,于是请岳父母来家里吃饭,尽管与父亲张某甲有矛盾,还是请其为上座。席间,张某甲又向张某某逼要赌资。张某某送走其岳父母后,见外甥在自己婚房内乱翻抽屉,便说了他几句。谁知竟惹怒了张某甲,遭其辱骂,张某某顶了几句,便骑车去镇里办准生证。在村头,张某甲拦住张某某,边辱骂边挥舞手中的刀片,扬言要废了张某某。被村民劝开后,张某甲仍不解恨,捡起地上的石头砖块,将张某某所骑的妻子陪嫁的自行车砸坏。

因车轮被砸无法推行,张某某干脆将车丢在路边。此时,张某某的愤怒、悲伤一起涌上心头,想起从小到大张某甲对他的无情无义,便愤怒地冲入张某甲的屋里,也将张某甲的自行车扔到屋外。其母章某见状,忐忑不安地告诫张某某“惹了大祸”。张某某想起张某甲的凶残,深知灾难临头,于是闯入厨房拿了一把菜刀别在腰间。张某甲怒气冲冲地赶回家,看见自己的自行车被扔在屋外,便怒不可遏地辱骂张某某,同时欲冲向张某某给他一个“教训”。万万没料到,平时温顺的张某某突然掏出身上的菜

---

* 案例提供人、承办律师:潘泽河(北京市安衡律师事务所)。

刀，像一头狂怒的狮子对着张某甲头部足足猛砍了26刀。张某甲还没来得及吭声，便血肉模糊地栽倒在屋前的水沟里。悲痛之际，张某某在其父张某甲尸体前长跪不起。当日，张某某以涉嫌故意杀人罪被刑事拘留。

这起弑父案在当地引起了广泛的关注。辩护人征得侦查机关同意后，提前进行了调查取证。其间，辩护人收到该村525名村民的联名信，请求对张某某从轻发落。辩护人认为，这是为张某某作罪轻辩护的契机。

联名信中说，张某某为人和善、憨厚，是位勤劳诚实的好青年。而张某甲却是一赌棍，到处借钱不还，三天两头向家人逼要赌资。前不久，张某甲逼张某某给他3000元，张某某因建房欠下巨债，拿不出钱，便天天遭其辱骂。案发前一天，张某甲又问张某某逼要赌资，张某某没有钱给他，便想喝农药自杀，被其母亲发现并制止。张某甲为了赌博已经卖光了家里所有值钱的东西。为此，张某某的母亲7年前就与张某甲离了婚。二位女儿为了躲避张某甲向其索要钱财，两年都不敢回家过年，即使是哥哥张某某结婚也不敢回家。张某甲对家人蛮横无理，为逼要赌资更会大打出手，深更半夜地摔碗、砸锅，甚至用掐喉咙等残暴手段折磨家人。有一年大年三十，张某甲为向家人逼要赌资，竟把饭锅砸了个大洞，把房瓦给捅了一大片。

世间哪有这样的父亲？张某某确属忍无可忍的"义愤杀人"。辩护人持此观点，反复与公诉机关交换意见，最终达成共识。公诉机关最终决定在基层人民检察院起诉，这也为法庭辩护奠定了基础。

最终，张某某被判处有期徒刑3年6个月。法槌刚落，旁听席上的数十名人大代表、政协委员以及上百名听众响起了热烈的掌声，律师的出色辩护得到了广泛的认可！

案件历程

【起诉书】

> **某市某区人民检察院**
> **起诉书**
>
> ××检刑诉字(×××)×××号
>
> 被告人张某某，男，28岁，××××年××月××日出生于××市××区，身份证号码××××××××××××××××××，汉族，初中文化，系××区××镇××村农民，住该村。2000年3月20日因涉嫌故意杀人，被某公安局某分局刑

事拘留。3月29日经我院以涉嫌故意杀人批准逮捕，××公安分局于3月31日执行，现羁押于某市第一看守所。

被告人张某某故意杀人一案，由某公安局某分局侦查终结，于2000年5月15日向本院移送审查起诉。

经依法审查表明，被告人张某某多年受其嗜赌成性的父亲被害人张某甲的打骂，一直忍气吞声。2000年3月21日下午，被告人张某某因生活琐事又受到其父被害人张某甲的责骂，其父被害人张某甲还将被告人新婚妻子陪嫁的新自行车砸坏。被告人张某某被村民劝开返回家后，气愤难忍，也将其父被害人张某甲的自行车扔到屋外。因怕其父报复，被告人张某某即从其父被害人张某甲厨房内取来菜刀别在腰间，当其父气势汹汹随后赶回家时，被告人张某某即手持菜刀迎上去，在自家门前，举刀朝其父被害人张某甲头上一阵猛砍，当即将其父被害人张某甲砍倒在地，经送医院抢救无效死亡。后经法医鉴定，其父被害人张某甲系被他人用锐器砍击致颅脑损伤死亡。

上述犯罪事实清楚，证据确实、充分，足以认定。

本院认为，被告人张某某基于义愤，持刀砍死其父被害人张某甲，其行为已触犯《中华人民共和国刑法》第232条之规定，构成故意杀人罪。根据《中华人民共和国刑事诉讼法》第141条之规定，将本案提起公诉，请依法惩处。

此致

某市某区人民法院

副检察长：×××

××××年××月××日

附：1. 证人名单、证据目录各一份；

2. 主要证据复印件×××页。

【一审辩护词】

审判长、审判员：

黄山云海律师事务所接受了被告人张某某及其亲属的委托，指派我与左寿海律师担任张某某故意杀人案中被告人张某某的一审辩护人。辩护人依法行使辩护权，在侦查阶段，辩护人向被告人张某某提供了法律咨询帮助；考虑到案情重大，影响面广，辩护人在征得公安机关允许，并确保不影响公安机关侦查的前提下提前介入，进行了必要的调查取证，掌握大量的第一手材料。在起诉阶段，辩护人多次会见了被告人张某某，并进行了认真的阅卷；辩护人根据侦查的入卷证据，结合辩护人所收集的相关证据,形成了被告人张某某属义愤杀人的辩护观点。辩护人与公诉机关反复交换意见,该辩护观点已被公诉机关认可。经过今天的法庭调查与控辩双方对证据的当庭质证,证实了各方陈述的案情相互吻合。为此,辩护人现依据本案的事实和证据,根据我国现行刑事犯罪的相关法律规定,发表以下辩护意见:

一、被告人张某某犯有故意杀人罪,事实清楚,证据充分,辩护人不持异议

尽管被害人张某甲恶习缠身,众人皆恨,且坑害亲人,被村人称为"恶棍",被亲属视为"仇人",村人避而远之,亲属被逼,忍无可忍。但张某甲只是可恶可恨,却不够科刑,或不该死,更不应由作为其子的被告人张某某亲手所杀。杀人是要科刑的,既然被告张某某杀了人,就应该受到法律应有的惩罚。故对被告人张某某犯故意杀人罪,辩护人不持任何异议。

二、被告人张某某犯故意杀人罪,情节较轻

谁不爱自己的父母?而本案,恰恰是作为儿子的被告人张某某杀死了自己的亲生父亲张某甲,这就很自然地会让世人吃惊,继而提出"张某某为什么会如此狠毒?连自己的亲生父亲都敢杀!"然而知情者却并不持这种看法。他们认为被告人张某某虽杀亲死了自己的亲生父亲,但值得同情与怜悯。为什么一个杀死亲父的凶犯还会有人同情,甚至为其请求宽恕与从轻发落呢?这正是辩护人今天要为被告人张某某作罪轻辩护的主要理由,即被告所犯故意杀人罪情节较轻。

首先,请看被告人张某某杀害的是一个什么样的父亲。

辩护人在调查取证时,收到一封被告人张某某与被害人张某甲所在村委会及525名村民签字,要求对被告人张某某从轻处罚的《联名信》和被害人张某甲两个亲生女儿给司法机关所写的《我们拥有的是怎样的一个父亲》亲笔信,三封信详尽披露被告人张某某与家人在被害人张某甲面前是何等的悲惨!辩护人为能让法庭更加了解被害人张某甲的为人,详读三封信(念信略),并将信中部分内容摘录。三封信中均写道:

被害人张某甲"到处借钱作赌资,嗜赌成性";"强行借贷,借而不还,势如地痞";被害人张某甲对其表姐,为点小事,大打出手,直至扒光其表姐衣服,使其当众出丑,流氓至极,天理难容;被害人张某甲对离异之妻进行虐待、打骂、体罚无所不为;被害人张某甲对女儿除了逼钱作赌资外,没有半点养育之恩;为了挖荸荠的田沟小事,他砸锅拆房;被害人张某甲对儿子即被告人与家人,更是惨不忍睹:被告人张某某到处借钱盖房,张某甲他视而不见,不但不帮一点忙,反而常常向被告人张某某榨钱用于赌博;房子盖好了,他强行向前妻要走大门钥匙,随意进出,锅里有饭便吃;被告人张某某因家境困难,年近三十才恋爱,一年多无法定下婚事,他照样榨钱去赌博,被告人张某某稍稍不遂他意,他便扬言要杀掉被告人张某某。张某甲

对家人蛮横无理,常为要赌资而大打出手,深更半夜摔碗砸锅,甚至用掐喉咙等残暴手段折磨前妻,自己却整天不干活;有一年大年三十,为向子女逼赌资,他竟把饭锅砸了个大洞,把房瓦给捅了一大片;二女儿为了躲避他索钱,已两年没敢回家过年,就连哥哥张某某结婚也不敢回家。

被害人张某甲如此的为人,从小就在被告人心里就埋了厌恨的种子,然而,被告人张某某还是能够像常人一样对待自己的父亲。

被告人张某某要结婚了,与母亲章某商量:父母之间感情的事,做子女的不好干预,作为儿子,我成家了,他(指被害人张某甲)毕竟是我父亲,只要我在家一天,我都要叫他来一起吃饭,不管他怎样待我,我要把他当作父亲。多么催人泪下的言语!他是这样讲的,也是这样做的。婚后的日子里,被害人张某甲三天两头在被告人张某某的饭桌上享受天伦之乐。就在案发那天,被告人张某某的岳父母来做客,还请张某甲坐在上座,被告人张某某好酒相待,这不就是最好的例证吗?然而,被害人张某甲根本不思自过,秉性不改,酒足饭饱后,又向被告人张某某榨钱。被告人张某某新婚月余,夫妻尚在恩爱甜蜜有情中,却因家境困难无心恋享。妻子早已先期出门打工,张某某自己也打算择日出门挣钱,总想早日还清建房、结婚欠下的万元巨债。被告人张某某这样做全是为了这个家,然而被害人张某甲为赌债之烦恼却要"搞死"被告人张某某,被告人张某某因此顶撞了被害人张某甲几句,一向称王称霸的被害人张某甲岂能容忍?作为被告人张某某,此时的心情是多么难受难忍,他如此尊重善待父亲,一生中却没有得到过他半点温暖,反而像恶棍一样不停地榨取他,他能承受吗?谁没有亲情?谁不恋恩爱?为了家庭和睦,被告人张某某该付出的都付出了,该做的都做了,直至让心爱、怀孕的妻子独身出门打工来偿债。被害人张某甲对被告人张某某及家庭感受与状况全然不顾。他要钱,被告人就得给,稍有不从,非骂即打。这就是被告人张某某之父张某甲其人。被告人张某某就是这样在被害人张某甲长期欺辱、威慑下艰难地生活着,这与受害又有什么区别呢?

其次,再看被告人张某某是在什么情况下杀害其父亲即被害人张某甲的。如前所述,被告人张某某尊重与善待被害人即父亲张某甲,已经尽到了应尽的义务,换来却是被害人张某甲无休止地榨取、辱骂。案发前一天,被害人张某甲向被告人张某某索要赌资,案发当天中午,被害人又在酒桌上要被告人给他3000元去还赌债,被告人张某某在忍无可忍的情况下终于顶撞了其父几句。被告人张某某认为,他家境如此困难,新旧债务不知何时能还,家中哪有闲钱去为父归还赌债?作为父亲的难道没有半点恻隐之心?无数心酸往事一起涌上心头。他顶撞了几句后,还是忍了,但一贯霸道的被害人张某甲却不肯罢休,一边辱骂一边扬言要砸毁被告的新婚家具,后又要打被告人。当被邻居拉开后,又冲进厨房欲取菜刀行凶,被村民姚某等在场人强行制止。尽管作为父亲的张某甲如此蛮横霸道与凶恶,但作为儿子的被告人张某某还是就此罢了。当被告人张某某忍气吞声地骑车去镇政府更换出生证路过村中姚某家门口时,又被被害人张某甲截住,受到被害人张某甲挑衅地辱骂。在被告人张某某看来,做父亲的三天两头地要叫他这个被骂为畜生的儿子死,如真有这么狠,酒后的被告人张某某倒不服气地想让被害人张某甲试试。当被告人张某某下车刚架好自行车,被害人张某甲便真的捡起路边的砖头石块一个劲地猛砸被告人张某某的自行车。此时的被告人张某某是多么的心痛,他到处求借,买了几件勉强凑合的新婚家具,这辆自行车还是妻子陪嫁之物。作为父亲的真这么狠心砸啊,这不是存心要毁儿子家庭吗?他的心彻底冷了。然而,砸坏自行车的被害人张某甲并不甘休,手舞刀片,扬言要割掉被告人的睾丸。此时的被告人张某某总觉得做父亲的既然这么狠,还是认了吧,并用乞求的口气说,要打放下刀片再打,我绝不还手。被害人张某甲真将刀片放进口袋,恶狠狠地去揍被告人张某某。身材瘦弱、文静的被告人张某某,哪经得起身材高大的被害人张某甲一顿狠揍?在场的村民姚某与方某赶紧上去拖架,四人撕扯滚到了一起。此时的被告人张某某又是怎样想的呢?辩护人用第二次会见被告人张某某时被告人的一段陈述作回答。他说:"人说虎毒不食子,我这么好好待他,酒肉还未过肠,他不是辱骂,就是追打,又要砸毁我的新婚家具,还要用刀片割我下身,看来我在他面前是活不下去了,他对我和我的全家的威胁太大了。"这就是被告人张某某案发当天第二次被被害人张某甲所逼的思想状态。试想如果此时,占了上风的被害人张某甲就此省事,肯定就绝不会有本案的结局。

被告人张某某被劝回家,当推着被砸坏后的自行车在途中无法行进时,被告人心中的怒火又燃上心头,他干脆将自行车抛在路上不要了。回到家中心想,当父亲张某甲这么狠心砸坏了我妻新婚陪嫁的自行车,叫我怎向妻子交代?他心痛极了,干脆把父亲张某甲放在厨房的旧自行车扔到门前的地上,以消心头之气。当被告人张某某扔完父亲张某甲的自行车后,他突然感到一种厄运将会来临,一向称霸的父亲张某甲怎能容他人特别是子女与其作对,他害怕极了,他深感将会大祸临头。此时,被告人心里只想,父亲要来对他下毒手怎么办?情急之中,他跑进父亲张某甲的厨房,将放在锅台上的菜刀别在自己腰间,以防万一。正当被告人张某某傻站在那里不知所措之时,不肯罢休的被害人张某甲一边怒气冲冲地冲向被告人,一边破口大骂:"你这个畜生!今天不是你死,就是我死",直奔被告人张某某而来。此时的被告人张某某也确实感到,真有"不是你死就是我死"的味道,他机械地拿出别在腰间的菜刀,对着坡下奔他而来的被害人张某甲,朝着被害人张某甲的头部挥舞着菜刀,机械地不停乱砍,一连乱砍了26刀,一场悲剧由此发生。至此,辩护人认为,此情此景,被告人张某某义愤杀父显而易见,结局为被害人张某甲所逼应无异议！由此可见，张某某杀父案与其他蓄意杀人案有着完全不同的区别。当然，被告人张某某并非别无选择，如此结局也并非被告人张某某所愿。但被告人张某某既然杀了人，就应受到法律的惩处。按照我国刑法的规定与解释，基于义愤杀人或因受害人的长期迫害而杀人的，属情节较轻。据此，辩护人认为被告人张某某所犯故意杀人符合上述情况，故应认定为情节较轻。

三、关于被告人张某某的法律责任

辩护人是基于被告人张某某所犯故意杀人罪情节较轻的观点谈被告人张某某所应承担的法律责任的。辩护人并不奢望法外开恩，只恳求合议庭在给被告人张某某定罪量刑时，能综合以下因素予以考虑：一是被告人张某某一贯表现较好，与乡村邻里和睦相处，从不干非分之事，是个公认的好青年。二是众村民请求对张某某从轻处罚的呼声与恳求，该村全村800余成年人，居然有525人联名上书有关单位，要求对被告人张某某从轻发落。这一方面证实了被告人张某某确实是个公认的好青年，另一方面也可从侧面证明了众村民从某种程度上对被害人张某甲的憎恨与唾弃。我们常说，群众的眼睛是雪亮的，要相信群众最能辨别是非，他们虽不是精通法律的行家，但他们的爱与恨是分明的。三是被告人张某某犯罪后，认罪态度老实，悔改心切。鉴于此，辩护人认为，被告人张某某犯故意杀人罪理当受到应有的惩罚，但大量事实与证据已得出如下结论：于情，被告人张某某杀父，国法难容，必受惩罚，但事出有因，世人同情；于理，被告人张某某杀父，心狠手毒，天理难容，但恶父在先，父逼子反，被告人张某某所为属一时冲动，义愤所致，并非毫无缘由；于法，我国《刑法》第232条明文规定，故意杀人的处以死刑、无期徒刑或者10年以上有期徒刑；情节较轻的，处3年以上10年以下有期徒刑。被告人张某某所犯符合情节较轻的规定，在3年以上10年以下从轻量刑为法允许之范围。

四、最后谈谈本案对人们的启示

该案给人们的教训是深刻的，死者可恨可恶，但恶不及罪，恶不该死；被告人张某某是公认的老实、本分的好青年，却成了杀死亲生父亲的囚犯。这到底是什么原因呢？辩护人认为，无非是：一是被告人张某某法律意识淡薄。他平时遵规守法，为人善良厚道，尊老爱幼，但当遇见从未遇到过的情形时，他无法寻找到一条符合常理与合法的途径走出自己所处的困境，只得用原始的复仇方式拼个你死我活。其实，被告人张某某与被害人张某甲之间的矛盾完全是一种普通民间纠纷，完全可以通过一般民事诉讼解决。本案确属无知产生的悲剧。二是从某种意义上讲，我们的普法教育任务还任重道远，只有加强全民的法律意识，从总体上提高全民的法律水平，使老百姓在遇到矛盾时，能够分清是与非、善与恶，正确处理好民事纠纷，使其不激化为刑事案件，这是我们司法战线全体人员长远而艰巨的任务。

综上所述，被告人张某某所犯故意杀人罪属情节较轻，且一贯表现较好，案发后认罪老实,悔改心切,敬请合议庭在给被告人张某某定罪量刑时,充分考虑辩护人的意见,从轻处罚,给被告人张某某一个新生的机会。

辩护人:黄山云海律师事务所律师潘泽河、左寿海

【一审辩护人提供的其他材料】

关于要求对被告人张某某杀父伤害致死从轻处罚的请求书

我们都是××村的村民,对被害人张某甲及被告人张某某等家庭情况都比较清楚。今年3月21日午后,张家发生的“3·21”惨案,实在令人痛心。我们为张家不再发生悲剧,请求司法机关对被告人张某某的杀父行为依法从轻处罚,特联名书面提出请求,并将被害人张某甲、被告人张某某父子的一贯表现简述如下:

被害人张某甲多年来一贯好逸恶劳,赌博成性,不务正业,不顾家庭和子女,导致与被告人张某某父子之间产生情断义绝的结果,被儿子杀伤致死。主要表现在:

一、被害人张某甲与妻章某婚后生育一男二女。儿子被告人张某某于今年2月初结婚,长女已婚,次女仍未婚。被害人张某甲因赌博多年,不务正业,致妻与其感情完全破裂。夫妻双方无法共同生活下去,妻章某诉至法院与其离婚。离婚后,三个子女均随母亲章某生活至今。章某好不容易把三个子女拉扯大,吃尽了千辛万苦。在家庭生活实在难以维持的情况下,两个女儿均在十五六岁就外出打工。被害人张某甲自与章某离婚后,虽同住在一幢房子里,但未给付其子一分钱的抚养费,未为其儿子建房出过一点力。

二、被害人张某甲因参赌时间长,负债累累,致其借债无门,强逼子女要钱。导致与被告人张某某情断义绝,引发出“3·21”惨案,对被害人张某甲的死,村里无一人为其同情。

被害人张某甲多年来,一直参与赌博,为了赌博四处借钱,村里大部分村民都曾借给他钱,少的5到10元,多的几十到几百元,只借不还。借不到钱就变卖家里的生活用品和生产资料。据我们估算,被害人张某甲死前,其欠赌债已达五六千元。在家里的生活用品卖完后,又将集体分给的自留地、菜地都卖掉了。据了解,连承包的水田也变成钱赌掉了。据2个女儿说,她们打工每次回家,被害人张某甲逼要女儿给钱,女儿无钱或钱给少了,他就摔东西、打家具,甚至砸锅。小女儿因回家无钱或钱给得少,被害人张某甲就实施上述行为,已2年未敢回家过春节了。大女儿于去年回家因给钱不多,被害人张某甲就大发雷霆,拿起斧头砍坏章某和子女

家里的八仙桌。年前,被害人张某甲包了一农户家建房用的二层红砖挑上楼,得款150元。当天晚上就赌光了。今年春节前,被害人张某甲因无钱过年,在借款无门的情况下,威逼村干部要钱,村干部如果不给,就扬言要叫村干部不好过年。村干部在威逼无奈的情况下,为过年平安,于春节前农历二十八给付被害人张某甲500元。被害人张某甲一贯向村民借钱,都是软硬兼施,村民不敢不借,谁如不借钱给他,就翻脸不认人,现村里大多数村民都不敢和他接触。"3·21"悲剧发生的当天午饭后,被害人张某甲逼儿子被告人张某某给他3000元用于还赌债,儿子被告人张某某因建房结婚欠债1万多元,实在拿不出钱借给父亲,准备外出打工挣钱还债,被害人张某甲没有拿到钱,就打骂儿子,从家里打闹到出村的大路上,并说:"如你再不给3000元钱,我要砸烂你结婚所买的全部家具。"又说:"你如再不给钱,我要割断你的脚筋和下面,让你自己付3000元的医药费。"被害人张某甲在大路上阻拦被告人张某某被在场村民拉开后,儿子回家,被害人张某甲又赶到家里,才发生了意想不到的"3·21"悲剧,实在令人痛心和遗憾。

被害人张某甲与章某离婚后,被告人张某某一直和2个妹妹随母亲生活至今,由于父亲被害人张某甲好逸恶劳、赌博成性、不务正业,不顾子女成长和生活,只得与母亲同甘共苦,艰难地度过了六七个春秋。好不容易盖起了几间新房,于今年春节前结婚成家。谁能想到,自己新婚之后不到2个月,妻子已外出打工挣钱还债,自己也准备外出打工的时候,会用刀砍杀自己的亲父,坐入大牢。

大家都知道,被告人张某某初中毕业后,就为家庭生活想方设法,学开拖拉机,学砖匠手艺,又外出打工。几年来省吃俭用,于1996年将母亲与父离婚后所分得的半幢小旧平瓦房屋拆除后打好屋基。他因缺钱,为节省开支,自己做砖工,母亲做粗工(父亲从未出过一点力,拿出一分钱)。用了5年时间才勉强将新屋做成(目前该房屋里外粉刷和装饰仍未完成)。被告人张某某自建房结婚,除向亲朋好友借款1万多元外,其余资金全靠他自己省吃俭用,勤俭节约积累起来的。

我们大家知道,被告人张某某已年近30岁,他为人和善、忠诚、老实,也不多话,能吃苦耐劳,并能帮助人,村民、邻居关系一直都很好,从不与他人争吵,在我村应认定是一个好青年。我们认为,"3·21"悲剧的发生,实属被恶父张某甲所逼。我们都为被告人张某某所发生的悲剧感到十分同情和痛心。为此,我们为被告人张某某还有一个勤劳善良的母亲章某能平安地过好晚年生活,顺利地度过她一生,使其不走绝路;为被告人张某某在大牢里能坦白交代自己所犯罪行的事实,取得司法机关的谅解和同情,争取能够得到宽大的处理,以给被告人张某某的亲属一点安慰,我们特提出书面联名请求书,恳求公安机关、人民检察院、人民法院以及各级政府和有关部门,在处理和审理被告人张某某杀人案的全过程中,尽量予以照顾。

我们深信,各级司法机关、各级政府领导会依据《中华人民共和国刑法》有关规定,以事实为根据,以法律为准绳。在查清事实的基础上,在法律允许的前提下,在审判量刑时尽量予以考虑,依法从轻发落。我们全体联名人员深表致谢。

此呈

联名人:(签名)(共525人)

××××年××月××日

我们拥有的是怎样的一个父亲

在我的记忆里,我的家庭是一个极不安宁的家庭,几乎没有一天不吵架。在我上学的时候,我和我妹妹、我爸爸、我妈妈同住在一间房子里,那时我爸爸掌握家中的经济权。有时会留一点钱在我妈妈那里,但是留一点钱在我妈妈那里只会增加她的痛苦,因为我爸爸向她要钱的时候,我爸爸总是用尽办法。在冬天里,他会在晚上甩掉我妈妈盖的被子,拖下床就是一顿毒打,还会摔热水瓶。在我奶奶还没去世的时候,大约在1985年,有一次他发火把家里的菜油壶(20斤装的)拿起来,就把油往地上倒。我就去拉他的手想制止他,他更是火冒三丈。就把我的手反扣在背上不放。那时我还小,痛得直哭,连我奶奶也跪在我爸爸面前求他放开我。不知过了多少时间,他才放开我。

我在初中毕业后,1989年我去歙县仪表厂分厂做了几个月,工资没等我拿回家,在我回家的路上就被我爸爸拿去赌博了。当时我只有一个想法,离开这个家,于是我就打听到远处打工的消息。我在1990年5月5日去无锡打工,春节大家都高高兴兴回家过年。我当然也有一分高兴,但更多的是忧愁,我才刚进村就有人议论,"张某甲女儿回来了,可以去要钱了。"我在无锡打工的10年里,没有一年回家没有给我爸爸带礼物,烟和酒是少不了的,还给我爸爸织了毛衣,买了双鞋子。一年回家一次,不用他开口,我都会拿出二三百元钱给他,想买个安宁。但他都不满足,还会逼我拿更多的钱。他逼钱的办法特多,不过大部分都是砸东西,在无奈的情况下,都只有拿出来。我春节回家一般都是在家待五六天,但是那五六天我真的很难熬。大约在1992年的一天,我爸爸向我要1000元,我说:"我拿不出那么多钱。"我爸爸马上就大发雷霆:"你不拿出1000元,我不好过年,我绝不会让你们过好年。"马上就拿起竹竿打掉屋瓦,我们就去了房间,他又冲到房间,把马桶倒在房间里,这事情就发生在我刚回家过春节的第二天。并到我面前说:"你给我听着,反正我不管,我给你一天时间,你必须拿出1000元来,不管你是去偷、去抢还是用什么方法,反正我就是要1000元,少一分都不行。"当时我真想马上回无锡,但是我不拿出钱来，我妈妈和哥哥的日子会更不好过。我走了，他会死缠住他们，于是我去借了几百元钱，加上我留用的回厂后的伙食费全部给了我爸爸。在1993年的一天，又是我回家过春节的一天，我爸爸又问我逼钱（我已经给了他三百多元）。当时为了过得安宁一点，我就给了他100元（一张50元的，五张10元的）。过了一会儿他又回来了，对着我就是一顿痛骂，怪我不该给他零钱，害他把钱都输掉了。

大约在1987年，有一次，我爸爸又开始吃了睡，睡了吃，连续就是一两个月。田里种的稻谷他也不管了，没办法，只有我陪妈妈去割（当时我哥哥学手艺）。我个子小，再加上力气不大，我家那块又是烂泥田，我站在田里半个人都陷在泥里，我们很辛苦才收割好，用板车拖回来的时候，我家门口有两个上坡。旁人看见都会伸出手来帮一把，而我爸爸他只会装着没看见，而且嘴里还不停地骂人、发脾气。大约在1991年的一天，我们在一起吃晚饭的时候，我哥就跟我爸说：“爸，你以后干不干活不要紧，吃饭反正我们包了，不过如果你赌博的钱我没能力供应。”我爸马上就发脾气了，冲我哥就骂：“小畜生，儿子都管老子了。”

在2000年1月20日左右，我因厂里效益不好提前回家了，我坐在门口看见我哥去叫我爸参加他的婚礼。第一次去叫我爸，我爸没理我哥就出门了。第二次，我爸爸回来了，我哥又去叫他，他就拿起棉花去塞耳朵里装着听不见。第三次我哥又去叫他，他就捂住耳朵不听。后来邻居劝他，他才参加了我哥的婚礼。我哥还跟我说：“只要我爸爸从现在开始不逼我们要钱赌博，以后的日子都会越过越好。”我就说：“但愿如此吧！”没想到才过了一个多月，就发生了这个悲剧，我系死者的亲女儿，但我对他的死，并无多少惋惜和同情，因为他对我们实在太残忍了，我实为痛心和同情的是我哥张某某，因为我哥是一个忠诚、老实、勤奋、善良的人。村里的人都为我哥发生的悲剧深感同情，为我哥求情。我认为我家发生的悲剧，实属我爸张某甲逼我哥在无奈的情况下，或是逼得我哥无路可走的情况下，失去理智的情况下，才发生了这个悲剧。我恳求司法机关和政府有关部门对我家所发生的悲剧予以同情，对我哥在处理时尽量予以照顾。

×××（大女儿）

我们拥有的是怎样的一个父亲

这次我家发生众所皆知的悲剧,我作为死者的女儿,对他的死是没有多少惋惜的,因他对我们实在是太残忍了。

我记得我很小的时候,我爸妈就经常吵架,我爸动不动就对我妈大打出手,深更半夜还在摔锅、摔碗,他经常为一点小事就吃睡一两个月。比如说:他要用剪刀,找不到,他就会说:"让你们放这里就放这里,又不知道你们放哪去了,像你们这样,怎么弄得好家庭,唉,作灾、作灾。"我们马上找出来给他也是不行的,他会拿一个钵头到小店里去拿几十个皮蛋或几十块豆腐干回来,然后坐到桌子边上,边喝酒边吃,嘴上不停地骂,从来不会留一点给我们。吃过以后,就开始吃了睡,睡了吃什么事都不干了。他总是在我们差不多炒完菜的时候起床,穿着棉毛衫、棉毛裤,从来也不洗脸,就开始吃饭了,嘴里还不闲着骂个不停,我们再苦再累别指望他会帮一点忙。

他每一次吃睡都在半个月以上,有一次差不多3个月。我记得有一年快过春节了,田里要挖荸荠,因荸荠一过春节很容易烂掉,必须赶在春节前挖。那时我爸又吃睡在床上,我们起早贪黑地挖,天色很暗才回家,那时候天气好冷啊,一双手在泥水里捡荸荠,常常冻到麻木,我几乎天天都是边流眼泪边捡,而我爸却吃睡在床上,等我们回家烧好饭,他就起来吃。第二天,他就把荸荠往自行车上一带出去卖,所得的钱都是他的赌资。我们都是敢怒不敢言,如果我妈妈胆敢向他要钱,他就会大发雷霆。他会拿一根棍子或一条板凳一样一样地砸东西,我们家几乎所有稍微值钱一点的东西都被他敲过,不是一个坑就是一个洼。等他睡足了,起床了,人家问他:"你又睡了多久呀?"他居然会说:"三百六十行,行行出状元,让你睡这么久,你能行吗?"

有一件在我记忆里很深刻的事。我爸为一点小事正在发疯。他把家里腌的咸鸭蛋倒在地上,我和姐姐去捡。他不许我们捡,还拼命在蛋上踩。之后,他又把油桶里几十斤菜油往地上倒,我和姐姐抱住他,不让他倒。他竟然反扭我姐姐的手,看着姐姐夺眶而出的泪水,看着他疯狂、没有一点怜惜的脸,我们哭作一团,连同我奶奶一起给他跪了下来,求他放过我姐姐,可他依然不肯。那时我感觉他真像一个魔鬼。过了好久,他才放开我姐姐。

分产到户后没几年,我家养了一头牛,都是我哥哥放的。有一次,我家的牛跟别人家的牛打架,结果我家的牛头被打破了。那时是大热天,牛每天都要到池塘去泡泡,我哥曾问我爸能不能让牛下池塘,我爸说:没事。后来牛因破伤风而死,这一次,我爸又吃睡了几个月,硬是把这一大"罪状"扣在了哥哥头上。

我们在这样的家庭里一天天煎熬,盼着我爸爸能改邪归正,可他却变本加厉。

在我读初一的时候,妈妈又挨了爸爸一顿毒打,终于准备出走了,我拿出平时积攒的一分、二分、五分的硬币放进妈妈的包袱,看着妈妈一步三回头地离去,我泣不成声。那一刻,我是那样恨爸爸,他为什么要把一个好好的家硬逼得妻离子散。我甚至想,长大以后一定不认他这个爸爸。可是没多久,我妈妈又回来了,她实在放心不下我们姐妹。结果,爸爸又把妈妈狠揍了一顿。我和妈妈除了抱头痛哭,又能怎样呢?

我在小学里学习一直很好,从来没下过第一二名,得过很多奖状,可是随着年龄的增长,我的自卑感一天天严重。从不与人说话,也不跟同学一起玩,总觉得有这样一个家庭是我的耻辱。加上那时,我和爸妈睡一间,我爸爸经常十一二点还在砸热水瓶,让我睡不成觉,整天神思恍惚。总盼着早点毕业像姐姐一样离开这可怕的家。我初中毕业后当月就到无锡开始了我的打工生涯。那一年,我才16虚岁。1994年,我妈妈又一次离家出走,到白茅岭农场帮人做保姆,我哥哥在嘉兴打工。我们很长时间才能见一面。1996年正月,我妈和哥哥回家盖房子,历尽千辛万苦才勉强盖了起来,至今楼上连玻璃都没装。

我们每年回家,爸爸都要向我们逼钱,1997年我回来给他买了酒,给了他500元钱,并在村里小店给他买了一条烟。他知道后,硬逼我去把烟退了把现钱给他。结果他一夜就输完了。他逼起钱来,你不能满足他,他就敲东西,问:"你给不给?"如说:"没有",便又是"砰"地一下,再问"有没有"……有一年大年三十他竟把锅戳了一个大洞,把房瓦也给戳通了,因怕他逼钱。我有两二个春节没回来过了。前年我回家,他向我逼了600元钱,我身上就剩了50元钱车费,结果在我走的前一天全被他逼走了。去年我哥哥结婚,因我身上没什么钱,怕我爸爸逼我,我也没有回家。每次他逼钱,砸东西,我们拧不过给了他,他赌输回来又接着骂。说我们触他霉头,没爽爽快快给他,害他输完了。

基于以上所述事实,我恳请司法机关和有关部门在处罚我哥时,尽量考虑我们的家庭情况,从轻处罚。

×××(小女儿)

【一审判决书】

某市某区人民法院
刑事判决书

(××××)×××刑初字第13号

公诉机关某市某区人民检察院。

被告人张某某,男,××岁,×××年××月××日出生于××市××区,身份证号码××××××××××××××××××,汉族,初中文化,农民,住××区××镇××村。因涉嫌故意杀人于2000年3月31日被逮捕,现押于某市第一看守所。

辩护人潘泽河,黄山云海律师事务所律师。

辩护人左寿海,黄山云海律师事务所律师。

被告人张某某故意杀人一案,某市某区人民检察院于2000年6月12日以××检刑诉字(××××)×××号起诉书向本院提起公诉。本院依法组成合议庭,公开开庭审理了本案。某市某区人民检察院副检察长王××出庭支持公诉,被告人张某某及其辩护人潘泽河、左寿海到庭参加诉讼。现已审理终结。

某市某区人民检察院起诉指控,被告人张某某多年受其赌博成性的父亲张某甲的打骂,一直忍气吞声。2000年3月21日下午,被告人张某某因生活琐事又受到其父被害人张某甲的责骂,其父被害人张某甲还将被告人张某某自行车砸坏,被告人张某某被村民劝开返回家后,气愤难忍,也将其父被害人张某甲自行车扔到屋外。因怕其父被害人张某甲报复,便从其父被害人张某甲厨房内取来菜刀别在腰间。当其父被害人张某甲气势汹汹随后赶回家时,被告人张某某即手持菜刀迎上去,在自家门前空地上,举刀朝其父被害人张某甲头上一阵猛砍,被害人张某甲当即被其砍倒在地,经送医院抢救无效死亡。以上被告人张某某的犯罪事实有被告人张某某的供述,证人章某、方某等人的证词,某市公安局刑事科学技术鉴定书,检验报告等证据在卷佐证。被告人张某某基于义愤杀人,其行为已构成故意杀人罪,建议适用《刑法》第232条之规定予以处罚。

被告人张某某对公诉机关所指控的犯罪事实不持异议,但认为事出有因,其父被害人张某甲赌博成性,不仅不履行自己应尽的抚养子女义务,而且对被告人张某某及其他子女长期无故打骂和虐待,被告人张某某在激愤的心理状态下杀死其父被害人张某甲。两辩护人对公诉机关所认定的被告人张某某基于义愤杀人的犯罪事实不持异议,同时建议法庭根据被告人、被害人的一贯表现,案情的起因,案发后被告人张某某的认罪态度等酌定的从轻处罚情节,在量刑时对被告人张某某予以从轻处罚。

经审理查明:被告人张某某的父亲被害人张某甲因赌博成性,经常无故打骂虐待被告人张某某及家庭成员,导致被告人张某某与其父被害人张某甲积怨甚深。但被告人张某某因受害人张某甲是其父,对其打骂虐待一直忍气吞声。2000 年 3 月 21 日下午,被告人张某某因生活琐事又受被其父被害人张某甲责骂,发生争吵,后被告人张某某骑自行车外出去办计划生育证的途中被其父被害人张某甲拦下,其父被害人张某甲用刀片威胁被告人张某某,扬言要废了被告人张某某,继而砸坏被告人张某某的自行车,被村民劝开,被告人张某某回到家中恼羞成怒,亦将其父即受害人张某甲自行车扔在屋外。因恐其父张某甲报复,被告人张某某出于防卫心理便从其父厨房锅台上拿了一把菜刀别在腰间。当其父张某甲气势汹汹赶回家时,被告人张某某便手持菜刀,在自家门前空地上,举刀朝其父张某甲头上一阵猛砍,当即将其父砍倒在地,经送医院抢救无效死亡,经法医鉴定,被害人张某甲系被他人用锐器砍击致颅脑损伤死亡。

上诉犯罪事实,有证人章某、姚某、方某等人的证词,某市公安局刑事科学技术鉴定书、检验报告,且与被告人张某某的供述相互一致,互为印证,足以认定。

本院认为:被告人张某某多年受其嗜赌成性的父亲被害人张某甲的打骂、虐待,忍气吞声,积怨甚深,事发当天因激愤而冲动,持菜刀砍死其父,其行为显已构成故意杀人罪,公诉机关指控的罪名成立,两辩护人的辩护意见本院予以采纳。考虑到被害人张某甲平时一贯赌博,不理家务,且既不履行抚养子女、抚养妻子的义务又长期打骂、虐待被告人张某某及家庭成员,系本案的案发的主要诱因,且案发当天被害人张某甲辱骂被告人张某某并砸坏被告人张某某自行车存在一定过错也是本案发生的直接诱因。依据法律规定,被害人张某甲长期虐待迫害被告人张某某及当场基于义愤的杀人属法律上的"情节较轻",应宜在相应法定刑幅度内量刑。鉴于被告人张某某平时一贯遵纪守法,主观上无恶性,亦无恶习,案发后当地村委会及村民主动联名请求对被告人张某某从轻处罚这些酌定的从轻处罚情节,故依法可对被告人张某某酌情予以从轻处罚。依据《中华人民共和国刑法》第 232 条之规定,判决如下:

被告人张某某犯故意杀人罪,判处有期徒刑 3 年 6 个月。

(刑期自判决执行之日起算,判决执行前先行羁押的,羁押 1 日折抵刑期 1 日,即自 2000 年 3 月 22 日至 2003 年 9 月 21 日止。)

如不服本判决,可在接到本判决书的第二日起 10 日内通过本院或直接上诉于

××市中级人民法院。书面上诉的,应当提交上诉状正本一份、副本二份。

审　判　长:×××
审　判　员:×××
审　判　员:×××
××××年××月××日
书　记　员:×××

办案总结

这起子弑父案件,在当地引起强烈的反响。经张家亲友介绍,本人成为弑父凶手张某某的辩护律师。

因为案件影响较大,接案后,征得侦查机关同意,我提前介入进行调查。在调查过程中,我了解到,张某某平时为人善良、淳朴。当地的村民在惊奇、议论之余,更多的是对张某某的惋惜与同情。当我收到525名,即村里80%以上村民的《联名信》,还有被害人张某甲两个女儿亲笔书写的《我们拥有的是怎样的一个父亲》的信后,我感到很惊讶:信中的内容全是以张某某是一位为人和善、憨厚诚实、安分孝顺的好公民为由,哀求司法机关对张某某从轻发落。我看到了为张某某做罪轻辩护的机会。

作为这起故意杀人案的辩护律师,我的第一辩护目标肯定是保命。说实在话,在接案之初,能不能为张某某保命,我心中并无把握。但当我收到525名村民的联名信后,我便以此"救命稻草"为主线,进行了深入、细致的调查取证。此后,才有了被告人张某某的母亲、两个妹妹,对张某甲"不为人夫、不为人父、赌博成性、一贯好逸恶劳、因赌博四处欠债、借钱不还、为逼要赌资而大打出手、深更半夜砸锅、摔碗、捅瓦,甚至以掐妻子喉咙等残暴手段折磨家人"的证词。从而得出与525名村民在联信中所写的"恰是被害人张某甲一贯的好逸恶劳,赌博成性,导致了张某某父子情断义尽,也是酿成这场悲剧的祸根"这一同样的结论。

更有说服力的是,被告人张某某两个女儿的证词:"我对他的死,并无多少惋惜和同情,由于他对我们其实太残忍了,我更为痛心和同情的是我哥被告人张某某,由于我哥是一个忠诚、诚实、勤奋、善良的人……恳求司法机关对我家发生的悲剧予以同情,对我哥在处理时予以照顾!"面对杀父凶手,两个女儿竟能如此一致表态,其生父何许人也可想而知!

至此,我用了3周多的时间,去案发地进行的调查取证并没有白费,所有的证据均得出同一结论:"恶父在先,父逼子反,一时冲动,义愤杀人!"

这起子弑父案影响面广,为防止辩护措辞不当,造成不良的社会影响。在辩护中,我特别注意言辞,始终把这一刑事案件作为教材,把法庭当作课堂,以案说法,阐述了被告人张某某铤而走险、杀父泄愤、铸成大错的根源所在,并以此案进行了普法教育。

该案庭审,旁听者有数百名,其中数十名为当地的区人大代表与政协委员。当法官宣判,判处张某某有期徒刑3年6个月时,法庭内响起了热烈的掌声。此案中律师的辩护赢得了社会舆论的广泛好评,先后有十几家媒体报道了此案!

专家点评

潘律师代理的这个案件,是非常有意义的。无论如何,本案都是一个悲剧,不论是对被告人的父亲张某甲,还是杀死其父亲的被告人张某某,本案的发生都是一个悲剧。既然悲剧已经发生,作为辩护人,我们应当怎么办?从本案中,我们看到了辩护人所付出的辛勤劳动以及采取的正确的辩护策略。

辩护人进行了大量、广泛的调查、走访,也了解到被告人即儿子是什么样的为人,被害人即死者是什么样的为人。通过五百多村民的联名信与死者两个亲生女儿的请求信,辩护人了解到,本案的死者是一个劣迹斑斑,甚至无恶不作的恶人,这也坚定了辩护律师对此案进行罪轻辩护,取得良好辩护效果的信心。

杀人案本身就是一种非常严重、恶劣的案件,尤其是儿子杀害父亲更是天理难容、十恶不赦的事情。但是,在这个案件中,由于其父亲的特殊情况,被告人获得了广泛的同情,甚至获得了母亲与两个妹妹的同情,这就是该案辩护的一个有利情节。辩护律师非常敏锐地抓住了这个有利情节,也意识到这是一个非常有用的量刑情节。经过律师辛勤地调查、走访,经过律师恰当的辩护策略,被告人最终被判处有期徒刑3年零6个月。应该说,本案的辩护效果是相当不错的,根据辩护人所说的,在宣判当天,本案的判决获得了一致的掌声与好评。

但是,我要强调指出,该案的发生毕竟是一个悲剧。这种现象在中国为什么会经常发生、长期存在,其原因值得我们深思。在我们国家,很多人认为父亲打儿子或丈夫打老婆都不是什么问题,只是自己的家事。因此,很多人就放纵了这种行为的长期存在。其实,我国法律有着明确的规定,即便是丈夫打老婆,父亲打儿子,都可以受到惩罚与制裁,轻者可以进行治安处罚,重者可以追究其伤害罪的刑事责任。对此我们一定要提高认识,不要认为这是家事就放任不管,从而酿成大祸,本案就是一个深刻的教训!

实践中,刑辩律师一般不敢进行调查取证,怕有什么风险。但是本案的辩护律师进行了必要的调查取证,律师的担当、勇气与责任感令人敬佩。辩护律师只有通过调查取证,调查对被告人有利的证据,才会获得比较好的辩护效果。那种为了自身安全就坚决不调查取证的做法是不可取的。当然,辩护律师进行调查取证时,一定要严格依法办事,绝不能违反法律规定,必须依法依规,这样才能保证自身安全,才能调取到对被告人有利的证据,才能使被告人获得好的结果!

点评人:许兰亭(北京市君永律师事务所律师、北京市律师协会智库重大复杂案件课题组刑事组组长)

复核人:谢炳光(北京市华联律师事务所主任、北京市律师协会智库重大复杂案件课题组副组长)

前案已决案件的处理

——段某诈骗案*

争议焦点

诈骗罪的犯罪构成;新证据的认定;前案经最高人民检察院批准,以被告人等无罪结案,依据相关规定,未经上级检察机关批准,下级检察机关无权擅作主张起诉本案。

关键词

诈骗罪　前案　同一事实　同一罪名　新证据　上级检察机关批准

案情简介

这是一起1994年就被刑事立案,经最高人民检察院审查已作出被告人不构成犯罪的结论,并于2000年给予被告人国家赔偿,但被告人后又被同一事实、同一罪名再次拘捕、侦查并起诉的案件。

1989年,泰国商人吴某某为建某市第一高楼"某大厦"与中方四家公司成立了中外合资企业深甲有限公司(以下简称深甲公司),并为此向香港港乙公司借款4000余万港币。

1992年至1993年期间,中国银行湖北分行某支行主动借款3900万元人民币给港乙公司,1994年7月初,吴某某、段某某等人未经深甲公司董事会同意,私自携带深甲公司公章前往武汉,与上述支行负责人共同将原投资合同借款主体更改为深甲公司。

---

* 案例提供人、承办律师:张万臣(北京市汉衡律师事务所)。

1994年3月，王某某以吴某某借中国银行湖北分行某支行的3900万元资金去向不明、诈骗王某某8000万元及其他犯罪为由，直接举报到最高人民检察院（以下简称前案）。董事长吴某某被迫逃回了泰国。

前案经过3年的侦查，结论十分明确：吴某某、段某某等人的所有犯罪事实均不成立，某市检察院撤销了此案。

前案侦查之初，某市有关部门注销了深甲公司，成立了深甲公司清算组。1996年6月16日，该清算组将某大厦（已建及在建工程）作价共计1.6亿元的财产整体移交给举报人王某某成立的深丙公司。同时约定由深丙公司承担原深甲公司所有债务，并注明包括上述中国银行湖北分行某支行的3900万元债务。经评估，深丙公司接收某大厦时，某大厦的市价已达8亿多元。但深丙公司一直拒绝向中国银行湖北分行某支行还款。

1995年，深甲公司向某省高级人民法院提起行政诉讼，要求判决撤销某市政府有关部门注销深甲公司的违法行为，收回某大厦。某省高级人民法院经审理认为某市政府有关部门注销深甲公司的行政行为并无不妥。被告不服，上诉至最高人民法院，最高人民法院维持了原判。

2000年8月29日，某省检察院作出刑事赔偿复议决定，责令某市检察院给予段某某、吴某某二人国家赔偿。

2006年，某市政府有关部门委托四名"法律专家"进行论证，论证结果是吴某某等人涉嫌犯罪。后因法院发现此前某大厦被整体移交给深丙公司的证据，湖北省高级人民法院启动再审程序，于2008年改判由深丙公司（清算组）偿还中国银行湖北分行某支行的3900万元借款。2008年11月14日，深丙公司（清算组）向某市公安局举报吴某某、段某某等人诈骗。

2008年11月18日，某市政府法律顾问室向某市公安局发函，称该"再审判决还认定：'某支行投资的3900万元未利用于某大厦建设，也未为深甲公司所得，而是全部投入深乙公司'"，又以本案出现"新的情况和证据"为理由，要求公安机关立案审查。某市公安局立案，并对段某某作了网上通缉。

2010年4月27日，段某某回国探亲，被当地公安机关发现并讯问后，移交给某市公安局，由此拉开了辩护的序幕。

案件历程

【区检察院起诉书】

某市某某区人民检察院
起诉书

××检刑诉字(2010)×××号

被告人段某某，又名段某红，女，1965年8月1日出生，汉族，身份证号码××××××××××××××××××，大学本科，原某大厦有限公司（以下简称深甲公司）董事长助理，住××省××市××区××路××号××栋×单×元×××。因诈骗嫌疑，于2010年4月27日被某市公安局刑事拘留；因涉嫌犯有诈骗罪，经某市检察院批准，于2010年6月2日由某市公安局逮捕。

本案由某市公安局侦查终结，以被告人段某某涉嫌诈骗罪，向某市检察院移送审查起诉。某市检察院于2010年9月10日交办本院审查起诉。本院受理后，已告知被告人有权委托辩护人，依法讯问了被告人，审查了全部案件材料。本院于2010年10月25日退回侦查机关补充侦查，2010年11月23日侦查机关补查重报。

经依法审查查明：

1989年4月，由中方四家公司及泰国商人犯罪嫌疑人吴某某（在逃）所有的泰国某公司合资注册成立深甲公司，负责某大厦的建设。吴某某任深甲公司法定代表人、董事长，被告人段某某任董事长吴某某的助理。1992年9月29日、11月13日、1993年1月30日，吴某某以其在香港注册的香港港乙公司的名义，与中国银行湖北分行某支行信托部签订3份投资合同，共计借款人民币3900万元，约定投资港乙公司。该笔借款按照吴某某指定汇入与深甲公司无关的、吴某某个人控制的深丙公司账户。

经查证，从1992年3月至1993年11月，某大厦承建单位中建三局某分公司共接收以工程款名义支付的建设资金人民币、港币、美元总计折合人民币8044.77万元，该笔款项金额远大于实际应付工程款。深丙公司账户中涉案的3900万元人民币有2162.22万元作为上述所支付工程款的一部分汇入中建三局某分公司；按照吴某某等人指示，中建三局某分公司扣除其应收款项后，将余款2660万港元汇入吴某某在原香港宝生银行［现中国银行（香港）有限公司］某分行开立的账户，由被告人段某某等人将上述款项提现；深丙公司账户中另有125万元人民币汇入段某某胞弟段毅某控制的武汉某歌舞厅账户;深丙公司账户中其余部分汇入多家与深甲公司无关的账户,去向不明。

1994年7月初,吴某某、段某某等人未经深甲公司董事会同意,私自携带深甲公司公章前往武汉,与上述支行负责人共同将原投资合同借款主体更改为深甲公司,并将合同日期倒签回原合同签订日期;投资合同期限届满后,中国银行某分行某支行向法院起诉,要求深甲公司承担还款责任并负担利息。经某省高级人民法院审理,2008年9月23日作出(2006)××民××再终字第××号终审判决,判决深甲公司清算组及其债务承担人深丙公司清算组承担还款责任,现已强制执行完毕。

2010年4月27日,被告人段某某在湖北武汉市被抓获。

认定上述事实的证据如下:

(1)物证、书证:某省高级人民法院民事判决书(2006)××民××再终字第××号,三份投资合同及说明,深乙公司的注册登记证明(关于修改变更合同的协议)及倒签的合同、《补充协议》、《关于指定汇入账户的函》,吴某某与中国银行某分行某支行及陕西某分行的一系列合同复印件及资金往来凭证,中国银行某分行某支行汇入深丙公司账户的3900万元人民币和农行汇入深丙公司账户的1950万元人民币的银行凭证,深丙公司吴某某所开账户的对账单,某大厦在宝生银行账户的对账单及相关交易凭证、开户资料、销户情况,深甲公司1992年11月6日支付给某建B局一公司的200,567,638元人民币的银行凭证,深甲公司1995年6月15日向某市公安局某派出所挂失财务章的申请,某建B局关于人民币换取港币的情况说明、关于深甲公司付给工程款的说明、关于某某检察院调查的说明,中国银行(香港)有限公司某分行深甲公司的开户资料,1992年11月至1993年3月间与某建B局一公司的5笔转账往来业务之存款单、进账单、原始凭证的复印件,债权转让协议,某建B局关于工程款的说明及相关凭证,深丙公司的工商注册资料,王文某提供的证实其购买港乙公司的契约,某歌舞厅的工商资料,深丙公司银行开户资料、相关银行凭证、银行账户表,某歌舞厅银行资料,户籍资料,最高人民法院的相关资料,某市己公司、辛公司、壬公司批发行、癸公司、武汉子公司、武汉丑公司、武汉市寅厂的工商注册资料;(2)证人证言:喻德某,孙云某,刘人某,廖红某,李冬某,罗鸿某,陈安某,王喜某,王兴某,涂学某,郑德某,段毅某,杨某;(3)被害人陈述:王文某,黄士某;(4)被告人供述及辩解:段某某。

本院认为,被告人段某某无视国家法律,伙同他人,以非法占有为目的,采用虚构事实、隐瞒真相的方法,骗取他人财物,数额特别巨大,其行为触犯了《中华人民共和国刑法》第266条,犯罪事实清楚,证据确实充分,应以诈骗罪追究其刑事责任。根据《中华人民共和国刑事诉讼法》第141条(现行《刑事诉讼法》第172条)的规定,提起公诉,请依法判处。

此致

某市某某区人民法院

检察员:×××

本件与原本核对无异

2010 年 12 月 22 日

附:

1. 被告人段某某现羁押于某市某区看守所;

2. 证据目录、证人名单和主要证据复印件。

【市检察院起诉书】

广东省某市人民检察院
起诉书

××检公××刑诉字(2011)×××号

被告人段某某,曾用名段某红、段某虹,女,××××年××月××日出生,身份证号码××××××××××××,汉族,本科文化,住××省××市××区××路××号××栋×单×元×××,原深甲公司董事长助理(现为新西兰居民,护照号×××××××××)。因诈骗嫌疑,于2010年4月27日被某市公安局刑事拘留;因涉嫌犯有诈骗罪,经本院批准,于2010年6月2日由某市公安局逮捕。

本案由某市公安局经侦支队侦查终结,以被告人段某某涉嫌诈骗罪,于2010年8月19日向本院移送审查起诉。本院于2010年9月8日交办至某区检察院。该院受理后,于2010年10月25日退回某市公安局经侦支队补充侦查,2010年11月23日某市公安局经侦支队补查重报。后于2011年7月1日报送本院审查起诉。本院受理后,已告知被告人有权委托辩护人,依法讯问了被告人,审查了全部案件材料。

经依法审查查明:

1989年4月,由中方四家公司及泰国商人犯罪嫌疑人吴某某(在逃)所有的泰国某公司合资注册成立深甲公司,负责深某大厦的建设。吴某某任深甲公司法定代表人、董事长,被告人段某某任董事长吴某某的助理。1992年9月29日、11月13日、1993年1月30日,吴某某以其在香港注册的香港某乙集团有限公司(以下简称港乙公司)的名义,与中国银行某分行某支行信托部签订3份投资合同,共计借款人民币3900万元,约定投资港乙公司。该笔借款按照吴某某指定汇入与深甲公司无关的、吴某某个人控制的深丙公司账户。

经查证,从1992年3月至1993年11月,某大厦承建单位某建B局某分公司共接收以工程款名义支付的建设资金人民币、港币、美元总计折合人民币8044.77万元,该笔款项金额远大于实际应付工程款。深丙公司账户中涉案的3900万元人民币有2162.22万元作为上述所支付工程款的一部分汇入某建B局某分公司;按照吴某某等人指示,某建B局某分公司扣除其应收款项后,将余款2660万元港币汇入吴某某在原香港某生银行深圳分行[现中国银行(香港)有限公司]开立的账户,由被告人段某某等人将上述款项提现;深丙公司账户中另有125万元人民币汇入段某某胞弟段毅某控制的武汉某歌舞厅账户;深丙公司账户中其余部分汇入多家与深甲公司无关的账户,去向不明。

1994年7月初,吴某某、段某某等人未经深甲公司董事会同意,私自携带深甲公司公章前往武汉,与上述某支行负责人共同将原投资合同借款主体更改为深甲公司,并将合同日期倒签回原合同签订日期;投资合同期限届满后,中国银行某分行某支行向法院起诉,要求深甲公司承担还款责任并负担利息。经某省高级人民法院审理,2008年9月23日作出(2006)××民××再终字第××号终审判决,判决深甲公司清算组及其债务承担人深丙公司清算组承担还款责任,现已强制执行完毕。

2010年4月27日,被告人段某某在湖北武汉市被抓获。

认定上述事实的证据如下:

(1)物证、书证:立案决定书,受案登记表,抓获经过,工商登记资料,合作经营合同书等,境外工商登记资料证明,港乙公司与中国银行某分行某支行信托部签订的相关合同,某支行银行凭证,深丙公司工商资料,深丙公司银行凭证,某建B局出具的《关于深甲公司付给我司工程款的说明》、《关于某大厦以三种货币支付工程款的说明》,深甲公司与某支行签订的相关合同,户籍资料,关于《某大厦》资金来源及建设工程支出的说明等;(2)证人证言:证人孙云某、刘人某、喻德某、罗鸿某、李冬某、廖红某、陈安某、王喜某、王兴某、涂学某、郑德某、段毅某、杨某、王文某、黄士某等证人的证言;(3)被告人段某某的供述及辩解。

本院认为,被告人段某某无视国家法律,伙同他人,以非法占有为目的,采用虚构事实、隐瞒真相的方法,骗取他人财物,数额特别巨大,其行为触犯了《中华人民共和国刑法》第266条,犯罪事实清楚,证据确实、充分,应当以诈骗罪追究其刑事责任。根据《中华人民共和国刑事诉讼法》第141条(现行《刑事诉讼法》第172条)的规定,提起公诉,请依法判处。

此致

广东省某市中级人民法院

广东省某市人民检察院

检察员:×××

2011年8月2日

附:

1. 被告人段某某现羁押于某市第二看守所;

2. 证据目录、证人名单和主要证据复印件若干。

【一审辩护词】

尊敬的审判长、审判员:

我们作为本案被告人×××× DUAN(原中文名段某某)的一审辩护人,现提出以下简要辩护意见,以方便法官重点阅读:

我们首先说明三点:

1. 鉴于公诉人在2011年11月8日在第二轮法庭辩论中才最终明确了深丙公司清算组是本案的被害人,也就使本案的争议得以简化,因此,我们可以有针对性地提出简要辩护意见。

2. 公诉机关指控吴某某、"段某某"犯诈骗罪,依据两个事实,两个理由:

事实一,3900万元的去向(不明);事实二,1994年与中国银行湖北分行某支行修改借款合同。

理由一,修改借款合同是转嫁债务;理由二,深丙公司替吴某某偿还了债务。

但是,这两个事实是虚构的,两个理由都是违背法律的,吴某某和段某某没有犯诈骗罪。

3. 因本案是吴某某贷款引起的,因此吴某某不构成犯罪。

一、深丙公司明知某大厦包含本案3900万元债务,自愿购买,没有被骗,本案没有被害人

1. 某高院(2006)××民××再终字第××号再审判决已经查明并认定(第17页、第21页):1996年,深甲公司(第一个)清算组以1.6亿元向深丙公司整体转让大厦时,包括了本案债务,深丙公司同意接受,因此没有被骗。

2. 某大厦不是吴某某转让给深丙公司的,更不是吴某某隐瞒本案债务转让给深丙公司的,而是深丙公司向违法成立的深甲公司第一个清算组自愿购买的,自然不存在吴某某诈骗深丙公司。

上述两点说明,深丙公司接收某大厦时,对本案债务具备"知情、同意"两个核心要件,没有被骗。

除上，公诉机关称深丙公司被骗，替吴某某还了债务，法院已强制执行完毕，但至今无法提供深丙公司被强制执行（付了多少钱）的证据，经我们当庭一再索要，公诉机关都不予提供。

二、起诉书认定的两个事实是编造的，并非事实真相

1. 深甲公司是由吴某某全额出资并承担全部经营风险；

2. 吴某某先借香港港乙公司的钱投入到某大厦建设，后借中国银行湖北分行某支行的钱还港乙公司；

3. 吴某某和其员工遭错误刑事侦查和拘捕；

4. 某大厦是被（第一个）违法成立的深甲公司清算组夺走的，不是吴某某转让的；

5. 最高人民法院的行政判决书没有得到执行，某大厦至今没有交回给吴某某。

以上，足以看出吴某某没有诈骗。

三、公诉机关的两个理由均不成立

1. 与中国银行湖北分行某支行修改合同不是为了转嫁债务，且是合法行为

（1）1994 年修改合同是中国银行湖北分行某支行提出的，不是吴某某提出的。其原因是国家整顿金融秩序，原借款合同主体不规范。修改后规范了主体，完善了贷款手续。

（2）修改合同的协议实际上是债务转让协议。吴某某既是深甲公司的投资人，也是港乙公司的投资人，其将原为港乙公司的债务转让给了深甲公司，这是合法的债务转让，不仅符合国家的法律规定，也为某高级人民法院的判决所确认，公诉机关无权否定。

（3）深甲公司是由吴某某全额出资，独自承担亏损和经营风险的公司，因此债务转让后仍由吴某某承担，而非由他人承担。

（4）修改合同不是为了转让某大厦，更不是为了隐瞒债务转让大厦。

（5）修改合同时，深甲公司（第一个）清算组和“深丙公司”还没有出生，如何“转嫁”？

（6）修改合同实质是平了一个“三角债”。

2. 深丙公司偿还本案债务是因其整体接收了某大厦，是天经地义的

深丙公司基于其与深甲公司（第一个）清算组的协议，整体接收某大厦，并承诺承担本案债务，在其接收大厦后，还债已成为法定义务，这是深丙公司为自己还债，不是替别人还债。

四、吴某某不具备诈骗罪的构成要件

1. 吴某某没有（非法）占有本案借款，这 3900 万元已物化在某大厦内，并非被个人占有和去向不明

这 3900 万元已部分用于某大厦建设、部分用于偿还此前向香港港乙公司的借款，而借港乙公司的 3000 万港币，已全部用于了某大厦建设，物化在大厦中。

对此,某高级人民法院的再审判决(第4页)和侦查二卷第51页的《函》中所引用的最高人民检察院2006-××号文件中均已明确。

这说明,吴某某没有占有3900万元,而是用于了某大厦建设。

2. 吴某某既没有虚构事实,也没有隐瞒真相

(1)某大厦不是吴某某(隐瞒债务)转让给深甲公司清算组和深丙公司的,而是二单位采取非法行为夺走的。因此不存在吴某某对二单位虚构事实或隐瞒真相。

(2)是中国银行湖北分行某支行主动向吴某某投资,且经实地考察,吴某某有真实的工程项目和实实在在的在建工程。因此也不存在吴某某对中国银行湖北分行某支行虚构事实或隐瞒真相。

(3)修改合同仅是将债务转移到吴某某自己全额出资的深甲公司名下,非为转让某大厦,因此吴某某不构成对任何人,对任何单位虚构事实或隐瞒真相。

3. 吴某某没有诈骗的故意

从吴某某先借港乙公司的钱用于某大厦建设,后借中国银行湖北分行某支行的钱还港乙公司,又借陕西某分行的钱还中国银行湖北分行某支行,即花高息借后账、还前账的一系列事实,足以证明吴某某是为建设某大厦融资,没有诈骗的故意。

上述三点说明,吴某某不具备诈骗犯罪的以非法占有为目的、以虚构事实或隐瞒真相的方法、非法占有他人财产这三个核心构成要件中的任何一个。

五、吴某某未能偿还本案债务,是某市政府、司法机关的违法行为导致,不是吴某某不想还款,也不是吴某某没有能力还款

1. 1994年,某市司法机关错误立案侦查并拘捕深甲公司员工,致吴某某被迫离开中国。

2. 1995年,某市政府违法成立的深甲公司(第一个)清算组以清算为名夺取了某大厦,后又转让给深丙公司,虽然某省高级人民法院和最高人民法院均判决第一个清算组违法,但该判决一直未得到执行,至今十多年大厦未能回到吴某某手中,才造成吴某某未能还款,而违法取得大厦者又不肯还款。

3. 依吴某某对大厦的投入和建设期间的增值,至1994年已建成的地下4层、地上5层3万多平方米的大厦,其价值已数倍于3900万元,吴某某有充分的还款能力。

六、深甲公司没有董事会,王文某也不是深甲公司股东

公诉机关以吴某某修改合同未经董事会同意作为认定吴某某诈骗的重要理由,且一再强调王文某是深甲公司股东,但是:

1. 依据深甲公司的《中外合作经营合同》,该公司不设董事会。所设立的"联合委员会"的职能也不包括管理融资和借贷。因为深甲公司由吴某某全额出资和承担全部风险。

2. 王文某仅是泰国戊公司的股东,不是深甲公司的股东。

七、最高人民检察院的结论对本案仍然适用

因吴某某向中国银行湖北分行某支行借款,1994年曾被人举报诈骗银行资金,经某市人民检察院、某省人民检察院和最高人民检察院三级检察机关侦查,至1997年,已得出明确结论,吴某某不符合诈骗罪的构成要件。

而诈骗犯罪,不论诈骗谁,其构成要件都是相同的,不存在诈骗A有一套构成要件,诈骗B另有一套构成要件的问题。

因此,吴某某对银行不构成诈骗,就同一事实,对其他人(单位)也不构成诈骗。

综上所述,经过重新侦查后,本案卷宗材料仍可证明,吴某某没有骗取他人财产的故意,没对任何人和单位虚构事实或隐瞒真相,也没有占有本案资金,其资金使用和债务转移均是合法行为,不具备诈骗罪的任何一个构成要件,不构成诈骗罪。请人民法院独立行使审判权,依法判决被告人段某某无罪。

北京市汉衡律师事务所律师　张万臣

广东深大地律师事务所律师　周　健

2011年11月8日

【补充侦查后的辩护意见】

尊敬的审判长、审判员:

我们作为被告人段某某(本名×××× DUAN,段某某是其中文名)的辩护人,现针对公诉机关第二次补充侦查提供的一千余页证据(没有分卷、没有页码)和其在今天(第五次)开庭所坚持的指控理由,提出以下辩护意见。

我们首先指出,公诉机关第二次补充侦查(以下称本次补充侦查)所提交的一千余页证据,不仅不能证明被告人段某某有罪,结合我们提交的证据和某市公安局2008年以来侦查的六本卷宗,反而更进一步证明了段某某无罪。

一、本次补充侦查进一步证明公诉机关根本没有所谓的新证据

1. 公诉机关进行两次补充侦查,本身就说明其起诉本案时没有新证据

本案经过2011年三次开庭质证证实,证明某市公安机关自2008年起侦查制作的六本侦查卷中的所有证据及所证明的事实都发生在1997年8月25日之前,没有新的事实和证据,虽然部分材料是重新制作,仍是“新瓶装旧酒”。在此种情况下,公诉机关进行了两次补充侦查,而这两次补充侦查的行为本身,就足以证明公诉机关起诉本案时并没有任何新的证据。

2. 本次补充侦查来的证据都是已经结过案的旧证据

本次补充侦查的证据虽然有1000多页,但都是在1997年8月25日之前某市

人民检察院据以结案的证据,更不是新证据,仍是“旧瓶装旧酒”。

以上两点足以说明,“原最高人民检察院调查吴某某刑事诈骗案时的有关事实”没有发生任何变化。公诉机关以出现“新的情况和证据”为由起诉本案,依据不足。

二、本次补充侦查的证据不能证段某某有罪,反而进一步证明了段某某无罪

本次补充侦查的证据中,除了证明深丙公司、深甲公司内部存在股东纠纷等一些与诈骗犯罪构成要件无关的证据外,其余多是能够证明吴某某、段某某无罪的证据。

1. 真相大白

根据本次补充侦查的证据,公诉机关当庭也已确认,从港乙公司借来投入深甲公司的6000万港币中,有3000万属于吴某某借款,由吴某某偿还。而我们从补查证据中查到,吴某某在向武汉某银行借款3900万元之后,共向港乙公司还款4544万港币。这就使得我们一再主张的向港乙公司借款、还款的事实得到了证明。这也与最高人民检察院多次复查后得出的,吴某某将借(两家)银行的钱“部分用于给付某大厦建设工程款,部分用于偿还其为建设某大厦项目融资所产生的债务”的结论和某省高级人民法院生效的再审判决中所认定事实都是一致的,也是正确的。

仅此一项,即可证明吴某某、段某某既无诈骗的故意,也无诈骗的行为,不构成犯罪。

2. 两个清算组均没有被骗

本次补充侦查的证据进一步说明,无论是深甲公司清算组,还是深丙公司,均是在明知某大厦包含有本案这3900万元债务,并做了财产预留的情况下,互相买卖了该大厦,因此他们没有被骗。

由此完全能证明吴某某、段某某没有实施诈骗。

3. 吴某某未能还款,是其意志以外的原因

本次补充侦查的证据不能否定某省高级人民法院(1997年)和最高人民法院(1998年)的行政判决没能得到执行,致使某大厦至今未能回到吴某某的手中,造成了吴某某不能以自己的财产偿还这3900万元的结果,并非吴某某不想还和没有能力还。

据此也可证明吴某某、段某某没有诈骗。

三、公诉机关指控段某某有罪缺乏相应理由

1. 某大厦是被违法成立的清算组强行夺走的

本案证据清楚地证明,某大厦不是吴某某卖给深甲公司清算组的,更不是吴某某隐瞒大厦中含有未了债务卖给清算组的,而是被违法成立的清算组强行夺走的。

问题是,抢夺了他人的财产的人(清算组),反以被抢财产中含有未了债务为由指责被抢者诈骗,这不是荒谬吗?

2. 即便吴某某没有投资、借钱投资以及不算本人投资,仍不能认定吴某某为诈骗

公诉机关此前开庭一直否认吴某某在深甲公司有投资(称均是王某某投资),以此证明吴某某诈骗。在本次补充侦查的证据确切证明吴某某借港乙公司的3000万投入了某大厦以后,又以吴某某自己没有投资,借钱投资后所有权已转移(给了深甲公司),不算吴某某投资,否认吴某某有投资,以此来论证吴某某诈骗。

我们认为,这种论证,是对法律常识性的悖论,实无反驳的必要。

3. 公诉机关以吴某某没有归还武汉某银行的借款为由认定吴某某诈骗,依据不足

公诉机关在第一次开庭时提出,指控吴某某诈骗是因为其借了武汉某银行的钱没还,后来由王某某(深丙公司)还了。

这其中的问题是,吴某某虽然没有归还武汉某银行的钱(因大厦被夺走),但其用武汉的钱归还了借港乙公司的钱(部分继续付工程款),结果是港乙公司的钱(和部分武汉的钱)就留在了(物化到)某大厦里。如果后来接收某大厦的人(王某某)既不用向港乙公司还款,又不向武汉还款,那就侵吞了港乙公司的钱和部分武汉的钱,即吴某某的投资。显然吴某某才是真正的受害人。

4. 需要重点澄清的几点

不论所谓的本案被害人,还是公诉机关,都提出了N多个理由指控吴某某诈骗。对其中几个似是而非,容易迷惑人的,有必要简要说明。

(1)(签订假合同)转嫁债务之说不成立

第一,在吴某某与武汉某银行签订假合同时,并没有想把某大厦转让给他人,吴某某也无法预见日后大厦会被他人夺走。

第二,基于吴某某与中方四公司的合作合同,建设某大厦中方并不出资(仅是出地,地价款也由吴某某出的),由吴某某一方全额出资,负担风险和亏损。

在上述情况下,若吴某某向深甲公司转嫁债务,就是向自己转嫁。显然"转嫁"一说是不成立的。

(2)公诉机关以未经董事会同意、中方股东不知情为由认定吴某某有诈骗故意的理由是其主观臆造

①按照中泰双方合作企业补充合同,深甲公司就不设董事会,"经董事会同意"从何谈起?

②中泰双方的合作经营合同和补充合同均规定,建设某大厦的资金由吴某某自行筹集,全额出资,并自担风险和亏损,中方只分得固定利益(房产);并未规定吴某某筹措资金须经中方同意。公诉机关要求"中方股东知情"的理由从何而来?

(3)债务转移合法,区别以真合同转移还是以假合同转移了债务没有意义

公诉机关一直以吴某某签订假合同转嫁债务作为指控吴某某诈骗(客观行为)的理由,但是:

第一,基于吴某某先借款投入某大厦,后以港乙公司向武汉某银行借款,再将借武汉的债务转移给深甲公司的事实,实际发生的是债务主体的置换,显然这是合法的债务转移。

第二,吴某某仅依据真合同从武汉某银行借走一份钱(3900万元),没有依据假合同再另借走一份钱。而港乙公司也仅向深甲公司转让了一份债务,没有转让两份债务。

在此种情况下,区别是以真合同还是以假合同转移了此笔债务已无任何意义,何况假合同并未实际履行。

(4)研究借款主体对指控犯罪没有意义

公诉机关还以港乙公司(向武汉)的借款由深甲公司(清算组)来还作为指控理由,而按照前项所说的债务主体置换和借款用途,不论以谁的名义借款,最终的借款受益人和还款债务人都应当是深甲公司。

因此,区别借款主体对指控犯罪没有意义。

四、某省高级人民法院不是依据假合同作出的判决

根据生效的某省高级人民法院的再审判决书第15~18页、第21页记载,该法院是依据1994年5月28日由港乙公司(甲方)、武汉某银行(乙方)、深甲公司(丙方)三方签订的债务转让协议和1996年6月6日深甲公司清算组与深丙公司签订的买卖某大厦的协议,判决两个清算组承担武汉某银行的3900万元债务的。没有将假合同作为依据判决。

因此,公诉机关提出的因某高级人民法院的判决出现了新的情况和证据的理由不存在。假合同在债务转移中和法院判决中均没起作用。

五、深甲公司清算组和深丙公司清算组理当承担3900万元债务

1. 吴某某以其港甲公司向港乙公司借款3000万港币投入深甲公司建设某大厦,因此深甲公司是这3000万港币的受益人。

2. 吴某某又以港乙公司向武汉某银行借款3900万元人民币,部分用于归还港乙公司借款,部分用于继续支付工程款,因此深甲公司不再是港乙公司借款的受益人,转而成为武汉借款的受益人。

3. 在上述情况下,吴某某将借款(债务人)由港乙公司变更为深甲公司(即债务转移、主体变更)上合天理、下合法律,理所应当。

4. 深甲公司清算组强行接收、控制、管理某大厦,其承担3900万元债务亦在天理、法理之中。

5. 深丙公司明知某大厦包含此笔债务并表示愿意在法院判决后承担的情况下购买了某大厦,其既没有被骗,也理当承担。更何况,深丙公司仅花了1.6亿元就"买"去了一座价值8亿多元的大厦。现又指称吴某某诈骗,没有事实依据。

六、本案没有“受害”结果发生

需要特别指出的是，至今没有证据显示生效的某省高级人民法院的再审判决书已经得到强制执行，即没有证据证明深甲公司清算组和深丙公司清算组已经承担了这3900万元债务。换句话说，公诉机关所称的受害人深甲公司清算组和深丙公司清算组被诈骗，却没有损失，发生诈骗从何谈起？

总结陈词：依据侦查机关此次补充侦查的证据，结合我们辩护人提供的证据充分证明，也正如最高人民检察院办公厅高检办字(2007)××号《关于吴某某涉嫌诈骗案有关情况的报告》总结的那样：最高人民检察院已多次做过深入细致的调查、复查，案件事实清楚，证据充分，历次调查、复查的结论意见是基本一致的，即吴某某、段某某不构成诈骗罪！

过去不构成，今天仍然没有证据证明其构成犯罪！

辩护人请求法庭尽快作出段某某无罪的判决。

辩护人在此再次恳请法庭，在贵院作出判决之前，先对段某某变更强制措施，改为取保候审。这不仅仅是为了保护被告人的合法权利，也是为了维护法律的尊严，维护已经遭受到损害的司法机关的形象，积极落实党中央、国务院多次倡导的让老百姓从个案中实实在在感受到司法的公平与公正！

被告人段某某的辩护人：北京市汉衡律师事务所律师　张万臣

广东深大地律师事务所律师　周　健

2013年4月24日

【一审刑事裁定书】

广东省某市中级人民法院
刑事裁定书

(2011)××中法刑××初字第×××号

公诉机关广东省某市人民检察院。

被告人××××DUAN，曾用名段某某、段某红、段某虹，女，××××年××月××日出生，原系中国公民，身份证号码××××××××××××××××××，汉族，本科文化，住××省××市××区××路××号××栋××单元×××，原深圳某大厦有限公司(以下简称深甲公司)董事长助理。现为新西兰公民，护照号：××××××××。因涉嫌犯诈骗罪于2010年4月27日被刑事拘留，同年6月

2 日被逮捕。现羁押于某市某看守所。

辩护人张万臣,北京市汉衡律师事务所律师。

辩护人周健,广东深大地律师事务所律师。

广东省某市人民检察院以××检公××刑诉字(2011)×××号起诉书指控被告人×××(段某某)犯诈骗罪,向本院提起公诉。本院受理后,在审理过程中,公诉机关于2013年10月29日以××检公××撤诉字(2013)第××号撤回起诉决定书,以事实不清、证据不足为由,决定对被告人×××(段某某)撤回起诉。

本院认为,公诉机关对被告人×××(段某某)撤回起诉的决定符合法律规定,依照《最高人民法院关于适用〈中华人民共和国刑事诉讼法〉的解释》第242条的规定,裁定如下:

准许广东省某市人民检察院撤回对被告人×××(段某某)的起诉。

如不服本裁定,可在接到裁定书的第二日起5日内通过本院或直接向广东省高级人民法院提出上诉。书面上诉的,应当提交上诉状正本一份,副本二份。

广东省某市中级人民法院
审 判 长 ×××
审 判 员 ×××
审 判 员 ×××
2013年11月6日

本件与原本核对无异

书 记 员 ×××

【市检察院不起诉决定书】

广东省某市人民检察院
不起诉决定书

××检公××刑不诉字(2013)××号

被不起诉人×××× DUAN,曾用名段某某、段某红、段某虹,女,××××年××月××日出生,原系中国公民,身份证号码××××××××××××××××××,汉族,大学本科文化,住××省××市××区××路××号××栋××单元×

×,原深圳某大厦有限公司(以下简称深甲公司)董事长助理,现为新西兰居民,护照号×××××××××。因诈骗嫌疑,于2010年4月27日被某市公安局刑事拘留;因涉嫌犯有诈骗罪,经本院批准,于2010年6月2日由某市公安局逮捕。

辩护人张万臣,北京市汉衡律师事务所律师。

辩护人周健,广东深大地律师事务所律师。

本案由某市公安局侦查终结,以被不起诉人×××× DUAN(段某某)涉嫌诈骗罪,于2010年8月19日向本院移送审查起诉。本院受理后,已告知犯罪嫌疑人依法享有的诉讼权利;已依法讯问犯罪嫌疑人,听取犯罪嫌疑人委托的人的意见,并审阅了全部案件材料,核实了案件事实与证据。本院于2010年9月8日交办至某市某某区人民检察院。该院受理后,于2010年10月25日退回某市公安局补充侦查,2010年11月23日某市公安局补查重报;后经审查依法于2011年7月1日报送本院审查起诉。

某市公安局移送审查起诉认定:

1989年4月,由中方四家公司及泰国商人犯罪嫌疑人吴某某(在逃)所有的泰国戊公司合资注册成立深甲公司,负责深圳某大厦的建设。吴某某任深甲公司法定代表人、董事长,犯罪嫌疑人段某某任董事长助理。1992年9月29日、11月13日、1993年1月30日,吴某某以其在香港注册的香港乙集团有限公司(以下简称港乙公司)的名义,与中国银行湖北分行某支行信托部签订三份投资合同,共计借款人民币3900万元,约定投资港乙公司。该笔借款按照吴某某指定汇入与深甲公司无关的、吴某某个人控制的深丙有限公司(以下简称深丙公司)账户。

经查证,从1992年3月至1993年11月,某大厦承建单位中建三局某分公司共接收以工程款名义支付的建设资金人民币、港币、美元总计折合人民币8044.77万元,该笔款项金额远大于实际应付工程款。深丙公司账户中涉案的3900万元人民币有2162.22万元作为上述所支付工程款的一部分汇入中建三局分公司;按照吴某某等人指示,中建三局深圳公司扣除其应收款项后,将余款2660万港币汇入吴某某在原香港宝生银行[现中国银行(香港)有限公司]某分行开立的账户,由段某某等人将上述款项提现;深丙公司账户中另有的125万元人民币汇入段某某胞弟段某控制的武汉某歌舞厅账户;深丙公司账户中其余部分汇入多家与深甲公司无关的账户,去向不明。

1994年7月初,吴某某、段某某等人未经深甲公司董事会同意,私自携带深甲公司公章前往武汉,与上述某支行负责人共同将原投资合同借款主体更改为深甲公司,并将合同日期倒签回原合同签订日期;投资合同期限届满后,中国银行湖北分行某支行向法院起诉,要求深甲公司承担还款责任并负担利息。经某省高级人民法院审理,2008年9月23日作出(2006)××民××再终字第×××号终审判决,判决深甲公司清算组及其债务承担人深丙公司清算组承担还款责任,现已强制执行完毕。

2010 年 4 月 27 日，段某某在湖北省武汉市被抓获。

经审查并退回补充侦查，本院仍然认为某市公安局认定段某某涉嫌诈骗的犯罪事实不清、证据不足，不符合起诉条件。依照《中华人民共和国刑事诉讼法》第 171 条第 4 款的规定，决定对×××（段某某）不起诉。

被不起诉人如不服本决定，可以自收到本决定书后 7 日内向本院申诉。

被害人如不服本决定，可以自收到本决定书后 7 日以内向广东省人民检察院申诉，请求提起公诉；也可以不经申诉，直接向广东省某市中级人民法院提起自诉。

广东省某市人民检察院

2013 年 11 月 8 日

办案总结

这是一个案情与背景都比较复杂的案件，如果没有周密的应对方案，难以成功，甚至还可能给被告人造成无法挽回的灾难性后果。对此，我们采取了以下工作方案。

一、升级管辖法院

这本是应由中级人民法院一审的案件，却被故意安排在基层人民法院一审。因此我们解决的第一个问题是升级管辖法院。通过利用相关法律规定和诉讼策略，使办案机关拖了 7 个月后，不得不移送给某市人民检察院，向某市中级人民法院起诉。

二、说服被告人家属放弃他人建议的不符合本案历史和现实情况的辩护方案

1. 放弃“职务辩”。

2. 放弃以深甲公司财务账举证证明 3900 万元的具体去向。

3. 放弃以其他案件材料举证。

三、确立与本案背景和现实情况相适应的辩护方案、策略和技巧

1. 坚持强调侦查机关启动本案违法，要求公诉机关提供上级检察机关批准起诉本案的合法依据。鉴于前案是经最高人民检察院批准，以被告人等无罪结案，依据相关规定，未经上级检察机关批准，下级检察机关无权擅作主张起诉本案。据此我们始终坚持要求公诉机关提供上级检察机关的批准文件，但公诉机关一直未能提供。

2. 向法庭强调公诉机关的证明责任。

3. 确立简化的辩方举证原则，除几份公诉机关无法反驳的司法文书和书证外，坚持基本不举证。

4. 坚持要求公诉机关明确被害人。本案有两个“被害人”向公安机关报案，均称被骗，但公诉机关一直不肯明确谁是被害人。我们一直坚持要求公诉机关明确谁是被害人，因本案诈骗的事实不成立，公诉机关因无法明确而陷入被动。

5. 坚持要求公诉机关举证。

(1)鉴于公诉机关指控的事实没有超出前案事实的范围,坚持要求公诉机关继续举证,证明发现了新的事实,若其不能举证,则法院应驳回其起诉,公诉机关对此无法举证。

(2)坚持要求提供两个所谓的"被害人"向湖北某银行还款的证据。

(3)坚持要求公诉机关提供前案全部侦查材料,并提交原卷。

(4)坚持申请法院调取证据。

6. 利用公诉机关举证不能证明其指控不成立。公诉机关指控吴某某、段某某在1994年"未经董事会同意",私自与湖北某银行变更借款合同主体。但侦查卷内的合作经营补充合同书中规定该公司"不再设董事会"。这不仅使公诉人在法庭上仓促应战,也使法官感到诧异,法庭效果可想而知。

本案件历时3年7个月,5次开庭,以我(张万臣律师)为主制定不同策略,"把复杂的问题简单化",需要辩护律师扎实的基本功,更需要辩护律师费心、费时、费力做好每一项基础工作,并做好打"持久战"思想准备。

专家点评

"某大厦"案多年前即已轰动全国(关于某大厦的行政诉讼案一直打到最高人民法院),当年我也通过媒体,对此案有了一些了解。但没想到此案背后还有很多惊心动魄的故事。

张万臣律师与深圳周健律师共同承办的新西兰公民段某某被控诈骗最终不起诉案,是我们窥见此案纷繁复杂背景下的一个侧面,管中窥豹可见一斑。

段某某案跨度十几年,惊动最高司法机关,几经反复、一波三折,可谓是一场艰苦卓绝的诉讼马拉松。辩护律师们在此案中,不畏艰险,越是艰险越向前;明知山有虎,偏向虎山行。如此胆识和担当令人肃然起敬!

胆识和担当是一方面,专业敬业、熟悉辩护技巧是另一方面,缺一不可。正因为辩护律师勇于负责,直面困难,终于使被告人段某某洗清罪名。

刑事诉讼实践中,经济纠纷与诈骗(包含各种诈骗如合同诈骗、贷款诈骗等)容易混淆,有的司法机关也故意利用这种混淆,插手经济纠纷,酿成冤假错案。

经济纠纷与诈骗还是有本质不同的。所有的诈骗,主观上都必须具有非法占有的目的,客观上具有虚构事实、隐瞒真相的行为。

该案辩护律师有胆有识,专业精通,根据本案的具体情况采取了正确的辩护策略,事实证明,这种辩护策略是正确的、是成功的。

点评人:许兰亭(北京市君永律师事务所律师、北京市律师协会重大复杂案件课题组刑事组组长)

复核人:马建(北京市嘉和律师事务所律师,北京市律师协会重大复杂案件课题组刑事组副组长、秘书组、民商二组成员)

审判程序前的有效辩护

——邓某某合同诈骗案*

争议焦点

合同诈骗罪与合同欺诈的界限;民事违约与刑事犯罪的界限。

关键词

合同诈骗罪　合同欺诈　不起诉决定

案情简介

邓某某,男,××××年××月××日出生,××××年进××大学工作,2006年停止授课,至今档案关系仍在××大学。是甲公司总经理及乙公司法定代表人、董事长。

邓某某因涉嫌合同诈骗罪,于2011年12月2日被某公安局刑事拘留;经北京市人民检察院某分院批准,于2012年1月7日被某公安局逮捕;北京市人民检察院某分院于2013年2月26日对邓某某取保候审;北京市人民检察院某分院于2014年3月13日作出京××检刑不诉(2014)×××号不起诉决定书,决定对邓某某不起诉。

2011年11月初,A公司(以下简称A)到某公安局报案,举报甲公司邓某某虚构身份、虚构事实、隐瞒真相、以高额利润为诱饵,侵占他人财产而涉嫌合同诈骗。邓某某得知A举报其涉嫌合同诈骗罪之日起,即聘请北京市中闻律师事务所律师白文霞律师(邓某某案发时执业于其他律所)作为其律师/辩护人。白文霞律师接受邓某某委托

---

* 案例提供人、承办律师:白文霞(北京市中闻律师事务所)。

后，立即写了关于邓某某不涉嫌合同诈骗案的情况说明，并递交给某公安局。

该案的根源是为争夺巨大的经济利益。邓某某经过几年运作成为丙上市公司集团（股票代码某某，后改名为丙上市公司）控股股东后，将数个金矿装入上市公司，公司股票市值飙升，公司内部人员为争夺上市公司控制权，发生系列民事诉讼。之后，因有时任某重要部门领导周某某的亲自批示，某公安局很重视，很快对本案立案，邓某某也很快被捕。丙上市公司股票市值从100亿港元暴跌至1亿港元，致使内地和中国香港地区广大股民受到严重损失、造成两地社会不稳定。因本案为重大案件，邓某某一直被羁押于北京市某看守所，羁押初期，在公安系统网上根本查不到邓某某被羁押的任何信息，邓某某在看守所有专门的代号，律师每次会见均要经过近十日特批手续后才能会见上，且均有预审人员在场。

在党的第十八次代表大会会议期间，北京市人民检察院某分院2013年2月26日对邓某某进行取保候审，取保当日，白文霞律师亲自前往北京市某看守所接邓某某至住地。随后数日，与邓某某继续沟通、分析案情，并于2013年3月30日向检察机关递交《请求尽快对邓某某做出无罪不起诉决定的律师意见书》，2014年3月13日，检察机关对邓某某做出不起诉决定书。历时两年多，终于还邓某某以清白！

案件历程

【请求尽快对邓某某做出无罪不起诉决定的律师意见书】

北京市人民检察院某分院：

北京市××律师事务所接受本案犯罪嫌疑人邓某某亲属的委托，指派我担任辩护人，在征得犯罪嫌疑人同意后，依法参加本案诉讼活动。现犯罪嫌疑人已经取保候审，通过查阅案卷材料，辩护人认为犯罪嫌疑人的行为不构成合同诈骗罪，应尽快对其作出无罪不起诉的决定，现就本案事实及法律适用发表以下意见：

经过公安机关的侦查，有充分的证据证明下列事实：

一、邓某某、缪某某、许某某是甲公司（以下简称甲公司）及关联公司的实际控制人（以下统称被举报人或甲方），孙某某是A及关联公司的实际控制人（以下统称为举报人或乙方）

由于私人公司之间的资金往来比较随意/复杂，从根本上弄清楚谁是这些公司实际控制人，从而也就梳理清楚事实的经过与本质。

二、举报人（乙方）与被举报人（甲方）之间签订的两个涉案《合作合同》的核心内容是：双方共同出资从第三方收购金矿公司，收购的金矿置于乙方名下，即矿山公司全部股权登记在乙方名下，甲方出了资没有矿山公司股权只有管理权，乙方有监管权。矿山公司运作一年后，由甲方负责卖给丙上市公司，保证乙方收回投资本

金和等市值的股票,否则乙方有权处置矿山公司

这种商业模式要说甲方诈骗,只有一种情况:即甲方虚假出资或从卖矿第三方处获取利益,否则甲方占不到乙方的任何利益或资产。

无论对乙方的出资定性为向甲方借款或是共同投资款,最清楚的事实是:涉案2.8亿元资金并没有经过甲方账户,而是乙方全程监督使用,甲方出具相关的借款/划款手续而已。邓某某个人没有一分钱的利益。

1. 在丁金矿的合作中,甲乙双方出资共计超过1.4亿元(包括给原矿主的收购价款1.23亿元和追加矿山运营费用1700多万元),在乙方出资的8000万元中,有4000万元直接给了丁金矿矿主,有500万元用于丁金矿资源费上缴给某省财政,剩下的3500万元有1500多万元直接用在矿山的勘探运营,约2000万元被用到了甲公司关联的其他矿山。甲方出资6000多万元(甲方实际出资2700万元和承担负债3300万元),而丁金矿的100%股权登记在乙方名下,该矿案发前也由乙方进行管理。甲方虽出资6000多万元收购款,但却没有持有任何股权,也没有对矿山进行管理,何来占有乙方资产之说?反而是乙方占有属于甲方的矿山管理权。如果要说占有他资产也应该是乙方占有甲方资产才是!至于甲方从乙方出资的8000万元中划走了大约2000万元,纯属私人公司之间的资金往来且是经乙方允许的,退一万步说,即使划走2000万元,甲方的实际出资额还有2700多万元,也不应存在甲方占有乙方资产的事实!

2. 关于戊金矿的合作,事实是甲方委托的代为收购方——己公司欺骗了甲方和乙方,现在查明戊金矿实际收购价格是2.3亿元,这也超过了乙方的出资额2亿元,而甲方除了抵押给乙方2亿元有价证券CB外,还支付了6100万元现金并抵押给了己公司大股东俞某某1.89亿港元CB。甲方总计付出超过4.5亿元的代价。案发前戊金矿的100%股权登记在乙方名下,并一度由乙方及俞某某行使着矿山管理权,而甲方虽然出资却一无所有。现在很清楚是己公司诈骗甲方,甲方才是真正受害者。乙方占有实际收购成本2.3亿元的戊金矿和2亿元CB,而甲方付出4.5亿元代价却一无所有。

三、至于邓某某有没有虚构事实,有没有冒充甲公司及上市公司实际控制人,以及有没有担保能力,有没有履行合同的能力,甲方名下的矿山资产值不值等问题,只有当甲方占有乙方资产的事实存在,才有必要去探讨这些问题

1. 邓某某没有虚构身份和事实,也没有出具过任何虚假的材料吸引孙某某合作投资;邓某某拥有香港地区缪某某代持的有价证券CB,当时的市场价值远远超过对孙某某的融资额,担保没有问题。

2. 根据香港地区上市公司的交易规则,对于不超过股票市值20%的融资或交易,属于非重大资产交易,不需要报交易所或证监会批准,股东会授权董事会,董事

会就可以独立作出决定。也就是说,当时丙上市公司股票50多亿股,市值40多亿港元(每股超过0.8港元),发行股票不超10亿股融资不超过8亿港元的交易,董事会就可说了算,回购与孙某某合作的金矿应该不成问题。

现有证据已充分证明:邓某某是无辜受害者。由于缪某某的背叛,才导致邓某某失去了对甲公司、丙上市公司的控制,导致了甲公司与A之间合作合同不能按计划执行回购。即使如此,邓某某已及时告知过孙某某,双方才按协议条款让A提前处置双方共同投资的资产——三家金矿公司,这才有了四方于2011年1月20日签订《合作协议》,将三家合作金矿公司交给孙某某去A股运作上市(见工商登记和丙上市公司公告),至此,应该说甲乙双方签订的两个涉案《合作合同》已经履行完毕。

后来孙某某运作A股上市失败,各方又签订了解除四方合作的协议(签订该协议时邓某某已经盖不了甲公司公章,只能个人认可同意),在各方权利和义务没有办法达成一致意见的情况下,该协议约定:以前各利益双方再另行协商。孙某某利用甲公司实际控制人之间的矛盾,在甲乙双方协商不成的情况下(或许是孙某某想"合法"占有他人资产),A启动了刑事司法程序。

3. 至于合作金矿值不值的问题。矿业投资属于风险投资,高风险、高收益。甲乙双方共合作了三个金矿(除涉案二矿外,还有庚金矿),庚金矿合作时同样只探明有一两吨黄金储量,案发前已探明13吨黄金,并作价10亿元向基金融了资。乙方报案为什么不提该矿?丁金矿给国家报备的也是一两吨黄金,戊金矿也是如此,还没有探明的地下黄金储量到底有多少?不算丁金矿1,单就丁金矿2探明的就有一吨多黄金储量,矿山黄金价值也有5亿~6亿元,把这些黄金开采出来,利润也不会少于3亿元,丁金矿共计花了1.23亿元购买值不值?戊金矿,于某某投资了上千万钻探,其估算有30多吨(卖给香港地区××上市公司作价7.2亿港元),邓某某保守估计会有10吨以上的黄金储量,4亿元值不值?何况孙某某仅出资2亿元,实际2.3亿元的购买成本,谁人又能说不值?戊金矿年利润1亿元(按原矿主所说4000万~5000万元),卖给上市公司起码4亿~5亿元吧(仅10倍市盈率)。

孙某某运作A股上市失败后,邓某某与孙某某协商:双方对合作的矿山,(1)要么按实际投资比例在矿山公司占股份;(2)要么矿山公司归孙某某,孙某某退回邓某某实际投资的款项;(3)要么按之前的《合作合同》,矿山公司股份依然由孙某某持有,但管理权归甲公司所有,甲公司从取得管理权开始计算时间,一年内寻找一家上市公司回购。[孙某某口头选(3),但时间只给3个月,显然是强人所难](4)要么,共同寻找买家把矿山公司卖出去,这个方案不容易实现,因为矿山不能正常生产经营,一般不好卖!

现在邓某某与孙某某已经接触商谈,双方已经达成三点共识:消除误会;不再打内战;通过协商谈判解决双方的经济纠纷。孙某某在事实面前已承认甲方邓某某的实际投资,只是由于甲公司被缪某某非法控制着,协商主体需要再明确。

综上所述,甲方根本没有占有乙方资产,相反是乙方占有甲方资产。既然没有占有他人资产的事实存在,就不可能有诈骗之说,事实清楚,证据充分,所以请求人民检察院依法尽快给予邓某某作出无罪不起诉的决定。

需要说明的是,与邓某某关联的公司——辛公司、乙公司部分文件资料被公安机关查扣,邓某某被拘押一年多期间,很多事情贻误(如企业证照无法年检或过期),并引起一系列的民事诉讼无法得到及时有效的处理。

邓某某14岁加入中国共产主义青年团,18岁加入中国共产党,作为中国××大学教师、校董事会董事,坚信“厚德载物”理念,故经营公司时倡导“以德治企”,他创办的公司都要求名称中有“德”字,甚至连自己的儿子名字也叫邓某德,他把个人名誉看得比生命还重要。他理解有关部门或个别人的不当行为,不想并保证也不会提起国家赔偿,保证不给任何单位和个人找麻烦。故恳请贵院尽快结案,还司法一个公正,给邓某某一个清白,让其恢复名誉继续为国家和人民服务。

辩护人:白文霞律师

2013年3月27日

【市检察院不起诉决定书】

某市某人民检察院
不起诉决定书

××检刑不诉(2014)×××号

被不起诉人邓某某,男,××××年××月××日出生,身份证号码:××××××××××××××××××,××族,甲公司总经理,乙公司法定代表人、董事长。住××市××区××楼。因涉嫌犯合同诈骗罪,于2011年12月2日被某公安局刑事拘留;经北京市人民检察院某分院批准,于2012年1月7日被某公安局逮捕;本院于2013年2月26日对其取保候审。

本案由某公安局侦查终结,以被不起诉人邓某某涉嫌犯合同诈骗罪移送本院审查起诉。本院于2013年1月8日受理案件后,已告知被告人有权委托辩护人,依法讯问了被告人,审查了全部案件材料。因事实不清、证据不足,两次将案件退回侦查机关补充侦查。

某公安局移送审查起诉认定:

2011年四五月间,邓某某伙同费某、缪某某,对A公司法人孙某某,隐瞒丙上市集团经营现状,以收购丁公司、戊公司及己公司金矿作为上市资产为名,并夸大上述金矿远景储量用于担保为手段,以该集团实际控制的甲公司先后两次与A公司签订合作合同,共诈骗A公司2.8亿元人民币。

经本院审查并退回补充侦查,本院仍然认为某公安局认定的邓某某犯罪事实不清、证据不足,在案证据不足以证明其主观上具有非法占有他人财物的故意,亦不足以证明其客观上具有伙同他人实施合同诈骗的犯罪行为,不符合起诉条件。依照《中华人民共和国刑事诉讼法》第171条第4款的规定,决定对邓某不起诉。

被不起诉人如不服本决定,可以自收到本决定书后7日内向本院申诉。

被害人如不服本决定,可以自收到本决定书后7日以内向某人民检察院申诉,请求提起公诉;也可以不经申诉,直接向某第一中级人民法院提起自诉。

2014年3月13日

(某市某人民检察院章)

办案总结

邓某某涉嫌合同诈骗案,虽是一起刑事案件,但实际上是多方为了争夺巨大的经济利益而引起的。在该案发生之前就已经有系列民事诉讼案件,启动刑事案件仅是获取利益的一种手段,并因有时任某重要部门领导周某某的亲自批示,某公安局很重视,很快对本案立案,邓某某也很快被批捕。因邓某某是港股丙集团公司的实际控制人,之后,丙公司市值从100亿港元暴跌至1亿港元,致使内地和香港地区广大股民受到严重损失、造成两地社会不稳定。

白文霞律师是在本案案发之前,就作为邓某某个人、甲公司、丙公司的代理人处理相关系列民事案件。在邓某某被拘留后,邓某某立即聘请白文霞律师为其律师提供法律帮助,因对本案相关背景均了解,故从接受委托之日,白文霞律师就知道邓某某的行为并不构成合同诈骗罪。并从以下几方面向检察机关收集、提供相关证据并提交律师意见阐述邓某某不构成合同诈骗罪,在反腐大潮来临之际,检察机关对邓某某决定对不起诉,历时两年多,终于还邓某某以清白!

1. 主观上,邓某某并没有以非法占有为目的。邓某某属于甲公司总经理,并且经过公司及相应股东及董事的正式授权,其有权代表甲公司签订案涉合同,对此,邓某某并不存在以虚构的单位或者冒用他人名义签订上述合同。案涉合同,均以甲公司名义进行,应当认为属甲公司的单位行为,甲公司其所获得资金并未用于其他不法用途,而是将其投入公司的经营以及矿山运作的事宜中。

2. 客观上,(1)甲公司作为与香港地区合资的公司,完全具有融资和运作金矿上市的能力和经验,也具有履行合作合同的能力,否则,一直置身其中对整个操作流程完全熟悉的 A 公司和孙某某不会出借几个亿的资金。(2)在整个合同的签订、履行的过程中,A 公司对甲公司的债权设置了重重保护,使 A 公司的债权在与甲公司的合作合同履行过程中有足够安全的保障,并不会因为甲公司的还款能力问题而遭受损失,相反 A 公司还占有着他人巨大的资产。(3)事实上,甲公司按照合作合同的约定完全履行了相应合同义务并且承担了违约责任。至此,该合作合同权利义务完全终止,A 公司再无权力追究甲公司包括民事责任、刑事责任在内的任何法律责任。

故甲公司与 A 公司在合同履行过程中以及矿山的经营问题上存在一定纠纷,但该种纠纷属于经济纠纷,应当依法通过民事诉讼程序解决。邓某某及甲公司根本不构成合同诈骗罪。

专家点评

近年来,随着有色金属市场价格的跌宕起伏,各类交易主体和资本在巨额经济利益额驱使下,纷纷涌入这一制造了无数一夜暴富神话的行业。

面对我国矿产资源管理法律法规严重滞后,行政主管部门繁杂的审批流程相对封闭的现实,各类矿产资源权属交易行为,在诸多金融工具和交易模型的明暗包装下,不断冲击公司法等法律法规以及上市公司的管理制度,并引发众多涉及公司控制权、股东利益保护等法律纠纷。

如本案,看似简单的采矿权交易行为背后,公司的股权交易、实际控制权的争夺、投资人的经济回报以及类似对赌的回购条款等多重法律关系相互交叉,错综复杂。是合同诈骗还是合同欺诈?是民事违约还是刑事犯罪?既牵扯上市公司背后广大投资人的经济利益,又直接关系一个成功企业家的法律责任和人身自由。

通过运用《公司法》等法律规定和基本原理,辩护律师围绕客观事实,抽丝剥茧,并用逐步递进的分析,对案件性质、罪与非罪做出了准确的判断,最终赢得了公诉机关不予起诉的决定。

同时,辩护律师没有回避曾经的高官对该案干涉和影响。面对压力毫不退让,持续跟进,坚持辩护意见,直到当事人被取保候审,再到案件不予起诉。彰显了首都律师坚守职业操守和法律准则,勇于接受挑战的精神风貌。

2013 年 3 月,随着党中央关于《领导干部干预司法活动、插手具体案件处理的记录、通报和责任追究规定》的实施，我们欣喜地看到，类似邓某某之类的个案，将不会再次发生！以审判为中心的司法独立正在实现！

审核人、点评人：李向辉律师[北京市盛法律师事务所律师(执行管理人)、北京市律师协会智库重大复杂案件课题组刑事组成员]

复核人：林小建(北京市国舜律师事务所律师主任、北京市律师协会智库重大复杂案件课题组刑事组成员)

经济纠纷与合同诈骗的界限

——孙某某合同诈骗案*

争议焦点

贷款民事欺诈行为与贷款犯罪行为区别的关键在于行为是否具有非法占有贷款的目的;合同诈骗罪的构成要件。

关键词

合同诈骗罪　经济纠纷　贷款民事欺诈行为

案情简介

起诉书指控,1998～2000年,被告人孙某某明知沈阳市甲游乐园有限公司没有归还能力,指使公司财务人员私自制作虚假的资产负债表、损益表,并以其注册成立的不具有担保能力的辽阳乙有限公司作为保证人,以沈阳市甲游乐园有限公司的名义与A银行签订借款合同骗取贷款人民币1000万元。

案发前,沈阳市甲游乐园有限公司以归还利息的名义返还了2,159,879.88元,其余款项被公司非法占有。1991年1月,被告人孙某某伪造沈阳市甲游乐园有限公司与华北丙制造厂签订的价值1400万元的加工订货合同,以履行该合同为由向A银行办理承兑汇票,向A银行提供上述虚假订货合同和沈阳市甲游乐园有限公司的虚假负债表及损益表等材料,同时使用其注册成立的不具有担保能力的辽阳乙有限公司作为担保单位并提供该公司虚假的资产负债表及损益表。

---

* 案例提供人、承办律师:许兰亭(北京市君永律师事务所)。

1999 年 1 月 22 日，被告人孙某某得到 400 万元承兑汇票后利用虚假的工矿产品购销合同以及伪造的华北丙制造厂财务专用章及该公司法定代表人孙某甲印章背书后贴现。承兑到期后，A 银行垫付 200 万元。案发前，沈阳市甲游乐园有限公司以归还利息的名义返还 A 银行 441,506.24 元，其余款项被该公司非法占有。

1998 ~ 2000 年，孙某某以沈阳市甲游乐园餐饮有限公司的名义与 B 银行签订借款合同，骗取贷款 1000 万元，案发前沈阳市甲游乐园旅游餐饮有限公司以利息名义返还 B 银行 1,624,626.62 元，其余款项被该公司非法占有。

公诉人指控，孙某某的行为触犯了《刑法》第 30 条、第 31 条、第 240 条的规定，应以合同诈骗罪追究其刑事责任。

针对上述五指控，辩护人作无罪辩护！

本案历时年，历经一审判有期徒刑十年多，二审，发回重审又判十年，又上诉，最后于 2016 年 6 月 6 日由辽宁高级人民法院终审宣告孙某某无罪。

案件历程

【起诉书】

辽宁省某市人民检察院
起诉书

××检刑诉(2012)×××号

被告单位沈阳甲庆典服务有限公司(原名称沈阳市甲游乐园旅游餐饮有限公司)，住所地××市××区×××街××号，法定代表人姓名：刘某某，无职务。

诉讼代表人孙长某，男，61 岁，系沈阳甲庆典服务有限公司副总经理。

被告人孙某某，男，1954 年 6 月 8 日出生，身份证号码××××××××××××××××××，汉族，初中文化，原系沈阳市甲游乐园有限公司总经理，现系沈阳甲庆典服务有限公司实际负责人，住沈阳市××区×××街×××小区×号楼××室(户籍地××省××市×××区×××村××组)。被告人孙某某曾因犯诈骗罪，于 1975 年 8 月被齐齐哈尔市某区人民法院判处有期徒刑 7 年，1978 年 7 月 15 日从监狱逃脱，1979 年 9 月因犯脱逃罪、诈骗罪被某旗人民法院判处有期徒刑 5 年。被告人孙某某因涉嫌职务侵占罪，于 2011 年 8 月 7 日被某市公安局刑事拘留，同年 9 月 5 日被某市公安局变更为监视居住；因涉嫌伪造公司、企业印章罪，于 2011 年 9 月 5 日被某市公安局刑事拘留，同年 10 月 5 日被某市公安局变更为监视居住;因涉嫌合同诈骗罪,于2011年10月5日被某市公安局刑事拘留,同年11月11日经某市人民检察院批准逮捕,当日被某市公安局执行逮捕。

本案由某市公安局侦查终结,以被告单位沈阳甲庆典服务有限公司、被告人孙某某涉嫌合同诈骗罪,于2012年6月11日向本院移送审查起诉。本院受理后,于2012年6月12日告知被告人有权委托辩护人,依法讯问了被告人,审查了全部案件材料。2012年7月12日本院依法延长审查起诉期限半个月,2012年7月26日本院将此案退回某市公安局补充侦查,2012年8月26日某市公安局经补充侦查后重新移送审查起诉。2012年9月27日本院依法延长审查起诉期限半个月。2012年10月11日本院再次将此案退回某市公安局补充侦查,2012年11月11日某市公安局经补充侦查后重新移送审查起诉。

经依法审查查明:

1. 1998年2月,被告人孙某某在某市工商局注册成立了沈阳市甲游乐园有限公司(2008年因不按规定接受年度检验被吊销营业执照)。1998年6月26日,被告人孙某某明知沈阳市甲游乐园有限公司没有归还能力,指使公司财务人员私自制作虚假的资产负债表、损益表,并以其注册成立的不具备担保能力的辽阳乙有限公司作为保证人,以沈阳市甲游乐园有限公司名义与A银行签订借款合同,骗取贷款人民币600万元。

1999年2月1日,被告人孙某某明知沈阳市甲游乐园有限公司没有归还能力,指使公司财务人员私自制作虚假的资产负债表、损益表,并以其注册成立的不具备担保能力的辽阳乙有限公司作为保证人和高估资产价值的沈阳市甲游乐园有限公司过山车设备作为担保,以沈阳市甲游乐园有限公司名义与A银行签订借款合同,再次骗取贷款人民币400万元。

2000年6月29日,被告人孙某某以沈阳市甲游乐园有限公司名义与A银行签订借款合同,将上述1000万元贷款以借新还旧的方式转贷。案发前,沈阳市甲游乐园有限公司以归还利息的名义返还2,159,879.88元,其余款项被该公司非法占有。

认定上述事实的证据如下:

证人田某某、李某某、巴某某、张某某、何某某、薛某、李某甲、王某、鲁某、刘某甲、安某某、赵某某、李某乙证言;书证:流动资金借款申请书、贷款申请报告、A银行(贷款)保证合同、甲游乐园设备经营权质押协议书、A银行人民币资金借款合同等;司法鉴定意见书;被告人孙某某供述与辩解等证据。

2. 1999年1月初,被告人孙某某伪造一份沈阳市甲游乐园有限公司与华北丙制造厂签订的价值1400万元的加工订货合同。随后,被告人孙某某以其履行该合同为由向A银行申请办理承兑汇票,并向A银行提供了上述虚假订货合同和沈阳市甲游乐园有限公司的虚假负债表及损益表等资料。同时,被告人孙某某使用其注册成立的不具有担保能力的辽阳乙有限公司作为担保单位并提供了该公司虚假的资产负债表及损益表。1999年1月5日,被告人孙某某以沈阳市甲游乐园有限公司名义与A银行签订了承兑协议。协议约定:被告人孙某某向A银行提供200万元的保证金,银行给被告人孙某某的沈阳市甲游乐园有限公司出具面额为400万元的承兑汇票。1999年1月22日,被告人孙某某得到400万元承兑汇票后利用虚假的工矿产品购销合同以及伪造的华北丙制造厂财务专用章及该公司法定代表人孙某甲印章背书后贴现。承兑到期后,A银行垫付200万元。案发前,沈阳市甲游乐园有限公司以归还利息的名义返还A银行441,506.24元,其余款项被该公司非法占有。

认定上述事实的证据如下:

证人李某某、何某某、薛某、赵某某、李某甲证言;书证:商业汇票承兑申请书、商品购销合同、银行承兑契约、A银行(票据承兑)保证合同、A银行乙类转账支票、银行承兑汇票、资产负债表、损益表、《工矿产品购销合同》等;司法鉴定意见书;被告人孙某某供述与辩解等证据。

3. 1998年8月,被告人孙某某在某市工商局注册成立了沈阳市甲游乐园旅游餐饮有限公司(2009年更名为沈阳甲庆典服务有限公司)。1998年11月11日,被告人孙某某明知沈阳市甲游乐园旅游餐饮有限公司没有归还能力,指使公司财务人员私自制作虚假的资产负债表、损益表,并以其注册成立的不具备担保能力的辽阳乙有限公司作为保证人,以沈阳市甲游乐园旅游餐饮有限公司名义与B银行签订借款合同,骗取贷款人民币400万元。贷款到期后,被告人孙某某以沈阳市甲游乐园旅游餐饮有限公司名义分别于1999年10月、2000年12月与B银行签订借款合同将上述400万元贷款两次以借新还旧的方式转贷,并隐瞒过山车设备已抵押给A银行的事实重复设定抵押。

1999年8月12日,被告人孙某某明知沈阳市甲游乐园旅游餐饮有限公司没有归还能力,指使公司财务人员私自制作虚假的资产负债表、损益表,并以其注册成立的不具备担保能力的辽阳乙有限公司作为保证人,以沈阳市甲游乐园旅游餐饮有限公司经营权质押作为担保,以沈阳市甲游乐园旅游餐饮有限公司名义与B银行签订借款合同,再次骗取贷款人民币600万元。贷款到期后,被告人孙某某以沈阳市甲游乐园旅游餐饮有限公司名义于2000年12月与B银行签订借款合同将上述600万元贷款以借新还旧的方式转贷。

案发前沈阳市甲游乐园旅游餐饮有限公司以利息名义返还B银行1,624,626.62元,其余款项被该公司非法占有。

认定上述事实的证据如下:

证人殷某某、吴某某、王某某、刘某甲、赵某某、李某乙、刘某证言;书证:贷款申请、借款合同、抵押担保协议、票据复印件、资产负债表、损益表等;司法鉴定意见书;被告人孙某某供述与辩解等证据。

2011年8月6日,被告人孙某某被公安机关抓获。

本院认为,被告单位沈阳甲庆典服务有限公司以非法占有为目的,在签订、履行合同的过程中,由该公司直接负责的主管人员被告人孙某某决定并指使公司工作人员以提供虚假财务报表和虚假担保的方式,骗取银行贷款;沈阳市甲游乐园有限公司以非法占有为目的,在签订、履行合同过程中,由该公司直接负责的主管人员被告人孙某某决定并指使公司工作人员以提供虚假财务报表和虚假担保的方式,骗取银行贷款,同时使用伪造的加工订货合同,骗取银行承兑汇票贴现后挪作他用,被告单位沈阳甲庆典服务有限公司、被告人孙某某的行为均触犯了《中华人民共和国刑法》第30条、第31条、第224条的规定,犯罪事实清楚,证据确实充分,均应以合同诈骗罪追究其刑事责任。根据《中华人民共和国刑事诉讼法》第141条(现行《刑事诉讼法》第172条)的规定,提起公诉,请依法判处。

此致

辽宁省某市中级人民法院

检　察　员:×××

2012年12月3日

附:

1. 被告人孙某某现羁押于某军区某部看守所;

2. 证据目录一份、证人名单一份及主要证据复印件一册。

【一审刑事判决书】

辽宁省某中级人民法院
刑事判决书

(2013)××刑×初字第××号

公诉机关辽宁省某市人民检察院。

被告单位沈阳甲庆典服务有限公司(原名沈阳市甲旅游餐饮有限公司),住所地沈阳市×××区×××街××号。

法定代表人刘某某(已故),系经理。

诉讼代表人孙长某,男,61岁,系该公司副总经理。

辩护人××,辽宁××律师事务所律师。

被告人孙某某,男,1954年6月8日出生,身份证号码××××××××××××××××××,汉族,初中文化,原系沈阳市甲游乐园有限公司总经理,现系沈阳甲庆典服务有限公司实际负责人,沈阳市××区×××街×××小区×号楼××室(户籍地××省××市×××区×××村××组)。曾于1975年8月因犯诈骗罪判处有期徒刑7年,1979年9月因脱逃被加刑5年。因涉嫌职务侵占犯罪于2011年8月7日被刑事拘留,同年9月5日被某市公安局监视居住,当日被某市公安局以伪造公司、企业印章犯罪再次刑事拘留,同年10月5日被某市公安局监视居住,当日被某市公安局以合同诈骗犯罪再次刑事拘留,同年11月11日经某市人民检察院批准逮捕,当日被某市公安局执行逮捕。现羁押于某军区某部看守所。

辩护人许兰亭,北京市君永律师事务所律师。

辩护人黄殿满,辽宁弘扬律师事务所律师。

辽宁省某市人民检察院以××检刑诉字(2012)第×××号起诉书指控被告单位沈阳甲庆典服务有限公司犯合同诈骗罪,被告人孙某某犯合同诈骗罪,于2012年12月21日向本院提起公诉。本院依法组成合议庭,公开开庭进行了审理。辽宁省某市人民检察院指派检察员张某某出庭支持公诉。被告单位诉讼代表人孙长某及辩护人李某丙,被告人孙某某及辩护人黄殿满、许兰亭到庭参加诉讼。本案现已审理终结。

辽宁省某市人民检察院指控(略)。

被告单位辩护人认为:被告单位未能按时偿还银行贷款属企业经营风险问题,并无非法占有之目的;被告单位在B银行申请贷款时,游乐园正常经营且提供了足额担保;另外本案涉及的借款合同均经过民事审判程序,生效判决已确认借款合同合法有效,基于相同法律事实不能得出相反的法律评判,被告单位的行为不构成犯罪。

被告人孙某某辩称:起诉书除认定其单位偿还2,159,879.88元银行的利息之外,其余款项都认定为单位非法占有与实际情况是相矛盾的;证人证言不真实,其单位很多资产被隐瞒;贷款合同中的担保单位有担保能力,贷款企业也有偿还贷款的能力,虽然账面上没有资金,但有设备、厂房等,故其贷款的行为不具备合同诈骗罪的构成要件;另外,即使报表作假也不能说明其具有诈骗的行为,银行不可能只因为一张假的报表就能贷款。

被告人孙某某辩护人认为:被告人孙某某及被告单位没有非法占有银行贷款的目的;被告人及被告单位没有实施合同诈骗罪行为;银行发放贷款与贷款申请材

料有虚假或担保有瑕疵没有因果关系,且贷款银行对贷款公司及担保公司的实际情况明知,没有陷入认识错误;被告单位的现有资产足以偿还贷款;本案本质上是经济纠纷,本案事实已由生效的民事判决认定为民事纠纷,而非合同诈骗犯罪;被告人孙某某有罪供述系非法证据,应当予以排除;本案证据达不到刑事案件的证明标准。被告人孙某某及被告单位沈阳甲庆典服务有限公司不构成合同诈骗罪。

经审理查明:

1998年2月,被告人孙某某在某市工商局注册成立了沈阳市甲游乐园有限公司。1998年6月26日,被告人孙某某指使公司财务人员私自制作虚假的资产负债表、损益表,并以其注册成立的不具备担保能力的辽阳乙企业集团(1998年12月更名为辽阳市乙有限公司)作为保证人,同时又以该公司游乐设备经营权作为抵押,以沈阳市甲游乐园有限公司名义与A银行签订借款合同,骗取贷款人民币600万元。

1999年2月1日,被告人孙某某指使公司财务人员私自制作虚假的资产负债表、损益表,并以其注册成立的不具备担保能力的辽阳市乙有限公司作为保证人和高估资产价值的沈阳市甲游乐园有限公司过山车设备设定担保,以游乐园设备经营权作抵押,以沈阳市甲游乐园有限公司名义与A银行签订借款合同,再次骗取贷款人民币400万元。

2000年6月29日,被告人孙某某以沈阳市甲游乐园有限公司名义与A银行签订借款合同,将上述1000万元贷款以借新还旧的方式转贷。案发前,沈阳市甲游乐园有限公司以归还利息的名义返还2,159,879.88元,其余款项被该公司非法占有。

1999年1月初,被告人孙某某伪造一份沈阳市甲游乐园有限公司与华北丙制造厂签订的价值1400万元的加工订货合同。随后,被告人孙某某以其履行该合同为由向A银行申请办理承兑汇票,并向A银行提供了上述虚假订货合同和沈阳市甲游乐园有限公司的虚假负债表及损益表等资料。同时,被告人孙某某使用其注册成立的不具有担保能力的辽阳乙企业集团(1998年12月更名为辽阳市乙有限公司)作为担保单位并提供了该公司虚假的资产负债表及损益表。1999年1月5日,被告人孙某某以沈阳市甲游乐园有限公司名义与A银行签订了承兑协议。协议约定:被告人孙某某向A银行提供200万元的保证金,银行给被告人孙某某的沈阳市甲游乐园有限公司出具面额为400万元的承兑汇票。1999年1月22日,被告人孙某某得到400万元承兑汇票后利用虚假的工矿产品购销合同以及伪造的华北丙制造厂财务专用章及该公司法定代表人孙某甲印章背书后贴现。承兑到期后,A银行垫付200万元。案发前,沈阳市甲游乐园有限公司以归还利息的名义返还A银行441,506.24元,其余款项被该公司非法占有。

2008年11月沈阳市甲游乐园有限公司因不按规定年检被吊销营业执照。

上述事实有下列公诉机关提供,并经庭审质证、认证的证据予以证实,本院予以确认。

1~3(略)。

4. 关于偿还利息方面的证据

A银行特种转账借方凭证及A银行明细账证实,沈阳市甲游乐园有限公司600万元贷款自1998年9月28日至2000年6月26日分5次还利息1,002,932.87元;400万元贷款自1999年3月23日至2000年6月30日分4次还利息446,397.01元;转贷1000万元自2000年9月30日至2001年9月24日分3次还利息710,550元,总计归还A银行利息2,159,879.88元。

5. A银行处理上述贷款情况

(1)某市中级人民法院(2003)××中民××合初字第×××号、×××号民事判决书,证实A银行以沈阳市甲游乐园有限公司于2000年6月29日欠款1000万元及1999年1月11日承兑票据借款本金200万元为由向某市中级人民法院提起诉讼。2003年9月,某市中级人民法院判决沈阳市甲游乐园有限公司归还本息,如逾期还款,则以抵押物折价或者以拍卖、变卖该抵押物所得的价款优先偿还,辽阳市乙有限公司承担连带偿还责任。

(2)债权转让协议证实,2004年6月28日A银行与中国戊资产管理公司沈阳办事处达成协议,A银行将借款人沈阳市游乐园有限公司两笔借款的债权转让给戊公司沈阳办事处,转让债权清单记载两笔债权分别为1000万元和200万元本金及利息。

A银行出具的情况说明证实,截至2004年6月28日债权剥离日,某支行按照规定将该笔债权本息,作平账处理。

6. 相关司法鉴定意见

(1)××公(2012)会计鉴字第××号关于沈阳市甲游乐园有限公司1998年至2004年期间贷款、贷款使用、归还贷款本息、经营收入、设备购置情况的司法鉴定意见书,鉴定意见为:

①沈阳市甲游乐园有限公司未完全按合同约定用途使用贷款资金,首笔贷款资金600万元,用途为用于开园的流动资金周转,第二笔贷款资金400万元,用途为支付购买过山车。上述1000万元贷款用于开园的流动资金周转及购买过山车为304.29万元,占贷款资金的30.43%。

②沈阳市甲游乐园有限公司未完全按合同约定归还贷款本息。沈阳市甲游乐园有限公司1998年6月、1999年2月分别向A银行申请600万元、400万元贷款,贷款资金1000万元。截至2004年6月28日债权转让日,未偿还A银行贷款本金1000万元。贷款期间给付银行贷款利息215.99万元,差额784.01万元。

③沈阳市甲游乐园有限公司1998年8月30日至2001年4月30日经营期间,经营收入总额为71.88万元,占应计贷利息总额402.26万元的17.86%。

④沈阳市甲游乐园有限公司会计凭证显示,在建工程及设备购置3543.41万元,经公安机关侦查,查明的虚假支出为2768.10万元。

⑤沈阳市甲游乐园有限公司2001年12月以后,会计凭证中未显示业务往来的发生。

(2)××公(2012)会计鉴字第×号关于沈阳市甲游乐园有限公司1999年向A银行申请400万元银行承兑汇票至2004年期间资金使用、银行垫付、还息及给银行造成损失等情况的司法鉴定意见书,鉴定意见:

①沈阳市甲游乐园有限公司未按照合同约定使用该银行承兑汇票下款项。1991年1月11日,沈阳市甲游乐园有限公司以虚构的收款人“华北丙制造厂”,在A银行取得400万元银行承兑汇票(票号:××××××××××),签发期限:1999年1月11日至1999年7月11日,用途:购买过山车设备。1999年1月22日,又将该银行承兑汇票背书给沈阳市铁西区己装饰建材商行。1999年1月19日,该银行将此银行承兑汇票在农行五三支行贴现,取得贴现金额3,882,360元(扣除贴现利息117,640元)未用于购买过山车设备。

②沈阳市甲游乐园有限公司1999年1月11日,在A银行办理400万元承兑汇票,到期日为1999年7月11日。A银行扣收了200万元保证金,又垫付了200万元后支付给贴现银行。截至2004年6月28日该笔债权转让日,沈阳市甲游乐园有限公司未按合同约定,归还A银行垫付的银行承兑汇票本金200万元。期间给付银行贷款利息共计44.15万元,差额155.85万元。

③签订虚假《工矿产品购销合同》,将400万元承兑汇票转给孙某某实际控制的沈阳市某区已装饰建材商行,未用于购买过山车设备。

(3)××公(2012)会计鉴字第×××号关于无法确认沈阳市甲游乐园有限公司、沈阳市甲游乐园旅游餐饮有限公司、辽阳市乙有限公司、沈阳庚游乐园有限公司财务状况及现有资产等情况的鉴定说明证实:

①由于辽阳市乙有限公司无财务资料可查,无法确认为沈阳市甲游乐园有限公司向A银行申请600万元和400万元贷款提供担保时财务状况、投资、购置设备、经营收入等情况。辽阳市乙有限公司在提供上述担保时,土地使用权、机械设备已被抵押、尚欠银行大额贷款未偿还。因此,辽阳市乙有限公司为沈阳市甲游乐园有限公司向A银行申请600万元、400万元贷款提供担保时不具备担保能力。

②沈阳市甲游乐园有限公司经扣押的1997年至2005年会计凭证144本,无会计账簿及其他财务资料支持,对资产、负债的形成无记载。

对沈阳市甲游乐园有限公司1000万元贷款、400万元承兑汇票的最终流向,依据现有送鉴材料无法得出鉴定意见。

③对沈阳市甲游乐园有限公司1000万元贷款、400万元承兑汇票依据送鉴材料,至案发前,该公司的财务状况、现有资产情况无法得出鉴定意见。

④无法确认沈阳市甲游乐园有限公司、辽阳市乙有限公司案发时向银行提供的财务报表等其他材料的真实性。

7. 沈阳市甲游乐园有限公司工商档案证实,该公司于1997年9月10日成立,其中辽阳乙企业集团出资45万元,孙某某、王某某、刘某某、李某某出资55万元,注册资本为100万元,法定代表人为李某某;1998年2月8日变更法定代表人为孙某某,企业住所地××市××区×××路19号

1998年8月8日沈阳市甲游乐园有限公司董事会决议,将游乐园部分土地和房屋无偿提供给刘某某、刘某某、孙某某用于组建沈阳市甲游乐园旅游餐饮有限公司使用,使用期为五年。

2008年11月因不按规定接受年度检验被沈阳市工商局吊销营业执照。(略)。

针对庭审过程中,公诉机关提交的证据及公诉意见和被告人的辩解及其辩护人的辩护意见,现评判如下:

第一,被告人孙某某作为沈阳市甲游乐园有限公司直接负责的主管人员,指使该公司工作人员制作虚假资产负债表,并以不具备担保能力的辽阳市乙有限公司作为保证人,以超出抵押物价值设定抵押和伪造虚假合同,骗取银行贷款、承兑汇票,后又将该单位资产转移至其他公司,致巨额贷款无法偿还,其行为已构成合同诈骗罪。公诉机关指控其犯合同诈骗罪罪名成立。

第二,辩护人关于被告人孙某某不构成合同诈骗罪的意见,经查,现有证据证明孙某某先后成立了沈阳市甲游乐园有限公司、沈阳市甲游乐园旅游餐饮有限公司和沈阳庚有限公司,沈阳市甲游乐园有限公司于1998年8月时将游乐园部分土地和房屋无偿提供给沈阳市甲游乐园旅游餐饮有限公司使用;审计报告证实沈阳市甲游乐园有限公司自2001年12月以后,会计凭证未显示有业务往来,现已吊销营业执照,此节与被告人孙某某供述相吻合,证明该公司已无经营,已无偿还贷款能力;该公司贷款时使用了欺骗手段,后又转移企业财产,证明逃避返还贷款;沈阳市甲游乐园有限公司因借款合同欠银行贷款而被起诉,并经民事判决属实,但此判决只是确定沈阳市甲游乐园有限公司与银行的债权债务关系,并不能以此否认该单位签订贷款合同时采取的欺骗行为,不能以此否认沈阳市甲游乐园有限公司取得贷款的非法性,不能以此否认其转移财产以逃避偿还贷款的行为,故现有证据能够认定沈阳市甲游乐园有限公司的非法占有故意和非法占有行为,被告人孙某某作为沈阳市甲游乐园有限公司直接负责的主管人员符合合同诈骗罪的构成要件,故对辩护人关于被告人孙某某不构成合同诈骗罪的意见不予以采信。

此外,公诉机关还指控:1998 年 8 月,被告人孙某某在某市工商局注册成立了沈阳市甲游乐园旅游餐饮有限公司(2009 年更名为沈阳甲庆典服务有限公司)。1998 年 11 月 11 日,被告人孙某某明知沈阳市甲游乐园旅游餐饮有限公司没有归还能力,指使公司财务人员私自制作虚假的资产负债表、损益表,并以其注册成立的不具备担保能力的辽阳乙有限公司作为保证人,以沈阳市甲游乐园旅游餐饮有限公司名义与 B 银行签订借款合同,骗取贷款人民币 400 万元。贷款到期后,被告人孙某某以沈阳市甲游乐园旅游餐饮有限公司名义分别于 1999 年 10 月、2000 年 12 月与 B 银行签订借款合同将上述 400 万元贷款两次以借新还旧的方式转贷,并隐瞒过山车设备已抵押给 A 银行的事实重复设定抵押。

1999 年 8 月 12 日,被告人孙某某明知沈阳市甲游乐园旅游餐饮有限公司没有归还能力,指使公司财务人员私自制作虚假的资产负债表、损益表,并以其注册成立的不具备担保能力的辽阳乙有限公司作为保证人,以沈阳市甲游乐园旅游餐饮有限公司经营权质押作为担保,以沈阳市甲游乐园旅游餐饮有限公司名义与 B 银行签订借款合同,再次骗取贷款人民币 600 万元。贷款到期后,被告人孙某某以沈阳市甲游乐园旅游餐饮有限公司名义于 2000 年 12 月与 A 银行签订借款合同将上述 600 万元贷款以借新还旧的方式转贷。

案发前沈阳市甲游乐园旅游餐饮有限公司以利息名义返还 A 银行 1,624,626.62 元,其余款项被该公司非法占有。

为指控的上述事实,公诉机关向法庭提供了如下证据:

1~6(略)。

7. 司法鉴定书

(1) ××公(2012)会计鉴字第××××号关于沈阳市甲游乐园旅游餐饮有限公司 1998 年至 2004 年期间贷款、贷款使用、归还贷款本息、经营收入、设备购置等情况的司法鉴定意见书,鉴定意见:

①沈阳市甲游乐园旅游餐饮有限公司未完全按合同约定用途使用贷款资金。首笔贷款资金 400 万元,用途为购买原子滑行车(即过山车),第二笔贷款资金 600 万元,用途为支付游乐项目的收尾款和建设费用。上述 1000 万元贷款用于购买原子滑行车及支付建设费用为 304.29 万元,占 1000 万元贷款资金的 28.34%。

②沈阳市甲游乐园旅游餐饮有限公司未完全按合同约定归还贷款本息。1998 年 12 月、1999 年 8 月分别向 B 银行申请 400 万元、600 万元贷款,贷款总额 1000 万元。截至 2004 年 9 月 7 日债权转让之时,未偿还 B 银行贷款本金 1000 万元,给付银行贷款利息共计 162.46 万元,未偿还的贷款本金与已给付的贷款利息之间的差额 837.54 万元。

③沈阳市甲游乐园旅游餐饮有限公司在1999年5月31日至1999年8月31日经营期间,经营收入总额为22.26万元,占应计贷款利息总额369.24万元的6.03%。

④沈阳市甲游乐园旅游餐饮有限公司2001年9月以后,会计凭证中未显示业务往来的发生。

(2)××公(2012)会计鉴字第×××号关于无法确认沈阳市甲游乐园有限公司、沈阳市甲游乐园旅游餐饮有限公司、辽阳市乙有限公司、沈阳庚有限公司财务状况及现有资产等情况的鉴定说明证实:

①由于辽阳市乙有限公司无财务资料可查,无法确认为沈阳市甲游乐园旅游餐饮有限公司向B银行申请400万元和600万元贷款担保时,财务状况、投资、购置设备、经营收入等情况。辽阳市乙有限公司在提供上述担保时,土地使用权、机械设备已被抵押、尚欠银行大额贷款未偿还。因此,辽阳市乙有限公司为沈阳市甲游乐园旅游餐饮有限公司向B银行申请400万元、600万元贷款,提供担保时不具备担保能力。

②沈阳市甲游乐园旅游餐饮有限公司经扣押的1998年至2007年会计凭证12本,无会计账簿及其他财务资料支持,对资产、负债的形成无记载,因此无法确认该公司的财务状况及现有资产情况。

③依据送鉴定材料无法得出沈阳市甲游乐园旅游餐饮有限公司1000万元贷款的最终流向。

④无法确认沈阳市甲游乐园旅游餐饮有限公司、辽阳市乙有限公司案发时向银行提供的财务报表等其他材料的真实性。

⑤辽宁某评估有限公司根据某市中级人民法院的委托,于2012年4月23日作出沈阳庚有限公司10%股权价值评估报告。该报告评估结论不含土地价值,也未考虑土地使用权性质及使用权属情况对评估的影响;未考虑可能存在的抵押、担保等他项权利限制事项。因沈阳庚有限公司不予配合,评估人员未能履行完整评估程序,评估人员通过某市公安局某分局查询扣压的财务账簿、记账凭证及相关评估材料。评估结论的使用有效期为1年,自基准日2012年4月6日起计算至2013年4月5日,超过1年,需重新进行资产评估。该评估报告结论为公司净资产(全部股权价值)为-9212.26万元,股权价值为零。沈阳市甲游乐园旅游餐饮有限公司拥有的沈阳庚有限公司10%股东权益价值为-921.23万元,股权价值为零。

2012年6月某市中级人民法院委托拍卖机构进行拍卖,2012年7月辽宁庚房地产发展有限公司以人民币610万元最高价竞得。该公司在沈阳庚有限公司所占10%股份所有权已归属辽宁庚房地产发展有限公司所有。

8. 企业档案材料

(1)沈阳市甲游乐园旅游餐饮有限公司企业档案证实,沈阳市甲游乐园旅游餐饮有限公司于1998年8月13日成立,法定代表人为刘某某,公司住所地为××市××区×××路××号,注册资金100万元,其中刘某某出资30万元,孙某某出资40万元,刘某某出资30万元,均为实物出资。

1999年4月10日公司注册资金增至3000万元,均为实物出资。(经评估该公司设备评估值镭射激光8套价值7,165,000元,在建工程23,131,227元,共计30,296,227元,实收资本3000万元)

(2)沈阳市甲游乐园旅游餐饮有限公司变更情况

①2004年4月25日沈阳市甲游乐园旅游餐饮有限公司向工商局申请变更登记,2004年4月28日该公司将住所地变更为某区××街××号,经营范围亦予以变更。

②2008年9月10日该公司申请变更,将上列公司更名为沈阳丁商贸有限公司,9月25日工商部门予以核准,法定代表人仍为刘某某,注册资金为3000万元。

③沈阳庚有限公司档案证实,1999年12月沈阳市甲旅游餐饮有限公司与日本东京辛有限会社(代表人松某某某)共同成立中外合资公司沈阳庚有限公司,注册资本2180万美元,其中沈阳市甲游乐园旅游餐饮有限公司出资1578万美元,企业住所××市××区×××路××号,法定代表人孙某某。后因双方均为兑现出资,2005年10月公司外方股东变更为马来西亚壬有限公司,外方出资1962万美元,沈阳市甲游乐园旅游餐饮有限公司出资218万美元(实物出资太空飞碟134万美元、水上乐园84万美元),占10%股份,法定代表人变更为林东某。因外方并未实际投资,2007年6月外方股东再次变更为马来西亚癸有限公司,注册资本变更为3000万美元,法定代表人变更为曾观某,外方马来西亚癸有限公司认缴额为2700万美元,沈阳市甲游乐园旅游餐饮有限公司投资300万美元;其中沈阳市甲游乐园旅游餐饮有限公司仍为实物出资。

9. 沈阳庚有限公司贷款情况

(1)2001年12月13日自C银行沈阳分行贷款2000万元,贷款期限为2001年12月13日起至2002年12月13日止,担保方式为抵押,抵押物为在建工程、设备安装工程,抵押物价值为45,521,071元。2002年12月10日又在该行贷款1900万元,用于偿还上述贷款,并有上述抵押物进行抵押,同时沈阳市甲游乐园旅游餐饮有限公司承担连带保证责任。贷款期限为10个月。

(2)2007年1月与D银行借款7000万美元。

(3)2008年1月15日从E银行贷款480万元,沈阳市甲旅游餐饮有限公司承担保证责任,2008年11月7日使用D银行贷款归还了此笔贷款及利息。

(4)另有大量民事欠款纠纷的判决附卷。

(略)

针对庭审过程中,公诉机关提交的证据及公诉意见和被告人的辩解及其辩护人的辩护意见,现评判如下:

被告单位沈阳甲庆典服务有限公司更名前的沈阳市甲游乐园旅游餐饮有限公司从B银行贷款后,又与他人合资成立沈阳庚有限公司,虽有对其所持股权价值为零的评估报告,但该报告不含土地价值,也未考虑土地使用性质及使用权属情况对评估的影响;被告人孙某某供述贷款均用于游乐园建设,且审计报告无法证实贷款的最终流向;辩护人向法庭提供的证据与证人薛某证言相吻合,说明游乐园一直处于建设之中;被告单位虽在贷款时采取提供虚假财务报表和虚假的担保方式,但现有证据不能证明该单位将公司资产转移,无法证明其没有偿还能力,亦不能认定其具有非法占有故意和非法占有贷款行为,故公诉机关指控被告单位沈阳甲庆典服务有限公司犯合同诈骗罪不能成立。对被告单位辩护人提出被告单位的行为不构成犯罪的意见,本院予以采纳。

本院认为,被告人孙某某作为沈阳市甲游乐园有限公司直接负责的主管人员,采取虚假手段骗取银行贷款,后又将该公司资产转移至其他公司,以逃避偿还巨额贷款,致巨额贷款无法偿还,其行为已构成合同诈骗罪。现有证据不能证明被告单位沈阳甲庆典服务有限公司(原名沈阳市甲游乐园旅游餐饮有限公司)有非法占有贷款的故意和行为,故公诉机关指控被告单位犯合同诈骗罪不能成立。根据本案的犯罪事实、犯罪性质、情节和对于社会的危害程度,依照《中华人民共和国刑法》第224条、第231条、第31条,《中华人民共和国刑事诉讼法》第195条第(3)项之规定,判决如下:

1. 被告单位沈阳甲庆典服务有限公司(原名沈阳市甲游乐园旅游餐饮有限公司)无罪;

2. 被告人孙某某犯合同诈骗罪,判处有期徒刑10年,并处罚金人民币100万元。

(刑期从判决执行之日起计算。判决执行以前先行羁押的,羁押1日折抵刑期1日,即自2011年8月7日起至2021年8月6日止。)

如不服本判决,可在接到判决书的第二日起10日内,通过本院或者直接向辽宁省高级人民法院提出上诉。书面上诉的,应当提交上诉状正本一份,副本二份。

审 判 长 ×××

审 判 员 ×××

代理审判员 ×××

2013年10月12日

书 记 员 ×××

【二审辩护词】

尊敬的审判长、审判员:

受上诉人孙某某的委托和北京市君永律师事务所的指派,我担任上诉人孙某某的辩护人,参与二审的审理,为其进行辩护。接受委托后,为认真履行辩护职责,最大限度地保护上诉人孙某某的合法权益,辩护人复印并阅读了本案的全部案卷材料,会见了上诉人孙某某,向其了解了案件事实,参加了多次法庭审理,对案件事实有了全面、清楚的认识。

辩护人认为,上诉人孙某某不构成合同诈骗罪,法庭应依法撤销一审错误判决,宣告上诉人孙某某无罪。

具体辩护意见有如下几点:

一、本案证据达不到刑事案件的证明标准

从证据角度分析,现有证据不仅不能证明上诉人孙某某和被告单位有非法占有贷款的主观目的和实施合同诈骗犯罪的客观行为,反而能够证明上诉人孙某某贷款的目的是建设甲游乐园,即使贷款申请资料有虚假或者担保有瑕疵以及没有完全按照贷款合同约定的用途使用贷款,上诉人孙某某也不是为了非法占有贷款。

专项审计报告已经明确证明部分贷款用于了甲游乐园的建设,还证明甲游乐园建设确实投入了大量资金用于设备购置和人工成本。孙某某寻求合作和融资6000万美元、归还G银行400万元和C银行2000万元贷款等事实也均可以得到充分的证明。甲游乐园的建设过程和投资规模以及在建工程的价值,也均可以得到充分的证明。

《刑事诉讼法》第53条第2款规定,证据确实、充分,应当符合以下条件:(1)定罪量刑的事实都有证据证明;(2)据以定案的证据均经法定程序查证属实;(3)综合全案证据,对所认定事实已排除合理怀疑。

根据该规定,判决书指控上诉人孙某某合同诈骗罪,经过法定程序查证属实的证据,必须证明上诉人孙某某使用贷款资料有虚假和担保有瑕疵以及没有完全按照贷款合同约定用途使用贷款的目的就是非法占有贷款,并且,必须合理排除上诉人孙某某贷款是为了投入资金建设甲游乐园通过经营归还贷款的可能性。通过上述分析,现有证据根本没有达到刑事诉讼法规定的证据确实充分的程度。根据《刑事诉讼法》第195条第(3)项的规定,证据不足,不能认定上诉人孙某某有罪的,应当作出证据不足、指控的犯罪不能成立的无罪判决。辩护人认为,从证据角度分析,合议庭应当作出证据不足、指控的犯罪不能成立的无罪判决。

尊敬的审判长、审判员,刑事案件涉及公民的自由、财产等最为基本、重大的权益,刑事案件的证明标准是最高的,只有证据达到了确实充分的程度并合理排除无罪的可能性,才能够对上诉人孙某某定罪量刑。本案上诉人孙某某将贷款用于甲游乐园建设，并通过合作获取了6000万美元的贷款用于甲游乐园建设，甲游乐园的在建工程的价值已经高达数十亿元，上诉人孙某某一直没有逃避或者拒绝归还贷款，反而一直积极配合银行对贷款的追要和司法机关采取的财产保全措施与查封，这些事实都能够充分证明上诉人孙某某根本没有非法占有贷款的目的。上诉人孙某某在诉讼时效已过之后主动还偿G银行400万元贷款和C银行2000万元的客观事实，也充分证明上诉人孙某某诚信经营、有社会责任感！时至今天，上诉人孙某某已经被采取强制措施将近5年，甲游乐园这一重大项目也因为孙某某被追究刑事责任而无法融资导致数十亿元的在建工程被迫停工，造成了社会资源的巨大浪费。辩护人恳请合议庭严格审查证据，准确认定案件事实，正确适用法律，作出公正、能够经得起历史和法律检验的无罪判决！

在2014年11月25日本案的二审庭审中，出庭检察员也认为一审判决事实不清，并列举出5点事实不清之处。辽宁省高院发回重审裁定书(2014)辽刑××终字第×××号也列举了出庭检察员的意见。今天的法庭上出庭检察员的意见仍然是事实不清，请法院依法裁判。鉴于本案严重事实不清，证据不足，辩护人建议，二审法院依法撤销一审的错误判决，宣告上诉人孙某某无罪！如果本案无法在短期内审结，辩护人建议对孙某某变更为取保候审的强制措施，因为孙某某身患严重疾病，急需住院治疗，也因为游乐园的建设发展需要孙某某，孙某某对社会没有危害性，符合取保候审条件。

二、上诉人孙某某、沈阳甲庆典服务有限公司没有非法占有银行贷款的目的，不具备合同诈骗罪的主观故意

根据《刑法》第224条的规定，以非法占有为目的，在签订、履行合同过程中，以虚构事实或隐瞒真相的方法，骗取对方当事人财物，数额较大的行为，是合同诈骗罪。根据该规定，非法占有目的是构成合同诈骗罪的构成要件事实，上诉人孙某某以非法占有为目的，骗取对方当事人财物的，才有可能构成合同诈骗罪。

辩护人认为，上诉人孙某某没有非法占有银行贷款的目的，不具备合同诈骗罪的主观故意。其主要理由是：

(一)上诉人孙某某和被告单位贷款的目的是建设甲游乐园。

1. 有证据证明贷款用于了甲游乐园的建设

(1)专项审计报告证明部分贷款用于了甲游乐园建设

沈阳某会计师事务所有限责任公司2012年2月1日出具的沈公审字(2011)第×××－×号专项审计报告证明："依据某市公安局提供的外调回复资料确认，贷款资金实际用于甲游乐园工程建设的支出为304.29万元。"

沈阳某会计师事务所有限责任公司2011年10月12日出具的沈公审字(2011)第×××号专项审计报告证明："依据某市公安局提供的外调回复资料确认，贷款

资金实际用于甲游乐园工程建设的支出为140万元。”

上述审计报告确认,甲游乐园公司和甲餐饮公司的贷款部分已经用于甲游乐园工程建设。

(2)专项审计报告证明其余贷款可能用于了甲游乐园建设

沈阳某会计师事务所有限责任公司2012年2月1日出具的沈公审字(2011)第×××-×号专项审计报告证明:“其余贷款资金支出由于甲游乐园及相关单位未能提供合同、账簿、发票等资料,无法核实与甲游乐园工程建设项目是否相关”、“依据某市公安局提供的甲游乐园(1997年~2005年)会计凭证,甲游乐园1997年~2005年账面记载的购置设备支出60,442,102元”、“对涉及在建工程支出及相关预付账款的真实性,某市公安局进行了调查核实,现对部分收款单位的核实取证情况进行统计,涉及金额为51,894,502元”、“未有原始凭证付款金额5,893,000元”、“1997年至2001年人工成本为4,360,320元”。该审计报告对其余贷款资金支出是否用于甲游乐园工程建设没有核实,原因是甲游乐园及相关单位未能提供合同、账簿、发票等资料,没有核实不等于必然不真实;同时,该审计报告还证明,经审计能够证明用于购置设备的支出为8,547,600元,另有5,893,000元的付款金额没有原始凭证,人工成本4,360,320元。从该审计报告分析,其余贷款资金完全有可能已经全部用于了甲游乐园工程建设。

沈阳某会计师事务所有限责任公司2011年10月12日出具的沈公审字(2011)第×××号专项审计报告证明:“其余贷款资金支出由于甲旅游餐饮公司及相关单位未能提供合同、账簿、发票等资料,无法核实与甲游乐园工程建设项目是否相关”。沈阳某会计师事务所有限责任公司2012年2月1日出具的沈公审字(2011)第×××—×号专项审计报告证明:“依据某市公安局提供的甲旅游餐饮公司(1998年~2007年)会计凭证,甲旅游餐饮公司账面记载的购置设备支出合计357,765.87元”、“增加后在建工程为61,318,545.06元,2007年甲旅游餐饮公司以在建工程45,521,071元作为投资,投入沈阳庚有限公司”、“1998年至2007年人工成本为718,104.54元”、“依据某市公安局提供的银行外调回复资料确认,贷款资金使用金额为1083.49万元”。从该审计报告分析,其余贷款资金完全有可能已经全部用于了甲游乐园工程建设。

结合孙某某的辩解,其余贷款确实已经用于了专项审计报告中甲游乐园的在建工程。孙某某辩解称:乙公司加工制造了几十套游乐设备,各种玻璃钢雕塑、景观景点、电控箱、果皮箱、座椅、花盆、工具车等大量产品供应给甲游乐园,以及1997年至2000年游乐园的绿化、花草树木等,绝大多数是乙公司提供的,这些都没有计入甲游乐园公司的账目。因此,即使专项审计报告没有证明贷款的具体使用情况,根据甲游乐园的建设,结合孙某某的辩解,也能够证明贷款用于了甲游乐园的建设。

(3)孙某某辩解称贷款已经用于了甲游乐园建设

孙某某辩解称,从开始他就没有将银行贷款资金非法据为已有的主观故意,他只是想利用贷款建设甲游乐园。

孙某某2011年9月28日讯问笔录:(问:你经营的甲游乐园和甲游乐园餐饮有限公司在1998年至2000年为什么在银行大量贷款?)答:我自有资金不足,在2000年建设游乐园至少需要投入8000多万元,我投入大约1000万元,其余的只有靠贷款,我在乙的贷款、B银行、A银行的贷款基本上都投入游乐园的建设了,就这样还有3000多万元的资金没有着落。银行原来的欠款没还,再贷款就不好贷了,我只能找新的合作伙伴。游乐园停业就是因为与日本合资失败,资金不足。(第2卷第130页)

孙某某2011年10月26日讯问笔录:"答:……当时签下这块土地使用权合同时,我是想规划建设一个室外甲游乐园。为了实现这个项目的建设,解决资金不足的问题,我从1998年到2000年开始从沈阳的几家银行贷款。"(第3卷第43页)

从孙某某的辩解可以看出,被告单位从B银行和A银行贷款之初,孙某某就是想用这些贷款来解决游乐园建设自有资金不足的问题。在贷款之前,孙某某已经在甲游乐园的建设上投入了大量的资金,已经进行了前期的开发,他从银行贷款是为了继续建设甲游乐园,而不是为了非法占为已有,他也确实将这些贷款用在甲游乐园的建设上了。

专项审计报告也证明甲游乐园建设有大量资金投入,购置设备、人工成本以及支付贷款利息、缴纳税款都需要资金。孙某某的辩解能够得到专项审计报告的印证。

公安局起诉意见书也认可孙某某将贷款用在了游乐园建设、公司运营及借新还旧。

2.上诉人孙某某有建设甲游乐园的合法目的

(1)贷款时,甲游乐园已经开业经营,孙某某有从事游乐园的经验

孙某某辩解称,1997年5月13日,他就与政府签订土地使用和建设露天游乐园的合同。次日就进场,经过一年多的建设,甲游乐园1998年6月初试营业,7月初正式开业。在向A银行和B银行贷款前,甲游乐园已经开业经营,并已投入了三四千万元的资金。同时,孙某某有经营游乐园的经验,据其辩解称,他曾在1986年至1989年在全国各地经营几十个游乐园营业点,其辽阳乙公司生产游乐设备。在开业后发现低估了基础设施需要的投资金额,高标准、与国际水平接轨的游乐园需要继续投入资金,才向A银行和B银行贷款。上述事实,证明孙某某有建设甲游乐园进行经营获利的合法目的,其贷款不是为了非法占有,而是为了甲游乐园的继续开发建设。

(2)孙某某与他人合作和继续融资,证明其建设甲游乐园的目的真实

孙某某辩解称,他1998年年初与美国朋友谈合作,美国朋友对土地面积不满意。他又与日本朋友协商,1999年11月签订了合作合同,但因游乐园东北角一块土地没有落实,市政府领导变动,日本人放弃合作。与日本人谈合作期间,为合作,根据日方提出的合作方案设计的新平面图和施工图纸,对已开业的游乐园进行了改建,对已安装的游乐设备进行了装修,并建3万多平方米的店铺。其中开业之前已建设1万多平方米。终止合作时,店铺和基础设施、游乐设施要收尾工作才能使用。后与马来西亚林先生谈合作,建设室内游乐园。2004年签订合作合同,约定拆除了露天游乐园,林先生负责投资,我方占10%股份,返还同等建筑面积的商业店铺,林先生负责将在B银行和A银行的贷款转到合资公司名下。土地证和商业店铺办在了庚公司名下。2005年5月至2008年夏天,拆除露天游乐园。还剩三处7000多平方米的商业店铺,过山车、水上乐园大水池和部分地下管网,市值八九千万元。但2006年春天林先生退出合作。2006年年末在中国驻马来西亚大使馆参赞张英某帮助下,与3个马来西亚外商谈成合作,帮助从马来西亚银行贷款。2007年年末在H银行贷款6000万美元,马来西亚3个外商提供担保,用游乐园土地抵押。在贷款没有还清之前,3个外商占公司90%股份,还清后,占10%股份。贷款6000万美元后,游乐园室内项目大规模施工。2009年年末已建成35万多平方米的主体工程和大部分外装修。2009年年末马来西亚贷款银行委托世界知名评估公司,评估已完成工程价值约为3.91亿美元。室内游乐园项目二期,庚国际名牌商城投入九千多万元人民币。因工程至竣工开业还需八九亿元人民币,2008年与马来西亚商人石某某谈成合作。但该人2008年年末病故。为此,又向马来西亚3个外商申请贷款,D银行批准5500万美元。因庚公司与沈阳一个钢材商因经济纠纷,被限制出境。终因资金原因2010年年初室内项目停工。

孙某某2011年8月9日讯问笔录:"1999年10月(具体日期记不住了)我与日本辛有限会社谈成合资。并且又在沈阳注册了一家名为'沈阳庚有限公司'。在与日方招商引资谈判过程中,政府同意将现在位于某区×××街东北角的'三角地'可以用于扩建游乐园的室内项目,但这块土地是有偿提供,需要我们缴纳5500万元人民币转让费用。我和日方当时都同意,当我们交了1000万元人民币后,发现这块土地政府抵押给别人了,我们就没有开发成功,日本辛有限会社便撤资了。于是我就开始寻找新的合作伙伴,在这期间我找到了马来西亚林东某合资开发此项目,并且变更了公司法人为林东某。"(第2卷第42页)

孙某某2011年9月8日讯问笔录:"1997年我在某市工商局注册成立沈阳市甲游乐园有限公司(以下简称游乐园公司);1999年,注册成立沈阳市甲游乐园餐饮旅游有限公司(以下简称餐饮公司);1999年年末,我和日资企业注册成立沈阳庚有

限公司(以下简称沈阳庚公司),2001 年年初日资撤出,2007 年,曾观某、罗妙某、万罗某成为沈阳庚公司股东。”(第 2 卷第 98 页)

从孙某某的辩解可以看出,被告单位及孙某某始终在为甲游乐园的项目建设积极努力。如果从银行获取贷款是为了非法占为己有,被告单位及孙某某就没有必要积极建设甲游乐园项目,获取银行贷款后直接挥霍掉就行了,何必将贷款变成不可移动的固定资产呢?!

从孙某某辩解的上述与他人合作、甲游乐园改建的过程分析,孙某某融资的目的就是改建甲游乐园进行经营,该目的真实。在改建过程中,在建工程的价值不断增加,目前,虽然上诉人孙某某尚未偿还涉案贷款,但甲游乐园的资产远远超过贷款,甲游乐园的相关资产以及经营权、股权已经被采取保全措施或查封,贷款债权不可能受到任何损失。

孙某某 2011 年 8 月 10 日讯问笔录:“(问:沈阳庚有限公司现有固定资产和公司周转资金分别是多少?)答:我在国内没有评估公司的固定资产,但 2009 年八九月,因为我想在马来西亚 D 银行增加贷款,马来西亚 D 银行评估了我沈阳游乐园现有全部资产,评估总价值为 3.81 亿美元,至于周转资金,我公司于 2009 年年末就已经没有周转资金了。”(第 2 卷第 53 页)

从孙某某的上述辩解可以看出,被告单位及孙某某把从 D 银行贷来的 6000 万美元巨资都用在了甲游乐园项目建设上了,而且还要继续贷款建设甲游乐园项目,争取将甲游乐园项目早日建成。如果被告单位及孙某某是为了骗取银行贷款据为己有,那么,他得到 D 银行的巨额贷款后就没有必要继续投入甲游乐园项目上了,他完全可以“携款潜逃”了。孙某某在获取巨额贷款后并没有“携款潜逃”,充分证明他从所有银行贷款的目的只有一个,那就是建设甲游乐园项目。

(3)孙某某成立多家公司的目的是建设甲游乐园

孙某某在沈阳先后成立甲游乐园公司、甲游乐园旅游餐饮公司、庚公司,并不是为了非法占有银行贷款,而是为了吸引外资更好地建设甲游乐园。1999 年年初孙某某与日本辛有限会社洽谈合作经营甲游乐园,注册甲游乐园旅游餐饮公司目的是要和日本辛有限会社合资组成庚公司。孙某某先后成立多家公司的目的完全就是吸引外资更好地建设甲游乐园,并在公司中让中方公司处于控股地位,而不是控方所认为的那样逃避银行债务。

不论成立多少家公司,实际老板都是孙某某。几家公司资产是统一的,不可分的。

孙某某 2011 年 9 月 15 日讯问笔录:(问:你为什么要成立餐饮公司?)答:1999 年年初我与日本辛有限会社洽谈合作经营甲游乐园,为了提高我的公司注册资本,增加在合资公司中所占股份比例,我重新注册沈阳市甲游乐园餐饮旅游有限公司,并以游乐园部分游乐设施为实物验资,将注册资本提高到 3000 万元。(第 2 卷第 103 页)

孙某某2011年8月9日讯问笔录:"注册沈阳市甲游乐园旅游餐饮有限公司目的是要和日本辛有限会社合资组成沈阳庚公司,我作为沈阳庚公司的法人代表不能兼任其他公司的法人代表,所以由我岳父作为沈阳市甲游乐园旅游餐饮有限公司法人代表。"(第2卷第42页)

(二)上诉人孙某某和被告单位没有非法占有贷款的目的

1.上诉人孙某某不具有合同诈骗罪非法占有目的的七种情形

《全国法院审理金融犯罪案件工作座谈会纪要》要求:"在司法实践中,认定是否具有非法占有为目的,应当坚持主客观相一致的原则,既要避免单纯根据损失结果客观归罪,也不能仅凭被告人自己的供述,而应当根据案件具体情况具体分析。根据司法实践,对于行为人通过诈骗的方法非法获取资金,造成数额较大资金不能归还,并具有下列情形之一的,可以认定为具有非法占有的目的:(1)明知没有归还能力而大量骗取资金的;(2)非法获取资金后逃跑的;(3)肆意挥霍骗取资金的;(4)使用骗取的资金进行违法犯罪活动的;(5)抽逃、转移资金、隐匿财产,以逃避返还资金的;(6)隐匿、销毁账目,或者搞假破产、假倒闭,以逃避返还资金的;(7)其他非法占有资金、拒不返还的行为。但是,在处理具体案件的时候,对于有证据证明行为人不具有非法占有目的的,不能单纯以财产不能归还就按金融诈骗罪处罚。"

在本案中,辩护人认为,被告单位及孙某某的行为并不符合上述法律规定的条件。

(1)孙某某认为自己有能力通过经营甲游乐园获取收入并偿还银行贷款,甲游乐园项目即使在今天看来也是很有前景的项目,孙某某当时有管理经营游乐园的经验和能力,何况当时甲游乐园项目是市政府招商引资的项目。

(2)孙某某在获取银行贷款后长达十多年的时间里从来没有逃跑过,即使期间发生过多起民事、刑事诉讼,孙某某也从来没有想过逃跑,而是一直在努力建设甲游乐园项目。

(3)被告单位及孙某某并没有挥霍银行贷款,而是将贷款用在了甲游乐园项目的建设上。

(4)被告单位及孙某某并没有使用银行贷款进行违法犯罪活动。

(5)被告单位及孙某某从来没有抽逃、转移资金、隐匿财产,以逃避返还资金,被告单位及孙某某投资的甲游乐园项目始终客观地存在那里。

(6)被告单位及孙某某没有隐匿、销毁账目,或者搞假破产、假倒闭,以逃避返还资金,相反,孙某某始终在努力扩大甲游乐园项目的建设,使该项目不断增值、壮大。

(7)被告单位及孙某某也没有其他非法占有资金、拒不返还的行为。

甲游乐园项目不断在扩大投资规模,一直在招商引资建设过程中,该项目的建设并非一帆风顺，缺乏资金，没有多余的资金偿还贷款，而不是拒不返还，相反，在贷款之初，被告单位积极偿还银行贷款利息，而在B银行、A银行起诉并执行被告单位财产时，被告单位及孙某某也是积极配合银行及法院查封被告单位资产。

因此，根据《全国法院审理金融犯罪案件工作座谈会纪要》的规定，辩护人认为，被告单位及孙某某并不具有非法占有贷款的目的。

2. 没有证据证明贷款用于了甲游乐园建设以外的用途

专项审计报告、孙某某的笔录等证据，均没有证明贷款用于了甲游乐园建设以外的用途。由于甲游乐园建设的财务制度不健全、不完善，现有财务资料不能完全证明贷款资金用于甲游乐园的明细，但从甲游乐园建设需要资金情况和在建工程的评估价值分析，贷款资金应该确实已经全部用于了甲游乐园建设。

此外，贷款合同约定的贷款用途比较具体，本案中，贷款可能没有完全按照贷款合同约定的用途使用。但是，没有完全按照贷款合同约定的用途使用，只能说明被告单位违反了贷款合同约定，不能证明上诉人孙某某或被告单位有非法占有贷款的目的。只要贷款用于了甲游乐园的建设，即使没有完全按照贷款合同约定的用途使用，也足以证明上诉人孙某某和被告单位没有非法占有贷款的目的。

3. 上诉人孙某某和被告单位偿还G银行400万元贷款、偿还C银行2000万元贷款的客观事实证明，被告单位及孙某某并没有非法占有A银行、B银行贷款的目的

孙某某于2011年10月9日讯问笔录："（问：你是否偿还过银行的贷款？）答：……到沈阳后，我一共偿还过两笔银行贷款，一笔是沈阳庚公司在沈阳G银行的400万元贷款，另一笔是沈阳庚公司在C银行的2000万元贷款。"（第2卷第156页）

（2005）××中民××合初字第×××号裁定书"准许原告C银行撤回起诉"（第35卷第14页）的裁定等书证，可以印证孙某某的上述辩解。

4. 上诉人孙某某一直积极配合，没有逃避或者拒绝归还贷款

在办理贷款过程中，上诉人孙某某积极配合银行的要求，以乙公司作为保证人，提供过山车进行抵押，以甲餐饮公司的经营权和股权进行质押。在诉讼过程中，上诉人孙某某积极配合法院对甲游乐园的财产和被告单位的股权进行财产保全和查封。上诉人孙某某和被告单位没有任何逃避或者拒绝归还贷款的行为。贷款债权人没有申请强制执行，是因为看好甲游乐园发展前景，是认为上诉人孙某某有能力清偿贷款债权。

（三）上诉人孙某某和被告单位没有偿还贷款有客观原因

在偿还G银行和C银行贷款的同时，没有偿还A银行、B银行的贷款，孙某某如下的辩解给出了合情合理的解释。

孙某某2011年9月28日讯问笔录："（问：B银行、A银行的贷款为什么没有同

时归还?)答:A银行已经将抵押的过山车查封了,B银行没扣到东西只扣了沈阳市甲游乐园旅游餐饮有限公司在沈阳庚的10%的股份,这些东西我暂时用不上,他们也起诉我了,同时要是都用马某某的1000万美元还了,我就没有建设资金了。"(第2卷第132页)

很显然,当孙某某从马某某那里借到1000万美元时,A银行、B银行的贷款已经通过诉讼得到了法律上的解决,如果银行或者接受银行贷款债权的资产管理公司申请强制执行,甲游乐园有资产可供执行,暂不归还A银行、B银行的贷款并不影响贷款债权的最终实现。被告单位建设资金紧缺现有资金可以用于甲游乐园项目的建设,因此,被告单位及孙某某就没有同时偿还A银行、B银行的贷款。但利息是支付的。

三、上诉人孙某某没有实施合同诈骗犯罪行为

(一)孙某某贷款时,不存在虚假财务报表问题

这些所谓的虚假财务报表并没有找到,那又怎么能说贷款时有"虚假财务报表"呢?!

(二)申请贷款资料部分瑕疵有客观原因

被告单位提供的贷款资料有不实之处,但是贷款资料不实并不必然是诈骗。孙某某是农民企业家,对财务知识了解较少,创业之初公司财务制度不健全。为了降低游乐园建设的成本,游乐园的绝大多数游乐设备都是乙公司生产并安装的,这些投资都没有在财务账目上体现。还有许多其他投资以实物的形式存在于甲游乐园中,但在财务账目中没有体现。当向银行贷款时,只能用假票据予以完善财务资料。因此,被告单位申请贷款的资料即使存在不实之处,也不是为了非法占有贷款。

1. 关于判决书提到的"虚假财务报表",主要是因为游乐园项目使用的游乐设备绝大多数都是辽阳乙有限公司设计、生产制造并安装的,这些公司都是孙某某个人实际控制的,因此,为了在对外融资成立合资公司时显示旅游餐饮公司的实力,被告单位使用了虚假供货单位的财务凭证。

以下证据可以证明游乐园设备绝大多数是由辽阳乙有限公司设计、生产制造并安装的。

赵某某2011年9月2日询问笔录:"我在甲游乐园期间,建成的游乐设备有蚂蚁过山车、海盗船、水上乐园,还有一些设备我叫不上名称,一共能七八台的大型游乐设备是公司自己制造的。"(第4卷第11页)

于某某2011年9月1日询问笔录:"(问:你为孙某某设计了哪些设备?)答:在乙企业集团工作期间,我为孙某某设计了玻璃钢浴盆生产线;在沈阳甲游乐园工作期间,主持设计了蚂蚁过山车、鲸鱼飞跃、海盗船、企鹅登梯、旋转滑车等大型游乐设备,并参与了安装……这些游乐设备都是我们根据孙某某的想法,自己设计的,边研制边生产。"(第5卷第45页)

于某某2011年9月23日询问笔录:"(问甲游乐园当时还有哪些游乐设施?)答:1999年在我离开时,游乐园中还有由工程师梅某某设计的水上滑梯,赵某某设计的蜗牛上树,金某某设计的娃娃游乐园,还有一个由假山和玻璃钢通道构成的溶洞探险。还有一些游乐设施,具体的情况我记不清了。"(第5卷第50页)

上述证言不但证明了甲游乐园的绝大部分游乐设施是孙某某的公司设计、生产制造并安装的,同时证明这些现在已经拆除的游乐设施确实曾经客观地存在过!不能因为这些设施因项目的需要后来被拆除了,就否认这些设施曾经存在,更不能因此否认银行的贷款不曾用在甲游乐园的项目建设上!

对于这些游乐设施的设计、生产制造、安装、基建等费用以及应当附加的合理利润,被告单位虽然以"虚假"的财务凭证予以显示,但是,这些费用是客观存在的,本质上是真实的费用,并不虚假。

2. 关于判决书指控的"虚假担保",无论是辽阳乙有限公司的保证还是旅游餐饮公司经营权质押担保,这些担保都是真实的,而且是可以执行的担保。

辽阳乙有限公司、游乐园公司、旅游餐饮公司都是上诉人孙某某实际控制的公司。辽阳乙有限公司是最初拥有游乐园土地使用权的公司,因此,无论辽阳乙有限公司是否停产,该公司拥有的游乐园土地使用权都客观存在。债权人可以通过对辽阳乙有限公司行使权利从而影响游乐园的正常经营,因此,只要甲游乐园想正常经营,就必须保障能够承担辽阳乙有限公司可能发生的担保责任。

本案并没有任何证据证明旅游餐饮公司的资产无偿转让给了其他公司,因此,不管旅游餐饮公司是否将其资产转移到庚公司,从法律上都可以保障旅游餐饮公司应有的权利,旅游餐饮公司的经营权质押同样可以得到保证。

辽阳乙有限公司也不存在重复担保的问题。游乐园项目的核心资产是土地使用权,没有土地使用权,一切设想都是空中楼阁,而辽阳乙有限公司则拥有游乐园项目的土地使用权。[2004年3月8日,某区城市管理局与沈阳庚有限公司签订的《租赁合同》中约定:"……(3)本合同签订之日,原辽阳乙集团与甲公园签订的《甲公园建设项目合同书》等所有与该土地有关的合同和附件均由甲方负责同时即行废止……"(第44卷第14页)该证据可以证明在2004年之前,辽阳乙有限公司拥有甲游乐园项目的土地使用权]在被告单位向A银行、B银行贷款之前,孙某某已经在甲游乐园项目上投资了几千万元,甲游乐园的建设已经初具规模,这些都是客观存在的事实,因此,辽阳乙有限公司完全可以同时对上述贷款提供充分的担保。

因此,即使申请贷款的资料有虚假之处,担保有一定的瑕疵,为贷款提供的担保和保证也足以保障贷款债权的实现,甲游乐园即使处于停工状态,在建工程的价值也足以满足法院对贷款债权的执行。所以,不能因为申请贷款的资料有虚假或者担保有瑕疵,就认定为上诉人孙某某和被告单位实施了以非法占有贷款为目的的合同诈骗犯罪行为。

此外,乙公司投入大量资金用于甲游乐园建设的客观事实确实存在。孙某某辩解称:甲游乐园开业前的资金来源均为乙公司和自己个人的投入,其中部分资金为乙公司用固定资产抵押在辽阳几家银行的贷款,部分资金为乙公司产品销售收入以及个人创业收入。乙公司产品销售收入没有经过乙公司和甲游乐园公司的账目,直接支付给了材料方和施工方。辩护人认为,虽然没有相关的账目,但作为公司的实际控制人,孙某某对甲游乐园使用乙公司的大量资金很清楚,这些资金的来源去向均可以调查核实。同时,乙公司还占有甲游乐园公司40%的股份,有库存材料、工装磨具、工具和专利技术、在各地建材店的代销产品和应收款,在为贷款提供保证时,乙公司完全有能力提供保证。因此,判决书认为乙公司没有保证能力,与客观事实不符。

乙公司从辽阳贷的款也用在了沈阳游乐园项目上。

在办理贷款和借新还旧以及诉讼过程中,从乙公司提供保证、过山车的抵押,到经营权质押和查封股份,孙某某一直积极配合,这些担保远远超出了实现贷款债权的要求,在这些担保下,贷款债权的实现没有任何风险,这也是接受贷款债权的资产管理公司没有申请法院强制执行的最为重要的原因。判决书认为担保存在虚假成分,与事实不符。

(三)上诉人孙某某没有虚构贷款主体

甲游乐园公司、甲餐饮公司、乙公司都是真实注册成立的公司,甲游乐园公司的经营权和乙公司的股权的质押以及过山车抵押足以保障贷款债权的实现;这两个公司经营的甲游乐园是真实建设的项目,在贷款前甲游乐园已经建成正式开业经营,有利润收入;上诉人孙某某和被告单位先后投入甲游乐园建设的资金远远超过了从A银行和B银行的贷款,在建工程的价值高达数十亿元人民币。真实的贷款主体和真实的建设项目,足以保障贷款债权的实现,也充分证明上诉人孙某某和被告单位贷款不是为了非法占有贷款。

(四)贷款用途不完全符合贷款合同约定用途,不能证明是为了非法占有贷款

贷款的使用即使不完全符合贷款合同约定的贷款用途,只要用于了甲游乐园项目建设,只要没有用于高风险投资经营或违法犯罪活动,只要贷款的使用不会导致失去清偿贷款债权的能力,不完全符合贷款用途的行为,也不能证明是为了非法占有贷款。

最高人民法院《全国法院审理金融犯罪案件工作座谈会纪要》要求:"对于合法取得贷款后,没有按规定的用途使用贷款,到期没有归还贷款的,不能以贷款诈骗罪定罪处罚;对于确有证据证明行为人不具有非法占有的目的,因不具备贷款的条件而采取了欺骗手段获取贷款,案发时有能力履行还贷义务,或者案发时不能归还

贷款是因为意志以外的原因,如因经营不善、被骗、市场风险等,不应以贷款诈骗罪定罪处罚”、“在司法实践中,对于单位十分明显地以非法占有为目的,利用签订、履行借款合同诈骗银行或其他金融机构贷款,符合刑法第二百二十四条规定的合同诈骗罪构成要件的,应当以合同诈骗罪定罪处罚”。

根据上述要求,贷款民事欺诈行为与贷款诈骗犯罪行为,主观上均有意图欺骗金融机构的目的,客观上均实施了一定程度的欺诈行为,二者区别的关键,在于行为人是否具有非法占有贷款的目的。本案中的上诉人孙某某和被告单位在向两个银行贷款时,没有虚构贷款主体,只是在贷款条件和还款能力上有一些夸大,贷款可能没有完全按照贷款合同约定的用途使用。这种虚假是构成民事欺诈行为,还是构成合同诈骗犯罪行为,应当结合上诉人孙某某是否具有非法占有贷款的目的从以下方面进行分析:

贷款虽然没有完全按照贷款合同约定的用途使用,但专项审计报告证明部分贷款用于了游乐园的建设工程,也证明游乐园有大量资金用于了购置设备和人工成本;

专项审计报告和其他证据均没有证明贷款资金用于了游乐园建设以外的挥霍、高风险投资经营、违法犯罪活动等用途;

在办理贷款、两个银行追要贷款、司法机关采取保全措施和查封等过程中上诉人孙某某和被告单位均积极配合,并偿还利息;

上诉人孙某某和被告单位还从其他金融机构贷款并投入大量资金建设甲游乐园;

上诉人孙某某和被告单位积极归还其他金融机构的贷款;

甲游乐园在建工程价值巨大,远远超过两个银行的贷款,接受贷款债权转让的资产管理公司没有要求强制执行,如果强制执行被告单位有偿还贷款的能力;

上诉人孙某某没有逃跑或拒不归还贷款等事实。

根据上述事实,上诉人孙某某贷款时在贷款条件和还款能力方面有一定虚构以及没有完全按照贷款合同使用贷款的事实,不能得出上诉人孙某某确有非法占有贷款的目的。即使上诉人孙某某和被告单位在贷款条件和还款能力方面有一定的虚假、贷款没有完全按照贷款合同约定用途使用,该行为也不构成合同诈骗的犯罪行为。

四、银行发放贷款与贷款申请资料有虚假或担保有瑕疵没有因果关系

李某某2012年1月17日讯问笔录:“(问:沈阳市甲游乐园有限公司在A银行办贷款的财务报表,有没有填写不合格,重新填报的情况?)答:有过,有时候报的表不合格,孙某某让我到薛某那把表取回来,赵某某会计重新填完,我再给薛某送回去。还有的时候薛某到公司来,到我们财会办公室,和赵某某会计还是刘会计说过报表怎么不合格,需要重新填,这样的情况有过。”(第4卷第117页)

安某某2012年2月18日询问笔录:“(问:有银行的工作人员对财务报表提出

异议没?)答:当时好像有银行的人员到现场来过,对财务资料要求修改,但具体是谁来的,修改的什么我都记不清了。"(第5卷第14页)

薛某2012年1月12日讯问笔录:"(问:你具体说一说你是怎么告诉李某某改会计报表的?具体改的哪个表?)答:现在我只记得当时何某某提出有的财务报表上的数字,也就是财务指标不符合要求,因为当时我刚当信贷员,对有些财务报表不太懂,当时何某某安排我们分理处的一个副主任叫刘某甲的和我一起到甲游乐园公司的会计那,告诉刘会计和李某某怎么改的表。"(第6卷第77页)

李某某2011年9月21日讯问笔录:"这笔贷款在审批过程中,当报到支行时,我们综合考察后认为其中有些要件不太符合贷款的规定,所以在首次呈报分行审批时给出了担保单位规模欠佳,申请贷款公司前景一般的结论,呈报的意见是不同意放贷……我说虽然甲公司的贷款要件差点,但是鲁某说这笔贷款是某区委、区政府重点扶植的招商引资项目,不给他贷款好像不好……我们就在呈报审批件上加上了区委、区政府重点扶植的招商引资项目这样的结论意见,再次呈报后被分行批准,此笔600万元的贷款就发放到了甲游乐园公司的账户里。"(第6卷第48页)

鲁某2012年1月11日询问笔录:"因为这不是一笔正常的贷款,有很多压力,非贷不可。"(第6卷第95页)

上述证据相互印证,充分证明了在向被告单位发放贷款上,银行并不是因为被被告单位欺骗而发放的贷款,而是银行在发现问题的情况下出于其他原因而发放的贷款。银行根本就没有被申请贷款资料所欺骗,甚至帮助被告单位修改贷款资料以达到形式上的放贷要求。银行根本就没有被骗,本案中根本就不存在被骗一方,合同诈骗罪根本就不能成立!

被告单位的现有资产足以偿还贷款。

甲游乐园自身的价值就达数十亿元,就矗立在沈阳的大地上,即使通过民事程序,A银行、B银行完全能够实现债权。在债权方起诉被告单位以及胜诉后申请强制执行被告单位财产的过程中,被告单位及孙某某从来没有否认过债权的存在,始终积极配合债权方及执行法院,该查封的查封,该冻结的冻结。游乐园项目规模庞大,孙某某在被羁押前还在商谈融资事项,接受被害单位债权的资产管理公司也看好甲游乐园的发展前景,所以没有申请法院强制执行。如果申请法院强制执行,孙某某及其公司完全有能力清偿债务。

××中院×××法官能够证实孙某某没有非法占有故意。×××中院前不久对孙某某的游乐园房产的执行,也证明孙某某具有还款能力。

五、本案本质上就是一起经济纠纷,不是合同诈骗犯罪

从以上分析可以看出,从主观方面分析,上诉人孙某某被告单位贷款的目的是获取建设甲游乐园的资金,从客观方面分析,贷款确实用于了甲游乐园的建设,此

外,甲游乐园的建设投入了大量资金,虽然现在停工,游乐项目、基础设施、商业店铺和土地使用权等都是真实存在的,在建工程价值也已经高达数十亿元。上诉人孙某某和被告单位没有非法占有贷款的目的,贷款资料有一定虚假或者担保有一定瑕疵以及贷款没有归还,属于典型的民事纠纷,应该通过民事程序解决。况且,接受贷款债权的资产管理公司,在贷款债权已经生效判决的情况下,因相信甲游乐园的经营前景甚至没有申请法院强制执行,更说明本案根本不是一个合同诈骗罪的刑事案件。

本案的数份民事判决书,也能够证明本案本质上就是经济纠纷,而不是合同诈骗刑事案件。

以上辩护意见,恳请合议庭给予充分考虑并采纳为盼!

此致

辽宁省高级人民法院

辩护人:北京市君永律师事务所

许兰亭律师

2014年5月12日

【二审刑事裁定书】

辽宁省高级人民法院
刑事裁定书

(2014)××刑××终字第×××号

原公诉机关辽宁省某市人民检察院。

上诉人(原审被告人)孙某某,男,1954年6月8日出生,汉族,初中文化,原系沈阳市甲游乐园有限公司总经理,现系沈阳甲庆典服务有限公司实际负责人,住××市××区×××街×××小区×号楼××室。曾于1975年8月因犯诈骗罪判处有期徒刑7年,1979年9月因脱逃被加刑5年。因涉嫌职务侵占犯罪于2011年8月7日被刑事拘留,同年9月5日被某市公安局监视居住,当日被某市公安局以伪造公司、企业印章犯罪再次刑事拘留,同年10月5日被某市公安局监视居住,当日被某市公安局以合同诈骗犯罪再次刑事拘留,同年11月11日经某市人民检察院批准逮捕,当日被某市公安局执行逮捕。现羁押于某军区某部看守所。

辩护人许兰亭,北京市君永律师事务所律师。

辩护人于元正，辽宁三择律师事务所律师。

原审被告单位沈阳甲庆典服务有限公司（原名沈阳市甲游乐园旅游餐饮有限公司），住所地××市××区××街××号。

法定代表刘某某（已故），系该公司总经理。

诉讼代表人孙长某，男，61岁，系该公司副总经理。

辽宁省某市中级人民法院审理某市人民检察院指控被告单位沈阳甲庆典服务有限公司、被告人孙某某犯合同诈骗罪一案，于2013年10月12日作出（2013）××刑××初字第××号刑事判决，认定被告单位沈阳甲庆典服务有限公司无罪；被告人孙某某犯合同诈骗罪，判处有期徒刑10年，并处罚金人民币100万元。宣判后，上诉人孙某某不服，提出上诉。本院受理后，依法组成合议庭，公开开庭审理了本案。辽宁省人民检察院指派代理检察员李某某、段某出庭履行职。上诉人孙某某及其辩护人北京市君永律师事务所律师许兰亭、辽宁三择律师事务所律师于元正、原审被告单位沈阳甲庆典服务有限公司诉讼代表人孙长某到庭参加诉讼。本案经合议庭评议，并经审判委员会讨论决定，现已审理终结。

上诉人孙某某以甲游乐园公司主观上无非法占有贷款目的，其行为不构成犯罪为理由提出上诉。其辩护人除提出与上诉人孙某某上诉理由相同的辩护意见外，还提出A银行对甲游乐园公司及担保人乙公司的实际情况明知，没有陷入认识错误，A建行发放贷款与提供的虚假的财务报表和虚假的担保方式没有因果关系。

辽宁省人民检察院出庭检察员意见：(1)乙公司是否具有担保能力事实不清。(2)抵押物过山车价值不清。(3)贷款去向未能查清。(4)甲游乐园公司的贷款偿还能力未能查清。(5)A银行的损失情况不清。结合本案事实，各项贷款均以单位名义进行，没有证据证明上诉人孙某某个人具有非法占有贷款的目的，故本案应属单位犯罪。鉴于本案存在上述问题，建议法院依法裁判。

本院认为，原审判决认定上诉人孙某某犯合同诈骗罪的事实不清。依照《中华人民共和国刑事诉讼法》第225条第1款第3项之规定，裁定如下：

1. 撤销某市中级人民法院（2013）××刑××初字第××号刑事判决；

2. 发回某市中级人民法院重新审判。

本裁定为终审裁定。

审　判　长　×××

审　判　员　×××

代理审判员　×××

2014年12月8日

书　记　员　×××

【重审二审刑事判决书】

辽宁省高级人民法院
刑事判决书

（2015）辽××刑×终字第00122号

原公诉机关辽宁省某人民检察院。

上诉人（原审被告人）孙某某，男，1954年6月8日出生，汉族，初中文化，原系沈阳市甲游乐园有限公司（以下简称甲游乐园公司）总经理、沈阳甲庆典服务有限公司实际负责人，住××市××区××街×××小区××号楼×××室，户籍地××省××市×××区×××村××组。1975年因犯诈骗罪被判处有期徒刑7年，1979年因脱逃罪被加刑5年。因涉嫌职务侵占犯罪于2011年8月7日被刑事拘留，同年9月5日被监视居住，当日以伪造公司、企业印章犯罪被刑事拘留，同年10月5日被监视居住，当日以合同诈骗犯罪被刑事拘留，同年11月11日被逮捕。现羁押于某军区某部看守所。

辩护人于元正，辽宁三择律师事务所律师。

辩护人许兰亭，北京市君永律师事务所律师。

原审被告单位沈阳甲庆典服务有限公司（原名沈阳市甲游乐园旅游餐饮有限公司），住所地××市××区×××街××号。

法定代表人刘某某（已故），系该公司总经理。

诉讼代表人孙长某，男，1951年10月15日出生，系该公司副总经理。

辽宁省某中级人民法院审理某人民检察院指控被告单位沈阳甲庆典服务有限公司、被告人孙某某犯合同诈骗罪一案，于2013年10月12日作出（2013）××刑××初字第××号刑事判决，认定被告单位沈阳甲庆典服务有限公司无罪；被告人孙某某犯合同诈骗罪，判处有期徒刑10年，并处罚金人民币100万元。宣判后，被告人孙某某不服，提出上诉。本院于2014年12月8日作出（2014）××刑××终字第××号刑事裁定，撤销原判，发回重审。某中级人民法院经重审于2015年9月14日作出（2015）××中刑××初字第××号刑事判决。宣判后，被告人孙某某仍不服，上诉至本院。本院依法组成合议庭公开开庭审理了本案，某人民检察院检察员×××、×××出庭履行职务。上诉人孙某某及辩护人于元正、许兰亭，原始被告单位诉讼代表人孙长某到庭参加诉讼。本案现已审理终结。

一审法院判决查明及认定部分（略）。

原审判决认定上述事实的证据(略)。

原审法院认为(略)。

上诉人孙某某上诉称:甲游乐园公司主观上无非法占有贷款目的,其行为不构成犯罪。其辩护人除提出与上诉人孙某某相同的辩护意见外,还提出A银行对甲游乐园公司及担保人乙公司的实际情况明知,没有陷入认识错误,上诉人孙某某无罪。

某人民检察院出庭意见:(1)乙公司是否具有担保能力事实不清。(2)抵押物(三环)过山车价值不清。(3)贷款去向未能查清。(4)甲游乐园公司的贷款偿还能力未能查清。(5)A银行的损失情况不清。鉴于本案存在上述问题,建议法院依法裁判。

经审理查明:

1. 甲游乐园公司于1997年在某市工商局注册成立,法定代表人李某某,1998年2月8日变更为被告人孙某某。1998年5月,被告人孙某某以甲游乐园公司的名义向A银行申请贷款600万元用于临时周转,孙某某以甲游乐园的游乐设备经营权作为抵押,并以其经营的乙公司作为该笔借款的保证人。1998年6月26日甲游乐园公司与A银行签订贷款合同,贷款期限自1998年6月26日至1999年6月25日。1998年6月30日该笔贷款600万元发放至甲游乐园公司账户。

1999年1月末,孙某某又以甲游乐园公司的名义向A银行申请贷款400万元用于购进过山车,并以尚未到货的过山车作为抵押,以孙某某经营的乙公司作为该笔借款的保证人。1999年2月1日双方签订借款合同,借款期限自1999年2月1日至2000年2月1日。甲游乐园公司于1999年2月8日收到该笔贷款后,未完全按合同约定用途使用,首笔贷款资金600万元,用途为用于开园的流动资金周转,第二笔贷款资金400万元,用途为支付购买过山车。上述1000万元贷款用于开园的流动资金周转及购买过山车为304.29万元,占贷款资金的30.34%。案发前,甲游乐园公司归还上述两笔贷款利息共计2,159,879.88元。

2000年6月28日,被告人孙某某以甲游乐园公司名义向A银行申请贷款1000万元,孙某某提供了过山车作为抵押物,并通过伪造《工矿产品购销合同》抬高该过山车的价格,同时提供了乙公司作为保证人,2000年6月30日甲游乐园公司收到A银行1000万元贷款后,偿还前述两笔贷款600万元和400万元。

2. 1999年1月初,被告人孙某某伪造一份甲游乐园公司订购过山车的合同,并以此为由向A银行申请400万元的银行承兑汇票。被告人孙某某以其经营的乙公司作为保证人,并于1999年1月6日转账给A银行200万元作为保证金,双方签订了承兑协议后,A银行于1999年1月11日出具银行承兑汇票,该汇票的到期日为

1999年7月11日,收款人为孙某某虚构的“华北丙制造厂”。1999年1月22日,孙某某利用伪造的“华北丙制造厂”财务专用章及该公司法定代表人孙某印章背书后贴现。承兑到期后,A银行垫付200万元。案发前,甲游乐园公司归还利息441,506.24元。

2003年4月,A银行向某中级人民法院起诉甲游乐园公司和乙公司,某中院以(2003)××中民××合初字第×××号、×××号判决甲游乐园公司归还本息,如逾期还款,则以抵押物折价或者以拍卖、变卖该抵押物所得的价款优先偿还,乙公司承担连带偿还责任。

2004年6月28日A银行与中国戊资产管理公司沈阳办事处签署第10号协议,将借款人甲游乐园公司二笔借款的债权分别为1000万元和200万元本金及利息债权转让给戊资产管理公司沈阳办事处。2004年6月30日,A银行按照规定将该笔债权本息,作平账处理。2007年12月7日,戊资产管理公司沈阳办事处将债权转让给F银行。2008年11月沈阳市甲游乐园公司因不按规定年检被吊销营业执照。上述事实有甲游乐园向A银行贷款及还款情况的书证、A银行对甲游乐园公司欠款处理情况的书证、孙某某通过伪造合同等方式抬高抵押物过山车价格的相关证据、证人刘某某、安某某、赵某某、李某某、田某某、李某甲、巴某某、张某某、何某某、薛某、李某乙、王某、鲁某的证言及××公(2012)会计鉴字第××、××、××号司法鉴定意见书等证据在卷证实。上诉人孙某某亦予供认。本院予以确认。

经审理认为,沈阳某司法鉴定中心对甲游乐园公司、乙公司财务状况及现有资产等情况,以××公鉴字(2012)××号的鉴定,说明乙公司无财务资料可查,无法确认为甲游乐园公司向A银行申请600万元和400万元贷款担保时财务状况、投资、购置设备、经营收入等情况。乙公司在提供上述担保时,土地使用权、机械设备已被抵押、尚欠银行大额贷款未偿还。因此,乙公司为甲游乐园公司向A银行申请600万元和400万元贷款提供担保时不具备担保能力。该鉴定意见一方面说明无法确认乙公司担保期间的资产情况,另一方面作出该公司不具有担保能力的鉴定,前后矛盾。乙公司是否具有担保能力,事实不清。沈阳某司法鉴定中心以(2012)会计鉴字第××号的鉴定说明,对甲游乐园公司1000万元贷款、400万元承兑汇票依据送鉴材料,至案发前,该公司的财务状况、现有资产情况无法得出鉴定意见;对甲游乐园公司1000万元贷款、400万元承兑汇票的最终流向,依据现有送检材料无法得出鉴定意见。现有证据既不能证实甲游乐园公司贷款时的资产及经营状况如何,也不足以证实甲游乐园公司具有非法占有该借款的行为。此外,现有证据证实,部分借款用于了甲游乐园的建设工程,借款的最终流向事实不清。故对出庭检察员所提乙公司是否具有担保能力不清,借款去向未能查清的出庭意见,本院予以采纳。本案现有证据不能证明贷款用于甲游乐园建设以外的用途,且事后A银行通过民事途径已经在法院诉讼,甲游乐园公司亦给予了配合。现有证据不能充分证实甲游乐园公司对该贷款具有非法占有的故意。故对上诉人孙某某及其辩护人提出甲游乐园公司主观上无非法占有贷款目的的上诉理由和辩护意见,本院予以采纳。

关于上诉人孙某某的辩护人所提A银行对甲游乐园公司及担保人乙公司的实际情况明知,没有陷入认识错误的辩护意见,经查,证人李某某、安某某、何某某、薛某、李某甲、鲁某的证言均证实某A银行工作人员明知甲游乐园公司提供的资料不符合取得贷款的条件,而在上级领导交办后予以放贷。对于甲游乐园公司而言,由于贷款不是通过欺骗手段而取得,A银行工作人员并未因为甲游乐园公司提供的材料而产生错误认识。负责贷款的各环节银行工作人员明知借款人提供了不实贷款资料,为了本单位利益,以本单位的名义向借款人发放贷款,由于他们代表了银行的意思和行为,发放贷款也不是基于错误的认识,甲游乐园公司的行为并未导致A银行产生错误的认识,银行部门没有基于错误认识而批准对甲游乐园公司的贷款。故对该辩护意见,本院予以采纳。

本院认为,甲游乐园公司与A银行签订的合同是双方真实意思表示。在借款过程中,甲游乐园公司在贷款条件和担保方式上有一定程度夸大,贷款没有完全按照贷款合同约定的具体用途使用,但从现有证据看,不能证明其主要目的是个人或者单位非法占有,A银行对甲游乐园公司贷款条件和担保方式亦是明知。A银行工作人员明知甲游乐园公司不符合取得贷款的条件,而在上级领导交办后予以放贷,A银行工作人员并未因甲游乐园公司提供的材料而产生错误认识。且债务纠纷已经民事诉讼程序作出裁决,因此,现有证据无法证实孙某某作为甲游乐园公司直接负责的主管人员构成合同诈骗罪。原审判决认定上诉人孙某某犯合同诈骗罪事实不清,证据不足。故对孙某某上诉所提其行为不构成犯罪的上诉理由及其辩护人提出孙某某无罪的辩护意见,本院予以采纳。经本院审判委员会讨论决定,依照《中华人民共和国刑事诉讼法》第225条第(3)项、第195条第(3)项之规定,判决如下:

1. 维持某中级人民法院(2015)××刑××初字第××号刑事判决第一项,即被告单位沈阳甲庆典服务有限公司(原名沈阳市甲游乐园甲旅游餐饮有限公司)无罪;

2. 撤销某中级人民法院(2015)××刑××初字第××号刑事判决第二项,即被告人孙某某犯合同诈骗罪,判处有期徒刑10年,并处罚金人民币100万元;

3. 上诉人孙某某无罪。

本判决为终审判决。

审　判　长　×××
审　判　员　×××
代理审判员　×××
2016年6月6日
书　记　员　×　×

办案总结

直到今天我也依旧能记得那个日子，2012年12月18日，接受孙某某家人委托的日子。从那天以后，我与本案结下了不解之缘！

本案经历了漫长的日子，诉讼时间长达5年，远远超过一般的刑事案件。我跟随本案经历了一审、二审，发回重审后又是一审、二审。二次一审都是判有期徒刑十年，最后一次二审宣告无罪，孙某某终于离开了被关押了近5年的看守所，重见阳光，重获自由。

本案程序繁多，旷日持久，有单位被告，也有个人被告。前后参与本案的律师很多，大家都为此案的最后胜利贡献了自己的力量。参与本案的于律师，最早介入本案，后来由于某种原因退出了一段时间，当时在第一次二审、发回重审后的一审及第二次二审中，于律师又参与本案，发挥了很大的作用。于律师自己说，他会见孙某某不下300次，应该是创纪录了。

刑法讲求透过现象看本质，我始终认为孙某某不构成合同诈骗罪。最主要、最朴素的理由就是：孙某某从银行贷款后没有还贷，是债权人没有积极履行职责，致使此笔贷款没有归还。此笔贷款是有抵押的，债权人也向法院提起民事诉讼，法院也作出了判决，但债权人没有申请法院强制执行，所以此笔贷款没有归还。另外，孙某某的贷款都用于了游乐园项目建设上，游乐园项目已经建成，价值巨大，远远超过了孙某某所欠的所有债务（包括这一笔）的总和。孙某某从来没有想过不还此笔贷款。孙某某融资了许多钱都用在这个项目上。直到被抓前，孙某某还在跟法院执行局的人联系归还此笔贷款事宜。我也请专家论证此案，得出的结论也是无罪。

无罪案例在我国是很少的，大家都感叹：无罪难，难于上青天。但是，体制内也有许多不畏艰险坚持正义的人士，在本案中就很好地体现了他们的追求和担当。本案在原审二审时，出庭检察员在法庭上就指出，一审判决事实不清，建议二审法院依法裁判。遗憾的是，原审二审并没有宣告孙某某无罪而是将此案发回重审。重审二审时，出庭检察员的意见依旧认为本案事实不清，建议法院依法裁判，二审法院才终于宣告孙某某无罪，孙某某于宣判当天获得自由。

本案过程是艰难的，律师付出的劳动也是巨大的。“不经历风雨怎能见彩虹”！通过本案,我们相信,正义总会得到伸张！正义只会迟到,但不会缺席。当然,我们希望正义不会迟到,不应该迟到。让每一个案件都得到公正的处理结果！我们满怀信心,充满期待！

专家点评

孙某某从商人到犯罪嫌疑人,再到无罪释放的公民,辩护律师功不可没。

孙某某的行为是经济纠纷,还是诈骗犯罪是法庭辩论的焦点。辩护律师认为,甲游乐园公司与建行某支行签订的贷款合同系双方真实意思表示,孙某某不构成诈骗;孙某某在取得银行贷款过程中,虽存在夸大、虚构等欺诈行为,但具备偿还能力,且提供了足够担保,并未给贷款银行造成重大损失,并无入罪之必要。

刑法规定的合同诈骗罪和贷款诈骗罪的前提都是行为人以非法占有为目的,骗取公私财物。孙某某虽未将贷款完全按照贷款合同约定的具体用途使用,但现有证据不能证明贷款的主要目的是个人或者单位非法占有,无法证实孙某某作为甲游乐园公司直接负责的主管人员构成合同诈骗罪。辩护人在辩护过程中,始终抓住被告人是否具有非法占有为目的这一核心犯罪构成要件,利用刑法“疑罪从无”的原则规定,紧紧围绕这些关键点去组织辩护策略与寻找客观证据,最终获得了很好的辩护效果。

辩护律师在承办该案过程中,充分体现出了深厚的法律功底、高超的辩护水平与技巧,展现出了专业律师的能力与风采,极大地维护了当事人的合法权益。透过此案,从中可见辩护律师崇高的职业情操,值得学习与称赞。

点评人:余尘(北京市合达律师事务所律师、北京市律师协会智库重大复杂案件课题组刑事组成员)

复核人:马建(北京市嘉和律师事务所律师,北京市律师协会智库重大复杂案件课题组刑事组副组长、秘书组、民商二组成员)

“公款存私”不构成挪用公款罪

——张某某滥用职权、受贿、挪用公款案*

争议焦点

挪用公款罪的构成要件：“公款存私”，公款所有权的性质没有发生变化，不符合挪用公款罪的构成要件；滥用职权罪的构成要件：因果关系的判断；受贿罪的量刑：具体受贿数额的认定。

关键词

挪用公款罪　受贿罪　滥用职权　因果关系　公款存私

案情简介

张某某，男，1966年6月出生，满族，原系L省某市M县安全生产监督管理局局长。2012年6月25日因涉嫌滥用职权罪被某市人民检察院立案侦查，同年8月7日被刑事拘留，同年8月17日被L省人民检察院批准逮捕。

2013年5月13日，某市人民检察院提起公诉，指控张某某：(1)身为国家工作人员，擅自决定处理有关事项，不正确履行职责，造成3人死亡、7人受伤、直接经济损失65万余元的严重后果，情节特别严重；(2)利用职务便利，非法收受他人财物，为他人谋取利益，累计达人民币9.5万元；(3)利用职务便利，挪用公款3430万元进行营利性活动。请求以挪用公款罪、受贿罪、滥用职权罪追究张某某刑事责任。

某市中级人民法院依法组成合议庭，公开开庭审理了此案。

---

* 案例提供人、承办律师：姜志强（北京市东卫律师事务所）。

经审理后认为:被告人张某某身为国家工作人员,利用职务上的便利,为他人谋取利益,非法收受他人财物共计人民币85,000元,其行为已经构成受贿罪,公诉机关指控的罪名成立,应依法惩处。被告人张某某因涉嫌滥用职权被立案侦查,到案后,主动交代并如实供述了侦查机关尚未掌握的受贿事实,以自首论。被告人张某某案发后积极退回部分赃款,有悔罪表现,可以从轻处罚。对于公诉机关指控被告人张某某身为国家工作人员,擅自决定处理有关事项,不正确履行职责,造成3人死亡、7人受伤、直接经济损失65万余元的严重后果,情节特别严重,犯有滥用职权罪一节,经查,被告人张某某在没有经过逐级申报和审批的情况下,批准救护队下井,是本次事故的间接原因之一。被告人张某某的滥用职权行为与造成的重大结果之间缺乏刑法上的因果关系。故公诉机关指控的罪名不能成立。对于被告人张某某及其辩护人提出的其不构成滥用职权罪的辩解及辩护意见,予以采纳。对于公诉机关指控被告人张某某利用职务便利,挪用公款3430万元进行营利性活动,犯滥用职权罪一节,经查,被告人不具有挪用公款的主观故意,虽然公款的存储形式有变化,但是公款所有权的性质没有发生变化。故本案不符合挪用公款罪的构成要件,公诉机关的指控不能成立。对于被告人张某某及其辩护人提出的其不构成挪用公款罪的辩解及辩护意见,予以采纳。

2013年12月12日,某市中级人民法院判决被告人张某某犯受贿罪,判处有期徒刑6年,并处没收个人财产人民币8万元。

最终辩护人的意见,某市法院给予采纳,改变了起诉书指控内容,辩护效果良好。

案件历程

【起诉书】

L省某市人民检察院
起诉书

某检刑诉(2013)××号

被告人张某某,男,1966年6月10日生,身份证号码:21042319660610××××,满族,大学文化,系L省某市M县安全生产监督管理局局长,住L省某市M县××镇××路15-1号1-201室。2012年6月25日因涉嫌滥用职权罪被某市人民检察院监视居住,同年8月7日被刑事拘留,同年8月17日经某省人民检察院决定,次日由某市公安局执行逮捕,现羁押于某市第一看守所。

被告人张某某涉嫌滥用职权罪、受贿罪、挪用公款罪一案,由本院侦查终结,本院于2012年12月12日已告知被告人有权委托辩护人,依法讯问了被告人,审查了全部案件材料。其间,退回侦查机关补充侦查两次,延长审查起诉期限半个月。

经依法审查查明:

一、滥用职权的犯罪事实

被告人张某某在担任L省某市M县某平镇副镇长兼某市M县安监局副局长期间,负责某平镇内煤矿的安全生产监督管理工作,并主管某平镇矿山救护队。2006年3月30日某平镇马××矿区某平煤矿因井下温度高向某平镇政府、矿山救护队提出探查申请。被告人张某某接到某平煤矿的探查申请后,明知该探查事项不属于救护队的救护职责,违反召请救护队的常规程序,在未与镇领导、煤矿监管部门沟通协商、未安排制定救灾工作计划和安全措施的情况下,擅自批准救护队实施探查作业。救护队于当日对该煤矿进行探查时,因措施不当,救护队员因吸入有害气体,造成3人死亡、7人受伤、直接经济损失65万余元的严重后果。

二、受贿的犯罪事实

1.被告人张某某在担任某市M县S镇镇长期间,接受某市M县邮政储蓄银行副行长刘某某请托,为帮助邮政储蓄银行完成储蓄任务,于2009年4月将Y家山水电站动迁补偿款存入邮政储蓄银行。事后刘某某为感谢张某某的帮助,借张某某儿子考大学的机会送给张某某人民币5000元。此款被张某某个人占有。

2.被告人张某某在担任某市M县S镇镇长期间,接受某市M县S镇农村信用合作社主任王某某请托,为帮助信用社完成储蓄任务,将Y家山水电站动迁补偿款存入信用社。事后王某某为感谢张某某的帮助,于2009年春节前送其人民币5000元。此款被张某某个人占有。

3.被告人张某某在担任某市M县安监局局长期间,利用职务便利,帮助某市M县万×矿业有限公司在短时间内顺利完成了安全生产预评价,该公司股东李某为感谢张某某的帮助,分别于2011年春季和秋季送其两张沈阳×展购物卡,每张价值人民币5000元,共计人民币10,000元;李某于2012年春节前通过张某某妻子翟某某送其人民币10,000元。以上共计人民币20,000元被张某某个人占有。

4.被告人张某某在担任某市M县安监局局长期间,利用职务之便,帮助万×矿业有限公司S分公司在短时间内顺利办理了安全生产许可证,事后万×矿业有限公司S分公司负责人王某为感谢张某某的帮助,分别于2011年春节、2012年春节送其人民币10,000元。上述款项共计人民币20,000元被张某某个人占有。

5.被告人张某某在担任某市M县安监局局长期间,利用职务便利,接受F市安监局退休干部韩某请托帮助马某某从某市M县H乡政府调入某市M县安监局工作,事后马某某父亲马某为感谢张某某帮助,于2012年春节前通过韩某送其人民币20,000元。此款被张某某个人占有。

6. 被告人张某某在担任某市M县安监局局长期间,某市M县某平镇党委书记贾某为感谢张某某帮助该镇招商引资企业大连某化工有限公司办理公司法人、管理人员安全生产资格证书给予的帮助,于2012年春节前送其人民币10,000元。此款被张某某个人占有。

7. 被告人张某某在担任某市M县安监局局长期间,利用职务便利帮助F市某石灰石开发有限公司在短时间内顺利办理了企业更名。事后该公司副总经理孙某某、办公室主任郭某受总经理张某A委托为感谢张某某的帮忙,于2012年春节送其人民币5000元。此款被张某某个人占有。

8. 被告人张某某在担任某市M县安监局局长期间,利用职务之便帮助某顺矿业有限公司尽快通过尾矿库建设审批,某顺矿业有限公司法人张某B为感谢张某某的帮助,于2012年春节前通过张某某妻子翟某某送其人民币10,000元。此款被张某某个人占有。

三、挪用公款的犯罪事实

1. 被告人张某某在担任某市M县S镇镇长期间,于2008年12月,接受某市M县邮政局局长车某某请托,为帮助邮政局完成储蓄任务,伙同S镇财政所所长郑某某(另案处理),利用职务便利,私自决定将存在中国农业银行对公账户内的某水能开发有限公司交某市M县S镇政府代为管理的Y家山水电站移民动迁补偿款人民币2430万元挪出,通过S镇邮政所所长杜某某(另案处理)分别以张某某和郑某某个人名义存入S镇邮政储蓄所各1215万元,帮助邮政储蓄完成储蓄任务并获取利益。

2. 被告人张某某在任某市M县S镇镇长期间,于2009年3月,接受某市M县农村信用合作社领导请托,为帮助S镇农村信用合作社完成储蓄任务,利用职务便利,私自决定将存放于S镇经管站对公账户内的Y家山水电站移民动迁补偿款人民币1000万元挪出,通过S镇农村信用合作社主任王某某(另案处理),先后以郑某某和张某某个人名义存入S镇农村信用合作社,帮助农村信用合作社完成储蓄任务并获取利益。

被告人张某某于2012年6月25日被侦查人员抓获。

认定上述事实的证据如下:

(1)案件来源等证据材料;(2)证人郑某某等人的证言;(3)常住人口登记表等书证;(4)审计鉴定;(5)被告人张某某的供述和辩解。

本院认为,被告人张某某身为国家工作人员,擅自决定处理有关事项,不正确履行职责,造成3人死亡、7人受伤、直接经济损失65万余元的严重后果,情节特别严重;利用职务便利,非法收受他人财物,为他人谋取利益,累计达人民币9.5万元;还利用职务便利,挪用公款3430万元进行营利性活动,其行为触犯了《中华人民共和国刑法》第397条第1款,第385条第1款,第384条第1款、第2款,第69条,犯罪事实清楚、证据确实充分,应当以滥用职权罪、受贿罪、挪用公款罪追究其刑事责任。根据《中华人民共和国刑事诉讼法》第172条的规定,提起公诉,请依法判处。

此致

F市中级人民法院

代理检察员:×××

××

2013年5月13日

附:

1. 被告人张某某现羁押于某某市第一看守所;

2. 证据目录、证人名单;

3. 主要证据复印件。

【一审辩护词】

某市中级人民法院:

贵院正在审理的张某某"滥用职权、受贿、挪用公款"一案,受张某某家属委托及律师事务所指派,征得本人同意后,由我本人在本案中依法担任张某某的辩护人。经过会见被告人、阅卷了解案情,现依据法律规定和已经查明的事实发表如下辩护意见:

第一部分　关于涉嫌"滥用职权"案

辩护意见:张某某的行为不构成"滥用职权罪"。

其理由如下:

1. 张某某没有"故意滥用职权或者超越职权"的行为

"滥用职权"是指国家机关工作人员故意滥用职权或者超越职权,致使公共财产、国家和人民利益遭受重大损失的行为。

本案中,张某某的签字批准下井行为是其正常履行职务行为,不存在故意滥用职权或者超越职权。

在2006年,救护队就是归某平镇镇政府直接领导和管理,张某某作为主管工业安全的副镇长直接管理救护队,救护队下井需要张某某签字属于程序性问题,在张某某正常职权范围之内。同时,某平镇镇政府当时没有规定救护队下井必须要镇长、党委书记的签字和报请煤矿监管部门审批,在事故发生后反过来要求张某某必须得与这些领导沟通协商,既不符合当时的实际管理情况,对张某某来讲也不公平。

2. 下井探查本属于救护队的正常职责

在某平镇除了镇里有一支统一的救护队外,各个煤矿均没有专门的救护队,为此实行的是"以矿养队",即每年年产一吨煤要给救护队 2 元钱作为救护队经费。以事发的四平煤矿为例,每年与某平镇镇政府签订救护协议,要支付 30 万元作为救护队经费,目的当然是煤矿有情况后有专业的救护队能够第一时间赶到处理。

2006 年 3 月 30 日,某平煤矿入风侧出现漏风现象,为防止采空区供风供氧引起遗煤氧化自燃,需要再打一道密闭,因区域缺氧、瓦斯大,需要召请救护队给予支持。为什么某平煤矿首先想到的是要召请救护队?显然,在某平镇,只有救护队有这个职责和能力。某平煤矿的召请行为是为了保证矿内作业安全,张某某的批准行为是为了保证矿山生产安全,这本属于正常召请、正常批复、正常履职。

3. 事故造成的死亡结果与张某某的批准实施探查没有因果关系,即与张某某的行为无关

根据当年事故调查组出具的技术认定报告,"3·30 事故"的直接原因是:"救护队在探查中央风井时检测周围的氧气及有害气体不准确,返回途中由于巷道有害气体浓度大、温度高、坡度大,行走困难,部分队员违反《煤矿救护规程》规定摘掉呼吸器的口具和鼻夹,造成有害气体中毒,从而导致本次事故发生。"

据此可知,救护队队员违规操作规程是导致事故发生的直接原因,即与张某某的批准下井不存在必然的因果关系。即使公诉机关指控张某某需要和镇领导、煤矿监管部门沟通协商,也不能得出此事故必然不发生的结论,因为无法判断和控制作为专业的救护队队员在下井后摘掉了呼吸器而造成有害气体中毒。

4. 在"3·30 事故"中张某某负的是领导责任,已经经过了组织处理和行政处罚

根据事故调查组出具的调查报告,"3·30 事故"定性为"重大责任事故",张某某负"主要管理责任",并给予张某某"行政记大过"处分。在 7 年前,张某某已经接受了降级、降职、降薪处分,在 7 年后再行对张某某进行司法处理,对于被告人不公。

第二部分 关于涉嫌"受贿"案

1. 对于刘某某给的 5000 元的辩护意见:不应认定为受贿数额。其理由:(1) 张某某与刘某某平日里有礼尚往来,相互走礼;(2) 刘某某给的是张某某儿子考大学的喜钱,而非感谢张某某帮其拉储;(3) 刘某某揽储的时间是在 2008 年年底,给张某某的钱是在 2009 年 8 月,如果张某某与刘某某进行权钱交易,不会等到 8 个月后才兑现;(4) 刘某某和邮政储蓄不能确定获得了不正当利益。

2. 对于王某某给的 5000 元的辩护意见:不应认定为受贿数额。其理由:该款已退。

3. 对于李某给的10,000元现金和两张购物卡的辩护意见:不应认定为受贿数额。其理由:(1)张某某与李某平日里有礼尚往来,李某的孩子考学张某某曾拿出2000元走礼,李某妹妹的孩子结婚张某某曾拿出2000元走礼,这些往来均发生在李某春节期间送给张某某10,000元之前;(2)李某及万×矿业并没有获得不正当利益,安全生产预评价的手续办理只是"挺快办下来了",而不是不能办,也不能证明张某某利用了职权违法违规办理;(3)办理安全生产预评价是张某某正常履行职责行为,没有利用职权进行权钱交易,没有想要好处才办这些事。

4. 对于王某给的20,000元的辩护意见:不应认定为受贿数额。其理由:(1)该款已退。(2)万×矿业S分公司没有获得不正当利益,安全生产许可证办理只是时间长短问题,不存在张某某违法违规。

5. 对于马某给的20,000元的辩护意见:不应认定为受贿数额。其理由:(1)主观上没有收受贿赂的意思表示;(2)客观上,这笔钱放在办公室数月,一直未动,其计划在马某某办理完转正手续后归还,并在此之前找过马某某谈话要将该款退回;(3)张某某给马某某办理到安监局工作属于公务员正常聘用,手续完整合法,张某某并非想要钱才将马某某调动进来。

6. 对于贾某给的10,000元的辩护意见:不应认定为受贿数额。其理由:(1)这是某平镇镇政府给张某某的奖励款。据贾某讲,给张某某10,000元的原因是:"感谢了一下张某某一年以来对某平镇工作的关照"、"再有我们镇里在招商引资的过程中也得到张某某的帮忙"、"我们镇高锋煤矿盗采发生矿难,张某某在救援、处理的时候也特别上心"、"以县安监局下井补助费的形式从镇财政借取的"、"我跟当时的某平镇镇长刘玉某事先商量了,他也知道这件事情。"(2)贾某没有获得非法利益。(3)明某化工的安全生产资格证书并不是利用职务便利的违规操作,煤炭办的证明能够证实,这种行为之前有过先例,办完安全生产资格证书后再进行培训。

7. 对于孙某某、郭某受张某A委托给的5000元的辩护意见:不应认定为受贿数额。其理由:(1)主观上没有收受贿赂的意思表示,张某某曾两次去某顺矿业有限公司退款,但都没找到张某A;(2)客观上对于这笔款一直放在办公室的公共场所,未动;(3)张某A及其某顺矿业有限公司并没有获得不正当利益,企业更名只是时间上的长短,而不是不能更名,这是正常的工作流程;(4)张某某与张某A此前有礼尚往来,张某A父亲去世和儿子结婚张某某共给张某A走礼2000元,走礼发生在张某A送给张某某之前。

8. 对于张某B给的10,000元的辩护意见:不应认定为受贿数额。其理由:(1)张某B送钱是通过张某某的妻子,藏在烟的下面,张某某开始并不知晓,事隔几个月才知道并要退回;(2)张某某与张某B关系不对付,张某某主观上没有要收受张某B贿赂的意思表示;(3)张某B没有获得非法利益,尾矿库建设审批尽快办理是常的呈请和工作效率问题,不能反过来说明张某某给企业办审批手续就是为了获取好处,况且张某某无法控制尾矿库建设审批的进度。

第三部分　关于涉嫌“挪用公款”案

辩护意见:张某某的行为不构成“挪用公款罪”。

1. 张某某的行为不属于刑法意义上的“犯罪”

《刑法》第13条规定:一切危害国家主权、领土完整和安全,分裂国家、颠覆人民民主专政的政权和推翻社会主义制度,破坏社会秩序和经济秩序,侵犯国有财产或者劳动群众集体所有的财产,侵犯公民私人所有的财产,侵犯公民的人身权利、民主权利和其他权利,以及其他危害社会的行为,依照法律应当受刑罚处罚的,都是犯罪,但是情节显著轻微危害不大的,不认为是犯罪。

就本案而言,张某某没有侵犯到任何财产,没有造成社会危害,不应认为是犯罪。

2.“挪用公款罪”主观方面要求以“归个人使用”为目的,张某某的主观方面不构成

并且从其行为上也能看出,其没有将公款归自己或他人使用的目的。银行之间转存的行为不能视为将公款挪给银行使用、营利。

3. 公款并没有变成私款,公款本金、利息没有受到损失

本案中的公款属性并没有发生变化,依然是公款。两张存折都在财政所财务人员手上保管,即依然按公款进行管理,张某某没有参与。通过现有材料可知,公款本金及利息没有受到任何损失,这与存到任何一家银行的结果是一样的。

4. 公款没有被张某某个人控制、支配,没有个人取利

虽然本案中的公款存在张某某、郑某某的个人账户名下,但存款单据均掌握在财政所即公款管理人手上,张某某连存折密码都不知道,从拿出身份证去办理存储手续到款项回到财政所的对公账户上,张某某自始至终都没有实际控制或支配过,更没有通过存储而获利。

5. 公款只是银行间转账,没有被挪走,没有被自用或他用

本案中的公款只发生了银行与银行之间转账。公款只是存在张某某、郑某某的个人账户上,张某某并没有使用过该款项,也没有允许其他人使用过。这是公款管理和存储的一种方式。只是存储机构和存储户主发生了一段时间的变化。

6.“公款存私”属于违反财经纪律,而非刑法规定的挪用公款的犯罪行为

《最高人民检察院关于认真贯彻执行全国人大常委会〈关于刑法第二百九十四条第一款的解释〉和〈关于刑法第三百八十四条第一款的解释〉的通知》中第3条明确指出,要注意区分罪与非罪界限,切实提高办案质量。各级人民检察院在办理相关案件时,要严格依法进行,严格区分罪与非罪、此罪与彼罪的界限,切实保证办案质量。要特别注意区分黑社会性质组织犯罪与一般犯罪集团、流氓恶势力团伙违

法犯罪的界限、挪用公款犯罪与单位之间违反财经纪律拆借资金行为的界限,做到办案的法律效果和社会效果的有机统一。

对于将公款存入个人账户,张某某本人及财政所所长郑某某均认为是违反财经纪律和财务管理制度的行为,既违规而不违法,更不构成犯罪。

7. 根据《刑法》第 3 条规定,“法律明文规定为犯罪行为的,依照法律定罪处刑;法律没有明文规定为犯罪行为的,不得定罪处刑。”张某某的行为,《刑法》没有明文规定为犯罪。

《刑法》第 384 条规定,国家工作人员利用职务上的便利,挪用公款归个人使用,进行非法活动的,或者挪用公款数额较大、进行营利活动的,或者挪用公款数额较大、超过 3 个月未还的,是挪用公款罪。

以上规定包含三个要件:(1)行为人实施了挪用公款的行为,即行为人未经合法批准而擅自将公款移作他用。(2)行为人挪用公款的行为是利用其主管、管理、经手公款的职务上的便利实施的。(3)行为人挪用的公款是归个人使用的,所谓归个人使用,既包括由挪用者本人使用,也包括由挪用者交给、借给他人使用。

根据本条规定,挪用公款归个人使用具体可包括以下三种情况:

一是挪用公款归个人使用进行非法活动。这里所说的非法活动是指挪用公款供个人或他人进行走私、赌博等违法犯罪活动。

二是挪用公款归个人进行营利活动,并且数额较大。这是指挪用数额较大的公款作为挪用人或者他人进行营利活动的资本,如挪用人本人或者他人将挪用的公款用于生产、经营、买房出租,作为个人参与企业经营活动的入股资金,存入银行或者借给他人而个人取利等。

三是挪用公款归个人用于非法活动、营利活动以外的用途,并且数额较大,超过 3 个月未还的。如挪用公款用于建造私房、购置家具和其他生活用品、办理婚丧、支付医疗费或者偿还家庭、个人债务等。

本案中张某某的行为均不符合以上《刑法》中的明确规定,因此,根据“法律没有明文规定为犯罪行为的,不得定罪处刑”,不应认定张某某构成挪用公款罪。

第四部分　张某某的其他从宽处理情节

1. 张某某在任职期间,曾做出过突出贡献。张某某曾被国家安全生产监督管理总局、国家煤矿安全监察局授予“安全生产监管监察先进个人”,被授予“五一劳动奖章”,被某市政府授予“煤矿安全生产先进个人”,被某县委、县政府多次授予“优秀共产党员”、“维护社会稳定工作先进个人”、“民族团结进步模范个人”。

2. 张某某此前表现一贯良好,没有犯罪前科。

3. 张某某的行为情节轻微、社会危害性不大。

4. 张某某及其家属愿意将收到的钱全部退还。

5. 张某某妻子无业、孩子尚未从业,从有利于挽救和教育被告人、挽救一个家庭出发,实现刑法中惩罚和教育相结合的根本目的,请求人民法院给予张某某改过自新的机会,从轻处罚。

"让人民群众在每一个司法案件中都感受到公平正义"是包括张某某在内的每一个司法案件当事人的共同期待。

上述辩护意见望贵院能给予充分考虑,敬请采纳。谢谢!

此致

某市中级人民法院

辩护人:姜志强

2013 年 7 月 16 日

【一审判决书】

L 省 F 市中级人民法院
刑事判决书

(2013)某中刑二初字第 00005 号

公诉机关某市人民检察院。

被告人张某某,男,1966 年 6 月 10 日生,满族,大学文化,原系 L 省某市 M 县安全生产监督管理局局长,住 L 省某市 M 县 × × 镇 × × 路 15 - 1 号 1 - 201 室。2012 年 6 月 25 日因涉嫌滥用职权罪被某市人民检察院监视居住,同年 8 月 7 日被刑事拘留,同年 8 月 17 日经某省人民检察院决定,次日由某市公安局执行逮捕,现羁押于某市第一看守所。

辩护人 × × ×,辽宁 × × 律师事务所律师。

辩护人姜志强,北京市盈科律师事务所律师。

某市人民检察院以某检刑诉字(2013)第 × × 号起诉书指控被告人张某某犯滥用职权罪、受贿罪、挪用公款罪,于 2013 年 5 月 13 日向本院提起公诉。期间退回补充侦查两次。本院审查后认为符合法定开庭条件,依法组成合议庭,公开开庭进行了审理。某市人民检察院指派检察员 × × ×、× × 出庭支持公诉。被告人张某某及其辩护人 × × ×、姜志强到庭参加诉讼,现已审理终结。

某市人民检察院指控:

一、滥用职权的犯罪事实

被告人张某某在担任L省某市M县某平镇副镇长兼某市M县安监局副局长期间,负责某平镇内煤矿的安全生产监督管理工作,并主管某平镇矿山救护队。2006年3月30日某平镇马××矿区某平煤矿因井下温度高向某平镇镇政府、矿山救护队提出探查申请。被告人张某某接到某平煤矿的探查申请后,明知该探查事项不属于救护队的救护职责,违反召请救护队的常规程序,在未与镇领导、煤矿监管部门沟通协商、未安排指定救灾工作计划和安全措施的情况下,擅自批准救护队实施探查作业。救护队于当日对该煤矿进行探查时,因措施不当,救护队员因吸入有害气体,造成3人死亡、7人受伤、直接经济损失65万余元的严重后果。

二、受贿的犯罪事实

1. 被告人张某某在任某市M县S镇镇长期间,接受某市M县邮政储蓄银行副行长刘某某请托,为帮助邮政储蓄银行完成储蓄任务,于2009年4月将Y家山水电站动迁补偿款存入邮政储蓄银行。事后刘某某为感谢张某某的帮助,借张某某儿子考大学的机会送给张某某人民币5000元。此款被张某某个人占有。

2. 被告人张某某在任某市M县S镇镇长期间,接受某市M县上夹河农村信用合作社主任王某某请托,为帮助信用社完成储蓄任务,将Y家山水电站动迁补偿款存入信用社。事后王某某为感谢张某某的帮助,于2009年春节前送其人民币5000元。此款被张某某个人占有。

3. 被告人张某某在任某市M县安监局局长期间,利用职务便利,帮助某市M县万×矿业有限公司在短时间内顺利完成了安全生产预评价。该公司法人代表李某为感谢张某某的帮助,分别于2011年春季和秋季送其两张沈阳×展购物卡,每张价值人民币5000元,共计人民币10,000元;于2012年春节前通过张某某妻子翟某某送其人民币10,000元。以上共计人民币20,000元被张某某个人占有。

4. 被告人张某某在任某市M县安监局局长期间,利用职务之便,帮助万×矿业有限公司上夹河分公司在短时间内顺利办理了安全生产许可证。事后万×矿业有限公司S分公司负责人王某为感谢张某某的帮助,分别于2011年春节、2012年春节送其人民币10,000元。上述款项共计人民币20,000元被张某某个人占有。

5. 被告人张某某在任某市M县安监局局长期间,利用职务便利,接受F市安监局退休干部韩某请托帮助马某某从某市M县H乡政府调入某市M县安监局工作,事后马某某父亲马某为感谢张某某帮助,于2012年春节前通过韩某送其人民币20,000元。此款被张某某占为已有。

6. 被告人张某某在任某市M县安监局局长期间,某市M县某平镇党委书记贾某为感谢张某某帮助该镇招商引资企业大连××化工有限公司办理公司法人、管理人员安全生产资格证书给予的帮助,于2012年春节前送其人民币10,000元。此款被张某某个人占有。

7.被告人张某某在任某市M县安监局局长期间,利用职务便利帮助抚顺天×石灰石开发有限公司在短时间内顺利办理了企业更名。事后该公司副总经理孙某A、办公室主任郭某受总经理张某A委托为感谢张某某的帮忙,于2012年春节送其人民币5000元。此款被张某某个人占有。

8.被告人张某某在任某市M县安监局局长期间,利用职务之便帮助某顺矿业有限公司尽快通过尾矿库建设审批,某顺矿业有限公司法人张某B为感谢张某某的帮助,于2012年春节前通过张某某妻子翟某某送其人民币10,000元。此款被张某某个人占有。

三、挪用公款的犯罪事实

1.被告人张某某在任某市M县S镇镇长期间,于2008年12月,接受某市M县邮政局局长车某某请托,为帮助邮政局完成储蓄任务,伙同S镇财政所所长郑某某(另案处理),利用职务便利,私自决定将存在中国农业银行对公账户内的苏子河水能开发有限公司交某市M县S镇政府代为管理的Y家山水电站移民动迁补偿款人民币2430万元挪出,通过S镇邮政所所长杜某某(另案处理)分别以张某某和郑某某个人名义存入S镇邮政储蓄所各1215万元帮助邮政储蓄完成储蓄任务并获取利益。

2.被告人张某某在任某市M县S镇镇长期间,于2009年3月,接受某市M县农村信用合作社领导请托,为帮助S镇农村信用合作社完成储蓄任务,利用职务便利,私自决定将存放于S镇经管站对共账户内的Y家山水电站移民动迁补偿款人民币1000万元挪出,通过S镇农村信用合作社主任王某某(另案处理),先后以郑某某和张某某个人名义存入S镇农村信用合作社,帮助农村信用合作社完成储蓄任务并获取利益。

被告人张某某于2012年6月25日被侦查人员抓获。

公诉机关指控上述事实的证据有:(1)案件来源等证据材料;(2)证人郑某某等人的证言;(3)常住人口登记表等书证;(4)审计鉴定;(5)被告人张某某的供述及辩解。

公诉机关认为被告人张某某身为国家机关工作人员,擅自决定处理有关事项,不正确履行职责,造成3人死亡、7人受伤、直接经济损失65万余元的严重后果,情节特别严重;利用职务便利,非法收受他人财物,为他人谋取利益,累计达人民币9.5万元;其利用职务便利,挪用公款3430万元进行营利性活动;其行为触犯《中华人民共和国刑法》第397条第1款,第385条第1款,第384条第1款、第2款,第69条,犯罪事实清楚、证据确实充分,应当以滥用职权罪、受贿罪、挪用公款罪追究其刑事责任。

被告人张某某辩称:关于起诉指控滥用职权罪,我没有滥用职权,我行使的是工作职责,某平镇只有这一个救护队有下井的资格和条件,出现问题只能由救护队下井探查,这是我们镇的特殊情况,"3·30事故"时我签字的是两份材料,一份是召请报告,另一份是安全规则,我在安全规则上明确写明"由某某队长认真贯彻组织学习,保证工人人身安全的前提下,下井作业",该次事故是由于救护队员违反操作规则造成的,我应承担领导责任,因为该次事故我已经受到过行政记大过的处分,我不构成滥用职权犯罪。

关于起诉指控受贿罪。我与刘某某、李某之间有礼尚往来,刘某某在乔迁时我随礼500元,李某孩子升学宴及李某妹妹的孩子结婚我都随过礼,每次2000元,这两笔是礼尚往来,不应当认定为受贿;王某某和王某给我的钱,我通过梁某某、庞某某和杜某某都已经退回去了;某平镇党委书记贾某给我的10,000元钱是以镇里的名义给的奖励金,不是受贿;马某和张某A给我的钱,我没有占为己有的目的,本想给他们退回去,马某的钱一直放在办公室,打算马某某正式转正之后再退还,张某A的钱几次去退还都没找到他本人,所以才没退还;张某B把钱放在给我的两条烟底下了,我是过后才发现的,没等退还就案发了。

关于起诉指控挪用公款罪,第一笔存入邮政储蓄所2430万元,是因为当时这笔钱存在南杂木农业银行,农业银行怕提高下一年任务额,向我们镇提出将这笔款项转出,时任财政所所长的郑某某告诉我,当时邮政储蓄银行说可以存款,我就同意了,当时邮政储蓄银行没有对公账户,需要存在个人账户,我就让郑某某存在我和郑某某的个人名下,具体经办都是郑某某和出纳,他们能说清转款经过,存单一直都在出纳手里,我没见过存单,也不知道密码。第二笔存入S镇农村信用合作社1000万元,当时信用社主任王某某找我吸储时,我让他去和镇党委书记周某某打招呼,后来周某某书记也和我说起此事后,我才同意把钱存给王某某的,不是我个人决定的,我不构成挪用公款罪。

辩护人的辩护意见是:(1)被告人张某某不构成滥用职权罪。其理由如下:①被告人张某某没有实施故意滥用职权的行为,张某某的签字批准下井行为是其正常履行职务的行为,不存在故意滥用职权或超越职权,救护队下井需要张某某签字属于程序性问题,在张某某的职权范围之内。同时某平镇政府当时没有规定救护队下井必须要镇长、党委书记的签字和报请煤矿监管部门审批,在事故发生后反过来要求张某某必须要与这些领导沟通协商,既不符合当时的实际管理情况,对被告人也不公平。②被告人张某某的职权和职责是分管,不是具体负责救护队的日常工作,具体工作由队长和安全工程师负责(矿山救护规程有明确规定)。③下井探查属于救护队的正常职责,在某平镇只有这一支统一的救护队,各个煤矿均没有专门的救护队,此次事故中张某某的批准行为是为了保证矿山生产安全,属于正常召请、正常批复,正常履职。④事故造成的死亡结果与张某某的批准实施探查没有因果关系。⑤在此次事故中张某某负的是领导责任,已经经过了组织的处理和行政处罚,7 年后再行对张某某进行司法处理,对被告人不公。

(2)被告人张某某不构成受贿罪。①刘某某给的 5000 元是礼尚往来,其没有获得不当利益;②王某某给的 5000 元已经通过梁某某退还,梁某某当庭出具的证言与被告人的当庭供述相一致,证据来源合法,应予采信;③李某给的 10,000 元现金和购物卡是礼尚往来,且没有获得不当利益;④王某给的 20,000 元已经退还,辩方在庭上出示的证据及证人庞某某、杜某某的证言能够相互印证,均能证明两证人帮助和代表被告人给王某返款的经过,且王某没有获得不当利益;⑤马某给的 20,000元,主观上没有受贿的故意,该款项一直放在办公室,计划在马某某办完转正手续后归还,该调动属于正常聘用,手续完整合法;⑥贾某给的 10,000 元,是某平镇政府给的奖励款,贾某没有获得不当利益,办理生产合格证书并不是利用职务便利的违规操作;⑦张某 A 给的 5000 元,主观上没有受贿的故意,客观上钱一直放在办公室,张某某没有获得不当利益,且有礼尚往来;⑧张某 B 给的 10,000 元是通过张某某的妻子送的,钱藏在烟的下面,张某某并不知晓,时隔几个月才发现并要退还,张某 B 没有获得不当利益。以上指控的数额均不应认定为受贿数额,不构成受贿罪。

(3)被告人张某某不构成挪用公款罪。其理由如下:被告人所涉的行为不论在司法理论界和司法实务中均存在有较大的争议。虽然从表面形式上看是将公款转为短时间个人名义的储蓄存款,但其属于账内存私(账目上有体现),具有一定的公开性;且也是为了资金周转方便而临时设立的私人账户,应该讲是为了方便存储而设立的公款私存账户,开支及利息均在单位账上有反应,同时也保证了资金的安全。那么和为个人私利、为他人完成揽储任务而公款私存有本质上的区别。从犯罪构成要件上看,该款属于移民的补偿款,属于国家机关管理的私人财产,以公共财产论。从客观方面上看,被告人并没有影响公款的正常使用,也没有利用职务便利以个人名义将公款供其他单位用于营利活动。公款存入个人名下并不能称其为"以个人名义",辩方认为只有将公款转至自己名下同时由个人完全掌控支配下之后行为才能称为"以个人名义"。公款没有被张某某个人控制、支配,没有个人取利。由于两银行均为国企,众所周知,国企的盈利利润上缴国库为一种纯公的利益,因而控方指控的此节也失去了证据的支持和存在的可能性。关于营利,辩方认为挪用公款给自己或他人进行营利性活动包括做生意、买股票或者存入银行已获取了利润、利息收入等为前提条件,因此辩方认为被告人的行为并不存在此节。主观方面,被告人行为并非是帮他人揽储单一的目的,而同时也为了存款发放方便,也是应农业银行的要求,最重要的是被告人主观上没有将公款挪给其他单位进行营利的主观目的。"公款存私"属于违反财经纪律,而非刑法规定的挪用公款的犯罪行为。

此外,被告人张某某在任职期间,曾作出过突出贡献,此前一直表现良好,没有犯罪前科。其行为情节轻微,社会危害性不大,被告人及其家属愿意将收到的钱全部退还,其妻子无业,孩子尚未从业,请求法院对其从轻处罚。

本院经审理查明:

1. 被告人张某某在任某市M县S镇镇长期间,接受某市M县邮政储蓄银行副行长刘某某请托,为帮助邮政储蓄银行完成储蓄任务,于2009年4月将Y家山水电站动迁补偿款存入邮政储蓄银行。事后刘某某为感谢张某某的帮助,借张某某儿子考大学的机会送给张某某人民币5000元。此款被张某某个人占有。

上述事实有经庭审质证、认证的下列证据予以证实:

(1)证人刘某某的证言(M县邮政储蓄银行副行长),证实2009年2月,我听说S镇镇政府有Y家山水电站的补偿款,于是找到时任S镇镇长的张某某,想把这笔钱拉到邮政储蓄银行,张某某答应给我们行存点钱。2009年年初,我带着营业员管某拿着开户手续到S镇镇政府,和张某某说,需要办理对公账户,再把钱转过来,才算完成任务。当时张某某把郑某某找来,还说以后具体事找郑某某办。之后在财政所办理的手续,第二天发现手续不全,当时对公账户没开成。因为我担心对公账户没办成,他们把钱存到别的银行,就告诉张某某把钱先打到邮政银行的中间业务账户了。钱是2009年3月6日,转到我们行中间业务账户的,转了1000万元。2009年3月31日对公账户手续才办齐,当日就转到我们行的对公账户了。后来,张某某答应再给我存点,2009年4月22日,S镇出纳张某拿了两张邮政储蓄的存折,分别是郑某某和张某某个人的,其中郑某某815万余元,张某某1215万余元,一起转入财政所在我行的对公账户上了。事后,我听说张某某的孩子考上大学了,就在一次见到他的时候给了张某某5000元人民币。我与张某某之间没有人情往来,他没有给过我钱。

(2)证人郑某某证言(M县财政所所长),证实2009年2月的时候,张某某找我到他的办公室,给我介绍了刘某某,说希望帮刘完成揽储任务,当时我提出在邮政储蓄银行没有对公账户,财政局不允许私设账户,刘说不需要个人账户,让我以S镇财政所的名义建立对公账户,后来经张某某同意就设立了对公账户,刘某某带人来镇政府上门办理,但是当时没办成,后来建立了对公账户后,我安排张某汇去1000万元,但是不知道出于什么原因没转成,发生了一次退汇的事,第二天才把这笔钱转过去。4月的时候,我们又把其他存在个人账户下的补偿款2030万元转到了这个对公账户上。

(3)书证:专项审计报告及农业银行、邮政银行、信用社查询凭证,证实:S镇财政所于2008年12月16日通过中国农业银行基本账户31440104000××××账号付给中国邮政储蓄银行M县支行2430万元。2430万元中的2030万元于2009年4月22日交回新宾S镇财政所在中国邮政储蓄银行M县支行的对公账号内。

(4)被告人张某某的供述,证实其任镇长期间,M县副县长赵某某和M县邮政储蓄银行副行长刘某某,为了完成邮政储蓄银行的吸储业务,先后求我帮忙,我安排时任S镇财政所所长郑某某将Y家山水电站的移民补偿款陆续存到邮政储蓄银行,当时补偿款曾存放在我和郑某某个人名下,后又将部分存款转到邮政银行对公账户上。2009年的时候,刘某某为了感谢我对她们行吸储任务的帮助,到其单位给了我5000元。

2. 被告人张某某在任某市M县S镇镇长期间,接受某市M县上夹河农村信用合作社主任王某某请托,为帮助该信用合作社完成储蓄任务,于2009年2月至4月间先后两次将Y家山水电站动迁补偿款存入信用合作社。事后王某某为感谢张某某的帮助,于2009年春节前送其人民币5000元。此款被张某某个人占有。

上述事实有经庭审质证、认证的下列证据予以证实:

(1)证人王某某的证言(某市M县农村信用合作联社上夹河信用社主任),证实县信用合作社的领导李某某和史某介绍安排请张某某吃饭,把我介绍给张某某认识,2009年年初有一天,我到张某某办公室找他帮忙为信用社拉个人储蓄。大约过了几天,镇财政所的人跟我联系说有一笔钱张镇长安排他们存到其信用社,数额是400万元,但是这笔钱是存在S镇邮政储蓄所郑某某名下的,需要提取现金才能将钱存入信用社。于是我开车和财政所的出纳梁某某起到邮政储蓄所从郑某某名下取了400万元现金,又回到信用社,用郑某某名字开立了活期存折,将400万元存入信用社。大约2009年3月初,又有一笔补偿款1000万元,从南杂木农行汇入信用社经管站的对公账户上,按照和张某某事先说好的方式,在汇入的当天其和镇财政所出纳就用现金支票方式把这1000万元取出来,存入郑某某之前开立的400万元存折中了,存折数额为1400万元。这之后我向张某某提出将钱存成定期,以便提高利息,张某某同意了,实质是我想让这笔钱存的时间更长一些。于是财政所的人就按照张某某的意思,用张的名字在信用社存了3张3个月的定期存单,两张500万元,一张400万元,总数额是1400万元。后来这笔钱转到经管站的对公账户上了。2008年春节前为了表示感谢,我给张某某5000元钱,张某某没有把钱退还给我。

(2)证人郑某某的证言,证实2009年一天镇长张某某把我喊到他办公室,当时王某某也在,张某某让我以我个人的名义给信用社存成个人储蓄,帮信用社完成储蓄任务。于是我让出纳张某到S镇邮政局去预约的提取现金400万元,布置她第二天把这400万元存到S信用社。张某与王某某一起去S镇邮政局取的钱,之后以我的名义在信用社开立的活期存折将400万元存入。大约2009年3月初,张某某让再从Y家山电站补偿款中给王某某存1000万元个人储蓄,还是存到我个人名下。于是我就让财政所的出纳张某从南杂木农行转1000万元到S信用社经管站的对公账户上,再用现金支票把1000万元取出来,存入之前以其名字开立的400万元存折中了，存折数额为1400万元。后张某某让我将该款项存成定期，我没有同意，所以按张某某的意思，让出纳张某用张某某的名在S信用社存了3张3个月的定期存单，两张500万元，一张400万元，总数额是1400万元。后来因为县里开会说不允许公款私存，这样这笔钱在定期存折上没存几天就取出来存回S镇财政所的公立账户了。2009年4月左右，县里开会说审计署来进行检查，这样这些钱就都存回到镇经管站账户了。

(3)证人周某某证言，证实其不知道信用合作社揽储的事，其不过问镇政府的事。

(4)书证：专项审计报告及农业银行、邮政银行、信用社查询凭证、补充说明及利息计算表，证实2430万元中的400万元于2009年2月19日以郑某某同名义存入L省农村信用合作社S信用社内。2009年3月5日由M县S镇经济经营管理站提取现金1000万元存入以郑某某名义存入L省农村信用合作社S信用社内的同一账户内，总计1400万元。2009年3月12日将郑某某该140万元中的13,999,995.00元提出存入以张某某的名义分3笔(400万元、500万元、500万元)在该S信用社内的另一账户内，总计1400万元。2009年4月21日、22日该1400万元归还S经济管理站。

(5)被告人张某某的供述，证实2009年春节前，县农村信用合作社副主任李某某和主任史某都找我，希望我能帮助信用合作社揽储，之后有天早上吃饭的时候，我在单位遇见我们镇当时的党委书记周某某，他和我说农村信用社的人找到他了，问找我没有，我说他们也找我了。之后不久信用社主任王某某来找我，我就同意了。我把郑某某喊到办公室，安排他从补偿款账面上给镇信用社转过来2000万元，存成我或郑某某的个人储蓄名，郑说行，就去办了。印象里是一两千万元。具体事是郑某某办的，他能说清。后又用我个人名义分别在信用社存了3个3个月期的定期个人储蓄账户。存入我名下定期存款，是为了多得利息，当作镇里的小金库使用。2009年四五月的时候，国家审计署对F市财政进行检查，县里面开会要求专项资金都要归口，其就让郑某某把所有用我俩个人名存在各银行的补偿款都归到我们单位的对公账户上了。2009年春节前，王某某到我办公室给了我5000元。钱我用于日常花销了，没有返还给王某某。

3.被告人张某某在任某市M县安监局局长期间，利用职务便利，帮助某市M县万×矿业有限公司在短时间内顺利完成了安全生产预评价。该公司法人代表李某为感谢张某某的帮助，分别于2011年春季和秋季送其两张沈阳×展购物卡，每张价值人民币5000元，共计人民币10,000元；于2012年春节前通过张某某妻子翟某某送其人民币10,000元。以上共计人民币20,000元被张某某个人占有。

上述事实有经庭审质证、认证的下列证据予以证实：

(1)证人李某证言,证实我在2011年春天和秋天各给过张某某5000元的×展卡,两次共10,000元;2012年春节之前,通过张某某的妻子把蔬菜和海鲜,还有10,000元钱送给张某某,送这些钱物因为他在M县安监局当局长,我在2011年时候开始在五道堡建铁矿,张对我挺关照的,像安全预评价程序等手续都挺快办下来了,还有在尾矿库建设时,我边建边办的手续,安监局也都挺关照的。2009年我孩子上大学时张某某给我随礼2000元。

(2)书证:万×矿业公司营业执照、采矿许可证、南×沟尾矿可行性研究报告及情况说明,证实企业法定代表人是张某B,采矿地址是M县Y镇和睦村。某市M县万×矿业有限公司,张某B与李某是合作关系。

(3)被告人张某某供述,证实李某在Y镇的五道堡建矿,从矿山的选址、尾矿库的建设以及资质部门鉴定的催办,还有省市安监局的提前审批,县安监局都给打招呼帮忙了。李某为了感谢我,在2011年春季和秋季到其办公室分别给我两张沈阳×展的购物卡,每张价值人民币5000元。2012年春节前,李某先到我办公室,后到我妻子经营的浴池,送了一些蔬菜和海产品,还送了10,000元现金。2009年七八月的时候,李某的孩子上大学我随礼2000元,去年李某的妹妹李某A的孩子结婚我看李某的面子也随礼2000元。

4.被告人张某某在任某市M县安监局局长期间,利用职务之便,帮助万×矿业有限公司S分公司在短时间内顺利办理了安全生产许可证。事后万×矿业有限公司S分公司负责人王某为感谢张某某的帮助,分别于2011年春节、2012年春节送其人民币10,000元。上述款项共计人民币20,000元被张某某个人占有。

上述事实有经庭审质证、认证的下列证据予以证实:

(1)证人王某的证言,证实采矿证是万×矿业公司的,公司法人代表是兰某某,我是2010年下半年从兰某某个人手里买的S铁矿,2011年9月才办理登记、过户,原来的负责人是李某,法人代表是张某B。接手之后2010年七八月在古×村村部后山又开了一个新采区,需要办理安全生产许可证,经过M县安监局局长张某某帮忙,3个月左右证就下来了。出于感谢张某某,2011年春节,我到张某某办公室给张某某拿了1万元钱。2012年春节我又到张某某办公室给他送了10,000元钱,张某某没有将钱款返还给我。

(2)书证营业执照、采矿许可证,证实万×矿业有限公司S分公司法定代表人王某、地址新宾县S镇古×村,安全生产许可证发证时间是2010年12月9日。

(3)被告人张某某的供述,证实M县万×铁矿S分公司的矿主王某在2011年春节和2012年春节分别给我10,000元人民币,两年共计20,000元人民币。M县万×铁矿S分公司原来是由李某经营,2010年下半年王某从李某手里把这个矿买过来开始经营。我们安监局根据规定需要对矿山的人员和组织机构进行重新审查,帮助矿山办理安全生产许可证,安全生产许可证办理下来矿山才能进行生产。安全生产许可证正常需要1年左右才能办理下来,但是通过我们跟省市安监局协调,大约3个月就办下来了。钱用于日常花销,没有返还给王某。

5. 被告人张某某在任某市M县安监局局长期间,利用职务便利,接受F市安监局退休干部韩某请托帮助马某某从某市M县H乡政府调入某市M县安监局工作,事后马某某父亲马某为感谢张某某帮助,于2012年春节前通过韩某送其人民币20,000元。此款被张某某个人占有。

上述事实有经庭审质证、认证的下列证据予以证实:

(1)证人马某的证言,证实我儿子叫马某某,在2010年9月考上了M县H乡政府公务员并在那上班了。2011年5月,我求在市安监局当副局长的朋友韩某帮我儿子调动下工作,先给办到县安监局,以便以后再往市里调动。韩某同意了,并帮我找的M县安监局长张某某。2012年春节前,我给韩某拿了20,000元钱,说过年了让韩某替其给张某某,表达一下感谢的心意。

(2)书证马某某人事档案,证实2011年4月将马某某从H乡政府借调到M县安监局,2012年4月正式调入安监局。

(3)某市人民检察院反渎职侵权局出具的情况说明,证实多次对本案证人韩某进行询问,韩某不配合工作,拒不出庭。

(4)被告人张某某的供述,证实2011年5月,韩某给我打电话,说他有个朋友的孩子叫马某某,刚考上了H乡政府的公务员,问我能不能把马某某留在县里,在县安监局上班,我当时感觉难度挺大,就没同意。后来市安监局的局长张某甲也给我打电话,也说了这件事,并且有次开会的时候也当面和我说了,我才同意帮着办的。过了几个月,具体时间记不清了,有次我去市局开会的时候,韩某在市局的走廊里给我送了20,000元人民币,说是马某某父母让他给我的,我把钱收下了。钱一直放在办公室的办公桌里了。

6. 被告人张某某在任某市M县安监局局长期间,利用职务便利帮助F市天×石灰石开发有限公司在短时间内顺利办理了企业更名。事后该公司副总经理孙某A、办公室主任郭某受总经理张某A委托为感谢张某某的帮忙,于2012年春节送其人民币5000元。此款被张某某个人占有。

上述事实有经庭审质证、认证的下列证据予以证实:

(1)证人孙某A证言(天×石灰石开发有限公司副经理),证实2012年春节前,我同办公室主任郭某一起到张某某办公室给他拿了5000元,说快过年了张总让来看看,就这么点意思,让他留着买点年货,说完把钱放在他桌子上就走了。给张某某这5000元是因为2011年10月天×公司进行合资更名,企业产品增加,增加附加值,需要省市安监局进行更名审批备案,在这个过程中我们县的安监局帮忙从中沟通协调,使企业尽快更名。

(2)证人郭某证言(天×石灰石开发有限公司办公室主任),与证人孙某A证实的事实一致。

(3)证人张某A(天×石灰石开发有限公司总经理)证言,证实2012年春节安排孙某A和郭某给张某某送5000元。感谢他在安全生产许可证更名的帮助。

(4)书证:天×水泥厂营业执照、生产许可证及天×石灰石开发有限公司财务原始凭证,证实企业法人代表是孙某B。单位地址在某平镇,该公司送安监局5000元感谢安全生产许可证更名有关人员。

(5)被告人张某某的供述,证实2012年春节天×公司的孙厂长到我办公室给我拿了5000元,说快过年了张总让来看看,就这么点意思,留着买点年货。其当时坚决不要,但老孙说这是张总的意思,没说两句就跑了,这5000钱我就留下了。张总叫张某A,是天×公司的法人代表。当时孙厂长是和张某A的外甥(郭某)一起来的。给钱的时候他也在场。我和张某A很早就认识,2011年10月天×公司进行合资更名,企业产品增加,增加附加值,需要省市安监局进行更名审批备案,在这个过程中县安监局从中沟通协调,使企业尽快更名。钱一直放在办公室了,没有使用,两次去大×平的时候我都想给天×公司退回去,但都没找到张某A。在检察机关到我办公室的时候,我下乡背的包里装的现金45,000万元中,就有5000元是准备退给天×公司的。

7. 被告人张某某在任某市M县安监局局长期间,利用职务之便帮助某顺矿业有限公司尽快通过尾矿库建设审批,某顺矿业有限公司法人张某B为感谢张某某的帮助,于2012年春节前通过张某某妻子翟某某送其人民币10,000元。此款被张某某个人占有。

上述事实有经庭审质证、认证的下列证据予以证实:

(1)证人张某B的证言,证实2012年春节之前,我通过张某某的妻子给张送了四条芙蓉王,还有两瓶梦之蓝,在装酒的袋子里放了10,000元人民币。送这些钱物因为他是安监局局长,平时对我公司有监管,也挺关照我们的,另外以前我在建尾矿库的时候,张某某帮协调市安监局、协调做评价鉴定,节约了不少时间,所以我给他钱物也是表达心意感谢他。

(2)书证:某顺矿业有限公司营业执照、采矿许可证、安全生产许可证、瓦子沟尾矿库新建项目可行性研究报告,证实公司法人张某B、地点永×镇×家村。

(3)被告人张某某的供述,证实2011年下半年金×顺矿业准备新建一个尾矿库,在这个过程中安监局出面给金×顺联系的中介机构做资质鉴定,并和市安监局的联系给她尽快审批,为了感谢我在这件事上的帮助,2012年春节之前矿主张某B找到我妻子翟某某,拿了四条芙蓉王,还有两瓶梦之蓝,在装酒的袋子里还放了10,000元人民币。

证实被告人张某某主体身份、到案情况及扣押物品清单的综合证据如下:

1. 案件来源、抓获经过、督办函、立案决定书、监视居住、拘留、逮捕及延长羁押期限等手续,证实了本案的案发及被告人张某某的到案经过。

2. 户籍证明、任职通知,证实了被告人张某某的自然情况、国家机关工作人员身份及任职情况。

3. 扣押物品、文件清单,证实了公安机关扣押物品的情况,其中扣押存单一张10万元,冻结存款一笔10万元,现金43,860元。

4. 某市人民检察院反渎职侵权局出具的情况说明,证实被告人张某某挪用公款犯罪,在该局初查中并不掌握,系办案中发现,经工作张某某主动交代了挪用公款及两笔受贿5000元的犯罪事实。

对于被告人张某某及其辩护人提出的其不构成受贿罪的辩解及辩护意见,综合评判如下:

1. 关于被告人张某某及其辩护人提出起诉指控其收受某平镇党委书记贾某10,000元不能认定为受贿一节,经查,该款项是某平镇政府党组研究决定以奖励金名义送给被告人张某某,且政府招商引资为企业提供帮助的行为不能认定为谋取利益。该笔受贿事实证据不足,故该辩解及辩护意见本院予以采纳。

2. 关于被告人张某某及其辩护人提出其与刘某某、李某之间存在礼尚往来一节,经查,证人刘某某、李某证言及被告人张某某供述均证实刘某某、李某均是为感谢张某某提供帮助而送其钱物,并不是因为礼尚往来。故该辩解及辩护意见本院不予采纳。

3. 关于被告人张某某及其辩护人提出其已经将收受王某某的钱款退还一节,经查,证人梁某某在庭前及当庭证言均证实其是在春节后帮助张某某退钱,被告人张某某当庭辩称是春节前,收钱的第二天让梁某某退还的,而证人王某某的证言及被告人张某某的原始供述均证实没有退款,以上证据相互矛盾,不能予以排除。故该辩解及辩护意见本院不予采纳。

4. 关于被告人张某某及其辩护人提出其已经将收受王某的钱款退还一节,经查,证人庞某某庭前出具的证实材料证实其于2011年春节后与张某某一起去退款;证人庞某某当庭证实2011年春节后与杜某某一起去退款,2012年调离了安监局;证人杜某某当庭证实2011年和庞某某一起去退过钱,2012年和张某某一起去退过钱;被告人张某某当庭辩称2011年是庞某某和杜某某去的,2012年是其与庞某某去的;而证人王某的证言及被告人张某某的原始供述均证实其没有退款,以上证据相互矛盾,不能予以排除。故对该辩解及辩护意见本院不予采纳。

5. 关于被告人张某某及其辩护人提出的其主观上没有收受马某、张某A、张某B钱款的故意,至案发前一直想要退还,不应认定为受贿一节,经查,被告人张某某主观上有接受请托,为三人谋取利益的故意,客观上实施了收受财物,并为三人提供帮助的行为,且直至案发前钱款并没有退还,一直被其占有。故该辩解及辩护意见本院不予采纳。

本院认为,被告人张某某身为国家工作人员,利用职务上的便利,为他人谋取利益,非法收受他人财物共计人民币85,000元,其行为已经构成受贿罪,公诉机关指控的罪名成立,应依法惩处。公诉机关指控被告人张某某收受某平镇党委书记贾某10,000元为他人谋利的事实,经查,该款项是某平镇政府党组研究决定以奖励金名义送给被告人张某某,且政府招商引资为企业提供帮助的行为不能认定为谋取利益,该笔受贿事实指控不能成立。被告人张某某因涉嫌滥用职权被立案侦查,到案后,主动交代并如实供述了侦查机关尚未掌握的受贿事实,以自首论。被告人张某某案发后积极退回部分赃款,有悔罪表现,可以从轻处罚。

对于公诉机关指控被告人张某某身为国家机关工作人员,擅自决定处理有关事项,不正确履行职责,造成3人死亡、7人受伤、直接经济损失65万余元的严重后果,情节特别严重,犯有滥用职权罪一节,经查,《某市M县马××矿区某平煤矿"3·30"救护队重大瓦斯窒息死亡事故调查报告》证实造成该次事故的直接原因是救护队检测氧气及有害气体不准确,部分队员,违规摘掉呼吸器的口具及鼻夹,造成有害气体中毒。被告人张某某在召请没有经过逐级申报和审批的情况下,批准救护队下井,是本次事故的间接原因之一。综上,被告人张某某的滥用职权行为与造成的重大结果之间缺乏刑法上的因果关系。故公诉机关指控的罪名不能成立。对于被告人张某某及其辩护人提出的其不构成滥用职权罪的辩解及辩护意见,本院予以采纳。

对于公诉机关指控被告人张某某利用职务便利,挪用公款3430万元进行营利性活动,犯挪用公款罪,经查,从主观要件分析,被告人张某某接受请托将公款转存入某市M县邮政局和某市M县农村信用合作社,其目的是帮助两家银行完成储蓄任务,不具有挪用公款的主观故意。从客观要件分析,《最高人民法院关于审理挪用公款案件具体应用法律若干问题的解释》对于将公款存入银行是否属于进行营利性活动有明确解释,其中第2条第(2)项明确规定"挪用公款存入银行、用于集资、购买股票、国债等,属于挪用公款进行营利活动"。本案被告人张某某将公款以个人名义存储违反财经管理制度,但是以存款形式储存,没有用于集资或者购买股票、国债等理财产品,不应认定为进行营利性活动。从客体要件分析,挪用公款罪侵犯的是公共财产的所有权,本案被告人虽然将公款存为个人名义,但是由财政所出纳具体办理的业务,存单一直存放在出纳手中,没有被张某某和郑某某个人使用和支配,公款产生的利息也没有被个人占有和使用,随本金存储,并最终归还对公账户。虽然公款的存储形式有变化,但是公款所有权的性质没有发生变化。故本案不符合挪用公款罪的构成要件,公诉机关的指控不能成立。对于被告人张某某及其辩护人提出的其不构成挪用公款罪的辩解及辩护意见,本院予以采纳。依照《中华人民共和国刑法》第385条第1款、第386条、第383条第1款第(1)项,第59条、第60条、第64条、第67条第2款之规定,判决如下:

被告人张某某犯受贿罪,判处有期徒刑六年,并处没收个人财产人民币80,000元。

(刑期从判决执行之日起计算。判决执行以前先行羁押的,羁押1日折抵刑期1日,指定居所监视居住2日折抵刑期1日。即自2012年8月7日起至2018年7月16日止,折抵刑期21日。)

如不服本判决,可在接到判决书的第二日起10日内,通过本院或者直接向L省高级人民法院提出上诉。书面上诉的,应当提交上诉状正本一份、副本一份。

审 判 长　邱某某
代理审判员　肖　某
代理审判员　于某某
2013年12月12日
书 记 员　潘某某

办案总结

张某某因涉嫌滥用职权罪、受贿罪、挪用公款罪被某市人民检察院立案侦查并以该3项罪名提起公诉,最终F市中级人民法院判决只构成受贿罪,另外两项罪名指控不成立。

回顾该案的工作过程,辩护律师介入后,多次会见了犯罪嫌疑人(被告人),对案卷材料进行了充分的研究和认证。

对于滥用职权罪而言,辩护人的观点一直认为该项罪名指控不成立。虽然有"3人死亡、7人受伤、直接经济损失65万余元的严重后果,情节特别严重"的情形,但仍需对被告人的行为与损害结果之间是否具有刑法上的因果关系进行充分论证,进一步分析被告人的行为是造成该损害结果的直接原因还是间接原因,是主要原因还是次要原因,是唯一原因还是之一原因等。最后辩护人提出的被告人不构成滥用职权罪的辩护意见被法院采纳,判决罪名不能成立。

对于受贿罪而言,辩护律师将辩护的重点放在了数额上。因立案是在2012年,当时还没有出台《刑法修正案(九)》及司法解释,按照当时的相关规定,受贿10万元以上,在不考虑其他量刑情节的情况下,将被判处有期徒刑10年以上。为此辩护的工作重心放在了是否有过谋利事项、是否属于礼尚往来、是否属于违纪礼金、是否构成自首、属于奖励款还是受贿款、受贿款是否已经退回等问题上。最终该项犯罪的数额从侦查阶段的13.5万元到审查起诉阶段的9.5万元至审判阶段的8.5万元,并最终判处6年有期徒刑,实现了有效辩护。

对于挪用公款罪而言,辩护人的观点一直认为是该项罪名指控不成立。虽然有公款存在张某某及财务人员个人账户名下的事实,但辩护人认为这是“公款存私”不是“公款私存”,被告人并没有实际占有和控制该公款,不具有挪用公款的主观故意,虽然公款的存储形式有变化,但是公款所有权的性质没有发生变化,不符合挪用公款罪的构成要件。最后辩护人提出的被告人不构成挪用公款罪的辩护意见被法院采纳,判决罪名不能成立。

在党的十八大召开之后,反腐工作力度加大,贪污、受贿、挪用公款、巨额财产来源不明、滥用职权、玩忽职守等职务犯罪案件大量出现,既给辩护律师带来了机会,也同时向辩护律师提出了挑战。如何实现有效辩护?有效辩护的标准是否为最终被判无罪?职务犯罪的无罪率有多少?职务犯罪的辩护空间在哪里?这些都是需要深入思考的问题。

通过对本案的总结分析,辩护律师认为唯有从细节入手,仔细推敲,反复论证,不放弃任何一个辩点,才能最终实现当事人利益最大化,才能让辩护律师在职务犯罪辩护过程中收获成果。

专家点评

我国目前通说的犯罪构成四要件,每一种犯罪都具备四个方面的要件,即犯罪主体、犯罪的主观方面、犯罪客体、犯罪的客观方面。犯罪构成要件是犯罪构成的组成部分,要件的有机统一形成犯罪构成。

犯罪嫌疑人的行为是否符合犯罪构成要件,从而认定犯罪嫌疑人的行为是否构成犯罪。如果四要件中犯罪嫌疑人有一个方面的情况不符合,则不能认定犯罪嫌疑人的行为构成犯罪。由于事物之间都是相互联系的,这种相互联系通常表现为一因一果、多因一果等,而且因果关系的认定具有较强的主观性,因此,在对因果关系的把握上必须严格区分哪些行为与损害后果之间具有刑法上的因果关系,哪些行为与损害后果之间不具有刑法上的因果关系。

滥用职权罪是指国家机关工作人员超越职权,违法决定、处理其无权决定、处理的事项,或者违反规定处理公务,致使公共财产、国家和人民利益遭受重大损失的行为。本案张某某是否构成滥用职权罪,实质就是刑法上危害行为与损害后果之间的因果关系的认定。

对于公诉机关的指控滥用职权罪,救护队队员违规操作是导致事故发生的直接原因,张某某虽然存在违反规定程序处理公务,但只是本次事故的间接原因之一。被告人张某某的滥用职权行为与造成的重大结果之间缺乏刑法上的因果关系。因此,不构成滥用职权罪。

挪用公款罪,是指国家工作人员,利用职务上的便利,挪用公款归个人使用,进行非法活动的,或者挪用公款数额较大、进行营利活动的,或者挪用公款数额较大、超过3个月未还的行为。本罪的客观方面表现为行为人实施了利用职务上的便利,挪用公款归个人使用,进行非法活动,或者挪用数额较大的公款进行营利活动,或者挪用数额较大的公款超过三个月未还的行为。

《刑法》第3条明确规定:"法律明文规定为犯罪行为的,依照法律定罪处刑;法律没有明文规定为犯罪行为的,不得定罪处刑。"本案中张某某的行为均不符合挪用公款罪的客观方面,因此,不应认定张某某构成挪用公款罪。

本案的审判彰显了罪刑法定的执法理念。

审核人、评论人:谢炳光(北京市华联律师事务所主任、北京市律师协会智库重大复杂案件课题组副组长)

复核人:王峥(北京市立天律师事务所主任、北京市律师协会智库重大复杂案件课题组组长)

非法证据排除规则在具体庭审中的运用

——李某某受贿、单位受贿案*

争议焦点

非法证据的认定;单位受贿罪的构成要件。

关键词

单位受贿罪　受贿罪　非法证据排除　言词证据　合法性

案情简介

被告人李某某,系河北省A市公安局交通警察支队副支队长、原A市体育馆馆长。2013年10月9日,李某某被河北省A市人民检察院带走接受调查。2013年11月9日被刑事拘留,2014年3月24日,河北省B市人民检察院以李某某涉嫌单位受贿罪和受贿罪移送河北省B市人民检察院审查起诉。2014年6月3日,河北省B市人民检察院以涉嫌受贿罪、单位受贿罪对李某某提起公诉,《起诉书》指控李某某涉嫌受贿罪事实共两起:(1)李某某利用其担任A市公安局交通警察支队副支队长的职务便利,为其朋友刘某某办理"8888"吉祥号牌,收受刘某某为其购买的宝来车一辆,价值13.1万元;(2)李某某利用其担任河北省A市公安局交通警察支队副支队长的职务便利,为其朋友史某某办理吉祥号牌,以远高于市场价格转让给史某某别克轿车一部,实际转让价格超出市场价格8.5万余元。

2014年9月30日,河北省B市人民法院公开开庭审理本案。2014年12月5日,

---

* 案例提供人、承办律师:高子程(北京市康达律师事务所)、刘立木(北京市康达律师事务所)。

河北省B市人民法院一审判决认定李某某利用职务便利为刘某某办理吉祥号牌，收受刘某某出资购买的宝来车一辆，构成受贿罪，判处其有期徒刑10年。李某某不服该判决，上诉至A市中级人民法院。2015年7月16日，A市中级人民法院认定一审判决认定事实不清、证据不足，裁定撤销原判、发回重审。2016年5月5日，河北省B市人民法院重审开庭审理本案。2016年5月23日，河北省B市人民法院再次判决认定李某某犯受贿罪，判处有期徒刑2年9个月。此后，李某某依法再次提出上诉，同时河北省B市人民检察院提出抗诉。2016年7月26日A市中级人民法院裁定准许撤回抗诉、驳回上诉、维持原判。

北京市康达律师事务所高子成、刘立木律师作为李某某的第一辩护人，全程完成了案件的一审、二审、重审一审、重审二审的辩护工作。在辩护过程中，高子成、刘立木律师充分利用非法证据排除的相关司法解释，从言词证据形成的时间、取证的方式、侦查人员身份、侦查人员签字字体等细节方面着手，逐一指出本案绝大部分言词证据欠缺合法性要素并取得了合议庭的认可，成功排除了全案大部分犯罪嫌疑人供述以及关键证人证言。同时，高子成、刘立木律师依法获取了关键证人重新据实出具的证言，并且说服关键证人出庭作证，从而实现了大部分指控犯罪事实没有被法院认定，并且最终实现了对被告人最大限度降低量刑的目的。

案件历程

【起诉书】

B市人民检察院
起诉书

B市公诉刑诉(2014)2号

被告单位A市公安交通警察支队，组织机构代码×××××××××-9，单位地址A市××区××西路2069号，法定代表人息某。

诉讼代表人马某，男，198×年××月××日出生，被告单位法制科科员。

被告人李某某，男，196×年××月××日出生，居民身份证号码133001196×××××××××，汉族，专科文化，A市公安交通警察支队副支队长，原籍××省××市××县，住A市×××路×××号交警支队生活区×栋×单元×室。2013年10月11日因涉嫌受贿罪被B市人民检察院监视居住，同年11月9日转刑事拘留，

11月18日转监视居住,2014年1月3日因涉嫌单位受贿罪、受贿罪被A市人民检察院批准逮捕。

本案由B市人民检察院反贪污贿赂工作局侦查终结,以被告单位A市公安交通警察支队涉嫌单位受贿罪,被告人李某某涉嫌单位受贿罪、受贿罪移送审查起诉。本院受理后,已告知被告单位、被告人有权委托辩护人,依法讯问了被告人,审查了全部案件材料。

经依法审查查明:

2000年,A市体育馆由被告单位A市公安交通警察支队代管。2008年为解决体育馆资金困境,时任体育馆馆长的李某某利用其负责联系协调驾驶员体检相关事项的职务便利,以让其他符合资质的医院参与体检为由,要求单独承担驾驶证考试学员体检业务的A市×××国际和平医院(以下简称哈院)为体育馆提供部分资金。哈院为继续承接驾驶证考试学院体检业务,遂答应可以为体育馆报销一些费用,但要求双方签订一份协议,以便哈院做账务处理。2008年12月30日,双方签订了协议。经核算,自2009年起至2013年4月止,A市体育馆共从哈院报销、索要费用399,382元。

受贿罪

1. 2011年年底,被告人李某某的朋友刘某某找李某某给自己买的奔驰车上个带"X888"的牌照,李某某推脱说带"X888"的牌照比较难办,并以自己儿子李小某上班后没有车开为由,向刘某某借车。刘某某为尽快让李某某给自己办理"X888"车牌事宜,同时考虑到外借车辆发生交通事故可能会给自己带来不必要的麻烦,提出给李某某的儿子买一辆车,李某某同意。为了方便出面联系买车事项,李某某让朋友帮忙选择了一辆大众宝来汽车后,2012年1月13日被告人李某某让刘某某将13.1万元车款直接打到指定的一汽4S店银行账号上,李某某让朋友帮忙去4S店将车提走。李某某将"X888"的车牌照上到了刘某某为其买的宝来车上,后另给刘某某办了某XV0008、某XY9988两副"吉祥"车牌照。

2. 约2008年年初,被告人李某某的朋友史某某向李某某借用了一辆两厢别克车供自己的妻子练车。史某某妻子练车时该车多次剐蹭,史某某便对李某某说买下该车,该车时价为114,224元。2009年2月双方办理了车辆过户手续,并在被告人李某某帮助下新上了某XSW888的"吉祥"牌照。被告人李某某随即于2009年3月,新购一辆铃木超级维特拉越野车,史某某见李某某买了新车,为感谢李某某帮自己给别克车办理了"吉祥"号牌,也为以后找李某某办车牌号、驾驶证方便,史某某给了李某某车款20万元,并请李某某多帮忙。之后被告人李某某又为其办理了某XV5555、某X555E两副"吉祥"车牌照。

认定上述事实的证据如下:

1. 物证：涉案宝来车照片，李某某名下的行车证照片；

2. 书证：A 市交警支队证明、协议复印件购车材料、机动车档案记录、被告人工作简历、户籍证明等；

3. 证人证言；

4. 被告人的供述与辩解：被告人李某某的供述与辩解；

5. 鉴定意见：涉案别克车价格鉴定意见；

6. 视听资料、电子数据：同步录音录像。

本院认为，A 市公安交通警察支队为维修、运营其代管的 A 市体育馆，向哈院索取资金 399,382 元，并指定哈院为驾驶证人员体检的唯一单位，为哈院谋取利益，情节严重，其行为已触犯《中华人民共和国刑法》第 387 条之规定，构成单位受贿罪。被告人李某某作为交警支队副支队长、体育馆馆长系该犯罪行为直接负责的主管人员和直接责任人员，其亦构成单位受贿罪。被告人李某某利用职务便利为他人谋取"吉祥"牌照号，收受他人财物，其行为触犯《中华人民共和国刑法》第 385 条之规定，构成受贿罪。犯罪事实清楚，证据确实、充分，应当以单位受贿罪追究被告单位 A 市公安交通警察支队，以单位受贿罪、受贿罪追究被告人李某某的刑事责任。根据《中华人民共和国刑事诉讼法》第 172 条的规定，提起公诉，请依法判处。

此致

B 市人民法院

检察员：× ×

× × ×

2014 年 6 月 3 日

【一审辩护词】

尊敬的审判长、审判员：

北京市康达律师事务所接受本案被告人李某某及其亲属的委托，指派高子程、刘立木律师担任李某某涉嫌单位受贿、受贿罪一案辩护人。开庭前，辩护人曾经多次会见被告人李某某，查阅了本案全部案卷材料，针对本案的相关事实向证人进行了调查。通过此前召开的庭前会议和今天的庭审，辩护人对本案的有关事实有了进一步的了解。辩护人现发表如下辩护意见，恳请合议庭重视并予以采纳。

1. 本案侦查机关和公诉机关在办理案件过程中存在诸多严重违法行为，本案刑事立案程序违法；对犯罪嫌疑人采取强制措施程序违法；讯问程序违法、存在刑讯逼供和变相刑讯逼供行为;询问证人程序违法;收集、调取书证程序违法,本案包括犯罪嫌疑人供述、证人证言在内的全部言词证据以及全部非原件的书证均不符合法定证据形式要件,公诉机关指控被告人李某某涉嫌单位受贿罪、受贿罪所依据的证据均系非法证据,依法应当予以排除。

(1)A市检察院在没有获得任何李某某涉嫌犯罪线索的情况下将李某某非法羁押,并指定B市检察院对其进行立案侦查,立案程序严重违法。

案卷材料显示,A市检察院于2013年10月8日将李某某涉嫌受贿罪一案指定给B市检察院管辖,但是,案卷材料中却没有A市检察院的立案文书。事实上,A市检察院是在没有接到任何群众对李某某的举报,也没有在办理其他案件中了解到任何李某某涉嫌犯罪线索的情况下,仅凭个别领导主观臆测而对李某某进行立案侦查。A市检察院此种立案侦查方式纯属凭想象立案、拍脑门立案,严重违反我国《刑事诉讼法》、最高人民检察院《人民检察院刑事诉讼规则(试行)》、最高人民检察院《关于人民检察院直接受理立案侦查案件立案标准的规定(试行)》的相关规定,属于违法立案。

(2)B市检察院侦查员在没有出示《拘传通知书》,也没有出示工作证件的情况下违法对李某某采取拘传措施、没有告知李某某作为犯罪嫌疑人的权利和义务,没有在拘传24小时之内对李某某进行讯问,B市检察院的拘传行为明显违法。

2013年10月8日上午,李某某被几名B市检察院侦查员带走,但是,这些人员既没有出示《拘传通知书》,也没有出示工作证件。将李某某拘传到B市检察院后,侦查员没有告知李某某其作为犯罪嫌疑人的权利和义务,更加没有在拘传24小时之内进行询问,显然,B市检察院的拘传行为明显违反了我国《刑事诉讼法》的相关规定。

(3)B市检察院曾经先后两次对李某某采取监视居住措施,但是名为监视居住,实为违法关押,目的是对李某某进行刑讯逼供、变相刑讯逼供。

我国《刑事诉讼法》第72条第3款明确规定:"监视居住由公安机关执行"。第73条第1款明确规定:"监视居住应当在犯罪嫌疑人、被告人的住处执行;无固定住处的,可以在指定的居所执行。对于涉嫌危害国家安全犯罪、恐怖活动犯罪、特别重大贿赂犯罪,在住处执行可能有碍侦查的,经上一级人民检察院或者公安机关批准,也可以在指定的居所执行。但是,不得在羁押场所、专门的办案场所执行"。

《人民检察院刑事诉讼规则(试行)》第110条明确规定,监视居住应当在犯罪嫌疑人的住处执行。对于犯罪嫌疑人无固定住处或者涉嫌特别重大贿赂犯罪在住处执行可能有碍侦查的,可以在指定的居所执行。固定住处是指犯罪嫌疑人在办案机关所在地的市、县内工作、生活的合法居所。采取指定居所监视居住的,不得在看守所、拘留所、监狱等羁押、监管场所以及留置室、讯问室等专门的办案场所、办公区域执行。第111条明确规定,对犯罪嫌疑人采取监视居住,应当由办案人员提出意见，部门负责人审核，检察长决定。需要对涉嫌特别重大贿赂犯罪的犯罪嫌疑人采取指定居所监视居住的，由办案人员提出意见，经部门负责人审核，报检察长审批后，连同案卷材料一并报上一级人民检察院侦查部门审查。上一级人民检察院批准指定居所监视居住的，应当将指定居所监视居住决定书连同案卷材料一并交由下级人民检察院通知同级公安机关执行。下级人民检察院应当将执行回执报上一级人民检察院。

B市检察院曾经在2013年10月11日至11月9日期间对李某某采取监视居住措施。2013年11月18日至2014年1月3日期间，B市检察院又对李某某采取指定居所监视居住措施。但是，该两次监视居住措施均存在严重违法行为。在第一次采取指定居所监视居住措施期间，B市检察院没有依法在李某某固定居所执行，没有交由公安机关执行，而是违法将李某某关押在B市人民检察院讯问室长达30天！在此期间，侦查人员不但没有给李某某提供最基本的生活保障，还对李某某实施了不许睡觉、不让吃饭、不许休息、动辄打骂威胁、生病不允许就医的刑讯逼供和变相刑讯逼供行为。在第二次采取的指定居所监视居住期间，B市没有依法将李某某交由公安机关执行，而是由侦查人员直接看管。在此期间，侦查机关形成了2013年11月28日9时23分至10时37分、14时40分至16时05分、16时05分至17时20分的3份犯罪嫌疑人供述。

(4)B市检察院在侦查阶段形成的全部犯罪嫌疑人供述和证人证言均没有侦查人员签字，根本无法保证其真实性、完整性，辩护人有理由怀疑侦查人员伪造、篡改言词证据，或通过刑讯逼供、变相刑讯逼供、欺骗、威胁、诱供等非法方式取得言词证据，故，李某某涉嫌单位受贿罪、受贿罪一案的全部犯罪嫌疑人供述和证人证言依法均应予排除。

我国《刑事诉讼法》第120条明确规定，讯问笔录应当交犯罪嫌疑人核对，对于没有阅读能力的，应当向他宣读。如果记载有遗漏或者差错，犯罪嫌疑人可以提出补充或者改正。犯罪嫌疑人承认笔录没有错误后，应当签名或者盖章。侦查人员也应当在笔录上签名。第124条明确规定，本法第120条的规定，也适用于询问证人。

《人民检察院刑事诉讼规则(试行)》第199条明确规定，讯问犯罪嫌疑人，应当制作讯问笔录。讯问笔录应当忠实于原话，字迹清楚，详细具体，并交犯罪嫌疑人核对。犯罪嫌疑人没有阅读能力的，应当向他宣读。如果记载有遗漏或者差错，应当补充或者改正。犯罪嫌疑人认为讯问笔录没有错误的，由犯罪嫌疑人在笔录上逐页签名、盖章或者捺指印，并在末页写明“以上笔录我看过(向我宣读过)，和我说的相符”，同时签名、盖章、捺指印并注明日期。如果犯罪嫌疑人拒绝签名、盖章、捺指印的，检察人员应当在笔录上注明。讯问的检察人员也应当在笔录上签名。

本案公诉机关提交的全部犯罪嫌疑人供述和证人证言均没有侦查人员签字,全部言词证据形成过程明显违法,根本无法保证其真实性、完整性,结合本案非法立案、违法拘传、违法采取强制措施的情形,辩护人有理由怀疑侦查人员伪造、篡改言词证据,或通过刑讯逼供、变相刑讯逼供、欺骗、威胁、诱供等非法方式取得言词证据。

除此之外,本案还存在A市检察院侦查员违法介入B市检察院侦查活动、B市检察院侦查人员互相代替讯问、取证、非法关押证人的违法取证情形。

宋某、吕某二人是A市检察院的侦查员,该二人在无任何借调手续的情况下违法参与B市检察院的侦查工作。公诉机关提供的李某某2013年10月28日16时05分至17时20分《讯问笔录》显示的讯问人员有周某,但实际上周某根本就没有参加本次讯问,这一点在周某本人书写的《办案说明》中即可证实。公诉机关提交的多份《讯问笔录》之上讯问人员姓名出现了多种笔体,足以证实侦查人员互相替代讯问的事实。还有,辩护人提交的李某某妻子王某鸿与本案证人刘某某的《电话通话记录》显示,B市检察院将刘某某非法关押了四五天,威胁其承认向李某某"行贿"。

在庭前会议后,公诉机关向法庭提交了部分侦查人员书写的《办案说明》,意图以此"补正"犯罪嫌疑人供述和证人证言。但是,根据最高人民法院《关于办理刑事案件排除非法证据若干问题的规定》第14条的规定,物证、书证的取得明显违反法律规定,可能影响公正审判的,应当予以补正或者作出合理解释,言词证据是无法"补正"的。无论如何,公诉机关提交的全部言词证据均不能作为证据使用。

综上,辩护人认为,公诉机关提交的李某某涉嫌单位受贿罪、受贿罪一案的全部犯罪嫌疑人供述和证人证言依法均系非法证据,应予排除。

(5)B市检察院在侦查阶段收集的全部除原件之外的书证均没有书证的副本、复制件是否与原物、原件相符的说明,更加没有是否由2人以上制作、有无制作人关于制作过程以及原物、原件存放于何处的文字说明和签名,B市检察院收集书证违法,本案除原件之外的书证均不能作为证据使用。

最高人民法院《关于适用〈中华人民共和国刑事诉讼法〉的解释》第69条明确规定,对物证、书证应当着重审查以下内容:物证、书证是否为原物、原件,是否经过辨认、鉴定;物证的照片、录像、复制品或者书证的副本、复制件是否与原物、原件相符,是否由二人以上制作,有无制作人关于制作过程以及原物、原件存放于何处的文字说明和签名。

辩护人注意到,B市检察院在侦查阶段收集的全部除原件之外的书证均没有书证的副本、复制件是否与原物、原件相符的说明,更加没有是否由二人以上制作、有无制作人关于制作过程以及原物、原件存放于何处的文字说明和签名。显然,B市检察院收集书证程序违法,本案除原件之外的书证均不能作为证据使用。

(6)B 市检察院有关领导在一审开庭前非法提审李某某,对李某某进行威胁恐吓。本案原定于 2014 年 9 月 18 日上午开庭,后因辩护人于 2014 年 9 月 17 日上午申请排除非法证据而延迟至 2014 年 9 月 30 日开庭。就在 2014 年 9 月 17 日上午 11 时,B 市检察院检察长王某某独自一人赴 B 市看守所违法提审李某某。王某某威胁李某某说:"你这个案件不是 B 市的案件,是 A 市检察院办理的案件,你在 B 市法院说什么也没用。李某(A 市公安局交警支队原支队长)已经被双规了,他被双规的原因和你的案件有关"。

辩护人认为,若犯罪嫌疑人供述属实,那么 B 市检察院领导的此种肆无忌惮的行径更加能够证实 B 市检察院在办理本案过程中严重违法、徇私枉法的错误态度。

综上,辩护人认为,A 市检察院、B 市检察院立案程序违法、拘传程序违法、采取强制措施程序违法、讯问程序违法、询问证人程序违法,同时存在刑讯逼供、变相刑讯逼供、非法关押证人的严重违法办行为。公诉机关提交的全部言词证据、全部非原件书证不符合法定形式要件,不能作为证据使用。

2. A 市公安局交警支队不构成单位受贿罪,李某某个人亦不构成单位受贿罪。

(1)A 市交警支队与哈院存在合作关系,2001 年至今,双方合作开展驾驶员体检工作,哈院收取的驾驶员体检费,A 市交警支队可以分得 70%。A 市体育馆从哈院报销的维修费、水电费,其资金来源于 A 市交警支队分得的体检费,A 市交警支队不构成单位受贿罪。

李某某当庭陈述以及哈院财务处处长赵某民的书面《证明材料》能够证实,早在 2001 年,时任 A 市交警支队队长的马某某与哈院院长潘某某商定,交警支队和哈院合作开展驾驶员体检工作,交警制度提供人员、设备,哈院提供医生和资质,由哈院收取体检费用,哈院和交警支队 3∶7 分成。2009 年至 2013 年期间,作为交警支队代管单位的 A 市体育馆从哈院报销了水电费、维修费等 43 万余元费用,其资金来源系交警支队分得的部分。显然,交警支队并不存在收受、使用哈院资金的情形。

交警支队和哈院合作驾驶员体检一事,在交警支队和哈院不是秘密,很多人员都知情。庭审后,多名参加了案件旁听的交警支队人员都向辩护人确认了这一事实。为了更好地查明案件事实,还请法庭向交警支队进行调查。

(2)A 市交警支队从未利用职权确定哈院作为 A 市唯一的体检机构单独承担驾驶员体检工作,更加不可能以引入其他符合资质的医院参与驾驶员体检工作相威胁,要求哈院为 A 市体院馆报销费用,A 市交警支队不构成单位受贿罪。

公诉机关指控李某某利用其负责联系协调驾驶哈院体检相关事宜的职务便利,以让其他符合资质的医院参与体检为由,要求单独承担驾驶证考试学员体检业务的哈院为体育馆提供部分资金,该院为了继续承接驾驶证考试学员体检业务,遂答应可以为体育馆报销一些费用。

公诉机关上述指控与事实严重不符,没有任何事实依据。在庭审中,辩护人已经提交了多份书面证据证明哈院根本就不是唯一的驾驶员体检医院,实际上,包括A市第二人民医院、中医院、武某县医院、枣某县医院、安某县医院在内的多家医院均在实际从事驾驶员体检工作。显然,公诉机关关于交警支队利用职权向哈院索取好处、为哈院谋取利益的指控根本不成立。交警支队不构成单位受贿罪。

(3)A市体育馆与哈院签订的2008年12月30日《协议书》合法有效,已经实际履行,哈院没有无偿为A市体育馆报销费用,A市体育馆也不构成单位受贿罪。

2008年12月30日,A市体育馆与哈院签订了一份《协议书》,该份协议书是一份双务合同。体育馆长期免费为哈院提供场馆及场馆的配套设施开展文艺演出、羽毛球、乒乓球和篮球等活动。哈院每年给体育馆负担一定的场馆维修费、体育器材购置费、办公费及部分工作人员的工资等。

公诉机关提交的证据显示,上述协议已经实际履行。2009年6月4日至7日,2010年4月22日至25日,2010年10月20日至22日,2011年5月23日至25日,2011年11月1日至3日,2012年5月7日至9日,2012年10月15日至17日,2013年5月22日至24日,哈院共计在A市体育馆举办8次全院职工羽毛球大赛,共计包场26天。8次职工羽毛球大赛的参赛人数最少为102人,最多的一次多达380人。既然哈院已经按照《协议书》的约定免费使用了A市体育馆场地,那么,哈院按照合同为A市体育馆报销部分维修费、水电费并无不当。

辩护人注意到,公诉机关对该份《协议书》的效力也是认可的,只不过认为哈院使用A市体育馆的场地相对应的使用费明显低于哈院为A市体育馆报销的维修费而已。实际上,公诉机关采取的场地使用费计算标准是社会人员零星使用场地的租金标准,而不是大型活动包场的租金标准。辩护人在庭审中已经提交书面证据,证明了A市体育馆包场费用约为1.5万元/天,那么截至案发前,哈院共计包场26天,租金总额已达39万元。该金额与哈院为A市体育馆报销费用金额大致相当,况且,按照《协议书》的约定,哈院还可以继续免费试用A市体育场场地,显然,A市体育馆并没有索取、非法获取哈院资金,A市体育馆本身也不构成单位受贿罪。

(4)李某某在2008年至2011年12月期间,仅仅是A市体育馆的馆长,其在A市交警支队没有任何职务。2011年12月,李某某担任A市交警支队副支队长,同时也不再担任A市体育馆馆长职务。哈院和A市体育馆签订《协议书》和报销费用之时,李某某在A市交警支队不具有任何职权,其不是交警支队的主要负责人和直接责任人,不应作为主要负责人和直接责任人构成单位受贿罪。

公诉机关提供的合法书证显示,由于历史原因,A市体育馆由A市交警支队代管,体育馆馆长经A市政法委批准后,由A市公安局任命。辩护人认为,尽管存在代管与被代管的关系,A市交警支队和A市体育馆仍属于职能不同的两个单位,两个单位在法律地位上相互独立，在行政职能上也不存在交叉，因此，对于两个单位的行为应当加以区分。2008年，作为时任A市体育馆馆长的李某某在交警支队没有任何职务，仅系一名普通民警，根本就不是交警支队的主要负责人和直接责任人。2011年年底，李某某担任交警支队副支队长，不再担任体育馆馆长职务，但是其并没有主管和分管工作，仅仅是协助交警支队申某副支队长管理车管所和服务公司的工作。从李某某的任职情况来看，其从来也不是，也不可能是交警支队的主要负责人，更加不是驾驶员体检工作的直接责任人。公诉机关指控李某某负责联络协调体检医院，其个人对交警支队所谓"单位受贿行为"承担领导责任，没有任何事实和法律依据，李某某依法不构成单位受贿罪。

3. 李某某没有利用职务便利为刘某某、史某某获取"吉祥号牌"，也没有收受刘某某、史某某财物，没有损害国家机关工作人员的廉洁性，依法不构成个人受贿罪。

(1)李某某之子李小某名下的宝来车虽然由刘某某代为支付车款，但是，李某某和刘某某系多年好友，二人明确约定李某某在李小某使用该车两年之后归还车款或归还车辆，李某某在主观上并没有收受刘某某13.1万元车款的主观故意。

李某某的当庭陈述和辩护人提交的刘某某《律师调查笔录》和刘某某与李某某妻子王某鸿的电话录音足以证明，刘某某和李某某系多年好友，刘某某具备较强经济实力。2011年年底，刘某某得知李某某之子李小某需要一辆机动车，处于好友情谊，遂主动提出给李小某买一辆宝来车，由其代为支付13.1万元车款，李某某可以在两年后，即2014年1月，归还车款或者归还车辆。实际上，在案发后，刘某某也收到了李某某的妻子王某鸿偿付的车款人民币5万元现金，王某鸿也曾向刘某某明确表示要归还剩余的车款。上述事实足以证明，李某某在主观上没有收受刘某某13.1万元购车款的受贿故意。

根据最高人民法院于2003年11月13日印发的《全国法院审理经济犯罪案件工作座谈会纪要》的规定，国家工作人员利用职务上的便利，以借为名向他人索取财物，或者非法收受财物为他人谋取利益的，应当认定为受贿。具体认定时，不能仅仅看是否有书面借款手续，应当根据以下因素综合判定：①有无正当、合理的借款事由；②款项的去向；③双方平时关系如何、有无经济往来；④出借方是否要求国家工作人员利用职务上的便利为其谋取利益；⑤借款后是否有归还的意思表示及行为；⑥是否有归还的能力；⑦未归还的原因；等等。在本案中，作为刘某某交往多年的朋友，李某某接受刘某某帮其支付车款，且刘某某也曾证明李某某确曾表示过要归还该笔车款，即便双方并未就借款事项达成书面的借款协议，也不能就此即得出李某某具有非法占有该笔款项的目的。

(2)2008年，李某某将别克车交由好友史某某通过顶账的方式进行处理，此后，史某某的妻子使用该辆别克车练车。史某某至今没有支付一分钱车款给李某某。

李某某没有收受史某某20万元现金,依法不构成受贿罪。

李某某的当庭陈述、证人李某文的当庭陈述和辩护人提交的李某文《律师调查笔录》足以证明,李某某和史某某系多年好友,史某某从事房地产开发经营活动,在进行工程款结算时进行采取以物顶账的方式。2008年,李某某之子李小某回A市工作,李某某想要将其名下的别克车卖掉,为李小某买一辆新车。史某某得知此事后,主动提出由其将别克车顶账给别人,让李某某多得一些钱。2008年年底,李某某将别克车交给了史某某,此后,史某某的妻子使用该辆别克车练车。直到李某某被A市检察院立案调查,史某某也没有给李某某支付一分钱车款。辩护人认为,上述事实能够证明李某某没有收受史某某支付的20万元车款,不具有受贿的主观故意和客观行为。

此外,李某某在2008年年底将别克车交给史某某,公诉机关指控的李某某为史某某办理"吉祥号牌"的时间却是2012年,这4年的时间差足以说明公诉机关关于李某某收受史某某贿赂的指控是子虚乌有。试问:史某某是如何提前三年就能未卜先知李某某会升任交警支队副支队长?又是如何想到提前4年为办理"吉祥号牌"向李某某行贿?

(3)李某某没有自行或通过原A市交警支队支队长李大某为刘某某、史某某办理"吉祥号牌",没有利用职务便利为刘某某、史某某谋取利益,李某某依法不构成受贿罪。

2011年年初,李某某升任A市交警支队副支队长。但是,李某某并不具有审批、发放"吉祥"车牌照的职权。公诉机关提交的A市交警支队出具的书面证明材料即可证明这一点,交警支队对车牌号的发放一般是按照上级规定公开选取。但是为了照顾一些关系单位和个人,交警支队提前选出一些人们认为"好"的号码,经审批后车管所才可以发放。审批"好"号由李大某支队长亲自审批,副支队长无权审批这部分号牌。

李某某的当庭陈述和辩护人提交的李大某《律师调查笔录》、王翔某《律师调查笔录》足以证明,某XV0008、某XY9988、某TSW888、某XV5555、某X5555E这5副车牌不是李某某通过李大某支队长办理的。其中,公诉机关指控李某某为史某某办理某X5555E车牌,实际上,这个车牌是史某某的外甥王翔某通过其工作单位出具介绍信的方式自行办理的,与李某某根本无关。

此外,辩护人认为,所谓"吉祥号牌"只是一个相对而言的概念,根据我国《机动车号牌管理办法》,符合一定条件的原机动车所有人办理机动车转移登记或者注销登记后,原机动车所有人申请办理新购机动车注册登记时,可以向车辆管理所申请使用原机动车号牌号码。根据上述规定,车牌是不得转让的。所谓"吉祥号牌",仅仅能够满足机动车所有人心理上需要。而什么样的号牌才算是"吉祥"呢?显然没有一个客观的标准。公诉机关无法证明涉案5个号牌是“吉祥号牌”、“吉祥”在哪里，更加无法证明刘某某、史某某为了这些号牌向李某某行贿十几万元的合理性。

此外，对于侦查机关认定的犯罪嫌疑人李某某曾实施过帮助史某某办理某XSW888、某XV5555、某X5555E 3副“吉祥”车牌照的行为，除证人史某某的证言可以对之加以证实外，并无其他的证据同时印证证人史某某证言的真实性，而犯罪嫌疑人李某某则在诸次的《讯问笔录》中对之均进行了否认。

应当指出的是，B市检察院在证人李大某提供证言的过程中，采取了诱供的非法取证手段。具体而言，在被问到“在你任交警支队支队长期间，李某某找你办过什么事吗？”证人李大某回答：“他找我要过车牌照，为他自家车要过车牌照，还为他的朋友要过。”在被问到“你回忆一下，他找你要的什么车牌照？”证人李大某回答：“他曾找我要过车牌照，我印象中有3副，分别是某XV0008、某XW8888、某XY9988，他还找我要过其他的车牌照，但是我现在回忆不起来了。”在证人李大某明确表示其已经无法回忆起犯罪嫌疑人李某某是否还向其要过其他车牌照的情况下，侦查人员采用“你回忆一下，是否有人找你要过某XV5555、某X5555E、某XSW888这3幅牌照”这种明显具有暗示性和倾向性的提问方式诱导证人李大某作答，并最终得到了“经过我回忆这3副牌照是李某某找我要的，具体时间我记不清了”这一肯定回答。最高人民检察院、公安部于2010年8月31日联合印发的《关于审查逮捕阶段讯问犯罪嫌疑人的规定》第6条明确规定，检察人员讯问犯罪嫌疑人，应当注意方法与策略，防止因讯问不当造成犯罪嫌疑人不正常地推翻有罪供述，影响侦查活动顺利进行。严禁逼供、诱供。此外，最高人民法院于2012年12月20日公布的《关于适用〈中华人民共和国刑事诉讼法〉的解释》第106条有关“根据被告人的供述、指认提取到了隐蔽性很强的物证、书证，且被告人的供述与其他证明犯罪事实发生的证据相互印证，并排除串供、逼供、诱供等可能性的，可以认定被告人有罪”的规定，也蕴含了对于诱供得到的证据应予排除的基本精神。据此，应将证人李大某提供的李某某找其要过某XSW888、某XV5555、某X5555E这3副车牌照的证据予以排除。更有甚者，B市检察院公然涂改李某某的证言，将原某XV9988人为涂改为某XY9988，以配合证人刘某某的证言。此种涂改证人证言的行为，明显违法。

综上，辩护人认为，本案是一起赤裸裸的冤假错案，本案侦查机关违法立案、违法拘传、违法羁押、违法讯问、违法取证、非法关押证人、刑讯逼供、变相刑讯逼供、在开庭前非法提审、威胁恐吓被告人，简直是集各种违法办案行为之大成！李某某在精神上和肉体上都遭受了极其严重的伤害。公诉机关提供的全部言词证据、非原件书证不具备合法性，不能作为证据使用，应当予以排除。A市交警支队没有指定哈院作为唯一驾驶员体检机构，更加没有以取消“唯一”向威胁，要求哈院为A市体育馆报销维修费、水电费,A市交警支队和李某某依法不构成单位受贿罪。李某某没有利用职务便利为刘某某、史某某办理"吉祥号牌",更加没有收受刘某某、史某某给予的好处,李某某依法不构成受贿罪。

恳请合议庭查明事实,依法裁判,尽快依法宣告李某某无罪。

北京市康达律师事务所
高子程、刘立木律师
2014年10月20日

【一审刑事判决书】

河北省B市人民法院
刑事判决书

(2014)××××字第106号

公诉机关河北省B市人民检察院。

被告单位A市公安交通警察支队(以下简称A市交警支队或交警支队),组织机构代码××××××××-9,单位地址:A市××区×××路××××号,法定代表人息某。

诉讼代表人马某,男,198×年××月××日出生,被告单位法制科科员。

辩护人×××、××,××××律师事务所律师。

被告人李某某,男,196×年××月××日出生,居民身份证号码133001196×××××××××,汉族,专科文化,原A市公安交通警察支队副支队长,原籍××省××市××县,户籍所在地:河北省A市,住A市×××路×××号交警支队生活区×栋×单元×××室。2013年10月11日因涉嫌受贿罪被B市人民检察院监视居住,同年11月9日转刑事拘留,2013年11月18日因涉嫌犯单位受贿罪、受贿罪被B市人民检察院指定居所监视居住,2014年1月3日转逮捕。现羁押于B市看守所。

辩护人刘立木、高子程,北京市康达律师事务所律师。

河北省B市中级人民法院以(2014)冀××字第27号指定管辖决定书,指定我院管辖被告单位A市交警支队涉嫌犯单位受贿罪、被告人李某某涉嫌犯受贿罪一案,河北省B市人民检察院以冀××诉字[2014]第3号起诉书指控被告单位A市交警支队、被告人李某某犯单位受贿罪、被告人李某某犯受贿罪，于2014年6月9日向本院提起公诉。本院依法组成合议庭，于同年9月25日开庭前会议，9月30日，公开开庭审理了本案。B市人民检察院指派检察员李某甲、助理张某某出庭支持公诉，被告单位的诉讼代表人马某及其辩护人×××、××，被告人李某某及其辩护人刘立木、高子程，证人李某文到庭参加诉讼。因本案重大复杂，经A市中级人民法院批准、延期审理3个月。现已审理终结。

法庭审理中，控辩双方针对证据的合法性、指控的事实、罪名是否成立等相关情节当庭举证、质证和辩论，被告单位及被告人做了最后陈述，综合双方争议及各自的理由，本院评判如下：

一、对证据的认定情况

对于本案的所有证据，被告人李某某的辩护人及被告人均提出了异议，要求对公诉机关提交的全部言词证据、全部非原件书证依法予以排除：

1. 被告人李某某在2013年11月18日3次供述，是在指定居所监视居住期间形成，被告人由监察机关的侦查人员直接看管，未依法交由公安机关执行，故该三份供述是侦查机关在违法监视居住、非法关押、刑讯逼供、变相刑讯逼供、威胁的情况下取得的。

被告人在2013年11月10日作供述时，讯问人邓某对被告人大喊大叫、进行威胁。2013年11月28日讯问笔录中讯问人是周某、杨某，但问讯时并没有周某。该天在办案人前期对被告人诱供、刑讯逼供、疲劳审讯、办案人自问自答的情况下所做的供述。2014年1月4日的供述被告人没有看清所写内容，问讯人员就让被告人签了名。

针对上述异议，公诉人当庭提交了B市人民检察院送达回证、A市招待处住宿票据，证实指定监视居住通知书已送达公安机关执行，但对是否由公安人员执行未作解释。公诉人还当庭提交了由侦查人员邓某出具的情况说明，证明其在2013年11月10日中的讯问中对被告人无刑讯逼供、暴力威胁等违法行为。

2. 本案中所涉所有被告人供述及证人证言，均不符合证据形式的合法要件。所有讯问，询问笔录尾部均无侦查人员签名，无法保证笔录的真实性与完整性。在此共性问题下，一部分笔录抬头部的讯问或询问人、记录人是机打体；一部分笔录抬头部虽签有讯问或询问人、记录人姓名，但均为一人笔体；一部分笔录抬头部讯问或询问人、记录人签名的笔体除讯问或询问人、记录人之外的第三人的笔体。有理由怀疑侦查人员伪造、篡改言词证据或通过非法方式取得言词证据。

《刑事诉讼法》规定，讯问笔录上应由讯问人（侦查人员）签名。公诉人在庭前会议中解释，法律没有规定必须在尾部签字，故讯问、询问人在抬头部签名应视为已签名。在庭审中，公诉人当庭出示了由侦查人员周某、邓某、杨某、张某、周某出具的情况说明，证实该几名侦查人员分别参与了对被告人以及证人的讯问、询问。

3. 本案除原件外的书证复制件均无提取人、提取日期、无原件出处,无书证复制件是否与原件相符的说明,不符合《刑事诉讼法》规定的书证的合法形式,B市人民检察院收集书证违法。

公诉人当庭出示了由B市人民检察院出具的情况说明,证实:涉案的机动车档案是从A市交警支队车管所调取,调取人周某、张某,因李某某系A市交警支队副支队长,故提供人不愿签名,只加盖了单位公章。

针对上述争议,本院对证据的分析认定:

1. 对被告人于2013年11月28日所作的3份讯问笔录,系其在被指定监视居住期间所作,公诉机关就是否由公安人员具体执行未做进一步说明,不排除对被告人李某某采取强制措施时,有违反法律规定的可能。但公诉机关提供的同步录像资料显示侦查人员对被告人存在威胁、恐吓、刑讯逼供等违法行为,被告人在反复核对后逐张签字。讯问笔录中对涉嫌单位受贿以及收受刘某某车辆的供述内容与录像内容相符,可采用该两份讯问笔录。就收受史某某车款的讯问笔录与同步录像内容有差异,故被告人对该起犯罪的供述以其在11月28日的同步录像资料的内容为准。

对被告人在2013年11月10日所作的讯问笔录,侦查人员邓某出具了情况说明,证实对被告人无大呼小叫、威胁等违法行为,且被告人所称的对其大呼小叫不属于法律规定的刑讯逼供等非法方法,不符合非法证据解除的条件,可作为证据使用。

对被告人于2014年1月4日所作的讯问笔录,笔录抬头讯问人处的手写签名是该份笔录讯问人之外的第三人的笔体,公诉机关对为何没由该笔录讯问人签名作出合理解释,该份证据不具证据能力,不予采用。

2. 证人证言

证人申某、李某文、张某、孟某、李大某、龚某、王某、耿某、刘某甲、刘某乙、徐某、畅某、张某甲、刘某丙证言,侦查人员分别出具了情况说明,证实参与了对上述证人的询问,又有证人经阅看笔录后确认内容无误的亲笔签名,故可作为证据使用。

证人史某某的证言,笔录抬头询问人处的手写签名是该份笔录询问人之外的第三人的笔体,公诉机关对为何没由该笔录询问人签名作出合理解释,该份证据不具证据能力,不予采用。

证人李某文的证言,李某文出庭证实对其进行询问的是A市人民检察院的吕某,非B市检察院的周某、张某甲,经审查,询问笔录上的手写体签名为第三人笔体。公诉机关出具的由侦查人员周某、张某甲书写的情况说明,仅证实对李某文的询问是由该二人所作,而对吕某是否也参与了询问,为何出现第三人笔体未作出合理解释,故该份证据不具证据能力,不予采用。

3. 本案中部分书证复印件证据形式有欠缺,是瑕疵证据。这些证据中,对于从车管所调取的机动车档案资料复印件,公诉机关出具了情况说明,作出了解释。对于其他未标有证据提取人、提取时间及证据出处的复印件,因首页及骑缝处盖有证据提供单位的公章,再结合本案其他证据,可作为证据使用。

二、对本案事实的分析认定

(一)单位受贿

A 市人民检察院指控:

2000 年 A 市体育馆由被告单位 A 市公安交通警察支队代管。2008 年为解决体育馆资金困境,时任体育馆馆长的李某某利用其负责联系协调驾驶员体检相关事项的职务便利,要求单独承担驾驶证考试学员体检业务的 A 市×××国际和平医院(以下简称哈院)为体育馆提供部分资金。该院答应可以为体育馆报销一些费用,但要求双方签订一份协议,以方便该院做账务处理。2008 年 12 月 30 日,双方签订了协议。经核算,自 2009 年起至 2013 年 4 月止,体育馆共从哈院报销、索要费用 399,382 元。

针对上述指控,公诉机关向法庭举证如下(已排除的证据不再列举):

1. 证人申某证言,证实:其于 2004 年 12 月至今任 A 市交警支队副支队长,哈院在 A 市交警支队院内设有体检窗口主要是延续了以前的做法,理论上其他符合要求的医院也可以体检,但实际操作中只有哈院一家医院给学员体检。体检的事具体由李某某操办。交警支队和哈院之间没有关于体检业务的协议,体检业务在合规的情况下由李某某具体办理。交警支队党委会没有开会研究过学员体检医院的情况。其分管的车管所、考试中心、体育馆等部门和哈院之间没有签订过协议。其没有让下属单位和哈院之间签订过协议,下属单位也没有向其汇报过和哈院签订协议的情况。其分管的部门和哈院之间没有经济往来。

2. 证人李大某证言,证实:其 2004 年 3 月至 2013 年 6 月担任 A 市交警支队支队长,在任支队长期间,A 市报考汽车驾照的学员体检由哈院负责。这主要是延续了以前的做法。在其任支队长期间具体联系体检是李某某等副支队长操作。交警支队和哈院之间关于体检业务没有协议。其没有让交警支队的下属单位和哈院之间签订过协议,下属单位也没有向其汇报过和哈院之间签订协议的情况。

3. 证人张某证言,证实:其于 2007 年 2 月至 2012 年 9 月任哈院工会主席。2008 年 12 月 30 日,其受哈院院长苏某委托,代表哈院与哈院总会计师孟某一起去李某某办公室,同体育馆的李某某签订了体育馆与哈院的协议书。协议内容主要是针对单位的集体活动。协议签订后,从 2009 年开始,哈院每年都要在体育馆举行一两次羽毛球比赛,每次赛程少则三四天,多则六七天,截至 2013 年 10 月,一共举行了 8 次羽毛球比赛。

4. 证人苏某证言,证实:其任哈院院长。公安部规定县级以上医院都有资格承担驾驶员考前体检业务,而在此之前哈院一直承担着该体检业务。体育馆馆长李某某找其谈过,并也让孟副院长转告其,说准备让A市中医院等其他医院也承接该项体检业务。如哈院继续承担这项工作,李某某则提出向哈院要一笔钱,为方便医院出账,2008年12月30日,哈院与A市体育馆签订了一份协议书。协议签订后,体育馆在哈院报销了40多万元的费用。

5. 证人孟某甲证言,证实:其任哈院副院长。2008年年底,哈院开始在A市体育馆为考驾照的学员进行体检。当时体育馆交由交警支队代管,馆长李某某。其记得李某某主动找到哈院,说让哈院到体育馆为学员体检,并提出要求哈院给体育馆一部分钱。苏某院长答应李某某可以为体育馆报销一部分费用。其和张某同李某某商定哈院、体育馆双方签订一份协议,以方便医院出账。协议由哈院的张某和体育馆的李某某签订。协议签订后,体育馆在哈院大概报了40万元的账。

6. 证人李某甲证言及两份自书证言,证实:其于2005年调入体育馆办公室工作,时任馆长是李某某。李某某2011年升任交警支队副支队长后,交警支队一直未委派新馆长。根据支队党委分工,李某某还负责体育馆。2008年年底,经体育馆与哈院双方领导协商,双方签订了一个协议,由体育馆为哈院无偿提供活动场地,哈院负责报销体育馆的官舍维修、器材更新的费用。该协议是其受李某某的委托,以交警支队体育馆名义,在李某某体育馆办公室和哈院工会主席张某签订的,当时在场的有李某某、孟某。从2009年开始到现在,体育馆一共在哈励逊医院报销了40多万元的费用。

7. 证人王某证言,证实:其于2009年和2010年给体育馆做过装修、维修业务。体育馆验收后,让其去地税局开票,在付款单位一栏中填上哈院。开完发票后体育馆给了其一张哈院的转账支票。其是借用A市××广告装饰工程有限公司和A桃×区××镇××建筑队的印章开具的发票。

8. 证人龚某证言,证实:付款单位×××国际和平医院,收款单位是A市××广告装饰工程有限公司,日期分别是2009年8月12日、2010年3月9日的金额为49,865元、65,740元的两张A市建筑业发票,是朋友王某借用其单位的营业执照和印章,以其公司名义开具的。

9. 证人耿某证言,证实:体育馆是由A市交警支队代管的事业单位,体育馆人员的工资由A市财政负责,体育馆馆长、副馆长自2005年开始就一直由交警支队委派支队干警担任。其于2005年任体育馆会计。2007年体育馆筹建成立了俱乐部,俱乐部工作人员都是体育馆的工作人员。其按照体育馆馆长李某某的安排兼任俱乐部出纳,2010年由俱乐部出纳变更为会计,2011年俱乐部停止运营。俱乐部成立后接手了体育馆的一部分收入,包括各保险公司、红十字会的场地使用费,还有一部分俱乐部会员缴纳的会费。俱乐部的开支除了俱乐部工作人员的工资,在2007年俱乐部成立后到2011年,俱乐部承担了体育馆的绝大部分修缮费用。

10. 证人张某某出具的书面证明,证实:其是哈院医务处处长,2008年12月哈院与A市体育馆签订协议之前,交警支队李某某与哈院沟通驾驶员体检事宜时,谈到A市中医院及其他有资质、有能力的医院也要参与这项业务,哈院提出有能力单独承担这项任务。李某某提出从哈院要一部分钱,但因哈院属于国有医院,不能没有理由的付出费用,故哈院同意由哈院工会和体育馆签署一个协议,体育馆免费提供哈院开展各项体育活动场所,哈院给交警体育馆出一部分修缮费用,但必须形式合法、内容真实,在这种背景下,经过双方协商,哈院与A市体育馆签订了协议。

11. 证人曹某出具的情况说明,证实:其是A市体育馆副馆长,2013年春节后,体育馆职工2011年、2012年取暖费及13个月工资共计90,599元未发放,后主管领导李某某答复说:由哈院转入此项费用发放,支票到后由出纳孙某入支付中心的账户,至目前未发放。

12. 证人孙某出具的情况说明,证实:其是A市体育馆工作人员。因体育馆2011年度、2012年度职工取暖费、防暑费、13个月工资等未发放,经副馆长曹某请示领导后,曹馆长安排其在2013年4月将开给A市人民医院(哈院)的一张收据(水电费共计90,599元)交给李某某,几天后李某某交给其哈院同样面额的支票一张,经曹馆长同意后交到支付中心体育馆账户,后因财政支付中心软件升级至今未发放。

13. 证人赵某出具的证明材料及情况说明,证实:其是哈院财务科工作人员,2009年任财务科科长。2001年交警驾驶员体检与哈院合作,由原院长潘某某和交警支队支队长马某某商定并通知财务科及医务科派人,没有签订书面协议。2009年至2013年,体育馆先后分几次在哈院报销装修、维修、水电费用。哈院按照正常的签字报账程序报账,并按发票金额及单位以转账支票形式付账。

14. 证人史某出具的情况说明,证实:其任哈院财务处处长助理。2009年至2013年体育馆提供了三四笔的发票在哈院报销,报销的项目有水电费、房屋维修费、暖气维修费。

15. A市交警支队于2013年11月25日出具的证明,证实:该单位从未与哈院签署过任何协议,也没有经济往来。

16. 哈院于2013年11月23日出具的证明,证实:哈院除与A市体育馆的经济往来之外,与A市交警支队及下属单位没有任何其他经济往来。

17. 哈院2013年10月16日出具的《关于交警体检的收支情况说明》以及A市体育馆与哈院于2008年12月30日签订的协议书复印件,证实:哈院与体育馆2008年12月30日签订了协议,由体育馆长期免费为哈院提供场馆及配套设施,体育馆为哈院提供文艺演出,羽毛球、乒乓球、篮球等活动场馆,哈院每年给体育馆负担一定的场馆维修费、体育器材购置费、办公费及部分工作人员的工资等费用,体育馆为哈院提供所需费用的发票。自2009年1月至2013年9月,哈院共收取体检费5,434,860元。承担了体育馆一部分场馆地面、房屋、管道维修、墙壁粉刷等工程费用共计427,382元。

18. 哈院经费报销单附相关票据复印件,证实:哈院于2009~2013年支付体育馆场馆地面、房屋、管道维修、墙壁粉刷等工程费用共计427,382元。

19. B市人民检察院反贪污贿赂工作局出具的办案说明,证实:由李某某决策,A市交警支队共从哈院报销费用427,382元,从中扣除哈院在体育馆举办活动应支付的费用28,000元,剩余399,382元应认定为单位受贿犯罪数额。

20. 哈院在体育馆举办羽毛球比赛的通知、时间表、通报、分组、领导讲话材料,证实:哈院于2009年至2013年间,在体育馆累计举办了28天的羽毛球比赛。

21. A市体育馆出具的《体育馆羽毛球场地举办活动收费的情况说明》,证实体育馆羽毛球场地收费大约每块羽毛球场地按每天100元左右收取费用,没有一个固定的收费标准。

22. A市交警支队2013年12月10日出具的《关于A市体育馆情况的说明》,证实:A市体育馆一直由A市交警支队代管,体育馆馆长经A市政法委批准后,A市公安局任命。由于体育馆开展各项活动较少,在今年5月以前,体育馆的工作人员主要协助交警支队车管所工作。2006年李某某任体育馆长后,体育馆的工作也顺延了以前的做法。当时李某某除负责体育馆的业务工作外,还负责交警支队服务公司、联系协调学员体检、筹建某某考试场等交警支队的工作。2011年李某某任交警支队副支队长后,仍负责体育馆的工作,协助申副支队长负责考试中心、服务公司等项工作。

23. A市交警支队政治处2013年11月1日出具的证明,证实:李某某于2006年12月至2010年12月,任A市体育馆馆长,负责体育馆全面工作,协助市政府举办大型活动及体育馆修缮管理工作。自2010年12月起至今任A市交警支队副支队长,分管体育馆、考试中心工作。

24. A市交警支队政治处出具的《李某某同志基本情况》,证实:2006年12月至2010年12月,李某某任河北省A市体育馆馆长。自2010年12月起至今任河北省A市公安局交警支队副支队长。

25. 李某某户籍证明信。

26. 被告人李某某供述,证实:根据A市政府编委的文件规定,体育馆是A市政府下属的正科级定额事业编单位,由交警支队代管,体育馆馆长、副馆长的任命需由A市公安局批准报A市政法委同意。体育馆作为A市交警支队下属的一个科室运行,平常体育馆人员都在交警支队车管所上班。2005年其任体育馆代馆长,

2006年经A市政法委、公安局任命为体育馆长。其当体育馆馆长期间,体育馆没有固定资产,不能获得法人资格和机构代码,不能获得正常的经营资质,故不能开展正常经营。其于2011年担任交警支队副支队长,协助申副支队长工作。申副支队长分管体育馆、车管所、考试中心。其侧重于考试中心,主要负责考试中心各项工作的落实情况。在其任体育馆馆长及交警支队副支队长期间,体育馆与哈院之间没有直接经济往来。2004年以前,交警支队跟哈院就驾照考试学员合作体检一事有份协议,协议就体检收费、体检费分成等事宜进行了规定。哈院根据协议按比例给交警支队一定的体检费分成,这笔钱在交警支队的账目上有显示。体育馆的一部分经费是其经交警支队领导申某、李某某同意,从交警支队体检费分成内支出的。2008年,就给学员体检之事,其没有与哈院的领导班子进行过沟通、联系。2008年后,哈院每年在体育馆搞为期一天的羽毛球比赛,因哈院和交警支队是合作体检的协作单位,体育馆不收取哈院的费用。2008年以后,体育馆在哈院报销过一些费用,但具体时间、事项和数额记不清。

被告单位辩称交警支队不构成犯罪。其辩护人认为公诉机关指控罪名不成立:(1)起诉书中指控的犯罪行为非交警支队实施,被控受贿所得的财务没有被交警支队占有,交警支队不构成犯罪。(2)哈院并非驾驶员体检的唯一体检医院,与体育馆订立协议的方式符合民事主体间等价有偿的交易原则,根据协议内容,体育馆从哈院报销的费用真实有效,故体育馆从哈院报销费用的行为不构成受贿罪。(3)A市体育馆虽由交警支队代管,但二者是相互独立的法人机构,不能混淆为一个主体。李某某在2008年体育馆与哈院订立协议时任体育馆馆长,当时其本人在交警支队没有任何职务,不能因其后来被任命为支队长就将其此前的行为追认为支队行为。体育馆工作人员日常工作与交警支队行政管理只能无关,人员工作发放与支队相互独立,不能因体育馆工作人员协助支队开展临时性、补充性工作就认定该单位隶属于交警支队。另,交警支队出具的2013年12月10日的证明,是在新任支队长到任后未核查原有相关会议决定的情况下,应侦查人员要求拟定的内容出具的,证实的内容与支队党委会记录安排的内容并不完全一致。而交警支队向侦查机关提交的关于李某某的履历、职责一份,对李某某职责的描述与党委会记录相一致。故体育馆与交警支队的职能关系,李某某本人的职权范围应当以客观实际为准,不应仅依据支队在不明情况下出具的证明作为定案依据。为证实交警支队与体育馆是两个独立的不同单位,辩护人向法庭举证如下:

1. A市机构编制委员会办公室《关于建立"A市体育馆"的通知》(A机制编办[2000]44号),内容是:2000年9月26日经市编委会议研究,同意建立"A市体育馆",委托A市交警支队管理,组织体育活动服从市里需要,并接受体委的业务指导和管理。为差额拨款事业单位,定编制20名,科技职数2名。并就人员的来源作了规定。

2. A市交警支队组织机构代码证,A市体育馆事业单位法人证书、事业单位法人变更登记申请书、组织机构代码证、体育馆人员情况登记表。

被告人李某某辩称其不构成犯罪,其是体育馆馆长,没有权利也没有职责操办体检事宜,哈院与交警支队就驾驶员体检有合作,体检费按三七分成,体育馆在哈院报销费用是在交警支队应得的比例中报销的,用的是支队的钱。其辩护人认为被告人不构成单位受贿罪:(1)A市交警支队不构成单位受贿罪。交警队与哈院存在合作关系,哈院收取的驾驶员体检费,A市交警支队可得70%,体育馆从哈院报销的费用,资金来源于A市交警支队分得的体检费。交警支队未利用职权确定哈院作为A市唯一的驾驶员体检机构。(2)A市体育馆与哈院签订的2008年12月30日的《协议书》合法有效,已实际履行。哈院没有无偿为体育馆报销费用,A市体育馆不构成单位受贿罪。(3)李某某在2008年至2011年12月期间,仅任体育馆馆长,在交警支队没有任何职务。其在2011年12月任交警支队副支队长后,就不再任体育馆馆长职务。哈院与体育馆签订协议书和报销费用时,李某某在交警支队不具任何职权,其不是交警支队的主要负责人和直接负责人,不应作为主要负责人和直接负责人构成单位受贿罪。为证实其他医院也从事驾驶员体检工作以及公诉机关对哈院使用体育馆场地租金计算偏低,实际包场费用平均约为1.5万元一天,辩护人向法庭举证如下:

1. A市体育馆先后于2010年、2011年、2012年中不同时期分别与A市体育局、A市市某文化传媒有限公司、河南卫视《武林×》A站筹备处、中共某县委宣传部就举办大型体育比赛、文艺演出签订的协议书,上述协议约定的有偿使用场地费为3万元至5万元不等。

2. 刘小某、袁小某、陈小某、木小某、戈小某、秦小某、王小某、韩小某、李某丁的机动车驾驶人身体条件证明、机动车驾驶人科目考试成绩单,上述几人分别在A市中医院、A市第二人民医院、安某县人民医院、武某县医院进行了体检。

本院认为:本案中,因现有证据不能证实体育馆与哈院签订的协议是经交警支队同意或授权,也不能证实交警支队有收受与占有哈院财务的行为,故公诉机关指控A市交警支队构成单位受贿罪证据不足,不能成立。

在A市交警支队不构成单位受贿罪的情况下,公诉机关指控被告人李某某作为单位受贿罪的直接责任人员也就丧失了必要的基础和前提,故公诉机关指控李某某构成单位受贿罪不成立,本院不予支持。

(二)受贿——史某某

公诉机关指控:约2008年年初,被告人李某某的朋友史某某向李某某借用了一辆两厢别克车供自己的妻子练车,史某某妻子练车时该车多次剐蹭,史某某便对李某某说买下该车。该车时价为114,224元。2009年2月双方办理了车辆过户手续,史某某在被告人李某某的帮助下新上了某 XSW888 的"吉祥"牌照。被告人李某某随即于2009年3月,新购一辆铃木超级维特拉越野车,史某某见李某某买了新车,为感谢李某某帮自己给别克车办理了"吉祥"号牌,也为以后找李某某办车牌号、驾驶证方便,史某某给了李某某车款20万元,并请李某某多帮忙。之后被告人李某某又为史某某办理了某 XV5555、某 X5555E 两副"吉祥"车牌照。

为证实指控的犯罪事实,公诉机关向法庭举证如下(已排除的证据不再列举):

1. 被告人李某某供述(根据2013年11月28日同步录音录像整理),证实:2008年年初,其与媳妇王某鸿商量想给儿子买辆车,王某鸿说把她那辆红色别克车卖了。后其在史某某家闲谈给史某某说了这事,史某某说将车留下,当时没说要也没说买,更没说多少钱。2009年1月,其在邯郸买了辆车。过了一段时间史某某问其花了多少钱,其说花了20多万元,大某给了其20多万元。

2. 别克车机动车档案资料、号牌号码某 TSW888 的机动车档案资料、号牌号码某 XV5555 的机动车档案资料、号牌号码某 X5555E 的机动车档案资料、号牌号码某 T56789 的机动车档案资料。

3. B市物价局价格认证中心关于涉案别克车的价格鉴定结论书,证实:经鉴定,别克车2008年1月1日的价格为114,224元;2009年3月4日价格为107,505元。

被告人李某某辩称:2008年史某某留下其的别克车,是用来顶账的,而不是史某某妻子用来练车的,别克车过户是因为其买了新车要用别克车的号牌。某 XV5555、某 X5555E、某 XSW888 不是其帮史某某办的。自2001年年初开始,交警支队就没有给私车批过号牌,都由机关单位凭公函申请号牌,而且审批是李某某亲自负责,严格审批、层层把关。10月28日其是在思维混乱、心脏病发作,在办案人员面前诱供、刑讯逼供、疲劳审讯、办案人员自问自答情况下做的供述。其辩护人的辩护意见是,公诉机关指控的该起犯罪不成立,李某某不构成受贿罪:(1)李某某将别克车交由好友史某某通过顶账方式进行处理,史某某至今没有支付车款给李某某,李某某没有收受史某某20万元现金。(2)李某某没有自行或通过原A市交警支队长李某某为史某某办理"吉祥号牌",没有利用职务便利为史某谋取利益。辩护人为上述辩护举证如下,并申请证人李某文出庭作证:

1. 辩护人于2014年7月10日对李某文所作的调查笔录,李某文证实:2008年其想买辆车开,正好李某某的妻子王某鸿有辆别克车想让史某某抵账给建筑公司,其就用这辆车练习。出于驾车风险考虑,当时这辆车一直抵不出去,其多次催促史某某把车抵出去,直到2013年7月史某某被抓,其还一直在催促他。2013年9月,其还问王某鸿史某某是否给了车钱?2009年家里正在搞房地产开发,钱特别紧张,其觉得史某某不可能拿出20万元给李某某。

2. 证人李某文当庭证言,证实:史某某开发房地产,想把别克车顶出去给施工单位。其练车把别克车撞了好几次,好长一段时间,没顶出去。2013 年 7 月 30 日史某某出事后问王某鸿钱给你了吗? 王某鸿说不知道。其觉得史某某应该没给李某某钱,2009 年因搞房地产投资,当时家里经济状况挺紧张,没有能力拿出那么多钱。史某某房地产公司财务由会计管理,因其是会计事务所的,也查查账,在查账时没有发现账里有提出 20 万元的记录。

3. 辩护人于 2014 年 7 月 9 日对王某某所作的调查笔录,王某某证实:其在 A 市结核病防治所工作,其名下的一辆车牌号为某 X5555E 的现代轿车是 2012 年 11 月买的,一直由其自己开着上、下班。车牌号是其找单位开了介绍信,盖了公章找领导批的,具体谁批的不清楚。

4. 辩护人于 2014 年 7 月 19 日对李大某所作的调查笔录,李大某证实:在其任职期间只有其一人有权限审批特殊车牌。特殊车牌,个人不能申请,只有单位可以凭介绍信申请,介绍信应当有单位公章,其批过的车牌都有单位介绍信。这些介绍信没有存档,车牌号批完了就没有用了。某 XV0008、某 XY9988、某 XSW888、某 X5555E 这 5 个车牌记不清是否是李某某向其要的了。其批过的车牌都有介绍信。

本院认为,本案关键证人史某某的证言因证据形式不合法已被排除,故现有证据不足以证实所犯犯罪事实,公诉机关指控的该起犯罪证据不足,不能成立。

(三)受贿——刘某某

公诉机关指控:2011 年年底,被告人李某某的朋友刘某某想让李某某给自己买的奔驰上个带"X888"的牌照,李某某推脱说带"X888"的车牌照比较难办,并以自己儿子李小某上班后没有车开为由,向刘某某借车。刘 A 提出给李某某的儿子买一辆车,李某某同意。后李某某让朋友帮忙选择了一辆大众宝来骑车,2012 年 1 月 13 日刘某某将 13.1 万元车款直接打到指定的一汽 4S 店银行账号上,李某某让朋友帮忙去 4S 店将车提走。李某某将"X888"的车牌照上到了刘某某为其买的宝来车上,后另给刘某某办了某 XV0008、某 XY9988 两副"吉祥"车牌照。为证实指控的犯罪事实,公诉机关向法庭出示了被告人供述、证人证言及相关书证。

被告人李某某辩称,起诉书指控的事实不对,其没向刘某某要车,只是向他借车。刘某某在其办公室说要买辆车打发借车的,其说儿子上班没车开,买了先借给其用用。因怕别人用了不还,刘某某就想用其名字上牌照,其未同意,后其想借着上牌照的机会给儿子留个好号码,就对刘某某说可以用其儿子的名字上牌照,刘同意。其与刘某某约好两年后或还车,或还钱。其辩护人的辩护意见是,公诉机关指控该起犯罪不成立,李某某不构成受贿罪:(1)李某某之子李小某名下的宝来车虽由刘某某代为支付车款,但李某某与刘某某系多年好友,二人就该车有二年后还车款或还车的约定,李某某在主观上无收受刘某某 13.1 万元车款的故意。(2)李某某没有自行或通过原 A 市交警支队队长李大某为刘某某办理"吉祥"牌号,没有利用职务便利为刘某某谋取利益。辩护人为上述辩护举证如下：

1. 辩护人于2014年7月9日对刘某某所作的调查笔录，刘某某证实：2012年年初，其去李某某的办公室办事，李某某说他儿子李小某刚毕业，需要一辆车开，向其借一辆车。经考虑，其决定给李小某花十几万元买一辆，并与李某某约定2年后如李小某要这辆车就给其车钱，如不要车，其就将车开走。后李某某说看了一辆宝来车，价格13万元多一点，并开了一个单给他，其就将车款打到这个人的卡上。这辆车的车钱后来还了5万元钱，是王某鸿还的，说好的两年，应该是到2014年1月才到期。

2. 辩护人于2014年7月10日对李大某所作的调查笔录，李大某证实：在其任职期间只有其一人有权限审批特殊车牌。特殊车牌个人不能申请，只有单位可以凭介绍信申请，介绍信应当有单位公章，其批过的车牌都有单位介绍信。这些介绍信没有存档，车牌号批完了就没有用了。某XV0008、某XY9988、某XSW888、某XV5555、某X5555E这5副车牌号记不清是否是李某某向其要的了。其批过的车牌都有介绍信。

3. 辩护人于2014年7月9日对王翔某所作的调查笔录，王翔某证实：其在A市结核病防治所工作，其名下的一辆车牌号为某X5555E的现代轿车是2012年11月买的，一直由其自己开着上下班。车牌号是其找单位开了介绍信，盖了公章找领导批的，具体谁批的不清楚。

4. 刘某某与王某鸿的通话记录，证实车是李某某向其借的。

因辩护人提交的刘某某证言与通话记录中所涉内容与刘某某在侦查阶段所作证言内容存有矛盾，辩护人申请刘某某出庭作证，本院同意辩护人的申请并通知刘某某到庭作证，但刘某某在开庭当日未出庭。

经审理查明：2011年年底，被告人李某某的朋友刘某某想让李某某给自己买的奔驰车上个带"X888"的牌照，李某某推脱说带"X888"的车牌照比较难办，并以自己儿子李小某上班后没有车开为由，向刘某某借车。刘某某提出给李某某的儿子买一辆车，李某某同意。后李某某让朋友帮忙选择了一辆大众宝来骑车，2012年1月13日刘某某将13.1万元车款直接打到指定的一汽4S店银行账号上，李某某让朋友帮忙去4S店将车提走。李某某将"X888"的车牌照上到了刘某某为其买的宝来车上，另给刘某某办了某XV0008的车牌照，后又给刘某某的一辆捷豹车办理了某XY9988的车牌照。案发后，涉案车辆已追缴。

上述事实，有以下经当庭举证、质证并予确认的证据证实（已排除的证据不再列举）：

1. 证人申某证言（略）。

2. 证人李大某证言，证实：为了照顾关系，交警支队内部留出一部分相对好一些的号,有人找时就给一副。在其任交警支队支队长期间,李某某为他的自家车和朋友找其要过某 XV0008、某 XWX888、某 XY9988、某 XV5555、某 X5555E、某 XSW888 车牌照。

3. 证人刘某某证言,证实:证实想让李某某帮忙给其新买的奔驰车上个“X888”的车牌照,李某某说其儿子上班了,没车开,要刘某某借一辆车给他。其怕将车借出去万一出事会有麻烦,就说给李某某的儿子买一辆车,李某某同意。其于2012 年年初按李某某的要求出钱给李某某的儿子买了一辆价值 13 万多元的宝来轿车。买车之后,李某某说“X888”的不好办,让其再等等,给其先办了一个“某 XV0008”的车牌照,2013 年上半年,其一辆捷豹车需要过户上牌,李某某又给其办了一副某 XY9988 的牌照。2013 年 11 月 4 日,其大儿子给其打电话,说王某鸿要见他,其未见。11 月 6 日,王某鸿在其怡水园的家见到他,说要还车钱,11 月 7 日,王某鸿拿来了 5 万元现金,让其给她打个 13.1 万元的收条。其未同意,只打了一个 5 万元的收条。王某鸿还叮嘱其说检察机关如果做笔录的话让其说话注意点。李某某夫妇在此之前没有和其说过给车钱的事,在给李某某买车过程中或买车后,李某某没有提过“借用”“以后还车”“还钱”之类的话,没有提过借用车或还钱的事。

4. 刘某某自书证明,证实:李某某给其的捷豹车牌号为某 XY9988,当时因记忆模糊,说成是某 XW9988,特此证明。

5. 证人刘某甲证言,证实:2013 年 11 月中旬,王某鸿多次给其打电话,想通过其找父亲刘某某。2013 年 11 月 5 日或 6 日,王某鸿在怡水园小区见到了其父亲,其也在场,听到父亲和王某鸿说钱的事,好像是关于一辆车的事。后其准备回家,王某鸿就坐其车出了小区。在车上,王某鸿说让其给她打收条,但是别打现在的日期,要打之前的日期。其没答应。

6. 证人刘某甲自书情况说明,证实:2013 年 11 月,其手机接到王某鸿的电话,王某鸿说想与其父亲刘某某联系。之后将此事告诉了父亲。后王某鸿找其父亲谈过两次。

7. 证人徐某证言,证实:2012 年 1 月的一天,李某某让其帮他在 A 市 × × 汽贸提过一辆手动天窗款宝来车。在开具购车开票时,其打电话问李某某这辆车登记谁的名字。李某某说写李小某的名字。这辆宝来车的购车手续都是其代签的李小某的名字。付款情况是李某某安排的付款。其在交警支队车管所把车交给了李某某。

8. 证人畅某证言,证实:其是 × × 汽贸的销售顾问,2012 年 1 月 13 日,一个客户来销售大厅说想买一辆带天窗的手动宝来车,并且说什么颜色的车都行,其与公司的张某和这个客户定好车之后,应客户要求,其在一张白纸上写下了车价、税、交强险的价格、所定的这辆车的车牌号及该公司收款用的银行账号。

9. 证人张某证言,证实:2013 年 1 月 13 日卖过一辆宝来车,订车的客户提供的不是他本人的身份证,而是李小某的身份证复印件。该公司提供给客户银行卡号,他将车款打到这张银行卡上。

10. 证人刘某丙证言,证实:其系一汽大众 A 市的特许经销商,通过查询,在 2012 年 1 月 13 日销售过一辆宝来车,客户签名是李某某,该公司张某负责的这笔业务。车款通过银行转账方式在 2012 年 1 月 13 日打到其银行卡上。

11. 中国农业银行卡取款业务回单,证实 2012 年 1 月 13 日,刘某某往卡号为 6228482131118700××、户名为刘某戊的银行卡上转账 131,000 元。

12. 刘某某提供的当时记录有车价、税、交强险、车号识别号尾号 9966、刘某某农行卡号的白纸一张。

13. 车牌号为某 XWX888,识别号尾号 9966,车主为李小某的机动车档案资料。

14. 车牌号码某 XY9988、某 XV0008 的机动车档案资料目录,证实刘某某名下的捷豹车车牌号为某 XY9988,奔驰车车牌号为某 XV0008。

15. A 市交警支队 2013 年 11 月 23 日出具的《A 市交警支队关于管理车号发放的情况说明》,证实:该支队在今年 5 月以前,为照顾部分单位和个人对特殊号码的需求,支队有选择地保留了一部分号码。这部分号码由支队长、副支队长掌握。在有关单位和个人向支队长或副支队长提出用号申请后,经支队长同意或支队办公会研究后,予以发放。但该类情况支队没有记录。

16. A 市检察院随案移送物品、文件清单,移送宝来轿车照片 3 张,行驶证 1 张(李小某)照片。

17. 李小某与王某某结婚登记审查处理表,登记日期 2012 年 12 月 31 日。

18. 被告人李某某供述,证实:2012 年年初的一天,刘某某到其交警支队办公室找其,闲聊了一会后,刘某某主动提出要给其儿子买辆车,作为结婚礼物。其在办公室给了刘某某一张其儿子李小某的身份证复印件,让刘办手续用。

对于李某某的辩护人提供的王某鸿与刘某某在 2013 年 11 月 23 日的电话录音通话内容,不难发现王某鸿的言语中有责备、诱导的成分,而刘某某则是敷衍、推诿。结合刘某某在侦查阶段证言所证实的"王某鸿在李某某案发后多次找刘某某要求还钱,还了 5 万元却想让刘某某给其打 13.1 万元的收条,并叮嘱刘某某在检察机关给其做笔录让其说话注意点。"与刘某某之子刘某甲证实的"王某鸿要刘某某给她打收条,别打现在的日期,要打之前的日期"。不排除王某鸿在李某某案发后有欲干扰证人、帮助李某某掩饰罪责的行为,所以也就不排除刘某某因受其他因素影响或处于某种考虑,在被告人的辩护人找其做调查笔录时,更改了自己的部分证言的可能。而在本院需要核查情况,通知要求刘某某出庭作证后,刘某某选择逃避,不愿出庭作证。结合上述情况,本院认为,证人刘某某在侦查阶段所作的证言未受其他因素的干扰,证明力要大于其之后所作证言的证明力,故对辩护人所提交的其对刘某某所作的调查笔录及王某鸿与刘某某的电话录音的内容不予采信。

对于辩护人提交的对李某某所作的调查笔录,李某某在该笔录中称已记不清自己批过涉案的5个车牌号,与其在侦查阶段所作的证言相矛盾,从证据证明力来看,同一证人早期所作证言的证明力要优于后期所作证言的证明力。故对李某某就该部分证实的内容不予采信。李某某在该笔录中提到"个人不能申请特殊车牌,只有单位可以凭介绍信申请,介绍信应当有单位公章"。证人王翔某证实"其名下的一辆现代车,是其找单位开了介绍信找领导批的,单位给其的介绍信盖了公章"。李某某与王翔某的证言相互印证,能够证实个人也可以通过由单位出具介绍信的方式申要特殊号牌,故该内容可予采信。

本院认为,被告人李某某作为国家工作人员,利用职务之便,非法收受他人财务,为他人谋取利益,其行为已构成受贿罪。公诉机关指控其该起犯罪事实成立,本院予以支持。李某某及其辩护人就本起犯罪的辩解、辩护意见与查明的事实不符,不予支持。

综上,依照《中华人民共和国刑法》第385条、第386条、第383条、第64条,《中华人民共和国刑事诉讼法》第195条第(3)项之规定,判决如下:

1. 被告单位A市公安交通警察支队无罪。

2. 被告人李某某犯受贿罪,判处有期徒刑10年。

(刑期从判决之日起计算。判决执行以前先行羁押的,羁押1日折抵刑期1日,即自2014年1月3日起至2023年11月16日止。)

3. 被告人李某某犯罪所得大众宝来牌FV7162XG(车牌号:某XWX888)汽车一辆予以没收,上缴国库。

如不服本判决,可在接到判决书的第二日起10日内通过本院或者直接向河北省A市中级人民法院提出上诉。书面上诉的,应当提交上诉状正本一份,副本三份。

审 判 长 ×××
审 判 员 ×××
人民陪审员 ×××
2014年12月5日
书 记 员 ×××

【二审辩护词】

尊敬的审判长、审判员:

北京市康达律师事务所接受本案上诉人李某某及其亲属的委托,指派高子程、刘立木律师担任李某某涉嫌受贿罪一案二审辩护人。辩护人现发表如下辩护意见,恳请合议庭重视并予以采纳。

一审判决认定上诉人李某某一审公诉机关指控的第二起受贿罪指控不成立,辩护人表示认可。但是,一审判决认定一审公诉机关指控的第一起受贿罪指控成立,是严重错误的,实属采信证据违法、认定事实不清、适用法律错误,依法应予撤销。辩护人认为,本案的实质是B市人民检察院违法立案、违法羁押、违法讯问、违法取证,人为制造冤假错案,在案的全部言词证据均系非法证据,依法应予排除,在案没有任何证据能够证实李某某利用职务便利或职务形成的便利条件为刘某某、史某某办理"吉祥号牌",并因此收受刘某某、史某某给予的财物,李某某依法不构成犯罪!

一、虽然一审法院依法排除了部分非法证据,但是,仍有非法言词证据和书证没有依法排除。一审判决依据非法证据认定上诉人李某某构成受贿罪,实属采信证据错误,依法应予撤销

一审判决认定上诉人李某某利用职务便利为刘某某办理某XY9988、某XV0008"吉祥"车牌,收受刘某某价值13.1万元的宝来牌汽车,构成受贿罪。上述认定依据了如下言词证据:

1. 2013年11月28日14:40~16:05,李某某的供述;

2. 2013年11月10日10:20~10:50,李某某的供述;

3. 2013年11月21日12:10~12:30,证人申某的证言;

4. 2013年11月19日9:10~11:30,证人李大某的证言;

5. 2013年10月30日(无具体询问时间),证人刘某某的证言;

6. 2013年10月30日(无具体询问时间),证人刘某某的证言;

7. 2013年11月8日14:30~15:10,证人刘某某的证言;

8. 2013年12月13日9:00~10:30,证人刘某某的证言;

9. 2013年11月14日14:30~15:10,证人刘某甲的证言;

10. 2013年11月6日16:30~20:30,证人徐某的证言;

11. 2013年11月5日16:00~17:00,证人畅某的证言;

12. 2013年11月5日14:30~15:30,证人张某的证言;

13. 2013年11月4日15:00~15:30,证人刘某丙的证言。

上诉人认为,上述证据均系非法证据,不能作为定案的依据,一审判决没有排除非法证据,依法应予撤销。其具体理由如下:

1. 2013年11月28日14:40~16:05,上诉人李某某供述,是在本案侦查机关对

其进行非法关押、刑讯逼供的情况下做出的,依法应当排除,不应作为定案的依据。

本案侦查机关在对上诉人李某某采取监视居住措施时存在严重违法行为,非法关押李某某长达76天。在此期间形成了2013年11月28日9时23分至10时37分、14时40分至16时05分、16时05分至17时20分3份犯罪嫌疑人供述,这些供述系侦查机关通过非法关押、变相刑讯逼供等非法方式取得,依法应予排除。

我国《刑事诉讼法》第72条明确规定:“监视居住由公安机关执行”。第73条明确规定,监视居住应当在犯罪嫌疑人、被告人的住处执行;无固定住处的,可以在指定的居所执行。对于涉嫌危害国家安全犯罪、恐怖活动犯罪、特别重大贿赂犯罪,在住处执行可能有碍侦查的,经上一级人民检察院或者公安机关批准,也可以在指定的居所执行。但是,不得在羁押场所、专门的办案场所执行。

《人民检察院刑事诉讼规则(试行)》第110条明确规定,监视居住应当在犯罪嫌疑人的住处执行。对于犯罪嫌疑人无固定住处或者涉嫌特别重大贿赂犯罪在住处执行可能有碍侦查的,可以在指定的居所执行。固定住处是指犯罪嫌疑人在办案机关所在地的市、县内工作、生活的合法居所。采取指定居所监视居住的,不得在看守所、拘留所、监狱等羁押、监管场所以及留置室、讯问室等专门的办案场所、办公区域执行。第111条明确规定,对犯罪嫌疑人采取监视居住,应当由办案人员提出意见,部门负责人审核,检察长决定。需要对涉嫌特别重大贿赂犯罪的犯罪嫌疑人采取指定居所监视居住的,由办案人员提出意见,经部门负责人审核,报检察长审批后,连同案卷材料一并报上一级人民检察院侦查部门审查。上一级人民检察院批准指定居所监视居住的,应当将指定居所监视居住决定书连同案卷材料一并交由下级人民检察院通知同级公安机关执行。下级人民检察院应当将执行回执报上一级人民检察院。

本案侦查机关B市检察院曾经在2013年10月11日至11月9日期间对李某某采取监视居住措施。2013年11月1日至2014年1月3日期间,B市检察院又对李某某采取指定居所监视居住措施。但是,该两次监视居住措施均存在严重违法行为。在第一次采取指定居所监视居住措施期间,B市检察院没有依法在李某某固定居所执行,没有交由公安机关执行,而是违法将李某某关押在B市人民检察院讯问室长达30天!在此期间,侦查人员不但没有给李某某提供最基本的生活保障,还对李某某实施了不许睡觉、不让吃饭、不许休息、动辄打骂威胁、生病不允许就医的刑讯逼供和变相刑讯逼供行为。在第二次采取的指定居所监视居住期间,B市没有依法将李某某交由公安机关执行,而是由侦查人员直接看管。在此期间,侦查机关形成了2013年11月28日9时23分至10时37分、14时40分至16时05分、16时05分至17时20分3份犯罪嫌疑人供述。

在一审庭审中，法庭已经对侦查机关的非法关押行为进行了调查，一审判决也已经认定公诉机关没有证据证明将李某某交由公安机关执行监视居住。甚至，就连一审公诉人自己在庭前会议上都承认自己看到了李某某被非法关押在本院的审讯室！上诉人认为，侦查机关非法关押犯罪嫌疑人的目的就是刑讯逼供、非法讯问，因此形成的犯罪嫌疑人供述当然不具有合法性。一审法院一方面认定了侦查机关存在非法关押犯罪嫌疑人的行为，另一方面又采信了侦查机关通过非法关押犯罪嫌疑人而取得的犯罪嫌疑人供述，这种证据认定严重错误，于法无据，应予撤销。

2. 2013年11月21日12:10～12:30证人申某的证言和2013年11月19日9:10～11:30证人李大某的证言，询问笔录上没有侦查人员签名，不符合证据形式要件，不具有合法性，依法应予排除。

我国《刑事诉讼法》第120条明确规定，讯问笔录应当交犯罪嫌疑人核对，对于没有阅读能力的，应当向他宣读。如果记载有遗漏或者差错，犯罪嫌疑人可以提出补充或者改正。犯罪嫌疑人承认笔录没有错误后，应当签名或者盖章。侦查人员也应当在笔录上签名。第124条明确规定："本法第一百二十条的规定，也适用于询问证人"。

一审法院已经查明，2013年11月21日12:10～12:30证人申某的《询问笔录》和2013年11月19日9:10～11:30证人李大某的《询问笔录》之上没有任何侦查人员签字，却依据几个侦查员在庭前会议之后出具的所谓《办案说明》，就对这两名关键证人的予以采信，这种采信证据的方式明显违法。

更何况，李某某的《询问笔录》之上还存在侦查人员公然涂改证言的情况，该《询问笔录》更加不应作为定案的依据。

3. 2013年10月30日(无具体询问时间)证人刘某某的证言、2013年10月30日(无具体询问时间)证人刘某某的证言、2013年11月8日14:30～15:10证人刘某某的证言、2013年12月13日9:00～10:30证人刘某某的证言、2013年11月14日14:30～15:10证人刘某甲的证言、2013年11月6日16:30～20:30证人徐某的证言、2013年11月5日16:00～17:00证人畅某的证言、2013年11月5日14:30～15:30证人张某的证言、2013年11月4日15:00～15:30证人刘某丙的证言，均没有侦查人员对于笔录内容的确认签名，言词证据形成过程明显违法，根本无法保证其真实性。并且，证人证言的形成过程中还存在A市检察院侦查员违法介入B市检察院侦查活动、B市检察院侦查人员单人取证、冒名取证、非法关押证人的违法取证情形。这些证人证言不具有合法性，应当予以排除。一审判决采信证据错误，依法应予撤销。

在庭审中，辩护人已经指出，本案全部言词证据均系非法取得，不具有合法性。

上述证人证言没有侦查人员对证言内容的确认签字,仅仅在证言的开头有侦查人员的姓名。并且,经过与一审公诉人当庭提供的办案人员在《办案说明》之上的签名字体相比对,可以一眼看出,上述证言开头的手写侦查人员的姓名明显不是侦查员本人的字体。这一事实足以证明本案侦查机关在询问证人、制作《询问笔录》的过程中存在大量的单人取证、冒名取证的严重违法情形,因此形成的证人证言当然不能作为定案的依据。

况且,一审法院因为同样的原因已经排除了一审公诉机关指控的第二起受贿事实中证人史某某、李大某的证言,却没有同样地排除上述证人证言,采信证据根本错误,依法应予撤销。

此外,上述证人《询问笔录》标明的侦查人员包括了宋某某、吕某这两位B市检察院的人员,这明显是A市检察院侦查员违法介入B市检察院侦查活动,因此形成的证人证言更加不具有合法性。

二、一审辩护人提交的多份证据被一审法院采纳,这些证据足以证明上诉人李某某没有利用职务便利为刘某某办理"吉祥"车牌号,不存在所谓谋利事实。一审辩护人提交的对于刘某某的《律师调查笔录》形式合法、内容真实,应当作为定案的依据。一审辩护人提交的王某鸿与刘某某的电话录音是刘某某的真实意思表示,不存在王某鸿诱导,应当作为定案的依据。一审法院认定事实错误,依法应予撤销

一审辩护人提交的李大某《律师调查笔录》足以证实,李大某是交警支队唯一有权批特殊号牌的领导,涉案的某XV0008、某XY9988、某XSW888、某XV5555、某X5555E这5副车牌不是李某某通过李大某某办理的。即一审辩护人提交的证据证明了李某某没有利用职务便利为刘某某谋取利益。此外,一审辩护人提交的王翔某《律师调查笔录》与李某某《律师调查笔录》共同证明,任何人办理特殊号牌都需要提供单位介绍信,由李某某在介绍信上签字,再持介绍信办理相关流程。根据我国《机动车号牌相关管理办法》,申领车牌的流程是有严格法律规定的,绝不是刘某某在《询问笔录》中所说的,李某某把制作好的车牌直接给他。这种说法如此可笑,更加印证了侦查机关询问证人的违法性。

一审辩护人提交的刘某某《律师调查笔录》,是一审辩护人本人以及另外一名律师共同对刘某某进行调查后制作的,其内容经过了刘某某本人的亲笔签字确认,两名调查律师也亲笔签字确认,《律师调查笔录》是刘某某的真实意思表示,其内容与李某某的《讯问笔录》和当庭供述能够相互印证,足以证明李某某没有收受宝来牌汽车,而是由刘某某垫付购车款而已。

一审辩护人提交的王某鸿与刘某某的电话录音,是王某鸿本人与刘某某本人的电话通话录音。上诉人认为,在通话中王某鸿没有诱导刘某某,刘某某所说的话是其真实意思表示,且能够和刘某某《律师调查笔录》的内容相互印证,应当作为定案的依据。

一审判决无端否定了刘某某《律师调查笔录》、王某鸿与刘某某电话录音的证明效力，于法无据。

三、二审辩护人依法提交了史某某《律师调查笔录》、种某某《律师调查笔录》、孙某某《律师调查笔录》，并且，上述证人均依法出庭作证、接受法庭质询，二审辩护人提交的新证据足以证实本案侦查机关取证行为的违法性、证人证言的不真实性，足以证实李某某不构成受贿罪

二审辩护人提交了新证据，分别是史某某《律师调查笔录》、种某某《律师调查笔录》、孙某某《律师调查笔录》，3 份新证据能够证实以下事实：

1. 史某某和李某某系多年好友。别克轿车是李某某交给史某某去抵账的，因史某某爱人练车造成车辆损坏，为此史某某与李某某商量由史某某按照原购置价减去两三万元的价格购买该车辆。直至目前，史某某都还没有把车款交给李某某。涉案 XSW888、某 XV5555、某 X5555E 这 3 副车牌，系史某某及其亲属直接开具介绍信找李大某办理的，与李某某无关。

2. 刘某某和李某某系多年好友。刘某某出资购买宝来轿车给李某某的儿子上牌、使用一事，双方是有明确约定的，两年之后，如果李某某要这辆车的话就把购车款返还给刘某某，如果李某某不要这辆车的话就把车辆返还给刘某某。根本不存在刘某某为了办理某 XV0008、某 XY9988 两个牌照送给李某某的宝来车的事实。

史某某、种某某、孙某某 3 人均已出庭作证，当庭陈述与书面《律师调查笔录》一致。结合一审辩护人提交的刘某某《律师调查笔录》、李某某《律师调查笔录》、王翔某《律师调查笔录》、李大某《律师调查笔录》、刘某某与王某鸿《通话录音》，足以证实李某某没有利用职务便利或职务形成的便利条件为刘某某、史某某办理某 XV0008、某 XY9988、某 XSW888、某 XV5555、某 X5555E 号牌，更没有收受刘某某、史某某给予的财物，李某某依法不构成受贿罪。

二审辩护人还提交了一份新证据，系刘某某收取王某鸿 5 万元车款的收条。刘某某在该收条上写明，5 万元车款是 2012 年购车款。该收条足以证实刘某某没有送车给李某某的主观想法。

四、一审判决没有依法认定本案刑事立案程序、侦查机关拘传程序违法、采取监视居住措施违法，属于认定事实错误，依法应予撤销

1. 本案刑事立案程序违法，A 市检察院在没有获得任何李某某涉嫌犯罪线索的情况下将李某某非法羁押，并指定 B 市检察院对其进行立案侦查，立案程序严重违法。

案卷材料显示，A 市检察院于 2013 年 10 月 8 日将李某某涉嫌受贿罪一案指定给 B 市检察院管辖，但是，案卷材料中却没有 A 市检察院的立案文书。事实上，A 市检察院是在没有接到任何群众对李某某的举报，也没有在办理其他案件中了解

到任何李某某涉嫌犯罪线索的情况下,仅凭个别领导主观臆测而对李某某进行立案侦查。A 市检察院此种立案侦查方式纯属凭想象立案、拍脑门立案,严重违反我国《刑事诉讼法》、最高人民检察院《人民检察院刑事诉讼规则(试行)》、最高人民检察院《关于人民检察院直接受理立案侦查案件立案标准的规定(试行)》的相关规定,属于违法立案。

2. B 市检察院侦查员在没有出示《拘传通知书》,也没有出示工作证件的情况下违法对李某某采取拘传措施、没有告知李某某作为犯罪嫌疑人的权利和义务,没有在拘传 24 小时之内对李某某进行讯问,B 市检察院的拘传行为明显违法。

2013 年 10 月 8 日上午,李某某被几名 B 市检察院侦查员带走,但是,这些人员既没有出示《拘传通知书》,也没有出示工作证件。将李某某拘传到 B 市检察院后,侦查员没有告知李某某其作为犯罪嫌疑人的权利和义务,更加没有在拘传 24 小时之内进行询问,显然,B 市检察院的拘传行为明显违反我国《刑事诉讼法》相关规定。

3. B 市检察院曾经先后两次对李某采取监视居住措施,但是名为监视居住,视为违法关押,目的是对李某某进行刑讯逼供、变相刑讯逼供。

我国《刑事诉讼法》第 72 条第 3 款明确规定,监视居住由公安机关执行。第 73 条第 1 款明确规定,监视居住应当在犯罪嫌疑人、被告人的住处执行;无固定住处的,可以在指定的居所执行。对于涉嫌危害国家安全犯罪、恐怖活动犯罪、特别重大贿赂犯罪,在住处执行可能有碍侦查的,经上一级人民检察院或者公安机关批准,也可以在指定的居所执行。但是,不得在羁押场所、专门的办案场所执行。

《人民检察院刑事诉讼规则(试行)》第 110 条明确规定,监视居住应当在犯罪嫌疑人的住处执行。对于犯罪嫌疑人无固定住处或者涉嫌特别重大贿赂犯罪在住处执行可能有碍侦查的,可以在指定的居所执行。固定住处是指犯罪嫌疑人在办案机关所在地的市、县内工作、生活的合法居所。采取指定居所监视居住的,不得在看守所、拘留所、监狱等羁押、监管场所以及留置室、讯问室等专门的办案场所、办公区域执行。第 111 条明确规定,对犯罪嫌疑人采取监视居住,应当由办案人员提出意见,部门负责人审核,检察长决定。需要对涉嫌特别重大贿赂犯罪的犯罪嫌疑人采取指定居所监视居住的,由办案人员提出意见,经部门负责人审核,报检察长审批后,连同案卷材料一并报上一级人民检察院侦查部门审查。上一级人民检察院批准指定居所监视居住的,应当将指定居所监视居住决定书连同案卷材料一并交由下级人民检察院通知同级公安机关执行。下级人民检察院应当将执行回执报上一级人民检察院。

B 市检察院曾经在 2013 年 10 月 11 日至 11 月 9 日期间对李某某采取监视居住措施。2013 年 11 月 18 日至 2014 年 1 月 3 日期间,B 市检察院又对李某采取指定居所监视居住措施。但是,该两次监视居住措施均存在严重违法行为。在第一次采取指定居所监视居住措施期间,B市检察院没有依法在李某某固定居所执行,没有交由公安机关执行,而是违法将李某某关押在B市人民检察院讯问室长达30天!在此期间,侦查人员不但没有给李某某提供最基本的生活保障,还对李某某实施了不许睡觉、不让吃饭、不许休息、动辄打骂威胁、生病不允许就医的刑讯逼供和变相刑讯逼供行为。在第二次采取的指定居所监视居住期间,B市没有依法将李某某交由公安机关执行,而是由侦查人员直接看管。

关于上述违法立案、违法羁押的行为,上诉人和一审辩护人在一审庭前会议和一审庭审中已经做了充分的论证,一审判决不但没有依法予以认定,甚至对于上述辩护意见只字不提、没有任何评价,实属认定事实错误,依法应予撤销。

4. 本案有效证据不能证明李某某利用职务便利,通过领导为刘某某办理"吉祥号牌",更加不能证明李某某收受了宝来牌汽车。一审判决认定李某某构成受贿罪没有任何事实根据和法律依据,实属认定事实错误、适用法律错误,依法应予撤销。

如上所述,本案全部言词证据均系非法证据,应当予以排除。况且,这些所谓"言词证据"相互之间矛盾重重,对同一个事实的描述颠三倒四,根本不能证实上诉人李某某利用职务便利,为刘某某办理"吉祥号牌",从而收受宝来牌汽车的所谓"犯罪事实"。例如,关于买宝来车的起因,刘某某的四次《询问笔录》中有三种完全不同的说法。一种说法是作为李某某儿子的结婚礼物,另一种说法是作为李某某儿子大学毕业参加工作所用,还有一种说法是李某某直接提出来借车用。实际上,这三种说法都是虚假的,宝来车的购车时间是2012年1月,李某某的儿子参加工作却是2008年,而他结婚是2013年1月。这些事实说明,刘某某《询问笔录》的内容完全就是编造出来的!

综上,一审判决支持公诉机关对于李某某的第一起受贿罪指控,认定李某某构成受贿罪,没有任何事实根据,也没有法律依据,依法应予撤销。

本案是一起赤裸裸的冤假错案,本案侦查机关违法立案、违法拘传、违法羁押、违法讯问、违法取证、非法关押证人、刑讯逼供、变相刑讯逼供、在开庭前非法提审、威胁恐吓被告人,简直是集各种违法办案行为之大成!上诉人李某某在精神上和肉体上都遭受了极其严重的伤害。恳请二审法院查明事实、公正审理,依法撤销一审错误判决,依法改判上诉人李某某不构成受贿罪,依法宣告李某某无罪!

此致

河北省A市中级人民法院

辩护人:高子程、刘立木律师

2015年6月12日

【二审刑事裁定书】

河北省A市中级人民法院
刑事裁定书

(2015)某刑终字第4号

抗诉机关河北省B市人民检察院。

原审被告单位A市公安局交通警察支队,组织机构代码E1135×××-9,单位地址:A市桃城区胜利西路2069号。

法定代表人息某。

上诉人(原审被告人)李某某,男,196×年××月××日出生,居民身份证号码133001196×××××××××,汉族,专科文化,原A市交警支队副支队长,原籍××省××市××市,户籍所在地:河北省A市,住A市××东路×××号交警支队生活区×栋×单元×××室。2013年10月11日因涉嫌犯受贿罪被B市人民检察院指定居所监视居住,同年11月9日转刑事拘留,2013年11月18日因涉嫌犯单位受贿罪、受贿罪被B市人民检察院指定居所监视居住,2014年1月3日转逮捕。现羁押于B市看守所。

辩护人高子程、刘立木,北京市康达律师事务所。

B市人民法院审理B市人民检察院指控原审被告单位A市公安局交通警察支队及直接责任人李某某犯单位受贿罪,指控原审被告人李某某犯受贿罪一案,于2014年12月5日作出(2014)某刑初字第106号刑事判决,认定原审被告单位A市公安局交通警察支队及直接责任人李某某不构成单位受贿罪;对原公诉机关指控李某某收受史某某贿赂的事实不予认定;认定李某某收受刘某某贿赂的事实成立,构成受贿罪,判处有期徒刑10年,没收其受贿所得上缴国库。宣判后,B市人民检察院提出抗诉,认为原审被告单位A市公安局交通警察支队即直接责任人李某某构成单位受贿罪,A市人民检察院对该部分抗诉未予支持;抗诉机关认为李某某收受史某某贿赂的事实成立,应予改判,A市人民检察院对该部分抗诉予以支持。李某某以立案违法、证据非法为由提出上诉,认为其不构成犯罪。本院依法组成合议庭,公开开庭审理了本案。A市人民检察院指派检察员严某某、邓某某出庭履行职务,上诉人李某某及其辩护人到庭参加诉讼。现已审理终结。

本院认为,原审被告人李某某收受史某某、刘某某贿赂的事实不清。依照《中华人民共和国刑事诉讼法》第225条第1款第3项、第233条之规定,裁定如下:

1. 撤销河北省B市人民法院(2014)某刑初字第106号刑事判决;

2. 发回河北省B市人民法院重新审判。

本裁定为终审裁定。

审 判 长 ×××

审 判 员 ×××

代理审判员 ×××

2015年7月16日

书 记 员 ×××

【重审一审辩护词】

尊敬的审判长、审判员:

北京市康达律师事务所接受本案被告人李某某及其亲属的委托,指派高子程、刘立木律师担任李某某涉嫌单位受贿、受贿罪一案重审阶段辩护人。开庭前,辩护人曾经多次会见被告人李某某,查阅了本案全部案卷材料,针对本案的相关事实向证人进行了调查。通过此前的原一、二审和今天的庭审,辩护人对本案的有关事实有了充分的了解。辩护人现发表如下辩护意见,恳请合议庭重视并予以采纳。

一、本案侦查机关和公诉机关在办理案件过程中存在诸多严重违法行为,本案刑事立案程序违法;对犯罪嫌疑人采取强制措施程序违法;讯问程序违法、存在刑讯逼供和变相刑讯逼供行为;询问证人程序违法;收集、调取书证程序违法,本案包括犯罪嫌疑人供述、证人证言在内的全部言词证据,以及全部非原件的书证均不符合法定证据形式要件,公诉机关指控被告人李某某涉嫌单位受贿罪、受贿罪所依据的证据均系非法证据,依法应当予以排除

1. A市检察院在没有获得任何李某某涉嫌犯罪线索的情况下将李某某非法羁押,并指定B市检察院对其进行立案侦查,立案程序严重违法。

案卷材料显示,A市检察院于2013年10月8日将李某某涉嫌受贿罪一案指定给B市检察院管辖,但是,案卷材料中却没有A市检察院的立案文书。事实上,A市检察院是在没有接到任何群众对李某某的举报,也没有在办理其他案件中了解到任何李某某涉嫌犯罪线索的情况下,仅凭个别领导主观臆测而对李某某进行立案侦查。A市检察院此种立案侦查方式纯属凭想象立案、拍脑门立案,严重违反我国《刑事诉讼法》、最高人民检察院《人民检察院刑事诉讼规则(试行)》、最高人民检察院《关于人民检察院直接受理立案侦查案件立案标准的规定(试行)》的相关规定,属于违法立案。

2. B市检察院侦查员在没有出示《拘传通知书》,也没有出示工作证件的情况下违法对李某某采取拘传措施、没有告知李某某作为犯罪嫌疑人的权利和义务,没有在拘传24小时之内对李某某进行讯问,B市检察院的拘传行为明显违法。

2013年10月8日上午,李某某被几名B市检察院侦查员带走,但是,这些人员既没有出示《拘传通知书》,也没有出示工作证件。将李某某拘传到B市检察院后,侦查员没有告知李某某其作为犯罪嫌疑人的权利和义务,更加没有在拘传24小时之内进行询问,显然,B市检察院的拘传行为明显违反我国《刑事诉讼法》相关规定。

3. B市检察院曾经先后两次对李某某采取监视居住措施,但是名为监视居住,实为违法关押,目的是对李某某进行刑讯逼供、变相刑讯逼供。

我国《刑事诉讼法》第72条第3款明确规定,监视居住由公安机关执行”。第73条第1款明确规定,监视居住应当在犯罪嫌疑人、被告人的住处执行;无固定住处的,可以在指定的居所执行。对于涉嫌危害国家安全犯罪、恐怖活动犯罪、特别重大贿赂犯罪,在住处执行可能有碍侦查的,经上一级人民检察院或者公安机关批准,也可以在指定的居所执行。但是,不得在羁押场所、专门的办案场所执行。

《人民检察院刑事诉讼规则(试行)》第110条明确规定,监视居住应当在犯罪嫌疑人的住处执行。对于犯罪嫌疑人无固定住处或者涉嫌特别重大贿赂犯罪在住处执行可能有碍侦查的,可以在指定的居所执行。固定住处是指犯罪嫌疑人在办案机关所在地的市、县内工作、生活的合法居所。采取指定居所监视居住的,不得在看守所、拘留所、监狱等羁押、监管场所以及留置室、讯问室等专门的办案场所、办公区域执行。第111条明确规定,对犯罪嫌疑人采取监视居住,应当由办案人员提出意见,部门负责人审核,检察长决定。需要对涉嫌特别重大贿赂犯罪的犯罪嫌疑人采取指定居所监视居住的,由办案人员提出意见,经部门负责人审核,报检察长审批后,连同案卷材料一并报上一级人民检察院侦查部门审查。上一级人民检察院批准指定居所监视居住的,应当将指定居所监视居住决定书连同案卷材料一并交由下级人民检察院通知同级公安机关执行。下级人民检察院应当将执行回执报上一级人民检察院。

B市检察院曾经在2013年10月11日至11月9日期间对李某某采取监视居住措施。2013年11月18日至2014年1月3日期间,B市检察院又对李某某采取指定居所监视居住措施。但是,该两次监视居住措施均存在严重违法行为。在第一次采取指定居所监视居住措施期间,B市检察院没有依法在李某某固定居所执行,没有交由公安机关执行,而是违法将李某某关押在B市人民检察院讯问室长达30天!在此期间,侦查人员不但没有给李某某提供最基本的生活保障,还对李某某实施了不许睡觉、不让吃饭、不许休息、动辄打骂威胁、生病不允许就医的刑讯逼供和变相刑讯逼供行为。在第二次采取的指定居所监视居住期间,B市没有依法将李某某交由公安机关执行,而是由侦查人员直接看管。在此期间,侦查机关形成了2013年11月28日9时23分至10时37分、14时40分至16时05分、16时05分至17时20分的3份犯罪嫌疑人供述。

4. B市检察院在侦查阶段形成的全部犯罪嫌疑人供述和证人证言均没有侦查人员签字,根本无法保证其真实性、完整性,辩护人有理由怀疑侦查人员伪造、篡改言词证据,或通过刑讯逼供、变相刑讯逼供、欺骗、威胁、诱供等非法方式取得言词证据,故,李某某涉嫌单位受贿罪、受贿罪一案的全部犯罪嫌疑人供述和证人证言依法均应予排除。

我国《刑事诉讼法》第120条明确规定,讯问笔录应当交犯罪嫌疑人核对,对于没有阅读能力的,应当向他宣读。如果记载有遗漏或者差错,犯罪嫌疑人可以提出补充或者改正。犯罪嫌疑人承认笔录没有错误后,应当签名或者盖章。侦查人员也应当在笔录上签名。第124条明确规定,本法第120条的规定,也适用于询问证人。

《人民检察院刑事诉讼规则(试行)》第199条明确规定,讯问犯罪嫌疑人,应当制作讯问笔录。讯问笔录应当忠实于原话,字迹清楚,详细具体,并交犯罪嫌疑人核对。犯罪嫌疑人没有阅读能力的,应当向他宣读。如果记载有遗漏或者差错,应当补充或者改正。犯罪嫌疑人认为讯问笔录没有错误的,由犯罪嫌疑人在笔录上逐页签名、盖章或者捺指印,并在末页写明"以上笔录我看过(向我宣读过),和我说的相符",同时签名、盖章、捺指印并注明日期。如果犯罪嫌疑人拒绝签名、盖章、捺指印的,检察人员应当在笔录上注明。讯问的检察人员也应当在笔录上签名。

本案公诉机关提交的全部犯罪嫌疑人供述和证人证言均没有侦查人员签字,全部言词证据形成过程明显违法,根本无法保证其真实性、完整性,结合本案非法立案、违法拘传、违法采取强制措施的情形,辩护人有理由怀疑侦查人员伪造、篡改言词证据,或通过刑讯逼供、变相刑讯逼供、欺骗、威胁、诱供等非法方式取得言词证据。

除此之外,本案还存在A市检察院侦查员违法介入B市检察院侦查活动、B市检察院侦查人员互相代替讯问、取证、非法关押证人的违法取证情形。

宋某某、吕某二人是A市检察院的侦查员,该二人在无任何借调手续的情况下违法参与B市检察院的侦查工作。公诉机关提供的李某某2013年10月28日16时05分至17时20分《讯问笔录》显示的讯问人员有周某某,但实际上周某某根本就没有参加本次讯问,这一点在周某某本人书写的《办案说明》中即可证实。公诉机关提交的多份《讯问笔录》之上讯问人员姓名出现了多种笔体,足以证实侦查人员互相替代讯问的事实。还有,辩护人提交的李某某妻子王某鸿与本案证人刘某某的《电话通话记录》显示,B市检察院将刘某某非法关押了四五天,威胁其承认向李某某“行贿”。

在原一审庭前会议后,公诉机关向法庭提交了部分侦查人员书写的《办案说明》,意图证明本案言词证据不存在讯问人/询问人未签字、互相代替签字、冒名签字的情形,意图以此“补正”犯罪嫌疑人供述和证人证言。但是,辩护人也在原一审庭审中当庭指出,案卷中言词证据中的签字笔体与上述《办案说明》中的签字笔体都明显不同,并正式提交书面笔迹鉴定申请书,而公诉机关虽然坚持声称签字没有问题,但是对签字笔迹不同的现象却无法作出任何解释。

在重审一审开庭前,公诉机关再一次提交了新证据,其中,B市检察院2016年4月21日出具了一份《情况说明》,明确承认:“侦查卷宗中的所有笔录均由该笔录上显示的检察人员依法所做,其中,不是由侦查人员本人亲笔所填的签名,系由做该笔录的一名侦查人员一并所签,或经作出该笔录的侦查人员确认后,根据实际情况,由整理卷宗的工作人员代签”。

显然,侦查机关在掩盖、隐瞒无效的情况下,被迫承认了案卷中的全部笔录的形成过程严重违反《刑事诉讼法》、严重违反《人民检察院刑事诉讼规则(试行)》。辩护人认为,侦查机关严重违法讯问、违法取证,所形成的全部笔录已经不可能仅仅是所谓“瑕疵证据”,而是典型的非法证据!必须依法应予排除。

5. B市检察院在侦查阶段收集的全部除原件之外的书证均没有书证的副本、复制件是否与原物、原件相符的说明,更加没有是否由二人以上制作、有无制作人关于制作过程以及原物、原件存放于何处的文字说明和签名,B市检察院收集书证违法,本案除原件之外的书证均不能作为证据使用。

最高人民法院《关于适用〈中华人民共和国刑事诉讼法〉的解释》第69条明确规定,对物证、书证应当着重审查以下内容:物证、书证是否为原物、原件,是否经过辨认、鉴定;物证的照片、录像、复制品或者书证的副本、复制件是否与原物、原件相符,是否由二人以上制作,有无制作人关于制作过程以及原物、原件存放于何处的文字说明和签名。

辩护人注意到,B市检察院在侦查阶段收集的全部除原件之外的书证均没有书证的副本、复制件是否与原物、原件相符的说明,更加没有是否由二人以上制作、有无制作人关于制作过程以及原物、原件存放于何处的文字说明和签名。显然,B市检察院收集书证程序违法,本案除原件之外的书证均不能作为证据使用。

6. B市检察院有关领导在一审开庭前非法提审李某某,对李某某进行威胁恐吓。

本案原一审原定于2014年9月18日上午开庭,后因辩护人于2014年9月17

日上午申请排除非法证据而延迟至2014年9月30日开庭。就在2014年9月17日上午11时,B市检察院检察长王某某独自一人赴B市看守所违法提审李某某。王某某威胁李某某说:“你这个案件不是B市的案件,是A市检察院办理的案件,你在B市法院说什么也没用。李大某(A市公安局交警支队原支队长)已经被双规了,他被双规的原因和你的案件有关”。

辩护人认为,B市检察院领导的此种肆无忌惮的行径更加能够证实B市检察院在办理本案过程中严重违法、徇私枉法的错误态度。

7. 辩护人有理由怀疑B市检察院公然有组织、有预谋地伪造证据,已经涉嫌刑事犯罪,案卷中凡是梁某、张某某二人参与的讯问犯罪嫌疑人笔录、询问证人笔录均不具有合法性,依法应予排除。

原审二审庭审中,辩护人曾经指出,侦查机关部分侦查人员不具有合法检察员身份,不具有侦查权力,不能参与讯问犯罪嫌疑人和询问证人行为。辩护人提出的具体侦查人员为梁某和张某某,其中,梁某仅是B市检察院法警、张某甲仅是B市检察院实习人员。为此,原二审合议庭也曾经要求B市检察院提交梁某和张某甲具有检察员身份的相关证明,但是直到原二审作出发回重审的裁定书,B市检察院也没有提交相关证明。

在本次庭审中,公诉机关提交了B市检察院于2015年11月20日出具的《情况说明》,声称:“按照A市人民检察院的指定,我院在市院指导下承办了A市交警支队李某某涉嫌受贿案件。在该案办理过程中,所有参与案件的办案人员均为正式、合法检察人员,其中宋某某、吕某分别为A市人民检察院反贪局大要案指挥中心的主任、副主任,系A市人大常委会任命的检察员。梁某、张某甲是B市人民检察院反贪局侦查科人员,系依法由检察长任命的助理检察员。(梁某于2012年8月任助理检察员,张某甲于2013年9月任助理检察员,其档案资料存于B市委组织部)其他人员为B市人大常委会依法任命的检察员”。在该份《情况说明》之后,B市检察院还附了梁某和张某甲的《检察院干部任免呈报表》。辩护人认为,这两份《检察院干部任免呈报表》是B市检察院伪造的!

张某甲的《检察院干部任免呈报表》显示,其在2010年7月至2012年7月期间在甘肃省政法学院法律硕士专业学习,2012年7月至2013年8月期间毕业待分配,2013年8月进入B市检察院,而其参加工作时间却是2013年10月。辩护人极其意外地看到,该份《检察院干部任免呈报表》显示张某甲在2013年9月30日就被B市检察院检察长任命为助理检察员,这根本就是不可能的!我国《检察官法》第10条明确规定,担任检察官必须具备下列条件:……(6)高等院校法律专业本科毕业或者高等院校非法律专业本科毕业具有法律专业知识,从事法律工作满2年,其中担任省、自治区、直辖市人民检察院、最高人民检察院检察官,应当从事法律工作满3年;获得法律专业硕士学位、博士学位或者非法律专业硕士学位、博士学位具有法律专业知识,从事法律工作满1年,其中担任省、自治区、直辖市人民检察院、最高人民检察院检察官,应当从事法律工作满2年。况且,上述工作年限还不包括在检察院实习一年的时间!显然,张某甲在2013年9月30日根本就不可能担任助理检察员!辩护人高度怀疑B市检察院为了掩盖违法办案的行为而公然造假证据!如果辩护人的怀疑得到证实,B市检察院的行为已经涉嫌刑事犯罪,辩护人将保留直接提起刑事控告的权利。

辩护人现依法正式向人民法院提出调取证据申请和司法鉴定申请,申请人民法院向B市委组织部调取梁某和张某甲的《检察院干部任免呈报表》原件,并委托B市之外的专业司法鉴定机构对原件之上的"B市人民检察院"公章的盖章时间进行司法鉴定,以查明上述两份《检察院干部任免呈报表》是否伪造。

辩护人要特别指出,公诉机关在本次庭审中提交的所谓"补正证人证言"均为梁某或者张某某参与询问的,如果该二人经证实不具有检察官身份,则所谓"补正证人证言"全部都不具有合法效力,根本不能作为证据使用,因此,还请合议庭从对案件负责的精神出发,批准辩护人调取证据申请和司法鉴定申请。

综上,辩护人认为,A市检察院、B市检察院立案程序违法、拘传程序违法、采取强制措施程序违法、讯问程序违法、询问证人程序违法,同时存在刑讯逼供、变相刑讯逼供、非法关押证人的严重违法办案行为。公诉机关提交的全部言词证据、全部非原件书证均不符合法定形式要件,不能作为证据使用。

二、A市公安局交警支队不构成单位受贿罪,李某某个人亦不构成单位受贿罪

1. A市交警支队与哈院存在合作关系,2001年至今,双方合作开展驾驶员体检工作,哈院收取的驾驶员体检费,A市交警支队可以分得70%。A市体育馆从哈院报销的维修费、水电费,其资金来源于A市交警支队分得的体检费,A市交警支队不构成单位受贿罪。

李某某当庭陈述以及哈院财务处处长赵某民的书面《证明材料》能够证实,早在2001年,时任A市交警支队队长的马某某与哈院院长潘某某商定,交警支队和哈院合作开展驾驶员体检工作,交警制度提供人员、设备,哈院提供医生和资质,由哈院收取体检费用,哈院和交警支队3∶7分成。2009年至2013年期间,作为交警支队代管单位的A市体育馆从哈院报销了水电费、维修费等43余万元费用,其资金来源系交警支队分得的部分。显然,交警支队并不存在收受、使用哈院资金的情形。

交警支队和哈院合作驾驶员体检一事,在交警支队和哈院不是秘密,很多人员都知情。庭审后,多名参加了案件旁听的交警支队人员都向辩护人确认了这一事实。为了更好地查明案件事实,还请法庭向交警支队进行调查。

2. A市交警支队从未利用职权确定哈院作为A市唯一的体检机构单独承担驾驶员体检工作,更加不可能以引入其他符合资质的医院参与驾驶员体检工作相威胁,要求哈院为A市体院馆报销费用,A市交警支队不构成单位受贿罪。

公诉机关指控李某某利用其负责联系协调驾驶哈院体检相关事宜的职务便利,以让其他符合资质的医院参与体检为由,要求单独承担驾驶证考试学员体检业务的哈院为体育馆提供部分资金,该院为了继续承接驾驶证考试学员体检业务,遂答应可以为体育馆报销一些费用。

公诉机关上述指控与事实严重不符,没有任何事实依据。在庭审中,辩护人已经提交了多份书面证据证明哈院根本就不是唯一的驾驶员体检医院,实际上,包括A市第二人民医院、中医院、武某县医院、枣某县医院、安某县医院在内的多家医院均在实际从事驾驶员体检工作。显然,公诉机关关于交警支队利用职权向哈院索取好处、为哈院谋取利益的指控根本不成立。交警支队不构成单位受贿罪。

3. A市体育馆与哈院签订的2008年12月30日《协议书》合法有效,已经实际履行,哈院没有无偿为A市体育馆报销费用,A市体育馆也不构成单位受贿罪。

2008年12月30日,A市体育馆与哈院签订了一份《协议书》,该份协议书是一份双务合同。体育馆长期免费为哈院提供场馆及场馆的配套设施开展文艺演出、羽毛球、乒乓球和篮球等活动。哈院每年给体育馆负担一定的场馆维修费、体育器材购置费、办公费及部分工作人员的工资等。

公诉机关提交的证据显示,上述协议已经实际履行。2009年6月4日至7日,2010年4月22日至25日,2010年10月20日至22日,2011年5月23日至25日,2011年11月1日至3日,2012年5月7日至9日,2012年10月15日至17日,2013年5月22日至24日,哈院共计在A市体育馆举办8次全院职工羽毛球大赛,共计包场26天。8次职工羽毛球大赛的参赛人数最少为102人,最多的一次多达380人。既然哈院已经按照《协议书》的约定免费使用了A市体育馆场地,那么,哈院按照合同为A市体育馆报销部分维修费、水电费并无不当。

辩护人注意到,公诉机关对该份《协议书》的效力也是认可的,只不过认为哈院使用A市体育馆的场地相对应的使用费明显低于哈院为A市体育馆报销的维修费而已。实际上,公诉机关采取的场地使用费计算标准是社会人员零星使用场地的租金标准,而不是大型活动包场的租金标准。辩护人在庭审中已经提交书面证据,证明了A市体育馆包场费用约为1.5万元/天,那么截至案发前,哈院共计包场26天,租金总额已达39万元。该金额与哈院为A市体育馆报销费用金额大致相当,况且,按照《协议书》的约定,哈院还可以继续免费试用A市体育场场地,显然,A市体育馆并没有索取、非法获取哈院资金,A市体育馆本身也不构成单位受贿罪。

4. 李某某在2008年至2011年12月期间,仅仅是A市体育馆的馆长,其在A

市交警支队没有任何职务。2011年12月,李某某担任A市交警支队副支队长,同时也不再担任A市体育馆馆长职务。哈院和A市体育馆签订《协议书》和报销费用之时,李某某在A市交警支队不具有任何职权,其不是交警支队的主要负责人和直接责任人,不应作为主要负责人和直接责任人构成单位受贿罪。

公诉机关提供的合法书证显示,由于历史原因,A市体育馆由A市交警支队代管,体育馆馆长经A市政法委批准后,由A市公安局任命。辩护人认为,尽管存在代管与被代管的关系,A市交警支队和A市体育馆仍属于职能不同的两个单位,两个单位在法律地位上相互独立,在行政职能上也不存在交叉,因此,对于两个单位的行为应当加以区分。2008年,作为时任A市体育馆馆长的李某某在交警支队没有任何职务,仅系一名普通民警,根本就不是交警支队的主要负责人和直接责任人。2011年年底,李某某担任交警支队副支队长,不再担任体育馆馆长职务,但是其并没有主管和分管工作,仅仅是协助交警支队申某副支队长管理车管所和服务公司的工作。从李某某的任职情况来看,其从来也不是,也不可能是交警支队的主要负责人,更加不是驾驶员体检工作的直接责任人。公诉机关指控李某某负责联络协调体检医院,其个人对交警支队所谓"单位受贿行为"承担领导责任,没有任何事实和法律依据,李某某依法不构成单位受贿罪。

三、李某某没有利用职务便利为刘某某、史某某获取"吉祥号牌",也没有收受刘某某、史某某财物,没有损害国家机关工作人员的廉洁性,依法不构成个人受贿罪

1. 李某某之子李小某名下的宝来车虽然由刘某某代为支付车款,但是,李某某和刘某某系多年好友,二人明确约定李某某在李小某使用该车两年之后归还车款或归还车辆,李某某在主观上并没有收受刘某某13.1万元车款的主观故意。

李某某的当庭陈述和辩护人提交的刘某某《律师调查笔录》、种某某《律师调查笔录》、孙某某《律师调查笔录》和刘某某与李某某妻子王某鸿的电话录音、刘某某出具给王某鸿的《收条》足以证明,刘某某和李某某系多年好友,刘某某具备较强经济实力。2011年年底,刘某某得知李某某之子李小某需要一辆机动车,出于好友情谊,遂主动提出给李小某买一辆宝来车,由其代为支付13.1万元车款,李某某可以在两年后,即2014年1月,归还车款或者归还车辆。实际上,在案发后,刘某某也收到了李某某的妻子王某鸿偿付的车款人民币5万元现金,王某鸿也曾向刘某某明确表示要归还剩余的车款。上述事实足以证明,李某某在主观上没有收受刘某某13.1万元购车款的受贿故意。况且,种某某和孙某某还在原二审庭审和本次庭审中出庭作证,当庭证实了《律师调查笔录》中记载的事实。

根据最高人民法院于2003年11月13日印发的《全国法院审理经济犯罪案件工作座谈会纪要》的规定,国家工作人员利用职务上的便利,以借为名向他人索取财

物,或者非法收受财物为他人谋取利益的,应当认定为受贿。具体认定时,不能仅仅看是否有书面借款手续,应当根据以下因素综合判定:(1)有无正当、合理的借款事由;(2)款项的去向;(3)双方平时关系如何、有无经济往来;(4)出借方是否要求国家工作人员利用职务上的便利为其谋取利益;(5)借款后是否有归还的意思表示及行为;(6)是否有归还的能力;(7)未归还的原因;等等。在本案中,作为刘某某交往多年的朋友,李某某接受刘某某帮其支付车款,且刘某某也曾证明李某某确曾表示过要归还该笔车款,即便双方并未就借款事项达成书面的借款协议,也不能就此即得出李某某具有非法占有该笔款项的目的。

虽然,刘某某本人并未出庭,甚至还在重审一审开庭前再次接受询问、再次声称其为了办理"吉祥号牌"而送给李某某一辆宝来车。但是,刘某某的证言没有其他证据佐证,明显属于孤证,依法不能作为定案的依据。辩护人认为,公诉机关指控李某某收受刘某某财物事实不清、证据不足,根本达不到《刑事诉讼法》规定的定罪标准,依法不能成立。

2. 2008年,李某某将别克车交由好友史某某通过顶账的方式进行处理,此后,史某某的妻子李某文使用该辆别克车练车。史某某至今没有支付一分钱车款给李某某。李某某没有收受史某某20万元现金,依法不构成受贿罪。

李某某的当庭陈述、证人史某某、证人李某文的当庭陈述和辩护人提交的史某某、李某文、王某鸿《律师调查笔录》足以证明,李某某和史某某系多年好友,史某某从事房地产开发经营活动,在进行工程款结算时进行采取以物顶账的方式。2008年,李某某之子李小某回A市工作,李某某想要将其名下的别克车卖掉,为李小某买一辆新车。史某某得知此事后,主动提出由其将别克车顶账给别人,让李某某多得一些钱。2008年年底,李某某将别克车交给了史某某,此后,史某某的妻子李某文使用该辆别克车练车。直到李某某被A市检察院立案调查,史某某也没有给李某某支付一分钱车款。辩护人认为,上述事实能够证明李某某没有收受史某某支付的20万元车款,不具有受贿的主观故意和客观行为。

此外,李某某在2008年年底将别克车交给史某某,公诉机关指控的李某某为史某某办理"吉祥号牌"的时间却是2012年,这四年的时间差足以说明公诉机关关于李某某收受史某某贿赂的指控是子虚乌有。试问:史某某是如何提前3年就能未卜先知李某某会升任交警支队副支队长?又是如何想到提前4年为办理"吉祥号牌"向李某某行贿?

3. 李某某没有自行或通过原A市交警支队支队长李大某为刘某某、史某某办理"吉祥号牌",没有利用职务便利为刘某某、史某某谋取利益,李某某依法不构成受贿罪。

2011年年初,李某某升任A市交警支队副支队长。但是,李某某并不具有审批、发放“吉祥”车牌照的职权。公诉机关提交的A市交警支队出具的书面证明材料即可证明这一点,交警支队对车牌号的发放一般是按照上级规定公开选取。但是为了照顾一些关系单位和个人,交警支队提前选出一些人们认为“好”的号码,经审批后车管所才可以发放。审批“好”号由李大某支队长亲自审批,副支队长无权审批这部分号牌。

李某某的当庭陈述和辩护人提交的李大某《律师调查笔录》、王翔某《律师调查笔录》足以证明,某TV0008、某TY9988、某TSW888、某TV5555、某T5555E这5副车牌不是李某某通过李大某支队长办理的。其中,公诉机关指控李某某为史某某办理公诉机关指控李某某为史某某办理某TSW888、某TV5555车牌,实际上,该两副车牌是史某某使用桃某区法院和安某县法院介绍信找李大某办理的,至于某T5555E车牌,实际上牌是史某某的外甥王翔某通过其工作单位A市传染病防治所出具介绍信的方式通过李大某办理的,与李某某根本无关。

此外,辩护人认为,所谓“吉祥号牌”只是一个相对而言的概念,根据我国《机动车号牌管理办法》,符合一定条件的原机动车所有人办理机动车转移登记或者注销登记后,原机动车所有人申请办理新购机动车注册登记时,可以向车辆管理所申请使用原机动车号牌号码。根据上述规定,车牌是不得转让的。所谓“吉祥号牌”,仅仅能够满足机动车所有人心理上需要。而什么样的号牌才算是“吉祥”呢,显然没有一个客观的标准。公诉机关无法证明涉案5个号牌是“吉祥号牌”、“吉祥”在哪里,更加无法证明刘某某、史某某为了这些号牌向李某某行贿十几万元的合理性。

此外,对于侦查机关认定的犯罪嫌疑人李某某曾实施过帮助史某某办理某XSW888、某XV5555、某X5555E这3副“吉祥”车牌照的行为,除证人史某某的证言可以对之加以证实外,并无其他的证据同时印证证人史某某证言的真实性,而犯罪嫌疑人李某某则在诸次的《讯问笔录》中均对之进行了否认。

应当指出的是,B市检察院在证人李大某提供证言的过程中,采取了诱供的非法取证手段。具体而言,在被问到“在你任交警支队支队长期间,李某某找你办过什么事吗?”证人李大某回答:“他找我要过车牌照,为他自家车要过车牌照,还为他的朋友要过。”在被问到“你回忆一下,他找你要的什么车牌照?”证人李大某回答:“他曾找我要过车牌照,我印象中有3副,分别是某XV0008、某XW8888、某XY9988,他还找我要过其他的车牌照,但是我现在回忆不起来了。”在证人李大某明确表示其已经无法回忆起犯罪嫌疑人李某某是否还向其要过其他车牌照的情况下,侦查人员采用“你回忆一下,是否有人找你要过某XV5555、某X5555E、某XSW888这3幅牌照”这种明显具有暗示性和倾向性的提问方式诱导证人李大某作答,并最终得到了“经过我回忆这3幅牌照是李某某找我要的,具体时间我记不清了”这一肯定回答。最高人民检察院、公安部于2010年8月31日联合印发的《关于审查逮捕阶段讯问犯罪嫌疑人的规定》第6条明确规定，检察人员讯问犯罪嫌疑人，应当注意方法与策略，防止因讯问不当造成犯罪嫌疑人不正常地推翻有罪供述，影响侦查活动顺利进行。严禁逼供、诱供。此外，最高人民法院于2012年12月20日公布的《关于适用〈中华人民共和国刑事诉讼法〉的解释》第106条有关“根据被告人的供述、指认提取到了隐蔽性很强的物证、书证，且被告人的供述与其他证明犯罪事实发生的证据相互印证，并排除串供、逼供、诱供等可能性的，可以认定被告人有罪”的规定，也蕴含了对于诱供得到的证据应予排除的基本精神。据此，应将证人李大某提供的李某某找其要过某XSW888、某XV5555、某X5555E这3副车牌照的证据予以排除。更有甚者，B市检察院公然涂改李大某的证言，将原某XV9988人为涂改为某XY9988，以配合证人刘某某的证言。此种涂改证人证言的行为，明显违法。

综上，辩护人认为，本案是一起赤裸裸的冤假错案，本案侦查机关违法立案、违法拘传、违法羁押、违法讯问、违法取证、非法关押证人、刑讯逼供、变相刑讯逼供、在开庭前非法提审、威胁恐吓被告人、公然炮制伪证，简直是集各种违法办案行为之大成！李某某在精神上和肉体上都遭受了极其严重的伤害。公诉机关提供的全部言词证据、非原件书证不具备合法性，不能作为证据使用，应当予以排除。A市交警支队没有指定哈院作为唯一驾驶员体检机构，更加没有以取消“唯一”向威胁，要求哈院为A市体育馆报销维修费、水电费，A市交警支队和李某某依法不构成单位受贿罪。李某某没有利用职务便利为刘某某、史某某办理“吉祥号牌”，更加没有收受刘某某、史某某给予的好处，李某某依法不构成受贿罪。

恳请合议庭查明事实，依法裁判，尽快依法宣告李某某无罪。

北京市康达律师事务所

高子程、刘立木律师

2016年5月6日

【重审一审刑事判决书】

河北省B市人民法院
刑事判决书

(2015)某刑初字第117号

公诉机关河北省B市人民检察院。

被告单位A市公安交通警察支队(以下简称A市交警支队或交警支队),组织机构代码E1135×××-9,单位地址:A市桃城区胜利西路2069号。

法定代表人息某。

诉讼代表人马某,男,被告单位法制科科员。

辩护人××,××××律师事务所律师。

被告人李某某,男,196×年××月××日出生,居民身份证号码:133001196×××××××××,汉族,专科文化,原A市交警支队副支队长,原籍××省××市××县,户籍所在地:河北省A市,捕前住A市××东路×××号交警支队生活区×栋×单元×××室。2013年10月11日因涉嫌犯受贿罪被B市人民检察院指定居所监视居住,同年11月9日转刑事拘留,2013年11月18日因涉嫌犯单位受贿罪、受贿罪被B市人民检察院指定居所监视居住,2014年1月3日转逮。现羁押于枣某县看守所。

辩护人刘立木、高子程,北京市康达律师事务所律师。

河北省A市中级人民法院以(2014)某刑辖字第27号指定管辖决定书,指定我院管辖被告单位A市交警支队涉嫌犯单位受贿罪、被告人李某某涉嫌犯单位受贿罪、受贿罪一案,河北省B市人民检察院以B市院公诉刑诉(2014)2号起诉书指控被告单位A市交警支队、被告人李某某犯单位受贿罪,被告人李某某犯受贿罪,于2014年6月9日向本院提起公诉。

本院依法组成合议庭,公开开庭审理了本案。于2014年12月5日作出(2014)某刑初字第106号刑事判决,B市人民检察院提出抗诉,被告人李某某提出上诉;河北省A市中级人民法院于2015年7月16日作出(2015)某刑终字第4号刑事裁定,撤销原判,发回重审。本院于2015年7月24日立案,公诉机关于2015年8月7日以补充侦查为由建议延期审理,本院同日作出延期审理决定。同年9月7日公诉机关以侦查完毕为由建议恢复审理,我院于同日对该案恢复审理。公诉机关于2015年10月23日再次以补充侦查为由建议延期审理,本院于同日作出延期审理决定。同年11月23日公诉机关以侦查完毕为由建议恢复审理,我院于同日对该案恢复审理。因本案重大复杂,经A市中级人民法院批准,延长审限3个月。本院依法另行组成合议庭,公开开庭审理了本案。B市人民检察院指派检察员张少某、代理检察员苏某出庭支持公诉,被告单位的诉讼代表人马某及其辩护人××,被告人李某某及其辩护人刘立木,证人史某某、种某某、孙某某到庭参加诉讼。现已审理终结。

针对被告人的辩护人提出的非法证据排除问题,综合双方争议及各自的理由,本院对证据分析认定如下:

对于本案的所有证据,被告人李某某的辩护人及被告人均提出了异议,要求对公诉机关提交的全部言词证据、全部非原件书证依法予以排除:

1. 被告人李某某在2013年11月28日3次供述,是在指定居所监视居住期间形成,被告人由检察机关的侦查人员直接看管,未依法交由公安机关执行,故该3份供述是侦查机关在违法监视居住、非法关押、刑讯逼供、变相刑讯逼供、威胁的情况下取得。

被告人在2013年11月10日作供述时,询问人邓某对被告人大喊大叫、进行威胁。2013年11月28日询问笔录中询问人是周某某、杨某某,但讯问时并没有周某某。该天讯问时就史某某部分,是被告人在思维混乱、心脏病发作,在办案人前期对被告人诱供、刑讯逼供、疲劳审讯、办案人自问自答的情况下所作的供述。2014年1月4日的供述被告人没有看清所写内容,讯问人员就让被告人签了名,且同步录音录像有删减。

针对上述异议,公诉人提交了:(1)B市人民检察院送达回证、B市招待处住宿票据,证实指定居所监视居住通知书已送达公安机关执行。(2)侦查人员邓某出具的情况说明,证明其在2013年11月10日的讯问中对被告人无刑讯逼供、暴力威胁等违法行为。(3)B市人民检察院技术科出具的情况说明,证实B市反贪局办理的李某某一案中对李某某的讯问同步录音录像系我科在讯问室连续录制,无拼接。(4)B市人民检察院反贪污贿赂工作局出具的情况说明一份,证实对李某某采取指定居所监视居住的地点及人员的相关情况此前已进行了说明和补正;对相关讯问笔录、询问笔录中侦查人员的签名情况此前也已进行了补正;对李某某的辩护人提供的证人笔录及证人证言和收款收条反映的情况,以刘某某的笔录为准。

2. 本案中所有被告人供述及证人证言,均不符合证据形式的合法要件。(1)所有讯问、询问笔录尾部均无侦查人员签名,无法保证笔录的真实性与完整性。在此共性问题下,一部分笔录抬头部的讯问或询问人、记录人是机打体;一部分笔录抬头部虽签有讯问或询问人、记录人姓名,但均为一人笔体;一部分笔录抬头部讯问或询问人、记录人签名的笔体是除讯问或询问人、记录人之外的第三人的笔体。有理由怀疑侦查人员伪造、篡改言词证据,或通过非法方式取得言词证据;(2)办案人员中梁某、张某甲主体身份不符合,其二人没有侦查资格。

公诉人在原一审庭前会议中解释,法律没有规定必须在尾部签字,故讯问、询问人在抬头部签名应视为已签名。在庭审中,公诉人出示了:(1)侦查人员周某某、邓某、杨某某、张某某、周某甲出具的情况说明,证实该几名侦查人员分别参与了对被告人以及证人的讯问、询问。(2)B市人民检察院2015年11月20日的情况说明,证实按照A市人民检察院的指定,在市院指导下承办了A市交警支队李某某涉嫌受贿案件。在办理过程中,所有参与办案人员均为正式、合法检察人员。其中宋某某、吕某分别为A市检察院反贪局大要案指挥中心的主任,副主任,系A市人大常委会任命的检察员。梁某、张某甲是B市人民检察院反贪局侦查科人员,系依法由检察长任命的助理检察员(梁某于2012年8月任助理检察员,张某甲于2013年9月任助理检察员,其档案资料存于B市委组织部),其他人员为B市人大常委会依法任命的检察员。(3)中共B市委组织部提供的检察院干部任免呈报表两份。(4)B市人民检察院2016年4月21日出具情况说明,证实该案侦查卷宗中的所有笔录均由该笔录上显示的检察人员依法所做,其中,不是由侦查人员本人亲笔所填的签名,系由做该笔录的两名侦查人员一并所签,或经做出笔录的侦查人员确认后,根据实际情况,由整理卷宗的工作人员代签。

3. 本案除原件外的书证复制件均无提取人、提取日期、无原件出处,无书证复制件是否与原件相符的说明,不符合《刑事诉讼法》规定的书证的合法形式,B市人民检察院收集书证违法。

公诉人出示了由B市人民检察院反贪污贿赂工作局出具的情况说明,证实:从A市交警支队车管所调取的机动车档案资料,因李某某系A市交警支队原副支队长,故提供人不愿签名,只加盖了单位公章。

针对上述争议,本院对公诉机关提供的证据分析认定如下:

1. 对被告人于2013年11月28日所作的3份讯问笔录,系其在被指定居所监视居住期间所作,公诉机关就是否由公安人员具体执行未做进一步说明,不排除对被告人李某某采取强制措施时,有违反法律规定的可能,故对该3份讯问笔录不予采用。

对被告人于2013年11月10日所作的讯问笔录,侦查人员邓某出具了情况说明,证实对被告人无大呼小叫、威胁等违法行为,且被告人所称的对其大呼小叫不属于法律规定的刑讯逼供等非法方法,不符合非法证据排除的条件,可作为证据使用。

对被告人于2014年1月4日所作的讯问笔录,笔录抬头讯问人处的手写签名是该份笔录讯问人之外的第三人的笔体,公诉机关出具了2016年4月21日情况说明对此作出了解释,且侦查人员出具的情况说明,证实参与了对被告人的讯问,又有经被告人阅看笔录后确认相符的亲笔签名,故该份证据可作为证据使用。

2. 证人证言:证人申某2013年11月21日、22日的证言,李大某、张某、孟某、李某文、耿某、史某、刘某甲、刘某乙、刘某丙(2013年11月4日证言)的证言,公诉机关出具的2016年4月21日情况说明就签名问题作出了解释,侦查人员分别出具了情况说明,证实参与了对上述证人的询问,又有证人经阅看笔录后确认内容无误的亲笔签名,故可作为证据使用。

公诉机关出具的2015年11月20日的情况说明就张某甲系依法任命的助理检察员及张某甲干部任免呈报表部分,公诉人未能说明张某甲系依法任命,故本案中关于张某甲参与询问的所有笔录(证人李大某、徐某2013年11月6日的证言、畅某、张某、龚某、王翔某、刘某丙2016年4月25日的证言、申某2016年4月23日的证言、刘某甲2016年4月21日9点10分至9点55分的证言)均不予采用。

3. 本案中部分书证复印件证据形式有欠缺,是瑕疵证据。这些证据中,对于从车管所调取的机动车档案资料复印件,公诉机关出具了情况说明,作出了解释。对于其他未标有证据提取人、提取时间及证据出处的复印件,因首页及骑缝处盖有证据提供单位的公章,再结合本案其他证据,可作为证据使用。

(一)单位受贿

公诉机关指控:2000年,A市体育馆(以下简称体育馆)由被告单位A市交警支队代管。2008年为解决体育馆资金困境,时任体育馆馆长的李某某利用其负责联系协调驾驶员体检相关事项的职务便利,要求单独承担驾驶证考试学员体检业务的A市×××国际和平医院(以下简称哈院)为体育馆提供部分资金。该院答应可以为体育馆报销一些费用,但要求双方签订一份协议,以方便该院做账务处理。2008年12月30日,双方签订了协议。经核算,自2009年起至2013年4月止,体育馆共从哈院报销、索要费用399,382元。

针对上述指控,公诉机关向法庭举证如下(已排除的证据不再列举):

与原一审相同部分略。

被告单位辩称交警支队不构成犯罪。其辩护人认为公诉机关指控罪名不成立:(略)

为证实交警支队与体育馆是两个独立的不同单位,辩护人向法庭举证如下:(略)

(二)受贿一

公诉机关指控(略,同原一审)。

为证实指控的犯罪事实,公诉机关向法庭举证如下(已排除的证据不再列举):

1. 证人史某某证言,证实大概2009年,其买了李某某一辆红色别克轿车,轿车价值10万元左右,但其给了李某某20万元现金。之所以多给他钱就是为了以后找他帮忙给办好的车牌照,办驾驶证。找李某某办过有“888”、某XV5555、某X5555E车牌。

2. 证人李大某 2013 年 11 月 19 日、2016 年 4 月 26 日证言,证实其任支队长期间,李某某找其要过车牌照,为他自家车要过牌照,还为他的朋友要过,某 XV5555、某 X5555E、某 XSW888 这 3 幅牌照可能是李某某找其要的。

3. 证人申某 2013 年 11 月 21 日证言,证实为了照顾一些单位和个人,交警支队提前选出一些"好"的号码,经审批后车管所才可以发放,支队选出的号码不再放在号池内公开选取。一开始审批"好"号是经一个领导小组,后来就由李大某支队长自己审批。副支队长无权审批这部分号牌,如果需要也要向李大某支队长申请。

4. 别克车机动车档案资料、号牌号码某 XSW888 的机动车档案资料、号牌号码某 XV5555 的机动车档案资料、号牌号码某 X5555E 的机动车档案资料、号牌号码某 X56789 的机动车档案资料。

5. B 市物价局价格认证中心关于涉案结论书,证实:经鉴定,别克车 2008 年 1 月 1 日的价格为 114,224 元;2009 年 3 月 4 日价格为 107,505 元。

被告人李某某辩称:(略,同原一审)。

辩护人为上述辩护举证如下,并申请证人史某某出庭作证:

1. 辩护人于 2014 年 7 月 10 日对李 B 所作的调查笔录,李某文证实:2008 年其想买辆车开,正好李某某的妻子王某鸿有辆别克车想让史某某抵账给建筑公司,其就用这辆车练习。出于驾车风险考虑,当时这辆车过户到了其名下。因其练车经常磕碰,很长时间这辆车一直抵不出去,其多次催促史某某把车抵出去,直到 2013 年 7 月史某某被抓,其还一直在催促他。2013 年 9 月,其还问王某鸿史某某是否飞了车钱? 2009 年家里正在搞房地产开发,钱特别紧张,史某某不可能拿出 20 万元给李某某。

2. 辩护人于 2014 年 7 月 9 日王翔某所作的调查笔录,王翔某证实:其在 A 市结核病防治所工作,其名下的一辆车牌为冀 X5555E 的现代轿车是 2012 年 11 月买的,一直由其自己开车上下班。车牌号是其找代为开了介绍信,盖了公章找领导批的,具体谁批的不清楚。

3. 辩护人于 2014 年 7 月 10 日对李大某所作的调查笔录,证实:在其任职期间只有其一人有权限审批特殊车牌。特殊车牌,个人不能申请,只有单位可以凭介绍信申请,介绍信应当有单位公章,其批过的车牌都有单位介绍信。这些介绍信没有存档,车牌号批完了就没有用了。某 XV0008、某 XY9988、某 XSW888、某 XV5555、某 X5555E 这 5 个车牌记不清是李某某向其要的了。其批过的车牌都有介绍信。

4. 辩护人于 2015 年 3 月 16 日对史某某的调查笔录,证实:李某某让我把红色别克车抵账给建筑商,抵个好价钱。后其爱人李某文用这车练车,撞了好几次,其就和李某某说买了这车,记得购车发票是十几万块钱,其说这车跑了三四千公里,故比原价少给两三万元,李某某同意了,当时没钱就一直拖下来;2013 年 11 月在 A

市××县看守所期间,A检察院的提审让其说和李某某的不正当经济往来,其说没有,当天下午他们做了一份笔录,其签了字;过了几天,他们又来,说和李某某对不上,李某某承认其给了他20万元买这车。他们要其承认给了李某某20万元,其不肯,他们就吓唬其,要把其弄到B看守所去,其不想被带到B去,就同意签字,他们打了一份笔录,其没看内容直接签了字。某XSW888、某XV5555车牌是其的,是其用A市××区法院和××法院的介绍信直接找交警支队李大某队长办的,李大某批的条子。某X5555E是其外甥王翔某的,王翔某自己拿他们单位介绍信办的,这3个车牌和李某某没有关系。

5. 证人史某某当庭证言,证实红色的别克车车款没有给李某某,某XV5555、某XWE这两副牌照是其找李大某办的,不是李某某办的,李某某只是说支队长在不在单位,其再去找李大某批。

本院认为,辩护人提交的对史某某的调查笔录及史某某的当庭证言与公诉机关提交的史某某证言相互矛盾,且李大某证言仅证实涉案3幅车牌照可能是李某某找其要的,具有不确定性,故公诉机关提交的现有证据不足以证实起诉书指控的被告人该起犯罪的事实,公诉机关指控的该起犯罪证据不足,不能成立。

(三)受贿二

公诉机关指控(略,同原一审)。

被告人李某某辩称(略,同原一审)。

辩护人为上述辩护举证如下(略,同原一审)。

1. 2012年11月7日刘某某收到王某鸿还来(李某某2012年1月借的车款)刘某某车款5万元整的收条。证实宝来车是借用,落款处的2012年是笔误,应是2013年,是刘某某的笔体。

2. 辩护人于2015年6月3日对孙某某所作的调查笔录及当庭证言,证实其和李某某是朋友,2013年11月7日晚上8点左右,王某鸿到其家向其借钱,说还刘某某的车款,其当时家里只有2万元现金就拿给了她,其和王某鸿一起去刘某某的住处。王某鸿进去后,其在刘某某家一楼窗外听到刘某某说"王某鸿我不是看着李某某出事了,落井下石,不是在乎这几万块钱,当时我和李某某说这事的时候你不在场,我们俩当时说的就是这车两年,两年你不开了把车还我,你要开把钱还我,现在两年也快到了,我也应该要这个钱,检察院问我李某某还能还得了你车钱吗,我说我们约定的是两年,现在还不到两年,你还我这钱证明我们确实有借贷关系,也免得检察院找我麻烦",王某鸿给刘某某说"我理解,我现在确实拿不出这么多钱,我先还你这5万元,等李某某出来他和你了这事,他不出来,我也还你这钱"。刘某某说要给王某鸿打个条。

当庭证言还证实李某某把在B市××××湾的房子卖给了其,房款没给李某某,李某某把房子写在其名下,到今天也没给李某某及其家人房款。

3. 辩护人于2015年6月3日对种某某所作的调查笔录及当庭证言,证实其和李某某、刘某某是朋友,其听说李某某是因为刘某某的事被判了,2015年4月2日11点多给刘B打电话,刘某某说就是借了一辆车给李某某用,而且和李某某说好了,车给李某某用两年,两年到了,李某某要么还车,要么把买车的钱给他,李某某的媳妇王某鸿已经给了他5万元,他当初在检察院把这事都说清楚了。并向法庭提交一份通话记录单,用以证明其和刘某某通电话了。

经审理查明:(略,同原一审)。

上述事实,有以下经当庭举证、质证并予确认的证据证实(已排除的证据不再列举):

1. 证人申某证言(略)。

2. 证人李大某证言(略)。

3. 证人刘某某证言(略)。

刘某某2016年4月20日的2份证言,证实5万元收条是在2013年11月7日李某某的妻子王某鸿来其家,让其写给她的,条上的内容和签名是按照王某鸿的要求写的。还款日期可能是其笔误,也可能是别人伪造其笔迹写上去的,其打条的日期为2013年11月7日。还证实其在B市检察院所做的所有询问笔录,都是其真实的意思表述,全部属实。2013年10月30日下午2点前后,其到B检察院接受询问,在一楼一办公室见到了办案人员后,他们出示了工作证,并把找其来的目的做了详细交代,其如实向办案人员交代了和李某某之间的不正当经济往来情况。其前后去过3次B检察院,每次去,从到达询问室到离开的时间都没超过12小时,持续询问的时间从没有超过4个小时,在整个询问过程中办案人员一直文明办案、人性执法、用语文明、态度和蔼,从没对其非法羁押,没有暴力行为,没有威胁、引诱、欺骗等非法取证行为。在其接受询问过程中,没有在检察机关见到过李某某。李某某被抓后,王某鸿知道其接受检察院询问,多次给其打电话,问其接受检察机关询问的情况,其告知她都实事求是地对检察机关讲了。有一次她又打听情况,为了敷衍她,就跟她说其去了检察院几天,该说的都说了,原话记不清了,大概意思就这样。说“去了几天”的意思是其去了几次,并不是说其被检察机关羁押了四五天。

刘某某2016年4月21日证言(10点01分至11点25分),证实2015年三四月李某某的妻子王某鸿多次给其打电话,意思是让其给李某某出庭作证证明李某某不是受贿,其给王某鸿说在检察院说的都是事实,没必要出庭;2015年6月,种某某、李某某的三弟、李某某的儿子和公安局一个姓孙的去河南省济源市工地找其,让其为李某某出庭作证,未答应。2015年6月8日,其从河南回到B市××镇家里,王某鸿和种某某分别多次给其打电话说晚上请其吃饭,和律师一块探讨为李某某出庭作证的事，其没答应。第二天早上，有几个人围着其家墙头和大门转悠，同时种某某给其打电话，其没接，直到上午11点多他们才走。2015年9月底左右，王某鸿又多次给其打电话，再次要求其和他们请的律师见面，其说事已经在检察机关说清楚了，没必要和律师见面。后更换了手机卡，王某鸿找不到其了。过了几天，其妻子打电话说王某鸿找到家里来了，还是李某某案子的事。

4. 刘某某自书证明（略）。

5. 证人刘某甲证言（略）。

6. 证人刘某某自书情况说明（略）。

7. 证人刘某甲2013年11月4日证言（略）。

8. 证人徐某某2016年4月25日证言，证实：其与李某某是小学同学。2012年1月的一天，李某某给其打电话说想买一辆手动天窗的宝来车，让其去一汽4S店看看，随后其去了A市××汽贸有限公司看车，在销售人员的介绍下其按李某某的要求看好了一辆灰色宝来车，电话告知李某某。李就去××公司看了下车，说可以，让看看买此车连同购置税、保险共需多少钱，列个清单给他。后其让销售人员把此车的价格、附加税、保险分别多少钱及××公司的银行账号写在一张纸上。后将这张纸送到李某某办公室，李安排付购车款。第二天其去××汽贸，财务确认车款到账之后，其让销售人员办了提车手续。在开具购车开票时，其打电话问李某某这辆宝来车的购车手续都是其代签的李小某的名字。其在交警支队车管所把车交给了李某某。

9. 证人孙某某证言，证实2015年10月7日王某鸿和李某某的儿子到其家中，问王某鸿的来意，王某鸿说让其劝刘某某让他为李某某的案子出庭作证，让刘某某自己在法庭上说给李某某儿子买的宝来车是刘某某自己的车，只是在李某某那放着；王某鸿还说让刘某某说在买车之前李某某和刘某某已经协商好了，李某某使用这辆车两年以后，如果李某某留下用就还刘某某13万多元，否则就把汽车还给刘某某。在此一个多月前刘某某给其打电话说了李某某他弟弟到××工地威胁刘的事。

（与原一审相同部分略）。

对于李某某的辩护人提供的证人孙某某及种某某的证言，证人孙某某经公诉人当庭询问证实其与被告人之间存在重大经济往来，有一定的利害关系，证人种某某与刘某某谈话内容无从考证，且种某某证言与刘某某本人的证言相互矛盾。辩护人提交的王某鸿与刘某某在2013年11月23日的电话录音通话内容，不难发现王某鸿的言语中有责备、诱导的成分，而刘某某则是敷衍、推诿，再结合刘某某证言所证实王某鸿等人多次找其为李某某出庭作证的内容，不排除刘某某因受其他因素影响或出于某种考虑，在被告人的辩护人找其作调查笔录时，更改了自己的部分证言；刘某某在侦查阶段所作的证言因未受其他因素干扰，又有后期刘某某的证言，其证明力要大于辩护人所提交的其对刘某某所作的调查笔录、王某鸿与刘某某的电话录音的内容、证人孙某某、种某某的调查笔录、当庭证言及收条的证明力,故对辩护人提交的该部分证据的证明力均不予采信。

对于辩护人提交的对李某某所作的调查笔录,李大某在该笔录中称已记不清自己批过涉案的车牌号,与其在侦查阶段所作的证言相矛盾,从证据证明力来看,同一证人早期所作证言的证明力要优于后期所作证言的证明力,另公诉机关新提交的李大某的2份证言亦明确证实李某某为他自家车和朋友找其要过某XWX888、某XV0008、某XY9988等车牌照。故对辩护人提交的李大某就该部分证言的内容不予采信。李大某在该笔录中提到“个人不能申请特殊车牌,只有单位可以凭介绍信申请,介绍信应当有单位公章”。证人王翔某证实“其名下的一辆现代,是其找单位开了介绍信找领导批的,单位给其的介绍信盖了公章”。李大某与王翔某的证言相互印证,能够证实个人也可以通过由单位出具介绍信的方式申要特殊号牌,故该内容可予采信。

本院认为,被告人李某某作为国家工作人员,利用职务之便,非法收受他人财物,为他人谋取利益,其行为已构成受贿罪。公诉机关指控该起的犯罪事实成立,本院予以支持。李某某及其辩护人就该起犯罪的辩解、辩护意见与查明的事实不符,不予支持。综上,依照《中华人民共和国刑法》第385条、第386条、第383条第1款第(1)项、第64条,《最高人民法院、最高人民检察院关于办理贪污贿赂刑事案件适用法律若干问题的解释》第1条第1款、第19条第1款,《中华人民共和国刑事诉讼法》第195条第(3)项之规定,经本院审判委员会讨论决定,判决如下:

1. 被告单位A市公安交通警察支队无罪。

2. 被告人李某某犯受贿罪,判处有期徒刑2年9个月,并处罚金10万元。

(刑期从判决执行之日起计算。判决执行以前先行羁押的,羁押1日折抵刑期1日,指定居所监视居住2日折抵刑期1日,即自2014年1月3日起至2016年8月16日止。罚金自判决生效后1个月内缴纳。)

3. 被告人李某某犯罪所得大众宝来牌FV7162XG(车牌号:某XWX888)汽车一辆予以没收,上缴国库。

如不服本判决,可在接到判决书的第二日起10日内通过本院或者直接向河北省A市中级人民法院提出上诉。书面上诉的,应当提交上诉状正本1份,副本3份。

审　判　长　×××
代理审判员　×××
代理审判员　×××
2016年5月23日
书　记　员　×××

【重审二审辩护词】

尊敬的审判长、审判员：

北京市康达律师事务所接受本案被告人李某某及其亲属的委托，指派高子程、刘立木律师担任李某某涉嫌单位受贿、受贿罪一案重审阶段辩护人。辩护人同样担任了李某某涉嫌单位受贿、受贿罪一案原一、二审阶段的辩护人，辩护人曾经多次会见上诉人李某某，查阅、研究了本案全部案卷材料，针对本案的相关事实向有关证人进行了大量的调查、收集了大量的足以证明上诉人李某某不构成犯罪的证据。辩护人现发表如下辩护意见，恳请合议庭重视并予以采纳。

一审判决认定上诉人李某某不构成单位受贿罪，以及认定一审公诉机关指控的第二起受贿罪指控不成立，辩护人表示认可。但是，一审判决认定一审公诉机关指控的第一起受贿罪指控成立，是严重错误的，实属采信证据违法、认定事实不清、适用法律错误，依法应予撤销。

一、虽然一审法院在原一审判决的基础上又依法排除了部分非法证据，但是，仍有非法言词证据和书证没有依法排除。一审判决依据非法证据认定上诉人李某某构成受贿罪，实属采信证据错误，依法应予撤销

一审判决认定上诉人李某某利用职务便利为刘某某办理某 XY9988、某 XV0008 吉祥车牌，收受刘某某价值 13.1 万元的宝来牌汽车，构成受贿罪。上述认定依据了如下李某某的供述、证人刘某某的证言、证人申某、李大某的证言、证人刘某甲、徐某某、畅某、张某某、刘某乙的证言等言词证据。上诉人认为，本案全部言词证据均系非法证据，不能作为定案的依据，一审判决没有排除非法证据，依法应予撤销。其具体理由如下：

1. 2013 年 11 月 28 日 14:40 ~ 16:05，上诉人李某某供述，是在本案侦查机关对其进行非法关押、刑讯逼供的情况下做出的，依法应当排除，不应作为定案的依据。

本案侦查机关在对上诉人李某某采取监视居住措施时存在严重违法行为，非法关押李某某长达 76 天。在此期间形成了 2013 年 11 月 28 日 9 时 23 分至 10 时 37 分、14 时 40 分至 16 时 05 分、16 时 05 分至 17 时 20 分 3 份犯罪嫌疑人供述，这些供述系侦查机关通过非法关押、变相刑讯逼供等非法方式取得，依法应予排除。

我国《刑事诉讼法》第 72 条第 3 款明确规定，监视居住由公安机关执行。第 73 条第 1 款明确规定，监视居住应当在犯罪嫌疑人、被告人的住处执行；无固定住处的，可以在指定的居所执行。对于涉嫌危害国家安全犯罪、恐怖活动犯罪、特别重大贿赂犯罪，在住处执行可能有碍侦查的，经上一级人民检察院或者公安机关批准，也可以在指定的居所执行。但是，不得在羁押场所、专门的办案场所执行。

《人民检察院刑事诉讼规则（试行）》第 110 条明确规定，监视居住应当在犯罪

嫌疑人的住处执行。对于犯罪嫌疑人无固定住处或者涉嫌特别重大贿赂犯罪在住处执行可能有碍侦查的,可以在指定的居所执行。固定住处是指犯罪嫌疑人在办案机关所在地的市、县内工作、生活的合法居所。采取指定居所监视居住的,不得在看守所、拘留所、监狱等羁押、监管场所以及留置室、讯问室等专门的办案场所、办公区域执行。第111条明确规定,对犯罪嫌疑人采取监视居住,应当由办案人员提出意见,部门负责人审核,检察长决定。需要对涉嫌特别重大贿赂犯罪的犯罪嫌疑人采取指定居所监视居住的,由办案人员提出意见,经部门负责人审核,报检察长审批后,连同案卷材料一并报上一级人民检察院侦查部门审查。上一级人民检察院批准指定居所监视居住的,应当将指定居所监视居住决定书连同案卷材料一并交由下级人民检察院通知同级公安机关执行。下级人民检察院应当将执行回执报上一级人民检察院。

本案侦查机关B市检察院曾经在2013年10月11日至11月9日期间对李某某采取监视居住措施。2013年11月18日至2014年1月3日期间,B市检察院又对李某某采取指定居所监视居住措施。但是,该两次监视居住措施均存在严重违法行为。在第一次采取指定居所监视居住措施期间,B市检察院没有依法在李某某固定居所执行,没有交由公安机关执行,而是违法将李某某关押在B市人民检察院讯问室长达30天!在此期间,侦查人员不但没有给李某某提供最基本的生活保障,还对李某某实施了不许睡觉、不让吃饭、不许休息、动辄打骂威胁、生病不允许就医的刑讯逼供和变相刑讯逼供行为。在第二次采取的指定居所监视居住期间,B市没有依法将李某某交由公安机关执行,而是由侦查人员直接看管。在此期间,侦查机关形成了2013年11月28日9时23分至10时37分、14时40分至16时05分、16时05分至17时20分3份犯罪嫌疑人供述。

在一审庭审中,法庭已经对侦查机关的非法关押行为进行了调查,一审判决也已经认定公诉机关没有证据证明将李某某交由公安机关执行监视居住。甚至,就连公诉人自己在庭前会议的上都承认自己看到了李某某被非法关押在本院的审讯室!上诉人认为,侦查机关非法关押犯罪嫌疑人的目的就是刑讯逼供、非法讯问,因此形成的犯罪嫌疑人供述当然不具有合法性。一审法院一方面认定了侦查机关存在非法关押犯罪嫌疑人的行为,另一方面又采信了侦查机关通过非法关押犯罪嫌疑人而取得的犯罪嫌疑人供述,这种证据认定严重错误,于法无据,应予撤销。

2. 2013年11月21日12:10~12:30证人申某的证言和2013年11月19日9:10~11:30证人李大某的证言,询问笔录上没有侦查人员签名,不符合证据形式要件,不具有合法性,依法应予排除。

我国《刑事诉讼法》第120条明确规定,讯问笔录应当交犯罪嫌疑人核对,对于没有阅读能力的,应当向他宣读。如果记载有遗漏或者差错,犯罪嫌疑人可以提出补充或者改正。犯罪嫌疑人承认笔录没有错误后,应当签名或者盖章。侦查人员也应当在笔录上签名。第124条明确规定,本法第120条的规定,也适用于询问证人。

一审法院已经查明,2013年11月21日12:10~12:30证人申某的《询问笔录》和2013年11月19日9:10~11:30证人李大某的《询问笔录》之上没有任何侦查人员签字,却依据几个侦查员在庭前会议之后出具的所谓《办案说明》,就对这两名关键证人的予以采信,这种采信证据的方式明显违法。

更何况,李大某的《询问笔录》之上还存在侦查人员公然涂改证言的情况,该《询问笔录》更加不应作为定案的依据。

3. B市检察院在侦查阶段形成的全部犯罪嫌疑人供述和证人证言均没有侦查人员签字,根本无法保证其真实性、完整性,辩护人有理由怀疑侦查人员伪造、篡改言词证据或通过刑讯逼供、变相刑讯逼供、欺骗、威胁、诱供等非法方式取得言词证据,故,李某某涉嫌单位受贿罪、受贿罪一案的全部犯罪嫌疑人供述和证人证言依法均应予排除。

我国《刑事诉讼法》第120条明确规定,讯问笔录应当交犯罪嫌疑人核对,对于没有阅读能力的,应当向他宣读。如果记载有遗漏或者差错,犯罪嫌疑人可以提出补充或者改正。犯罪嫌疑人承认笔录没有错误后,应当签名或者盖章。侦查人员也应当在笔录上签名。第124条明确规定,本法第120条的规定,也适用于询问证人"。

《人民检察院刑事诉讼规则(试行)》第199条明确规定,讯问犯罪嫌疑人,应当制作讯问笔录。讯问笔录应当忠实于原话,字迹清楚,详细具体,并交犯罪嫌疑人核对。犯罪嫌疑人没有阅读能力的,应当向他宣读。如果记载有遗漏或者差错,应当补充或者改正。犯罪嫌疑人认为讯问笔录没有错误的,由犯罪嫌疑人在笔录上逐页签名、盖章或者捺指印,并在末页写明"以上笔录我看过(向我宣读过),和我说的相符",同时签名、盖章、捺指印并注明日期。如果犯罪嫌疑人拒绝签名、盖章、捺指印的,检察人员应当在笔录上注明。讯问的检察人员也应当在笔录上签名。

本案公诉机关提交的全部犯罪嫌疑人供述和证人证言均没有侦查人员签字,全部言词证据形成过程明显违法,根本无法保证其真实性、完整性,结合本案非法立案、违法拘传、违法采取强制措施的情形,辩护人有理由怀疑侦查人员伪造、篡改言词证据或通过刑讯逼供、变相刑讯逼供、欺骗、威胁、诱供等非法方式取得言词证据。

除此之外,本案还存在A市检察院侦查员违法介入B市检察院侦查活动、B市检察院侦查人员互相代替讯问、取证、非法关押证人的违法取证情形。

宋某某、吕某二人是A市检察院的侦查员,该二人在无任何借调手续的情况下违法参与B市检察院的侦查工作。公诉机关提供的李某某2013年10月28日16时05分至17时20分《讯问笔录》显示的讯问人员有周某某,但实际上周某某根本就没有参加本次讯问,这一点在周某某本人书写的《办案说明》中即可证实。公诉机关提交的多份《讯问笔录》之上讯问人员姓名出现了多种笔体,足以证实侦查人员互相替代讯问的事实。还有,辩护人提交的李某某妻子王某鸿与本案证人刘某某的《电话通话记录》显示,B市检察院将刘某某非法关押了四五天,威胁其承认向李某某"行贿"。

在原一审庭前会议后,公诉机关向法庭提交了部分侦查人员书写的《办案说明》,意图证明本案言词证据不存在讯问人/询问人未签字、互相代替签字、冒名签字的情形,意图以此"补正"犯罪嫌疑人供述和证人证言。但是,辩护人也在原一审庭审中当庭指出,案卷中言词证据中的签字笔体与上述《办案说明》中的签字笔体都明显不同,并正式提交书面笔迹鉴定申请书,而公诉机关虽然坚持声称签字没有问题,但是对签字笔迹不同的现象却无法做出任何解释。

在重审一审开庭前,公诉机关再一次提交了新证据,其中,B市检察院2016年4月21日出具了一份《情况说明》,明确承认:"侦查卷宗中的所有笔录均由该笔录上显示的检察人员依法所做,其中,不是由侦查人员本人亲笔所填的签名,系由做该笔录的一名侦查人员一并所签,或经做出该笔录的侦查人员确认后,根据实际情况,由整理卷宗的工作人员代签"。

显然,侦查机关在掩盖、隐瞒无效的情况下,被迫承认了案卷中的全部笔录的形成过程严重违反《刑事诉讼法》、严重违反《人民检察院刑事诉讼规则(试行)》。辩护人认为,侦查机关严重违法讯问、违法取证,所形成的全部笔录已经不可能仅仅是所谓"瑕疵证据",而是典型的非法证据!必须依法全部应予排除。

4. B市检察院公然有组织、有预谋地伪造证据,已经涉嫌刑事犯罪,案卷中凡是梁某、张某某二人参与的讯问犯罪嫌疑人笔录、询问证人笔录均不具有合法性,依法应予排除。

原审二审庭审中,辩护人就曾经指出,侦查机关部分侦查人员不具有合法检察人员身份,不具有侦查权力,不能参与讯问犯罪嫌疑人和询问证人行为。辩护人提出的具体侦查人员为梁某和张某甲,其中,梁某仅是B市检察院法警、张某甲仅是B市检察院实习人员。为此,原二审合议庭也曾经要求B市检察院提交梁某和张某甲具有检察员身份的相关证明,但是直到原二审做出发回重审的裁定书,B市检察院也没有提交相关证明。

在本次一审庭审中,公诉机关提交了B市检察院于2015年11月20日出具的

《情况说明》,声称:“按照A市人民检察院的指定,我院在市院指导下承办了A市交警支队李某某涉嫌受贿案件。在该案办理过程中,所有参与案件的办案人员均为正式、合法检察人员,其中宋某某、吕某分别为A市人民检察院反贪局大要案指挥中心的主任、副主任,系A市人大常委会任命的检察员。梁某、张某甲是B市人民检察院反贪局侦查科人员,系依法由检察长任命的助理检察员。(梁某于2012年8月任助理检察员,张某甲于2013年9月任助理检察员,其档案资料存于B市委组织部)其他人员为B市人大常委会依法任命的检察员”。在该份《情况说明》之后,B市检察院还附了梁某和张某甲的《检察院干部任免呈报表》。上诉人认为,这两份《检察院干部任免呈报表》是B市检察院伪造的!

张某甲的《检察院干部任免呈报表》显示,其在2010年7月至2012年7月期间在甘肃省政法学院法律硕士专业学习,2012年7月至2013年8月期间毕业待分配,2013年8月进入B市检察院,而其参加工作时间却是2013年10月。该份《检察院干部任免呈报表》显示张某甲在2013年9月30日就被B市检察院检察长任命为助理检察员,这根本就是不可能的!我国《检察官法》第10条明确规定,担任检察官必须具备下列条件:……(6)高等院校法律专业本科毕业或者高等院校非法律专业本科毕业具有法律专业知识,从事法律工作满2年,其中担任省、自治区、直辖市人民检察院、最高人民检察院检察官,应当从事法律工作满3年;获得法律专业硕士学位、博士学位或者非法律专业硕士学位、博士学位具有法律专业知识,从事法律工作满1年,其中担任省、自治区、直辖市人民检察院、最高人民检察院检察官,应当从事法律工作满2年……况且,上述工作年限还不包括在检察院实习1年的时间!显然,张某星在2013年9月30日根本就不可能担任助理检察员!显然,B市检察院为了掩盖违法办案的行为而公然造假证据!B市检察院的行为已经涉嫌刑事犯罪,上诉人保留直接提起刑事控告的权利。

辩护人当庭向人民法院提出调取证据申请和司法鉴定申请,申请人民法院向B市委组织部调取梁某和张某甲的《检察院干部任免呈报表》原件,并委托B市之外的专业司法鉴定机构对原件之上的“B市人民检察院”公章的盖章时间进行司法鉴定,以查明上述两份《检察院干部任免呈报表》是否伪造。庭后,上诉人的辩护人又提交了正式的调取证据申请书,但是一审合议庭仅口头告知辩护人不予批准调取。

虽然,一审判决已经将张某甲参与的全部言词证据予以排除,但是这并不能掩盖B市检察院的违法行为,辩护人继续保留直接提起刑事控告的权利!

此外,梁某根本不具备助理检察员资格,其参与的全部言词证据同样应予排除。恳请二审法院向B市委组织部调取梁某、张某甲档案以供司法鉴定,相信鉴定结果一定会证实上诉人及辩护人的意见!

二、辩护人提交的多份证据被一审法院采纳,这些证据足以证明上诉人李某某没有利用职务便利为刘某某办理吉祥车牌号,不存在所谓谋利事实。辩护人提交的对于刘某某《律师调查笔录》、种某某《律师调查笔录》、孙某某《律师调查笔录》形式合法、内容真实,应当作为定案的依据。辩护人提交的王某鸿与刘某某的电话录音是刘某某的真实意思表示,不存在王某鸿诱导,应当作为定案的依据。一审法院认定事实错误,依法应予撤销

辩护人提交的李大某《律师调查笔录》足以证实,李大某是交警支队唯一有权批特殊号牌的领导,涉案的某 XV0008、某 XY9988、某 XSW888、某 XV5555、某 X5555E 这 5 副车牌不是李某某通过李大某办理的。即辩护人提交的证据证明了李某某没有利用职务便利为刘某某谋取利益。此外,辩护人提交的王翔某《律师调查笔录》与李大某《律师调查笔录》共同证明,任何人办理特殊号牌都需要提供单位介绍信,由李大某在介绍信上签字,再持介绍信办理相关流程。根据我国机动车号牌相关管理办法,申领车牌的流程是有严格法律规定的,绝不是刘某某在《询问笔录》中所说的,李某某把制作好的车牌直接给他。这种说法如此可笑,更加印证侦查机关询问证人的违法性。

辩护人提交的刘某某《律师调查笔录》,是一审辩护人本人以及另外一名律师共同对刘某某进行调查后制作的,其内容经过了刘某某本人的亲笔签字确认,两名调查律师也亲笔签字确认,《律师调查笔录》是刘某某的真实意思表示,其内容与李某某的《讯问笔录》和当庭供述能够相互印证,足以证明李某某没有收受宝来牌汽车,而是由刘某某垫付购车款而已。

辩护人提交的王某鸿与刘某某的电话录音,是王某鸿本人与刘某某本人的电话通话录音。上诉人认为,在通话中王某鸿没有诱导刘某某,刘某某所说的话是其真实意思表示,且能够和刘某某《律师调查笔录》的内容相互印证,应当作为定案的依据。

李某某的当庭陈述和辩护人提交的刘某某《律师调查笔录》、种某某《律师调查笔录》、孙某某《律师调查笔录》和刘某某与李某某妻子王某鸿的电话录音、刘某某出具给王某鸿的《收条》足以证明,刘某某和李某某系多年好友,刘某某具备较强经济实力。2011 年年底,刘某某得知李某某之子李小某需要一辆机动车,出于好友情谊,遂主动提出给李小某买一辆宝来车,由其代为支付 13.1 万元车款,李某某可以在两年后,即 2014 年 1 月,归还车款或者归还车辆。实际上,在案发后,刘某某也收到了李某某的妻子王某鸿偿付的车款人民币 5 万元现金,王某鸿也曾向刘某某明确表示要归还剩余的车款。上述事实足以证明,李某某在主观上没有收受刘某某 13.1 万元购车款的受贿故意。况且,种某某和孙某某还在原二审庭审和本次庭审中出庭作证,当庭证实了《律师调查笔录》中记载的事实。

三、一审判决没有依法认定本案刑事立案程序、侦查机关拘传程序违法、采取监视居住措施违法,属于认定事实错误,依法应予撤销

1. 本案刑事立案程序违法,A市检察院在没有获得任何李某某涉嫌犯罪线索的情况下将李某某非法羁押,并指定B市检察院对其进行立案侦查,立案程序严重违法。

案卷材料显示,A市检察院于2013年10月8日将李某某涉嫌受贿罪一案指定给B市检察院管辖,但是,案卷材料中却没有A市检察院的立案文书。事实上,A市检察院是在没有接到任何群众对李某某的举报,也没有在办理其他案件中了解到任何李某某涉嫌犯罪线索的情况下,仅凭个别领导主观臆测而对李某某进行立案侦查。A市检察院此种立案侦查方式纯属凭想象立案、拍脑门立案,严重违反我国《刑事诉讼法》、最高人民检察院《人民检察院刑事诉讼规则(试行)》、最高人民检察院《关于人民检察院直接受理立案侦查案件立案标准的规定(试行)》的相关规定,属于违法立案。

2. B市检察院侦查员在没有出示《拘传通知书》,也没有出示工作证件的情况下违法对李某某采取拘传措施、没有告知李某某作为犯罪嫌疑人的权利和义务,没有在拘传24小时之内对李某某进行讯问,B市检察院的拘传行为明显违法。

2013年10月8日上午,李某某被几名B市检察院侦查员带走,但是,这些人员即没有出示《拘传通知书》,也没有出示工作证件。将李某某拘传到B市检察院后,侦查员没有告知李某某其作为犯罪嫌疑人的权利和义务,更加没有在拘传24小时之内进行询问,显然,B市检察院的拘传行为明显违反我国《刑事诉讼法》相关规定。

3. B市检察院曾经先后两次对李某某采取监视居住措施,但是名为监视居住,视为违法关押,目的是对李某某进行刑讯逼供、变相刑讯逼供。

我国《刑事诉讼法》第72条第3款明确规定,监视居住由公安机关执行。第73条第1款明确规定,监视居住应当在犯罪嫌疑人、被告人的住处执行;无固定住处的,可以在指定的居所执行。对于涉嫌危害国家安全犯罪、恐怖活动犯罪、特别重大贿赂犯罪,在住处执行可能有碍侦查的,经上一级人民检察院或者公安机关批准,也可以在指定的居所执行。但是,不得在羁押场所、专门的办案场所执行。

《人民检察院刑事诉讼规则(试行)》第110条明确规定,监视居住应当在犯罪嫌疑人的住处执行。对于犯罪嫌疑人无固定住处或者涉嫌特别重大贿赂犯罪在住处执行可能有碍侦查的,可以在指定的居所执行。固定住处是指犯罪嫌疑人在办案机关所在地的市、县内工作、生活的合法居所。采取指定居所监视居住的,不得在看守所、拘留所、监狱等羁押、监管场所以及留置室、讯问室等专门的办案场所、办公区域执行。第111条明确规定,对犯罪嫌疑人采取监视居住,应当由办案人员提出意见,部门负责人审核,检察长决定。需要对涉嫌特别重大贿赂犯罪的犯罪嫌

疑人采取指定居所监视居住的,由办案人员提出意见,经部门负责人审核,报检察长审批后,连同案卷材料一并报上一级人民检察院侦查部门审查。上一级人民检察院批准指定居所监视居住的,应当将指定居所监视居住决定书连同案卷材料一并交由下级人民检察院通知同级公安机关执行。下级人民检察院应当将执行回执报上一级人民检察院。

B市检察院曾经在2013年10月11日至11月9日期间对李某某采取监视居住措施。2013年11月28日至2014年1月3日期间,B市检察院又对李某某采取指定居所监视居住措施。但是,该两次监视居住措施均存在严重违法行为。在第一次采取指定居所监视居住措施期间,B市检察院没有依法在李某某固定居所执行,没有交由公安机关执行,而是违法将李某某关押在B市人民检察院讯问室长达30天!在此期间,侦查人员不但没有给李某某提供最基本的生活保障,还对李某某实施了不许睡觉、不让吃饭、不许休息、动辄打骂威胁、生病不允许就医的刑讯逼供和变相刑讯逼供行为。在第二次采取的指定居所监视居住期间,B市没有依法将李某某交由公安机关执行,而是由侦查人员直接看管。

关于上述违法立案、违法羁押的行为,上诉人和一审辩护人在一审庭前会议和一审庭审中已经做了充分的论证,一审判决不但没有依法予以认定,甚至对于上述辩护意见只字不提、没有任何评价,实属认定事实错误,依法应予撤销。

四、本案有效证据不能证明李某某利用职务便利,通过领导为刘某某办理“吉祥号牌”,更加不能证明李某某收受了宝来牌汽车。一审判决认定李某某构成受贿罪没有任何事实根据和法律依据,实属认定事实错误、适用法律错误,依法应予撤销

如上所述,本案全部言词证据均系非法证据,应当予以排除。况且,这些所谓“言词证据”相互之间矛盾重重,对同一个事实的描述颠三倒四,根本不能证实上诉人李某某利用职务便利,为刘某某办理“吉祥号牌”,从而收受宝来牌汽车的所谓“犯罪事实”。例如,关于买宝来车的起因,刘某某的4次《询问笔录》中有三种完全不同的说法。一种说是作为李某某儿子的结婚礼物,另一种说是作为李某某儿子大学毕业参加工作所用,还有一种说是李某某直接提出来借车用。实际上,这三种说法都是虚假的,宝来车的购车时间是2012年1月,李某某的儿子参加工作却是2008年,而他结婚是2013年1月。这些事实说明,刘某某《询问笔录》的内容完全就是编造出来的!

综上,一审判决支持公诉机关对于李某某的第一起受贿罪指控,认定李某某构成受贿罪,没有任何事实根据,也没有法律依据,依法应予撤销。本案是一起赤裸裸的冤假错案,本案侦查机关违法立案、违法拘传、违法羁押、违法讯问、违法取证、非法关押证人、刑讯逼供、变相刑讯逼供、在开庭前非法提审、威胁恐吓被告人,简直是集各种违法办案行为之大成!上诉人李某某在精神上和肉体上都遭受了极其

严重的伤害。恳请二审法院查明事实、公正审理,依法撤销一审错误判决,依法改判上诉人李某某不构成受贿罪,依法宣告李某某无罪!

此致

河北省A市中级人民法院

辩护人:北京市康达律师事务所

高子程、刘立木律师

2016年7月6日

【重审二审刑事裁定书】

河北省A市中级人民法院
刑事裁定书

(2016)某刑终字第149号

抗诉机关河北省B市人民检察院。

原审被告单位A市公安交通警察支队(以下简称A市交警支队或交警支队),组织机构代码××××××××-9,单位地址:A市××区胜利西路××××号。

上诉人(原审被告人)李某某,男,196×年××月××日出生,居民身份证号码133001196××××××××××,汉族,专科文化,原A市交警支队副队长,原籍××省××市××县,户籍所在地:××省A市,捕前住A市××东路×××号交警支队生活区×栋×单元×××室。2013年10月11日因涉嫌犯受贿罪被B市人民检察院指定居所监视居住,同年11月9日转刑事拘留,2013年11月18日因涉嫌单位受贿罪、受贿罪被B市人民检察院指定居住监视居住,2014年1月3日转逮捕。现羁押于B市看守所。

辩护人高子程、刘立木,北京市康达律师事务所。

河北省B市人民法院审理B市人民检察院指控原审被告单位A市交警支队、被告人李某某犯单位受贿罪,指控李某某犯受贿罪一案,于2014年12月5日作出(2014)某刑初字第106号刑事判决。宣判后,B市人民检察院提出抗诉,李某某提出上诉。本院于2015年7月16日作出(2015)某刑终字第4号刑事裁定,发回B市人民法院重新审理。B市人民法院于2016年5月23日作出(2015)某刑初字第117号刑事判决。宣判后,B市人民检察院提出抗诉,李某某提出上诉。本院审理期间,河北省A市人民检察院于2016年6月24日决定撤回抗诉。本院依法组成合议庭,经过阅卷,讯问原审被告人,认为事实清楚,决定不开庭审理。现已审理终结。

一审法院判决查明及认定部分(略)。

认定上述事实,原审法院排除了部分非法证据后,采信了下列经庭审质证核实的证据:

1. 证人申某2013年11月21日证言(略)。

2. 证人李大某2013年11月19日、2014年12月12日、2016年4月26日证言(略)。

3. 证人刘某某2013年10月30日、11月8日、12月13日证言(略)。

4. 刘某某自书证明(略)。

5. 证人刘某甲证言(略)。

6. 证人刘某某自书情况说明(略)。

7. 证人刘某乙2013年11月4日证言(略)。

8. 证人徐某某2016年4月25日证言(略)。

9. 证人孙某某证言(略)。

10. 中国农业银行卡取款业务回单。

11. 刘某某提供的当时记录有车价、税、交强险、车号识别号尾号9966、刘某某农行卡号的白纸一张。

12. 车牌号为某XWX888,识别号尾号9966,车主为李小某的机动车档案资料。

13. 车牌号码某XY9988、某XV0008的机动档案资料目录,证实刘某某名下的捷豹车车牌号为某XY9988,奔驰车车牌号为某XV0008。

14. A市交警支队2013年11月23日出具的《A市交警支队关于管理车号发放的情况说明》。

15. B市检察院随案移送物品、文件清单,宝来轿车及照片3张,行驶证一张(李小某)照片。

16. 李小某与王某结婚登记审查处理表,登记日期为2012年12月31日。

17. 被告人李某某2013年11月10日供述,证实:在其儿子结婚前很早的一段时间,刘某某开给我一辆宝来车。宝来车是刘某某买了送给其的。

18. 李某某的身份材料证实了其基本情况。

根据认定的上述事实及证据,原审法院认为(略)。

李某某上诉的主要理由是,原判决认定其构成受贿罪的证据系非法证据,没有采信辩护人提供的相关证据,其是借车而非收受他人车辆。其不构成犯罪。

其辩护人的意见与其一致。

经审理查明的事实与原判决认定一致。认定证据均经一审庭审质证核实,本院经审核予以确认。二审期间,上诉人及辩护人均未提出新的证据。

本院认为,李某某作为国家工作人员,利用职务之便,非法收受他人财物,为他人谋取利益,其行为已构成受贿罪,应予刑罚,对于李某某及辩护人所提原判采信的系非法证据的意见,经查,一审在法庭调查前就本案已经启动非法证据排除程序,对相关非法证据已经予以排除,亦未将非法证据作为定案依据,所采信的证据中,虽部分有瑕疵,但是相关机关及人员已经做出了具体说明,故该意见不成立,不予采纳。对于李某某及辩护人辩称没有采信辩护人提供的相关证据、其是借车而非收受他人车辆的意见,经查,李某某对刘某某出资为其子购买车辆的事实不持异议,只是认为该车系借车而非收受,为此,辩护人提交了其调查刘某某、种某某、孙某某的笔录、刘某某给李某某家人所写5万元购车款收条、刘某某的电话录音等证据,针对上述证据,刘某某经过办案机关多次调查及本院调查核实,其否认了辩护人询问其所作笔录的真实性,而种某某、孙某某所做的证言均称系听刘某某所述,在刘某某予以否认的情况下,该两份传来证据更不具备证明力;对于刘某某于2012年11月7日所作收款条,刘某某一方及辩方所提的证人,均证实系案发后2013年11月7日所写,刘某某坚称系李某某家人还款5万元后让刘某某所写,因此该书证从形式及内容上均不具有客观性;辩护人所提交的刘某某电话录音,来源及内容的真实性均无法证实,不足采信。综上,李某某及辩护人所提涉案车辆系李某某所借的证据不足,不足以推翻刘某某出资给李某某家人购买车辆的事实,应当认定为其受贿所得。李某某及其辩护人辩称其无罪的意见不成立,不予采纳。原判决认定事实和适用法律正确,量刑适当,审判程序合法。河北省A市人民检察院撤回抗诉的决定符合法律规定。依照《中华人民共和国刑事诉讼法》第225条第1款第(1)项、第233条及《最高人民法院关于适用〈中华人民共和国刑事诉讼法〉的解释》第307条之规定,裁定如下:

1. 准许河北省B市人民检察院撤回抗诉;

2. 驳回上诉,维持原判。

本裁定为终审裁定。

审 判 长 ×××

审 判 员 ×××

审 判 员 ×××

2016年7月26日

书 记 员 × ×

办案总结

李某某受贿案是律师成功审查案件的典型,律师敏锐地指出侦查机关违法立案、违法拘传、违法羁押、违法讯问、违法取证、非法关押证人、刑讯逼供、变相刑讯逼供、在开庭前非法提审、威胁恐吓被告人、公然炮制伪证,因此涉及程序违法和多项非法证据排除,律师及时提出申请。而且,被告人违法关押涉及的供述——即监视居住没有由公安机关执行、讯问笔录与同步录像资料内容不同及讯问笔录、询问笔录出现第三人笔体的非法证据排除得到了法院的支持,得到成功排除。

同时,律师根据案件情况,调取了大量证据,证实公诉方提供证人证言不属实,并申请证人出庭,取得了良好的效果。最后,根据本案证据,律师提出了全面的实体辩护,历经一审、二审、发回重审,最终在辩护人强有力地辩护下法院认定减去了大量的事实,从公诉指控受贿70万余元,到最终法院认定李某某受贿13.1万元,从最初一审判处有期徒刑10年,到最终判处其有期徒刑2年零9个月,并处罚金人民币10万元,犯罪嫌疑人刑期大幅度下降,案件辩护非常成功,依法维护了犯罪嫌疑人的合法权益。

专家点评

本案是以被告人李某某涉嫌单位受贿犯罪一次,个人受贿犯罪两次,被检察机关起诉到法院的案件。从受贿数额及次数来看,案情似乎并不复杂。但是案件的审理一波三折,经历一审、二审、重审一审改判、重申二审定案。从起诉书指控李某某受贿70万余元的两个罪名,到最终法院仅认定李某某个人受贿13.1万元一个罪名,阅读整个办案过程,不能不为承办律师认真、仔细阅卷的责任感、法律知识运用的娴熟以及高水平的办案技能而点赞!

承办律师对非法证据排除的运用。证据本无合法与非法之分,“非法”一词无疑主要是针对取证手段而言的。法官审查判断、运用证据应分为两个层次,一是确认证据资格,二是确认证明力。法官确认某证据具有可采性,表明该证据取得了进入审判程序的资格,它可以在法庭上出示、接受调查。不具备合法性的证据不得采纳。本案承办律师充分运用刑事诉讼法以及有关非法证据排除的规定,通过认真阅卷,发现检察机关提交的多份《讯问笔录》之上讯问人员姓名出现了多种笔体,足以证实侦查人员互相替代讯问的事实。本案检察机关提交的全部犯罪嫌疑人供述和证人证言均没有侦查人员签字,全部言词证据形成过程明显违法,根本无法保证其真实性、完整性。提出对犯罪嫌疑人讯问程序违法;全部犯罪嫌疑人供述和证人证言依法均应予排除。在重申一审判决中对李某的三份讯问笔录不予采用,被依法排除。承办律师的辩护观点被法官予以采纳。

大胆调查取证。刑事案件承办律师要有较强的风险意识,对自行调查取证的禁区通常是不敢越雷池一步的。没有娴熟的法律知识及较高的办案技能对证人调查取证,可能承办的案件还没有结果,承办律师自己却失去自由的现象就会出现。而本案承办律师大胆向多名证人调查取证,特别是向一名关键证人调查取证。最终,重审一审判决认定关键证人史某某的证言相互矛盾，对起诉书指控李某某的这一次受贿行为没有认定。这一结果的取得是与承办律师的法律功底和高超的办案技巧分不开的。

承办律师的辩护词从程序违法入手，在立案程序违法，对犯罪嫌疑人采取强制措施程序违法，讯问程序违法，询问证人程序违法，收集、调取书证程序违法等几个方面全面论述，进而提出全部犯罪嫌疑人供述和证人证言依法均应予排除的观点。4 篇辩护词都体现出观点鲜明、适用法律准确、思维缜密、逻辑清晰、说服力强的特点。

相信律师同仁一定会从承办律师的办案过程中受益，在以后的刑事案件辩护中予以借鉴并能够为以审判为中心的刑事诉讼制度改革的实施做出贡献。

点评人：王收（北京市易理律师事务所律师、北京市律师协会智库重大复杂案件课题组秘书组、民商一组、刑事组成员）

复核人：王峥（北京市立天律师事务所律师、北京市律师协会智库重大复杂案件课题组组长）

事实不清、证据不足不能认定为犯罪

——徐某某受贿案*

争议焦点

受贿罪的构成案件；是否具有为请托人直接谋取利益的职责与权限对受贿行为性质的认定；《刑法修正案（九）》对本案的适用；证据确实充分的标准。

关键词

受贿罪　收取贿赂　为他人谋取利益　从旧兼从轻

案情简介

徐某某，男，1955 年 × 月 × × 日出生，汉族，案发前任 A 市公安消防总队党委副书记、政治委员，曾任 B 市公安消防总队后勤部副部长、部长、副总队长职务等，因涉嫌犯受贿罪于 2013 年 2 月 4 日被羁押。

公诉机关认定徐某某存在以下事实，应当以受贿罪追究刑事责任：

1. 徐某某于 2000 年至 2009 年间，利用担任 B 市公安消防总队后勤部副部长、部长、副总队长及 B 市公安局政治部现役办主任的职务便利，为其下属王某某在立功受奖、职务晋升等方面提供帮助，并于 2009 年间，收受王某某给予万宝龙手表一块，价值人民币 32,170 元。案发后，赃物被追缴。

2. 徐某某于 2003 年至 2005 年间，利用担任 B 市公安消防总队副总队长，分管总队后勤工作的职务便利，多次为 B 市公安消防总队采购 B 市甲安全装备有限公司提供的空气

---

* 案例提供人、承办律师：刘博今（北京市博审律师事务所）。

呼吸器和气瓶总成,后于2008年间收受该公司总经理周某某给予的人民币60,000元。

3. 徐某某于2004年至2005年间,利用担任B市公安消防总队副总队长,分管总队后勤工作的职务便利,多次为B市公安消防总队采购德国乙消防救援有限责任公司生产的消防救援车辆,后于2010年间收受该公司北京代表处法定代表人张某某给予的人民币150,000元。案发后用赃款购买的部分赃物被追缴。

一审法院认定:2000年至2009年间,徐某某利用担任B市公安消防总队后勤部副部长、部长、副总队长等职务的便利,对王某某在立功受奖、职务晋升等方面给予帮助。2009年,王某某为向徐某某表示感谢、为获得徐某某对其职务晋升的进一步支持,给予徐某某万宝龙牌手表一块(购买价:人民币32,170元)。

一审法院认为,徐某某作为国家工作人员,利用职务上的便利,为他人谋取利益,非法收受他人财物,其行为已构成受贿罪,且数额巨大,依法应予惩处。C市人民检察院某分院指控徐某某收受王某某、周某某贿赂的事实清楚,证据确实、充分,指控的罪名成立;指控收受张某某贿赂的证据不足,不予支持。徐某某及其辩护人所提建议法庭依法宣告徐某某无罪的意见无事实根据及法律依据,不予采纳。鉴于徐某某收受赃款、赃物已全部追缴,可对徐某某酌予从轻处罚。根据徐某某犯罪的事实、犯罪的性质、情节及对于社会的危害程度,判决徐某某犯受贿罪,判处有期徒刑5年,没收个人财产人民币50,000元;没收涉案财产。

一审公诉机关不服一审判决,认为存在未予认定的其他事实,提出抗诉;徐某某不服一审判决,通过辩护律师以事实不清、情节显著轻微、不构成犯罪为由提出上诉。

二审法院书面审理本案,认定徐某某犯罪情节轻微,判决免予刑事处分。

案件历程

【起诉书】

C市人民检察院某分院
起诉书

C检×分刑诉(2013)0255号

被告人徐某某,男,1955年×月××日出生,现年58岁,身份证号码××××××××××××××××××,汉族,B市人,大学文化程度,曾任A市公安消防总队党委副书记、政治委员,户籍所在地B市××区××路Z室,住B市××区××路Z室。因涉嫌受贿罪,于2013年2月4日被C市公安局某分局,刑事拘留 。经C

市人民检察院某分院决定,于同年2月21日被C市公安局某分局逮捕。

本案由本院侦查终结,以被告人徐某某涉嫌受贿罪于2013年7月19日移送审查起诉。本院受理后,于同日已告知被告人有权委托辩护人,依法讯问了被告人,听取辩护人的意见,审查了全部案件材料。其间因案件重大、复杂,二次延长审查起诉期限各半个月,并两次退回侦查机关补充侦查。

经依法审查查明:

1. 被告人徐某某于2000年至2009年间,利用担任B市公安消防总队后勤部副部长、部长、副总队长及B市公安局某分局政治部现役办主任的职务便利,为其下属王某某在立功受奖,职务晋升等方面提供帮助,并于2009年间,收受王某某给予万宝龙手表一块,价值人民币32,170元。案发后,赃物被追缴。

2. 被告人徐某某于2003年至2005年间,利用担任B市公安消防总队副总队长,分管总队后勤工作的职务便利,多次为B市公安消防总队采购B市甲安全装备有限公司提供的空气呼吸器和气瓶总成,后于2008年间收受该公司总经理周某某给予的人民币60,000元。

3. 被告人徐某某于2004年至2005年间,利用担任B市公安消防总队副总队长,分管总队后勤工作的便利,多次为B市公安消防总队采购德国乙公司生产的消防救援车辆,后于2010年间收受该公司北京代表处法定代表人张某某给予的人民币150,000元。案发后,用赃款购买的部分赃物被追缴。

被告人徐某某于2013年2月4日被查获归案。

认定上述犯罪事实的证据有物证、书证、证人证言、鉴定意见、被告人供述和辩解等。

本院认为,被告人徐某某无视国家法律,身为国家工作人员,利用职务上的便利,收受他人财物,为他人谋取利益,数额巨大,其行为触犯了《中华人民共和国刑法》第385条第1款,第386条,第383条第1款第(1)项、第2款之规定,犯罪事实清楚,证据确实、充分,应当以受贿罪追究被告人徐某某的刑事责任。依据《中华人民共和国刑事诉讼法》第172条之规定,提起公诉,请依法判处。

此致

C市某中级人民法院

代理检察员:×××

2013年12月12日

附注:

1. 被告人徐某某现被羁押于C市第一看守所。

2. 证人名单、证据目录各1份。

3. 扣押物品清单1份。

4. 侦查卷宗22册。

【一审辩护词】

审判长、审判员：

北京博审律师事务所刘博今律师，受徐某某的委托担任其辩护律师。辩护人认为，犯罪嫌疑人徐某某的行为并不符合受贿罪的犯罪构成，不能认定涉嫌受贿罪，现根据徐某某的辩解和相关法律规定，发表如下辩护意见：

一、犯罪嫌疑人徐某某对张某某向审计署B市特派办赠送60,000元款项一事毫不知情，犯罪嫌疑人徐某某没有犯受贿罪的主观故意，没有利用职务便利，非法收受他人财物，为他人谋取利益，其行为不符合受贿罪的犯罪构成

犯罪嫌疑人徐某某辩解，国家审计署B市特别办事处工作人员张某向徐某某要求B市消防局增订相关杂志。因徐某某当时已经调离B市消防局，就将张某的电话给了德国乙公司驻中国的办事处代表张某某，此举目的在于询问张某某妻子所在单位即外交部能否订阅该杂志。而侦查人员称，犯罪嫌疑人徐某某将张某电话给了张某某后，张某某向审计署B市特派办赠送60,000元。徐某某对此60,000元赠款毫不知情，其并非"介绍人"。

辩护人认为，犯罪嫌疑人徐某某没有接受他人贿赂的主观意图，客观上亦没有利用职务上的便利，索取他人财物，或者非法收受他人财物为他人谋取利益的行为，不符合受贿罪的犯罪构成。从主观特征分析，受贿罪在主观方面只能有直接故意构成，即行为人明知自己利用职务上的便利条件，索取他人财物，或者收受他人财物为他人谋取利益，或者在经济往来中违反国家规定收受各种名义的回扣、手续费归个人所有的行为，会损害国家公职人员职务行为的廉洁性，侵犯国家机关、单位的正常管理活动，却希望这一危害结果的发生。犯罪嫌疑人徐某某对张某某向张某赠送60,000元一事毫不知情，既不存在认识因素，对该事实无法预料，又不存在意志因素，没有利用职务上的便利为他人谋取利益的决意。

我国《刑法》第385条所规定的"利用职务上的便利"，是指行为人利用自己的职务上的便利。"利用职务上的便利"，是一切受贿的必要条件。受贿作为一种渎职行为，自然是指渎自己之职，而非渎他人之职。从我国现行《刑法》和司法解释上看，"利用职务上的便利"的含义比较广泛，包括利用本人职务范围内的权力对他人所谋求的利益的制约关系，通过自己的职务上的作为或不作为为他人谋取利益，亦包括利用本人职权或地位形成的便利条件，通过其他国家工作人员职务上的行为，为请托人谋取利益，而本人从中向请托人索取或者非法收受财物的。本案中，张某

向徐某某提出增订杂志的要求时,徐某某仅意欲通过张某某向其在外交部工作的妻子询问是否订阅审计署杂志事宜,不仅没有向张某某索取任何财物,亦没有收受张某某财物,为其谋取不正当利益,并且客观上徐某某已经调离B市消防局,更无法利用职务上的便利,犯受贿罪之行为。

二、犯罪嫌疑人徐某某没有利用职务便利索取或收受他人财物的客观行为和主观故意,对侦查人员所述德国乙公司赠送其物品的情况毫不知情,将该情况列为徐某某涉嫌受贿罪的行为明显缺乏事实依据

犯罪嫌疑人徐某某辩解,侦查人员讯问犯罪嫌疑人徐某某时称,2006年德国乙公司曾赠送徐某某羊绒衫3件、香烟8条。但徐某某从未收到上述物品。

辩护人认为,按照刑事证据的基本规则,刑事证明的任务是查明案件的真实情况,是刑事诉讼的核心和基本环节。而证明对象和证明程度是刑事证明的主要内容,是在刑事诉讼中必须明确的。每一个具体的刑事案件都有明确的证明对象及对证明程度的要求。一般认为,对于受贿行为应有事实证明,首先,要有充分的证据证明行贿人有给予财物的行为。其次,有充分的证据证明受贿人有收受财物的行为。根据《人民检察院刑事诉讼规则(试行)》第63条之规定,人民检察院侦查终结或者提起公诉的案件,证据应当确实、充分。证据确实、充分,应当符合以下条件:(1)定罪量刑的事实都有证据证明;(2)据以定案的证据均经法定程序查证属实;(3)综合全案证据,对所认定事实已排除合理怀疑。侦查机关应当搜集充分证据证明存在相关人员赠与徐某某财物,没有相关证据予以证明的情况下,且徐某某收受该财物的行为。否则,在侦查机关不能将该件未经核实的情况列为徐某某收受他人财物的犯罪事实。犯罪嫌疑人徐某某涉嫌受贿罪行为缺乏必要的证据证明,侦查人员对犯罪嫌疑人徐某某涉嫌受贿罪没有事实依据,对所提出的情况不能排除徐某某无罪的合理怀疑。

根据我国《刑事诉讼法》第50条的规定,审判人员、检察人员、侦查人员必须依照法定程序,收集能够证实犯罪嫌疑人、被告人有罪或者无罪、犯罪情节轻重的各种证据。严禁刑讯逼供和以威胁、引诱、欺骗以及其他非法方法收集证据,不得强迫任何人证实自己有罪。必须保证一切与案件有关或者了解案情的公民,有客观的、充分的提供证据的条件,除特殊情况外,可以吸收他们协助调查。因此,侦查机关亦应当收集犯罪嫌疑人徐某某无罪的证据,依据相关法学理论和客观事实,展现事实之全貌。

综上所述,为了体现我国刑法罪刑法定基本原则,以事实为依据,以法律为准绳,以法学理论为指导的原则,请承办法官能充分重视并采纳辩护人的意见,查明本案事实,贯彻刑法谦抑性原则,要树立刑法的有限性、刑法的迫不得已性和刑法的宽容性的观念。谦抑性原则,是指只有在该规范确属必不可少——没有可以代

替刑罚的其他适当方法存在的条件下,才能将某种违反法律秩序的行为设定成犯罪行为。在我国现阶段非刑事法律功能未能充分发挥的情况下,更要强调刑法的谦抑性,正确区分并界定罪与非罪的不同界限,避免不必要的犯罪认定,对本案作出撤销案件的公正处理,以正确适用法律并尊重和保证犯罪嫌疑人的人权!

此致

C 市某中级人民法院

辩护人:刘博今

【一审刑事判决书】

C 市某中级人民法院
刑事判决书

(2014)C 中刑初字第 34 号

公诉机关 C 市人民检察院某分院。

被告人徐某某,男,1955 年×月××日出生于 B 市,汉族,大学文化,曾任 B 市公安消防总队后勤部副部长、部长、副总队长、B 市公安局政治部现役办主任、A 市公安消防总队党委副书记、政治委员,住 B 市××区××号 1502 室(户籍地:B 市××区××号 403 室);因涉嫌犯受贿罪于 2013 年 2 月 4 日被羁押,同年 2 月 21 日被逮捕;现羁押在 C 市第一看守所。

C 市人民检察院某分院以 C 检二分刑诉(2013)0255 号起诉书指控被告人徐某某犯受贿罪,于 2013 年 12 月 24 日向本院提起公诉。根据 C 市高级人民法院指定管辖的决定,本院立案受理后,依法组成合议庭,于 2015 年 4 月 8 日公开开庭审理了本案。C 市人民检察院某分院指派代理检员于××出庭支持公诉,被告人徐某某及其辩护人刘博今到庭参加诉讼。本案现已审理终结。

C 市人民检察院某分院指控(略)。

针对上述指控的事实,公诉机关向本院移送了书证,证人证言、被告人供述等证据,认为被告人徐某某无视国家法律,身为国家工作人员,利用职务上的便利,收受他人财物,为他人谋取利益,数额巨大,其行为触犯了《中华人民共和国刑法》第 385 条第 1 款,第 386 条,第 383 条第 1 款第(1)项、第 2 款之规定,应当以受贿罪追究被告人徐某某的刑事责任,提请本院依法判处。

被告人徐某某的当庭辩解及其辩护人的辩护意见为:徐某某在侦查阶段所作有罪供述,系针对侦查人员提问故意为之,但与事实不符,王某某、周某某在被羁押情形下提供指证徐某某犯受贿罪的证言不实,上述证据均应不予采信;徐某某未利用职务便利为王某某谋取利益,涉案万宝龙手表虽系王某某购买,但徐某某支付了对价款;徐某某既未利用职务便利为周某某谋取利益,亦未授意周某某向郝某银行账户汇款,徐某某系在事后得知周某某给郝某汇款60,000元;张某某委托徐某某对B市公安消防总队进行慰问,徐某某在购买纪念品后向张某某报销礼品款的行为不应按照受贿犯罪处理。综上,公诉机关指控徐某某犯受贿罪的证据不足,建议法庭依法宣告徐某某无罪。

经审理查明:2000年至2009年间,被告人徐某某利用担任B市公安消防总队后勤部副部长、部长、副总队长,B市公安局政治部现役办主任的职务便利,对王某某在立功受奖、职务晋升等方面给予帮助。2009年,王某某为向徐某某表示感谢,且为获得徐某某对其职务晋升的进一步支持,给予徐某某万宝龙牌手表一块(购买价格:人民币32,170元)。案发后,赃物已被扣押。

上述事实,有经庭审举证、质证,本院予以确认的下列证据证实:

证人王某某的证言证明:1998年,其任B市公安消防总队后勤部给养科副营职助理员,2002年任后勤部给养处正营职副处长;2004年2月任总队第二支队后勤处副处长,同年7月,任后勤处处长(副团职);2011年4月,任B市某区公安消防支队后勤处处长(正团职)。其正连升副营时,徐某某是后勤部副部长;副营升正营时,徐是后勤部代部长;正营升副团时,徐是总队副总队长。其在提拔过程中得到了徐某某的关照和支持,没有徐某某的同意,过不了后勤部党委会这一关。徐某某在总队领导岗位上,也支持了其副团的晋升。

徐某某调任B市公安局现役办主任后,负责包括消防部队的团职干部提拔和任用。2009年下半年,徐某某提任A市公安消防总队政委之前,其觉得担任副团职年头不短了,提拔团职,徐某某是关键,即使不能马上提,徐某某提副军职后,也有能力关心其的提拔问题。其给徐某某打电话,希望关心其晋升正团,并说给徐买块表,徐当时说不用了,晋升正团的事答应有机会帮忙。通话后的一天晚上,其请王建某驾车到B市某表店,买了一块32,000余元的男式腕表。买表后,其给徐某某打电话,约好在某商厦3楼咖啡厅见面,把准备好的手表连同包装盒及发票放在一个布袋子里给了徐某某,其说徐某某马上要高升了,买了一块表,表示一下心意,徐说了句谢谢就收下了。其送给徐某某礼物有两个原因:一是感谢他以前对其提拔的帮忙,徐分管其时,给其立了一次三等功;二是希望徐以后继续在提拔问题上帮忙。

证人王建某的证言证明:2009年,王某某担任B市W区消防支队副支队长,其陪同王某某到B市某表店购买过一块价值3万余元的万宝龙牌男式手表,王某某支付的是现金。其对那块表有印象,黑色表带,圆形表盘,表壳是钢的。王某某说要送给领导,但没说是哪个领导。

证人杨某的证言证明:大约2009年年底,其爱人徐某某拿了一块表回家。公安局工作人员到家里把表和发票拿走了。这是一块黑色万宝龙牌男式手表,由丙商贸有限公司开具发票,发票号为1249××22,开票时间为2009年10月22日,价格为32,170元。

万宝龙B市某店铺出具的材料证明:货号10××49的手表由该店铺售出,售出时间为2009年10月22日,售价32,170元,付款方式为现金,购买人为王某某。

万宝龙手表及发票联的照片证明:货号10××49的手表特征,且发票载明该表售价32,170元,开具单位为丙商贸有限公司,开票时间为2009年10月22日,发票号码为1249××22。

B市公安消防总队政治部出具的王某某同志简历、王某某同志奖励情况证明:1999年12月,王某某任B市公安消防总队后勤部供给处副营职助理员;2001年3月,任供给处副营职副处长,同年12月,任供给处正营职副处长;2004年2月,任总队第二支队后勤处副处长,同年7月任后勤处处长;2005年6月,任B市某区公安消防支队后勤处副团职处长,2009年3月,任该队副支队长;2011年4月,任B市某区公安消防支队后勤处正团职处长;1994年、1995年、2000年分别荣立三等功一次,2008年荣立二等功一次。

B市公安消防总队后勤部出具的党委会议记录证明:2000年11月,徐某某主持召开党委会,同意给王某某记三等功一次;2002年8月,主持召开党委会,讨论给王某某记个人嘉奖一次。

B市公安消防总队政治部出具的党委常委会议记录证明:2001年12月,徐某某参与讨论王某某任后勤部供给处副处长;2004年7月,参与讨论王某某任B市公安消防总队第二支队后勤处处长;2005年2月,参与讨论给王某某记个人嘉奖一次。

公安部纪律检查委员会出具的关于移交万宝龙牌男式手表的情况说明、C市人民检察院某分院赃证物单证明:2012年9月26日,杨某将涉案万宝龙牌男式手表上交公安部纪律检查委员会,该表为黑色表带,银色表盘,附商品零售收据和发票(号码:1249××22)各一张。公安部纪律检查委员会将该手表及相关票据移交C市人民检察院某分院。

被告人徐某某在侦查阶段的供述证明:其在20世纪90年代就认识王某某,王是其的老部下。2009年,其在B市公安局政治部现役办任主任时,王某某送给其一块手表。其与王某某关系很好,在总队时,方方面面也都比较关照他。王某某送手表,是对其以前的关照表示感谢。其去A市报到回B市休息期间,王某某曾找其帮忙给B市公安局政治部现役办主任高惠某以及现役办主管考核晋升的处长徐圣某打招呼,帮他解决进步问题。侦查人员出示的万宝龙牌手表照片和发票上显示的手表就是王某某送给其的那块。

2003年至2005年间,被告人徐某某利用担任B市公安消防总队副总队长,分管总队后勤工作的职务便利,为周某某任职的B市甲安全装备有限公司(以下简称甲公司)向B市公安消防总队销售空气呼吸器和气瓶总成提供帮助。2008年4月12日,周某某为向徐某某表示感谢,代徐某某向郝某账户汇款人民币60,000元用于支付礼金。案发后,赃款已全部追缴。

上述事实,有经庭审举证、质证,本院予以确认的下列证据证实:

证人周某某的证言证明:1998年,徐某某任B市公安消防总队后勤部副部长,由于业务往来,其认识了徐。1999年,其感觉徐某某开始在采购呼吸器方面管事了,B市公安消防总队采购的呼吸器每年递增。大约在2005年,徐某某召集其和甲公司B区销售经理汤某某,与B市公安消防总队后勤、战训及各消防支队政委召开空气呼吸器订购洽谈会,主要讨论价格和订购数量。会议由徐某某主持,徐对谈判起主导作用,提出B市公安消防总队从甲公司采购1000套空气呼吸器和1080套气瓶总成,并要求甲公司赠送80套呼吸器。经讨价还价,双方同意按徐某某的意见办,会议最终由徐拍板决定。根据会议精神,甲公司和B市公安消防总队签订了购货合同。徐某某在担任后勤部长期间,所有采购空气呼吸器产品,都是徐某某拍板。徐某某任副总队长,分管后勤工作后,制定了一个产品采购统一化制度,规定以后都要采购甲牌的空气呼吸器。

其和徐某某认识后,曾多次向徐表示多支持甲公司,多采购甲公司的空气呼吸器,徐说其是他的好兄弟。之后,徐某某利用担任后勤部长的权力,对甲公司的产品给予了大力支持。召开订购洽谈会后,其和徐某某的关系又进了一步,有时陪他逛街散步。2008年4月,其和徐某某吃饭,徐说北京来了一老头,约他在B大厦见面,谈徐提职的事。饭后,其陪徐某某去了B大厦,徐去和那个老头见面,其在一层大厅里等。徐某某下来后说那个老头专门为他的事来B市,让其准备一些车马费,其问多少,徐说60,000元。其将股票账户中某股份煤炭股卖了不到60,000元,转到其在招商银行第三方存款账户上。抛掉股票后,其从招商银行账户取了60,000元现金。第二天,徐某某约其去存钱,其和徐步行到附近××银行营业网点,徐给其一张银行卡,其在柜台办理了30,000元存款,单子上签的是卡主的名字。办理完毕后,其与徐某某又打车到另一家G银行网点存了30,000元。存钱超过50,000元得出示身份证,其不想用其的身份证,就到两个网点分两次存钱。其没见过郝某,也没见郝某的签字,所以签了“HM”两个字母。其按照徐某某的要求存款,是因为徐是B市公安消防总队领导,后来虽任B市公安局现役办主任,但在消防系统仍有影响力。其是生意人,考虑到徐某某要提职了,其公司能沾徐的光,过去徐也帮过其和甲公司,从甲公司采购了不少空气呼吸器,其也被提拔为总经理,甲公司的销售收入和利润也上去了。徐某某没退给其60,000元,也从未提出过要退。

证人郝某的证言证明:其通过母亲认识了徐某某,徐让其叫他干爹。2008年4月初,其陪徐某某跑步,邀请徐参加婚礼,徐说他很忙,可能没时间,但一定送份大礼,问其有没有空的银行卡,说给60,000元礼金。其给了徐某某一张××银行卡。过了几天,徐某某打电话让其拿回银行卡,说已存入60,000元。其不认识周某某,其有个大伯叫郝某A,大伯来B市时,与其和徐某某吃过一顿饭,之后就没有了来往。2012年,公安部同志找其了解徐某某给60,000元礼金的情况,其母亲帮忙凑齐60,000元上交了。

证人孙某的证言证明:2002年12月,其被正式任命为B市公安消防总队后勤部部长,2003年2月到任,徐某某则由后勤部长升为副总队长,分管后勤工作。后勤部主要负责消防总队的后勤保障,包括经费管理、消防装备采购、营房建设、医疗卫生等。装备采购包括两块,一块是消防车辆,另一块是消防器材,包括空气呼吸器、防护服等。按照公安部要求,每个消防战士都要配备一套防护器材,当时B市公安消防总队没达标,申请了专项经费,批下来后,后勤部和甲公司周某某谈判采购空气呼吸器,最后由徐某某拍板,从甲公司采购了1000套空气呼吸器和1080套气瓶总成,总价款1000万余元。

某证券股份有限公司B市某证券营业部出具的深圳账户开户登记表、资金账户对账单证明:2008年4月10日,周某某证券账户售出某股份1000股。

某银行某支行出具的个人客户开户资料、历史交易明细证明:2008年4月11日,周某某账户取现60,000元。

B市××发展银行出具的个人客户开户资料、活期账户历史明细清单、个人业务存款凭条复印件证明:2008年4月12日,郝某账户分两笔各存入30,000元,存款凭条上客户签名为“HM”。

从B市公安消防总队后勤部调取的甲公司合同签订情况、2003年12月至2007年12月甲公司提供的甲产品清单、合同用章审批表、设备买卖合同、记账凭证、经费结算表、支票存根、发票等证据证明:2003年至2005年间,B市公安消防总队向甲公司采购空气呼吸器、气瓶总成等消防设备,徐某某作为总队主管领导在合同用章审批表上签字。其中,2005年签订编号600的购货合同中,B市公安消防总队向甲公司采购空气呼吸器1000套和气瓶总成1080组,另附配空气呼吸器80套,合同金额共计1163万元;B市公安消防总队按照合同约定向甲公司支付了货款。

甲公司工商登记资料证明:该公司成立于1995年11月,经营范围包括生产呼吸防护安全装备产品以及配套的专用通讯产品,销售自产产品等,周某某历任该公司副总经理、法定代表人等职。

公安部纪律检查委员会出具的公纪函×××号说明函证明:公安部纪律检查委员会调查组收到郝某上缴的60,000元现金。

被告人徐某某在侦查阶段的供述证明:其经人介绍认识了周某某,周当时是甲公司副总经理。2005年,其任B市公安消防总队副总队长,从甲公司购买了1000多套空气呼吸器。其认识B市发改委一个姓潘的女干部,一起出过国,她的儿子叫郝某,郝某说他大伯认识军方的人,能帮其打听提副军职的消息。其同郝某大伯见了面,郝某大伯说郝某要结婚了,让其给郝某打五六万元表示个态度。其把这事告诉周某某,周比较热心,说是个机会,由他帮着打这60,000元。周某某之所以要帮其打这笔钱,一是想帮忙,周当甲公司副总时,B市公安消防总队买过甲公司的东西;二是想和郝某的大伯取得联系。

本院还对下列经庭审举证、质证的证据予以确认:

1. 副师职以上干部履历表、B市公安局某公政现令(2001)××号命令、公安部公武任字(2001)×××号、(2002)×××号、(2006)××号、(2012)××号命令、B市公安局政治部出具的证明、A市公安消防总队(2010)A消政21号通知、中共A市公安消防局委员会A消党(2010)×号通知、(2010)××号通知证明:1994年10月,徐某某任B市公安消防总队后勤部副部长,2001年4月任后勤部部长,2002年12月任副总队长;2005年8月,徐某某到B市公安局政治部现役工作办公室主持工作,2006年6月,任该办主任;2010年1月,徐某某任A市公安消防总队政治委员,2012年2月15日被免职。

2. B市公安消防总队后勤部简介、B市消防总队后勤部武B消后(协)字(2002)××号文件证明:B市公安消防总队后勤部系副师建制,主要负责制定部队后勤工作计划、规划及措施,组织后勤服务保障等工作。后勤部部长在分管总队领导的指导下,积极完成各项后勤保障工作,副部长隶属于部长,协助部长工作,在部长临时离开工作岗位时,根据上级或部长的指定代行部长职责。

3. B市公安消防总队委员会武B消(党)字(2003)×号、(2005)××号文件证明:徐某某任B市公安消防总队副总队长期间,分管后勤工作,曾负责联系总队医院、第二支队、某某支队、化工区支队。

4. B市公安局政治部出具的情况说明、公安部关于各公安厅局现役工作人员编制管理使用问题的通知证明:各省、自治区、直辖市公安厅、局政治部设立现役工作办公室,为正师级,现役工作办公室在公安厅、局政治部的领导下行使公安厅、局党委对公安消防、警卫以及边防部队的领导管理和协调职能。按照管理权限具体承办公安消防、警卫部队干部考核、任免、晋衔、调配等工作。现役办主任对现役办全面工作负责。

5.军人公民身份证号码登记表、现役军人和人民武装警察居民身份证申领登记表(副表)证明徐某某的自然身份及户籍情况。

6.最高人民检察院关于徐某某涉嫌贪污、受贿犯罪线索指定管辖的决定[高检发反贪字(2013)×号]证明:2013年1月30日,该院经审查后,将徐某某涉嫌犯受贿罪线索转交并指定C市人民检察院办理。

7.C市人民检察院关于徐某某涉嫌职务犯罪线索的交办函[C检反贪交(2013)××××号]证明:2013年2月1日,该院反贪污贿赂局将徐某某受贿线索转交C市人民检察院某分院反贪污贿赂局办理。

8.立案决定书、抓获经过、拘留证、逮捕证等法律手续证明:2013年2月1日,C市人民检察院某分院对徐某某涉嫌犯受贿罪一案立案侦查,2月4日将徐某某拘传到案,后依法对其采取拘留、逮捕强制措施。

另,针对指控徐某某收受德国乙有限责任公司(以下简称乙公司)北京代表处张某某给予的人民币150,000元的事实,公诉机关当庭宣读、出示了以下证据:

1.证人张某某的证言证明:其是乙公司北京代表处法定代表人。2004年10月中旬,其受公司委托参加在农展馆举行的消防展览,徐某某带团观展,主动询问其公司情况,表示对公司产品感兴趣,双方就消防产品进行了交流和沟通,徐还邀请其公司去B市进行讲解。其和公司总裁、出口部经理去B市做了产品介绍。经对比,B市公安消防总队确定其公司作为供货商之一,当时签订的合同标的是3辆消防车,总价约900万元。通过一系列接触,其和徐某某就熟悉了。B市公安消防总队使用其公司产品后很满意,2005年和2006年,又向其公司订购了二三十辆这种新型消防车。在拿到第一批消防车订单后,其请徐某某等人在B市吃饭,向徐表示给予回扣,徐说他现在不需要钱,以后有困难再帮他。2010年年初,徐某某到A市公安消防总队任政委,来北京,其去北京南站接徐。徐某某说刚到A市任职,B市某纪念币不错,想买一些送给A市公安消防总队中层以上干部。其问徐某某需要多少钱,下次见面带给他。过了一段时间,徐某某来北京,其开车接徐,给了徐50,000元,徐没给其购买纪念币的发票,送给其一套8枚的纪念币。时间不长,徐某某又一次来北京开会,说在A市公关打点的一些费用不好处理,让其帮助解决,然后拿了一个装着发票的牛皮纸袋信封给其。其问发票是多少钱,徐某某说大概有110,000元,其说凑个整,下次给他100,000元,后其把100,000元给了徐。其给徐某某钱,是因为徐在B市公安消防总队任职期间,从其公司买了几十辆消防车,公司业务量提高与徐的工作是有关系的,应该感谢他,其公司也准备通过徐的关系,打开A市消防车市场。

2.证人穆某某的证言证明:其是乙公司北京代表处副总。2004年10月中旬,北京有一个消防展览会,其公司是参展单位,徐某某作为B市公安消防总队的人到展会参观,对其公司展出的消防设备很感兴趣,咨询了关于设备的问题。展会结束后,其公司受徐某某之邀去B市对公司产品进行了讲解。经对比,B市公安消防总队确定其公司作为供货商之一,当时签订合同标的是3辆消防车,总价大约900万元。

3. 证人王某某的证言证明:2010年1月,其任A市公安消防总队总队长,2012年8月退休。A市公安消防总队和A市公安局消防局是“一套人马,两块牌子”。2012年2月,徐某某任总队政委,同年四五月,当时B市要开某博会从B市休假回来,送给其一个金的生肖像,装在一个玻璃盒子里。同年8月左右,公安部纪委找其了解情况时,其交给了纪委。徐某某还送给过其一套纪念币,其也都交给了公安部纪委。其听说徐某某曾经买过一些B市某博会纪念银币送给A市公安消防总队机关副处长以上的干部。

4. 证人孙某的证言证明:2004年,北京举办了一个消防装备展览会,徐某某作为分管后勤工作的副总队长参加了展会。参会后不久,乙公司北京代表处张某某来B市介绍了他们公司的消防车,后B市公安消防总队开始和乙公司洽谈购买该公司生产的消防车,由徐主持,其也参加了。后勤部供应站拟制了采购乙公司生产的消防车报告,逐级上报到徐某某审批,徐同意后再报给总队长和政委批准。一直到2010年,B市公安消防总队采购乙公司消防车有100辆左右。

5. B市公安消防总队后勤部出具的合同用章审批表、合同证明:2004年12月至2005年7月间,B市公安消防总队委托B市某招标有限公司向乙公司购进陆虎轨道运载车、低平式多功能气压泡沫消防车、陆虎60雪泡车、地铁消防车、抢险救援车等消防设备,徐某某作为B市公安消防总队领导在合同用章审批表上签字。

6. 从B市公安消防总队后勤部调取的支付凭证汇总表证明:B市公安消防总队向乙公司支付货款的情况。

7. A市公安消防总队纪律检查委员出具的关于我总队纪委收缴徐某某赠送总队干部某博会城市景点纪念银条的情况报告、上缴徐某某赠送总队干部某博会城市景点纪念银条情况统计表证明:该队纪委组织各部门对徐某某赠送给时任总队机关副处长以上领导干部的某博会纪念币进行了收缴。

8. 乙公司北京代表处外国(地区)企业常驻代表机构登记证等工商登记资料证明:乙公司北京代表处首席代表为张某某,经营范围包括消防、环保车辆及特种设备器材的生产、销售技术支持业务提供联络等。

9. 被告人徐某某在侦查阶段的供述证明:其带队参加中国消防装备博览会,在会上认识了张某某,张是乙公司中国代表处法定代表人。其看到世界上最先进的消防车,就想买这种车,后去了好几个地方观摩,然后决定购买。B市公安消防总队与乙公司陆续发生经济往来,大概一共购买该公司140多辆消防车,总金额大概有几个亿。张某某想送其钱表示心意，其没要。2010年春节前后，张某某打电话祝贺其到A市任消防总队政委，其让张某某以德国消防推进会的名义送一些礼物，还告诉张送礼物不能以他的名义，张得当无名英雄。其买了三四百块B市某博会长条状的纪念币，名字叫"××家园"，花了14多万元。到A市后，其给11个党委成员每人一个大块，部门长是中块，其他普通干部是小块。然后，其把买纪念币的发票交给张某某，张把这14多万元给了其。

上述证据经庭审举证、质证，本院审查后认为：张某某在证言中称，其给徐某某报销购买B市某博会纪念币钱款，不仅是为了对徐某某前期的帮助表示感谢，同时还准备通过徐某某的关系及馈赠行为，打开A市消防车市场，向A市公安消防总队赠送B市某博会纪念币符合了张某某的主观意愿，该节与徐某某辩解所称张某某通过徐向A市公安消防总队进行慰问存在一定程度上的吻合；徐某某未将所购B市某博会纪念币予以个人占有，而是实际用于赠送A市公安消防总队。综上，公诉机关指控徐某某收受张某某贿赂款的证据不足，本院对该起指控不予认定；徐某某及其辩护人所提张某某委托徐某某对A市公安消防总队进行慰问，徐某某在购买纪念品后向张某某报销礼品款的行为不应按照受贿犯罪处理的意见具有合理性，本院酌予采纳。

关于徐某某及其辩护人所提徐某某在侦查阶段所作有罪供述，系针对侦查人员提问故意为之，但与事实不符，王某某、周某某在被羁押情形下提供指证徐某某犯受贿罪的证言不实，上述证据均不应被采信的辩解及辩护意见，经查，侦查人员对徐某某的讯问无刑讯逼供等违法行为，徐某某在侦查阶段的有罪供述稳定，所提有意为之不能成为否认有罪供述的合理理由；侦查人员在向王某某、周某某进行询问时，未对该二人予以羁押，证人证言取证程序合法，多份证言所证徐某某受贿经过的内容一致；徐某某在侦查阶段的供述与王某某、周某某的证言亦能相互印证，均应予以采信。故徐某某及其辩护人的上述意见不能成立，本院不予采纳。

关于徐某某及其辩护人所提徐某某未利用职务便利为王某某谋取利益，涉案万宝龙手表虽系王某某购买，但徐某某支付了对价款的辩解及辩护意见，经查，王某某在证言中称其在职务晋升与立功受奖中得到了徐某某的帮助，徐某某在侦查阶段亦供认在B市公安消防总队任职期间，对王某某方方面面都比较关照，在案书证显示，徐某某作为王某某的上级领导，参与了对王某某职务晋升、立功受奖的讨论，具有影响力，上述证据相互印证，足以认定徐某某为王某某谋利的事实；徐某某所作已支付涉案手表对价款的辩解缺乏证据支持，且与王某某的证言及其在侦查阶段的供述相悖。故徐某某及其辩护人的上述意见不能成立，本院不予采纳。

关于徐某某及其辩护人所提徐某某既未利用职务便利为周某某谋取利益，亦未授意周某某向郝某银行账户汇款，徐某某系在事后得知周某某给郝某汇款60,000

元的辩解及辩护意见,经查,孙某的证言以及从B市公安消防总队后勤部调取的合同用章审批表等证据证实,徐某某担任B市公安消防总队副总队长期间,分管后勤工作,对采购甲公司消防产品具有决策和审批权,且合同用章审批表上亦有徐某某的签字批准,在案证据足以认定徐某某为周某某谋利的事实;周某某、郝某的证言证实,该二人互不相识,徐某某提出给郝某打款60,000元作为结婚礼金,周某某向徐某某提出代徐汇款,徐某某在侦查阶段对该节亦予以供认,供证之间相互印证。故徐某某及其辩护人的上述意见不能成立,本院不予采纳。

本院认为:被告人徐某某作为国家工作人员,利用职务上的便利,为他人谋取利益,非法收受他人财物,其行为已构成受贿罪,且数额巨大,依法应予惩处。C市人民检察院某分院指控徐某某收受王某某、周某某贿赂的事实清楚,证据确实、充分,指控的罪名成立;指控收受张某某贿赂的证据不足,本院不予支持。徐某某及其辩护人所提建议法庭依法宣告徐某某无罪的意见无事实根据及法律依据,本院不予采纳。鉴于徐某某收受赃款、赃物已全部追缴,可对徐某某酌予从轻处罚。本院根据被告人徐某某犯罪的事实、犯罪的性质、情节及对于社会的危害程度,依照《中华人民共和国刑法》第385条第1款,第386条,第383条第1款第(2)项、第2款,第59条,第61条,第64条之规定,判决如下:

被告人徐某某犯受贿罪,判处有期徒刑5年,没收个人财产人民币50,000元(刑期从判决执行之日起计算;判决执行以前先行羁押的,羁押1日折抵刑期1日,即自2013年2月4日起至2018年2月3日止)。

扣押在C市人民检察院某分院的万宝龙牌男式手表一块、手表零售收据一张、手表发票一张,以及扣押在公安部的人民币60,000元,由扣押机关依法予以没收,上交国库。

如不服本判决,可在接到判决书的第二日起10日内,通过本院或者直接向C市高级人民法院提出上诉。书面上诉的,应当提交上诉状正本一份,副本一份。

审　判　长　×××
代理审判员　×　×
人民陪审员　×××
2015年9月11日
书　记　员　×××

【刑事上诉状】

刑事上诉状

上诉人：徐某某，男，汉族，1955年×月××日出生。

上诉人涉嫌受贿罪一案，不服C市某中级人民法院(2014)×中刑初字第34号判决，故提出上诉。

上诉请求：

1. 撤销C市某中级人民法院(2014)C中刑初字第34号刑事判决；

2. 依法改判上诉人不构成受贿罪，不应当承担刑事责任。

事实与理由：

一、王某某2009年馈赠万宝隆手表一案被告没有为其谋取私利

一审证据中王某某的证言提到送手表的目的："一是感谢他以前对其提拔的帮忙，徐分管其时，给其立了一次三等功；二是希望徐以后继续在提拔问题上帮忙。"

以上王某某的证言没有任何证据佐证，在判决书引用的证据与认定事实矛盾，即被告分管期间王某某并没有荣立过三等功。2009年下半年被告调离王某某所在的单位，去A市就职。调走后被告就没有提拔王某某的职权。因此王某某的企图根本就不会实现。

再有一审认定的证据并没有形成完整的证据链，来证明被告收到手表后，没有支付现金。

二、周某某向郝某账户汇款60,000元不能说徐某某受贿。2003年至2005年在B市消防总队任职，但B市消防局在采购空气呼吸器的时候，完全合法，并没有证据证明徐某某利用了职权为周某某谋利。2008年4月周某某将钱款汇入郝某账户，不具有行贿的性质。这里面从来没有过权钱交易

三、一审开庭程序违法

其主要有：(1)法庭没有应辩护人要求请主要证人出庭作证；(2)开庭前法庭并没有通知被告开庭日期；(3)法庭调查阶段，公诉人没有向法庭出示证据，只是在庭审时读了证据名称及证明内容。

综上所述，被告徐某某上诉到C市高级人民法院，希望贵院，能够排除各种非法律因素，依法审理，公正判决。

此致

C市高级人民法院

辩护人：刘博今

上诉人：徐某某

2015年9月16日

【二审辩护词】

尊敬的审判长、审判员:

受本案被告徐某某的委托,担任其二审辩护人,本律师曾是其一审辩护人。

一审判决适用的《刑法》法条:第385条第1款,第386条,第383条第1款第2项、第2款。

上述法律规定为,第385条规定,国家工作人员利用职务上的便利,索取他人财物的,或者非法收取他人财物,为他人谋取利益的,是受贿罪。

第386条规定,对犯有受贿罪的,根据受贿所得数额及情节,依照本法第三百八十三条的规定处罚。

第383条第1款规定,贪污数额较大或者有其他较重情节的,处三年以下有期徒刑或者拘役,并处罚金。

尚不构成犯罪的,由其所在单位或者上级主管机关给予处分。

构成要件:(1)利用职务上的便利;(2)非法收取他人财物;(3)行贿人有具体的托请事项;(4)为托请人或他人谋取利益;(5)受贿数额较大或有较重情节的。

我的辩护根据一审判决认定的事实分为两个部分:

一、王某某赠送徐某某手表案,情节显著轻微不构成犯罪

1. 徐某某并未在王某某的职务晋升、立功受奖中利用职权为其谋取利益

一审判决书认定,徐某某利用担任B市公安消防总队后勤部副部长、部长、副总队长,B市公安局政治部现役办主任的职务,对王某某立功受奖、职务晋升等方面给予帮助。

一审判决支持上述事实是,证据六、王某某同志的简历及立功受奖的时间及任职、立功等级和时间;证据七、党委会议记录,该会议记录只证明了徐某某参与了讨论。并没有任何违纪违法,为王某某谋取利益情况出现。

根据上述证据显示,王某某是在1994年、1995年、2000年荣立三等功,2005年6月晋升为副团,而王某某在2008年以后才与徐某某熟悉起来。不存在提供帮助的可能。

2. 徐某某接受老部下馈赠手表的行为,不应当认定为犯罪

徐某某接受王某某的手表的行为是老部下对老领导的一种帮助的感恩,属于中国人之常情。王某某在向徐某某赠送手表时,亦明确表示对徐某某提拔副军的贺礼,目的是联络增进感情,不存在任何托请事项。

如果非要追究的话,最多是违纪行为。“由其所在单位或上级主管给予处分”为宜。

二、关于周某某向郝某银行卡汇款一案事实不清、证据不足,不应认定受贿罪

1. 一审认定周某某给郝某的银行卡里面打入60,000元钱的目的事实不清

收到60,000元钱的郝某到底是什么身份,与徐某某到底是什么关系,一审证据

并不充分。一审认定郝某是徐某某的干儿子,并且接受60,000元的礼金。这一事实只有郝某一个人的证言,是孤证,不能认定案件事实。

周某某向郝某的银行卡里打款60,000元的目的事实不清、证据不足。

根据一审证据周某某的证言证明,2008年4月周某某和徐某某一起吃饭,说北京来了一个老头,谈徐晋升的事情,让周某某准备车马费,徐说60,000元,周某某准备好了钱一同与徐某某存款。上述证言存款是事实,但存款的目的是为徐某某晋升只是孤证,没有其他证据佐证。

合理怀疑,有没有可能周某某就想通过徐某某向郝某行贿呢,本律师会见徐某某的时候,徐某某就是这样说的。如果这是事实,徐某某只是违纪行为。

2. 徐某某在B市消防局采购周某某任职的B市甲安全装备有限公司空气呼吸器的时候,一审没有证据证明徐某某利用职务之便谋取利益

相反,在侦查机关全部侦查证据中,均没有证据证实,在采购设备过程中,徐某某利用职务之便为周某某及公司谋取利益的证据。徐某某在B市消防局采购周某某任职的B市甲安全装备有限公司空气呼吸器的时候,采购程序合法、产品合格、价格适当。

综上所述,一审判决认定的徐某某的犯罪事实没有足够充分的证据,有些关键证据只凭一个证人证言,没有其他证据互相佐证,一审法院适用法律错误,目前的证据所能证明的事实,不应当认定徐某某有罪。

徐某某出身一个B市普通的家庭,没有任何背景,父母亲是普通工人。徐某某从一名普通的战士一步一步地晋升为副军级高级干部,可想而知其为国家做出了多么卓越的贡献。2009年徐某某从B市调任A市消防总队任政委后,工作上刚正不阿,敢于直言,面对贪腐零容忍,并采取有效措施遏制腐败。

2010年8月徐某某向A市公安局党委汇报工作时这样写道:在政治上要先于人、责任上要高于人、素质上要强于人、管理上要严于人、形象上要正于人、作风上要好于人。并阐述了:(1)分析队伍找差距,自我加压定目标。(2)旗帜鲜明反腐败,坚持原则树正气。(3)提升理念谋发展,真抓实干解难题:一是抓理念提升;二是促观念转变;三是突破发展“瓶颈”;四是解住房难题等。该汇报反映了其到任A市半年后发现的贪腐问题,主要有:某些领导干部,利用手中的权力为曾经的老领导、亲友介绍甚至强行指定消防工程,推销消防产品;对A市消防局中的买官卖官现象提出了整顿,并要求“2010年起,总队以下单位团职干部全部实行公开选拔”。当时徐某某就指出了A市××新区的消防问题,并以大连为戒:“在大连中石油火灾后,我更寝食难安。以A市某某区为例,建有百万吨乙烯工程、炼化厂、南港工业区等石油化工企业,原油加工能力2000万吨,规划原油储存能力达到1000万吨以上,一旦发生火灾,人员伤亡,事故损失及由此引发的次生灾难难以想象。”结果在他入狱后的两年后终于发生了他不想看到的事情。

他的责任感,他的反腐行动,最终触动了某些人的利益,某机关以其强暴了多名部下(同性恋)的名义,将其双规,并彻查了其出生以来的所有行为,最终锁定了上述罪名。

尊敬的审判长、审判员,我们的刑罚是针对行为人的主观恶性和恶行进行处罚的,而不是死板地套用法律,惩罚不应该惩罚的人。因此本辩护人建议,对为我们的党,我们的百姓,我们的国家操劳了一辈子的人,慎用刑罚。因为,像徐某某这样的好干部还很多,有的已经退休,有的还坚守在自己的岗位上,网上关注此案的人很多,几乎所有网民的跟帖均认为徐某某是清官,希望法庭慎重判决,别再让这些人寒心。

此致

C市高级人民法院

辩护人:刘博今律师

××××年××月××日

【二审刑事判决书】

C市高级人民法院
刑事判决书

(2015)高刑终字第×××号

抗诉机关(原公诉机关)C市人民检察院某分院。

上诉人(原审被告人)徐某某,男,61岁(1955年×月××日出生),汉族,出生地B市,大学文化,曾任B市公安消防总队后勤部副部长、部长、副总队长、B市公安局政治部现役工作办公室主任、A市公安消防总队党委副书记、政治委员,住B市。因涉嫌犯受贿罪于2013年2月4日被羁押,同年2月21日被逮捕;现羁押在C市第一看守所。

辩护人刘博今,北京市博审律师事务所律师。

辩护人朱明勇,北京市中关律师事务所律师。

C市某中级人民法院审理C市人民检察院某分院指控原审被告人徐某某犯受贿一案,于2015年9月11日作出(2014)×中刑初字第34号刑事判决。宣判后,C市人民检察院某分院以一审法院对起诉书指控的部分事实不予认定不当为由,向本院提出抗诉;原审被告人徐某某不服,提出上诉。在本院审理过程中,C市人民检察院认为抗诉不当,向本院撤回C市人民检察院某分院的抗诉。本院依法组成合议庭,经过阅卷,讯问上诉人,审阅辩护人提交的书面辩护意见,认为事实清楚,决定不开庭审理。本案经合议庭评议,审判委员会讨论并作出决定,现已审理终结。

C市某中级人民法院刑事判决认定(略)。

一审法院认定以上事实的证据(略)。

一审法院判决查明及认定部分(略)。

徐某某上诉提出:其在收受王某某馈赠的万宝龙手表时已不具有提拔王某某的职权,且其已向王某某支付了现金对价,该事实不应认定为受贿。其未利用职权为周某某谋利,周某某在2008年4月存入郝某银行卡上的60,000元不应认定为受贿款。

徐某某申请调取证人郭某某、法某某、赵某某、路某某的证言,用于证明在王某某立功受奖方面,其未对王某某特别提名;申请调取证人张某、袁某某、赵某某、高某、胡某某及B市某某区检察院预防犯罪科的于检察长的证言,用于证明B市公安消防总队从甲公司购买、消防设备的整个招标过程以及续签合同时谈定降价的情况;徐某某提出证人王某某、周某某、郝某的证言不属实,申请证人出庭对质。

辩护人刘博今的辩护意见为:徐某某未利用职务便利为王某某谋取利益,且接受老部下馈赠手表的行为属于情节显著轻微,不构成犯罪;在B市公安消防总队采购甲公司消防设备过程中,徐某某未利用职务之便为周某某谋取利益,周某某向郝某银行卡汇款的目的事实不清,证据不足,不应认定为受贿罪。

辩护人朱明勇的辩护意见为:一审判决认定徐某某犯受贿罪的事实不清,证据不足,王某某职务的调整符合正常组织程序,且王某某未在事前向徐某某提出请托事项,并约定事后收受财物,徐某某收受手表时已支付了手表的对价;徐某某与郝某没有利益关系,未指使周某某给郝某汇款,郝某收到周某某60,000元的事实不能得出徐某某受贿的结论,徐某某不构成受贿罪,应对其宣告无罪。

本院经审理查明:

一、2000年至2009年间,上诉人徐某某利用担任B市公安消防总队后勤部副部长、部长、副总队长,B市公安局政治部现役工作办公室主任的职务便利,对王某某在立功受奖、职务晋升等方面给予帮助。2009年,王某某为向徐某某表示感谢,且为获得徐某某对其职务晋升的进一步支持,给予徐某某万宝龙牌手表一块(购买价格为人民币32,170元)。案发后,赃物已被扣押

上述事实,有下列证据证明:

证人王某某的证言证明:1998年,其任B市公安消防总队后勤部给养科副营职助理员,2002年任后勤部给养处正营职副处长;2004年2月任总队第二支队后勤处

副处长,同年7月,任后勤处处长(副团职);2011年4月,任B市某区公安消防支队后勤处处长(正团职)。其正连升副营时,徐某某是后勤部副部长;副营升正营时,徐是后勤部代部长;正营升副团时,徐是总队副总队长。其在提拔过程中得到了徐某某的关照和支持,没有徐的同意,过不了后勤部党委会这一关。徐某某在总队领导岗位上,也支持了其副团的晋升。

徐某某调任B市公安局现役办主任后,负责包括消防部队的团职干部提拔和任用。2009年下半年,徐某某提任A市公安消防总队政委之前,其觉得担任副团职年头不短了,提拔团职,徐是关键,即使不能马上提,徐提副军职后,也有能力关心其的提拔问题。其给徐某某打电话,希望关心其晋升正团,并说给徐买块表,徐当时说不用了,晋升正团的事答应有机会帮忙。通话后的一天晚上,其请王建某驾车到B市某表店,买了一块价值32,000余元的男式腕表。买表后,其给徐某某打电话,约好在某商厦3楼咖啡厅见面,把准备好的手表连同包装盒及发票放在一个布袋子里给了徐,其说徐马上要高升了,买了一块表,表示一下心意,徐说了句谢谢就收下了。其送给徐某某礼物有两个原因:一是感谢他以前对其提拔的帮忙,徐分管其时,给其立了一次三等功;二是希望徐以后继续在提拔问题上帮忙。

证人王建某的证言证明:2009年,王某某担任B市某区消防支队副支队长,其陪同王某某到B市某表店购买过一块价值3万余元的万宝龙牌男式手表,王某某支付的是现金。其对那块表有印象,黑色表带,圆形表盘,表壳是钢的。王某某说要送给领导,但没说是哪个领导。

证人杨某的证言证明:大约2009年年底,其爱人徐某某拿了一块表回家。公安局工作人员到家里把表和发票拿走了。这是一块黑色万宝龙牌男式手表,由B市丙商贸有限公司开具发票,发票号为1249××22,开票时间为2009年10月22日,价格为32,170元。

万宝龙B市某店铺出具的材料证明:货号10××49的手表由该店铺售出,售出时间为2009年10月22日,售价32,170元,付款方式为现金,购买人为王某某。

万宝龙手表及发票联的照片证明:货号10××49的手表特征,且发票载明该表售价32,170元,开具单位为B市丙商贸有限公司,开票时间为2009年10月22日,发票号码为1249××22。

B市公安消防总队政治部出具的王某某同志简历、王某某同志奖励情况证明:1999年12月,王某某任B市市公安消防总队后勤部供给处副营职助理员;2001年3月,任供给处副营职副处长,同年12月,任供给处正营职副处长;2004年2月,任总队第二支队后勤处副处长,同年7月任后勤处处长;2005年6月,任B市某区公安消防支队后勤处副团职处长;2009年3月,任该队副支队长;2011年4月,任B市市浦东新区公安消防支队后勤处正团职处长;1994年、1995年、2000年分别荣立三等功一次，2008 年荣立二等功一次。

B 市公安消防总队后勤部出具的党委会议记录证明：2000 年 11 月，徐某某主持召开党委会，同意给王某某记三等功一次；2002 年 8 月，主持召开党委会，讨论给王某某记个人嘉奖一次。

B 市公安消防总队政治部出具的党委常委会议记录证明：2001 年 12 月，徐某某参与讨论王某某任后勤部供给处副处长；2004 年 7 月，参与讨论王某某任 B 市公安消防总队第二支队后勤处处长；2005 年 2 月，参与讨论给王某某记个人嘉奖一次。

公安部纪律检查委员会出具的关于移交万宝龙牌男式手表的情况说明、C 市人民检察院某分院赃证物单证明：2012 年 9 月 26 日，杨某将涉案万宝龙牌男式手表上交公安部纪律检查委员会，该表为黑色表带，银色表盘，附商品零售收据和发票（号码：1249××22）各一张。公安部纪律检查委员会将该手表及相关票据移交 C 市人民检察院某分院。

被告人徐某某在侦查阶段的供述证明：其在 20 世纪 90 年代就认识王某某，王是其的老部下。2009 年，其在 B 市公安局政治部现役办任主任时，王某某送给其一块手表。其与王某某关系很好，在总队时，方方面面也都比较关照他。王某某送手表，是对其以前的关照表示感谢。其去 A 市报到回 B 市休息期间，王某某曾找其帮忙给 B 市公安局政治部现役办主任高某某以及现役办主管考核晋升的处长徐某某打招呼，帮他解决进步问题。侦查人员出示的万宝龙牌手表照片和发票上显示的手表就是王某某送给其的那块。

二、2003 年至 2005 年间，被告人徐某某利用担任 B 市公安消防总队副总队长，分管总队后勤工作的职务便利，为周某某任职的 B 市甲安全装备有限公司（以下简称甲公司）向 B 市公安消防总队销售空气呼吸器和气瓶总成提供帮助。2008 年 4 月 12 日，周某某为向徐某某表示感谢，代徐某某向郝某账户汇款人民币 60,000 元用于支付礼金。案发后，赃款已全部追缴

上述事实，有经庭审举证、质证，本院予以确认的下列证据证实：

证人周某某的证言证明：1998 年，徐某某任 B 市公安消防总队后勤部副部长，由于业务往来，其认识了徐。1999 年，其感觉徐某某开始在采购呼吸器方面管事了，B 市公安消防总队采购的呼吸器每年递增。大约在 2005 年，徐某某召集其和甲公司 B 市区销售经理汤某某，与 B 市公安消防总队后勤、战训及各消防支队政委召开空气呼吸器订购洽谈会，主要讨论价格和订购数量。会议由徐某某主持，徐对谈判起主导作用，提出 B 市公安消防总队从甲公司采购 1000 套空气呼吸器和 1080 套气瓶总成，并要求甲公司赠送 80 套呼吸器。经讨价还价，双方同意按徐某某的意见办，会议最终由徐拍板决定。根据会议精神，甲公司和 B 市公安消防总队签订了购货合同。徐某某在担任后勤部长期间，所有采购空气呼吸器产品，都是徐某某拍

板。徐某某任副总队长,分管后勤工作后,制定了一个产品采购统一化制度,规定以后都要采购甲牌的空气呼吸器。

其和徐某某认识后,曾多次向徐表示多支持甲公司,多采购甲公司的空气呼吸器,徐说其是他的好兄弟。之后,徐某某利用担任后勤部长的权力,对甲公司的产品给予了大力支持。召开订购洽谈会后,其和徐某某的关系又进了一步,有时陪他逛街散步。2008 年 4 月,其和徐某某吃饭,徐说北京来了一老头,约他在 B 市大厦见面,谈徐提职的事。饭后,其陪徐某某去了 B 市大厦,徐去和那个老头见面,其在一层大厅里等。徐某某下来后说那个老头专门为他的事来 B 市,让其准备一些车马费,其问多少,徐说 60,000 元。其将股票账户中某股份煤炭股卖了不到 60,000 元,转到其在 × × 银行第三方存款账户上。抛掉股票后,其从 × × 银行账户取了 60,000 元现金。第二天,徐某某约其去存钱,其和徐步行到附某银行营业网点,徐给其一张银行卡,其在柜台办理了 30,000 元存款,单子上签的是卡主的名字。办理完毕后,其与徐某某又打车到另一家某银行网点存了 30,000 元。存钱超过 50,000 元得出示身份证,其不想用其的身份证,就到两个网点分两次存钱。其没见过郝某,也没见郝某的签字,所以签了“HM”两个字母。其按照徐某某的要求存款,是因为徐是 B 市公安消防总队领导,后来虽任 B 市公安局现役办主任,但在消防系统仍有影响力。其是生意人,考虑到徐某某要提职了,其公司能沾徐的光,过去徐也帮过其和甲公司,从甲公司采购了不少空气呼吸器,其也被提拔为总经理,甲公司的销售收入和利润也上去了。徐某某没退给其 60,000 元,也从未提出过要退。

证人郝某的证言证明:其通过母亲认识了徐某某,徐让其叫他干爹。2008 年 4 月初,其陪徐某某跑步,邀请徐参加婚礼,徐说他很忙,可能没时间,但一定送份大礼,问其有没有空的银行卡,说给 60,000 元礼金。其给了徐某某一张某银行卡。过了几天,徐某某打电话让其拿回银行卡,说已存入 60,000 元。其不认识周某某,其有个大伯叫郝某 A,大伯来 B 市时,与其和徐某某吃过一顿饭,之后就没有了来往。2012 年,公安部同志找其了解徐某某给 60,000 元礼金的情况,其母亲帮忙凑齐 60,000 元上交了。

证人孙某的证言证明:2002 年 12 月,其被正式任命为 B 市公安消防总队后勤部长,2003 年 2 月到任,徐某某则由后勤部长升为副总队长,分管后勤工作。后勤部主要负责消防总队的后勤保障,包括经费管理、消防装备采购、营房建设、医疗卫生等。装备采购包括两块,一块是消防车辆,另一块是消防器材,包括空气呼吸器、防护服等。按照公安部要求,每个消防战士都要配备一套防护器材,当时 B 市公安消防总队没达标,申请了专项经费,批下来后,后勤部和甲公司周某某谈判采购空气呼吸器,最后由徐某某拍板,从甲公司采购了 1000 套空气呼吸器和 1080 套气瓶总成,总价款 1000 万余元。

某证券股份有限公司B市某证券营业部出具的深圳账户开户登记表、资金账户对账单证明:2008年4月10日,周某某证券账户售出某股份1000股。

某银行B市某支行出具的个人客户开户资料、历史交易明细证明:2008年4月11日,周某某账户取现60,000元。

B市某发展银行出具的个人客户开户资料、活期账户历史明细清单、个人业务存款凭条复印件证明:2008年4月12日,郝某账户分两笔各存入30,000元,存款凭条上客户签名为"HM"。

从B市公安消防总队后勤部调取的甲公司合同签订情况、2003年12月至2007年12月甲公司提供的甲产品清单、合同用章审批表、设备买卖合同、记账凭证、经费结算表、支票存根、发票等证据证明:2003年至2005年间,B市公安消防总队向甲公司采购空气呼吸器、气瓶总成等消防设备,徐某某作为总队主管领导在合同用章审批表上签字。其中,2005年签订编号600的购货合同中,B市公安消防总队向甲公司采购空气呼吸器1000套和气瓶总成1080组,另附配空气呼吸器80套,合同金额共计1163万元;B市公安消防总队按照合同约定向甲公司支付了货款。

甲公司工商登记资料证明:该公司成立于1995年11月,经营范围包括生产呼吸防护安全装备产品以及配套的专用通讯产品,销售自产产品等,周某某历任该公司副总经理、法定代表人等职。

公安部纪律检查委员会出具的公纪函×××号说明函证明:公安部纪律检查委员会调查组收到郝某上缴的60,000元现金。

被告人徐某某在侦查阶段的供述证明:其经人介绍认识了周某某,周当时是甲公司副总经理。2005年,其任B市公安消防总队副总队长,从甲公司购买了1000多套空气呼吸器。其认识B市发改委一个姓潘的女干部,一起出过国,她的儿子叫郝某,郝某说他大伯认识军方的人,能帮其打听提副军职的消息。其同郝某大伯见了面,郝某大伯说郝某要结婚了,让其给郝某打五六万元表示个态度。其把这事告诉周某某,周比较热心,说是个机会,由他帮着打这60,000元。周某某之所以要帮其打这笔钱,一是想帮忙,周当甲公司副总时,B市公安消防总队买过甲公司的东西;二是想和郝某的大伯取得联系。

综上,上诉人徐某某非法收受他人给予的款、物共计价值人民币92,170元。案发后,赃款、赃物均已全部追缴。

认定本案事实的证据还有:

副师职以上干部履历表、B市公安局×公政现令(2001)××号命令、公安部公武任字(2001)××号、(2002)××号、(2006)××号、(2012)××号命令、B市公安局政治部出具的证明、A市公安消防总队(2010)A消政××号通知、中共A市公安消防局委员会A消党(2010)×号通知、(2010)××号通知证明:1994年10月,徐某某任B市公安消防总队后勤部副部长,2001年4月任后勤部部长;2002年12月任副总队长;2005年8月,徐某某到B市公安局政治部现役工作办公室主持工作;2006年6月,任该办主任;2010年1月,徐某某任A市公安消防总队政治委员;2012年2月15日被免职。

B市公安消防总队后勤部简介、B市消防总队后勤部武B消后(协)字(2002)××号文件证明:B市公安消防总队后勤部系副师建制,主要负责制定部队后勤工作计划、规划及措施,组织后勤服务保障等工作。后勤部部长在分管总队领导的指导下,积极完成各项后勤保障工作,副部长隶属于部长,协助部长工作,在部长临时离开工作岗位时,根据上级或部长的指定代行部长职责。

B市公安消防总队委员会武B消(党)字(2003)7号、(2005)58号文件证明:徐某某任B市公安消防总队副总队长期间,分管后勤工作,曾负责联系总队医院、第二支队、某某支队、化工区支队。

B市公安局政治部出具的情况说明、公安部关于各公安厅局现役工作人员编制管理使用问题的通知证明:各省、自治区、直辖市公安厅、局政治部设立现役工作办公室,为正师级,现役工作办公室在公安厅、局政治部的领导下行使公安厅、局党委对公安消防、警卫以及边防部队的领导管理和协调职能。按照管理权限具体承办公安消防、警卫部队干部考核、任免、晋街、调配等工作。现役办主任对现役办全面工作负责。

军人公民身份证号码登记表、现役军人和人民武装警察居民身份证申领登记表(副表)证明徐某某的自然身份及户籍情况。

《最高人民检察院关于徐某某涉嫌贪污、受贿犯罪线索指定管辖的决定》(高检发反贪字[2013]×号)证明:2013年1月30日,该院经审查后,将徐某某涉嫌犯受贿罪线索转交并指定C市人民检察院办理。

《C市人民检察院关于徐某某涉嫌职务犯罪线索的交办函》(C检反贪交[2013]××××号)证明:2013年2月1日,该院反贪污贿赂局将徐某某受贿线索转交C市人民检察院某分院反贪污贿赂局办理。

立案决定书、抓获经过、拘留证、逮捕证等法律手续证明:2013年2月1日,C市人民检察院某分院对徐某某涉嫌犯受贿罪一案立案侦查,2月4日将徐某某拘传到案,后依法对其采取拘留、逮捕强制措施。

以上认定本案事实的各项证据,已经一审法院庭审质证属实并确认。本院经审查属实,亦予以确认。

对于徐某某所提调取证据及证人出庭的申请,经查,侦查机关依法调取的证明本案事实的各项证据,已经一审法庭质证属实并确认,能够证明本案事实,应当作为定案依据。对徐某某所提申请,本院不予准许。

对于徐某某所提上诉理由及其辩护人所提辩护意见，经查，徐某某作为王某某的上级领导及负责公安消防、警卫部队干部考核、晋级等相关工作的国家工作人员，利用参与王某某职务晋升、立功受奖讨论的职务便利，为王某某提供帮助，收受王某某给予的价值数万元的手表，其行为符合受贿罪的犯罪构成；其是否具有为请托人直接谋取利益的职责和权限，不影响其受贿行为性质的认定；徐某某及其辩护人所提已支付涉案手表对价款一节，没有证据证明，本院不予采信。徐某某还利用其分管B市公安消防总队后勤工作的职务便利，在甲公司向本单位销售消防设备时，为该公司的周某某提供帮助，并指令周某某代其向郝某账户汇款用于支付礼金的事实，有证人周某某、郝某等人的证言、相关书证在案证实，且与徐某某在侦查阶段对该项事实所作供述可相互印证，足以认定。徐某某所提上诉理由及其辩护人所提辩护意见，缺乏事实及法律依据，本院均不予采纳。

本院认为，上诉人徐某某身为国家工作人员，利用职务上的便利，为他人谋取利益，非法收受他人财物，数额较大，其行为已构成受贿罪，依法应予惩处。一审法院认定徐某某犯有受贿罪的事实清楚，证据确实、充分，定性正确，审判程序合法，应予维持。但鉴于在二审审理期间，《中华人民共和国刑法修正案(九)》颁布实施，对徐某某的受贿犯罪可认定为“数额较大”，且考虑到徐某某的受贿行为没有给国家和人民利益造成重大损害，赃款、赃物已全部追缴，犯罪情节轻微，其在二审期间对自己的行为性质有所认识，表示服从法院的判决。综合以上情节，对其可免予刑事处罚。据此，本院依照《中华人民共和国刑法》第12条第1款、第385条第1款、第37条、第64条，《中华人民共和国刑事诉讼法》第225条第1款第(1)项、第(2)项，以及《最高人民法院关于适用〈中华人民共和国刑事诉讼法〉的解释》第307条的规定，判决如下：

准许C市人民检察院撤回抗诉。

维持C市某中级人民法院(2014)×中刑初字第34号刑事判决主文第二项，即扣押在C市人民检察院某分院的万宝龙牌男式手表一块、手表零售收据一张、手表发票一张，以及扣押在公安部的人民币60,000元，由扣押机关依法予以没收，上交国库。

撤销C市某中级人民法院(2014)×中刑初字第34号刑事判决主文第一项，即被告人徐某某犯受贿罪，判处有期徒刑5年，没收个人财产人民币50,000元。

上诉人徐某某犯受贿罪，免予刑事处罚。

本判决为终审判决。

审　判　长　×××
审　判　员　×××
审　判　员　×××
2016年2月2日
书　记　员　×××

办案总结

本案是一起受贿案件,当徐某某家属找到我的时候,通过他们慢慢叙述案情,我了解到这不是一个普通的受贿案件。根据徐某某家属描述,徐某某是一个“认死理”的人,他认为是对的,那就要做到底,认为是错的,就要坚决否认。随后在我接受徐某某家属委托后,依法会见当事人的时候,我能感觉到,他确实是这样的人,虽然在被看押,但是他的信念和理念还是那么的“固执”。

之后,我阅取卷宗,仔细斟酌。在此案中,公诉机关指控被告徐某某犯受贿罪一案中,公诉机关的指控事实不清,缺乏足够的证据,根本无法形成完整的证据链,所以根本无法认定徐某某构成受贿罪。根据《刑法》规定的受贿罪的构成要件,收取贿赂的行为必须同时具备为他人谋取利益的条件,只是收取他人钱财而没有为他人谋取利益,则不构成受贿罪。

本案中,王某某馈赠手表给徐某某,但是徐某某并没有为其谋取私利,无法达到受贿罪构成要件中主客观高度一致的要求。徐某某在B市消防总队任职,在采购空气总成的时候,完全合法,并没有证据证明徐某某利用职权为周某某谋利。周某某将钱款汇入郝某账户,不具有行贿的性质。

恰逢《刑法修正案(九)》出台,根据从旧兼从轻的原则,徐某某的“受贿金额”变成了“数额较大”,法院又根据我的辩护意见,最终对徐某某免予刑事处罚。

根据整体案情的情况,此案中办案机关的查明事实和适用法律方面仍有不少可商榷之处,这也是现在刑事案件的普遍情况,刑法和刑诉法要求证据要“确实充分”,一是据以定案的证据均已查证属实;二是案件中全部证明对象均有证据予以证实;三是证据之间、证据与案件事实之间不存在任何合理怀疑,如果有,应当得到合理排除;四是依据全案证据所得出的结论是唯一的。这些要求都做到,才可以对案件做肯定性处理,因为我国的刑法同时要求“无罪推定原则”,无论是“没有证据就轻判”,还是“证据不足就轻判”,都违反了无罪推定原则。

徐某某案的结果是好的,如果被告人都能严格依法审判都能有这样的好结果,才会是依法治国真正的进步。

专家点评

律师承办刑事案件,往往有很多难以为外人所知的艰辛,成功辩护的案件也常常有不从事这项工作就难以明了的精微之处。刘博今律师承办徐某某受贿案,我们认为在以下几个方面有闪亮之处,值得同行借鉴:

1. 全面过硬的整体素质

刘律师在接手案件之后,对于公诉机关认定的全部事实,仔细甄别,听取嫌疑人、被告人的辩解意见，针对起诉存在的问题，全面提出辩护意见。扎实的工作，基于刘律师在程序法学、侦查知识、刑事理论方面的长期积累，由此，方可提出有针对性的辩护意见。

2. 锲而不舍的负责精神

刘律师在和被告人沟通交流、向司法机关提供专业意见方面认真负责，正是基于刘律师在辩护工作中的表现，获得被告人及亲属的信任，在二审程序中继续委托刘律师作为辩护律师，使得二审法院在事实上采纳了律师的辩护意见。

3. 准确判断新法从轻，等待幸运之神降临

在本案审判前后，很多高级官员在涉及受贿等犯罪接受一审审判之后，服判不再上诉的案例也不少。本案一审判决之时，并未适用《刑法修正案(九)》(尚未生效)，在本案二审期间，《刑法修正案(九)》自 2015 年 11 月 1 日起正式施行，由此，本案得以适用从旧兼从轻原则，免予刑事处罚。我们认为，新法律实施是使得被告人得以从轻处理的充分条件，一方面，此现实条件是难以预料难以控制的；另一方面，律师在事前掌握各种立法动态，全面掌握案件事实、熟谙法律条文，并且在取得当事人信任的基础上始终与办案机关开展良好的沟通，也是本案得以改判的必要条件。

点评人：陈俊(北京市汇京律师事务所律师、北京市律师协会智库重大复杂案件课题组、秘书组成员)

复核人：马建(北京市嘉和律师事务所律师、北京市律师协会智库重大复杂案件课题组刑事组副组长、秘书组、民商二组成员)

非职务行为,何来职务侵占

——唐某非国家工作人员受贿、职务侵占案*

争议焦点

非国家工作人员受贿罪犯罪构成;职务侵占罪犯罪构成;非职务行为能否构成职务侵占罪。

关键词

非国家工作人员受贿罪　职务侵占罪　非职务行为

案情简介

唐某,男,1971年出生,硕士,原江苏A科技发展有限公司(以下简称A公司)生产运营部经理。2012年年底,唐某被竞争对手B公司(一家国内A股上市公司)挖走,故A公司利用其在当地强大的影响(该公司是时任主要市领导亲自招商的企业),向某公安局举报唐某涉及5000万余元的经济犯罪。

2013年5月26日某公安局以唐某涉嫌非国家工作人员受贿罪为由将其刑事拘留,2013年7月2日经某人民检察院批准逮捕,2013年8月30日某公安局侦查终结后,以唐某涉嫌非国家工作人员受贿罪、职务侵占罪为由移送某检察院审查起诉,某检察院于2013年9月29日移交某检察院审查起诉,2014年4月30日,某检察院向某法院提起公诉,指控唐某:一、犯非国家工作人员受贿罪。2008年至2012年唐某利用职务上的便利,为A公司的原材料和设备供应商谭某、董某等人在氯氢化生产线上试用、

* 案例提供人、承办律师:王刚(北京市德恒律师事务所)。

安装、调试产品以及保持长期供货关系的过程中提供帮助，并多次收受供应商贿赂共计人民币358,036元；为下属乔某在工作中提供关照，先后两次收受其贿赂共计人民币8000元；二、犯职务侵占罪。2009年至2010年，唐某利用职务便利，擅自将A公司的固体废弃物以20万余元的价格销售给纪某，将其中60,000元销售款据为己有；2010年至2011年利用职务便利擅自将固体废弃物以60余万元的价格销售给黄某，唐某将其中30万元销售款据为己有。

北京德恒律师事务所王刚律师于2013年5月底接受唐某家属委托，担任其辩护人，期间多次会见并做了相关调查。

2014年6月20日、8月26日，某法院两次开庭审理，辩护律师申请控方两名关键证人出庭，一名证人找借口不出庭其证言被排除采信，另一名证人出庭后经不住律师的多层询问，其证言也被排除采信。庭审中辩护律师充分论证了唐某处置固体废弃物的行为不是职务行为、其处置固体废弃物公司知道且同意、其处置固体废弃物的收入是合法的劳动收入，其没有将本单位财务非法占为己有的行为，认为唐某不构成职务侵占罪，一审法院采纳了律师的辩护意见，于2014年9月24日作出一审判决，判决唐某不构成职务侵占罪。公诉机关指控唐某的非国家工作人员受贿罪，辩护人做了罪轻辩护，一审判决采纳了部分辩护意见，并否定了第七起受贿事实。

公诉机关对一审判决提出抗诉，后又撤回抗诉，至此，(2014)苏××字第0062号刑事判决书发生法律效力。

案件历程

【起诉书】

某人民检察院
起诉书

苏××××诉(2014)25号

被告人唐某，男，1971年2月6日出生，满族，硕士研究生文化，原江苏A科技发展有限公司生产副总经理助理兼生产运营部经理。被告人唐某因涉嫌非国家工作人员受贿罪，于2013年5月26日被某公安局刑事拘留，2013年7月2日经某人民检察院批准逮捕，同日由该局执行逮捕。

本案由某公安局侦查终结，以被告人唐某涉嫌非国家工作人员受贿罪、职务侵占罪，于2013年8月30日移送某人民检察院审查起诉。某人民检察院于2013年9

月29日移交本院审查起诉,本院受理后,于2013年9月30日,已告知被告人有权委托辩护人,依法讯问了被告人,审查了全部案件材料。因案情复杂,于2013年10月30日、2014年1月14日分别延长审查起诉期限15日;因部分事实不清、证据不足,于2013年11月14日、2014年1月28日两次退回公安机关补充侦查,2013年12月14日、2014年2月27日公安机关先后再次移送审查起诉。

经依法审查查明:

一、非国家工作人员受贿

2008年至2012年,被告人唐某先后利用担任江苏A科技发展有限公司氯氢化车间主任、氯氢化生产总监、生产部经理的职务便利,为A公司的原材料和设备供应商丙、戊等人在氯氢化生产线上试用、安装、调试产品以及长期保持供货关系的过程中提供帮助,并多次收受供应商贿赂共计人民币358,036元;为下属甲在工作中提供关照,先后两次收受甲贿赂款物共计价值人民币8000元,具体事实分述如下:

1. 2008年至2012年,被告人唐某利用担任江苏A科技发展有限公司氯氢化车间主任、氯氢化生产总监等职务便利,先后多次在B假日酒店和C友谊宾馆收受A公司设备供应商镇江D电热有限公司总经理丙的贿赂款共计现金人民币70,000元,并为该公司在产品使用等业务中提供帮助。

2. 2009年至2010年,被告人唐某利用担任江苏A科技发展有限公司氯氢化车间主任、氯氢化生产总监等职务便利,先后两次通过建设银行转账,收受A公司原材料供应商上海E硅业有限公司总经理丁的贿赂款共计人民币40,000元,并为该公司在产品使用等业务中提供帮助。

3. 2009年至2011年,被告人唐某利用担任江苏A科技发展有限公司氯氢化车间主任、氯氢化生产总监等职务便利,先后8次通过建设银行转账,收受A公司原材料供应商黑河F硅材料有限公司总经理戊贿赂款共计人民币155,000元,并为该公司在产品使用等业务中提供帮助。

4. 2009年下半年,被告人唐某利用担任江苏A科技发展有限公司氯氢化车间主任、氯氢化生产总监等职务便利,在淮海西路一饭店内,收受A公司设备供应商上海G流体设备有限公司销售经理庚贿赂的现金人民币30,000元,并为该公司在产品使用等业务中提供帮助。

5. 2009年左右,被告人唐某利用担任江苏A科技发展有限公司氯氢化车间主任、氯氢化生产总监等职务便利,在北京考察期间收受A公司设备供应商北京I十一所(北京I安全阀销售有限公司)工作人员辛贿赂的现金5000欧元,2009年3月14日唐某在中国银行将5000欧元兑换成人民币43,036元,并为该公司在产品使用等业务中提供帮助。

6. 2011年下半年,被告人唐某利用担任江苏A科技发展有限公司氯氢化车间主任、氯氢化生产总监等职务便利，在J福禧酒店内收受A公司设备供应商上海K机械设备有限公司总经理癸贿赂的现金人民币20,000元，并为该公司在产品使用等业务中提供帮助。

7. 2010年、2013年春节期间，被告人唐某利用担任江苏A科技发展有限公司氯氢化生产总监、生产副总经理助理兼生产运营部经理的职务便利，先后两次收受下属甲贿赂的金砖一块（重20克，经鉴定价值人民币6000元）、贿赂现金人民币2000元，共计价值人民币8000元。

认定上述事实的主要证据如下：

1. A公司营业执照、被告人唐某户籍证明、员工登记表、任职证明、银行交易记录等书证；

2. 证人丙、戊等人的证言；

3. 被告人唐某的供述和辩解。

二、职务侵占

1. 2009年至2010年，被告人唐某利用担任江苏A科技发展有限公司氯氢化车间主任、氯氢化生产总监等职务便利，擅自将A公司氯氢化分厂的固体废弃物以20万余元的价格销售给吉林通化L硅粉有限公司的乙1，将其中60,000元销售款据为己有。

2. 2010年至2011年，被告人唐某利用担任江苏A科技发展有限公司氯氢化车间主任、氯氢化生产总监等职务便利，擅自将A公司氯氢化分厂的固体废弃物以60万余元的价格销售给大连M硅业发展有限公司的甲1，将其中300,000元销售款据为己有。

认定上述事实的主要证据如下：

1. A公司营业执照、被告人唐某户籍证明、员工登记表、任职证明、银行交易记录等书证；

2. 证人乙2、乙1等人的证言；

3. 被告人唐某的供述和辩解。

本院认为，被告人唐某无视国法，身为公司工作人员却利用职务上的便利，非法收受他人财物，为他人谋取利益，数额巨大，其行为触犯了《中华人民共和国刑法》第163条第1款之规定，犯罪事实清楚，证据确实、充分，应当以非国家工作人员受贿罪追究其刑事责任；被告人唐某还利用职务上的便利，将本单位财物非法据为己有，数额巨大，其行为触犯了《中华人民共和国刑法》第271条第1款之规定，犯罪事实清楚，证据确实、充分，应当以职务侵占罪追究其刑事责任。被告人唐某一人犯数罪，具有《中华人民共和国刑法》第69条第1款规定之情节，应依法对其数罪并罚。根据《中华人民共和国刑事诉讼法》第172条的规定，提起公诉，请依法判处。

此致
江苏省某基层人民法院

代理检察员:× ×
2014年3月27日

附:
1. 被告人唐某现羁押于某市看守所;
2. 全部案件材料。

【一审辩护词】

尊敬的审判长、审判员:

北京德恒律师事务所受被告人唐某的家属委托,并经其同意,指派本人担任其一审辩护人,为其被控的两项犯罪进行辩护。法律赋予辩护人的职责,是依法保护被告人的合法权益,向法庭陈述能够证明被告人无罪、罪轻的事实、证据和理由,以便法庭能够对照审查控辩双方的意见,全面客观地分析案情,作出准确适当的判决。辩护人接受委托后,多次会见被告人唐某,并详细查阅了本案卷宗,结合今天庭审中查明的情况,发表如下辩护意见:

一、对公诉人指控的唐某非国家工作人员受贿罪的7项犯罪事实,辩护人认为其中5项指控事实不清、证据不足、定性不准;另外2项指控成立,但有可从轻处罚的情节

公诉人指控唐某共收受7笔,总计358,036元的贿赂。综合唐某本人的供述、相关证人证言及银行对账单等证据,辩护人认可唐某收受了这么多钱,但不能仅因他收了钱,就认定其构成非国家工作人员受贿罪,否则就是客观归罪。根据我国《刑法》第163条的规定,非国家工作人员受贿罪是指公司、企业或者其他单位的工作人员利用职务上的便利,索取他人财物或者非法收受他人财物,为他人谋取利益,数额较大的行为。根据这一法律规定,构成非国家工作人员受贿罪必须有为请托人谋取利益的意图或行为,否则就不构成本罪。而本案中关于唐某是否有为请托人谋取利益的意图或行为这一点却多有事实不清、证据不足之处。对公诉人指控的7起受贿分析如下:

(一)2008年至2012年,被告人唐某利用其担任江苏A科技发展有限公司(以下简称A公司)氯氢化车间主任等职务上的便利,先后多次收受镇江D公司有限公司(以下简称D公司)总经理丙的贿赂70,000元,并为该公司在产品使用等业务中提供帮助

本案卷宗中，共有唐某的四份讯问笔录（第一次讯问笔录——2013 年 5 月 28 日 10 时 38 分至 12 时 05 分；第二次讯问笔录——2013 年 5 月 28 日 13 时 10 分至 18 时 18 分；第三次讯问笔录——2013 年 5 月 30 日 9 时 20 分至 11 时 10 分；第四次讯问笔录——2013 年 6 月 19 日 9 时 40 分至 11 时 50 分，以下简称唐某前四份讯问笔录）、丙的一份询问笔录（2013 年 6 月 10 日 14 时 10 分至 15 时 10 分）与唐某是否为 D 公司谋取利益有关。

这五份笔录仅能证实丙曾先后 6 次送给唐某 70,000 元钱，丙所在的 D 公司是 A 公司的供应商，但与唐某是否为 D 公司谋取利益的几个关键问题却均未涉及：

1. 丙的钱是在 D 公司的产品被 A 公司采购前送的还是采购后送的？

2. 第一次送钱时丙是否有明确、具体的请托事项，怎么说的？唐某是否有承诺，怎么说的？

3. D 公司与 A 公司共签了几次合同？

4. D 公司与 A 公司第一次签约前丙是否与唐某有见面沟通、电话沟通或其他方式沟通？在沟通中丙是否有明确、具体的请托事项，怎么说的？唐某对丙的请托事项是否有帮忙的承诺，怎么说的？

5. 在 D 公司与 A 公司此后的几次签约中，签约前丙是否与唐某有过沟通，沟通中是否有请托和承诺，具体是怎么表达的？

6. 丙在笔录中说"给钱一是为了过节慰问表示感谢，二是搞好关系保持长期合作关系"这句话是送钱时谭说出来的话还是心里想的话？

7. D 公司的产品能被 A 公司采购，唐某在其中是否发挥了作用？唐某发挥的作用与其收受丙的钱是否有直接的关系？

辩护人认为，上述问题如果不查清，就无法证实唐某收受丙之钱与 A 公司采购 D 公司产品之间有因果关系，就无法认定唐某为 D 公司谋取了利益，就无法认定唐某构成非国家工作人员受贿罪。

（二）2009 年至 2011 年，被告人唐某利用其担任 A 公司氯氢化车间主任等职务上的便利，先后两次通过建设银行转账，收受上海 E 硅业有限公司（以下简称 E 公司）总经理丁的贿赂款共计人民币 40,000 元，并为该公司在产品使用等业务中提供帮助

本案卷宗中，共有唐某的前四份讯问笔录和丁的一份询问笔录（2013 年 7 月24 日 14 时 30 分至 9 时 10 分）及相应的银行转账凭证与唐某是否为 E 公司谋取利益有关。

上述证据能够证明丁分两次共给唐某的建行卡里打过 40,000 元钱，且该 40,000 元是 E 公司的产品已经被 A 公司采购后汇的。按照唐某的说法，其建行卡号是戊告诉丁的。上述证据未涉及的关键问题有：

1. 唐某和丁是否见过面？

2. A公司第一次采购E公司的产品前,丁和唐某是否有交流沟通,丁是否向唐某表达了具体的请托事项,怎么说的,唐某是否有帮忙的承诺,怎么说的?

3. 唐某是否在E公司的产品在被A公司采购过程中发挥了作用?

4. 丁第二次汇款的原因是什么?

5. 两次汇款的前后丁和唐某是怎么交流的,有无具体明确的请托事项和承诺?

6. A公司和E公司签过几次约?

7. 丁为何只打了两次款?2011年和2012年都和A公司有合作关系为何没给唐某打款?

辩护人认为,上述问题不查清,就无法证实唐某收受丁之钱与A公司采购E公司产品之间有因果关系,就无法认定唐某为E公司谋取了利益,就无法认定唐某构成非国家工作人员受贿罪。

(三)2009年至2011年,被告人唐某利用其担任A公司氯氢化车间主任等职务上的便利,先后8次通过建设银行转账,收受原材料供应商黑河F硅材料有限公司(以下简称F公司)总经理戊贿赂款共计人民币155,000元,并为该公司在产品使用等业务中提供帮助

本案卷宗中,共有唐某的前四份讯问笔录和戊的一份询问笔录(2013年6月6日14时20分至16时15分)及相应的银行转账凭证与唐某是否为F谋取利益有关。

上述证据能证实戊分8次共给唐某汇款155,000元。辩护人认可公诉人的这一指控。戊给唐某汇款之前,双方有见面接触,经唐某的帮助,F公司成为A公司的供应商后,戊向唐某要银行卡号,唐某明知戊要给其卡上打钱,且打钱的目的一是表示感谢,二是搞好关系,但仍给戊发了卡号,收受了戊的汇款。唐某收受该155,000元的行为构成非国家机关工作人员受贿罪。

(四)2009年下半年,被告人唐某利用其担任A公司氯氢化车间主任等职务上的便利,收受设备供应商上海G流体设备有限公司(以下简称G公司)销售经理庚贿赂的现金人民币30,000元,并为该公司在产品使用等业务中提供帮助

本案卷宗中,共有唐某的第二、三、四次讯问笔录和庚的一份询问笔录(2013年6月9日7时10分至9时10分)与唐某是否为G公司谋取利益有关。

根据上述证据,G公司和A公司的业务关系始于2007年10月,当时唐某还未到A公司。给钱的时间是2009年下半年,给钱的名义是为了感谢唐某对他们公司产品的照顾。而这次给钱以后A公司就没再用G公司的产品。从上述事实可以看出G公司的产品最初能被A公司采用并不是唐某帮的忙,而唐某收钱后A公司就没再用G公司的产品,也就是唐某也没为以后的事帮忙。而钱是以感谢唐某对公司产品进行照顾的名义送的,送钱是为过去的照顾而不是为将来的订单。上述证据中未涉及的关键问题有:

1. 唐某对G公司的产品到底有何照顾？

2. 庚在给唐某送钱之前，双方是否有过接触？庚是否请唐某照顾他们公司的产品？唐某是否有帮忙的承诺？

3. 送钱的当时是否有请托和承诺？具体是怎么表达的？

辩护人认为，这些问题不查清，就不能认定唐某为G公司谋取了利益，就不能认定唐某从庚处受贿。

（五）2009年左右，被告人唐某利用其担任A公司氯氢化车间主任等职务上的便利，收受设备供应商北京I十一所（北京I安全阀销售有限公司）（以下简称I公司）工作人员辛贿赂的现金5000欧元，并为该公司在产品使用等业务中提供帮助

本案卷宗中，共有唐某的前四份讯问笔录和辛的一份询问笔录（2013年6月24日13时50分至14时45分）及壬的一份询问笔录（2013年7月9日13时20）与唐某是否为I公司谋取利益有关。

根据上述证据，唐某是在I公司的产品被A公司采用之前收受了I公司的5000欧元，事后I公司的产品也确实被A公司采用了，因此辩护人认可公诉人对唐某该笔犯罪的指控。

（六）2011年下半年，被告人唐某利用其担任A公司氯氢化车间主任等职务上的便利，收受设备供应商上海K机械设备有限公司（以下简称K公司）总经理癸贿赂的现金人民币20,000元，并为该公司在产品使用等业务中提供帮助

本案卷宗中，共有唐某的前四份讯问笔录和癸的一份询问笔录（2013年6月9日15时10分至17时10分）与唐某是否为K公司谋取利益有关。

根据上述证据，K公司的产品是2010年被A公司采购的，癸送钱是2011年下半年，送钱的名义是为了感谢唐某对K公司产品的照顾。上述证据未涉及的关键问题有：

1. 唐某对K公司的产品到底有何照顾？

2. K公司在和A公司签约前，癸和唐某是否有过沟通？双方之间是否有具体的请托事项和承诺？

3. 送钱的当时双方之间是否有具体的请托和承诺？

…………

这些问题没查清，就不能认定唐某为K公司牟取了利益，就不能认定该笔受贿的犯罪事实成立。

（七）2010年、2013年春节期间，被告人唐某利用其担任A公司氯氢化车间主任等职务上的便利，先后两次收受下属甲贿赂的金砖一块、人民币2000元，共计8000元

本案卷宗中，共有唐某的第四份讯问笔录和甲的询问笔录及其妻询问笔录与唐

某是否为甲谋取利益有关。

上述证据可以证明唐某分两次收受了甲价值8000元的财物,但这两次甲均无具体的请托事项,唐某也没有帮忙的承诺。且这两次送礼的时间都是发生在春节前后,这8000元的财物应被认定为同一单位上下级之间逢年过节的礼物,而不应被认定为贿赂款。

综上,辩护人认可公诉人对唐某的第三项、第五项犯罪指控,不认可其余五项非国家工作人员受贿罪的指控。对被告人唐某成立的犯罪,辩护人认为有如下可以从轻处罚的情节:

(1)坦白

被告人唐某第一次被公安机关讯问就如实交代了自己的全部犯罪事实,没有任何隐瞒,其中部分事实如果没有唐某的交代是没有侦查线索,无法侦破的。此后,唐某的供述一直十分稳定,一直有很好的坦白认罪的态度。

(2)退赔

唐某到案后,在其积极配合下,其前妻已退赔44万元。

(3)当庭认罪

庭审中,唐某当庭认罪,尤其对一些事实不是很清楚、证据不是很充分的指控,唐某也表示认罪,愿意接受法律裁决,这表明唐某有很好的悔罪表现。

(4)初犯

唐某作为一名高新技术企业的中高层管理人员、科技人员,此前一直表现良好,从无前科劣绩,如能对其从轻处罚,还可早日让他回归社会,用其所长,回报社会。

二、被告人唐某不构成职务侵占罪

根据我国《刑法》第271条的规定,职务侵占罪是指公司、企业或其他单位的人员,利用职务上的便利,将本单位的财物非法占为己有,数额较大的行为。

(一)唐某处置固体废弃物的行为不是职务行为

唐某在A公司先后担任氯氢化车间主任、氯氢化分厂厂长、氯氢化生产总监、生产部经理。A公司对这些岗位的职责都有明确规定,但这几个岗位的职责中都没有包括对固体废弃物的处置,也就是说处置固体废弃物不是唐某职责范围内的事,不是唐某的职务行为。唐某在A公司先后几次职务调整,每调整一次都相应地增加了工作量和职责职权,同时也相应地增加了工资收入。毫无疑问唐某处理废弃物也是增加了工作量,但A公司却并未因此给唐某增加一分钱的工资,这也说明A公司并没有将处理废弃物看成唐某的职务行为。

(二)唐某处置固体废弃物的行为模式是单位知道且同意的

1. A公司知道是唐某在处理固体废弃物

公诉机关以A公司总经理乙的证言证明公司不知道唐某在处理固体废弃物,

以生产物资部职员甲 2 的证言证明唐某向外贩卖固体废弃物无须生产物资部批准就可以出厂。辩护人认为此二人证言均有严重瑕疵,不足为信。

(1)乙证言不真实应排除采信

乙是举报单位的总经理,是利害关系人,其证言的证明力弱。而从证言的内容来看,乙的证言也确实不客观不真实:

乙说 A 公司和其本人都不知道唐某处理固体废弃物的事,这实在令人无法信服。2008 年下半年的废弃物堆积如山,还有刺鼻的味道,后来不见了,作为公司和乙本人难道不知道?在近三年的时间内,唐某将一千多吨的废弃物用上百车次的车拉出 A 公司,难道公司和公司领导不知道?唐某的运输车领了出门条,相关部门都盖了章留了底,难道公司和领导都不知道?唐某本职工作的职责中并不含废旧物资的处理,其作为分厂的负责人,只有对生产过程中产生的废弃物进行处置的申请权,而无直接处置权,一个原本无权的人做了这件事,而且相关部门还予以配合,如果公司不知道、不同意,这件事怎么能做几百车次,长达两三年呢?乙说处理废弃物的事唐某向公司副总汇报就可以了,汇报不到他这来,但实际上他当时就是副总,就是他同意,他安排的。乙说废弃物曾以 3000 元一吨的价格卖过,但却没有说明是什么时间的事,买主是谁,买了多少,谁经手的,后来为何不这样卖了,没有说明为何任由唐某在不上交任何收入的情况处置了价值三四百万元的废弃物。

(2)甲 2 的证言不真实应排除采信

甲 2 证明说唐某向外贩卖固体废弃物不需要生产物资部的批准就可以出厂,物资部无权批准固体废弃物是否出厂,盖章只是履行手续,废旧物资处理以各个部门为主,他们同意处理,物资部无权干涉。

公诉机关提供了一份 A 公司《废旧物资及修旧利废管理规定》(以下简称《管理规定》),该规定第 4.2 条明确了生产物资部的主要职责,其中第 3 项是“负责组织对废旧物资处理前的鉴定和确认工作”;其中第 4 项是“负责所有废旧物资对外出售管理”。该规定的第 6.5.1 条明确“生产物资部为公司废旧物资处理的管理部门,任何单位和个人,未经批准一律不得对外处理任何废旧物资”。按照上述规定,唐某对外处置固体废弃物必须经过物资部的批准,否则就不能出厂。这与甲 2 的证言矛盾。《管理规定》是案发前就有的书证,甲 2 的证言是案发后才形成的言词证据,因此当两份证据相左时,应采信案发前就有的书证。

综合唐某本人的供述和辩解、公诉机关提供的出门条和《管理规定》,足以认定 A 公司知道是唐某处置的固体废弃物。

2. A 公司知道唐某处理固体废弃物既有成本也有收入,且同意这种模式

在本案的庭审过程中及此前辩护人多次会见的过程中,唐某均辩解说,2008 年的下半年,因当地的环保局当时还没有处理固体废弃物的能力,所以这些废弃物在

厂区内堆积如山且有异味,公司副总乙多次说赶紧想办法把这些东西拉走处理掉,哪怕花点钱都行。在乙的催促下,唐某想起吉林通化L硅粉有限公司有固体废弃物的需求且该厂有三废处理资质,就向乙作了汇报。乙同意后唐某联系了该公司开始处理废弃物,此后形成了处理废弃物公司既不出成本也不问收入,由唐某自行处理的行为模式。

对固体废弃物的处理需要清洗、装车、运输和仓储等环节,每一个环节都需要人手、经费的支持。因废弃物有腐蚀性、异味较大,所以A公司本厂的员工都不愿去做清洗、装车的工作,唐某是从厂外雇的人干的这些活,运输的车也是唐某从外面找的。A公司对废旧物资的处理执行的是收支两条线原则(见A公司《废旧物资及修旧利废管理规定》第6页第2段第2行),即处理废旧物资的成本支出是一条线,处理收入是另一条线,但A公司在固体废弃物的处理上,虽明知清洗、装车、运输和仓储废弃物的各个环节都需要人手、经费,但却从未有任何成本支出。在唐某处理废弃物的两年多的时间内,财务部既未支出、核算处理成本,也没有盘点、核查处理收入,这从客观上验证了唐某所说的公司同意其处理废弃物行为模式的真实性,否则就无法解释在长达两年多的时间里,上百车次的废弃物在安环部、物资部的盖章配合下拉出厂,虽一直未向财务部交过处理废弃物的收入,但财务部却一直没有干涉的原因。

(三)唐某处置废弃物的收入是劳动所得,合法收入,其没有将本单位财物非法占为己有的行为

固体废弃物的处置所得分配在三个方面:一是用于支付废弃物的清洗费、装车费、运输费和仓储费,甲作为唐某的部下,为处理固体废弃物作了一些工作,唐某也给了他一部分费用;二是应付意外事件(在运输废弃物的过程中,曾有两次因使用的车辆不是运送危险品的专业车辆,故车主威胁要向环保部门举报A公司,唐某为了避免给公司找麻烦,就从处置废弃物所得中拿了一部分钱找人花钱了事);三是其余所得归唐某。公诉机关没有将处置固体废弃物的全部所得作为唐某职务侵占犯罪所得,没有将清洗费、装车费、运输费、仓储费及支付给甲的费用认定为唐某犯罪所得,这说明公诉机关认为这些相关人员为将废弃物运出A公司付出了劳动,故应该有劳务收入,而通过劳动获得收入是合法的、应该的。辩护人认为在处置固体废弃物的整个过程中,唐某也一样付出了辛苦和劳动,而且他起的作用最大,承担的责任也最大。在当地环保部门不能处理固体废弃物的情况下,唐某要负责找有处理技术和处理资质的买家;要组织人员清洗、装车;要组织车辆运输;要找仓库储存;出了意外事件还要负责善后。同样是劳动,清洗工们和甲可以获得经济报酬,唐某就不该获得经济报酬吗?有劳动就应该有收入,有付出就应该有回报,这于市场经济而言是天经地义的事。付出劳动,该不该拿钱是个问题,而拿的钱多钱少是

另外一个问题。唐某将处置固体废弃物所得扣除成本后作为自己的收入，这不是将本单位财务非法占为己有的行为，而是通过劳动获得经济报酬的合法行为。

（四）即便唐某有未经公司同意，擅自处理废弃物并将所得据为己有的行为，根据A公司的有关规定，也不构成职务侵占罪

A公司《废旧物资及修旧利废管理规定》第8.6.2条规定：擅自处理废旧物资或私分、挪用货款，一经查出，追缴货款，同时，追究相关部门领导的违纪责任，以及相关责任人的责任，若造成损失，由责任人承担全部损失。根据这个规定，A公司的工作人员如有私分或挪用处理废旧物资所得货款的，承担的只是被追缴货款、承担损失等违纪责任。这份规定既是A公司的内部管理文件，也是劳资双方之间补充的一份契约，将本该追究民事责任的行为上升为刑事责任是违反契约精神的行为。

综上所述，对公诉机关指控的七项非国家工作人员受贿罪，辩护人认可两项，其余五项事实不清，证据不足，不予认可。而对认可的两项非国家工作人员受贿罪的犯罪事实，辩护人认为因唐某有退赔、坦白、当庭认罪等情节，恳请合议庭能从轻处罚。对公诉机关指控的职务侵占罪，辩护人认为因处置废弃物不是唐某的职务行为，且A公司知道且同意唐某自担成本自负盈亏的处理模式等原因，故辩护人认为唐某不构成职务侵占罪。

以上辩护意见，恳请合议庭充分考虑并予采纳。

此致

某市开发区人民法院

辩护人：北京德恒律师事务所律师

2014年××月××日

【一审刑事判决书】

江苏某基层人民法院
刑事判决书

（2014）苏××字第0064号

公诉机关某人民检察院。

被告人唐某，男，1971年2月6日出生，满族，硕士研究生文化，原江苏A科技发展有限公司生产副总经理助理兼生产运营部经理。被告人唐某因涉嫌犯非国家

工作人员受贿罪,于2013年5月26日被某公安局刑事拘留,于2013年7月2日经某人民检察院批准逮捕,同日由该局执行逮捕。现羁押于某看守所。

辩护人王刚,北京德恒律师事务所律师。

某人民检察院以苏××××(2014)25号起诉书指控被告人唐某犯非国家工作人员受贿罪、职务侵占罪,于2014年4月30日向本院提起公诉。在审理期间,公诉机关2014年6月20日、8月26日建议对该案延期审理。本院受理后,依法组成合议庭,于2014年6月27日、8月14日公开开庭审理了本案。某人民检察院指派代理检察员权某出庭支持公诉,被告人唐某及辩护人王刚到庭参加诉讼。经本院审判委员会讨论决定,现已审理终结。

某人民检察院指控:

2008年至2012年,被告人唐某先后利用担任江苏A科技发展有限公司氯氢化车间主任、氯氢化生产总监、生产部经理的职务便利,多次收受供应商贿赂共计人民币358,036元;为下属甲在工作中提供关照,先后两次收受甲贿赂款物共计价值人民币8000元。

2009年至2011年,被告人唐某利用职务之便,擅自将A公司氯化氢分厂的固体废弃物分别以20万余元和60万余元的价格销售,将其中36万元销售款据为已有。

为证实上述指控,公诉机关当庭宣读、出示了被告人供述和辩解;证人证言;户籍证明、员工登记表、任职证明、银行交易记录等证据。公诉机关认为,被告人唐某无视国法,身为公司工作人员却利用职务上的便利,非法收受他人财物,为他人谋取利益,数额巨大,其行为触犯了《中华人民共和国刑法》第163条第1款之规定,应当以非国家工作人员受贿罪追究刑事责任;被告人唐某还利用职务上的便利,将本单位财物非法据为己有,数额巨大,其行为触犯了《中华人民共和国刑法》第271条第1款之规定,应当以职务侵占罪追究其刑事责任。被告人唐某一人犯数罪,具有《中华人民共和国刑法》第69条第1款规定之情节,应依法对其数罪并罚。

庭审中,被告人唐某对公诉机关指控其犯有非国家工作人员受贿罪的事实和罪名不持异议,对于指控犯职务侵占罪的事实辩解,出售废弃物不是其擅自处理,每批货出厂均经公司各职能部门批准,均办理严格的手续,虽然没有公司任命文件,但公司相关部门均知道这件事。公司生产部门副总经理乙在生产例会上说废弃物已影响公司生产,谁知道怎么处理废弃物可以联系解决。公司发展相关设备不配套,公司曾向外拉废液,要给人很多钱,公司对这方面是不支出也不收入。辩护人主要提出以下辩护意见:(1)公诉机关指控被告人唐某非国家工作人员受贿罪的七项犯罪事实中,五项指控事实不清、证据不足、定性不准,另外两项指控(收受乙的人民币155,000元和收受丙的5000欧元)成立,但有坦白、认罪、退赔、初犯等可以从轻处罚的情节；(2)被告人唐某不构成职务侵占罪。综上，请求对被告人唐某从轻处罚。

经审理查明：

2008年至2012年，被告人唐某利用担任江苏A科技发展有限公司氯氢化车间主任、氯氢化生产总监、生产部经理的职务便利，多次收受供应商贿赂共计人民币358,036元。具体事实分述如下：

一、2008年至2012年，被告人唐某利用担任江苏A科技发展有限公司氯化氢车间主任、氯化氢生产总监等职务便利，先后6次在B假日酒店和C友谊宾馆收受A公司设备供应商镇江D电热有限公司总经理丙的贿赂款共计人民币70,000元，并为该公司在产品使用等业务中提供帮助

认定上述事实，有经过庭审质证、认证的下列证据证实：

1. 被告人唐某供述，证实其与丙之前并不认识，因为唐某所在企业购买丙所在公司的产品，丙为了和其搞好关系以及表示感谢，2008年至2012年，多次向其行贿共计100,000元等事实。

2. 证人丙证言，证实其是镇江D热电公司的总经理，为感谢唐某在产品使用过程中给丙所在公司提供的帮助以及和唐某保持良好的合作关系，2008年至2012年，其6次在C友谊宾馆、B假日酒店等地向唐某行贿共计70,000元等事实。

3. 镇江D电热有限公司营业执照及丙身份证，证实丙系镇江D电热有限公司的法定代表人。

4. 镇江D电热有限公司招投标材料及加热芯长期采购合同，证实镇江D电热公司和A公司之间存在采购镇江D电热公司电加热芯的事实。

二、2009年至2010年，被告人唐某利用担任江苏A科技发展有限公司氯化氢车间主任、氯化氢生产总监等职务便利，先后两次通过银行转账，收受A公司原材料供应商上海E硅业有限公司总经理丁的贿赂款共计人民币40,000元，并为该公司在产品使用等业务中提供帮助

认定上述事实，有经过庭审质证、认证的下列证据证实：

1. 被告人唐某供述，证实2009年上海E硅业有限公司向其所负责的氯氢化生产线提供原材料硅粉，总经理丁为感谢其在工作上的帮助，打到其建设银行卡上人民币30,000元或50,000元等事实。

2. 证人丁证言，证实其是上海E硅业有限公司的法定代表人兼董事长。为了能够拿到A硅业公司采购硅粉的订单，保持长期合作关系，其于2009年8月11日和2010年3月8日分别通过建设银行向唐某行贿30,000元和10,000元等事实。

3. 公安机关调取的丁向唐某转款的建设银行转款凭条，证实丁于2009年8月11日转款给唐某人民币30,000元，2010年3月8日转款给唐某人民币10,000元

等事实。

4. 上海E硅业有限公司工商登记材料,证实上海E公司2009年4月注册登记,法定代表人丁,经营金属硅粉生产、加工、销售等事实。

5. 上海E公司和A公司金属硅粉长期买卖合同等,证实上海E公司和A公司在2010年至2012年间存在业务往来,由E公司向A公司供应硅粉等事实。

三、2009年至2011年,被告人唐某利用担任江苏A硅业科技发展有限公司氯氢化车间主任、氯氢化生产总监等职务便利,先后8次通过建设银行转账,收受A公司原材料供应商黑河F硅材料有限公司总经理戊贿赂款共计人民币155,000元,并为该公司在产品使用等业务中提供帮助

认定上述事实,有经过庭审质证、认证的下列证据证实:

1. 被告人唐某供述,证实黑龙江黑河F硅材料有限公司经理戊为和其保持好关系,多次通过银行汇款的方式向其行贿10万余元的事实。

2. 证人戊证言及证明材料,证实其是黑河F硅材料有限公司总经理,在给A公司销售硅粉的过程中,氯氢化分厂厂长唐某多次以该公司硅粉质量不合格为由,向黑河F公司索要好处。为了维持供货关系,其被迫从2009年8月至2011年9月8次向唐某支付好处费共计155,000万元等事实。

3. 证人已证言及证明材料,证实其是黑河F公司的出纳,2009年至2011年,按照公司总经理戊的安排,向唐某个人的建设银行卡内分8次汇款共计人民币155,000万元等事实。

4. 由戊提供的建设银行汇款凭证8张,证实其分8次向唐某卡号为622700×××××××××××91的建行卡汇款共计人民币155,000万元的事实。

5. 被告人唐某建设银行卡交易记录,证实交易记录与戊提供的8张汇款凭证相一致,即共计收到戊银行汇款155,000万元的事实。

6. 黑河F公司与A公司买卖合同,证实2010年6月、2011年6月双方签订金属硅粉买卖合同,黑河F公司向A公司供应硅粉的事实。

四、2009年下半年,被告人唐某利用担任江苏A硅业科技发展有限公司氯氢化车间主任、氯氢化生产总监等职务便利,收受A公司设备供应商上海G流体设备有限公司销售经理庚贿赂的人民币30,000元,并为该公司在产品使用等业务中提供帮助

认定上述事实,有经过庭审质证,认证的下列证据证实:

1. 被告人唐某供述,证实2009年下半年,为了感谢其对庚所在公司产品的照顾,庚约其到淮海西路附近的一个小饭馆吃饭,向其行贿50,000元等事实。

2. 证实庚证言,证实其是上海G流体设备有限公司的销售经理,同时负责苏州H阀门有限公司的销售,其为了能拿到A公司更多的订单,于2009年在一个小饭店内给时任氯氢化分厂厂长的唐某30,000元好处费等事实。

3. 上海G流体设备有限公司营业执照，证实该公司生产工业阀门等事实。

4. 庚银行卡资料及交易记录，证实2009年下半年，庚银行卡有多次50,000元以上的取款行为等事实。

5. 上海G流体设备有限公司和A公司买卖合同，证实双方于2008年8月、2011年1月签订买卖合同，上海G流体设备有限公司有向A公司供应台盘阀的业务关系等事实。

五、2009年左右，被告人唐某利用担任江苏A硅业科技发展有限公司氯氢化车间主任、氯氢化生产总监等职务便利，在北京考察期间收受A公司设备供应商北京I十一所（北京I安全阀销售有限公司）工作人员辛贿赂的5000欧元。2009年3月14日，被告人唐某在中国银行将5000欧元兑换成人民币43,036元，并为该公司在产品使用等业务中提供帮助

认定上述事实，有经过庭审质证、认证的下列证据证实：

1. 被告人唐某供述，证实2009年左右，其在考察A公司的供货商北京I十一所期间，该公司辛为能让其照顾该公司产品，向其行贿5000欧元等事实。

2. 证人辛证言，证实其曾是I安全阀销售有限公司业务员，2011年1月离职。2008年左右，唐某到北京I公司考察产品，其间为了让唐某在产品的试用、调试、安装过程中给予方便和认可，辛按照领导壬的要求，在宾馆内给了唐某一个装钱的信封，具体多少钱其不知道等事实。

3. 证人壬证言，证实其是I安全阀销售有限公司董事长，其公司生产A公司氯氢化生产线上使用的盘阀。2009年左右，唐某来北京考察公司产品，为了能使产品被A公司使用，其安排业务员辛给了唐某一个信封，信封里是5000欧元等事实。

4. 唐某签字的外币兑换单据，证实2009年3月14日，其将5000欧元兑换为人民币43,036元的事实。

5. 北京I安全阀销售公司与A公司的供货合同、会签单等，证实2009年2月和2011年12月，双方签订设备采购合同，I公司向A公司供应安全阀、呼吸阀等事实。

六、2011年下半年，被告人唐某利用担任江苏A硅业科技发展有限公司氯氢化车间主任、氯氢化生产总监等职务便利，在J福禧酒店内收受A公司设备供应商上海K机械设备有限公司总经理癸贿赂的人民币20,000元，并为该公司在产品使用等业务中提供帮助

认定上述事实，有经过庭审质证、认证的下列证据证实：

1. 被告人唐某供述，证实2011年左右，为感谢其在产品使用过程中给予的照顾，上海K公司的癸在矿大附近的一个宾馆内给其人民币20,000元等事实。

2. 证人癸证言，证实其是上海K机械设备有限公司法定代表人，该公司自2010年起向A公司氯氢化厂提供分离设备。2011年下半年的时候，其为了感谢时任氯氢化厂厂长的唐某在产品使用过程中给予的照顾，也为了拿到更多的订单，在矿大

附近的J福禧宾馆里给了唐某用信封包好的人民币20,000元等事实。

3. 上海K机械设备有限公司营业执照、工商登记材料、经理任职书,证实该公司经营工业普通设备的研发、设计、加工、销售、安装等,法人代表为癸,公司注册时间为2008年2月等事实。

4. 上海K公司和A公司买卖合同,证实双方于2011年1月签订供货合同,K公司向A公司提供货物,总额为120万元等事实。

为证实上述指控,公诉机关当庭还出示了以下综合证据:

1. A公司关于唐某的任职证明、员工登记表、人事任免通知,证实被告人唐某在A公司的任职情况。

2. 氯氢化分厂职责、厂长职责以及氯氢化总监职责,证实氯氢化分厂情况及分厂厂长的职责,以及氯氢化总监负责总体氯氢化一、二分厂管理工作。

3. 被告人唐某于2013年5月28日自书材料,证实其简要供述在任职氯氢化分厂厂长期间,供应商向其行贿的明细及出售固体废弃物的事实。

4. 户籍信息证明及无违法犯罪证明,证实被告人唐某的自然情况及无前科劣迹。

5. 某暂扣款专用收据,证实唐某亲友代其退赔赃款的情况。

6. 立案决定书、发破案经过及到案经过,证实本案由A公司报案,某公安局于2013年3月21日对唐某涉嫌非国家工作人员受贿立案侦查,2013年5月26日公安机关在新疆某市将唐某抓获归案。

本院认为,被告人唐某作为公司工作人员,利用职务上的便利,非法收受他人财物,为他人谋取利益,且数额巨大,应当以非国家工作人员受贿罪追究刑事责任。公诉机关指控被告人唐某犯非国家工作人员受贿罪的罪名成立,本院予以支持。鉴于被告人唐某归案后能如实供述犯罪事实,具有坦白情节,依法可予从轻处罚。被告人唐某无前科,案发后,其亲属代其积极退赃,可予酌情从轻处罚。对辩护人提出的上述辩护意见予以采纳。

关于辩护人提出公诉机关指控被告人唐某收受的7起贿赂中,有5起事实不清、证据不足、定性不准的辩护意见。经查认为:(1)起诉指控被告人唐某收受丙、丁、庚、癸4位供应商贿赂的事实,均有相关证据予以证明,且被告人唐某对上述4起指控事实的供述稳定,当庭亦不持异议,可予认定。对辩护人提出该4起指控事实不清,证据不足的辩护意见不予采纳。(2)被告人唐某收受的均为与A公司氯氢化车间(分厂)存在业务关系的单位负责人或者销售人员的钱财,被告人唐某作为氯氢化车间(分厂)的负责人,明知是关系单位的钱财而利用其所具有的职务之便收受他人财物,虽有部分指控为他人谋取利益的事项不明确、具体,但均反映出供应商是为了让唐某在产品的试用、使用、安装和调试的过程中提供方便,故可以认定其收受他人财物是为他人谋取利益,因此,公诉机关指控的罪名成立。对辩护人提出该4起指控定性不准的辩护意见不予采纳。(3)关于起诉指控的第七起，被告人唐某接受下属甲贿赂的事实，因无具体请托事项，两次送礼的时间均发生在春节前后，也无证据证明被告人唐某为甲有谋取利益的行为，故对该起事实，不宜作为犯罪处理。对辩护人就该起事实所提的辩护意见，本院予以采纳。

关于辩护人提出被告人唐某不构成职务侵占罪的辩护意见。经查认为，指控被告人唐某犯职务侵占罪的事实不清、证据不足。理由：(1)起诉指控内容笼统、不具体。就该罪名，公诉机关的指控均是采用"捆大账"的方式，缺乏具体事实相印证。(2)起诉指控被告人唐某利用职务之便，擅自销售的事实不清。首先，被告人唐某的职责中不包括对固体废弃物的处置。其次，根据公诉机关指控的事实、举证的内容，A公司对固定废弃物的处置有严格的规定，包括生产物资部为废旧物资处理的管理部门；废弃物出厂必须经安保部、物资供应部等部门同意并在出门证上盖章后，废弃物才能出厂；对出售废旧物资的货款由财务部统一管理，并将物资报废申请单、批准材料、磅码单、出门证等相关材料作为凭证一并交财务部归档。实际情况是，被告人唐某在两年多的时间里安排人员陆续将上千吨固体废弃物运输出厂，且在提供的部门出门证上均有安保部、物资供应部的公章。其中2010年3月19日，物资供应部甲2在出门证上明确写有"废料无法存放，同意放行，分厂应与之签订安全协议"的内容。被告人唐某归案后的供述稳定，一直辩解固体废弃物是经公司副总乙同意，由其联系出售。证人乙证言提到，其不知唐某处理固体废弃物的事，唐某是擅自处理；公司有以3000元每吨的价格卖给有需求单位的情况。经补充侦查，A公司没有提供以3000元每吨的价格卖给有需求单位的情况。综合上述事实，不能排除A公司对被告人唐某出售固体废弃物的行为是明知的。根据现有证据，认定被告人唐某擅自处理的事实不清，尚存诸多疑点。(3)起诉指控的证据不足。起诉指控2009年至2010年间，唐某将擅自销售给吉林通化L硅粉有限公司的60,000元销售款据为己有，从现有证据，证人证言与被告人供述、打款凭证在销售时间、打款金额上均存在矛盾，不能证实该60,000元是L公司支付的固体废弃物的销售款。该笔60,000元的用途、来源存在疑问，认定该60,000元是被告人职务侵占的金额证据不足。起诉指控2010年至2011年，唐某将擅自销售给大连M硅业发展有限公司甲1固体废弃物的300,000元销售款据为己有，除被告人供述和证人甲1证言外，缺乏客观证据的印证。综上，起诉指控的职务侵占罪事实不清，证据不足。根据疑罪从无的原则，对被告人唐某犯职务侵占罪不予认定。对辩护人提出的该辩护意见予以采纳。

综上，根据被告人的犯罪事实、性质、情节和对社会的危害程度，依照《中华人民共和国刑法》第163条第1款、第67条第3款、第64条之规定，判决如下：

1. 被告人唐某犯非国家工作人员受贿罪，判处有期徒刑6年6个月。(刑期自判决执行之日起计算。判决执行以前先行羁押的,羁押1日折抵刑期1日,即自2013年5月26日起至2019年11月25日止。)

2.犯罪所得赃款258,036元予以没收,上缴国库。

如不服本判决,可在接到判决书的第二日起10日内,通过本院或直接向某中级人民法院提出上诉。书面上诉的,应当提交上诉状正本一份、副本二份。

审　判　长　×××
审　判　员　×××
人民陪审员　×××
2014年9月24日
书　记　员　×××

【二审刑事裁定书】

江苏省某市中级人民法院二审
刑事裁定书

(2014)×刑二终字第107号

抗诉机关某人民检察院。

原审被告人唐某,1971年2月6日出生,原江苏A科技发展有限公司生产副总经理兼生产运营部经理。被告人唐某因涉嫌犯非国家工作人员受贿罪,2013年5月26日被刑事拘留,同年7月2日被逮捕。现羁押于某看守所。

辩护人王刚,北京德恒律师事务所律师。

某基层人民法院审理某人民检察院指控原审被告人唐某犯非国家工作人员受贿罪、职务侵占罪一案,2014年9月24日作出(2014)苏××字第0064号刑事判决。宣判后,某人民检察院提出抗诉。在本院审理期间,某人民检察院决定撤回抗诉。

本院认为,某人民检察院撤回抗诉的决定符合法律有关规定。原判决认定原审被告人唐某犯非国家工作人员受贿罪的事实清楚,证据确实、充分,定罪正确,量刑适当,审判程序合法。依照《最高人民法院关于适用〈中华人民共和国刑事诉讼法〉若干问题的解释》第307条、第308条之规定,裁定如下:

准许某人民检察院撤回抗诉。

苏某基层人民法院(2014)苏×××第0064号刑事判决自本裁定送达之日起发生法律效力。

本裁定为终审裁定。

审　判　长：邱某某
审　判　员：刘某某
代理审判员：庄　某
2014年12月24日
书　记　员：祁某某

办案总结

本案法院采纳了律师的辩护意见，判决唐某不构成职务侵占罪、构成非国家工作人员受贿罪(采纳了部分律师意见)，本案的律师辩护有以下几点成功经验：

一、据理力争，敢于亮剑，争取会见权

律师首次会见时，看守所和办案单位经侦支队依据《刑事诉讼法》第37条的规定，以本案是特别重大贿赂犯罪案件，律师会见需经侦查机关许可为由不同意律师会见。律师提出根据《公安机关办理刑事案件程序规定》和《人民检察院刑事诉讼规则(试行)》规定，可推知《刑事诉讼法》第37条的贿赂案件指的只能是检察机关办理的贿赂犯罪案件。看守所和经侦部门还是不同意会见。律师决定立即赶往某公安局督察支队，依法投诉。当天下午快下班时，律师接到了可以会见的通知，此后的多次会见都较顺利。关键时刻，敢于亮剑，保障会见权是本案成功的第一步。

二、围绕当事人被指控罪名的犯罪构成要件，反复阅卷，查找疑点，击穿控方的指控体系

针对公诉机关的指控，律师一直在思考以下两个问题：

1. 唐某处置固体废弃物的行为是否为职务行为

阅卷中律师发现，唐某先后担任的几个岗位的职责要求中都没有包括对固体废弃物的处置，也就是说处置固体废弃物不是唐某的职务行为。不是职务行为，就不能认定唐某构成职务侵占罪。律师在庭审中明确地表达了这一观点，一审判决也采信了这一观点。

2. 唐某处置固体废弃物的行为是否为擅自进行

辩护律师通过唐某的供述和辩解、证人的书面证言及案卷中的相关书证仔细分析，认为证人证言均有严重瑕疵，乙是举报单位的总经理，是利害关系人，其证言的证明力弱。而从证言的内容来看,乙和甲 2 的证言与公诉机关提供的出门证和管理规定等书证相左,A 公司是知道唐某处置固体废弃物的。

三、申请控方证人出庭,申请法院调查取证,变被动为主动

为达到彻底否定控方两名关键证人证言的效力,律师向法庭提出让乙和甲 2 出庭作证,接受质询的申请。

乙以在香港地区出差为由拒绝出庭。律师马上又针对其 A 公司曾以 3000 元一吨的价格出售过固体废弃物的书面证言,向法庭提出向 A 公司调取证据的申请。A 公司函告法院未找到上述证据。

甲 2 出庭了,但经不起律师的层层盘问,其证言也被否定。

A 公司也无法提供有利于控方的证据,法院就采信了辩方观点。

最后特别说明的是,本案一审法院的审判长及该院的审委会成员都很开明,能顶住压力,坚持法治理念,依法判决唐某不构成职务侵占罪,令人钦佩。

专家点评

公诉机关起诉两个罪名,经由王刚律师努力,一审法院拿掉了职务侵占罪,最终判决唐某只构成非国家工作人员受贿罪。虽然辩护意见被部分采纳,但辩护律师在办理案件中的敬业、细心、专业展现得一览无余。尤其是针对看守所不让会见的无理要求,向其上级机关投诉的成功经验,值得辩护律师们学习。

点评人:王兆峰(北京德恒律师事务所律师、北京市律师协会智库重大复杂案件课题组刑事组成员)

复核人:马建(北京市嘉和律师事务所律师,北京市律师协会智库重大复杂案件课题组刑事组副组长、秘书组、民商二组成员)

关键证人未到案，不能认定事实

——王某某职务侵占，挪用资金，故意销毁会计凭证、会计账簿案*

争议焦点

职务侵占罪的犯罪构成；挪用资金罪的犯罪构成；故意销毁会计凭证、会计账簿的犯罪构成；关键证人未到案对事实认定的影响。

关键词

职务侵占罪　挪用资金罪　故意销毁会计凭证、会计账簿罪

案情简介

被告人王某某，原为某市A公司总经理，2010年1月，某区人民法院判决被告人犯职务侵占罪，挪用资金罪，故意销毁会计凭证、会计账簿罪，判处有期徒刑20年。

被告人提出上诉，二审法院做出撤销原判、发回重审的裁定。发回重审后，一审判处有期徒刑18年，被告人上诉后再次发回重审。

在案件两次发回重审后，被告人家属找到现北京中勉律师事务所任丽颖律师，希望任律师作为王某某的辩护人，任律师与现北京市律理律师事务所李宝珠律师一同接受委托承办了此案。此案历经五年六审，最终改判。

一、起诉书指控事实

1. 起诉书指控王某某职务侵占有6件事实，包括广告费、购车、购房、银行卡等，指控金额691万余元。

---

* 案例提供人、承办律师：任丽颖（北京市中勉律师事务所）、李宝珠（北京市律理律师事务所）。

2. 挪用资金罪两件事实涉及金额1600万元。

3. 起诉书指控王某某隐匿、销毁会计凭证、会计账簿。

二、律师辩护意见

1. 律师在法庭上发表了万余言辩护词,指出,本案因家族企业矛盾发生纷争,关键证人王一某(王某某堂兄)始终未到案,本案用以认定王某某等人行为性质的一些重要事实和证据无一不与王一某有关,在王一某失联,事实没有查清的情况下为王某某定罪,缺乏事实和法律依据,难以服人。

2. 指控王某某职务侵占的6个事实均不能成立。

3. 根据新的调查取证及从案卷中寻找的突破点,挪用资金的两笔指控不能成立。

4. 起诉书指控王某某隐匿、销毁会计凭证、会计账簿罪证据不足。

三、一审判决结果

1. 关于职务侵占罪的认定。指控的6件事实,法院对5件采纳了律师意见均未认定,只认定买房一项。法院认为,"鉴于关键证人王一某不能通知到庭,该辩解理由无法核实确认,故对辩护人意见综合全案证据予以考虑,在量刑时予以从轻判处"。

2. 关于挪用资金罪完全采纳律师意见,没有认定。

3. 认定构成故意销毁会计凭证罪。判处王某某犯职务侵占罪,故意销毁会计凭证罪,有期徒刑5年3个月,此时王某某已被关押4年7个月。

四、二审判决结果

一审判决后,检察院提起抗诉,王某某提起上诉。二审法院认定了一审法院判决的事实,对于检察院量刑不当的抗诉意见,二审法院以省高院量刑指导意见中要求总和刑期满5年不满10年的减少的刑期不得超过两年为依据,认为原审法院比规定的两年幅度多减了1年3个月,故对量刑予以纠正。

二审法院以王某某犯职务侵占罪、故意销毁会计凭证罪,判处有期徒刑6年6个月。

案件历程

【起诉书】

某市某区人民检察院起诉书

并某检刑诉字(2009)第×××号

被告人王某某,男,××岁,××××年××月××日出生于××省××市,身份证号码:××××××××××××××××××,汉族,大学文化程度,原系山西甲百货有限责任公司总经理，住××市××区×××街×××号××号楼×××号。

被告人邓某，男，××岁，××××年××月××日出生于××省××市，身份证号码：××××××××××××××××××，汉族，大学文化程度，原系山西甲百货有限责任公司法定代表人，住××市××苑××号楼×××室。

被告人王甲，女，××岁，××××年××月××日出生于××省××市，身份证号码：××××××××××××××××××，汉族，中专文化程度，原系山西甲百货有限公司财务经理，住××市××区××街××号楼×××号。

上述三被告人因涉嫌挪用资金罪于2008年8月29日被某市公安局某分局刑事拘留，2008年9月28日经本院批准逮捕并由某市公安局某分局于同日执行逮捕。

本案由某市公安局某分局侦查终结，以被告人王某某、邓某、王甲涉嫌职务侵占罪，隐匿、销毁会计凭证罪，以被告人王某某涉嫌挪用资金罪，于2008年12月26日向本院移送审查起诉。本院受理后，已告知被告人有权委托辩护人，依法讯问了被告人，审查了全部案件材料。期间退回侦查部门补充侦查两次。

经依法审查查明：

一、职务侵占罪

1. 2008年5月9日、6月10日，被告人王某某利用其担任山西甲百货有限公司总经理的职务便利，通过虚假报销广告费的手段，侵占公司资金人民币100,000元。

2. 2005年10月6日，被告人王某某利用其担任山西甲百货有限公司总经理的职务便利，侵占公司资金人民币100,000元为其母亲看病。

3. 2006年10月，被告人王某某利用其担任山西甲百货有限公司总经理的职务便利，侵占公司资金582,000元，为其本人购买途锐越野车一辆（车牌号：晋××××××）。

4. 2006年11月，被告人王某某利用其担任山西甲百货有限公司总经理的职务便利，侵占公司资金636,686.6元，为其本人购买位于××街城花园小区商品住宅一套。

5. 2007年2月、11月2日、12月27日，被告人王某某利用其担任山西甲百货有限公司总经理的职务便利，使用公司资金5,000,000元，为自己办理兴业银行个人理财卡（卡号：××××××××××××××××××）一张、工商银行个人理财卡（卡号：×××××××××××××××××××）一张，华夏银行个人理财卡（卡号：××××××××××××××××××）一张，用于基金理财。后为达到将此款据为己有的目的，指示被告人王甲将记账凭证销毁。以上款项至今未归还。

6. 2005年5月，被告人王某某、邓某利用其担任山西甲百货有限公司总经理、法人代表的职务便利，以购买“山西乙工贸有限公司”的名义，共侵占公司资金人民币500,000元。

7. 2004年11月,被告人邓某通过从山西甲百货有限公司转入自己的"山西乙工贸有限公司"1,157,120元,后将其中的157,120元占为已有。

8. 2007年1月至2008年8月,被告人王甲利用管理公司食堂经费的便利条件,侵占公司资金人民币200,000元。

二、挪用资金罪

被告人王某某利用职务便利,为达到使其本人及邓某担任股东的"金色年代酒店"的正常运营,将公司资金人民币6,000,000元转入该公司,破案后,此款全部追回。

三、隐匿、销毁会计凭证罪

1. 被告人王某某指示被告人王甲,利用更改公司电子账目用碎纸机销毁记账凭证、隐匿记账凭证等手段,累计削减销售款20,680,635.07元,销毁2005年3月至今的小金库账目及原始凭证;被告人王甲在被告人王某某的授意下,将各财务人员保管的甲公司2004年至2008年的银行对账单、部分原始凭证及各类合同等会计资料隐匿。

2. 被告人邓某将甲百货公司2005年2月以前小金库的相关账目隐匿于其母亲家中,下落不明。

认定上述犯罪事实的证据如下:

1. 被害人陈述;

2. 被告人供述;

3. 证人证言;

4. 书证。

本院认为,被告王某某、邓某、王甲无视国法、利用职务便利,侵占公司资金,数额巨大,其行为已触犯《中华人民共和国刑法》第271条,犯罪事实清楚,证据确实充分,应当以职务侵占罪追究其刑事责任;被告人王某某利用职务便利、挪用本单位资金归个人使用,数额巨大,其行为已触犯《中华人民共和国刑法》第272条,犯罪事实清楚,证据确实充分,应当以挪用资金罪追究其刑事责任。被告人王某某、邓某、王甲隐匿、销毁会计资料,其行为已触犯《中华人民共和国刑法》第162条之一,犯罪事实清楚,证据确实充分,应当以隐匿、销毁会计凭证罪追究其刑事责任。故依据《中华人民共和国刑事诉讼法》第141条(现行《中华人民共和国刑事诉讼法》第172条),特提起公诉,请依法惩处。

此致

某市某区人民法院

检察员:×××

2009年6月9日

附：

1. 被告人王某某、邓某现押于某市某区看守所；被告人王甲现押于某市看守所。

2. 移送主要证据：被害人陈述、被告人供述复印件各一份。

3. 证据目录、证人名单各一份。

【补充起诉书】

某市某区人民检察院
补充起诉书

并某检刑诉补字(2009)第×××号

被告人王某某，男，××岁，××××年××月××日出生于××省××市，身份证号码：××××××××××××××××××，汉族，大学文化程度，原系山西甲百货有限责任公司总经理，住××市××区×××街×××号××号楼×××号。

被告人邓某，男，××岁，××××年××月××日出生于××省××市，身份证号码：××××××××××××××××××，汉族，大学文化程度，原系山西甲百货有限责任公司法定代表人，住××市××苑××号楼×××室。

上述二被告人因涉嫌挪用资金罪于2008年8月29日被某市公安局某分局刑事拘留，2008年9月28日经本院批准逮捕并由某市公安局某分局于同日执行逮捕。

本案由我院并某检刑诉字(2009)第×××号起诉书提起公诉，案件审理中发现被告人王某某、邓某有其他犯罪事实，现已查明。

经依法审查查明：

被告人王某某将山西甲百货有限责任公司10,000,000元调减销售款，于2008年分3次借给张凤某个人使用，后张凤某将10,000,000元陆续还给被告人王某某后，被告人王某某并未将山西甲百货有限责任公司的10,000,000元归还该公司财务，而是据为己有。

2005年至2006年，被告人邓某利用职务之便，假借丙局的名义，虚开丙局的发票，冒用丙局太阳大厦项目部负责人邓聚某的签名和支付丙局工程款名义，从甲公司财务领取了680,000元现金，据为己有。

认定上述犯罪事实的证据如下:

1. 被告人供述;

2. 证人证言;

3. 书证。

本院认为,被告人王某某、邓某无视国法、利用职务便利,侵占公司资金,数额巨大,其行为已触犯《中华人民共和国刑法》第271条,犯罪事实清楚,证据确实充分,应当以职务侵占罪追究其刑事责任。故依据《中华人民共和国刑事诉讼法》第141条(现行《中华人民共和国刑事诉讼法》第172条),特提起公诉,请依法惩处。

此致

某市某区人民法院

检察员:×××

2009年8月13日

附:

1. 被告人王某某、邓某现押于某市某区看守所。

2. 移送主要证据:被告人供述复印件一份。

3. 证据目录、证人名单各一份。

【一审刑事判决书】

某市某区人民法院
刑事判决书

(2009)某刑初字第×××号

公诉机关某市某区人民检察院。

被告人王某某,男,××××年××月××日出生于××省××市,汉族,大学文化,原系甲公司总经理(未有文件任命,实质上行使总经理职权),因涉嫌犯挪用资金罪于2008年8月29日被刑事拘留,因涉嫌犯职务侵占罪,挪用资金罪,隐匿、故意销毁会计凭证、会计账簿罪于同年9月28日被逮捕。现羁押于某市某区看守所。

辩护人张某某、李某某,山西×××律师事务所律师。

被告人邓某，男，××××年××月××日出生，籍贯××省××市，汉族，大学文化，原系甲公司执行董事，法定代表人（并未实际出资，为挂名董事、法定代表人、股东。2003年10月至2006年2月任甲公司副总经理），因涉嫌犯挪用资金罪于2008年8月29日被刑事拘留，同年9月28日被逮捕。现羁押于某市某区看守所。

辩护人南××，山西××律师事务所律师。

被告人王甲，女，××××年××月××日出生于××省××市，汉族，中专文化，原系甲公司财务部经理（并未有文件任命，实质上行使财务部经理职权），因涉嫌犯挪用资金罪于2008年8月29日被刑事拘留，因涉嫌犯隐匿、故意销毁会计凭证、会计账簿罪于同年9月28日被逮捕。现羁押于某市看守所。

辩护人梁某某，山西××律师事务所律师。

某市某区人民检察院以并某检刑诉字(2009)第×××号起诉书及并某检刑补诉字(2009)第×××号补充起诉书指控被告人王某某犯职务侵占罪，挪用资金罪、销毁会计资料罪；被告人邓某犯职务侵占罪、隐匿会计资料罪；被告人王甲犯职务侵占罪，隐匿、销毁会计资料罪，于2009年6月10日和8月17日向本院提起公诉。本案曾退公诉机关补充侦查两次，报省高院批准，延长审理期限1个月。现已审理终结。

某市某区人民检察院指控：

（一）被告人王某某职务侵占

1. 2005年10月6日，被告人王某某利用其担任甲公司总经理的职务便利，侵占公司资金100,000元为其母亲看病。

2. 2006年10月，被告人王某某利用其担任甲公司总经理的职务便利，侵占公司资金582,000元，为其本人购买途锐越野车一辆（车牌号：晋××××××）。

3. 2006年11月，被告人王某某利用其担任甲公司总经理的职务便利，侵占公司资金636,866元，为本人购买×××街××小区商品住宅一套。

4. 2007年2月、11月2日、12月27日，被告人王某某利用其担任甲公司总经理的职务便利，使用公司资金5,000,000元，分别为自己办理兴业银行个人理财卡（卡号：××××××××××××××××××）一张、工商银行个人理财卡（卡号：××××××××××××××××××）一张，华夏银行个人理财卡（卡号：××××××××××××××××××）一张，用于基金理财。后为达到将此款据为己有的目的，指使被告人王甲将记账凭证销毁。以上款项至今未归还。

5. 2008年5月9日、6月10日，被告人王某某利用其担任甲公司总经理的职务便利，通过虚假报销广告费的手段，侵占公司资金人民币100,000元。

6. 被告人王某某将甲公司10,000,000元调减销售款,于2008年分3次借给张凤某个人使用,后张凤某将10,000,000元陆续还给被告人王某某后,被告人王某某并未将甲公司的10,000,000元归还该公司财务,而是据为己有。

(二)被告人王某某、邓某共同职务侵占

2005年5月,被告人王某某、邓某分别利用其担任甲公司总经理、法定代表人的职务便利,以购买“山西乙工贸有限公司”名义,共同侵占公司资金人民币500,000元。

(三)被告人邓某职务侵占(略)

(四)被告人王某某挪用资金

被告人王某某利用职务便利,为达到使其本人及邓某担任股东的“×××酒店”的正常运营,将公司资金人民币6,000,000元转入该公司。案发后,此款全部追回。

(五)被告人王甲职务侵占(略)

(六)被告人王某某、邓某、王甲隐匿、销毁会计资料

1. 被告人王某某指使被告人王甲,利用更改公司电子账目、用碎纸机销毁记账凭证、隐匿记账凭证等手段,累计削减销售款20,680,635.7元;销毁2005年3月至今的小金库账目及原始凭证;被告人王甲在被告人王某某授意下,将各财务人员保管的甲公司2004年至2008年的银行对账单、部分原始凭证及各类合同等会计资料隐匿。

2. 被告人邓某将甲公司2005年3月以前的小金库的相关账目藏匿于其母亲家中,下落不明。

针对上述指控,公诉机关向法院提供了以下证据:证人证言,被害人陈述,被告人供述,书证,报案材料,身份证明,搜查笔录,扣押物品文件清单,调取证据通知书,调取清单,查询存款、汇款通知书,冻结存款汇款通知书,并在庭审过程中出示了相关的证据材料,询问了被告人。据此,公诉机关认为,被告人王某某的行为已触犯《中华人民共和国刑法》第271条、第272条、第162条之一之规定,应当以职务侵占罪,挪用资金罪,隐匿、销毁会计资料罪追究刑事责任。被告人邓某已触犯《中华人民共和国刑法》第271条、第162条之一之规定,应当以职务侵占罪、隐匿会计资料罪追究刑事责任,被告人王甲的行为已触犯《中华人民共和国刑法》第271条、第162条之一之规定,应当以职务侵占罪、隐匿、销毁会计资料罪追究刑事责任。

被告人王某某及辩护人均认为:(1)每一起拿钱的事实存在,但不构成犯罪,是本人应得的。公诉机关指控其犯罪不成立。(2)隐匿、销毁会计凭证是有违法之处,但其情节轻微,危害后果不大,王某某的行为不构成隐匿、销毁会计凭证罪。(3)王某某辩解其买房、买车、给母亲看病、领取高管津贴、购买乙公司是经王一某

同意的。(4)王某某的辩护人提出，本案是民事法律关系，不应以刑事犯罪论处。(5)甲公司是独立的法人单位，被告人动用资金不需要经戊公司同意。戊公司与甲公司是租赁关系。(6)指控王某某侵占10,000,000元证据不足，且有证人证言证明，有张凤某的斗彩鸡缸杯作抵押。

经审理查明：

一、与本案相关的情况

甲公司成立于2004年4月23日，股东为山西丙实业有限公司(以下简称丙公司)、成都丁百货有限公司(以下简称丁公司)，法定代表人为王一某(同时任总经理)，注册资本为人民币10,000,000元。此两公司股东并未实际出资，股金来源全部为山西省戊建设开发有限责任公司(以下简称戊公司)。甲公司股本10,000,000元实际全为戊公司所有。

2005年6月，甲公司进行变更登记，注册资本由10,000,000元增至20,000,000元。法定代表人由王一某变更为被告人邓某，邓某同时任公司董事，分管财务的副总经理。戊公司及王一某委托被告人王某某对甲公司进行管理，实质上行使甲公司总经理职权。同年6月，戊公司打入甲公司账户增加注册资金用人民币10,000,000元。被告人王某某指使下属人员将戊公司增加的10,000,000元注册资金分别转入山西××房地产开发有限公司3,000,000元，山西××房地产开发有限公司6,000,000元，山西××贸易有限公司1,000,000元。后将此10,000,000元分多次全部提现，分别以赵淑某5,000,000元，卜卡某5,000,000元增加甲公司注册资本，连同原甲公司股本转让额，形成新的甲公司股本结构。即法定代表人邓某，注册资本20,000,000元。自然人股东3人，其中邓某3,200,000元，出资比例16%；卜卡某8,350,000元，出资比例41.75%；赵淑某8,200,000元，出资比例41%；法人股东1个，丁公司250,000元，出资比例1.25%。

2005年6月变更登记后的甲公司，除被告人王某某实际行使总经理职权，被告人邓某实际行使副总经理职权，被告人王甲实际行使财务部经理职权以及其他副总、部门经理，会计、出纳等实际行使各自不同的职权以外，邓某的法定代表人、董事，邓某的出资3,200,000元，赵淑某的出资8,200,000元，卜卡某的出资8,350,000元，全部为虚假设立。邓某为挂名法定代表人、董事、股东。邓某、赵淑某、卜卡某并未实际出资。赵淑某、卜卡某并未实际参与甲公司经营活动。其各自的出资额均为戊公司的注册资金分别分配在3人名下。

综上，变更登记后的甲公司注册资金全部为戊公司注入，甲公司营业用大楼产权属戊公司。戊公司及王一某(2005年7月已辞去甲公司总经理职务)委托被告人王某某负责甲公司的经营，实际形成戊公司委托和雇用王某某等人经营甲公司的格局。

二、涉案被告人的犯罪事实

(一)被告人王某某职务侵占

1. 2008年5月9日、6月10日,被告人王某某利用其担任甲公司总经理的职务便利,两次通过虚假报销广告费的手段,共侵占公司资金人民币100,000元。

2. 2006年10月,被告人王某某利用其担任甲公司总经理的职务便利,侵占公司资金人民币582,000元,为其本人购买越野车一辆。

3. 2006年11月,被告人王某某利用其担任甲公司总经理的职务之便,侵占公司资金人民币636,866元,为其本人购买某小区商品住宅一套。

4. 2007年2月、11月、12月,被告人王某某利用其担任甲公司总经理的职务之便,共使用公司资金人民币5,000,000元,分别为自己办理兴业银行个人理财卡(卡号:××××××××××××××××××)一张、工商银行个人理财卡(卡号:×××××××××××××××××××)一张,华夏银行个人理财卡(卡号:××××××××××××××××)一张。将上述5,000,000元甲公司款用于自己个人基金理财,赚取利润。后为达到将此款据为己有的目的,指使被告人王甲将记账凭证销毁。以上款项至案发未归还。

5. 被告人王某某将甲公司10,000,000元调减销售款,于2008年4月及以后,分3次借给张凤某个人使用,用于营利活动。至本案案发,此款未追回。

(二)被告人邓某职务侵占(略)

(三)被告人王甲职务侵占(略)

(四)被告人王某某、邓某共同职务侵占

2005年年底,被告人王某某、邓某利用职务之便,假借以购买乙公司的名义。共同侵占甲公司资金人民币500,000元。

(五)被告人王某某挪用资金

被告人王某某利用职务之便,将甲公司资金人民币6,000,000元分次存入己公司账户(该公司股东为王某某、邓某二人),其中,2,000,000元用于营利活动且超过三个月未还回甲公司。案发后,此款6,000,000元全部追回。

(六)被告人王某某、王甲故意销毁会计凭证、会计账簿。

被告人王某某指使被告人王甲,采用更改公司电子账目,用碎纸机销毁记账凭证等手段,累计削减甲公司销售款20,680,635元,将上述款项存于甲公司小金库。并销毁甲公司2005年3月至2008年8月的小金库原始凭证。

(七)被告人邓某隐匿会计凭证、会计账簿(略)

综上,被告人王某某职务侵占共计人民币6,818,866元,挪用资金共计人民币12,000,000元;被告人邓某共计职务侵占人民币1,337,120元;被告人王甲职务侵占人民币共计196,120元。

上述事实,有公诉机关当庭提供,并经法庭质证、认证的下列证据予以证实,本院予以确认。

(一)被告人的供述(略)

(二)证人证言(略)

(三)书证32项(略)

根据本院综合审理查明的事实和证据,对各被告人及辩护人的辩解和辩护意见以及公诉机关指控的部分犯罪事实分析评判如下:

(一)关于王某某的辩护人提出,戊公司和甲公司是各自独立的企业主体,甲公司有自由运用资金的权力

经查,甲公司的全部注册资金20,000,000元由戊公司注入,先前的股份转让也全部为戊公司所有。甲公司最后形成的股本结构,虽然为3个自然人和丁公司,但此3自然人并未实际出资,丁公司的股本为戊公司所有。虽然进行了工商登记,但登记情况和实际情况严重不符。依法应采取实事求是的态度来认识和看待此问题。甲公司营业楼产权属戊公司,戊公司和甲公司签订的甲公司营业楼协议,虽然在形式上表现为相互独立的民事主体,但实际上3万余平方米的商业用房,在市场上是不能用每年2,000,000元承租的,实际为戊公司对下属单位的成本核算行为。戊公司在先前成立甲公司的过程中,有请示、批示,在工商部门依法登记,除注入注册资本20,000,000元以外,后在甲公司的运营中,投入大量资金,扶持甲公司的发展。

综上所述,可以认定甲公司实际为戊公司的下属单位,甲公司的收益应属于戊公司。被告人王某某实际为戊公司聘用的经营管理人员。正常的经营管理权限可以由王某某来行使,但未经戊公司许可,擅自将公司资金侵占到个人名下和挪用公司资金给其他单位和个人的行为均为非法行为。故对辩护人的此项辩护意见不予采纳。

(二)关于被告人王某某辩解,其购车、购房、购买乙公司,领取高管津贴均是戊公司王一某同意的

经查,被告人王某某购车、购房、购买乙公司,领取高管津贴,均无王一某同意并许可的证据。在购买乙公司后,未做业务,被有关部门过问时,被告人王某某对邓某发火,让其退出250,000元,足以证明二被告人以甲公司500,000元购买乙公司以后,共同侵占甲公司500,000元的事实。关于高管津贴问题,经查,无甲公司规章制度证明和戊公司及王一某证明。戊公司明确否认有高管津贴一事,且提供正常发放工资表,证实根本不存在允许发放高管津贴一事。故对被告人王某某的上述辩解意见予以驳回。

(三)关于被告人王某某的辩护人提出,卜卡某不是本案的合法报案人的意见

经查,根据我国宪法和法律的规定,任何人都有举报和揭发犯罪行为的权利和

义务。故对此项辩护意见不予采纳。辩护人针对王某某职务侵占10,000,000元提供的5份证人证言,意欲证明被告人王某某借给张凤某10,000,000元时,张凤某在王某某处抵押一斗彩鸡缸杯。因该5份证人证言,无法证实该5人的真实身份,证据来源不规范,缺乏真实性,不予采纳。张凤某陈述的斗彩鸡缸杯的价值也无确实证据证实。故对此两项证明事实不予采信。

(四)关于公诉机关指控被告人王某某用甲公司款100,000元为其母亲看病一事

经查,被告人王某某从甲公司取款100,000元去北京为母亲看病,王某某本人虽未打借条,但甲公司财务已记明为王某某借款,有书证和证人证言为证。对此笔款项,不认定为职务侵占。

(五)关于公诉机关指控被告人王某某挪用资金6,000,000元到已公司一事

经查,已公司的股东为王某某和邓某。王某某为成立已公司,先用甲公司打入的2,000,000元用与验资,具有营利目的,且超过3个月未还,依法构成挪用资金罪。其余4,000,000元分次打入已账户,挪而未用,在3个月之内又还回甲公司,此4,000,000元不应认定为挪用资金罪的构成部分。

(六)关于公诉机关指控被告人王某某借给张凤某10,000,000元职务侵占一事

被告人王某某未经戊公司同意,擅自将大额资金10,000,000元分三次分别于2008年4月28日、5月26日、6月19日借给张凤某进行营利活动,且综合本案证据来看,王某某、张凤某均有互相收取利息的做法,应视为借此款为营利活动。被告人王某某将甲公司款项借给张凤某10,000,000元以后,无确实证据证明,该款已归还被告人王某某,更没有还回甲公司。故认定被告人王某某职务侵占该10,000,000元欠妥,应认定为挪用资金。

本院认为:被告人王某某、邓某、王甲,以非法占有为目的,利用职务之便,侵占戊公司钱款,危害戊公司合法财产的所有权。其行为均已构成职务侵占罪;三被告人职务侵占均属数额巨大。被告人王某某擅自挪用资金给个人使用,进行营利活动,数额巨大,且10,000,000元至今未归还,侵犯公司对资金的使用权和收益权,构成挪用资金罪;被告人王某某、王甲、邓某,隐匿、故意销毁会计凭证、会计账簿,情节严重,妨害了国家对公司企业的管理秩序。被告人王某某、王甲构成故意销毁会计凭证、会计账簿罪;被告人邓某构成隐匿会计凭证、会计账簿罪。公诉机关指控成立。三被告人均一人犯数罪,应数罪并罚。依照《中华人民共和国刑法》第271条第1款、第272条第1款、第162条之一第1款、第25条第1款、第69条、第64条、第61条之规定,判决如下:

1. 被告人王某某犯职务侵占罪,判处有期徒刑13年;犯挪用资金罪,判处有期

徒刑7年；犯故意销毁会计凭证、会计账簿罪，判处有期徒刑4年，并处罚金100,000元。总和刑期24年，罚金100,000元，决定执行有期徒刑20年，罚金100,000元。

（刑期从判决确定之日起执行，判决以前先行羁押的，羁押1日折抵刑期1日，即自2008年8月29日起至2028年8月28日止。罚金在本判决生效后1个月内缴纳，逾期不缴纳，强制缴纳。）

2. 被告人邓某犯职务侵占罪，判处有期徒刑8年；犯隐匿会计凭证、会计账簿罪，判处有期徒刑2年6个月，罚金50,000元。总和刑期10年6个月，罚金50,000元，决定执行有期徒刑10年，罚金50,000元。

（刑期从判决确定之日起执行，判决以前先行羁押的，羁押1日折抵刑期1日，即自2008年8月29日起至2018年8月28日止。罚金在本判决生效后1个月内缴纳，逾期不缴纳，强制缴纳。）

3. 被告人王甲犯职务侵占罪，判处有期徒刑5年6个月；犯故意销毁会计凭证、会计账簿罪，判处有期徒刑3年6个月，罚金80,000元，总和刑期9年，罚金80,000元，决定执行有期徒刑8年，罚金80,000元。

（刑期从判决确定之日起执行，判决以前先行羁押的，羁押1日折抵刑期1日，即自2008年8月29日起至2016年8月28日止。罚金在本判决生效后1个月内缴纳，逾期不缴纳，强制缴纳。）

审　判　长　×××
审　判　员　×××
审　判　员　×××
2010年1月22日
书　记　员　×××

【第一次重审一审刑事判决书】

某市某区人民法院
刑事判决书

（2010）某刑重字第×××号

公诉机关某市某区人民检察院。

被告人王某某，男，原系山西甲百货有限责任公司总经理，因涉嫌犯挪用资金罪于2008年8月29日被刑事拘留,因涉嫌犯职务侵占罪,挪用资金罪,隐匿会计凭证、会计账簿罪于同年9月28日被逮捕,现羁押于某市某区看守所。

辩护人张某某、贾某某,山西××律师事务所律师。

被告人邓某,男,原系甲公司执行董事、副总经理、法定代表人。因涉嫌挪用资金罪于2008年8月29日被刑事拘留,同年9月28日被逮捕,现羁押于某市某区看守所。

辩护人胡某、李某某,山西××律师事务所律师。

被告人王甲,女,原系甲公司财务部经理,因涉嫌犯挪用资金罪于2008年8月29日被刑事拘留,因涉嫌犯隐匿、故意销毁会计凭证、会计账簿罪于同年9月28日被逮捕,现羁押于某市公安局看守所。

辩护人梁某某,山西××律师事务所律师。

某市某区人民检察院以并某检刑诉字(2009)第×××号起诉书及并某检刑补诉字(2009)第×××号补充起诉书指控被告人王某某犯职务侵占罪,挪用资金罪,隐匿、销毁会计凭证罪,被告人邓某犯职务侵占罪,隐匿,销毁会计凭证罪,被告人王甲犯职务侵占罪,隐匿、销毁会计凭证罪,于2009年6月10日和8月17日先后向本院提起公诉。本院依法组成合议庭,公开开庭审理了本案,于2010年1月25日作出(2009)某刑初字第×××号刑事判决,被告人王某某、邓某、王甲提出上诉。某市中级人民法院于2010年7月26日作出(2010)并某终字第×××号刑事裁定,撤销原判,发回重审。本院依法另行组成合议庭,公开开庭审理了本案。某市某区人民检察院指派检察员柴某某、宋某某出庭支持公诉,被告人王某某、邓某、王甲及辩护人均到庭参加诉讼。现审查终结。

某市某区人民检察院指控:

一、被告人王某某

(一)职务侵占罪

1. 2008年5月9日、6月10日,被告人王某某利用其担任甲公司总经理的职务便利,通过虚假报销广告费的手段,侵占公司资金人民币100,000元。

2. 2005年10月6日,被告人王某某利用其担任甲公司总经理的职务便利,侵占公司资金100,000元为其母亲看病。

3. 2006年10月,被告人王某某利用其担任甲公司总经理的职务便利,侵占公司资金582,000元,为其本人购买越野车一辆。

4. 2006年11月,被告人王某某利用其担任甲公司总经理的职务便利,侵占公司资金636,866元,为本人购买位于×××街××××小区商品住宅一套。

5. 2007年2月、11月2日、12月27日,被告人王某某利用其担任甲公司总经理的职务便利,使用公司资金5,000,000元,为自己办理兴业银行个人理财卡(卡号:

××××××××××××××××××）一张、工商银行个人理财卡（卡号：××××××××××××××××××）一张、华夏银行个人理财卡（卡号：××××××××××××××××）一张，用于基金理财。后为达成将此款据为己有的目的，指使被告人王甲将记账凭证销毁。以上款项至今未归还。

6. 被告人王某某将甲公司10,000,000元调减销售款，于2008年分3次借给张凤某个人使用，后张凤某将10,000,000元陆续还给被告人王某某后，被告人王某某并未将甲公司的10,000,000元归还该公司财务，而是据为己有。

（二）挪用资金罪

被告人王某某利用职务便利，为达成使其本人及邓某担任股东的己公司的正常运营，将公司资金人民币6,000,000元转入该公司。案发后，此款全部追回。

（三）被告人王某某、王甲隐匿、销毁会计凭证罪

被告人王某某指使被告人王甲，利用更改公司电子账目、用碎纸机销毁记账凭证、隐匿记账凭证等手段，累计削减销售款20,680,635.07元，销毁2005年3月至今的小金库账目及原始凭证；被告人王甲在被告人王某某授意下，将各财务人员保管的甲公司2004年至2008年的银行对账单、部分原始凭证及各类合同等会计资料隐匿。

（四）被告人王某某、邓某职务侵占罪

2005年5月，被告人王某某、邓某利用其担任甲公司总经理、法人代表的职务便利，以购买“乙公司”的名义，共同侵占公司资金人民币500,000元。

二、被告人邓某（略）

三、被告人王甲职务侵占罪（略）

针对上诉指控，公诉机关当庭提供如下证据：报案材料，专项审计报告，书证，证人证言，证明材料，搜查笔录，扣押物品、文件清单，发还物品清单，归案情况，三被告人在侦查机关的供述等。据此，公诉机关认为，被告人王某某的行为已触犯《中华人民共和国刑法》第271条、第272条、第162条之一的规定，应当以职务侵占罪，挪用资金罪，隐匿、销毁会计凭证罪追究其刑事责任；被告人邓某、王甲的行为已触犯《中华人民共和国刑法》第271条、第162条之一的规定，应当以职务侵占罪、隐匿、销毁会计凭证罪追求其刑事责任。

被告人王某某辩解，甲公司是独立的法人，不是戊公司的下属公司。2004年2月，甲已将10,000,000元的注册资金全部转回了戊公司，我在甲公司从没有领过高管津贴和工资。对公诉机关指控的职务侵占罪辩解如下：第一起的广告是正常业务，我没有拿钱；第二起为母亲看病是借款；第三起购房的车辆虽然上的个人户，但其实是公司公用；第四起的住房是王一某为我母亲购买的；第五起兴业银行卡没拿，拿卡后是空卡，工商存折、华夏卡均是公司理财，收益是公司的，我个人没有拿

钱;第六起与张凤某之间是借贷关系,而且有抵押物;“乙公司”是邓某的公司,王一某为了融资决定让买,我没有分钱。对公诉机关指控的挪用资金罪辩解如下:成立“己公司”是为了利用戊公司闲置的房子,王一某让我用甲公司的资金进行验资,具体资金回没回来我不知道。对公诉机关指控的隐匿、销毁会计凭证罪辩解如下:我没有指使过王甲更改账目,不可能有两千多万元的削减销售款;我也没有让王甲销毁会计账簿。因此,认为公诉机关指控其犯罪不能成立。

其辩护人提出如下辩护意见:(1)戊公司既不是甲公司工商登记记载的股东,也不是实际出资人,其与甲公司不存在投资关系;现有证据并没有戊公司委托或任命被告人王某某管理甲公司的证据;丙公司以零对价将其持有的甲公司97.5%的股份分别转让给邓某、赵淑某、卜卡某的行为如何定性未查清;王某某自进入甲公司以来一直没有领取过任何工资报酬,还通过各种渠道借款给甲公司使用。(2)本案现有证据不能证明王某某有实施职务侵占罪和挪用资金罪的主观故意;关于职务侵占和挪用资金的数额未查清,第一起虚假广告费的指控证据不足;第三起购买的车辆虽然记在王某某名下,但实质是公司为王某某配备的公务用车;第五起银行卡是为了帮助银行完成任务,卡都是由王甲保管,不能认定为个人私用;第六起与张凤某是借款关系,是以甲公司的名义借给张凤某的,且张凤某提供了价值数千万元的抵押物,故不应认定为挪用资金和职务侵占,购买乙公司是王一某同意的,没有证据证明邓某在拿到500,000元后将其中的款项分给了王某某;关于挪用资金,2,000,000元发生在2008年4月11日,不是用于验资目的,不能认定为犯罪。(3)为了避免甲公司会计凭证被抢,王某某要求王甲妥善处理,王甲错误领会将原始凭证销毁,虽然违法,但情节轻微危害后果不大。并当庭提供书证一份(复印件),证明2004年2月2日,甲向戊公司转入10,000,000元。

经审理查明:

第一部分　被告人王某某、邓某、王甲的主体身份

甲公司成立于2004年1月16日,股东为丙公司、丁公司,法定代表人王一某,注册资本人民币10,000,000元。丙公司以货币形式出资9,750,000元,出资比例97.5%;丁公司以货币形式出资250,000元,出资比例2.5%。该二公司的股金来源于戊公司。

2005年6月,甲公司进行变更登记,股东之一丙公司将其持有的股份零对价分别转让给自然人邓某、卜卡某(王一某的妻弟)、赵淑某(王某某的妻子),注册资本由10,000,000元增加至20,000,000元。由此,股东结构变更为:自然人股东3名,其中邓某出资额3,200,000元,出资比例16%,卜卡某出资额8,350,000元,出资比例41.75%,赵淑某出资额8,200,000元,出资比例41%;法人股东1名,为丁公司,出资额250,000元,出资比例1.25%。法定代表人由王一某变更为邓某。2005年6

月20日，戊公司转入甲公司账户人民币10,000,000元。6月28日，被告人王某某指使公司财务人员将10,000,000元分别转入山西省A房地产开发有限公司3,000,000元，山西省B房地产开发有限公司6,000,000元，山西省C贸易有限公司1,000,000元。随后将此10,000,000元分多次全部提现，分别以赵淑某5,000,000元、卜卡某5,000,000元的名义增加为甲公司新增的注册资本。

被告人王某某自2004年年初至2005年6月，任甲公司董事、执行董事；自2005年6月起，任甲公司总经理。被告人邓某自2004年年初至2005年6月，任甲公司董事、副总经理；自2005年6月起，任甲公司副总经理、法定代表人。被告人王甲自2004年年初起，任甲公司财务部经理。

上述事实，有公诉机关当庭提供，并经法庭质证的下列证据予以证实：

1. 书证（甲公司工商登记资料、公司基本情况、股东会决议、公司章程、验资报告、营业执照、房产租赁合同、股权转让协议、专项审计报告、进账单及收据、工资汇总表、转账凭证）。

2. 证人证言（略）。

3. 三被告人供述：

（1）被告人王某某供述：甲公司成立时的股东是丙公司和丁公司，丙公司转让时，我妻子赵淑某没有实际出资。从公司章程和法律上来说，公司的法人代表和执行董事是邓某，不过大部分时候都是我履行这个职责，需要法人出面的事情由法人邓某出面，重大问题需要请示王一某。有些不需要法人的情况就我、邓某、王一某商量着来。我就是公司的总经理，负责公司全面的日常经营管理，财务的最终审批权在我手里。王甲是财务部经理，主要负责财务部的统筹安排。

（2）被告人邓某供述（略）。

（3）被告人王甲供述（略）。

关于被告人王某某及其辩护人提出“甲公司是独立的法人，不是戊公司的下属公司，戊公司既不是甲的股东，也不是实际出资人，现有证据没有戊公司委托或任命王某某管理甲公司的证据及王某某从未在甲公司领取过任何工资报酬，还通过各种渠道借款给甲使用”的意见，经查，工商资料显示，甲公司确是独立法人，但公诉机关提供的相关书证及证人证言，均能证明以下事实，即甲公司成立时，注册资金10,000,000元的来源是丙公司和丁公司，二公司的资金来源于戊公司。2005年6月，丙公司撤出甲公司，将股份转让给自然人邓某、赵淑某、卜卡某，三人均未实际出资，增资款10,000,000元也是由戊公司于当月转入，因此，被告人及其辩护人所提出的“戊公司既不是甲股东，也不是实际出资人”的意见，并不能否定甲公司注册资金及增资款的实际来源。被告人王某某、邓某、王甲在甲公司所担任的实际职务及履行的职权范围，三被告人均予承认，且有公司其他员工的证言及书证（工资汇总表)相佐证,故是否经过戊公司委托或任命,不影响对三被告人的主体资格认定。辩护人提出"王某某曾通过各种渠道借款给公司使用"的意见,没有相应证据证实,且其是否在甲公司领取过高管津贴和工资,与其利用总经理的职务便利,实施侵犯公司利益的犯罪没有实质性关联,也无法律上的因果关系,故对被告人王某某及其辩护人的相关意见,本院不予支持。

第二部分　被告人王某某的犯罪事实及证据

一、职务侵占罪

1. 2008年5月9日、6月10日,被告人王某某利用职务之便,通过虚假报销T市D传媒有限公司和T市E广告有限公司广告费的手段,共侵吞公司资金人民币100,000元,至今未还。

2. 2006年11月,被告人王某某利用职务之便,侵吞公司资金人民币636,866元,为其本人购买位于×××街××××小区的商品住宅一套,至今未退还。

3. 2007年2月、11月、12月,被告人王某某利用职务之便,安排财务人员使用公司调减销售款人民币5,000,000元,分别为自己办理兴业银行个人理财卡一张(卡号:××××××××××××××××××)、工商银行个人存折(卡号:××××××××××××××××)、华夏银行个人理财卡一张(卡号:××××××××××××××××××),用于基金理财。后为达到将此款据为己有的目的,指使被告人王甲将记账凭证销毁。赃款至今未还。

4. 2005年年底,被告人王某某利用职务之便,侵吞甲公司资金人民币500,000元,购买邓某母亲张洪某名下的乙公司。并将公司名称变更为山西F能源有限公司,法定代表人王某某,股东王某某、张洪某。赃款至今未还。

被告人供述:

被告人王甲供述:购买乙公司的500,000元是从甲公司小金库支付的,公司大账上没有记载。当时乙公司转成能源公司时,王某某说给邓某500,000元的公司转让费,尔后,邓某就打了一个白条,拿走公司货款100,000元,又给了以邓某名义开设的400,000元定期存单。

被告人邓某供述:乙公司是我在2001年左右成立的,到了2006年年初,将公司转让给了王某某,名义上股东为王某某和我母亲,王某某担任法定代表人,转让后名称更改为能源公司。先是以400,000元的定期存单入我的个人账户下,尔后甲又付给我100,000元现金。

被告人王某某供述:购买乙公司是因为当时王一某准备贷款,但注册新公司不具备贷款的条件,而乙公司是现成的,我和邓某商量后,就以500,000元购买了乙公司。500,000元是甲公司支付的,把400,000元的存折和100,000元现金一并交给了邓某。

关于被告人王某某及其辩护人提出“乙公司是邓某的公司，王一某为了融资决定让买，没有证据证明邓某在拿到500,000元后将其中的款项分给了王某某”、邓某辩称“出卖乙公司是正常交易，至少用谁的钱和我没有关系”及其辩护人提出“500,000元是邓某出卖乙公司的合法收入”的意见，经查，公诉机关提供的证据可以证明乙公司属于邓某的母亲，且邓某以500,000元的价格将乙公司部分转让的事实，被告人邓某及其辩护人的意见属实，也符合情理，现无证据证明被告人邓某在进行交易时利用了担任甲公司副总经理的职务便利，因此，公诉机关指控被告人邓某该起构成职务侵占罪的依据不足，不能成立。但被告人王某某在该起交易中，利用担任总经理的职务便利，用甲公司的资金收购其他公司并变更在个人名下，其行为依法构成职务侵占罪，被告人王某某及其辩护人关于“王一某决定让买”的意见，没有证人证言及以甲公司名义收购乙公司的相关证书予以佐证，故本院不予采纳。

另查明：

1. 2005年10月6日，被告人王某某从甲公司借款人民币100,000元，为其母亲看病所用。

关于被告人王某某辩称“此笔为借款”的意见，经查，该从甲公司支取100,000元为母亲看病，有“暂借款申请书”及财务上明确的借款记载。且有公司员工的证言相佐证，故公诉机关的该起指控与事实不符，不能成立，对被告人王某某的辩解，本院予以支持。

2. 2006年10月，被告人王某某利用职务之便，使用公司资金人民币582,000元，购买途锐越野车一辆（车牌号晋××××××），一直为其所用。案发后，越野车已发还被害单位。

上述事实，有公诉机关当庭提供，并经法庭质证的下列证据予以证实。

关于被告人王某某及其辩护人提出“虽然车上的是王某某的个人户，但其实是公司配的公务用车”的意见，经查，公诉机关提供的证据证明了被告人王某某利用担任总经理的职务便利，从公司支取款项购买车辆，并以个人名义上户的事实。虽然公司对该车属公务用车无记载，但该车一直为王某某从事公务所用，现在证据无法确切认为其将该车辆据为己有，故对被告人及其辩护人的相关意见，本院予以采纳。公诉机关对该起的指控现有证据不足，本院不予支持。

二、挪用资金罪

1. 2008年4~6月，被告人王某某利用职务之便，将甲公司10,000,000元调减销售款，分3次借给张凤某个人做生意使用。至今未归还。

上述事实，有公诉机关当庭提供，并经法庭质证的下列证据予以证实：

（1）书证（银行电子凭证、进账单、存款回单、结算业务申请书）。

（2）证人张凤某证实：我曾借过王某某人民币10,000,000元，分别是5,000,000元、

2,000,000元、3,000,000元、他转入我账户的钱是不是甲公司的,我不清楚,我是对他个人的。

(3)被告人供述:

被告人王甲供述:借给张凤某一共是三笔,第一笔是2008年4月28日王某某说王一某要借公司5,000,000元,安排我通过张凤某的个人账户转给王一某5,000,000元,两个月后,王一某把5,000,000元还给了张凤某,但张凤某没有还给甲公司,我告诉王某某王一某的钱已经还给张凤某了,王某某说暂时让他用吧。第二笔是王某某安排我打给张凤某个人账户2,000,000元,说是借款。第三笔是2008年5月中旬王某某把我叫到办公室,说张凤某又给他借钱,先期已经借了,再不借给的话,怕以前的也要不回来,然后我转给张凤某个人账户3,000,000元。总共借给张凤某10,000,000元,至现在未还。张凤某借款用途不知道,光听说他搞一项目。

被告人王某某供述:我让王甲以转账的形式打入张凤某个人账户10,000,000元,是分几次转的,是为了还张凤某的钱,他做生意要用。

关于被告人王某某及其辩护人提出"与张凤某之间是借贷关系,是以甲公司名义借给张凤某,而且有价值说千万元的抵押物,没有确切证据表明甲公司将10,000,000元借给张凤某使用是为了营利,也未超过3个月,不应认定为挪用资金和职务侵占"的意见,经查,公诉机关提供的书证及证人证言足以证明被告人王某某利用担任总经理的职务便利,以个人名义将公司资金借给张凤某使用的事实。关于是否已归还,公诉机关仅提供了证人王云某(张凤某的朋友)、张文某(张凤某的司机)的证言证明已归还,但无法证明归还的具体数额,也没有相关书证予以佐证,与被告人王甲、王某某的供述亦不能印证,故不足以认定。关于是否有抵押物,没有相关证据证明,也不影响对"王某某以个人名义出借公司资金给他人使用"行为的定性,故对被告人王某某及辩护人的相关意见,本院不予采纳。被告人王某某、王甲均供述张凤某借款用于生意,且现在证据无法证明张凤某已将10,000,000元归还甲公司,因此,王某某的行为符合挪用资金罪的犯罪构成要件,即"公司、企业或者其他单位的工作人员,利用职务上的便利,挪用本单位资金借贷给他人,数额较大、超过三个月未还,或者虽未超过三个月,但数额较大、进行营利活动的行为,构成挪用资金罪"。公诉机关关于"张凤某将10,000,000元陆续还给王某某后,王某某并未将甲公司的10,000,000元归还公司财务,而是据为己有,因此构成职务侵占罪"的指控证据不足,本院不予支持。

2. 2007年4月11日,2008年6月19日、7月2日,被告人王某某安排财务人员,将甲公司资金人民币6,000,000元分次存入己公司账户(该公司股东为王某某、邓某二人)。其中,2,000,000元超过三个月未还回甲公司。案发后,600万元全部追回已发还被害单位。

综上,被告人王某某职务侵占数额共计人民币6,236,866元,挪用资金数额共计人民币12,000,000元。

三、伙同被告人王甲故意销毁会计凭证罪

被告人王某某指使公司财务部经理被告人王甲,采用更改公司电子账目,用碎纸机销毁或隐匿记账凭证等手段,先后累计调减甲公司的销售营业款共计20,680,635.7元,将上述款项存入甲公司小金库;并指使被告人王甲销毁甲公司2005年3月至2008年8月的小金库原始凭证。

上述事实,有公诉机关当庭提供,并经法庭质证的下列证据予以证实:

被告人王甲供述:我们在王某某的授意下对公司电子账目做手脚,主要手段就是削减销售额,2006年得利二三百万元,2007年达到六七百万元,2008年以来有400余万元了,具体是我告诉网络主管史某在电脑上做处理。2008年6月,我准备把"小金库"的账目交给王某某,他没要,他打电话给我说让我销毁账目,还说销毁以后就是对他最大的帮助。7月17日以后,我在财务部办公室用碎纸机毁掉了"小金库"的凭证,现在保留的是电脑打印的。2008年8月,王某某从我手里拿走甲公司和戊公司往来数据的是复印件,不是原件,原件可能在省农行的保险柜里。2005年3月以前的账我交给了邓某,2005年3月到现在的凭证是王某某让我销毁的。

被告人王某某供述:甲公司财务部门具体怎么截留销售款我不管,那是财务人员技术方面的事,我的安排就是要求财务人员要把好关,不要让税务等部门查出问题。

关于被告人王某某辩称"我没有指使过更改账目,不可能有两千多万元的削减销售款,我也没有让王甲销毁会计账簿"、其辩护人提出"王某某只是要求王甲妥善处理,是王甲错误领会将原始凭证销毁"及被告人王甲的辩护人提出"王甲隐匿销毁会计资料,是接受公司领导王某某的安排,应为单位犯罪,且其系从犯"的意见,经查,公诉机关提供证人证言及被告人王甲的供述,均能证明王甲安排并带领财务部人员更改公司账目,将公司账目进行销毁的事实。关于更改账目的数额,有专项审计报告对消减销售款进行确认;关于销毁会计凭证,被告人王甲供述直接接受总经理王某某的指使,故对被告人王某某及其辩护人的意见,本院不予采纳。被告人王甲接受王某某个人的指使,安排下属人员销毁会计凭证,并非接受公司的集体决定,应属自然人犯罪,辩护人认为系单位犯罪的意见与本院查明的事实不符,不予采纳;被告人王甲身为公司财务部经理,积极并亲自带领下属人员实施销毁会计凭证的犯罪行为,辩护人仅凭其受王某某指使就认为系从犯的意见,与法律规定不符,本院不予支持。

第三部分　被告人邓某的犯罪事实及证据(略)

第四部分　被告人王甲职务侵占罪(略)

本院认为:被告人王某某、邓某、王甲身为甲公司总经理、副总经理、财务经理、分别利用各自职务上的便利,将本公司资金非法占为已有,侵犯了公司财产的所有权,其中,被告人王某某侵占数额为人民币6,236,866元,被告人邓某侵占数额为人民币680,000元,均属数额巨大,被告人王甲侵占数额为人民币60,190元,属数额较大,三被告人的行为均已构成职务侵占罪。被告人王某某并利用职务上的便利,挪用本公司资金或归个人的公司使用,或借贷给他人营利使用,超过3个月未还,数额巨大,侵犯了公司财产的使用权和收益权,其行为已构成挪用资金罪;被告人王某某、王甲故意销毁、被告人邓某隐匿依法应当保存的会计凭证和会计账簿,情节严重,侵犯了国家的会计管理制度,被告人王某某、王甲的行为已构成故意销毁会计凭证罪;被告人邓某的行为已构成隐匿会计凭证、会计账簿罪。公诉机关指控的罪名成立。三被告人均一人犯数罪,应实行数罪并罚。被告人邓某、王甲对公诉机关指控的隐匿、故意销毁会计凭证、会计账簿罪自愿认罪,依法可酌情从轻处罚。故依照《中华人民共和国刑法》第271条第1款、第162条之一第1款、第25条第1款、第69条、第64条、第52条、第53条、第61条及最高人民法院《关于执行〈中华人民共和国刑事诉讼法〉若干问题的解释》第176条第(5)项,并对被告人王某某适用《中华人民共和国刑法》第272条第1款的规定,判决如下:

1. 被告人王某某犯职务侵占罪,判处有期徒刑12年;犯挪用资金罪,判处有期徒刑7年;犯故意销毁会计凭证罪,判处有期徒刑4年,并处罚金100,000元。总和刑期23年,并处罚金100,000元,决定执行有期徒刑18年,并处罚金100,000元。

(刑期从判决执行之日起计算。判决执行以前先羁押的,羁押1日折抵刑期1日,即自2008年8月29日起至2026年8月28日止。罚金自本判决生效之日起3个月内缴纳,到期不缴纳,强制缴纳。)

2. 被告人邓某犯职务侵占罪,判处有期徒刑6年;犯隐匿会计凭证、会计账簿罪,判处有期徒刑2年零6个月,并处罚金50,000元。总和刑期8年零6个月,并处罚金50,000元,决定执行有期徒刑7年,并处罚金50,000元。

(刑期从判决执行之日起计算。判决执行以前先行羁押的,羁押1日折抵刑期1日,即自2008年8月29日起至2015年8月28日止。罚金自本判决生效之日起3个月内缴纳,到期不缴纳,强制缴纳。)

3. 被告人王甲犯职务侵占罪,判处有期徒刑3年;犯故意销毁会计凭证罪,判处有期徒刑3年零6个月,并处罚金80,000元。总和刑期6年零6个月,并处罚金80,000元;决定执行有期徒刑5年,并处罚金80,000元。

(刑期从判决执行即日起计算。判决执行前先行羁押的,羁押1日折抵1日,即自2008年8月29日起至2013年8月28日止。罚金自本判决生效之日起3个月内缴纳，到期不缴纳，强制缴纳。）

审　判　长　×××
审　判　员　×××
审　判　员　×××
2011年1月30日
书　记　员　×××

【第二次重审一审辩护词】

尊敬的审判长、合议庭：

我们受被告人王某某及亲属的委托，分别受北京市融商律师事务所、北京市国信律师事务所的指派，作为王某某被控"职务侵占罪、挪用资金罪、故意销毁会计凭证罪"的辩护人，参与本案诉讼。根据我们庭前的调查、查阅案件相关材料，认真听取王某某本人对全案真相的介绍和自我辩解，分析控方《起诉书》和指控证据，分析两次审判的判决书，再经过今天公开开庭的庭审质证，对案件事实有了全面的认识。我们认为，起诉书指控被告人王某某职务侵占等罪名的犯罪事实不清，证据不足，程序不合法，依法不能认定，应当判决王某某无罪。现发表辩护意见如下：

一、程序之辩：依照法律相关规定，王某某今天已不应站在这里受审

首先，按照法律规定和本案的事实做一分析，本案早已超出两次退回补充侦查的限制，在程序上违反了相关法律规定，应当予以纠正。

《刑事诉讼法》第140条规定（现行《刑事诉讼法》第171条），人民检察院审查案件，对于需要补充侦查的，可以退回公安机关补充侦查，也可以自行侦查。

对于补充侦查的案件，应当在一个月以内补充侦查完毕。补充侦查以二次为限。

对于补充侦查的案件，人民检察院仍然认为证据不足，不符合起诉条件的，可以作出不起诉的决定。

最高人民法院、最高人民检察院、公安部《关于严格执行刑事诉讼法，切实纠防超期羁押的通知》（法[2003]163号）第4条明确规定：人民检察院对于经过两次补充侦查或者在审判阶段建议补充侦查并经人民法院决定延期审理的案件，不再退回公安机关；对于经过两次补充侦查，仍然证据不足、不符合起诉条件的案件，要依法作出不起诉的决定。按照这一规定，本案已经经过两次补充侦查，不应再退回补充侦查，而据我们所能查阅到的不完全的案卷材料显示，本案从2008年8月29日

被告人王某某被刑事拘留至今,在审查起诉阶段某检察院已两次正式退回公安分局补充侦查(2009年1月25日、2009年3月25日);审判阶段,法院向检察院四次退回补充侦查,每次退补的结果都是由公安机关补侦,直到这次发回重审后法院退回检察院补侦,公安机关仍然在补充侦查。刚才经过法庭质证的、公诉人提交的公安机关在今年5月16日向本案被告王甲作出讯问笔录以及向王爱某作出调查笔录都说明公安机关还在补充侦查。

这些事实说明该案在程序上违反了上述“对于经过两次补充侦查,仍然证据不足、不符合起诉条件的案件,要依法作出不起诉的决定”之规定。

其次,某市中级人民法院两次发回重审,足见本案的复杂性、疑难性,但两次发回重审同样与上述规定不符。该通知第4条规定,第二审人民法院经过审理,对于事实不清或者证据不足的案件,只能一次裁定撤销原判、发回原审人民法院重新审判;对于经过查证,只有部分犯罪事实清楚、证据充分的案件,只就该部分罪行进行认定和宣判;对于查证以后,仍然事实不清或者证据不足的案件,要依法作出证据不足、指控的犯罪不能成立的无罪判决,不得拖延不决,迟迟不判。既然已经发回重审,说明了本案的复杂疑难,也说明了法院的慎重,我们衷心希望不再有第三次发回重审!

程序的正义是为了保证实体的公正,没有程序的公正,实体的公正就无从谈起。“坚决克服重实体、轻程序,重打击、轻保障的错误观念,避免因超期羁押而侵犯犯罪嫌疑人、被告人合法权益现象的发生”这也是上述通知中的明确规定。通知还规定,“坚持依法办案,正确适用法律,有罪依法追究,无罪坚决放人,人民法院、人民检察院和公安机关在刑事诉讼过程中,要分工负责,互相配合,互相制约,依法进行,避免超期羁押现象的发生。在侦查、起诉、审判等各个诉讼阶段,凡发现犯罪嫌疑人,被告人不应或者不需要追究刑事责任的,应当依法撤销案件,或者不起诉,或者终止审理,或者宣告无罪。”“人民法院对于人民检察院提起公诉的案件,经过审理,认为证据不足,不能认定被告人有罪的,要依法作出证据不足、指控的犯罪不能成立的无罪判决。”然而,将近4年了,本案仍在补充侦查,被告依然羁押,在证据不足,事实不清的情况下,要么不起诉,要么作出无罪判决,而不是无休止地补充侦查,这是法律的要求。法院审判的功能是查明真相,准确定罪量刑。不是帮助控方巩固、完善指控,弥补控方的漏洞。“公检法联合办案”一起对付被告的时代应该结束。否则就是对一个国家法治体系的根本性破坏,也丧失了法院最后把关的作用,从根本上虚化了法庭的功能。我们衷心希望看到程序与实体的公正审判,期待和相信今天的审判会有公正的结果。

二、实体之辩:起诉书指控王某某的三个罪名事实不清,证据不足,指控不能成立

(一)本案关键证人王一某始终未到案,是导致目前认定被告人王某某构成职务侵占罪和挪用资金罪事实不清,证据不足的重要原因之一

法庭调查证实,王一某是甲公司举足轻重的人物,也是本案中的关键人物。

本案证据材料显示,甲公司成立于2004年1月16日,股东为丙公司和丁公司,法定代表人王一某。2005年6月,甲公司进行变更登记,股东之一的丙公司将其持有的股份零对价分别转让给邓某、卜卡某(王一某的妻弟)、赵淑某(王某某的妻子)。法定代表人由王一某变更为邓某,均是王一某的决定。综合全部案件事实,在甲公司的注册、出资、增资以及股权转让乃至经营活动的整个过程中,王一某在其中扮演着重要角色,起着主要作用。一方面,王一某不仅是甲公司的创办者和前法定代表人,而且是将被告人王某某、邓某等引入甲公司并参股的决策者。另一方面,作为甲公司与戊公司之间各种关系的建立者和资金往来的桥梁,王一某对戊公司与甲公司之间的关系以及甲公司内部的实际情况都非常熟悉。此外,本案涉及盘根错节的家族企业内部纠纷问题,而王一某与戊公司董事长王爱某之间的父子关系及与被告人王某某之间的堂兄弟关系,使其处在各方矛盾和冲突的旋涡中央,也最为了解纠纷的真相。本案用以认定王某某等人行为性质的一些重要事实和证据,都涉及王一某,可以说,王一某是本案的关键证人。因此,在王一某始终未到案的情况下,相关事实难以查明,证据也无法做到确实充分。这也是导致某市中级人民法院以"事实不清"为由,将本案两次发回重审的重要原因之一。

例如,涉及王某某职务侵占和挪用资金的几个指控事实,无一不与王一某有关:关于小金库的设立和调减销售额,早在王一某当甲公司法人代表时就已存在而不是王某某的发明;关于王某某、邓某以及王一某的津贴标准是王一某拍板决定,这直接关系到王某某非法占有目的的认定;关于购买乙公司以及成立己公司的目的及用途均是王一某决定并亲自操作,只是需要王某某出名当个股东;关于甲与张凤某的借款及抵押物问题仍然与王一某有关;关于为王某某母亲买房更是王一某的意愿和实施等,这些问题在后面还要具体阐述王一某在其中的角色和作用。决策人也是关键证人不到庭,事实难以查清,却以此为王某某定罪,如何能够服人,又何来公平正义?

(二)王某某不具有职务侵占的主观故意,也不存在职务侵占的行为

1. 起诉书指控并经原审判决认定,2008年5月9日、6月10日,王某某利用担任甲公司总经理的职务便利通过虚假报销广告费的手段,侵占公司资金人民币100,000元,这一认定与事实不符。

通过法庭调查证实,其中E广告公司2008年9月21日的证明(证据卷第40页),证实甲确实有与其搞活动的意向,50,000元是E公司提出的订金,后来活动没有执行。根据王某某的陈述,100,000元广告费是为甲公司和戊公司媒体保护而支出的宣传费用,从公司角度考虑,与媒体保持良好关系,有问题少曝光,有好事多宣传,甚至做软广告等,也是一般公司的常见做法,其目的是为公司经营创造良好的外部环境。从当时发生的情况来看,确有需要新闻保护的事实发生。例如,出租车

司机报案戊假按揭;戊某楼盘居民因供电问题报警;甲公司经营中,一个厂商盗用一个已经停止营业的公司名称继续生产冒牌商品在甲公司销售,被消费者投诉等等问题,都需要公司公关宣传,因为王一某同时是戊公司的负责人,甲公司同时为戊提供媒体宣传保护也是王一某的要求,从家族企业的角度也在情理之中。当然,其所采取的方法不规范之处并不可取,但是,以此认定王某某将100,000元占为己有实为证据不足,没有王一某到案此事难以查清,原审判决对此认定有误。

2. 起诉书指控王某某侵占公司100,000元为其母亲看病,实为向公司借款,已经原审判决否定,辩护人同意判决对这一项的认定。

3. 起诉书指控王某某侵占公司资金582,000元,为其本人购车的事实,已被原审判决否定,辩护人同意判决对这一项的认定。

4. 起诉书指控并经原审判决认定,王某某侵占公司资金636,866元,为其本人购商品房一套,与事实严重不符。

根据法庭调查证实,该套住房是王一某为其大娘即王某某的母亲所购买。辩护人向法庭提交的证人证言都能够说明王某某对此的陈述与事实相符。因王一某在甲公司是最大的股东(其股权由其妻弟挂名),也是决策人物,甲公司几乎所有重大事项的决策都由王一某说了算,王一某在甲公司也有津贴可以领取,但未以津贴名义领取过,因此,他要为王某某母亲买房,指示王某某从甲公司支取资金付房款,王某某理解其真实的含义是,王一某既给大娘解决了买房问题,又不用出现金,房款日后可从王一某在甲公司应得的津贴中扣除。王某某按王一某的指示从甲公司支款,缺乏的是王一某给甲公司的支款手续,而是王某某代替办理了,这也符合甲公司运作不规范、家族企业一言堂的实际情况。如果王一某确实说过为王某某母亲购买住房的话,那么显然动用公司资金购房最多是资金使用操作不规范的问题,但是却难以认定为王某某职务侵占罪。由此可见,王一某的证言在这里具有重要意义。在关键证人王一某始终不到案的情况下,此处同样存在二审法院裁定发回重审时所说的"事实不清"的问题。令人欣慰的是,辩护人提交的能够证明王一某是给王某某母亲买房的两份证人证言,应当能够解决这一事实不清的问题。事实证明,此笔款项的支出,王某某不具有职务侵占的故意,该项指控不能成立。

5. 起诉书指控并经原审判决认定,王某某利用职务之便使用公司资金5,000,000元为自己办理银行卡三张,认定为职务侵占罪,同样事实不清,证据不足。

首先,法庭调查证明,甲公司以个人名义办理银行卡十几个,并不是王某某专门为自己办理。

其次,办理银行卡的主要目的是帮助银行完成个人存款任务和公司理财,这在财务人员王甲,宋志某、刘某等人的笔录中都得到印证。

再次,银行卡的保管都在公司财务手中而不是由王某某个人保管。

最后,银行卡的使用也是由公司财务根据公司需要支配使用。

综上几点说明,办理银行卡是公司行为而不是王某某个人行为,王某某不具有侵占公司财产的故意。认定5,000,000元都是王某某个人占有证据不足,其中兴业卡的1,000,000元,王甲称取出的1,000,000元交给了王某某,并无其他证据证明,王某某始终陈述王甲给的是空卡,因为这些卡平日都在财务保管,卡的使用王某某也并不过问,只根据王甲一人的供述显然不能认定。

另外,据案卷记载,甲公司为个人办理的银行卡的目的同时用于为公司理财。王甲2008年9月2日第三次询问笔录公安证据卷六第91页,“拿我的身份证开了账户,当时账户上那个资金有500余万元,其中的3,000,000元办了一个月的理财,到期回到账户上,后来银行又让我办了2,000,000元的理财,到期也回到了账户上,3,000,000元转给了张凤某,那2,000,000元分别存到闫某和翟学某的账上,存折后来给了宋志某”。这一方面说明以个人名义办卡是公司行为,另一方面也说明该公司的管理和运作严重缺乏规范,但以此认定王某某构成职务侵占罪显然证据不足。法庭调查表明,虽然甲给王某某办了3个银行卡涉及金额5,000,000元,由于前述几点原因,这些卡并不一直在王某某手中掌握和使用,而是公司财务人员保管和使用,因此没有确切证据证明这5,000,000元都由王某某个人占有。

6. 起诉书指控并经原审判决认定,王某某以购买乙公司的名义侵占公司资金500,000元,这一指控背离事实真相,不能成立。

法庭调查已经证实,乙公司的购买完全是王一某的决定,其用途也是为王一某开展酒精提炼项目而看上符合公司贷款条件的乙公司,在王一某安排下以王某某的名义购买,购买后,王一某就将公司名称改为F能源公司,以符合开展的能源项目。辩护人提交的某农委出具的证明,更证实王一某为这个项目多次与农委联系并且当时做出了《利用甜高粱秸秆生产30万吨车用燃料乙醇综合加工项目建议书》,只是由于国家政策的限制,项目没有做成。

邓某供述:山西乙工贸有限公司,是我在2001年左右成立的,注册资金为50,000,000元,股东为王乙,周燕某(为空壳公司,实际上是我的公司)。到了2006年年初,我将该公司转让给了王某某,名义上股东为王某某和我母亲张洪某,王某某担任法定代表人,当时是王一某准备做燃料酒精项目,需要一个公司来运作,我这个公司正合适就转让给了王某某,公司转让以后,名称更改为山西F能源有限公司。

事实证明,该公司除了王一某的这个项目,没有其他任何经营,王某某更没有利用该公司为个人牟利。可以说,没有王一某的项目就没有购买乙公司这一事实,而王一某不到案,却把侵占的罪名强加在王某某的头上与实不符,于理不合,于法无据,于道不公!

通过法庭查证的证据,我们不难得出这样的结论:以上指控职务侵占罪的几个事实都不能成立。在后面我们还要进一步从事实和法理上分析,究竟是王某某侵占了甲公司的财产,还是甲公司欠王某某的报酬。

(三)关于挪用资金罪不能成立

1.关于挪用给已酒店6,000,000元

起诉书指控,“王某某利用职务之便,为达到使其本人及邓某担任股东的已酒店的正常运营,将公司资金6,000,000元转入该公司,破案后此款全部追回”。

原审判决对此认定:“2007年4月11日,2008年6月19日、7月2日,被告人王某某安排财务人员,将甲公司资金人民币6,000,000元分次转入山西已酒店管理公司(已)账户,其中2,000,000元超过3个月未还回甲公司,案发后6,000,000元全部追回,已发还被害单位。”法院判决第19页第4行认定:“公诉机关书证、证人证言及被告人供述证明2007年4月之后向已酒店转入资金6,000,000元的事实,其中2008年6月19日、7月2日转入的4,000,000元至案发时尚未超过3个月,不应认定为挪用资金罪;2007年4月转入的2,000,000元同时具备‘数额巨大和超过3个月未还’的构成要件,应当认定为挪用资金罪。”这里,判决将起诉指控的6,000,000元确认为2,000,000元,但是,证据证明,这2,000,000元的事实也不能成立。

第一,根据公安机关证据一卷记载,2007年4月17日已酒店给甲公司建设银行转账支票2,000,000元,足以证明,4月11日甲公司转入已酒店的2,000,000元,仅在6天后就还回甲公司。因此认定王某某挪用2,000,000元的事实不存在。

第二,从已酒店的设立目的和用途以及实际经营情况分析,根本不能认定王某某挪用。成立已酒店是王一某决定的,这在原来的审判中已经得到证实。

第三,王某某做已酒店股东也是王一某决定的,已酒店并没有用于王某某个人经营。王某某不具有挪用资金的主观故意。

第四,已酒店对于甲公司而言,只是甲公司一个内部转账的工具,甲公司的人也把它当成自己的一个部门,包括报税,做账,公章等一切都在甲公司财务保管。

第五,向已酒店的转账并不是根据王某某指示,转款的目的,有时是为帮助银行完成存款任务,有时是为甲公司用款方便,就是暂时转存,什么时候用再转存回来(王甲语——判决书第8页)。这说明向已酒店转账完全是为了甲公司的经营方便,丝毫不存在王某某利用职务之便而挪用的问题。

第六,根据刘某的证言,2008年转过去的一笔2,000,000元是为已酒店报税,王甲指示打过去的。“生点利息也好”。刘答:我只知道一笔,在今年什么时候记不清,因为我向税务局报税,张宏某负责记金色年华的账,他做好报表给了我,我去报税,他说已酒店账上没有钱,有些费用要报销,没钱咋报销呀,王甲就说从甲公司往已酒店打过去2,000,000元,生点利息也好。

以上几点足以证明,即使2007年的2,000,000元当时没有转回甲公司,认定王

某某挪用资金也与事实不符，缺乏证据支持。《刑法》第272条挪用资金罪的构成要件是，公司、企业或者其他单位的工作人员，利用职务上的便利，挪用本单位资金归个人使用或者借贷给他人，数额较大、超过3个月未还的，或者虽未超过3个月，但数额较大、进行营利活动的，或者进行非法活动的。甲公司向己酒店转款既不是归个人使用，也不是借贷给他人，更没有进行营利和非法活动，转款是甲公司的行为，不是王某某利用职务之便挪用公司资金的个人行为。

2. 关于张凤某从甲借款10,000,000元

公诉人补充起诉书指控，被告人王某某将甲1,000,000元调减销售款，于2008年分3次借给张凤某个人使用。后张凤某将10,000,000元陆续还给王某某后，王某某据为己有，指控其犯有职务侵占罪。

法院判决认定改正了起诉书的指控，认为没有证据证明这10,000,000元还回来被王某某占为己有，因此认定王某某“以个人名义出借公司资金给他人使用”构成挪用资金罪。

但事实上，甲公司给张凤某的10,000,000元，认定为王某某犯挪用资金罪，同样缺乏事实和法律依据。

第一，根据张凤某的证言和王某某的陈述，一直都在说明同一个事实，张凤某是王某某和王一某共同的朋友。即早在2004年，王某某就为甲公司的经营向张凤某借过5,000,000元，双方还约定了利息，这也是经王一某同意的。张凤某也知道王某某借款用途用于甲公司。王某某之所以以个人名义向其借款，完全是为甲公司考虑，当时认为张凤某是社会人，担心其资金来源有问题影响甲公司，除与王一某商量外，没有向公司其他人讲明。应当说，这一解释是合理的。因此，事实上，这笔借款应是甲公司的借款。

第二，卷内证据表明，2008年张凤某借款10,000,000元时，是从宋志某和王甲的账户上转给张凤某的，上述二人的账户均是甲公司以个人名义开设的，由甲公司所控制。并且在借10,000,000元之前，张凤某还向甲公司借过4,000,000元，归还时直接还入甲公司的账户。王甲在侦查机关的笔录中也多次供述“该款为张凤某借甲公司”，通过上述客观事实，结合王甲的陈述，这10,000,000元应认定是甲公司对张凤某的借款，而不是王某某以个人名义将单位资金借给张凤某。最高人民法院《关于如何理解刑法第二百七十二条规定的“挪用本单位资金归个人使用或者借贷给他人”问题的批复》规定，“公司、企业或者其他单位的非国家工作人员，利用职务上的便利，挪用本单位资金归本人或者其他自然人使用，或者挪用人以个人名义将所挪用的资金借给其他自然人和单位，构成犯罪的，应当依照刑法第二百七十二条第一款的规定定罪处罚。”按照这一规定，以单位名义借贷给他人使用不构成挪用资金罪。

第三,王某某在多次的笔录中都陈述,公司给张凤某打款是为了还钱(2008年9月5日第4次笔录侦查卷六、2009年2月20日第7次笔录、2009年7月24日笔录)。从张凤某提供的证言及甲公司未还2004年借款5,000,000元及利息的事实说明,甲公司与张凤某之间存在尚未结清的债权债务关系,这是公司与张凤某个人的民事关系,应当由民事法律调整的民事范畴,不应认定为王某某挪用资金罪而追究刑事责任。

第四,根据张凤某证言,张凤某为向甲公司借款,其拥有的价值上千万元的斗彩鸡缸杯被王一某、王某某兄弟俩看上,作为抵押。这一抵押物一直保存在王某某的办公室。辩护人提交的原甲公司员工的证人证言,证实该抵押物在王某某被刑拘以后,戊公司派人接收整理王某某办公室时将该抵押物拿走,证人证言让我们有理由相信,此物应在戊公司掌控中。查清它的去向和价值,对于查清本案的事实至关重要,这一事实更说明了张凤某与甲公司之间存在未结清的债权债务并有抵押担保。但是原审判决对抵押物的价值和去向并不关心,一味地认定是王某某个人将公司财产借给了张凤某,与事实严重不符。

第五,起诉与判决在认定数额上有误。王某某于2008年8月29日被刑事拘留,此时,甲公司于2008年6月19日借款给张凤某的3,000,000元并未超过3个月的期限。故该3,000,000元不应算作挪用资金的数额。

综上,挪用资金罪仍与王一某息息相关,在关键证人王一某不到案,性质和金额都存在疑点的情况下,认定王某某犯有此罪实属事实不清,证据不足。

(四)关于故意销毁会计凭证罪证据不足

起诉书及原审判决均认定,"王某某指使公司财务经理王甲采用更改公司电子账目,用碎纸机销毁或隐匿记账凭证等手段调减甲公司的销售营业款共计20,680,635元,将上述款项存入甲公司小金库;并指使王甲销毁甲公司2005年3月至2008年8月的小金库原始凭证。"

判决的这一认定缺乏事实和证据支持,王某某不具有销毁会计凭证的主观故意也未实施销毁的行为。

第一,证据证明:小金库的设立不是王某某担任总经理决定设立,而是早在甲成立之初王一某决定设立的。

第二,根据侦查卷宗记载的刘某、宋志某、张宏某等证人证言,证实了以下事实:

其一,王甲对于小金库的资金使用具有决定权,甲公司小金库中金额在100,000元以下的资金,由王甲一人签字即可支出。

其二,王甲虽为甲公司财务部经理,但对于公司财务支出的权力是远大于总经理王某某的。对于公司大额资金的支出仅有王某某的签字是不能办理的,同时必须有王甲的签字才可支出。

其三，公司财务人员只认王甲的签字或其口头指令。但是没有王某某的签字，王甲完全可以有权或有机会自由支配甲公司的财务支出。

综上理由，“小金库”账目的销毁不能排除与王甲有直接利害关系。

第三，认定王某某指使王甲，只有王甲一人的口供，且王甲的口供先后矛盾，真实性不可信。

第一次口供先是说：“小金库的那一套账今年6月我交给王某某总经理了”，后来又改口说，“2008年6月，我准备把‘小金库’的那套账目交给王某某，他没要，他打电话给我让我销毁这个账目”。其在自述材料中说，“2008年6月，王某某安排我销毁内部账，之后不久，在王某某办公室，李某在场，第二次安排销毁内部账”。而根据我们向证人李某的调查笔录，证明王某某从没有在办公室或其他场合对李某和王甲一起布置过对公司账的处理方案，更没有安排销毁，王甲供述与事实不符。且王某某自始至终对这一事实的陈述都是一致的，即他没有指使过王甲销毁，而是在2008年7月18日发生戊公司派人强行闯进甲财务破坏电脑系统，导致甲停业事件后，为保护公司财务账目不遭破坏，王某某叮嘱王甲把账本保管好，处理好。

根据证据规则，仅以王甲这样一个自相矛盾并与证据相反的口供，且是孤证，作为认定王某某犯有销毁会计凭证罪的唯一证据，不符合法律原则，难以令人信服！

三、甲公司的经营存在严重不规范的情形，个人财产与公司财产混同，股东人格与公司人格混同；在甲公司的独立人格存在疑问的情形下，不能认定被告人王某某具有职务侵占罪和挪用资金罪的故意

根据我国《刑法》第271条的规定，职务侵占罪是指公司、企业或者其他单位的人员，利用职务上的便利，将本单位财物非法占为已有的行为；根据《刑法》第272条的规定，挪用资金罪是指公司、企业或者其他单位的工作人员，利用职务上的便利，挪用本单位资金归个人使用或者借贷给他人的行为。从立法原意和法条含义来看，成立职务侵占罪和挪用资金罪的要件之一，即是行为人主观上认识到所侵占和挪用的是不属于自己而属于公司所有的财物。换言之，在个人财产与公司财产界限分明，股东人格与公司人格区分清楚的情况下，行为人明知自己所使用或挪用的是公司财产而仍然据为已有或者挪用，即构成职务侵占罪或挪用资金罪。

但是，本案中所涉及的甲公司、戊公司、丙公司、乙公司、已酒店等本质上属于相互关联的家族型民营企业，相关管理人员都是家族内部的近亲属。种种事项表明，从注册资金的被抽走，到增资以后的挂名股东，甲公司虽然以有限公司的名义注册，但是却以一种严重不符合规范的方式经营和运作，企业中的个人意思与公司意思混同，个人财产与公司财产混同，公司财产亦带有浓厚的家产性色彩，甲公司的独立人格存在疑问。

本案中，甲公司存在较为严重的财产混同和公司人格形骸化的问题。作为甲

公司的总经理,同时又是甲公司第二大股东赵淑某的丈夫,被告人王某某处在这种财产混同、公私不分、混乱的“公司治理”的旋涡中心。因此其各种行为的性质,都不能脱离对这种企业实际运作情况的背景的考量。考虑到以下种种原因,认定被告人王某某基于侵占公司财产的故意和挪用公司资金的故意而实施犯罪行为,是不能成立的。

(一)甲公司的公司人格混同的表现

1. 王一某聘请王某某担任甲公司董事及总经理,均没有正式的书面协议而是以口头形式聘任,凸显了甲公司在人事管理方面的不规范性。

2. 王某某作为甲公司董事及总经理,其薪酬标准没有任何书面依据,说明了甲公司财务管理方面的不规范性。

3. 王某某作为甲公司总经理,在推动公司不断发展壮大的同时,却未从甲公司领取过高管津贴以及作为总经理应得的报酬,这充分说明甲公司作为家族企业的财产混同情况非常严重。

4. 根据证据材料,戊公司从甲公司以往来款、借款的名义先后支取7700万余元。若该情况查证属实,进一步说明甲公司财务管理的混乱以及财产混同的严重程度。

5. 根据证据材料,王一某多次以个人名义从甲公司取款达百万元,进一步说明甲公司财务管理的混乱以及个人财产与公司财产相混同的严重程度。

(二)王某某未从甲公司领取应得薪酬,则说明王某某与甲公司之间存在债权债务关系;基于债权而侵占他人财产的行为,与实质的财产秩序相一致,应做无罪处理

即使否认前述事实而承认甲公司有独立明确的公司财产,也必须正视王某某与甲公司之间的财产权关系。原审法院判决认为,被告人王某某的薪酬水平以及其在甲公司领取高管津贴和工资的实际情况,“与其利用总经理职务便利,实施侵犯公司利益的犯罪没有实质性关联,也无法律上的因果关系。”但是,这种看法并不妥当,也不公平。王某某的薪酬水平以及其在甲公司领取高管津贴和工资的实际情况,对于能否认定其侵占公司财产具有重要意义。

根据计算,王某某在甲公司的应得报酬如下:

(1)高管津贴476万元

2004年1月至2008年8月共56个月

每月8.5万应为(8.5×56=476万元)

(2)工资273万元(比照原总经理标准每月7万元)

2005年6月至2008年8月共(39个月×7=273万元)

(3)绩效工资(按不低于工资标准273万元)

已领取33万元(2006年2月至2008年8月,每月15,000元,共领22个月×15,000=

33 万元)

总计:应得报酬:476 + 273 + 273 - 33 = 989 万元

上述计算说明,王某某与甲公司之间基于薪酬约定而存在债权债务关系。由于这种债权债务关系的存在,即使王某某未经全体股东同意,擅自将公司财产据为己有,也应该被排除违法性而做无罪处理。

(三)甲公司从亏损到发展成 T 市零售业的后起之秀,再到被迫关门,高管身陷囹圄,本案的案发背景,无不上演着一些家族企业极不规范、人为控制、由盛到衰的悲剧,而王某某不幸成为悲剧的主角,凸显了社会的不公,法律的缺失

通过观看视听资料以及大量证据,不难看出,本案由家族型民营企业的内部纠纷引起,涉案人员之间亲属和财产关系较为复杂,与一般的侵犯公司财产类案件存在很大差异。被告人王某某的行为,其实是在甲公司实行家族式治理,公私不分、财产混同的整体不规范的环境下必然会出现的一种不规范的个人行为。对于这类案件,不应当在事实尚不清楚、证据尚不够确实充分的情况下定罪量刑。建议法院根据实际案情,特别是考虑到被告人王某某被实际羁押时间已经达到 4 年之久的因素,积极推动刑事和解,尽力追求法律效果与社会效果的统一。

通过观看视听资料以及大量证据,还不难看出,甲公司是一个在 T 市繁华地带颇受年轻人喜爱的商业后起之秀,其发展势头正处于蒸蒸日上的上升时期。庭审调查证明,2004 年、2005 年甲公司是亏损的,由戊公司从甲公司支款情况也能看出,仅 2007 年戊公司就拿走 4116 万余元,2008 年上半年拿走 15,650,000 元。法庭调查证实,在被告被关押之前,甲公司的经营一直向好而从不拖欠商户的货款。录像中显示,戊公司王爱某接受采访时表示,"我们认为是要在甲公司经营比较好的时候要出去,我要求它要急流勇退,我们这回是把一个比较好的资产卖出去了,不好的资产现在也不好卖"。这从一个侧面印证了王某某对甲公司发展的功绩。王某某带领甲公司团队忘我投入工作,使甲公司在短短几年中扭亏为盈,在 T 市商业中名列前茅,其业绩有目共睹。而由于戊公司的需要,战略发展也好,经营策略也罢,要出售甲公司,如果是租赁到期,解决双方的租赁关系,本属民事法律调整的范畴;如果是公司出售并购,公司如何清算,本属《公司法》调整的范畴,但是,我们从画面看到的是,人们在传言:甲公司的高管携款潜逃。为了迫使甲公司撤出,不惜动用打、砸、抢手段,两次深夜闯入甲公司,棍棒交加,大打出手,毁坏电脑,抢夺财物,数次惊动"110",也惊动了全社会,结果是甲公司关门,一个受消费者欢迎的企业就此断送,而对企业有决策权力的人就可以避之夭夭"躲猫猫",为这个企业倾心付出,呕心沥血的王某某等高管们却因"事实不清"而羁押至今,让人们不得不发出相煎何急的感慨!更让人们对社会的公平正义打上问号!事实证明,不是甲公司的总经理携款逃跑,而是公司还欠付他的报酬。

在这里回顾本案的案发背景,并非与本案无关,它对于查清事实,认定王某某行为的性质至关重要。

公诉人在庭审中把戊公司这种行为说成是为保护自己实际出资人的权益而采取的过激行为。这种观点如果是出自普通百姓之口,我们还能勉强理解,但是作为国家公诉人在法庭上这样表明观点让人为之惊恐!它向人们传递了什么样的信息?且不论戊公司是否是甲公司的实际出资人,退一万步来讲,即使他是实际出资人,就可以不顾国家法律而给人家贴封条,动用武力,强行撬门,抢夺账目,强迫撤出,还要把不同意转让的高管们送进高墙,这仅仅是过激行为吗!而让人百思不得其解的是这种行为居然畅通无阻,成为实现目的的有效手段,这是一个太值得深思的问题了。

公诉人的另一种观点是,王一某知道与否不影响定罪,这又是一个常识性的问题。如前所述,法庭调查也显示,指控王某某的诸多事实都不是王某某个人所为,没有王一某的拍板,许多事情就不会发生,王一某在此案中不是可有可无,而是必不可少。在事实无法查清的情况下强行定罪,不是一个法治社会应当发生的。

综上所述,我们认为,本案由家族型民营企业的内部纠纷引起,涉案人员之间亲属和财产关系较为复杂,与一般的侵犯公司财产类案件存在很大差异。被告人王某某的行为,其实是在甲公司实行家族式治理,公私不分、财产混同的整体不规范的环境下出现的一种不规范的行为。这种行为的调整是民法、公司法、行政法规调整的范畴。我国刑法中刑罚的目的是惩罚那些主观恶性大,社会危害性强的故意犯罪,"社会危害性"在我国刑法理论中具有特别重要的意义,它是犯罪的本质属性,是犯罪构成的实质内容,是刑事责任的内在根据。在我国刑法理论中,如果说有一个关键词,这个关键词非"社会危害性"莫属,而社会危害性这种至上地位是建立在主客观相统一原则的基础之上的。正如有学者指出的,"犯罪构成的主客观统一的内在根据在于犯罪的社会危害性的内部结构的主客观统一"。可见,主客观相统一是整个刑法理论大厦的基点,离开了主客观相统一原则,犯罪构成、刑事责任以及社会危害性理论都难以成立。本案的家族企业特点和不规范的公司管理行为,难以认定被告人主观恶性和社会危害性,为了体现社会的公平正义,实现法律的正确实施,为达到社会效果和法律效果的统一,对于本案,不应当在关键证人不到案,事实不清、证据不确实充分的情况下定罪量刑,更不能"客观归罪"、"疑罪从有",应当依法按无罪处理。我们期待法律的公正裁决!

以上意见,请法庭予以充分考虑。

王某某辩护人:任丽颖律师(北京市融商律师事务所)

李宝珠律师(北京市国信律师事务所)

2012年7月5日

【第二次重审一审刑事判决书】

某市某区人民法院
刑事判决书

(2012)某刑重字第×××号

公诉机关某市某区人民检察院。

被告人王某某，男，原系山西甲百货有限责任公司实际负责人，因涉嫌犯挪用资金罪于2008年8月29日被刑事拘留，因涉嫌犯职务侵占罪，挪用资金罪，隐匿会计凭证、会计账簿罪于同年9月28日被逮捕。

辩护人任丽颖，北京市融商律师事务所律师。

辩护人李宝珠，北京市国信律师事务所律师。

被告人邓某，男，原系山西甲百货有限责任公司执行董事、副总经理、法定代表人。因涉嫌犯挪用资金罪于2008年8月29日被刑事拘留，同年9月28日被逮捕，2013年2月28日取保候审。

辩护人胡某、李某某，山西××律师事务所律师。

被告人王甲，女，原系山西甲百货有限责任公司财务部经理。因涉嫌犯挪用资金罪于2008年8月29日被刑事逮捕，2012年8月28日取保候审。

辩护人梁某某，山西××律师事务所律师。

某市某区人民检察院以并某检刑诉字(2009)第×××号起诉书及并某检刑补诉字(2009)第×××号补充起诉书指控被告人王某某犯职务侵占罪，挪用资金罪，隐匿、销毁会计凭证罪，被告人邓某、被告人王甲犯职务侵占罪，隐匿、销毁会计凭证罪，于2009年6月10日和8月17日先后向本院提起公诉。本院于2010年1月25日作出一审判决，三被告人不服，均提出上诉。某市中级人民法院以部分事实不清，撤销原判，于2010年7月6日，发回重审。2011年1月30日，本院重审作出判决后，三被告人不服，均提出上诉。某市中级人民法院于2011年11月8日，第二次发还重审。

本院于2011年12月27日立案，先后向某市中级人民法院请示、退公诉机关补充侦查、辩护人提出重新审计、鉴定、延期审理。2012年7月5日，依法另行组成合议庭，公开开庭审理了本案。某市某区人民检察院指派检察院柴某某、侯某、王某某出庭支持公诉，被告人王某某、邓某、王甲及辩护人任丽颖、李宝珠、胡某、李某某、梁某某到庭参加了诉讼、现已审理终结。

1. 某市某区人民检察院指控(略)。

2. 本案经本院公开审理,查明如下事实:

(1)公诉机关对被告人王某某虚假报销广告费侵占公司资金人民币100,000元的指控,经审查查明如下事实(略)。

综合上述事实及证据,本院认为,100,000元广告费虽然经王某某审批同意报账,但其中的50,000元,是其二姐经手报领的,而其姐为何能在甲公司报领,无证据证实。另50,000元虽有王某某签批,但王某某是如何领取的,只有王甲一人证实,属于孤证且系间接证据。现有证据还存在无法排除的矛盾和无法解释的疑问,其结论尚不是唯一的,也不足以排除一切合理怀疑。现有证据不足以证明100,000元广告费是王某某非法据为己有,公诉机关对被告人王某某职务侵占100,000元的指控,达不到证据确实、充分,该项指控不成立。

(2)公诉机关对被告人王某某侵占公司资金100,000元为其母亲看病的指控,经审理查明如下事实(略)。

综合上述事实及证据,本院认为,王某某从甲公司支取100,000元为母亲看病,有"暂借款申请书"及财务上明确的借款记载,且有公司员工的证言相佐证。王某某有关100,000元系借款的辩解与其他证人证言以及书证间相互印证,以上证据认定的案件事实,结论是唯一的,即100,000元系王某某向甲公司的借款。本院对被告人王某某及其辩护人有关"此笔为借款"的意见予以采纳,公诉机关对王某某侵占公司资金100,000元的指控与本院根据证据认定的案件事实不符,该项指控不成立。

(3)公诉机关对被告人王某某侵占公司资金582,000元,为其本人购买途锐越野车一辆的指控,经审理查明如下事实(略)。

综合上述事实及证据,本院认为,关于被告人王某某及其辩护人提出"虽然车上的是王某某的个人户,但其实是公司配的公务用车"的意见,经查,公诉机关提供的证据证明了被告人王某某利用担任总经理的职务便利,从公司支取款项购买车辆,并以个人名义上户的事实。虽然公司对该车属公务公车无记载,但该车一直为王某某从事公司业务所用,现有证据无法确切认定其将该车辆据为己有,故对被告人及其辩护人的相关意见,本院予以采纳。公诉机关指控证据不足,指控罪名不能成立。

(4)公诉机关对被告人王某某侵占公司资金636,866元,为本人购买位于×××街×××小区商品住宅一套的指控,经审理查明如下事实(略)。

综合上述事实及证据,本院认为,公诉机关提供的证据证明了被告人王某某在担任甲公司实际负责人期间,利用职务便利,侵占公司小金库资金,为个人购买住房的事实。关于被告人王某某及其辩护人提出的"该住房是王一某为王某某母亲购买”的意见，经查，辩护人提供的证人证言，并不能证明是王一某代表甲公司为王某某母亲购房。从上述各证据与待证事实的关联程度、各证据之间的联系进行审查判断，可以证明被告人王某某实施被指控的犯罪，但鉴于关键证人王一某不能通知到庭，该辩解理由无法核实确认，故本院对被告人王某某辩护律师意见综合全案证据予以考虑，在量刑时予以从轻判处。

(5)公诉机关对被告人王某某使用公司资金5,000,000元，为自己办理银行个人理财卡用于基金理财，以上款项至今未归还的指控，经审理查明如下事实(略)。

以上事实，由公诉人、辩护人当庭举证并经法庭质证，予以确认的下列证据证实(略)。

综合上述事实及证据，本院认为，甲公司以多个人名义办理过多张银行卡其中以王某某名义办理的银行卡，但仅就王某某名下银行卡及卡内资金使用的流转证据显示，并不是王某某本人自始至终掌控和实施，证人证词间对此也有明显矛盾之处；公司内部财务管理不规范，不能排除以王某某个人名义办卡是公司行为。综合其他证据，甲百货公司从成立至案发，一直存在公款私存的情形，且涉案三个银行卡实际持有人及其卡内资金流转操作行为人不明，被告人王某某之姐王淑某是如何取走其中1,645,000元的也无相应证据。综上，涉案银行卡开卡、存款、提现和转账等资金流转涉及的证据认定的案件事实，尚不足以排除一切合理怀疑，公诉机关的该项指控不能成立。

(6)(略)。

综合上述事实及证据，本院认为，首先，张凤某通过王某某与甲公司之间曾有资金往来；其次，资金流转凭证和证人证言证实了出借的款项系小金库资金以及借款具有公司行为的成分在内；最后，卷宗内有关资金流转的证据尚不能证明涉案的10,000,000元已归还。从现有证据之间的内在联系分析，尚不足以作出王某某向张凤某出借10,000,000元系个人行为的认定。

公诉机关指控的借款人张凤某已将10,000,000元归还的证据不足。现有证据不能完全证明被告人王某某出借10,000,000元是其个人行为，公诉机关该项指控不能成立。

(7)针对公诉机关指控王某某挪用资金6,000,000元的指控，经审理查明(略)。

综合上述事实及证据，本院认为：甲公司转入己酒店这部分款项，客观上讲是以往来款记账，不排除公司间的借贷行为，现有证据不能证实己酒店用于王某某个人经营及王某某具有挪用资金的主观故意。2008年转过去的2,000,000元是为己酒店报税，转款是甲公司的行为，故公诉机关指控被告人王某某利用职务之便，挪用公司资金归个人使用的证据不足，故公诉机关的该项指控不能成立。

(8)针对公诉机关指控被告人王某某、王甲故意销毁会计凭证的指控,经审理查明(略)。

综合上述事实及证据,本院认为:针对被告人王某某辩称,"其让王甲保管好公司账目,并未指使王甲销毁公司账目,是王甲曲解了其的意思"及辩护人提出,"只有王甲一人的口供,且王甲的口供先后矛盾,真实性不可信"的意见。经查,公诉机关提供证人证言及被告人王甲的供述,均能证明王甲安排并带领财务部人员更改公司账目,将公司账目进行销毁事实。关于更改账目的数额,有专项审计报告对消减销售款进行确认;关于销毁会计凭证,被告人王甲供述直接接受总经理王某某的指使,被告人王某某作为甲公司负责人全面管理公司事务,应当知晓财务管理状况。故对被告人王某某及其辩护人的意见,本院不予采纳。被告人王甲接受王某某个人的授意,安排下属人员销毁会计凭证,并非接受公司的集体决定,应属自然人犯罪,辩护人认为系单位犯罪的意见与本院查明的事实不符,不予采纳;被告人王甲身为公司财务部经理,积极并亲自带领下属人员实施销毁会计凭证的犯罪行为,辩护人仅凭其受王某某指使就认为系从犯的意见,与法律规定不符,本院不予支持。公诉机关指控成立。

(9)针对公诉机关指控的被告人王某某、邓某共同侵占甲公司500,000元的问题,经审理查明(略)。

综合上述事实及证据,本院认为,公诉机关提供的证据证实乙公司属于邓某的母亲,且邓某以500,000元的价格将乙公司部分转让的事实;而被告人王某某使用公款购买山西省乙公司为个人占有的主观故意不明,故认定二被告人构成职务侵占罪的罪证据不足,公诉机关指控不成立。

综合以上证据及查明的事实,本院认为:被告人王某某、邓某身为甲公司实际负责人、副总经理,分别利用各自职务的便利,将本公司资金占为已有,侵犯了公司财产的所有权,其中,被告人王某某侵占数额为人民币636,866元,属数额巨大,被告人邓某侵占数额为人民币60,000元,属数额较大,二被告人的行为均已构成职务侵占罪;被告人王某某、王甲故意销毁、被告人邓某隐匿依法应当保存的会计凭证和会计账簿,情节严重,侵犯了国家的会计管理制度,被告人王某某、王甲的行为已构成故意销毁会计凭证罪,被告人邓某的行为已构成隐匿会计凭证、会计账簿罪,公诉机关指控的罪名成立。被告人王某某、邓某均一人犯数罪,应实行数罪并罚。被告人邓某、王甲分别对公诉机关指控的隐匿、故意销毁会计凭证、会计账簿罪自愿认罪,依法可酌情从轻处罚。经本院审判委员会研究,依照《中华人民共和国刑法》第271条第1款、第162条之一第1款、第25条第1款、第69条、第64条、第52条、第53条、第61条及最高人民法院《关于适用〈中华人民共和国刑事诉讼法〉的解释》第241条第1款第(5)项的规定,判定如下:

1. 被告人王某某犯职务侵占罪，判处有期徒刑5年；犯故意销毁会计凭证罪，判处有期徒刑3年6个月，并处罚金100,000元。总和刑期8年6个月，并处罚金100,000元，决定执行有期徒刑5年3个月，并处罚金100,000元。

（刑期从判决执行之日起计算。判决执行以前先行羁押的，羁押1日折抵刑期1日，即自2008年8月29日起至2013年11月28日止。罚金自本判决生效之日起3个月内缴纳，到期不缴纳，强制缴纳。）

2. 被告人邓某犯职务侵占罪，判处有期徒刑3年4个月；犯隐匿会计凭证、会计账簿罪，判处有期徒刑2年6个月，并处罚金50,000元。总和刑期5年10个月，并处罚金50,000元，决定执行有期徒刑4年6个月，并处罚金50,000元。

（刑期从判决执行之日起计算。判决执行以前先行羁押的，羁押1日折抵刑期1日，即自2008年8月29日起至2013年2月28日止。罚金自本判决生效之日起3个月内缴纳，到期不缴纳，强行缴纳。）

3. 被告人王甲犯故意销毁会计凭证罪，判处有期徒刑3年6个月，并处罚金80,000元。

（刑期从判决执行之日起计算。判决执行以前先行羁押的，羁押1日折抵刑期1日，即自2008年8月29日起至2012年2月28日止。罚金自本判决生效之日起3个月内缴纳，到期不缴纳，强制缴纳。）

4. 继续追缴剩余赃款赃物，发还被害单位。

如不服本判决，可在接到判决书的第二日起10日内，通过本院或直接向某市中级人民法院提出上诉。书面上诉的，应当提交上诉状正本一份，副本两份。

审　判　长　×××
审　判　员　×××
审　判　员　×××
2013年3月5日
书　记　员　×××

【刑事抗诉书】

某市某区人民检察院
刑事抗诉书

并某检抗诉字(2013)第×××号

某市某区人民法院以(2012)某刑重字第×××号刑事判决书判决如下:被告人王某某犯职务侵占罪,判处有期徒刑5年、犯隐匿销毁会计凭证罪,判处有期徒刑3年6个月,并处罚金100,000元,总和刑期8年6个月,并处罚金100,000元。决定执行有期徒刑5年3个月,并处罚金100,000元。被告人邓某犯职务侵占罪,判处有期徒刑3年4个月;犯隐匿会计凭证、会计账簿罪,判处有期徒刑2年6个月,并处罚金50,000元,总和刑期5年10个月,并处罚金50,000元,决定执行有期徒刑4年6个月,并处罚金50,000元。被告人王甲犯故意销毁会计凭证罪,判处有期徒刑3年6个月,并处罚金80,000元,本院依法审查后认为:该判决认定事实错误,量刑不当,理由如下:

一、职务侵占罪

1.起诉书认定被告人王某某虚假报销广告费侵占公司资金人民币100,000元,原审判决认为,现有证据不足以证明100,000元广告费是王某某非法据为已有。

经审查认为,被告人王某某作为山西甲百货有限责任公司的总经理,掌握着该公司的实际经营权和财务审批权,其利用削减销售款的方式私设小金库,隐瞒公司实际经营收入,使公司的财务脱离了监管。被告人王某某在某公司未与T市D传媒有限公司和太原E广告有限公司发生广告业务的情况下,使用虚假报销广告费的手段,授意被告人王甲从公司小金库中分两次支取100,000元予以侵吞。该起事实有被告人王某某的供述、王甲的供述、T市D传媒有限公司和T市E广告有限公司的证明材料等证据,形成了完整的证据链,而并非判决书认定的“100,000元广告费虽然经王某某审批同意报账,但其中的50,000元,是其二姐经手报领的,而其姐为何能在甲公司报领无证据证明。另50,000元虽有王某某签批、但王某某是如何领取的,只有王甲一人证实,属于孤证且系间接证据”,被告人王某某的二姐是否领取50,000元并不影响对被告人王某某的定罪。

2.起诉书中认定被告人王某某侵占公司资金100,000元为其母亲看病,原审判决认为,此笔款为借款,指控不能成立。

经审查认为:2005年10月,被告人王某某以其母亲去北京看病为由,从甲公司

"小金库"借款100,000元，该起事实虽有借款凭证，但此凭证已在被告人王某某的授意下进行销毁，反映出其非法占有的主观故意。而判决书仅简单地以"此笔借款"的结论对该起事实不予认定，显然与事实不符。

3. 起诉书认定被告人王某某侵占公司资金582,000元为其本人购买途锐越野车，原审判决认为，该车一直为王某某从事公司业务所用，现有证据无法确切认定其将该车辆据为己有。

经审查认为;2006年10月，被告人王某某在未经公司研究决定的情况下，私自安排王甲从公司"小金库"中支取582,000元，用于为其个人购买车辆，车辆登记信息显示该车所有人是王某某，且被告人王某某曾授意将记录此笔业务的财务凭证销毁，反映出被告人王某某具有非法占有该笔资金的主观故意，同时也证明了该车并非为公司购买，而判决书在没有任何证据证明该车是公务用车的情况下，对该起事实予以了否定，显然不当。

4. 起诉书认定被告人王某某侵占公司资金5,000,000元为其个人办理银行理财卡，原审判决认为，王某某名下的银行卡并不是王某某本人自始至终掌控和实施，不能排除以王某某个人名义办卡是公司行为。

经审查认为，证人董俊某、宋志某证言证实，由王甲安排往王某某名下办理银行卡3张，由王某某本人使用，王甲供述证实由王某某安排从甲账户往王某某银行卡转走三笔款，用于其个人炒基金。从以上财务人员证言可证实，由甲账户转入王某某个人银行账户内的款并非个人名义办卡用于公司业务行为，而是王某某利用职务之便指示财务人员将公司资金转入个人银行卡内进行营利活动，且"小金库"凭证已在王某某授意下进行销毁，反映出其主观上占有的故意，应当予以认定。

5. 起诉书认定被告人王某某侵占公司资金10,000,000元，原审判决认为就目前证据尚不足以作出王某某向张凤某出借10,000,000元系个人行为的认定。

经审查认为，被告人王某某的供述及被告人王甲的供述，均能证实甲公司与张凤某之间不存在债务纠纷，而是王某某个人与张凤某存在借贷关系。王某某私自将甲百货公司10,000,000元调减销售款，于2008年分3次借给张凤某个人使用，且证人王云某，张文某的证言证实，张凤某将10,000,000元以现金形式归还了王某某，被告人王某某并未将此款归还甲公司财务，由此反映出王某某已占有此笔款。因此，认定被告人王某某侵占10,000,000元的事实清楚，证据充分。

6. 被告人王某某、邓某共同侵占500,000元。

起诉书认定被告人王某某作为甲公司的总经理，利用职务便利，使用甲公司小金库资金500,000元，收购其他公司并变更在个人名下，其行为构成职务侵占罪。原审判决认为王某某使用公司资金购买乙公司为个人占有的主观故意不明确。

经审查认为，虽然乙公司在邓某母亲名下，但实际由邓某控制，证人张宏某、被告人王甲证实从甲公司支出500,000元用于王某某购买邓某的乙公司。被告人王某某供述其与被告人邓某商量后，以500,000元购买乙公司。书证乙公司工商登记资料显示王某某购买后公司名称进行变更，法人为王某某，且记录此笔业务的凭证已被销毁。以上证据足以证明，王某某、邓某利用职务之便，经预谋从甲公司“小金库”支出500,000元为王某某个人购买乙公司使用。

7. 起诉书认定被告人邓某侵占公司资金157,120元。原审判决认为，邓某使用157,120元系征得王某某同意，故不构成犯罪。

经审查认为，首先，157,120元系甲公司资金；其次，客观上邓某没有法律依据占有了这笔款，其辩解是征得王某某同意占有的，如果这个辩解理由成立的话，王某某作为甲公司总经理，帮助邓某占有公司资金，应当以共犯论处，即使王某某同意，也不能免除邓某职务侵占罪的罪责。

8. 起诉书认定被告人邓某侵占680,000元。原审判决认为，只能以邓某在具领处签字的60,000元来认定职务侵占罪的数额。

经审查认为：被告人邓某利用职务便利，指使财务人员假借中建××局的名义，虚开中建××局的发票，冒用中建××局太阳大厦项目部负责人邓聚某签名，支付中建××局工程款的手段，以领取高管津贴的名义，从甲公司领取人民币680,000元，虽然申请单上的签名并不全是被告人邓某的名字（只有60,000元系邓某签字），但被告人王甲、邓某的供述证实，以支付中建××局工程款的手段领取现金的事实，且被告人王甲供述“以中建××局的名义提取现金，邓某领取了680,000元”，被告人王甲还对书证予以了确认；被告人邓某供述“我在甲任职期间，以中建××局工程款的名义领取的高管津贴的具体数字记不清了，我领了60多万元。”二被告供述的领取金额基本吻合，故应当认定侵占数额为680,000元，而非60,000元。

9. 起诉书认定被告人王甲侵占公司资金200,000元，原审判决认为，被告人王甲将其存折中的食堂款130,000元，并入公司大账，因此，不宜将此130,000元认定为被告人王甲非法据为己有。其余的放置其家中60,190元，因甲公司食堂尚在运行期间，不能排除正常运行时所需资金，公诉机关指控被告人王甲职务侵占的事实不清，证据不足，故公诉机关指控不能成立。

经审查认为：被告人王甲经手管理甲百货有限公司的食堂经费，对于食堂费用的金额，只有其本人知道具体数额。而被告人王甲在案发前将公司的部分食堂结余款拿回家中，足以反映出其占有这部分资金故意。被告人王甲辩解，其中130,000元的食堂款存在被告人的中行双东支行的存折上，且在案发前已将该存折中的余额2,400,000元全部还甲公司财务，其中包括130,000元食堂结余款。证人宋志某、董俊某证实，2008年8月王甲将存折上的2,400,000元转回公司账上，以货款形式记账。甲公司财务证明材料证实，甲公司收到王甲专人的2,400,000元，以货款收入进行财务处理，隐藏了王甲存折支付甲公司的货款数额。由此可以证实甲公司收到王甲的2,400,000元只是货款并不包括食堂结余款130,000元。如果包括结余款应当是2,530,000元，另外60,000元被告人王甲在其本人和哥哥家里存放，这足以证明60,000元已脱离甲公司监管，居王甲实际控制之下。

二、挪用资金罪

起诉书认定王某某利用职务便利，私自将甲百货6,000,000元资金转入其本人及被告人邓某担任股东的"己酒店"，原审判决认为：甲公司转入己酒店这部分款项，客观上讲是往来款记账，不排除公司间借贷行为，现有证据不足以证实已用于王某某个人经营及王某某具有挪用资金的主观故意。

经审查认为：证人张宏某、刘某、董俊某证言及被告人供述证实，己系王某某、邓某个人注册成立的公司。2008年4～6月，从甲公司账户向己酒店转过6,000,000元，被告人王某某供述"己酒店的股东是其本人和邓某，成立后和甲公司没有实际业务往来，但有资金的往来，主要是甲公司资金注入到己酒店账户，目的是维持正常生存，保住公司壳子"，证人证言及王某某供述可以证实王某某利用担任甲公司总经理的职务便利，安排财务人员将公司资金转入王某某注册成立的己公司进行经营活动，而非公司间借贷行为，符合挪用资金的构成要件。

本院认为，该判决认定事实错误、导致量刑不当。为维护司法公正，准确惩治犯罪，依照《中华人民共和国刑事诉讼法》第217条的规定，特提出抗诉，请依法判处。

此致

某市中级人民法院

某市某区人民检察院

2013年3月14日

证据目录与证人名单与一审无异

【第二次重审二审辩护词】

尊敬的审判长、审判员：

我们受上诉人王某某亲属及王某某本人的委托，并分别受北京市融商律师事务所、北京市国信律师事务所的指派，担任王某某被判"职务侵占罪、故意销毁会计凭证罪"的二审辩护人，参与本案诉讼。现发表辩护意见如下：

一、一审判决部分纠正了原审的错误,但未能全面体现我国刑事法律"无罪推定"、"疑罪从无"的基本原则,二审法院应依法予以彻底纠正

本案自2008年8月上诉人被羁押,至今历经近五年的时间,其间两次发回重审,今天已经是第六次审理,这在我国的司法实践中也是不多见的,足见本案的复杂、疑难。但是,就如我们在一审辩护中指出的,本案存在严重超期羁押、程序违法等情形包括第二次发回重审,多次补充侦查,都违反了相关法律规定,在证据不足、事实不清、关键人物王一某不到庭的情况下,不是"无罪推定"、"疑罪从无",而是"客观归罪"、"有罪推定"、"疑罪从轻",这也是本案之所以拖延至今的主要原因。本案在程序上的违法之处,辩护人已在一审辩护中详细阐述,今天不再赘述。

让我们感到一些欣慰的是,经过了漫长的等待,终于在今年3月6日得到了第三次一审判决。与前两次判决相比,从最初起诉王某某的侵占罪、挪用罪、销毁会计凭证罪原一审判处20年,重审改判18年,到这次一审判决以侵占罪和销毁会计凭证罪改判5年3个月,其他两名上诉人也得到较大改判,并取保候审,应当说,这在很大程度上纠正了原来的错误认定,可以说体现了法治的进步,我们应当对一审法院有错必纠的做法表示认同和赞赏。同时,也许人们会觉得,对于王某某来说,罪名减了,刑期也大幅销减,该知足了,见好就收吧,还折腾什么呢?对此,我们需要用法律的思维去思考,因为这恰恰从另一方面说明了王某某的上诉确有理由,他的身陷囹圄确有冤情。认真分析一审的判决,更坚定了我们一直坚持的辩护结论,即王某某的行为不构成犯罪,一审的判决证据不足,依法不能认定上诉人王某某有罪,应当作出无罪判决。

二、一审判决认定王某某犯职务侵占罪及销毁会计凭证罪,证据不足,不能成立

(一)本案关键证人王一某始终未到案,是导致目前认定上诉人王某某构成职务侵占罪证据不足的重要原因

法庭调查证实,王一某是甲公司举足轻重的人物,也是本案中的关键人物。

根据证据材料,综合全部案件事实,从甲公司的注册、出资、增资以及股权转让乃至经营活动的整个过程中,王一某在其中扮演着重要角色,起着主要作用。一方面,王一某不仅是甲公司的创办者和前法定代表人,而且是将上诉人王某某、邓某等引入甲公司并参股的决策者。另一方面,作为甲公司与戊公司之间各种关系的建立者和资金往来的桥梁,王一某对戊公司与甲公司之间的关系以及甲公司内部的实际情况都非常熟悉。此外,本案涉及盘根错节的家族企业内部纠纷问题,而王一某与戊公司董事长王爱某之间的父子关系,以及与上诉人王某某之间的堂兄弟关系,使其处在各方矛盾和冲突的旋涡中央,也最为了解纠纷的真相。本案用以认定王某某等三被告人行为性质的一些重要事实和证据,都涉及王一某,可以说,王一某是本案的关键证人。因此,在王一某始终未到案的情况下,相关事实难以查明,

证据也无法做到确实充分。这也是导致某市中级人民法院以“事实不清”为由，将本案两次发回重审的重要原因之一。在涉及王某某职务侵占和挪用资金的几个指控事实中，无一不与王一某有关。

一审判决认定王某某职务侵占的唯一事实是用甲“小金库”资金为个人购买房屋一套，金额为636,866元，构成职务侵占罪，这一事件更是与王一某有直接的关联，其认定与事实不符。

根据法庭调查证实，王某某陈述该套住房是王一某为其大娘即王某某的母亲所购买，这一事实真实可信。理由是，辩护人向法庭提交的证人王乙、兰青某的证言都能够说明王一某为王某某母亲买房向该二人表达过，不同的证人，在不同的时间、地点都能够证明同一个事实，其证明的效力不言而喻，说明王某某对此的陈述与事实相符。特别应当指出的是，证人王乙是王一某的同学和朋友，从关系上讲，应当与王一某更亲近，但在王某某身在看守所的情况下，其能够证明王一某当年给王某某母亲买的房是请他帮忙推荐的楼盘，这一事实说明了王某某的陈述和辩解是客观事实。因王一某在甲公司是最大的股东（其股权由其妻弟挂名），也是决策人物，甲公司几乎所有重大事项的决策都由王一某说了算，王一某在甲公司也有津贴可以领取，但未以津贴名义领取过，因此，他要为王某某母亲买房，指示王某某从甲支取资金付房款，王某某理解其真实的含义是，王一某既给大娘解决了买房问题，又不用出现金，房款日后可从王一某在甲应得的津贴中扣除。王某某按王一某的指示从甲支款，缺乏的是王一某给甲的支款手续，而是在王一某的一再催促下，王某某代替办理了交款，因为王某某母亲无身份证才将房产落在王某某名下，从另一个角度看，王一某给其大娘买房也不可能是他大娘去办理签合同交款等手续，王一某指示王某某办理这也符合甲运作不规范、家族企业一言堂的实际情况。如果王一某为王某某母亲购买住房，动用公司资金最多是资金使用操作不规范的问题，但是认定为王某某职务侵占罪，显然证据不足，王某某主观上并无侵占的故意。由此可见，王一某的证言在这里具有重要意义。但是在没有得到王一某证言的支持或否定的情况下，也不能轻易得出王某某所说不足为信的结论，这里需要的是坚持“疑罪从无”的原则而不能“客观归罪”。

一审判决显然也已经注意到这个问题，判决认为，“鉴于关键证人王一某不能通知到庭，该辩解理由无法核实确认，故本院对王某某辩护律师意见综合全案证据予以考虑，在量刑时予以从轻判处。在关键证人王一某始终不到案的情况下，此处同样存在事实不清”的问题。辩护人提交的能够证明王一某是给王某某母亲买房的两份证人证言，应当能够解决这一事实不清的问题。我国《刑事诉讼法》第195条第三项明确规定，证据不足，不能认定上诉人有罪的，应当作出证据不足、指控的犯罪不能成立的无罪判决。这是明确的“疑罪从无”的法律原则，但遗憾的是，一审判决采取的是“疑罪从有”“疑罪从轻”“客观归罪”的做法,无以服人,与我国刑事法律和刑事诉讼法律原则相悖。

(二)一审认定王某某犯故意销毁会计凭证罪,证据不足

原审判决认定,“经审理查明,上诉人王甲任财务部经理期间,先后累计调减甲公司的销售营业款共计20,680,635元,此款存入甲公司‘小金库’;上诉人王某某在担任甲公司负责人期间,授意上诉人王甲处理好‘小金库’原始凭证,后上诉人王甲采用更改公司电子账目,将甲公司2005年3月至2008年8月的“小金库”原始凭证,采用碎纸机及隐匿记账凭证等手段销毁”。

判决的这一认定缺乏事实和证据支持,王某某不具有销毁会计凭证的主观故意也未实施销毁的行为。

第一,证据证明:“小金库”的设立不是王某某担任总经理决定设立,而是早在甲成立之初王一某决定设立的。

第二,根据侦查卷宗记载的刘某、宋志某、张宏伟等证人证言,证实了以下事实:

其一,王甲对于“小金库”的资金使用具有决定权,甲公司小金库中金额在100,000元以下的资金,由王甲一人签字即可支出。

其二,王甲虽为甲公司财务部经理,但对于公司财务支出的权力有时是远大于总经理王某某的。对于公司大额资金的支出仅有王某某的签字是不能办理的,同时必须有王甲的签字才可支出。

其三,公司财务人员只认王甲的签字或其口头指令。但是没有王某某的签字,王甲完全可以有权或有机会自由支配甲公司的财务支出。

综上理由,“小金库”账目的销毁不能排除与王甲有直接利害关系。

第三,根据王甲的陈述,她销毁的只是自己的工作底稿,而会计账目有完整的电子版,其销毁行为并未对公司造成损害。因此,工作底稿不是法律意义上的会计凭证,会计账簿和财务会计报告,其客体上构不成《刑法》第162条的故意销毁会计凭证罪名。

第四,认定王某某指使王甲销毁,只有王甲一人的口供,属于孤证,且王甲的口供先后矛盾,真实性存疑,不能作为定案的依据。

第一次口供先是说:“‘小金库’的那一套账今年六月我交给王某某总经理了”,在同一天的口供中后面又改口说,“2008年6月,我准备把‘小金库’的那套账目交给王某某,他没要,他打电话给我让我销毁这个账目。”其在自述材料中说,“2008年6月,王某某安排我销毁内部账,之后不久,在王某某办公室,李某在场,第二次安排销毁内部账”。而根据我们向证人李某的调查笔录,证明王某某从没有在办公室或其他场合对李某和王甲一起布置过对公司账怎么处理,更没有安排销毁,王甲供述与事实不符。且王某某自始至终对这一事实的陈述都是一致的,即他没有指使过

王甲销毁，而是在发生戊公司派人强行闯进甲公司财务破坏电脑系统，导致甲公司停业事件后，为防止账目被抢，为保护公司财务账目不遭破坏的情况下，王某某叮嘱王甲把账本保管好、处理好。一审判决也认定了“王某某授意王甲处理好”，应当指出的是，“处理好”这个词语，不能得出“处理”就是“销毁”的结论。

根据证据规则，仅以王甲这样一个自相矛盾并与证据相反的口供，且是孤证，作为认定王某某犯有故意销毁会计凭证罪的唯一证据，不符合法律原则，难以令人信服！

从以上分析不难看出，在王某某不具有主观故意的情况下，一审却以结果认定王某某职务侵占和故意销毁会计凭证两个罪名和两个事实，都反映了“客观归罪”观点在一些公、检、法机关办案人思想中还有市场。

在这里有必要对“客观归罪”问题做一简要剖析。“客观归罪”观点就是将行为的外在表现及结果事实作为认定犯罪和适用刑罚的唯一标准，至于行为人实施行为及造成结果时的心理态度则不予过问。这种观点认为，犯罪的本质在于行为所造成的客观危害，刑罚的任务则是根据危害行为的性质和程度对行为人进行处罚。“客观归罪”的特点是，无行为事实则无社会危害，有现实危害的行为才具有可罚性，其典型形式为“结果责任”或“事实责任”。这种客观主义在实践中通常表现为，要么对缺乏主观要件的意外事件、无责任能力人的侵害行为认定为犯罪，要么以行为造成的实际结果来确认犯罪性质，无视行为人对结果所持的心理态度，从而导致“客观归罪”。

刑事责任不能客观归罪，“主客观相统一”是刑事责任的必备前提，它的基本含义是，对犯罪嫌疑人、被告人追究刑事责任，必须同时具备主观与客观两方面的条件。主客观相统一原则是我国刑法理论的基础性原则，是犯罪概念、犯罪构成及作为其核心的社会危害性理论得以建立的依据。社会危害性在我国刑法理论中具有特别重要的意义，它是犯罪的本质属性，是犯罪构成的实质内容，是刑事责任的内在根据。我们不能用情感去替代法律，司法过程是坚决反对片面地以客观事实来推论主观罪过的，我们不能用“疑罪从有”“客观归罪”的传统思维方式来变通现代法治精神。因为“无罪推定”是社会进步和文明程度的标志，“无罪推定”也是社会主义国家的一个基本的法律原则，它是社会主义民主和法治的一种保证，同时也是社会主义民主和法治的一种具体表现。期盼杜绝“客观归罪”，践行“主客观相统一”，坚持“无罪推定”，“疑罪从无”的原则在本案的二审中得到充分体现。

三、关于检察机关的抗诉问题

一审判决后，某检察院提出抗诉，辩护人认为，其抗诉理由不能成立。分述如下：

第一，关于指控王某某以虚假报销广告费侵占公司资金100,000元。

经过法庭调查证实，该100,000元广告费，其中E广告公司2008年9月21日的证明(证据卷第40页),证实甲确实有与其搞活动的意向,50,000元是E公司提出的订金,后来活动没有执行,那是双方合同的履行问题,一审认定100,000元广告费申请人为韩维某、赵某提现金,王某某既无主观上的侵占故意,也无侵占行为,没有证据证明这10万元广告费是王某某占为己有。一审判决的认定"现有证据不足以证明100,000元广告费是王某某非法据为己有,公诉机关的指控达不到证据确实、充分,指控不能成立"的结论是正确的。

第二,关于王某某为其母亲看病借款100,000元问题。

有借款凭证为证,但是抗诉书却强调,"虽然有借款凭证,但此凭证已在王某某授意下进行销毁,反映出其非法占有的主观故意。"在这里,抗诉书明显出现了自相矛盾,既然已经销毁,又是如何找到这个借款凭证,并以此定案的呢,显然销毁一说不能成立,一审判决认定此笔为借款是正确的。

第三,关于指控王某某侵占公司资金为其本人购买车辆问题。

一审法院经过查证,认定该车为从事公司业务使用,这不但有王某某的陈述,在王甲的陈述中也明确说"他那个车是办公用车,公私混用,"抗诉书却认定判决书没有任何证据证明该车是公务用车,可见,只朝着被告有罪和罪重方向办案,是缺乏客观公正性的表现。

第四,关于王某某5,000,000元银行卡问题。

经过一审法庭详细调查,我们看到的事实是,首先,甲公司以个人名义办理银行卡十几个,并不是专门为王某某自己办理,也不是王某某办理,而是公司财务人员办理。

其次,办理银行卡的主要目的是帮助银行完成存款任务和公司理财,这在财务人员王甲,宋志某、刘某等人的笔录中都得到印证。

再次,银行卡的保管都在公司财务手中而不是由王某某个人保管。

最后,银行卡的使用也是由公司财务根据公司需要支配使用。

因此,一审判决认为,王某某名下的银行卡并不是王某某本人自始至终掌握和控制,不能排除以王某某名义办卡是公司行为,一审判决对此的认定是客观正确的,检察机关抗诉理由不能成立。

第五,关于张凤某向甲借款10,000,000元,抗诉书认定为王某某职务侵占问题。

辩护人提交的证据证明,张凤某本人都承认因为甲公司拿着他的抵押物,该笔款项没有还给甲公司。而在没有任何证据的情况下,检察机关仅凭两个证人前后矛盾的陈述就认定张凤某将款还回甲公司,被王某某侵占,其关于"事实清楚,证据充分"的论断实则缺乏事实依据事实不清,证据不足,一审判决的认定正确。

第六,关于王某某、邓某共同侵占500,000元问题。

辩护人提交的、经查证的证据已经表明,购买乙公司是王一某的需要。邓某也证实他开始并不愿意卖，是王一某几次与其协商购买乙公司，碍于情面只得同意。事实证明，乙公司的购买完全是王一某的决定，其用途也是为王一某开展酒精提炼项目而看上符合公司贷款条件的乙公司，在王一某安排下以王某某的名义购买，购买后，王一某就将公司名称改为F能源公司，以符合开展的能源项目需要。辩护人提交的某州农委出具的证明，更证实王一某为这个项目多次与农委联系并且当时做出了《利用甜高粱秸秆生产30万吨车用燃料乙醇综合加工项目建议书》，只是由于国家政策的限制，项目没有做成。

事实证明，该公司除了王一某的这个项目，没有其他任何经营，王某某更没有利用该公司为个人牟利。可以说，没有王一某的项目就没有购买乙公司这一事实，而王一某不到案，却把侵占的罪名强加在王某某的头上与实不符，于理不合，于法无据，于道不公！一审判决没有支持公诉人的意见完全正确。

第七，关于挪用资金罪。

起诉书认定王某某利用职务之便，私自将甲6,000,000元资金转入其本人及被告邓某担任股东的“己酒店”（以下简称己），原审判决认为，甲公司转入己的这部分款项客观上讲是往来款记账，不排除公司间的借贷行为，现有证据不能证实己用于王某某个人经营及王某某具有挪用资金的故意。

法庭调查证实了以下事实：

第一，从己的设立目的和用途以及实际经营情况分析，根本不能认定王某某挪用。己的成立是王一某决定而不是王某某为个人经营而设立。王一某经营“锦绣××”的需要而亲自找人设计，王一某是成立己的决策人；

王某某做己股东也是王一某决定的，己并没有用于王某某个人经营，王某某不具有挪用资金的主观故意。

第二，己对于甲公司而言，只是甲公司一个内部转账的工具，甲公司的人也把它当成自己的一个部门，包括报税，做账，公章等一切都在甲公司财务保管。

第三，向己的转账并不是根据王某某指示，转款的目的，有时是帮助银行完成存款任务，有时是甲公司用款方便，就是暂时转存，什么时候用再转存回来（王甲语，判决书第8页）。这说明向己转款完全是为了甲公司的经营方便，丝毫不存在王某某利用职务之便而挪用的问题。

从上述事实证明，抗诉的理由不能成立，一审对这一问题的判决尊重了客观事实。

综上，抗诉书罗列的抗诉理由没有站在尊重事实的立场上，同样反映了“客观归罪，疑罪从有”的传统思维方式对现代法治精神进行变通的表现，因此，得不到法律的支持也是必然的。

四、甲从亏损到发展成T市零售业的后起之秀,再到强行关门,高管身陷囹圄,本案的案发背景,无不上演着一些家族企业极不规范,人为控制,由盛到衰的悲剧,而王某某不幸成为悲剧的主角,凸显了社会的不公,法律的缺失

关于戊公司与甲公司关系,一审判决认定戊公司是甲公司的实际出资人,其他股东是名义股东,实际出资人的权利可以对抗名义股东。这种认定与事实不符。即使按照判决所引用的《〈公司法〉司法解释(三)》,实际出资人与名义股东首先应由合同约定,双方是合同关系,享受的权利义务由双方在合同中约定,但绝对不是股东权利;其次,如果没有合同约定,实际出资人也不能当然成为股东,没有半数以上股东同意,实际出资人不能转换成股东。甲公司的股东与戊公司未有任何书面约定。一审判决认定,甲公司成立时,注册资金10,000,000元的来源是丙公司和丁公司,而丙公司和丁公司的资金来源是戊公司。2005年6月,丙公司撤出甲公司,将股份转让给自然人邓某、赵某和卜某。根据甲公司的注册资金变更前后对照表,可以看出注册资本变更前后,戊公司都没有在甲公司的股权结构中占有份额,特别是2005年注册资本变更之后,三个自然人在甲公司中所占股权份额已经达到98.75%,余下则由丁公司占到1.25%的比例。从股权结构上看,甲公司与戊公司之间并无关联。尽管法院认定三人的出资来源也是戊公司,但是即便如此,最多也只能说明三个自然人之间与戊公司存在债权债务关系,并不能在法律上得出甲公司属于戊公司下属公司,或者戊公司是甲公司的实际出资人的结论。而这本来属于股东个人财产的范畴,但是,由于存在这种个人财产领域的债权债务关系,却导致戊公司在数年之内直接从甲公司处支款,法庭调查证实,甲公司在没有分红的情况下,据并不完全统计,戊公司已经拿走近8000万元的资金,王甲坦言"王一某从甲拿的钱是说不清"的,这只能说明,涉案各相关人以及戊公司和甲公司的运作,已经严重脱离了公司法律规范的要求和企业财务运转的正常轨道,家族式企业内部个人财产与企业财产相互混同的弊端暴露无遗。

这里还需要指出的是,一审认定的甲公司在经营期间,于2004年6月9日书面提请减免上交费用10,000,000元,每年上交总公司15,000,000元的这一文件。在一审庭审中,王某某就陈述,在庭审之前,其从来没有看到和听到过有这样一份文件,这些文件不存在,对文件的真实性提出严重质疑,对于存疑的证据不应作为定案的依据。

通过观看视听资料以及大量证据,不难看出,甲公司是一个在T市繁华地带颇受年轻人喜爱的商业后起之秀,其发展势头正处于蒸蒸日上的上升时期。庭审调查证明,2004年、2005年甲公司是亏损的,从戊公司从甲公司支款情况也能看出,仅2007年戊公司就从甲公司拿走4116万余元,2008年上半年拿走15,650,000元。法庭调查证实,在上诉人被关押之前,甲公司的经营一直向好而从不拖欠商户的货

款。录像中显示,戊公司董事长王爱某接受采访时表示,“我们认为是要在甲公司经营比较好的时候要出去,我要求它要急流勇退,我们这回是把一个比较好的资产卖出去了,不好的资产现在也不好卖”。这从一个侧面印证了王某某对甲公司发展的功绩。王某某带领甲公司团队忘我投入工作,使甲公司在短短几年中扭亏为盈,在T市商业中名列前茅,其业绩有目共睹。而由于戊公司的需要,战略发展也好,经营策略也罢,要出售甲公司,如果是租赁到期,解决双方的租赁关系,本属民事法律调整的范畴;如果是公司出售并购,公司如何清算,本属公司法调整的范畴,但是,我们从画面看到的是,为了迫使甲公司撤出,不惜动用打、砸、抢手段,两次深夜闯入甲公司,棍棒交加,大打出手,毁坏电脑,抢夺财物,数次惊动“110”,也惊动了全社会,结果是甲公司关门,一个深受消费者欢迎的企业就此断送,而对企业有决策权力的人却可以避之夭夭“躲猫猫”,为这个企业倾心付出,呕心沥血的王某某等高管们却因“事实不清”而超期羁押,身入囹圄,让人们不得不发出相煎何急的感慨!更让人们对社会的公平正义打上问号!事实证明,不是甲公司的总经理携款逃跑,而是公司还欠付他的巨额报酬。法庭调查证实,王某某从未领取过高管津贴和应得的报酬,累计达到八九百万元!

上述证据也显示,在戊公司出售甲公司时,并不存在甲公司亏损问题。但是一审判决仅根据戊公司一方提交的材料就认定在2008年9月接管甲公司时,甲公司的债务总额达105,470,000元,这显然与录像中戊公司当对甲公司的评价不符,与甲公司当时处于蓬勃发展势头的客观事实不符,其不具有客观性和证据效力,人们有理由对其真实性存疑!

在这里回顾本案的案发背景,并非与本案无关,它对于查清事实,认定王某某是否构成犯罪,至关重要。

一审庭审中,公诉人把戊公司这种行为说成是为保护自己实际出资人的权益而采取的过激行为。这种观点如果是出自普通百姓之口,我们还能勉强理解,但是作为国家公诉人在法庭上这样表明观点让人为之惊恐!它向人们传递了什么样的信息?且不论戊公司是否是甲公司的实际出资人,退一万步来讲,即使他是实际出资人,就可以不顾国家法律而行使公权力机关的权力,给人贴封条,动用武力,强行撬门,抢夺账目,强迫撤出,还要把不同意转让的高管们送进高墙,这仅仅是过激行为么!而让人百思不得其解的是这种行为居然畅通无阻,成为实现目的的有效手段,这是一个太值得深思的问题了。

一审公诉人的另一种观点是,王一某到庭与否不影响定罪,这又是一个常识性的问题。如前所述,法庭调查也显示,指控王某某的诸多事实都不是王某某个人所为,没有王一某的拍板,许多事情就不会发生,认定王某某职务侵占的购房事实更是与王一某有直接的关联,王一某在此案中不是可有可无,而是必不可少。在事实无法查清、证据不足的情况下强行定罪,不是一个法治社会应当发生的。

综上所述,我们认为,一审判决虽然较以前两审有了可喜可贺的进步,但是仍然存在关键证人不到案,事实不清、证据不确实、充分的情况下定罪量刑,“客观归罪”、“疑罪从轻”的问题,恳请二审法院依法改判,对王某某按无罪处理。我们期待二审的公正裁决!

以上意见,请法庭予以充分考虑。

王某某辩护人:任丽颖律师(北京市融商律师事务所)
李宝珠律师(北京市国信律师事务所)
2013 年 6 月 14 日

【第二次重审二审刑事判决书】

某省某市中级人民法院
刑事判决书

(2013)某刑终字第×××号

抗诉机关某市某区人民检察院。

上诉人(原审被告人)王某某,男,××××年××月××日出生于××省××市,汉族,大学文化,原系山西省甲百货有限责任公司实际负责人,住××市××区×××街×××号××号楼×××号。因涉嫌犯挪用资金罪于2008 年 8 月 29 日被刑事拘留,因涉嫌犯职务侵占罪、挪用资金罪、隐匿会计凭证、会计账簿罪于同年 9 月 28 日被逮捕,现羁押于某市某看守所(原某市某区看守所)。

辩护人任丽颖,北京市融商律师事务所律师。

辩护人李宝珠,北京市国信律师事务所律师。

原审被告人邓某,原审被告人王甲,二人均未上诉(略)。

某市某区人民法院审理某市某区人民检察院指控被告人王某某犯职务侵占罪,挪用资金罪,隐匿、销毁会计凭证罪,被告人邓某、王甲犯职务侵占罪,隐匿、销毁会计凭证罪一案,某区人民法院于 2013 年 3 月 5 日作出(2012)××刑重字第×××号刑事判决。

宣判后,某市某区人民检察院和被告人王某某均不服,分别提出抗诉、上诉、本院依法组成合议庭,公开开庭审理了本案。T 市人民检察院指派检查员代××、王××出庭支持抗诉，被告人王某某、邓某、王甲及上列辩护人到庭参加了诉讼。现已审理终结。

一审法院判决查明及认定部分(略)。

某市某区人民检察院不服，提出抗诉，主要抗诉理由是：

(一)关于职务侵占罪

1. 关于被告人王某某虚假报销广告费侵占公司资金人民币100,000元。该起事实有被告人王某某的供述、王甲的供述、T市D传媒有限公司和T市E广告有限公司的证明材料等证据，形成了完整的证据链条，而并非判决书认定的事实。

2. 关于被告人王某某侵占公司资金100,000元为其母亲看病。该起事实虽有借款凭证，但此凭证已在被告人王某某的授意下进行销毁，反映出其非法占有的主观故意。而判决书简单认定“此笔为借款”的结论显然与事实不符。

3. 关于被告人王某某侵占公司资金582,000元为其本人购买途锐越野车。而判决书在没有任何证据证明该车是公务用车的情况下，对该起事实予以了否定，显然不当。

4. 关于被告人王某某侵占公司资金5,000,000元为其个人办理银行理财卡，从以上财务人员证言可证实，由甲公司账户转入王某某个人银行账户内的钱款并非个人名义办卡用于公司业务的行为，而是王某某利用职务之便指使财务人员将公司资金转入个人银行卡内进行营利活动，且小金库凭证已在王某某授意下进行销毁，反映出其主观上占有的故意，应当予以认定。

5. 关于被告人王某某侵占公司资金10,000,000元，被告人王某某的供述及被告人王甲的均能证实甲公司于张凤某之间不存在债务纠纷，而是王某某个人与张凤某存在借贷关系。证人王云某、张文某的证言证实，张凤某将10,000,000元以现金的形式归还了王某某，被告人王某某并未将此款归还甲公司财务，由此反映出王某某已占有此笔款。因此，认定被告人王某某侵占10,000,000元的事实清楚，证据充分。

6. 关于被告人王某某、邓某共同侵占500,000元。证据足以证明，王某某、邓某利用职务之便，经预谋将甲公司“小金库”500,000元为王某某个人购买乙公司使用。

7. 关于被告人邓某侵占公司资金157,120元(略)。

8. 关于被告人邓某侵占680,000元(略)。

9. 关于报告人王甲侵占公司资金200,000元(略)。

(二)挪用资金罪

关于被告人王某某利用职务便利，私自将甲公司6,000,000元资金转入其本人及被告人邓某担任股东的“已酒店”。证人证言及王某某供述可以证实王某某利用担任甲公司经理的职务便利，安排财务人员将公司资金转入王某某个人注册成立的已酒店进行经营活动，而非公司间借贷行为，符合挪用资金的构成要件。

原审被告人王某某也不服判决,提出上诉,请求撤销某市某区人民法院(2012)某刑重字第×××号刑事判决,依法改判上诉人无罪。其主要上诉理由是:关于销毁会计凭证罪。一审法院仅凭王甲一人先后矛盾的孤证且系间接证据,同时该证据与事实明显不符,认定上诉人构成销毁会计凭证罪,存在明显错误。不能排除王甲在深知此背景下,以上诉人指使为推脱,达到期望家族和解免责或减轻责任的企图。关于职务侵占罪,一审法院在关键证人王一某不能通知到庭的情况下,即得出上诉人有罪推论,明显不妥。上诉人在甲公司有应得的巨额津贴、薪酬、绩效,没有领取,上诉人不存在职务侵占的主观故意。

王某某的辩护人提出:一审判决认定王某某犯职务侵占罪及销毁会计凭证罪,证据不足,不能成立。本案关键证人王一某始终未到案,王一某不仅是甲公司的创办者和前法定代表人,而且是将上诉人王某某、邓某等引入甲公司并参股的决策者。王一某与上诉人王某某之间是堂兄弟关系,本案一些重要事实和证据,都涉及王一某,因此,在王一某始终未到案的情况下,相关事实难以查明,证据也无法做到确实充分。

王某某职务侵占小金库资金为个人购买房屋一套,与王一某有直接的关联。证人王乙、兰青某的证言说明王一某为王某某母亲买房向该二人表达过,说明王某某对此的陈述与事实相符。王某某按王一某的指示从甲公司支款,代替办理了交款,王某某主观上并无侵占的故意。在没有得到王一某证言的支持或否定的情况下,不能轻易得出王某某所说不足为信的结论。要坚持"疑罪从无"的原则。

一审认定王某某犯故意销毁会计凭证罪,证据不足。证据证明:"小金库"的设立不是王某某担任总经理决定设立,而是早在甲公司成立之初王一某决定设立的。认定王某某指使王甲销毁,只有王甲一人的口供,属于孤证,且王甲的口供先后矛盾,真实性存疑,不能作为定案的依据。

提出检察机关的抗诉理由不能成立:

1. 关于指控王某某以虚假报销广告费侵占公司资金100,000元。一审认定100,000元广告费申请人为韩维某、赵某,且提现金,王某某既无主观上的侵占故意,也无侵占行为,没有证据证明这10万元广告费是王某某占为己有。一审判决的结论正确。

2. 关于王某某为其母亲看病借款100,000元问题。抗诉书强调"虽然有借款凭证,但此凭证已在王某某授意下进行销毁,反映出其非法占有的主观故意"。抗诉书明显出现了自相矛盾,既然已经销毁,又是如何找到这个借款凭证,并以此定案的呢,显然销毁一说不能成立,一审判决认定此笔为借款正确。

3. 关于指控王某某侵占公司资金为其本人购买车辆问题。该车多为从事公司业务使用,此情节不但有王某某的陈述,在王甲的陈述中也明确证明该车是办公用车,公私混用,财务上用得最多,抗诉书却认定判决书没有任何证据证明该车是公务用车,缺乏客观公正性。

4. 关于王某某5,000,000元银行卡的问题。首先,甲公司以个人名义办理银行卡十余个,并不是专门为王某某自己办理,也不是王某某办理,而是公司财务人员办理;其次,办理银行卡的主要目的是帮助银行完成存款任务和公司理财,这在财务人员王甲、宋志某、刘某等人的笔录中都得到印证;再次,银行卡的保管都在公司财务人员手中而不是由王某某个人保管;最后,银行卡的使用也是由公司财务根据公司需要支配使用。一审判决认为,王某某名下的银行卡并不是王某某本人自始至终掌握和控制,不能排除以王某某名义办卡是公司行为,一审判决对此的认定是客观正确的,检察机关抗诉理由不能成立。

5. 关于张凤某向甲借款10,000,000元,抗诉书认定为王某某职务侵占问题。现有证据证明,张凤某本人承认因为甲公司拿着他的抵押物,该笔款项没有还给甲公司。而在没有任何证据的情况下,检察机关仅凭两个证人前后矛盾的陈述就认定张凤某将款还回甲公司,被王某某侵占,证据不足,一审判决的认定正确。

6. 关于王某某、邓某共同侵占500,000元问题。证据已经表明购买乙公司是王一某的需要。邓某也证实他开始并不愿意卖,是王一某几次与其协商购买乙公司,乙公司的购买完全是王一某的决定,王一某开展酒精提炼项目而看上符合贷款条件的乙公司,在王一某安排下以王某某的名义购买,购买后,王一某就将公司名称改为F能源公司,也符合开展的能源项目需要。公司除了王一某的这个项目,没有其他任何经营,王某某更没有利用该公司为个人效力。没有王一某的项目就没有购买乙公司这一事实,而王一某不到案,却把侵占的罪名强加在王某某的头上与事实不符,一审判决没有支持公诉人的意见完全正确。

7. 关于挪用资金罪。起诉书认定王某某利用职务之便,私自将甲6,000,000元资金转入其本人及被告人邓某担任股东的己酒店,原审判决认为,甲公司转入己酒店的这部分款项客观上讲是往来款记账,不排除公司间的借贷行为,现有证据不能证实己酒店用于王某某个人经营及王某某具有挪用资金的故意。己酒店的成立是王一某决定而不是王某某为个人经营而设立。王一某经营“锦绣××”的需要而亲自找人设计,王一某是成立己酒店的决策人;己酒店只是甲公司一个内部转账的工具,王一某将其当成自己的一个部门,包括报税,做账,公章等一切都在甲公司财务保管。向己酒店的转账并不是根据王某某指示,转账的目的,有时是帮助银行完成存款任务,有时是甲公司用款方便,就是暂时转存,什么时候用再转存回来,说明向己酒店转款完全是甲的经营方便,丝毫不存在王某某利用职务之便而挪用的问题。

经二审审理查明的事实和证据与一审相同,予以确认。

关于检察机关就上诉人王某某、邓某、王甲职务侵占方面,提出的9点抗诉意见,经查,原判针对检察机关的起诉事实,列举了关联的证据,并考虑被告人和辩护人的辩解和理由,每件事实、证据、观点进行了详细论述,均符合法律规定,认定事实正确,予以支持,故对这部分的抗诉理由不予支持。关于王某某的行为是否还构成挪用资金罪,证实王某某为谋取自身利益而挪用资金的证据并不充分,原判认定事实正确,检察机关抗诉理由不足,不予支持。

关于上诉人王某某及其辩护人认为王某某的行为不构成职务侵占罪,该罪所指向的购房款不是王某某为自己母亲所购买,而是王一某安排王某某所购买之意见,经查,在案并没有王一某关于安排王某某为王某某母亲购买房屋的证言,其他辩护人所提供的有关王一某提到过为王某某母亲准备购房的情节也均属传来证据,并没有得到王一某在案的证言所证实。使用公司"小金库"资金为自己购房,并未在单位有相应记载,该行为完全符合职务侵占罪的构成要件,故该相关上述理由及辩护人意见不能成立,不予支持。

关于检察机关提出的量刑不当问题,经查,由于原审法院在对上诉人王某某进行两罪并罚时,总和刑期为8年6个月,决定执行有期徒刑5年3个月,减少的刑期为3年3个月,减少刑期幅度过大,与某省高级人民法院量刑指导意见实施细则中所规定的减刑量不符,该规定中要求总和刑期满5年不满10年的,减少的刑期不得超过2年。因此,原审法院将总和刑期8年6个月减为5年3个月,比规定的2年幅度多减了1年3个月。以及认定公诉机关指控罪名成立存在不妥,应该是认定公诉机关除指控王某某挪用资金及王甲职务侵占外的罪名成立。

判决王某某犯职务侵占罪判处有期徒刑5年,犯故意销毁会计凭证罪判处有期徒刑3年6个月,总和刑期8年6个月,并处罚金100,000元,合并执行有期徒刑6年6个月,并处罚金100,000元,刑期自2008年8月29日起至2015年2月28日止。本判决为终审判决。

审　判　长　×××
审　判　员　×××
代理审判员　×××
2013年9月25日
书　记　员　×××

办案总结

本案属于涉及家族企业、背景复杂的疑难案件,自2008年8月被告人被捕,至2013年6月终审判决,历经近5年,6次审判,数次补充侦查,两次发回重审,本案律师是在两次发回重审后接受被告人家属的委托为其担任辩护人。

接受委托后，律师先后 9 下省城，7 次会见；应家属要求在北京召开了专家论证会；律师又就有关事实向有关单位以及多人进行了调查取证，并请求在法庭上播放了视频资料，这些调查取证和视频资料在原两次一审中都未提交过；律师在法庭上发表了万言辩护意见。庭审后家属及旁听人员对律师的工作非常满意，其赞扬充满溢美之词。

在开庭半年后，承办法官通知律师，院领导想就本案再听一听律师的意见。在开庭后法院领导再请律师沟通意见的情况并不多见，说明了法院对律师意见的重视。开庭 8 个月后一审判决判处被告人有期徒刑 5 年 3 个月，与原来判决 18 年相比，减掉一个罪名“挪用资金罪”，减少刑期 12 年 7 个月（注：一审判决 5 年 3 个月时被告人已关押了 4 年 7 个月）。

办理本案的心得：

第一，律师一定要吃透案情，对于指控的事实和证据熟稔于心，不放过一个细节。本案卷宗几十本，涉及诸多票据账目，须静心细看，查找蛛丝马迹。终于在纷繁复杂的票据中，律师找到一张 2,000,000 元的财务凭证，以此推翻了起诉书对被告人挪用资金 2,000,000 元的指控，对于最终减掉这个罪名起到一定的作用。

第二，善于抓住证人证言中的矛盾，找出不能定罪的事实依据，对于改判至关重要。

第三，对于当事人提出的调查取证线索，律师要尽可能地去调查取证。我们向法庭提交了多份调查的证人证言，对案件改判起到了重要作用。

第四，熟练掌握相关法律法规，才能针对案件提出有理有据的辩护意见。律师在辩护意见中引用的高法、高检、公安部等部门的相关规定，为案件的改判提供了充分的法律依据。

第五，及时跟进案件情况，诚心与法官沟通，只有我们以尽责敬业的职业精神和精准到位的专业水准强调律师意见，才能赢得信任和尊重。

第六，律师在办理案件特别是疑难复杂案件时，既要本着忠实于事实和法律，忠实于当事人合法权益的法治理念，更需要尽职敬业，不辞辛劳的工作态度和严谨认真，思维缜密，抓住焦点，不漏细节的办案技巧，以说服法庭采纳辩护意见为目标。

通过承办本案，深刻体会到，北京律师代表了首都律师的形象，也体现着首都律师的水平，只有心怀追求公平正义，尽职尽责全力地维护当事人合法权益的理念和工作态度，才能不辱使命，无愧于首都律师称号。

专家点评

无论从王某某被指控涉嫌职务侵占罪、挪用资金罪、故意销毁会计凭证罪等依法追究公司高管人员刑事责任的常见罪名，还是历时 5 年，先后经历 3 轮 6 审，1 次抗诉的诉讼程序，还是两位辩护律师始终坚持的强有力的无罪辩护，本案都算得上一起典型的重大复杂刑事辩护案例。

两位辩护律师以女性特有的细致和耐心,在数千页的卷宗和财务账册中,针对公诉机关指控,逐一梳理出了关键证据,直接指向了所谓的职务侵占,是个人借款还是公司理财,是实际控制人指示购房还是利用职务之便擅自所为,所谓的挪用资金,是公司间正常的资金往来还是个人挪用等一系列定罪量刑的核心问题。

同时,辩护律师通过多次会见嫌疑人,以及走访当事人亲属调查取证,进一步完善了尽最大可能还原客观事实的证据体系,使得王某某的亲属、涉案公司实际控制人王一某与本案的关联,在涉案事实中的重大决策地位以及足以影响本案定性的重要性逐渐浮出水面。并充分利用王一某本人没有实际到案,关键事实即无法查清的空档,从根本上动摇了公诉机关对王某某涉罪事实的认定,最终直接影响了人民法院对案件的判定结果。

本案中,虽然辩护律师无罪的辩护意见最终没有被二审法院全部采纳,并实现无罪判决的理想结果,但终审判决改判王某某有期徒刑 6 年 3 个月,否定了挪用资金罪的指控,事实上已经达到了当事人及家属可以接受的预期目标。在得到当事人的充分认可的同时,实现了无罪辩护良好的社会效果。

点评人:李向辉(北京市盛法律师事务所律师、北京市律师协会智库重大复杂案件课题组刑事组组员)

复核人:许兰亭(北京市君永律师事务所律师、北京市律师协会智库重大复杂案件课题组刑事组组长)

单位行贿罪与职务侵占罪的区别

——常某职务侵占、挪用资金案*

争议焦点

职务侵占罪的犯罪构成;挪用资金罪的犯罪构成;单位行贿罪的犯罪构成;为单位利益,向单位借钱送礼,再进行冲账是否属于职务侵占。

关键词

职务侵占罪　挪用资金罪　单位行贿罪

案情简介

常某担任吉林甲药业有限公司、Y市乙食品有限公司法定代表人、董事等职务,且系公司实际控制人。

常某在2001年至2003年担任吉林甲药业有限公司法定代表人期间,陆续从公司借走1,870,000元,并以白条形式将1,870,000元冲账。其间,他还先后从吉林甲药业有限公司、某市乙食品有限公司私自挪用资金3笔,共计1,300,000元,用于偿还其个人欠H市戊药业有限公司的债务。

2007年12月29日,常某从以李增某的名义办理的吉林甲药业有限公司账户中私自挪用1,000,000元,归其个人使用。

常某对上述借款、冲账的事实予以认可,辩称为了吉林甲药业有限公司向某市农村信用合作社贷款,向时任某市某自治州州委书记的田某某提出请托,并将借款

---

* 案例提供人、承办律师:常峥(北京市尚权律师事务所)。

1,870,000元用于向田某某送礼了。吉林省B市人民法院以常某没有提供证据证明其借走的1,870,000元用于公司事务为由,认定该款被其非法占有,且数额巨大;挪用资金归个人使用,超过3个月未还。判决常某犯职务侵占罪,判处有期徒刑6年;犯挪用资金罪,判处有期徒刑5年,决定执行有期徒刑9年。常某不服一审判决,向吉林省B市中级人民法院提出了上诉。

北京市尚权律师事务所接受常某的委托,指派常铮律师担任其二审辩护人。辩护人申请二审法院向北京市某中级人民法院调取了田某某受贿案的刑事判决书。该判决书认定"在2001年7月至2011年春节间,田某某先后收受常某给予的人民币2,050,000元、180,000美元,共计折合人民币3,539,811元"。据此,辩护人认为常某向单位借款1,870,000元有明确的去向——用于向田某某送礼,常某并没有将借钱据为己有。针对挪用资金罪,辩护人提出常某于2007年12月29日挪用单位资金1,000,000元后,于2008年1月4日以其个人名义向信用社贷款15,000,000元,用于吉林甲药业有限公司使用,常某将贷款15,000,000元给公司使用的行为,说明其已归还了借款1,000,000元,其使用单位资金的时间为6天,并未超过3个月,故此笔款项不应定性为挪用资金罪。本案二审开庭后,B市中级人民法院以原审判决事实不清,证据不足为由,将本案发回重新审判。

案件发回重审后,某市人民检察院变更了起诉,认定常某为其经营的吉林甲药业有限公司违规从某市农村信用合作社获得贷款,向时任某市某自治州州委书记的田某某请托,先后送给田某某人民币800,000元、180,000美元(折合人民币1,489,811元),构成单位行贿罪;将挪用资金罪的数额变更为1,300,000元。后B市人民法院以常某犯单位行贿罪,判处有期徒刑1年6个月;以挪用资金罪判处有期徒刑1年,数罪并罚,决定执行有期徒刑2年4个月。

案件历程

【起诉书】

吉林省B市人民检察院
起诉书

×××检刑诉(2013)×××号

被告人常某,男,××××年××月××日出生于××省××县,身份证号码:××××××××××××××××××,满族,初中文化,现任吉林省A管理咨询有限公司副总经理,原吉林甲药业有限公司、吉林B市丙药业有限公司法定代表人,住××市××区××××小区(户籍所在地:××省××市××区)。因涉嫌合同诈骗,2012年1月14日,被某市某公安局刑事拘留;因涉嫌犯合同诈骗罪,经本院批准,同年2月17日,由某市某公安局执行逮捕。经吉林省人民检察院批准,同年4月16日、5月7日、7月12日各延长羁押期限1个月、2个月、2个月。

本案由B市某公安局侦查终结,2012年9月17日以被告人常某涉嫌犯职务侵占罪、挪用资金罪,向某市某人民检察院移送审查起诉。B市某人民检察院依法告知常某有权委托辩护人,同年10月17日,依法延长审查起诉期限15日;同年11月1日,退回侦查机关补充侦查;同年12月1日,接受退补重报。2013年1月1日,依法延长审查起诉期限15日;同年1月16日,退回侦查机关补充侦查;同年2月16日,接受退补重报。2013年3月15日,B市某人民检察院根据《中华人民共和国刑事诉讼法》第19条之规定,将案件交由本院审查起诉。本院受案后当日依法告知被告人常某有权委托辩护人。同年4月15日,依法延长审查起诉期限15日。

经依法审查查明:

1. 2001年至2003年,被告人常某在担任吉林甲药业有限公司法定代表人期间,陆续从公司借走1,870,000元占为己有。2003年2月21日至2004年12月10日,其利用职务便利,指使公司财务人员分四笔做假账将1,870,000元冲账。

2. 2003年至2009年,被告人常某利用其担任吉林某市丙集团及其子公司法定代表人、董事等职务之便利,先后多次从吉林甲药业有限公司、Y市乙食品有限公司等公司资金中私自挪用共计4,888,000元、一辆越野车(以人民币1,600,000元的价格顶账)用于偿还个人债务及归其个人使用,至案发时为止未予归还。

认定上述犯罪事实证据如下:抓获经过及侦破经过;扣押物品、文件清单;司法会计鉴定书;记账记录、收据;账户、银行卡查询明细;某市东宝公司往来结算说明、对账单及会计凭证、电汇凭证、儿茶胺囊承包租赁合同及收据、存款凭证、吉林丁信息咨询有限公司资金往来明细等书证;工商登记记录,企业工商执照;证人证言;被告人供述与辩解等。

本院认为,被告人常某利用职务上的便利,非法占有公司财务,数额巨大的行为和利用职务上的便利,挪用数额巨大的公司资金归个人使用,超过3个月未还的行为,分别触犯《中华人民共和国刑法》第271条、第272条,犯罪事实清楚、证据确实、充分,应当以职务侵占罪、挪用资金罪追究其刑事责任。本院根据《中华人民共和国刑事诉讼法》第172条之规定,提起公诉,请依法判处。

此致

某市人民法院

代理检察员:×××

×××

2013 年 4 月 26 日

本件与原件核对无异

附:1. 被告人常某现羁押于 B 市看守所;

2. 移送证人名单、鉴定人名单各一份。

【变更起诉决定书】

吉林省某市人民检察院
变更起诉决定书

×××检刑公变诉(2016)×××号

被告人常某职务侵占、挪用资金一案,本院以×××检刑诉(2013)×××号起诉书向你院提起公诉,在发回重审审理过程中,发现案件事实与起诉书指控的事实不符。现根据查明的事实对×××检刑诉(2013)×××号起诉书作如下变更:

认定的事实变更为:

1. 2001 年至 2007 年,吉林某市丙集团及其子公司法定代表人、董事被告人常某,为其在某市经营的吉林甲药业有限公司等多家公司违规从某市农村信用合作联社获得贷款,向时任某市某自治州州委书记田某某请托,先后 8 ~ 10 次共送给田某某人民币 800,000 元左右,180,000 美元(折合人民币 1,489,811 元)。

2. 2003 年至 2006 年,被告人常某利用其担任吉林 B 市丙集团及其子公司法定代表人、董事等职务之便利,先后从吉林甲药业有限公司、Y 市乙食品有限公司等公司私自挪用 3 笔共计 1,300,000 元,用于偿还其个人在 H 市戊药业有限公司的债务,至案发时止未予归还。

认定上述事实的证据变更为:抓获经过及侦破经过;扣押物品、文件清单;司法会计鉴定书;北京市某中级人民法院(2013)××刑初字第×××号刑事判决书(常某向田某某行贿部分);记账记录、收据;账户、银行卡查询明细;H 市戊公司往来结算说明、对账单及会计凭证、电汇凭证、合同及收据、存款凭证、常某经营的各公司资金往来明细等书证;工商登记记录、企业工商执照;情况说明;证人证言;被告人供述与辩解等。

被告人常某为单位谋取不正当利益,向国家工作人员行贿之行为和利用其职务上的便利,挪用数额巨大的公司资金归个人使用,超过3个月未还的行为,分别触犯《中华人民共和国刑法》第393条、第272条第1款之规定,犯罪事实清楚,证据确实充分,应当以单位行贿罪、挪用资金罪追究其刑事责任。根据《人民检察院刑事诉讼规则(试行)》第458条的规定,变更起诉,请依法判处。

×××检刑诉(2013)×××号起诉书未被变更部分仍然具有法律效力。

此致

吉林省B市人民法院

检　察　员:×××

助理检察员:×××

2016年2月3日

【一审刑事判决书】

吉林省B市人民法院
刑事判决书

(2013)×××刑初字第×××号

公诉机关B市人民检察院。

被告人常某,男,××××年××月××日出生,汉族,出生于××省××县,公民身份证号码:××××××××××××××××××,初中文化,现任A管理咨询有限公司副总经理,原吉林甲药业有限公司、吉林B市丙药业有限公司法定代表人,户籍所在地:××省××市××区,住××市××区××××小区。因涉嫌犯合同诈骗罪,于2012年1月14被刑事拘留,于同年2月17日被逮捕。因患严重疾病,本院于2013年12月5日对其办理取保候审手续。

辩护人张某,吉林××律师事务所律师。

辩护人葛某,吉林××律师事务所律师。

B市人民检察院以×××检刑诉(2013)×××号指控被告人常某犯职务侵占罪、挪用资金罪,于2013年4月28日提起公诉。本院受理后,依法组成合议庭,公开开庭审理了本案。B市人民检察院代理检察员×××出庭支持公诉。被告人常某及其辩护人张某到庭参加了诉讼。现已审理终结。

公诉机关指控:(1)2001年至2003年,被告人常某在担任吉林甲药业有限公司法定代表人期间,陆续从公司借走1,870,000元占为已有。2003年2月21日至2004年12月10日,其利用职务便利,指使公司财务人员分四笔做假账将1,870,000元冲账。

(2)2003～2009年,被告人常某利用其担任吉林B市丙集团及其子公司法定代表人、董事等职务之便利,先后多次从吉林甲药业有限公司、Y市乙食品有限公司等公司资金中私自挪用共计4,888,000元、一辆越野车(以人民币1,600,000元的价格顶账)用于偿还个人债务及归其个人使用。至案发时为止未予归还。

公诉机关认为,被告人常某利用职务上的便利,非法占有公司财物,数额巨大的行为和利用职务上的便利,挪用数额巨大的公司资金归个人使用,超过3个月未还的行为,应当以职务侵占罪、挪用资金罪追究其刑事责任。

被告人常某提出的辩解:(1)吉林甲药业有限公司成立时,其他股东没有实际出资,实际上是我一人公司。在欧某某提议下做假账将1,870,000元冲账,并将该款为了公司经营用了请客送礼上。因此,不构成职务侵占罪。(2)以我个人名义分两次贷款15,000,000元,应当视为我个人贷款。(3)公安机关侦查时,主动交代了挪用资金的事实,应当认定为自首。

被告人常某的辩护人提出的辩护意见是:(1)被告人常某主观上没有非法占有公司资金的故意,吉林甲药业有限公司成立时公司的开办费等费用是常某用戊公司货款来垫付的,甲药业有限公司是常某实际控制公司,1,870,000元当中一部分资金用于为了公司经营用于请客送礼,因为没有及时报账,用假票据冲账引起的,不构成职务侵占罪。(2)公司成立时,常某用戊药业有限公司货款垫付开办费等费用。常某挪用资金是为了偿还戊药业有限公司的货款,应当从挪用资金中扣除,认定挪用资金的数额的证据不足。(3)侦查机关在侦查合同诈骗一案时,常某主动交代职务侵占罪和挪用资金罪的犯罪事实,构成自首。

经审理查明:

一、职务侵占罪的犯罪事实

2001年至2003年,被告人常某在担任吉林甲药业有限公司法定代表人期间,陆续从公司借走1,870,000元占为己有。2003年2月21日至2004年12月10日,其利用职务便利,指使公司财务人员分四笔做假账将1,870,000元冲账。

上述事实,有经庭审举证、质证的下列证据予以证明:

1.吉林甲药业有限公司工商登记材料及公司变更情况证实,吉林甲药业有限公司于2001年11月12日成立,成立时股东有常某、崔明某、姜泽某、王靖某、孙文某,2002 年 8 月 1 日增加陆庆某为股东,2002 年 1 月 28 日经营范围变更;2004 年 8 月 6 日增加吉林某药业为股东,某药业增加出资 12,000,000 元,此外股东中王靖某将其所有股份转给姜泽某;2009 年 12 月 4 日股东变更为朴京某、孙春某。

2. 吉林甲药业有限公司的记账记录、收据证实,被告人常某从甲公司提取现金 22 万元后,于 2003 年 2 月 25 日,以林某提取包装物款之名义采取白条形式入账;被告人常某从甲公司提取现金 230,000 元后,于 2003 年 2 月 21 日以 B 公司支取款之名义采取白条形式入账;常某从甲公司提取现金 420,000 元后,于 2003 年 3 月 28 日以林某提取包装物款之名义用白条形式入账;于 2004 年 12 月 10 日,甲公司以白条形式入账从被告人常某处收取 100 万元的收据,并记录账簿中。之后,于同年 12 月 11 日,又以白条形式入账某市丙药业有限公司收取甲药业现金 1,000,000 元的白条收据,并记录账簿中将上述 1,000,000 元平账处理。

3. 吉××〔2012〕会鉴字×××号吉林某会计师事务所司法会计鉴定书证实,2003 年 2 月至 2004 年 12 月,常某让欧阳某代替浙江温州 C 公司的林某、瑞安机械签字收据的方式,从甲公司共取走现金 870,000 元,并让欧阳某、于晓某做了一张甲公司收到现金 1,000,000 元的收据,记录在个人在甲公司"其他应收款常某"账户中,至 2005 年 2 月该款在公司账户中陆续提走。通过上述三笔票据,常某在甲公司共提走现金 1,870,000 元。

4. 证人欧阳某的证言证实,2003 年 2 月 21 日至 2004 年 12 月 10 日,欧阳某、于晓某、杨某、孙林某、石桂某等人先后四次帮助被告人常某做假账冲其从公司拿走的款项共计 1,870,000 元。常某让我们做假账冲他个人在公司借款的。第一笔是 2003 年 2 月 21 日,常某让我做一张白条收据,收据上收款人是 B 公司,是我写上去的。以 B 公司收到我公司设备款 230,000 元的名义冲他个人在公司的借款,实际这笔钱已经让常某拿走。第二笔是 2003 年 2 月 25 日,常某又让我做一张白条收据,收据上的收款人林某也是我写上去的。以浙江温州 C 公司收到包装物款 220,000元的名义来冲他个人在公司的借款;实际这笔钱是被常某拿走了。第三笔是 2003 年 3 月 18 日,常某让我做一张白条收据,收款人林某也是我写上去的。以浙江温州 C 公司收到包装物款 420,000 元的名义来冲他个人在公司的借款,实际这笔钱也是常某以现金形式汇走了。第四笔是 2004 年 12 月 10 日,常某让我们做一张我们从常某处收到 1,000,000 元的收据,并盖上吉林甲药业公司现金收讫章,来冲他个人在公司的借款,实际公司根本没有收到该款。常某让我们做假账冲他个人在公司的借款的事只有我们财务部门的我、会计杨某、石桂某、出纳孙林某、于晓某这几个人知道。当时常某就跟我们说从公司借的钱他已经用了,为了冲他个人借款,所以做假账来冲账,这样我们就做了几张假收据,然后常某签字后下账了。

5. 证人于晓某的证言证实,2004 年 5 月至 2008 年,我在吉林甲药业有限公司、吉林丙药业有限公司担任过出纳。期间在财务主管欧阳某、李增某的要求下做了几笔假账冲被告人常某从公司拿走的款项。2004 年 12 月 10 日,在欧阳某的要求下做了一笔常某向公司交 1,000,000 元,甲公司向丙药业支付该 1,000,000 元的财会记录。

6. 证人孙林某的证言证实,2001 年 9 月至 2004 年 5 月,被告人常某从公司贷款、经营所得中以个人借款名义,采取打借条的方式提取现金,还有的是常某提供账号后我汇到常某给我的账号里、有的以转账方式转给其他单位,均挂在公司账上,之后又以差旅费、加油票、支付货款、公司其他应付款形式冲账个人借款。

7. 证人杨某的证言证实,2003 年 12 月至 2007 年 12 月,我在被告人常某经营的吉林甲药业公司担任过会计。2004 年 12 月,根据当时甲公司财务总监欧阳某找到我和丙药业的出纳王雪某,让我们丙药业公司出具一份收到甲公司交来的现金 1,000,000元的白条收据,并盖丙药业公司的财务印单和财务人员章,给甲药业下账,实际上丙药业公司根本没有收到 1,000,000 元,就是替甲药业公司走个账。但不清楚为什么要开具上述收据。我担任会计期间,常某平时需要用钱,都是以打借条的形式从公司借钱,记不清借过多少次。

8. 证人石桂某的证言证实,2004 年 5 月至 2005 年八九月,我在被告人常某经营的吉林甲药业有限公司担任会计。其间有一次我按照甲药业公司财务总监欧阳某的要求做了甲公司收到常某交来现金 1,000,000 元的假账,之后常某用该 1,000,000元冲了其在公司的个人借款。石桂某担任会计期间,甲公司经营一直不好,常某经常以白条形式在公司借款。

9. 被告人常某的供述,我从 2002 年开始就从公司 30,000 元、50,000 元的打借条借款,到了 2003 年公司账上挂我个人借款数额很大,这样我就想处理,就找了财务人员让他们想办法做假票据来冲账。2003 年 2 月 21 日,我让欧阳某做了一张白条收据,收据上收款人 B 公司是欧阳某写上去的,以 B 公司收到我公司设备款 230,000元的名义来冲我个人在公司的借款。2003 年 2 月 25 日,我又让欧阳某做了一张白条收据,收据上收款人林某也是欧阳某写上去的,以浙江温州 C 公司收到包装物款 220,000 元的名义来冲我个人在公司的借款。2003 年 3 月 25 日,我又让欧阳某做了一张白条收据,收据上收款人林某还是欧阳某写的。以浙江温州 C 公司收到包装物款 420,000 元的名义来冲我个人在公司的借款,实际这笔钱我是以现金形式汇走了;2004 年 12 月 10 日,我让欧阳某、于晓某做了一张收到我交现金 1,000,000元收据,并盖上吉林甲药业公司现金收讫章,来冲我个人在公司的借款,实际公司根本没有收到这笔钱。四笔合计 1,870,000 元。这些钱都用于我个人在 B 市期间的个人消费,所以只能用假票据冲减。

二、挪用资金的犯罪事实

2003年至2008年1月4日，被告人常某利用其担任吉林B市丙集团及其子公司法定代表人、董事等职务之便利，先后多次从吉林甲药业有限公司、Y市乙食品有限公司等公司资金中私自挪用共计2,300,000元，用于偿还个人债务及归其个人使用，至案发时为止未予归还。

1. 2007年12月29日，常某利用职务之便利，从以李增某的名义办理的吉林甲药业有限公司账户中采取指使他人转账的方式。私自挪用1,000,000元归其个人使用，且不入公司会计账。

2. 2003年至2006年，被告人常某利用其职务之便利，先后从吉林甲药业有限公司、Y市乙食品有限公司等公司资金私自挪用3笔共计1,300,000元，用于偿还其个人在H市戊药业有限公司的债务。

(1)2003年12月1日，常某挪用吉林甲药业有限公司贷款资金，以现金形式偿还其在戊药业有限公司的欠款300,000元。

(2)2004年4月27日，常某挪用Y市甲健康食品有限公司的贷款资金，以转账的方式偿还其在H市戊药业有限公司的欠款500,000元。

(3)2006年12月29日常某挪用Y市乙食品有限公司的贷款资金，以转账的方式偿还其在H市戊药业有限公司的欠款500,000元。

2012年11月6日，某州公安局扣押4,102,928.41元及利息8,466.01元返还给B市a商业银行营业部。

上述事实，有经庭审举证、质证的下列证据证明：

1. 扣押物品、文件清单、返还物品、文件清单证实，B市某公安局于2012年3月16日，从被告人常某处扣押人民币2,056,573.9元；同年8月6日，从常某处扣押人民币1,046,404.51元；同年9月26日，从常某处扣押以宋英某名义办理的银行卡（××××××××××××××××）一张、人民币1,000,000元。2012年11月6日，某州公安局向B市a商业银行营业部返还人民币411,1394.42元。

2. 农村合作银行李增某账户内大额存款记录：2008年1月4日分2笔存入7,000,000元、8,000,000元。

3. 农村合作银行李增某账户、中行李增某账户、常某建行卡现金、转账支取记录证实：2007年12月29日，从农村合作银行李增某转账支取1,000,000元。

4. 常某偿还戊药业股份有限公司货款说明、戊药业股份有限公司记账凭证、戊药业股份有限公司与常某之间往来账结算说明、对账单、Y市b农村信用合作社明细账、某县人民法院民事调解书、协议书、执行和解协议，2006年7月4日，戊公司与常某对账结果证实，常某个人欠戊公司货款共计3,964,037.00元；常某已偿还戊药业有限公司现金1,750,000元、用三辆车抵还2,200,000元，戊公司放弃14,037.00元债务,双方往来结平。

5. 戊药业有限公司提供的常某还款说明及会计凭证证实,常某已用吉林甲药业有限公司、Y市甲食品有限公司、Y市乙食品公司等公司资金及现金共2,550,000元、一辆路虎轿车(顶账1,600,000元)、一辆奔驰轿车和一辆高尔夫轿车(顶账600,000元)偿还其欠戊药业有限公司的欠款共计4,750,000元。

6. Y市乙食品有限公司(前身为Y市甲健康食品有限公司)银行存取款明细及电汇凭证证实,2004年4月26日,Y市甲健康食品有限公司的账户(××××××××××)中向H市戊药业股份有限公司电汇500,000元;2006年12月29日,Y市乙食品有限公司的某农村信用合作社账户(×××××××××××)向戊药业股份有限公司电汇500,000元。

7. 销售承包合同证实,2008年8月14日,吉林甲药业与H市D有限公司签订复方儿茶胶囊销售承包合同,承包期限为2008年9月1日至2009年12月31日,约定H市D有限公司一次性向甲方支付650,000元后,剩余款300,000元在2009年春节前一日付清。合同由刘某、李永某签字。

8. 某省食品药品监督管理局药品委托加工批件证实,2008年8月6日,某省食品药品监督管理局批准同意由吉林甲药业有限公司委托E药业有限公司加工复方儿茶胶囊。

9. 委托加工协议证实,2008年8月16日,吉林甲药业有限公司委托H市E药业有限公司加工儿茶胶囊。加工费为0.5元/盒。

10. 收据、存款凭证证实,2008年8月19日,从李增某农信账户中转账存入常某的建行卡(××××××××××××××××)中350,000元;2008年12月20日,常某收取复方儿茶代理费现金200,000元后,当日存入王玉某的银行卡(×××××××××××××××)中200,000元。

11. H市F医药有限公司付款证明证实,2008年9月13日,H市D有限公司以现金形式支付给吉林甲药业有限公司法人常某300,000元儿茶胶囊承包销售费用,此款由常某本人提取。

12. 某市人民法院、某市人民法院、某州中级人民法院、吉林省人民法院裁判文书、扣押财物清单、拍卖公告等书证证实,法院判决甲药业有限公司的其他股东也承担了连带责任,甲公司并非常某一人公司。

13. 证人欧阳某的证言证实,吉林甲药业有限公司2001年刚成立时,就在某市建设银行设立了一个企业基本户,2002年开始,公司在B市州农村信用合作银行贷款时都用的贷款专户,因为贷款专户上的贷款资金是受银行监管的,不允许提现,所以当时常某跟我说为使用资金方便,让我在某市建设银行又设了几个账户。我记得这些都以企业名称开户的,有吉林甲药业有限公司、吉林甲药业公司延吉分公司、长春甲集团,延吉公司等。这几个账户都用于提现和转账。这些贷款中除了用于企业建设、生产经营以外,常某以单位借款或转账等方式转走。因为常某也没跟我.说过这些钱具体干什么用,只是给我打借条,我就都以常某借款形式挂账。常某基本以20万元、30万元这样提现,或者用钱之前都是常某告诉出纳需要多少钱,出纳到银行提现后交给常某,常某给账号给他转账。2005年10月之前都是我负责管理账目,当时会计叫杨某、出纳叫于晓某。G保健食品厂出纳叫孙林某、会计叫石桂某。我在的时候,常某这些公司始终都是靠贷款在维持,根本没有什么效益。

14.证人李增某的证言证实,2007年12月29日、2008年1月3日,存入李增某的名义办理的农村信用社账户中的吉林甲药业有限公司借款12,800,000元、贷款15,000,000元中,被告人常某以提现、转账等方式共取走25,800,000元。其他用于公司贷款利息等。2008年因常某成立的公司的账户被法院冻结,为收取贷款公司以李增某的名义在州信用社开设临时账户后收取上述贷款及借款后往来资金。其在甲药业有限公司工作期间,公司基本面临倒闭,生产量特别少,无法开工。2008年常某把吉林甲药业有限公司儿茶药品生产租赁给一家H市公司,但不清楚具体情况。

15.证人崔赞某的证言证实,2004年开始常某的公司在某州农村信用社进行担保贷款,2008年1月,常某已经拖欠大量贷款的情况下,为了收回贷款利息,农联社与常某商议后又向常某发放15,000,000元贷款用于偿还贷款利息。

16.高广某、李某、李龙某、朴广某、张民某的证言证实,2008年在常某已无法返还州农村信用合作社2000万余元利息的情况下,为了应付上级验收,也为了常某还息,州农村信用社违规给常某发放两笔共15,000,000元贷款用于还息。2008年1月初,在上级行的要求下高广某、李某、朴广某、张民某等人为常某办理了贷款8,000,000元、7,000,000元的手续。

17.证人韩沛某的证言证实,我系常某的妻子,于2011年九十月,常某交给我以常某母亲康淑某的名义办理的存有200万余元的一张吉林银行卡让其保管。2012年2月,我和常A从该卡中分3次支取1,000,000元转存到我的母亲宋爱某的一张吉林银行卡中,且由常A保管该卡,但我不知道该卡中存入的钱款来源。

18.证人常A的证言证实,2012年2月,从常某交给韩沛某的以其母亲康淑某的名义办理的吉林银行卡中分3笔共支取1,000,000元后又分3笔存入以韩沛某的母亲宋爱某的名义办理的吉林银行卡,后该卡其带回通化市存放,但我不知道上述钱款的来源。

19.证人康淑某的证言证实,我系常某的母亲,不清楚以我名义在白山某银行某支行办理的存折及存折内存款情况,常某经常借用其身份证。

20.证人李永某的证言证实,2008年李永某经营的H市D有限公司与常某经营的吉林甲药业有限公司签订复方儿茶胶囊产品销售承包费,而由于合同没有履行完毕,剩余的10万元没有支付。

21. 证人王玉某的证言证实,2006年7月4日至2011年12月,常某还H市戊股份有限公司所拖欠的欠款1,750,000元,并用3辆轿车顶账欠款2,200,000元。

22. 证人刘某的证言证实,2008年8月14日,刘某按照常某的邀请到长春市代表吉林甲药业有限公司与H市D有限公司经理李永某签订复方儿茶胶囊销售承包合同,该合同约定的承包期限为一年,通化市D有限公司向吉林甲药业有限公司支付承包费95万元,但其不清楚该承包费是否收取等情况。

23. 证人李增某的证言证实,2008年李增某负责被告人常某在长春成立的几个公司的账户上均没有收到过承包费用。

24. 被告人常某的供述与辩解,2002年至2008年,从前经营的吉林B市丙集团及其下属子公司中先后多次共挪用400万~500万元,用于还个人欠H市戊医药公司的欠款和用于个人消费。2008年我代表吉林甲药业有限公司于通化医药大厦的李永某签订儿茶胶囊销售租赁合同后,私自挪用李永某支付的租赁费850,000元用于还戊医药个人欠款200,000元,挪用的资金用于我在长春成立的公司的经营和个人消费。

本院认为,被告人常某所提不构成职务侵占罪的辩解和其辩护人所提主观上没有职务侵占的故意,因没有及时报账,用假票来冲账的辩护意见,经查,吉林甲药业有限公司于2001年10月在某市工商局登记设立,股东有常某、崔明某等6名,公司成立后其他股东未出资,不影响吉林甲药业有限公司的成立和股东资格,而且已生效的民事裁判文书中认定其他股东也对公司债务承担连带责任。故被告人常某没有权利随意支配公司财产。被告人常某及其辩护人没有提供相关证据证明其提走的1,870,000元用于公司事务,且有证人欧阳某等人的证言相互佐证,可以证明被告人常某做了假账,直至案发前亦无偿还该款的主观意图和行为,能证明主观上具有非法占有的故意。故被告人常某的辩护和其辩护人提出的辩护意见不能成立,不予采纳。辩护人所提常某挪用资金是为了偿还甲药业有限公司设立时,用H市戊药业有限公司的货款来垫付公司的开办费等费用,应当从挪用资金中扣除的辩护意见,辩护人没有提供证据证明常某用H市戊药业有限公司的货款来垫付开办费,故辩护人意见不能成立,不予采纳。被告人常某所提其个人名义贷款,应当视为个人贷款的辩解,经查,2008年1月4日分两次以常某个人名义贷款7,000,000元、8,000,000元,贷款主要用于吉林甲药业有限公司偿还在农村信用社所欠的贷款利息,常某以自己名义贷款系常某个人贷款,故常某的辩解成立,予以采纳。被告人常某2008年1月4日贷款之后从公司挪用的资金2,588,000元及一辆越野车(以人民币1,600,000元的价格顶账)的部分,应当从挪用资金数额中扣除。

被告人常某及其辩护人所提成立自首的辩解和辩护意见,经查,侦查机关已经掌握职务侵占和挪用资金的犯罪事实后,常某才交代自己的犯罪事实,故被告人常某的辩解和其辩护人提出的成立自首的辩护意见不成立,不予采纳。

本院认为,被告人常某利用职务上的便利,非法占有公司财物,数额巨大的行为和利用职务的便利,挪用数额巨大的公司资金和财物归个人使用,超过3个月未还的行为,分别构成职务侵占罪和挪用资金罪。公诉机关指控的罪名成立。被告人常某已退缴大部分赃款,可以酌情从轻处罚。对被告人常某依照《中华人民共和国刑法》第271条、第272条、第69条、第64条及《中华人民共和国刑事诉讼法》第195条之规定,判决如下:

1. 被告人常某犯职务侵占罪,判处有期徒刑6年,犯挪用资金罪,判处有期徒刑5年,数罪并罚,决定执行有期徒刑9年。

刑期从判决执行之日起计算。判决执行前先行羁押的,羁押1日折抵刑期1日。刑期自2014年7月21日起至2021年8月28日止。

2. 继续追缴赃款,退还给被害单位。

如不服本判决,可在接到判决书的第二日起10日内,通过本院或者直接向B市某中级人民法院提出上诉,书面上诉的,应交上诉状正本一份,副本四份。

审 判 长 ×××
审 判 员 ×××
审 判 员 ×××
2014年7月21日
书 记 员 ×××

【二审辩护词】

尊敬的审判长、审判员:

受上诉人常某的委托,北京市尚权律师事务所指派律师常铮、张兴梅担任常某涉嫌职务侵占、挪用资金一案的二审辩护人。根据本案事实、证据以及相关法律规定,发表如下辩护意见。

辩护人认为一审判决认定常某构成职务侵占罪,属于事实不清,证据不足;认定挪用资金罪,定性错误,建议二审法院对本案依法改判。

职务侵占罪

一审判决认定2001年至2003年,常某在担任吉林甲药业有限公司法定代表人期间,陆续从公司借走1,870,000元占为已有,在2003年2月至2004年12月,指使公司财务人员分四笔做假账将1,870,000元冲账,据此认定常某的行为构成职务侵占罪。此认定事实不清,证据不足。

一、吉林甲药业有限公司的实际出资人为常某一人

吉林甲药业有限公司虽然在工商行政管理机关登记了多名股东,但这些股东只是挂名,并没有实际出资,也不参与公司的经营管理决策,股东崔明某、孙文某、刘某均证实,他们没有实际出资。

二、吉林甲药业有限公司的经营管理活动,实际决策人为常某一人

关于吉林甲药业有限公司经营管理及财务支出流程等情况,辩护人调查了证人李增某、蒋伟某、金京某、刘某等人,证人均证实,他们在该公司工作期间,具体工作内容由常某安排;在工作中遇到困难向常某汇报,并由常某解决;在财务方面,所有财务支出均由常某签字;虽然工商登记资料显示该公司有其他股东,但其他股东不参与公司的经营决策活动。股东崔明某、孙文某、刘某等人在证言中分别证实,他们不参与公司的经营决策,也没有参加过股东大会。同时刘某还证实,其在担任吉林甲药业有限公司法定代表人兼总经理期间,其出差费用的报销须常某签字方能报销。充分说明该公司的经营管理活动,实际上是由常某一人在决策。

三、常某为了吉林甲药业有限公司利益,在公司借款用于送礼,没有将借款据为已有

常某作为公司的法定代表人及公司管理的实际决策人,在管理公司的过程中,会产生一些费用,而有些费用是不可能取得相应票据的,如常某在经营管理企业期间,曾向时任某市某自治州州委书记的田某某多次送钱,而田某某确实因犯受贿罪被判刑。在田某某受贿一案中,法院认定田某某共收受了常某所送人民币、美元,共计折合人民币3,539,811元。[①] 在田某某不可能出具收款票据给常某的情况下,常某为了在公司财务上报销所送钱款,只好用其他方式来冲账。

职务侵占罪是指公司、企业或者其他单位的人员,利用职务上的便利,将本单位财物非法占为已有的行为。本案中常某为了公司利益,用单位公款向他人送礼,虽然财务人员将以上款项记载为常某个人借款,但这些借款实际上用于向田某某送礼,常某在不可能取得合规票据的情况下,才用其他票据冲账。从形式上看属于"假账",但职务侵占罪的本质特征是行为人将本单位的款物非法据为已有,而本案

---

① 北京市某中级人民法院刑事判决书:被告人田某某利用担任中共吉林省委常委、某市朝鲜族自治州委书记……的职务便利,接受吉林甲药业有限公司董事长常某的请托,为常某实际控制的多家公司从某市农村信用社联合社获得贷款以及承揽吉林银行资产评估业务等事宜提供帮助。为此,2001年7月至2011年春节间,田某某先后17次收受常某给予的人民币2,050,000元、美元180,000元,共计折合人民币3,539,811元。

中常某所冲账款项有明确的去向——用于向田某某送礼,常某没有将所借钱款据为己有。常某是为了公司利益,向单位借钱送礼,送礼后再进行冲账,其主观上没有侵占单位钱款的目的,客观上也没有实施侵占行为,其送礼并不是处分“赃款”的行为。一审法院在向北京市某中级人民法院调取田某某受贿案的刑事判决书未果的情况下,认定“被告人常某及其辩护人没有提供相关证据证明其提走的1,870,000元用于公司事务”,从而认定常某的行为构成职务侵占罪。显属事实不清,证据不足。现有证据已证明常某在甲药业公司所冲账款1,870,000元用于向他人送礼,没有据为己有,不构成职务侵占罪。

挪用资金罪

一、一审判决认定常某于2007年12月29日挪用单位资金100万元归个人使用,构成挪用资金罪,定性错误

2007年12月29日,常某从以李增某的名义办理的吉林甲药业有限公司账户借1,000,000元,归其个人使用,但在2008年1月4日,常某将以其个人名义向某市b信用合作联社、某市c农村信用社的贷款共15,000,000元打入了该账户,且一审判决已经认定以上15,000,000元贷款属于常某个人贷款,说明常某在2008年1月4日归还了借款1,000,000元。据此计算,常某借用公司资金1,000,000元的时间为6天。根据《刑法》第272条第1款规定,挪用本单位资金归个人使用,数额较大,超过3个月未还的,才构成挪用资金罪,而常某将公司资金使用6天后就归还,使用时间未达到刑法构成挪用资金罪的条件即超过3个月未还。故其挪用单位资金1,000,000元的行为不构成挪用资金罪。

二、一审判决认定常某挪用单位资金130万元用于偿还其个人在某市戊药业有限公司的债务,构成挪用资金罪。此认定事实不清,证据不足

(一)一审判决认定2003年12月1日,常某挪用吉林甲药业有限公司贷款资金,以现金形式偿还其在H市戊药业有限公司的欠款300,000元,此认定事实不清,证据不充分

1. 一审判决认定常某偿还H市戊药业有限公司现金300,000元的时间是2003年12月1日,此认定错误

根据H市戊药业有限公司提供的回款单,此款是范树某于2003年4月29日交给该公司财务的。一审判决认定常某偿还300,000元欠款的时间为2003年12月1日,此认定是错误的。

2. 没有证据证明,常某偿还H市戊药业有限公司的现金300,000元,资金来源于吉林甲药业有限公司

根据吉林某会计师事务所出具的《司法会计鉴定书》,常某在2003年4月29

日,没有向吉林甲药业有限公司借款300,000元;也没有其他证据证明常某在2003年4月29日向吉林甲药业有限公司借款300,000元。

综上,对于偿还H市戊药业有限公司的欠款300,000元现金的来源,只有常某本人曾供述过300,000元现金来源于吉林甲药业有限公司,没有其他证据证明300,000元现金确实来源于吉林甲药业有限公司。根据《刑事诉讼法》第53条"对一切案件的判处都要重证据,重调查研究,不轻信口供。只有被告人供述,没有其他证据的,不能认定被告人有罪和处以刑罚"之规定,不能认定常某挪用吉林甲药业有限公司资金300,000元,用于偿还其个人欠某市戊药业有限公司的欠款。

(二)一审判决认定常某挪用Y市甲健康食品有限公司资金500,000元、Y市乙食品有限公司资金500,000元,用于偿还其欠某市戊药业有限公司的欠款,定性为挪用资金。此认定事实不清,证据不足。

Y市甲健康食品有限公司、Y市乙食品有限公司分别于2004年4月27日、2006年12月29日代常某汇款500,000元给某市戊药业有限公司。证据材料中虽然有汇款的凭证,但无Y市甲健康食品有限公司、Y市乙食品有限公司的财务记账凭证,现有证据不能证明以上两笔汇款,常某没有偿还给该公司。

根据公司会计李增某的证言,[①]在公司无钱发放职工工资时,常某个人拿钱到公司用于发放工资,这说明常某与公司之间长期以来存在互相借款的情况。

一审法院在未对常某与Y市甲健康食品有限公司(Y市乙食品有限公司)之间资金往来账务进行清理的情况下,遂将Y市甲健康食品有限公司(Y市乙食品有限公司)代常某偿还个人债务的行为认定为挪用资金罪,属于事实不清,且定性错误。

量刑意见

一、常某具有自首情节

1.常某在一审及二审中均提出,对于用单位钱款送礼及归还个人欠款相关事实,其在中纪委专案组询问时,均已主动交代。在二审庭审中,常某再次当庭申请法院向中纪委调取相关材料。

2.在案证据证明,在常某交代借用单位资金偿还其个人欠H市戊药业有限公司欠款之前,公安机关并未掌握该事实。

常某于2012年4月13日供述曾使用单位资金偿还其个人欠H市戊药业有限公司的欠款,公安机关于2012年5月17日调查了H市戊药业有限公司的员工王玉某,并于同日向该公司调取了常某偿还欠款的财务凭证。从在案的证据材料来看,

① 李增某2012年2月8日证言:问:你到B市之后在哪个公司工作?答:我在吉林甲药业有限公司任会计,主管账务,其实常某的这么多公司只有一套人马【侦查3卷第40页】。有的时候公司开不出工资,常某也往公司拿过钱,但具体数记不清了【侦查3卷第44页】。

在常某本人供述之前,公安机关并未掌握常某用单位资金偿还个人欠款的事实。根据《刑法》第67条第2款的规定"被采取强制措施的犯罪嫌疑人、被告人和正在服刑的罪犯,如实供述司法机关还未掌握的本人其他罪行的,以自首论",常某在公安机关掌握其挪用资金偿还个人欠款事实之前,如实供述了挪用资金的事实,具有自首情节。

二、常某已退还涉案款项,应从轻处罚

B市某公安局从常某处3次扣押了人民币4,102,978.41元。2012年11月6日,该局将以上款项4,102,978.41元及利息8466.01元(合计41,111,394.42元),返还给B市a商业营业部。

B市某公安局以常某涉嫌合同诈骗罪于2012年1月11日立案侦查后,中央纪委"10·28"专案组于2012年1月13日扣押了常某所有的奔驰轿车一辆,车牌号为吉×××××(扣押清单见检察卷)。

一审法院判决认定常某退缴了绝大部赃款,但未对扣押的奔驰轿车进行处理,希望二审法院对扣押的奔驰轿车一并作出判决。

综上所述,上诉人常某的行为不构成职务侵占罪、挪用资金罪,希望二审法院,查清事实,给上诉人一个公正的判决。

辩护人:北京市尚权律师事务所

常铮、张兴梅 律师

2014年12月18日

【补充辩护词】

尊敬的审判长、审判员:

针对贵院正在审理的常某涉嫌职务侵占一案,辩护人提交如下补充辩护意见:

一、一审判决认定常某将公司借款1,870,000元据为己有,证据没有达到确实、充分的证明标准

常某在吉林甲药业有限公司借走人民币1,870,000元,借款时间为2001年至2003年。常某供述其为了单位利益,将这些借款用于向田某某送礼,并没有据为己有。

根据北京市某中级人民法院所作出(2013)××刑初字第×××号刑事判决书,该判决认定在2001年至2011年春节期间,田某某先后17次收受常某所送钱款,共计人民币3,539,811元。

从时间上看,常某在甲公司借款1,870,000元的时间是2001年至2003年,而其向

田某某送礼的时间是2001年至2011年,说明常某在单位借款时间与其送礼时间存在一致性;从金额上看,常某在单位借款金额为1,870,000元,而其总共向田某某送礼的金额为3,539,811元,说明借款是送礼金额中的一部分。因常某供述的送礼事实与田某某收受常某钱款的事实存在一致性,说明常某向田某某送礼3,539,811元中,确实包括其在单位的借款1,870,000元。

当然,这里面可能涉及常某在2001年至2003年的送礼数额,与田某某在此期间具体收受常某送礼款的数额是否一一对应问题,因田某某的刑事判决书中只是认定"田某某对上述事实供认不讳",并没有写明田某某17次收受常某所送钱款的具体时间、金额。另外,中纪委在调查田某某时,对常某也进行了"双规",常某在中纪委询问时,主动陈述了其在甲药业公司借款向田某某送礼的事实。一审时,常某及其辩护人已经向一审法院提出申请,申请法院调取常某在中纪委的证言,但一审法院未调取相关材料,辩护人再次请求贵院向北京市某中级人民法院调取田某某的供述及常某证言,向中纪委调取常某的询问材料(因田某某案涉及保密问题,辩护人无法调取相关材料),以证明常某向田某某送礼的时间、金额,是否与常某在甲公司借款1,870,000元的时间、金额一致。

根据最高人民法院《关于适用〈中华人民共和国刑事诉讼法〉的解释》第64条第2款规定,认定被告人有罪和对被告人从重处罚,应当适用证据确实、充分的证明标准"。对于证据确实、充分的证明标准,《刑事诉讼法》第53条有明确规定,[①]结合本案的情况来看,常某本人的供述与田某某的刑事判决书已经能证明:常某为了公司利益,将其在公司借款1,870,000元用于向田某某送礼。综合全案证据来看,认定常某将单位借款1,870,000元占为己有,在案件事实认定上没有排除合理怀疑,定案证据没有达到确实、充分的证明标准。

二、常某用单位借款向田某某送礼,是其对借款进行直接处分,并不是对"赃款"的处分行为

二审中出庭检察员认为常某向单位借款,后用虚假票据进行冲账,其向田某某送礼,是对"赃款"的一种处分行为。辩护人认为,根据本案的证据,常某向甲公司借款的时间为2001年至2003年,其用票据在甲公司冲账的时间在2003年至2004年12月,而且常某在冲账前,已经将借款用于向田某某送礼,因送礼后不可能取得相应票据,才用其他票据在公司冲账,时间顺序应为:借款—送礼—冲账。即常某送礼行为在先,冲账在后,故检察员认为常某送礼行为是处分赃款的行为,与在案证据相矛盾。

---

① 《中华人民共和国刑事诉讼法》第53条规定,对一切案件的判处都要重证据,重调查研究,不轻信口供。只有被告人供述,没有其他证据的,不能认定被告人有罪和处以刑罚;没有被告人供述,证据确实、充分的,可以认定被告人有罪和处以刑罚。证据确实、充分,应当符合以下条件:(1)定罪量刑的事实都有证据证明;(2)据以定案的证据均经法定程序查证属实;(3)综合全案证据,对所认定事实已排除合理怀疑。

三、一审判决在认定职务侵占罪时,没有认定常某具有自首情节

一审时,常某及其辩护人已经向一审法院提出申请,申请法院调取常某在中纪委的陈述,以证明用甲药业借款向田某某送礼一事,是常某主动供述的,但一审法院未调取相关材料,在认定职务侵占罪时,没有认定自首情节。辩护人再次申请贵院向中纪委调取常某的询问材料,一方面可以认定常某将公司借款用于向田某某送礼,另一方面即使认定职务侵占罪成立,也属于自首。

辩护人:北京市尚权律师事务所

常铮、张兴梅　律师

2015 年 3 月 29 日

【二审刑事裁定书】

吉林省 B 市中级人民法院
刑事裁定书

(2014)××中刑终字第×××号

原公诉机关 B 市人民检察院。

上诉人(原审被告人)常某,男,××××年××月××日出生,汉族,出生于××省××县,公民身份证号码:××××××××××××××××××,初中文化,现任 A 咨询有限公司副总经理,原吉林甲药业有限公司、吉林 B 市丙药业有限公司法定代表人,户籍所在地:××省××市××区,住××市××区××××小区。因涉嫌犯合同诈骗罪,于 2012 年 1 月 14 日被刑事拘留,于同年 2 月 17 日被逮捕。因患严重疾病,某市人民法院于 2013 年 12 月 5 日对其办理取保候审手续。

辩护人常铮,北京尚权律师事务所律师。

辩护人李兴梅,北京尚权律师事务所律师。

B 市人民法院审理 B 市人民检察院指控原审被告人常某犯职务侵占罪、挪用资金罪一案,于 2014 年 7 月 21 日作出(2013)××刑初字第×××号刑事判决,以职务侵占罪判处被告人常某有期徒刑 6 年,以挪用资金罪,判处有期徒刑 5 年,数罪并罚,决定执行有期徒刑 9 年;继续追缴赃款,退还给被害单位。原审被告人常某不服,以其为了公司的利益将职务侵占的 1,870,000 元及挪用的 2,300,000 元送给田某某的,应认定行贿罪而不是职务侵占罪和挪用资金罪。原审法院认定的挪用资

金2,300,000元中的1,000,000元,其挪用不到7日就返还给公司了,这部分不应计入。田某某被中纪委调查期间,向中纪委交代了职务侵占及挪用事实,应认定自首为由,向本院提出上诉。原审被告人常某的辩护人常铮、张兴梅提出原判事实不清,证据不足,上诉人常某的行为不构成职务侵占罪、挪用资金罪的辩护意见。

本院受理后,依法组成合议庭,公开开庭审理了本案。某市某人民检察院指派检察员×××、×××出庭履行职务。原审被告人常某及其辩护人常铮、李兴梅到庭参加了诉讼。现已审理终结。

本院认为,原判认定事实不清,证据不足。依照《中华人民共和国刑事诉讼法》第225条第(3)项之规定,裁定如下:

1. 撤销B市人民法院(2013)××刑初字第×××号刑事判决。

2. 发回B市人民法院重新审判。

本裁定为终审裁定。

审　判　长　×××
审　判　员　×××
审　判　员　×××
2015年2月26日
书　记　员　×××

【重审一审辩护词】

审判长、审判员:

受常某的委托,北京市尚权律师事务所指派律师常铮、张兴梅担任本案被告人常某涉嫌单位行贿、挪用资金案的一审辩护人。接受委托后,辩护人查阅了本案的证据材料,现根据本案事实、证据和相关法律规定,提出如下辩护意见。

关于单位行贿罪

在单位行贿行为被刑事立案前,常某主动交代了单位行贿的事实,具有减轻、免除处罚情节。

B市某公安局于2012年1月11日以常某涉嫌合同诈骗立案侦查,常某被刑事拘留、逮捕时所涉嫌的罪名依然是合同诈骗,2012年11月17日该局以常某涉嫌职务侵占罪、挪用资金罪移送人民检察院审查起诉。B市人民检察院以常某涉嫌职务侵占罪、挪用资金罪提起公诉。在本案二审发回重审后,B市人民检察院于2016年2月3日变更起诉,起诉罪名变更为单位行贿罪、挪用资金罪。说明本案在公诉机关于2016年2月3日变更起诉前,检察机关对本案中行贿行为并未进行刑事立案。

常某因涉嫌合同诈骗罪于2012年1月14日被刑事拘留后,如实供述了其用吉林甲药业有限公司等公司的资金,向时任某市某自治州州委书记田某某送钱的事实。根据最高人民法院、最高人民检察院《关于办理行贿刑事案件具体应用法律若干问题的解释》第7条第2款规定:"单位行贿的,在被追诉前,单位集体决定或者单位负责人决定主动交待单位行贿行为的,依照刑法第三百九十条第二款的规定,对单位及相关责任人员可以减轻处罚或者免除处罚。"同时第13条规定:"刑法第三百九十条第二款规定的'被追诉前',是指检察机关对行贿人的行贿行为刑事立案前。"常某是甲药业等公司的实际负责人,其因涉嫌合同诈骗被刑事拘留后,主动交代了单位行贿行为,符合前述司法解释的规定,依法可以减轻处罚或者免除处罚。

关于挪用资金罪

一、起诉指控常某"挪用数额巨大的公司资金归其个人使用",辩护人认为,根据新的司法解释的规定,常某挪用资金的数额,属于数额较大

《刑法》第272条规定,挪用本单位资金数额较大的,处3年以下有期徒刑或者拘役;挪用本单位资金数额巨大的,或者数额较大不退还的,处3年以上10年以下有期徒刑。根据2016年4月18日生效的最高人民法院、最高人民检察院《关于办理贪污贿赂刑事案件适用法律若干问题的解释》第6条、①第11条规定,②挪用资金数额较大标准为10万元,数额巨大的标准为人民币1000万元。同时依据《刑法》第12条"从旧兼从轻"原则,对于挪用资金数额较大、巨大的认定,应适用新修改的司法解释。据此公诉机关所指控的常某挪用单位资金的数额,应属于数额较大。

二、常某具有自首情节

1. 在案证据证明,在常某交代借用单位资金偿还其个人欠H市戊药业有限公司欠款之前,公安机关并未掌握该事实

(1)B市某公安局于2012年1月11日以常某涉嫌合同诈骗罪立案侦查,并未对挪用资金行为进行立案,说明侦查机关在立案时,并未掌握常某使用单位资金偿还个人欠款事实。

---

① 最高人民法院、最高人民检察院《关于办理贪污贿赂刑事案件适用法律若干问题的解释》第6条规定,挪用公款归个人使用,进行营利活动或者超过3个月未还,数额在5万元以上的,应当认定为刑法第384条第1款规定的"数额较大";数额在500万元以上的,应当认定为刑法第384条第1款规定的"数额巨大"。

② 最高人民法院、最高人民检察院《关于办理贪污贿赂刑事案件适用法律若干问题的解释》第11条第2款规定:"刑法第二百七十二条规定的挪用资金罪中的'数额较大''数额巨大'以及'进行非法活动'情形的数额起点,按照本解释关于挪用公款罪'数额较大''情节严重'以及'进行非法活动'的数额标准规定的二倍执行。"

(2)常某于2012年4月13日供述使用单位资金偿还其个人欠H市戊药业有限公司的欠款后,公安机关于2012年5月17日调查了H市戊药业有限公司的员工王玉某,并于同日向该公司调取了常某偿还欠款的相关财务凭证。根据在案证据材料看,在常某本人供述之前,公安机关并未掌握常某用单位资金偿还其个人欠款的事实。

2. B公安局经侦支队于2016年8月5日出具的《关于常某涉嫌职务、挪用资金案情况说明》,其内容与在案的其他证据相矛盾,不能证明该支队在常某主动交代挪用资金事实之前,已经掌握了挪用资金的事实

(1)在证人欧阳某、李增某的询问笔录中,两名证人均未证明常某用单位资金偿还其个人欠H市戊药业有限公司的欠款

①证人欧阳某在证言中证实,[①]常某以个人借条形式在公司拿走钱款,但不知道具体用途。说明欧阳某不知道公司代常某归还其个人欠H市戊药业有限公司欠款一事。且欧阳某已于2005年10月离职,[②]而起诉指控的挪用资金事实中,有一起时间为2006年12月29日,发生在欧阳某离职之后,欧阳某也不可能知道此笔款项。

②证人李增某在本案中共有4份询问笔录,在4份笔录中,李增某也未证实常某用单位资金偿还其个人欠H市戊药业有限公司欠款。

(2)甲药业公司的财务资料中,不能反映出常某挪用甲药业有限公司借款300,000元,用于返还其个人欠H市戊药业有限公司欠款

①某市某公安局委托吉林某会计师事务所进行了司法会计鉴定,该单位出具了《司法会计鉴定书》,该鉴定书认定常某于2003年12月1日向甲药业有限公司借款300,000元用于归还个人欠H市戊药业有限公司欠款,但在认定证据一栏写明"2012年10月22日常某笔录:甲药业资金"【司法会计鉴定书——附件五】,说明司法会计鉴定认定常某用甲药业有限公司借款30万元归还个人欠款,是依据常某个人的供述来认定,从甲药业公司的财务资料中,不能反映出常某挪用甲药业有限公司借款300,000元,用于返还其个人欠H市戊药业有限公司欠款。

②B市丙药业公司、Y市甲健康食品有限公司(Y市乙食品有限公司)的账务资料中,不能证明常某让Y市甲健康食品有限公司(Y市乙食品有限公司)资金归还其个人欠H市戊药业有限公司欠款。

---

① 欧阳某2012年3月3日证言:问:常某以现金形式拿走的钱是怎么回事?答:都是常某告诉出纳需要多少现金,出纳就到银行提现后交给常某,常某打个在公司借款的条,会计用这个借条以常某在公司借款的形式下账……根据我核对公司账目,目前我累计出来的是,常某以这种形式拿走了5,729,920元,都是公司贷款的钱,具体干什么用我就不清楚了【侦查卷三第33页】。

② 欧阳某2012年2月17日证言:问:你是什么时间离开常某公司的?答:2005年10月我就离开常某公司了【侦查卷三第28页】。

公诉机关当庭出示的材料中，银行存取款明细中反映不出某市甲健康食品有限公司（Y市乙食品有限公司）代常某归还其个人欠H市戊药业有限公司欠款，而检察卷中的2张汇款凭证，是2013年2月26日向B市a商业银行调取的，说明调取时间也是在常某供述挪用资金之后。

对于Y市甲健康食品有限公司（Y市乙食品有限公司）2次代常某归还其个人欠H市戊药业有限公司欠款共1,000,000元，司法会计鉴定也是依据侦查机关向H市戊药业有限公司调取的财务凭证进行鉴定的。

某公安局经侦支队在该情况说明中写明"我支队于2012年1月至2012年3月期间（2012年3月29日前）通过对原吉林甲药业公司财务人员欧阳某、李增某进行询问，及核对吉林甲药业、B市丙药业等公司账目中贷款资金去向时，发现了犯罪嫌疑人常某涉嫌职务侵占、挪用资金"，此说明与在案证言内容不一致，故根据此"情况说明"不能证明某公安局经侦支队已经掌握了常某挪用单位资金偿还个人欠款一事。

3. 庭审中公诉人宣读的证人孙林某的证言，同样不能证明公安机关已经掌握了常某挪用单位资金归还其个人欠H市戊药业有限公司欠款

证人孙林某在证言中证实，[1]其负责甲药业公司和某保健食品厂的现金账和银行账，说明孙林某不负责Y市甲健康食品有限公司（Y市乙食品有限公司）的财务工作，故孙林某不可能知道该公司代常某支付个人欠H市戊药业有限公司欠款之事。且孙林某证实其于2005年12月离职，而起诉指控的挪用资金事实中，有一起时间为2006年12月29日，发生在孙林某离职之后，孙林某也不可能知道此笔款项。

辩护人认为，对于本案中认定常某的行为是否构成自首，应综合证据情况来分析。本案中虽然公司财务人员欧阳某、孙林某能证实常某从公司借款，但两人均不知道常某所借款项的用途，而常某作为Y市甲健康食品有限公司等单位的实际负责人，其在公司借款主要用于公司的生产经营活动，在常某本人未供述其用公司资金归还个人借款前，没有证据来证明常某挪用资金归还个人所欠H市戊药业有限公司的欠款，综合相关证据来看，能证明是常某供述之后，公安机关才掌握了常某用公司资金归还个人欠款事实。根据《刑法》第67条第2款的规定，"被采取强制措施的犯罪嫌疑人、被告人和正在服刑的罪犯，如实供述司法机关还未掌握的本人其他罪行的，以自首论"，常某在公安机关掌握其挪用资金偿还个人欠款事实之前，如

① 孙林某2012年3月5日询问笔录：问：你是什么时间到常某公司工作的？答：2001年9月我到常某的甲药业有限公司工作的，一直工作到2005年12月离开的。问：你在常某公司负责什么工作？答：我是常某公司的第一任出纳，我主要负责甲药业和龙井某保健食品厂的现金账和银行账，2004年5月就不担任出纳员了【卷三第64页】。

实供述了挪用资金的事实,应认定自首情节。根据最高人民法院《关于常见犯罪的量刑指导意见》中"常见量刑情节的适用"第4条规定,对于自首情节,可以减少基准刑的40%以下;犯罪较轻的,可以减少基准刑的40%以上或者依法免除处罚。

三、常某已退还所挪用资金,应从轻处罚

B市某公安局从常某处3次扣押了人民币4,102,978.41元,持有人均为常某个人。2012年11月6日,该局将以上款项4,102,978.41元及利息8466.01元(合计41,111,394.42元),返还给B市a商业银行营业部。辩护人认为,B市某公安局将本案移送某市某人民检察院审查起诉时,认定常某涉嫌的罪名为职务侵占罪、挪用资金罪,说明本案的被害单位是甲药业等公司,而B市a商业银行并不是本案的被害单位,相关扣押款不应返还给B市a商业银行。

常某于2012年1月14日被刑事拘留,后被逮捕,羁押于看守所,其在失去人身自由的情况下所出具的还款委托书,不能反映其真实意愿。且常某因涉嫌犯罪被立案侦查,个人的财产被公安机关追缴后,其个人对扣押财产已经没有处置权,其还款委托书不能成为公安机关违法返还相关扣押款项的依据。根据《刑法》第64条的规定,①公安机关不应该将所扣押的钱款返还并不是本案被害人的B市a商业银行。B市某公安局所扣押的常某的个人所有的个人钱款,足以清偿起诉指控的挪用资金的数额,故常某实际上已经全部退还所涉挪用资金款项。根据最高人民法院《关于常见犯罪的量刑指导意见》中"常见量刑情节的适用"第8条规定,对于退赃、退赔的,可以减少基准刑的30%以下。

综上所述,常某患有心脏病、腰椎间盘突出、高血压等多种严重疾病,于2013年12月5日取保候审后,先后在吉林大学第三医院、北京某医院作了椎间盘手术、脾切除手术、心脏支架手术,现仍需随时到医院进行检查治疗,希望法院充分考虑以上情节,对常某从轻处罚。

辩护人:北京市尚权律师事务所

常铮、张兴梅律师

2016年10月11日

---

① 《中华人民共和国刑法》第64条规定,犯罪分子违法所得的一切财物,应当予以追缴或者责令退赔;对被害人的合法财产,应当及时返还;违禁品和供犯罪所用的本人财物,应当予以没收。没收的财物和罚金,一律上缴国库,不得挪用和自行处理。

【重审一审判决书】

吉林省某市人民法院
刑事判决书

（2015）××刑初字第×××号

公诉机关B市人民检察院。

被告人常某，男，满族，1970年10月15日出生于××省××县，初中文化，现任A管理咨询有限公司副总经理，原吉林甲药业有限公司、吉林B市丙药业有限公司法定代表人，户籍所在地：××省××市××区，现住××市××区××××小区。因涉嫌犯合同诈骗罪，于2012年1月14日被刑事拘留，于同年2月17日被逮捕。因患有严重疾病，本院于2013年12月5日决定取保候审。2016年2月5日对其重新办理了取保候审手续。

辩护人常铮，北京市尚权律师事务所律师。

B市人民检察院以×××检刑诉（2013）×××号起诉书指控被告人常某犯职务侵占罪、挪用资金罪，于2013年4月28日提起公诉，本院于2014年7月21日作出一审判决。被告人常某不服判决，向B市某中级人民法院提起上诉。B市某中级人民法院于2015年2月26日以原审认定事实不清，证据不足为由，撤销原判发回本院重新审理。本院于2015年4月17日受理后，B市人民检察院于2016年2月3日作出变更起诉决定书，指控被告人常某犯单位行贿罪、挪用资金罪，本院依法另行组成合议庭，公开开庭审理了本案。B市人民检察院检察员×××、助理检察员×××出庭支持公诉。被告人常某及其辩护人常铮到庭参加了诉讼。现已审理终结。

经审理查明：

一、单位行贿的犯罪事实

2001年至2007年，吉林B市丙集团及其子公司法定代表人、董事被告人常某，为其经营的吉林甲药业有限公司等多家公司违规从B市b信用合作联社获得贷款，向时任某市某自治州州委书记田某某请托，先后8～10次共送给田某某人民币800,000元左右，180,000美元（折合人民币1,489,811元）。

上述事实，被告人常某在开庭审理过程中亦无异议，且有抓获经过，（2013）××刑初字第×××号刑事判决书中摘录的常某向田某某行贿部分书证，记账记录及收据，吉××（2012）会鉴字×××号吉林某会计师事务所司法会计鉴定书，甲公司变更登记、股权转让协议书等书证,证人田某某、郭桂某、孙庆某、金某、黄顺某、欧阳某、于晓某、孙林某、杨某、石桂某、崔赞某、李新某、金基某、高广某、李某、李龙某、朴光某、黄某、朴京某、玄龙某的证言,被告人常某的供述与辩解等证据证实,足以认定。

被告人常某的辩护人辩称,对于单位行贿部分,在单位行贿行为被刑事立案前,常某主动交代了单位行贿的事实,应减轻、免除处罚。

二、挪用资金的犯罪事实

2003年至2006年,被告人常某利用其担任吉林B市丙集团及其子公司法定代表人、董事等职务之便利,先后从吉林甲药业有限公司、Y市乙食品有限公司等公司私自挪用3笔共计1,300,000元,用于偿还其个人在H市戊药业有限公司的债务,至案发时止未予归还。

上述事实,被告人常某在开庭审理过程中亦无异议,且有抓获经过,扣押物品清单、返还物品清单,吉林甲药业有限公司、B市丙药业集团公司及下属子公司成立及变更情况,H市戊药业股份有限公司与常某之间往来账结算说明及对账单,某县人民法院民事调解书、协议书、执行和解协议,戊药业有限公司提供的常某偿还贷款说明及会计凭证、Y市乙食品有限公司(前身为某市甲健康食品有限公司)银行存取款明细及电汇凭证,证人欧阳某、王玉某的证言,被告人常某的供述与辩解等证据证实,足以认定。

被告人常某的辩护人辩称,对于挪用资金部分,被告人常某在公安机关并未掌握挪用资金事实前,主动交代挪用单位资金偿还个人贷款的事实,属自首。被告人常某已退还所挪用的资金,应从轻处罚。

本院认为,被告人常某为单位谋取不正当利益,向国家工作人员行贿的行为和利用职务便利挪用数额较大的公司资金归其个人使用,超过3个月未还的行为,分别构成单位行贿罪和挪用资金罪。公诉机关指控的罪名成立。鉴于被告人常某自愿认罪,对挪用资金部分有坦白情节,可以从轻处罚。被告人常某的辩护人提出的单位行贿部分的辩护意见,因公安机关已掌握被告人常某行贿的事实,故不采信。被告人常某的辩护人提出的挪用资金部分属自首的辩护意见,因公安机关已掌握部分挪用资金的事实,故不予采信。被告人常某的辩护人提出的挪用资金罪中挪用的资金已全部退赃,要求酌情从轻处罚的辩护意见,符合有关法律规定,本院予以采信。依照《中华人民共和国刑法》第393条、第272条第1款、第67条第3款、第69条之规定,判决如下:

被告人常某犯单位行贿罪,判处有期徒刑1年6个月,犯挪用资金罪,判处有期徒刑1年,数罪并罚,决定执行有期徒刑2年4个月。

(刑期从判决执行之日起计算,刑期详见执行通知书。)

如不服本判决，可在接到判决书的第二日起10日内，通过本院或者直接向某市某中级人民法院提出上诉，书面上诉的，应交上诉状正本一份、副本五份。

审 判 长 ×××
人民陪审员 ×××
人民陪审员 ×××
2016年11月11日
书 记 员 ×××

办案总结

2015年4月17日，北京市尚权律师事务所律师常铮、张兴梅律师接受委托担任常某单位行贿、挪用公款案的重审一审辩护人。

接到委托后，二位律师查阅了全案卷宗，了解案件情况后，会见了被告人常某，就卷内发现的问题和常某当面询问、核对，并一一记录。

2016年9月27日上午，二位律师到B市开庭，开庭当天，被告人对单位行贿部分当庭供述与公诉人庭前讯问对内容有出入，公诉人、法官大为恼火，发问结束后，合议庭宣布休庭5分钟，常律师与被告人单独进行了沟通。因律师对单位行贿罪证据的合法性提出意见，常律师就事实及证据辩护观点与公诉人、法官进行了沟通，后合议庭休庭，进行证据交换，对控方拟在开庭出示的证据发表意见，因控辩双方对证据材料的分歧较大，承办法官说不再组织双方进行证据交换了，让我们提供书面意见。后就案件情况与公诉人、法官进行了沟通。下午5:30的飞机回北京。

2016年7月19日，提交书面的质证意见。

休庭后，辩护人常铮律师和公诉人、法官进行了多次沟通，对案件证据提交了书面的质证意见。根据辩护人和法官、公诉人的沟通情况以及在案的证据，并结合多年办案的经验分析，坚持做无罪辩护，观点如果一旦不能被法院采纳，在定罪量刑上面，可能会对被告人不利，不利于争取轻的量刑。从保障被告人权益最大化的角度出发，律师将两种辩护思路都和被告人阐述了，分析了其中的利弊，同时将准备好的两份辩护意见都和被告人及其家属沟通，最后在取得被告人同意后，决定进行罪轻辩护。辩护人也表示，一旦罪轻辩护达不到想要的辩护效果，还可以上诉，二审阶段可以再考虑做无罪辩护。

案件于2016年10月11日开庭，常铮律师赶到B市，参加了庭审。

2016年11月18日，常铮律师收到了法院寄来的判决书，被告人被判处有期徒刑2年4个月。对于这一结果被告人及其家属十分满意，本案取得了不错的效果，维护了被告人的实体权利。

至此,本案办理终结。

专家点评

本案被告人常某被控犯职务侵占罪、挪用资金罪,一审法院分别判处其有期徒刑6年、5年,数罪并罚,决定执行有期徒刑9年。被告人常某不服一审判决,提出上诉。

常铮律师作为常某的二审辩护人,在自感无罪辩护无绝对把握的情况下,一方面说服被告人常某及其家属放弃为其作无罪辩护的想法;另一方面积极寻找被告人常某罪轻的证据,改无罪为轻罪辩护的思路无疑是正确的。

常铮律师在具体辩护策略上,紧紧扣住一审判决事实不清、量刑过重及罪名不符这些案件核心问题,不仅从减少被告人常某被控的职务侵占与挪用的资金数额上去寻找证据,而且从被告人常某所犯的是单位行贿罪而不是职务侵占罪上去论证,并做了大量扎实的工作,使得公诉机关在重审前就变更了起诉意见书,改被告人常某所犯职务侵占罪为单位行贿罪,并将原指控的职务侵占与挪用资金的数额减少了近4,000,000元,为轻罪辩护打下了坚实的基础。同时,常铮律师还以被告人常某挪用的资金已全部退赃,具有酌情从轻处罚的情节等,从多方面、多角度提出被告人常某所犯罪行具有从轻、减轻情节的辩护意见。

常铮律师的辩护有理、有节、有据,符合有关法律规定,取得了非常好的辩护效果。法院最终判处被告人常某犯单位行贿罪,判处有期徒刑1年6个月。犯挪用资金罪,判处有期徒刑1年。数罪并罚,决定执行有期徒刑2年4个月。

最后,被告人常某从被判有期徒刑11年,数罪并罚合并执行9年,到终审改判为有期徒刑2年6个月,数罪并罚,决定执行有期徒刑2年4个月,辩护效果显著,证实了辩护人的辩护思路正确、策略得当。

审核人、评论人:潘泽河(北京市安衡律师事务所主任、北京市律师协会智库重大复杂案件课题组秘书长)

复核人:许兰亭(北京市君永律师事务所律师、北京市律师协会智库重大复杂案件课题组刑事组组长)

新型犯罪:网络言论自由与网络谣言的边界

——秦某某诽谤、寻衅滋事案*

争议焦点

诽谤罪的犯罪构成;寻衅滋事罪的犯罪构成;诽谤罪由自诉转公诉程序需具备的条件;利用信息网络实施寻衅滋事行为中对造成“公共秩序严重混乱”的认定;基于同一故意实施的行为,因行为对象的不同对定罪的影响。

关键词

信息网络　诽谤罪　寻衅滋事罪　网络言论自由　网络谣言

案情简介

“秦某某案”是2013年全国公安机关集中开展打击网络有组织制造传播谣言等违法犯罪行动和最高人民法院、最高人民检察院出台《关于办理利用信息网络实施诽谤等刑事案件适用法律若干问题的解释》(以下简称“网络诽谤司法解释”)以来,第一起依法公开审理的典型案件。2013年8月至2014年4月,本案侦办至审判期间,曾经引起新闻媒体的高度关注和社会公众的广泛热议。

出生于1983年12月的秦某某,网名“秦××”,系××省××市××县的一名农家子弟,高中毕业后离家闯荡,后到北京的一家网络公司工作,成为网络写手。自2010年起,秦某某利用多个带有“秦××”后缀的微博账户,发布了大量原创或转载的微博文,获得网友关注、转发,并引发了大量的负面评论。“秦××”一时成为“网络红人”

---

* 案例提供人、承办律师:孙晓洋(北京市鑫泰洋律师事务所)。

“网络推手”,网友称其要“谣翻中国”。

2014年1月17日,××检察院(以下简称公诉机关)向××法院(以下简称法院)提起公诉,指控秦某某犯诽谤罪和寻衅滋事罪。公诉机关指控秦某某于2012年12月至2013年8月间,分别使用“东土秦××”“淮上秦××”“江淮秦××”和“炎黄秦××”等新浪微博账户捏造损害罗某、杨某、兰某、张海某等人名誉的事实在信息网络上散布,引发大量网民转发和负面评论。公诉机关据此指控秦某某犯诽谤罪。

公诉机关同时指控秦某某于2011年8月20日,为了自我炒作、引起网络舆论关注、提升个人知名度,使用名为“中国秦××_f92”的新浪微博账户编造、散布虚假信息攻击原铁道部,引发大量网民转发和负面评论。公诉机关据此指控秦某某犯寻衅滋事罪。

北京市鑫泰洋律师事务所接受北京市法律援助中心的指派,指定孙晓洋、张力明律师作为本案在侦查、审查起诉和审判阶段的辩护人。

由于本案系新型的、利用互联网实施的犯罪,因此,律师在办案过程中,对与案件有关的互联网技术和使用,尤其是与微博有关的问题进行了大量研究,并向有关专家进行了咨询。在对案件材料进行深入研究、对有关证据进行认真比对,并收集了大量的证据之后,律师在庭审中就本案的事实认定、法律适用和量刑等问题发表了充分、有力的辩护意见。

2014年4月11日,法院公开开庭审理了本案,并对本案庭审情况进行了微博直播。中央电视台、北京电视台等多家媒体和各大网站对庭审情况进行了大量报道。2014年4月17日,法院判决秦某某犯诽谤罪,判处有期徒刑2年;犯寻衅滋事罪,判处有期徒刑1年6个月,决定执行有期徒刑3年。在上诉期内,秦某某没有提出上诉,一审判决径行生效。

案件历程

【起诉书】

> 某市某区人民检察院
> 起诉书
>
> ××检刑诉(2013)××××号
>
> 被告人秦某某,男,××××年××月××日出生,身份证号码××××××××××××××××××,汉族,高中文化,被逮捕前系××技术有限公司××分公司社区部副总监,户籍所在地××省××市××县××村两塘组。因涉嫌犯

寻衅滋事罪,于2013年8月19日被××市公安局××分局刑事拘留,同年9月18日经本院批准,于同日被××市公安局××分局执行逮捕。

本案由某市公安局某分局侦查终结,以被告人秦某某涉嫌寻衅滋事罪、诽谤罪,于2013年9月26日向本院移送审查起诉。本院受理后,于2013年9月27日已告知被告人秦某某有权委托辩护人,并已告知被害人有权委托诉讼代理人,依法讯问了被告人,审查了全部案件材料。

经依法审查查明:2011年8月至2013年7月间,被告人秦某某为了自我炒作,引起网络舆论关注、提升个人知名度,在新浪微博注册账户后连续发布虚假信息随意攻击国家机关和个人。其间,被告人秦某某分别使用"中国秦××_f92""炎黄秦××"、"东土秦××"和"淮上秦××"等新浪微博账户编造、散布虚假信息,分别攻击原铁道部等单位和张海某、罗某、杨某等人,引发大量网民转发和负面评论。后被告人秦某某于2013年8月19日被公安机关查获归案。

认定上述事实的证据如下:被告人秦某某的供述和辩解,证人罗某、杨某、张海某、朱某等证言,新浪微博截图等书证,远程勘验检查笔录等证据,以及到案经过、工作说明等证明材料。

本院认为,被告人秦某某在信息网络上编造、散布虚假信息,起哄闹事,造成公共秩序严重混乱,其行为触犯了《中华人民共和国刑法》第293条第1款第4项之规定,犯罪事实清楚,证据确实、充分,应以寻衅滋事罪追究其刑事责任。根据《中华人民共和国刑事诉讼法》第172条的规定,提起公诉,请依法判处。

此致

某市某区人民法院

检　察　员:×××

代理检察员:×××

2013年10月25日

附:1. 被告人秦某某现被羁押于某市第一看守所;

2. 全部案卷五5册,补充材料7份。

【变更起诉决定书】

某市某区人民检察院
变更起诉决定书

××检刑变诉(2014)××××号

被告人秦某某涉嫌寻衅滋事罪一案,本院以××检刑诉(2013)××××号起诉书于2013年10月25日向你院提起公诉后,某市公安局某分局于2014年1月14日向我院补充移送了秦某某涉嫌诽谤兰某的事实及相关证据材料。经审查,现对××检刑诉(2013)××××号起诉书作如下变更:

认定的事实变更为:

被告人秦某某于2012年12月至2013年8月间,分别使用“东土秦××”、“淮上秦××”、“江淮秦××”和“炎黄秦××”等新浪微博账户捏造损害罗某、杨某、兰某、张海某等人名誉的事实在信息网络上散布,引发大量网民转发和负面评论。

被告人秦某某于2011年8月20日,为了自我炒作、引起网络舆论关注、提升个人知名度,使用名为“中国秦××_f92”的新浪微博账户编造、散布虚假信息攻击原铁道部,引发大量网民转发和负面评论。

法律适用变更为:被告人秦某某的行为分别触犯了《中华人民共和国刑法》第246条、第293条第1款第4项之规定,犯罪事实清楚,证据确实、充分,应当以诽谤罪、寻衅滋事罪追究其刑事责任。

根据《人民检察院刑事诉讼规则(试行)》第458条的规定,现决定变更起诉,请依法判处。

此致

某市某区人民法院

附件:变更后起诉书

检　察　员:×××
代理检察员:×××
2014年1月17日

某市某区人民检察院
起诉书

被告人秦某某,男,××××年××月××日出生,身份证号码××××××××××××××××××××,汉族,高中文化,被逮捕前系北京甲信息技术有限公司××分公司社区部副总监,户籍所在地××省××市××县××村××组。因涉嫌犯寻衅滋事罪,于2013年8月19日被某市公安局某分局刑事拘留,同年9月18日经本院批准,于同日被某市公安局某分局执行逮捕。

本案由某市公安局某分局侦查终结,以被告人秦某某涉嫌寻衅滋事罪、诽谤罪,于2013年9月26日向本院移送审查起诉,于2014年1月14日向本院补充移送审查起诉。本院受理后,于2013年9月27日已告知被告人秦某某有权委托辩护人,并已告知被害人有权委托诉讼代理人,依法讯问了被告人,审查了全部案件材料。

经依法审查查明:

一、诽谤罪

被告人秦某某于2012年12月至2013年8月间,分别使用"东土秦××"、"淮上秦××"、"江淮秦××"和"炎黄秦××"等新浪微博账户捏造损害罗某、杨某、兰某、张海某等人名誉的事实在信息网络上散布,引发大量网民转发和负面评论。

二、寻衅滋事罪

被告人秦某某于2011年8月20日,为了自我炒作、引起网络舆论关注、提升个人知名度,使用名为"中国秦××_f92"的新浪微博账户编造、散布虚假信息攻击原铁道部,引发大量网民转发和负面评论。

被告人秦某某作案后于2013年8月19日被公安机关查获归案。

认定上述事实的证据如下:被告人秦某某的供述和辩解,被害人罗某、杨某、兰某、张海某等陈述,证人朱某等证人证言,新浪微博截图等书证,远程勘验检查笔录等证据,以及到案经过、工作说明等证明材料。

本院认为,被告人秦某某捏造损害他人名誉的事实在信息网络上散布,造成恶劣社会影响,严重危害社会秩序;编造虚假信息在信息网络上散布,起哄闹事,造成公共秩序严重混乱。其行为分别触犯了《中华人民共和国刑法》第246条、第293条第1款第4项之规定,犯罪事实清楚,证据确实、充分,应当以诽谤罪、寻衅滋事罪追究其刑事责任。根据《中华人民共和国刑事诉讼法》第172条的规定,提起公诉,请依法判处。

此致

××市××区人民法院

检　察　员:×××
代理检察员:×××
2014年1月17日

附:1. 被告人秦某某现被羁押于某市第一看守所;
2. 全部案卷5册,补充材料8份。

【一审辩护词】

尊敬的审判长、审判员:

北京市鑫泰洋律师事务所接受北京市法律援助中心的指派,指定本所孙晓洋、张力明两位律师作为本案被告人秦某某的辩护人。本案开庭前,辩护人多次会见秦某某了解案情,认真研究了全案卷宗,对公诉机关提供的各种证据进行了认真的研究和比对,并向法庭提交了辩护人收集的有关证据。现在,辩护人结合本案的事实和有关证据提出以下辩护意见。

辩护人认为,起诉书指控本案被告人秦某某犯诽谤罪、寻衅滋事罪证据和法律依据不足。下面辩护人针对起诉书指控的罪名及有关“犯罪事实”逐一发表辩护意见。

第一章　关于诽谤罪的辩护意见

根据中国互联网络信息中心(CNNIC)发布报告显示,截至2011年12月底,我国网民规模达到5.13亿;截至2012年12月底,我国网民规模达到5.64亿;截至2013年12月,中国网民规模达6.18亿。

第一部分　关于对张海某的诽谤(炎黄1条)

(2012年12月31日12:46:00发布“德国籍”微博。
网上德国籍之说在先,日本籍之说在后)

起诉书指控,被告人秦某某使用“炎黄秦××”新浪微博账号捏造损害张海某名誉的事实在信息网络上散布,引发大量网民转发和负面评价。但辩护人认为:

一、“炎黄秦××”注册信息和发布的微博文信息中存在疑点

(一)关于“炎黄秦××”注册IP地址(这一账号是在什么地点注册)的疑点

侦查卷一第58页甲公司提供的《查询证明》及侦查卷一第71页某市公安局网安总队四大队出具的证明均显示,“炎黄秦××”的注册IP:124.228.60.16×,该注册IP归属地为HY市。

侦查卷一第78~80页,某市公安局网安总队2013年9月25日出具的《工作说明》中根本没有证明“炎黄秦××”这一账号的注册IP地址落地查证。

(二)关于“炎黄秦××”发文IP地址(这一账号是在什么地点发布)的疑点

侦查卷第五卷(证据卷)第一张光盘显示,“炎黄秦××”(第188条微博文)于2012年12月31日12:46:00发布了有关张海某德国国籍问题的微博文。

经辩护人查询发文IP:118.198.149.23×,归属地为北京市电信通,但这一发文IP地址并未查证落地。

据此,辩护人认为,在注册IP地址和发文IP地址均未查实的情形下,公诉机关指控“炎黄秦××”账号系本案被告人秦某某开立证据不足。

二、假设“炎黄秦××”发布的有关张海某国籍内容系被告人秦某某所发,其行为亦不构成诽谤罪

根据我国《刑法》第246条的规定,以暴力或者其他方法公然侮辱他人或者捏造事实诽谤他人,情节严重的,构成诽谤罪。

网络诽谤司法解释第1条规定,具有下列情形之一的,应当认定为《刑法》第246条第1款规定的“捏造事实诽谤他人”:(1)捏造损害他人名誉的事实,在信息网络上散布,或者组织、指使人员在信息网络上散布的;(2)将信息网络上涉及他人的原始信息内容篡改为损害他人名誉的事实,在信息网络上散布,或者组织、指使人员在信息网络上散布的;明知是捏造的损害他人名誉的事实,在信息网络上散布,情节恶劣的,以“捏造事实诽谤他人”论。以上规定,可以简单地归纳为:捏造事实散布、篡改事实散布、明知是捏造的事实散布。

但具体到本案的此节事实:

(一)关于张海某的德国国籍问题,“炎黄秦××”没有捏造损害他人名誉的事实,或将原始信息篡改为损害他人名誉的事实,在信息网络上散布

1. 侦查卷一第18页显示,“炎黄秦××”是在2012年12月31日发布微博文,质疑张海某的德国国籍问题。

2. 但是,2013年8月23日,在某市公安局网安总队对张海某的讯问笔录中(侦查卷三第104页),张海某说3年前网络上就有攻击我的言论,先是就陈光某事件进行攻击,之后质疑德国国籍问题。6月30日网络攻击持续。可见,早在2010年6月30日之前,有关她的德国国籍问题就有传播。

3. 公诉机关提供的《补充证据二》显示,2011年10月15日,鲁中网既已发表题为《老乡张海某已入德国籍　回应我永远是中国的海×》的博文。可见,张海某的德国国籍之说在2011年10月又一次得到传播。

4. 公诉机关提供的2013年9月21日甲公司出具的《查询证明》(侦查卷第一卷第55页)、《补充证据一》和侦查卷第一卷第二张光盘(卷内第56页)显示,张海

某的关于澄清国籍问题的博客发表于2012年11月28日,且从"最近,又有我的国籍的谣言疯狂散布,把我从德国又编到了日本"之表述可见,有关张海某的国籍问题,德国说在前,日本说在后。至2012年11月张海某发文澄清前,此说再次盛传。

5. 辩护人提交的第一组证据表明:2010年12月19日发表的博文《德国人张海某当选中国残联主席》(http://bbs. gdmm. com/thread -2187435 -1 - ×. html)中提及,在2008年10月21日就有记者发表博文称张海某是德籍华人。

(二)关于张海某的德国国籍问题,"炎黄秦××"也不是"明知是捏造的损害他人名誉的事实,在信息网络上散布"

1. 公诉机关提供的《补充证据二》同时说明,张海某的国籍问题早就引起广大网友的普遍关注,"炎黄秦××"只是关注者之一。

2. 在2013年9月29日某区人民检察院讯问笔录(第一次)第8~9页中,秦某某称:"……国籍是根据张海某新浪博文提出质疑。2012年11月时新浪微博讨论张海某比较多,我跟风凑热闹"。

侦查卷第一卷第18页甲公司出具的证明,和侦查卷第五卷第一张光盘("炎黄秦××"第188条微博文)显示,炎黄秦××所发微博文内容为:"好了,接下来我要为@张海某的事说上两句,请张海某方面看清楚,我当时的原话是'对于你的德国国籍问题,你一直没公开澄清',我说这只是一个问题,并且让她公开澄清一下,这个没问题吧?而且张海某你当时的确在德国小住了一段时间,我不知道你是以工作还是留学签证小住德国的,这是你在德国时写的文章。"可见,秦的本意仅仅是希望就张海某的德国籍的问题进行澄清。求证过程的本身即已说明秦对张海某的国籍问题并不知情,更非传谣。

(三)此节事实根本不能构成"情节严重"

根据《刑法》第246条的规定,情节严重是诽谤罪的构罪要件。

在案证据显示,本条微博文(第188条)转发量25,评论量24,而且大部分评论内容是与炎黄秦××打招呼,而非攻击张海某。而中国互联网络信息中心(CNNIC)发布的报告显示,截至2012年12月31日,中国的网民规模达到5.64亿。两组数字对照之下,如此稀少的转发与评论量如何称得上是情节严重?

(注:侦查卷二第128页记载,关于妹妹的内容,关于对陈光某不闻不问的内容均无转发、评论。且第五卷第一张光盘中无此两条内容。)

(四)有关此节事实的公诉程序不符合法律规定

根据《刑法》第246条的规定,诽谤罪,告诉的才处理,只是严重危害社会秩序和国家利益时才由自诉转为公诉。

网络诽谤司法解释中所规定了"严重危害社会秩序和国家利益"的7种情形。但综观本案,此节事实不属于7种情形之任一情形。

综上,辩护人认为,“炎黄秦××”发布微博质疑张海某国籍的行为不符合诽谤罪的构成要件,更不符合自诉转公诉的法律要件。

第二部分 关于对杨某的诽谤

起诉书指控,被告人秦某某使用“淮上秦××”新浪微博账号捏造损害杨某名誉的事实在信息网络上散布,引发大量网民转发和负面评价。

但是,经过对在案证据的认真比对,辩护人发现,甲公司出具的查询证明、某市公安局网安总队出具的工作说明、光盘资料以及被告人秦某某的讯问笔录等证据之间存在严重矛盾。据此,辩护人认为,公诉机关的此节指控事实不清,证据不足。

一、在案证据不能证明“淮上秦××”这一微博账号是被告人秦某某注册,有关微博文是秦某某发布

辩护人经过对在案证据的比对,发现这一账号注册时间、注册地点存在重大疑点。

1. 侦查卷一第59页、第71页表明:淮上秦××的注册时间为2013年7月15日00:32:35,注册IP为202.104.158.14×,注册IP归属地为广东中山。

2. 侦查卷一第81页某市公安局网安总队《工作记录》和公诉机关提供的补充证据四表明:淮上秦××第一次发布微博的时间为2013年7月15日00:47:00。登录IP地址118.144.110.15×。该IP为某互联网上网服务有限公司使用,上网登记人为秦某某,上机时间为2013年7月14日20:46:35,下机时间为2013年7月15日02:00:15。

也就是说,如果以上两账号昵称均为淮上秦××,那么它们的注册时间或第一次发布微博的时间均为2013年7月15日零点以后,前后相差15分钟,广东中山“淮上秦××”账号注册在前,北京账号注册在后(且无昵称)。但中山、北京两个城市远隔千里,秦某某不能在同一时间段内同时登录两个账号。值得注意的是,被告人在历次口供中均否认曾在广东中山注册过微博账号,且公诉机关没有提供被告人在这一时间段内的车票等差旅信息。

辩护人提请合议庭对这一问题予以高度关注,以免秦某某代人受过。

综上,辩护人认为,有关“淮上秦××”这一微博账号开立的时间、地点,以及发布微博时的时间等证据之间存在严重矛盾,且有关证据之间的严重矛盾不能排除。目前的在案证据不能得出“淮上秦××”这一账号系本案被告人秦某某开立,且有关微博文系秦某某发布的唯一性结论。

二、假使"淮上秦××"中的有关微博文是本案被告人秦某某发布,根据有关司法解释的规定,其行为亦不构成诽谤罪

• 前已述及,网络诽谤司法解释规定了"捏造事实诽谤他人"的3种情形。

对照司法解释的规定,被告人的行为不构成寻衅滋事罪。

(一)首先,被告人并未"捏造损害他人名誉的事实",或"将信息网络上涉及他人的原始信息内容篡改为损害他人名誉的事实",在信息网络上散布

杨某的《报案材料》(侦查卷第三册即证据卷第62~98页,以及第三卷第二张光盘)称,秦××对她的攻击始于2013年7月15日。但在案证据显示,有关杨某从希望工程领取工作费用、代言×××洗衣液、××传媒经营中存在的问题以及杨某个人生活等信息,早在"淮上秦××"发布微博文前,网络上既已流传。

1. 秦某某的口供:

• 2013年8月19日网安讯问笔录(侦查卷第二册,法律手续口供卷,第6页)

问:这些事情都来源于哪?

答:这些事网上都有,我通过不同的关键词查找,找到的信息我编辑下就转发了。

• 2013年9月2日公安机关讯问笔录(侦查卷第二册,法律手续口供卷,第119页)

"……杨某情夫的事我是通过微博评论里看到有说杨某上海可能有情夫是开高尔夫球场的……至于杨某从希望工程要钱,杨某代言×××洗衣液以及杨某将××传媒藏族股民的钱收入自己口袋的微博都是我通过天×的八卦论坛里的一些关于杨某的相关消息,我没有经过任何核实……"

• 2013年9月29日,某区人民检察院第一次讯问笔录(第7页)

问:你所说的这些消息从哪来的?

答:××别墅是来自2005年的新浪新闻,其他的来源于天×论坛的娱乐八卦爆料。

问:这些消息你有核实过?

答:没有。百×网首页上有十几条类似的消息,内容大同小异,我内心里就觉得是真的。

2. 其他书证显示:

• 关于从希望工程领取工作费用一事,杨某举报信(侦查卷第三册,证据卷,第100页)的附件提供了其本人在博客中发表的《特此声明》,其发表时间也为3年前的2011年6月23日。

• 侦查卷三第二张光盘,即杨某报案材料附件二——网站发布列表、网址本身就说明,在"淮上秦××"发布微博文前,网络上对有关问题已有爆料。(具体参见表1)

表1　网站发布列表及网址

类别	序号	发布媒体	发布链接
论坛	1	豆瓣	http://www.douban.com/group/topic/4140642×/
	2	凯迪社区—猫眼看人	http://club.kdnet.net/dispbbs.asp?boardid=1&id=935906×
	3	天涯社区	http://bbs.tianya.cn/post-funinfo-4369832-×.shtml http://bbs.tianya.cn/pic-funinfo-437201×.shtml#p=150154030
	4	虎扑体育步行街论坛	http://bbs.hupu.com/596916×.html?utm_source=rss&utm_medium=rss&utm_content=topic&utm_campaign=rss
	5	中国营口网论坛	http://www.chinayk.com/read.php?tid=226170×
百度贴吧	1	百度贴吧——曼联	http://tieba.baidu.com/p/246170018×
	2	百度贴吧—切尔希	http://tieba.baidu.com/p/246200594×
	3	百度贴吧—佳木斯	http://tieba.baidu.com/p/246258043×
	4	百度贴吧—李毅	http://tieba.baidu.com/p/246258441×
	5	百度贴吧—广州FC	http://tieba.baidu.com/p/246363192×
网站	1	关注网	http://www.guanzhunet.com/shehui/777×.html
	2	七月娱乐新闻	http://www.qiyue.com/yule/html/2013/zongyi_0716/3432×.html http://www.qiyue.com/yule/html/2013/zongyi_0716/3432×.html http://www.qiyue.com/yule/html/2013/zongyi_0716/3432×.html
	3	广水信息网	http://www.guangshuishi.com/Article/Show.asp?ID=627×
	4	南都网	http://ndent.oeeee.com/html/201307/17/8400×.html

续表

类别	序号	发布媒体	发布链接
网站	5	北方时空	http://www. northtimes. com/yule/20130717/6184×. html
	6	日照网	http://www. rzw. com. cn/vision/qiqu/2013/0718/5979×. shtml
	7	中国青年网	http://school. youth. cn/tx/yl/2013/0718/102655_×. shtml
	8	比比贴信息网	http://www. bibitie. com/shijiazhuang/yule/x89x127 0517×. html
	9	网易	http://bbs. ent. 163. com/photoalbum/bagua/338036 83×. html
博客	1	新浪博客	http://blog. sina. com. cn/s/blog_6f60b200010×f1ti. html
	2	搜狐博客	http://t. sohu. com/preExpr/m/905849395×
	3	博客中国	http://yuwen. blogchina. com/157555×. html

●侦查机关补充的证据五《质疑方就质疑杨某假捐款一事向杨某道歉》表明:早在2011年6月23日,出版人马志某就发布有关博文质疑此事,而“淮上秦××”相关微博文的发布时间均在此时间之后。

3. 辩护人提供的第二组证据显示:

代言的×××洗衣液含有致癌物并被告上法庭一事,2011年6月27日即有报道;

诈捐门+达芬奇代言+红十字事件+青基会质疑+阳光文化黑幕+非洲希望工程……等,2011年7月16日即有报道;

万里大造林事件,2012年2月1日即有报道;

和释永某方丈的传言,2011年10月11日即有报道。

…………

以上有关信息,均在“淮上秦××”发布微博文前。即便现在,在网上也很容易找到。即“淮上秦××”并非有关传言的始作俑者。

(二)其次,被告人并非“明知是捏造的损害他人名誉的事实编造的虚假信息,在信息网络上散布”

2013年8月19日、9月2日某市公安局网安大队讯问笔录和2013年9月29日某区人民检察院第一次讯问笔录(侦查卷第二册,法律手续口供卷,P6)均称有关信息未经核实。

可见,假使微博文系秦某某发布,其主观上亦非"明知是编造的虚假信息,在信息网络上散布"。

(三)起诉书指控秦某某发文行为"造成公共秩序严重混乱"法律依据不足

此节事实不符合网络诽谤司法解释中所规定的"造成公共秩序严重混乱"7种情形中的任何一种。

根据中国互联网络信息中心(CNNIC)发布报告显示,截至2012年12月底,我国网民规模达到5.64亿户。而侦查卷一第五张光盘显示,"淮上秦××"发布的微博文最高的(第27条)转评数量为:转发1087,评论339。相较于庞大的网民数量而言,这一转评量很难称其为"造成公共秩序严重混乱"。

综上,"淮上秦××"所发微博文既非捏造或篡改事实损害他人名誉,亦非明知是捏造的损害他人名誉的事实,而在信息网络上散布。准确地讲,他是一个盲从的跟风者。但其行为并不构成寻衅滋事罪。

第三部分　关于对兰某律师的诽谤

起诉书指控,被告人秦某某使用"江淮秦××"新浪微博账号捏造损害兰某律师的事实在信息网络上散布,引发大量网民转发和负面评价。

但是,经过对在案证据的认真比对,辩护人发现,甲公司出具的查询证明、某市公安局网安总队出具的工作说明、光盘资料以及被告人秦某某的讯问笔录等证据之间存在严重矛盾。据此,辩护人认为,公诉机关的指控事实不清,证据不足。

一、在案证据不能证明涉案的所谓诽谤兰某律师的微博文是秦某某发布

(一)起诉书指控的此节事实及在案证据显示,公诉机关混同了"江淮秦××"和"366××××323—307"两个微博账号。

起诉书指控秦某某以"江淮秦××"这一账号发布诽谤兰某律师的信息,但其提供的证据却均与"366××××323—307"账号有关,而与"江淮秦××"账号无关。此外,在案证据显示,有关微博文均是以"366××××323—307"账号发布。经过对在案证据的认真分析和比对,辩护人认为,公诉机关混同了"江淮秦××"和"366××××323—307"这两个同时存在的账号。

(二)"江淮秦××"与"366××××323—307"两个账号的注册时间、注册IP地址、用户名(通行证)、UID等信息均存在重大差异

• 对比2013年9月25日甲公司出具的《查询证明》(侦查卷第一册,第95页),以及侦查卷一P60显示的内容:(具体参见表2)

表 2　查询证明

	江淮秦××	366××××323—307
注册时间	2013 年 3 月 30 日 10:08:00	2012 年 7 月 26 日 14:52:05
UID	325××××035 (第一卷第七张光盘亦有显示)	366××××323
注册 IP	172.16.15.102 (本站主数据:本地局域网, 参考数据一:本地局域网)	111.197.117.190 (北京市 联通)
用户名(通行证)	151××××5243	qin×××××××123@126.com

(三)江淮秦××值得关注的问题

本案被告人秦某某已自 2013 年 8 月 19 日起被公安机关采取强制措施(8 月 19 日拘留)。

但第一卷第七张光盘显示,"江淮秦××"在秦某某被采取强制措施后的半个多月时间内,即 8 月 19 日至 9 月 7 日间一直在持续发布微博文,证据中显示的最后一次发布微博时间为:9 月 7 日 18:49:18。耐人寻味的是,在这一时间段内,有关微博文内容居然是"网络推手造谣被刑拘#秦××造谣就是玩火"。

(四)"江淮秦××"发布微博文时的 IP 地址均在上海市

公诉机关提供的证据——第一卷第七张光盘(第 97 页)"江淮秦××发布的微博内容"显示,江淮秦××这一账号发布的微博使用了 5 个 IP 地址,经辩护人查询,IP 地址均在上海市。(具体参见表 3)

表 3　注册 IP:本地局域网

116.235.54.7×	上海市 电信(宝山区)
114.92.252.7×	上海市 电信(宝山区)
114.112.65.2×	中国
180.175.182.15×	上海市 电信
114.92.247.22×	上海市 电信(宝山区)

第一卷第七张光盘(第 97 页)"江淮秦××发布的微博内容"显示,"江淮秦××"在这一时间段内并未发布过微博文。

(五)366××××323—307 的注册 IP 地址没有落地查证

1. 注册 IP 没有查证

侦查卷一第 80 页,某市公安局网安总队 2013 年 9 月 25 日出具的《工作说明》中显示"江淮秦××"(注册 IP 时间、注册 IP 和通行证等信息表明,这一账号实为

366××××323—307),注册IP地址无法落地查证。

2.发文IP没有查证

侦查机关提交的第一卷第一张光盘中"秦××13个账号全部微博分类总表"显示(第580~849条),表格中的"江淮秦××"UID信息实为366××××323—307账号。

366××××323—307账号涉及IP如下:

侦查机关提交的第一卷第一张光盘中"秦××13个账号全部微博分类总表"显示(580~849条),表格中的"江淮秦××"UID信息实为366××××323-307账号。366××××323-307账号涉及IP如下:(具体参见表4)

表4 366××××323-307账号涉及IP一览

IP地址	所在地
60.17.18.10×	辽宁省沈阳市　联通
218.24.106.14×	辽宁省沈阳市　联通
175.167.136.10×	辽宁省沈阳市　联通
211.137.33.18×	辽宁省沈阳市　移动
124.65.149.13×	北京市　联通
211.139.190.20×	广东省深圳市　移动(2013年8月11日)
221.179.85.13×	广东省深圳市　移动(2013年8月10日)
211.136.28.13×	北京市　移动
118.144.110.4×	北京市　比通联合网络
124.65.149.13×	北京市　联通
60.17.18.10×	辽宁省沈阳市　联通
175.167.136.×	辽宁省沈阳市　联通
211.137.33.18×	辽宁省沈阳市　移动
218.24.106.14×	辽宁省沈阳市　联通

以上IP地址除北京、沈阳外,还有深圳市(通过手机发微博),但在案证据中公诉机关并未提供机票或车票等予以印证,亦未落地查实。

值得注意的是,第五卷第一张光盘内容实为366××××323—307发布微博文(从第一卷第60页与此张光盘所载UID可见),公诉机关却误将其作为"江淮秦××"。

• 即在案光盘中有两份"江淮秦××"的微博汇总。一份是第五卷第一张光盘;另一份是第一卷的第七张光盘。

值得注意的是,第五卷第一张光盘中并无昵称为“江淮秦××”的记载。

(六)现有证据不能证明有关微博文系秦某某发布

公诉机关提供的证据显示,有关“诽谤”兰某律师的微博文均是以“366××××323—307”账号发布。但在案证据不能充分证明该等微博文系秦某某发布。

本案中,一个值得注意的背景是,用户名为qin×××××××123@126.com的微博账号系贺某为秦某某注册,贺某曾经掌握该账号的密码。侦查卷第二卷P190-192秦某某与贺某的聊天QQ显示,2013年7月26日,野猫×××(QQ昵称)、××××××二世(微博昵称)为秦某某注册了昵称为“一串数字的”账号。但对于秦某某接受注册后是否修改过密码?如有修改,何时修改?侦查机关及公诉机关均未对此进行查证。因此,对于涉案时间段内这一账号密码到底由谁掌握及有关微博文到底由谁发布,这一账号昵称到底是什么等核心问题,侦查机关和公诉机关并未查实。辩护人据此认为,有关此节事实,不排除有关微博文系由案外人发布的可能性。

•2013年8月21日公安局预审总队讯问笔录(侦查卷第二册,法律手续口供卷,第187页):

问:你所用的微博都是你自己注册的吗?

答:不是,还有××××××二世给我提供了一个微博账号,账号户名是qin×××××××123@126.com,密码我记不清了,昵称当时叫什么我不记得了,后来我改成了“江淮秦××”。

•2013年9月29日,某区人民检察院第一次讯问笔录(第3页):

“江淮秦××是微博上的一个朋友德×伊二世用网易qin×××××××123@126.com邮箱帮我注册的”。

辩护人认为,由于有了这样的背景和渊源,在公诉机关指控的此节事实中,不排除涉案微博文系他人发布的可能性。办案机关在进行有关事实认定时,必须分清责任,以免张冠李戴,致使秦某某代人受过。

(七)“366××××323—307”账号值得注意的现象

辩护人提供的第三组第7项证据显示,在秦某某已被公安机关采取强制措施之后,这一账号还在发布有关微博文。

(八)甲公司于2014年2月16日出具的《情况说明》有关内容显系虚假

甲公司证明“366××××323—307”与“江淮秦××”UID号同一,两账号系同一账号,显然与在案证据不符,即与其侦查期间向侦查机关出具的有关证据相反。

辩护人在此提示合议庭注意甲公司与本案之间存在明显的利害关系。在案证据显示,有关涉案的攻击性言论,很多系新浪微博发出,甲公司对此没有尽到其应尽的审查义务。

综上,辩护人认为:

1."江淮秦××"(UID325597103×)账号不是被告人秦某某开立,这一账号与秦某某没有任何关系;

2."366××××323-307"(UID366××××323)账号有关微博文不能认定是由被告人发布。

二、假设"366××××323—307"发布的有关兰某律师的微博系被告人秦某某所发,其行为亦不构成诽谤罪

(一)有关"包养老女人"的信息并非"366××××323—307"这一账号首发。即被告人并非捏造损害他人名誉的事实,在信息网络上散布

1.公诉机关新补充的材料(关于诽谤兰某卷)显示,早在2012年11月26日网上就开始有"兰某被老女人包养"的信息。

2.辩护人提交的第三组第1份证据显示,早在2012年11月26日网上就开始有"兰某被老女人包养"的信息。

(二)关于"兰某被老女人包养"信息,秦某某不是"明知是捏造的损害他人名誉的事实",或"将信息网络上涉及他人的原始信息内容篡改为损害他人名誉的事实",在信息网络上散布

1.公诉机关新补充的材料同时说明,有关兰某律师的这一传言早就引起广大网友的普遍关注,"江淮秦××"只是关注者之一。

2.在兰某卷2013年12月18日某市公安局预审总队的讯问笔录P2中,秦某某称网上早有信息,他随后跟风。至于这个女人的名字,他也是点击了网上已有的链接地址进入这个女人的微博,获取姓名信息。即其他网友完全可以因循同样路径知道她的姓名。此外,秦某某明确表示,对于这个消息是真是假,他并不清楚,也不会关心和核实。

(三)本案情形根本不能构成"严重危害社会秩序"

公诉机关提供的补充证据显示,有关兰某律师信息微博文的最高转发、评论量分别是第327条、第146条(兰某卷倒数第2页),而中国互联网络信息中心(CNNIC)发布的报告显示,截至2012年12月31日,中国的网民规模达到5.64亿。两组数字对照之下,如此稀少的转发与评论量如何称得上是严重危害社会秩序?

第四部分 关于对罗某的诽谤

(2013年2月22~25日)

辩护人认为,"东土秦××"所发微博文内容不构成诽谤罪。"炎黄秦××"既非"捏造损害他人名誉的事实",亦非"明知是捏造的损害他人名誉的事实"而在信息网络上散布。

一、"炎黄秦××"所发内容均在网上可以找到,有关微博文并非"捏造损害他人名誉的事实"或"将信息网络上涉及他人的原始信息内容篡改为损害他人名誉的事实"并在信息网络上散布

•2013年8月19日网安讯问笔录(侦查卷第二册,法律手续口供卷,第7页):"有些事情我是想问他是不是有这回事,相关的信息我也是网上查的。"

•2013年9月29日,某区人民检察院第一次讯问笔录(第6~7页):

问:你是如何攻击罗某的?上述消息你从哪里来?

答:我在网络上通过不同的关键词设置百度到的。

•辩护人提供的第四组证据显示,有关罗某家人的情况,目前,通过维基百科、天涯网站等还可以查到相关的信息。且有关信息公布的时间都在"东土秦××"发帖之前。

二、秦某某并未就罗某将军家人情况进行核实,对于网上流传的损害其家人的信息并非明知

•2013年9月29日,某区人民检察院第一次讯问笔录(第6~7页):

问:这些消息你核实过吗?

答:没有。百度网页上有十几条类似的消息,内容大同小异,我内心里觉得是真的。

再次,在有关评论中,多数是不相信微博内容,其中有很多是谴责博主内容。在此情形下,很难认定有关微博文严重危害社会秩序。

三、辩护人发现了"东土秦××"账号存在的问题

侦查卷第五卷第一张光盘中,在第1~60条中,有50条内容与罗某有关。

2013年9月25日某市公安局网安大队出具的《工作说明》(侦查卷一第79页)只说明该账户的注册IP是116.90.82.180(口碑互动IP地址)。但第16条至第58条的发文IP地址未落实,即假使是秦某某所发,是在什么时间、地点、环境下所发?尤其值得注意的是,个别IP地址是天津市。

(1)118.198.142.3×(北京市电信通)。

(2)118.198.149.23×(北京市电信通),不是口碑互动公司的。卷一第78页的《工作说明》及补充证据三均显示,该公司的IP地址均以116开头。

(3)123.150.159.18×(天津市电信)。

四、有关此节事实的公诉程序不符合法律规定

此节事实不属于网络诽谤司法解释中所规定的"严重危害社会秩序和国家利益"的7种情形之一。

本案中,如果罗某将军认为"东土秦××"的微博文对其造成了诽谤,他完全可以拿起法律的武器提起自诉。而在本案中的情况却是,秦某某于2013年8月19日被采取强制措施,公安机关是在其被拘留5天之后的2013年8月24日才对罗某将

军进行询问;此外,公诉机关还提交了一份签署日期为询问日期之前两天的所谓罗某先生的《情况说明》。

辩护人认为,鉴于此节事实中不存在"严重危害社会秩序和国家利益"的情形,因此,公诉机关没有理由提起公诉。

第五部分 诽谤罪辩护意见小结

综合以上观点,辩护人认为,刑法以及网络诽谤司法解释中,对"捏造事实诽谤他人"、"情节严重"等诽谤罪构罪要件,以及"严重危害社会秩序和国家利益"的公诉条件均做出了明确规定。

综观全案证据和事实,辩护人认为:

首先,公诉机关所指控的诽谤罪事实不清,证据不足,甚至存在账号注册人、微博文发布人与本案被告人不同一、张冠李戴的可能。

其次,本案中,公诉机关针对诽谤罪启动的公诉程序不符合法律规定。

本案中,在涉案的四名诽谤行为被害人中,除了杨某在秦某某被采取强制措施前向公安机关举报外,其他3人均是在秦某某被拘留后由侦查机关对其进行询问。辩护人据此认为,本案的公诉程序不符合法律规定。

辩护人同时认为,本案中,假使被告人的行为构成诽谤罪,那么,无论其犯罪行为对被害人个人的伤害多么严重,都不能将其简单地等同于严重危害社会秩序。因为在刑法和网络诽谤司法解释中,"对公民个人权利的损害"与"对社会秩序的严重危害"这两种情形直接涉及行为人的行为是否构成犯罪,以及对有关犯罪行为是否应当启动公诉程序进行追究的问题。即该两种情形直接关涉对被告人行为不同的法律评价,以及与不同的法律评价相对应的不同的法律后果。

身残志坚的全国残联主席张海某女士、阳光媒体集团董事局主席杨某女士以及罗某将军都是受到社会普遍尊敬的杰出人士;兰某律师也是因为承办过具有较高关注度的案件而具有一定知名度的律师。但是《刑法》第4条明确规定,"对任何人犯罪,在适用法律上一律平等。不允许任何人有超越法律的特权"。辩护人据此认为,即便是对于具有较大社会影响力的精英人士和公众人物,刑法也不应予以特别的适用和保护。

本案中,依照程序法律和实体法律的规定依法办案和准确断案的法律意义,与整肃网络环境同等重要,甚至更为重要。

第二章 关于寻衅滋事罪的辩护意见

(2011年8月20日19:49:54发表的微博)

起诉书指控被告人秦某某于2011年8月20日,为了自我炒作、引起网络舆论关注、提升个人知名度,使用名“中国秦××_f92”的新浪微博账号编造、散布虚假信息攻击原某部委,引发大量网民转发和负面评论。具体而言,公诉机关所指被告人发表的虚假信息系指2011年7月23日动车事故发生后,某部委向意大利遇难者茜茜赔偿金额为三千万欧元(折合人民币接近两亿)的微博文。

但是,经过对在案证据的认真比对,辩护人发现,甲公司出具的有关证明、某市公安局网安总队出具的工作说明、光盘资料以及被告人秦某某的讯问笔录等证据之间存在严重矛盾。据此,辩护人认为,公诉机关的指控事实不清,证据不足。

一、在案证据不能证明“中国秦××_f92”这一微博账号是被告人秦某某注册,有关微博文是秦某某发布

(一)关于“中国秦××_f92”注册时间的疑点

侦查卷一P60甲公司提供的《查询证明》显示,“中国秦××_f92”的信息为:注册时间:2010年5月25日13:16:43,但秦某某供述的“中国秦××_f92”注册时间与《查询证明》所载明显不符。

- 2013年8月19日网安总队第二次讯问笔录(侦查卷第二册,法律手续口供卷,第17页):“2010年7月23日的时候,我自己应聘去的中国××互动营销公司。”
- 2013年8月22日预审总队讯问笔录(侦查卷第二册,法律手续口供卷,第58页):

问:你是什么时间去的中国××互动营销公司?

答:我是在2010年7月23日左右……我是采用搜楼的方式……最后就在SOHO现代城……的中国××互动营销公司应聘成功。

第60页:我到公司后,因为嘉人杂志里面有个时尚达人叫韩火火,这样公司就想塑造我成为下一个韩火火,给我起名叫中国秦××……我最早注册微博的时候还叫“雁度×山”,这样为了公司的宣传和炒作需要,公司就让我将微博的名字改成了“中国秦××”。

此外,在2013年8月25日公安机关讯问笔录(侦查卷第二册,法律手续口供卷,第92页)

2013年8月25日公安机关讯问笔录(侦查卷第二册,法律手续口供卷,第96页)、2013年9月2日公安机关讯问笔录(侦查卷第二册,法律手续口供卷,第109页)、2013年9月18日公安局预审总队讯问笔录(侦查卷第二册,法律手续口供卷,第179页)、2013年9月26日公安局预审总队讯问笔录(侦查卷第二册,法律手续口供卷,第186页)、2013年9月26日公安局预审总队讯问笔录(侦查卷第二册,法律手续口供卷,第195页)等众多笔录中,秦某某均明确表示自己是在2010年7月23日应聘去的中国××互动营销公司,而且是在去了这家公司后,才将微博名字改为中国秦××。

有关秦某某在××互动公司工作时间问题,公诉机关并未提供劳动合同等证据予以佐证。

（二）关于秦某某是否注册过“中国秦××f_92”这一账号的疑点

辩护人注意到，在秦某某的历次供述中，从未明确表示过其注册过“中国秦××f_92”这一账户。

●2013年9月26日公安局预审总队讯问笔录（侦查卷第二册，法律手续口供卷，第186页）

“我现在只记得我这第一个‘中国秦××’的账号是101373××××@qq.com，至于昵称是不是叫‘中国秦××’，还是‘中国秦××’后面带后缀的我记不清了，因为当时叫中国、北京之类的词语是不能注册微博的”。

●2013年9月26日公安局预审总队讯问笔录（侦查卷第二册，法律手续口供卷，第188页）：

“我用过的新浪微博账号有最早的‘中国秦××’，后面有没有后缀字母或者数字我记不清了”。

●2013年9月26日公安局预审总队讯问笔录（侦查卷第二册，法律手续口供卷，第196页）：

“我先后用过15个新浪微博账号，有中国‘秦××’，后面有没有后缀字母或者数字我记不清了”。

（三）“中国秦××_f92”注册IP地址（这一账号是在什么地点注册）没有落地查证

侦查卷一第60页甲公司提供的《查询证明》及侦查卷一第71页某市公安局网安总队四大队出具的证明均显示，“中国秦××_f92”的注册IP：124.126.28.15×。

经辩护人查询，该注册IP归属地为某研究院，与秦某某口供并不一致。

●2013年10月18日，某区人民检察院第二次讯问笔录（第2页）：

“第一个‘中国秦××’是2010年6月在北京朝阳区朝外SOHO的一家咖啡厅里注册的”。

但侦查卷一P80某市公安局网安总队2013年9月25日出具的《工作说明》表明：“经工作，由于技术原因……这一账号的注册IP地址无法落地查证。”

（四）有关“中国秦××_f92”发布微博文IP地址（这一微博文是在什么地点注册）的疑点

侦查卷第一卷第五张光盘（卷内第70页）显示，这一微博发布时使用的IP地址为：123.103.68.24×，经辩护人查询，这一IP地址归属于某网宿科技。但公诉机关并未提供有关这一IP地址落地查实的证据。

（五）有关“中国秦××_f92”发布微博文条数的疑点

秦某某历次供述和当庭供述均称，有关某部委给意大利遇难者赔偿金额的微博只发过一条。但公诉机关提供的侦查卷第三卷第31页，以及侦查卷第二卷第128

页显示,2011 年 8 月 20 日和 21 日,“中国秦××_f92”分别发了一条,共发了两条。

综上,辩护人认为,有关“中国秦××_f92”这一微博账号开立的时间、地点、使用的邮箱等证据之间存在严重矛盾,且有关证据之间的矛盾不能排除。目前的在案证据不能得出这一账号系本案被告人秦某某开立,且有关微博文系秦某某发布的唯一性结论。

(六)辩护人在此再次提请合议庭注意,甲公司于 2014 年 2 月 16 日出具的《情况说明》有关内容显系虚假。该公司与本案之间存在明显的利害关系

二、假使“中国秦××_f92”发布的有关原某部委对外国遇难者赔偿金额的微博文是本案被告人秦某某发布,其行为亦不构成寻衅滋事罪

(一)广大网友对原某部委给予国外遇难乘客赔偿金额的误解并非由“中国秦××_f92”发文内容引起;原某部委澄清的事实并非针对“中国秦××_f92”发文内容

侦查卷第一卷第五张光盘(卷内第 70 页)第 6 条,也即补充证据四显示:

“中国秦××_f92”这一账户于 2011 年 8 月 20 日 19:49:54 发表了一篇与某部委有关的微文。

具体发布内容:

“就在刚刚得到消息,某部委已经向动车事故中意大利遇难者茜茜协议赔偿三千万欧元(折合人民币接近两亿),据悉,这是某部委在参照欧洲法律中有关人身意外伤害条款后,不得不同意此赔偿协议。若此赔偿协议属实,则将开创中国对外个人意外最高赔偿纪录。”

而公诉机关提供的“新补充材料”《某部委否认动车事故外籍遇难旅客获赔 2.76亿》中,记者引用的被多次转发的微博文内容为:

“据某部委内部人员透露,某部委已经向 7·23 动车事故意大利遇难者——茜茜的家属协议赔偿 3000 万欧元,(约合人民币 2.76 亿元),这是某部委巨头们研究欧洲法律人身意外伤害条款后,做出的一个艰难决定!否则欧盟将起诉中国政府,并冻结其在欧美的资产!此赔偿协议创下中国意外赔偿新记录。”

对比上下两文内容可见,两篇微博文的语言表述及有关内容存在明显不同。

可见,某部委的澄清文章所针对的微博文并非“中国秦××_f92”所发内容。

(二)假使“中国秦××_f92”所发微博内容为本案被告人秦某某所发,其行为不具备寻衅滋事罪的构成要件

自 2013 年 9 月 10 日起施行的网络诽谤司法解释第 5 条第 2 款规定:“编造虚假信息,或者明知是编造的虚假信息,在信息网络上散布,或者组织、指使人员在信息网络上散布,起哄闹事,造成公共秩序严重混乱的,依照刑法第 293 条第 1 款第 4 项的规定,以寻衅滋事罪定罪处罚。”

对照司法解释的规定,被告人的行为不构成寻衅滋事罪。

1. 被告人并未"编造虚假信息,在信息网络上散布"

辩护人提供的证据表明,在2011年8月20日"中国秦××_f92"发帖之前,有关某部委向意大利遇难者支付巨额赔偿金的微博文既已被大量转发,其中包括赔偿金额为3000万欧元的微博文。"中国秦××_f92"并非这一信息传播的始作俑者。

豆瓣网站存档中的路西法却在2011年8月20日18时38分就发布了三千万的消息,现该微博已被删除。

此外,在被告人历次讯问笔录中,均提到他是看到网上有关于外国遇难旅客赔偿比中国旅客高的消息才发布微博文的。

• 2013年9月29日,某区人民检察院第一次讯问笔录(第3页):

问:这则消息在哪看到的?

答:在其他人微博里看到的。

公诉机关提供的《补充证据六》显示,2011年8月6日和20日,网友"姜忠车王"和"思想之尘埃"发表微文,称某部委给意大利女子赔偿的金额是2000万欧元。

2. 被告人并非"明知是编造的虚假信息,在信息网络上散布"

• 2013年8月19日网安讯问笔录(侦查卷第二册,法律手续口供卷,第5页)

问:"7·23"动车事件你发布了什么?

答:当时我发了有关赔偿的情况,这个是我从别人那看到后自己整理转发的,当时就觉得很义愤,脑子一热就发布了。后来某部委澄清了情况,我就没再发有关评论。

问:转发的信息你经过核实吗?

答:没有。

问:你发布的动机是什么?

答:很气愤,凭什么赔外国人那么多钱?脑子一热就发了。

可见,对于其他网友发布的有关信息,被告人先是信以为真,继而基于义愤,脑子发热。对于有关消息的真伪,其并未核实,更非明知虚假而转发。

3. 起诉书指控秦某某发文行为"造成公共秩序严重混乱"法律依据不足

自2013年7月22日起施行的最高人民法院、最高人民检察院《关于办理寻衅滋事刑事案件适用法律若干问题的解释》(法释[2013]18号)(以下简称寻衅滋事司法解释)第5条规定,在车站、码头、机场、医院、商场、公园、影剧院、展览会、运动场或者其他公共场所起哄闹事,应当根据公共场所的性质、公共活动的重要程度、公共场所的人数、起哄闹事的时间、公共场所受影响的范围与程度等因素,综合判断是否"造成公共场所秩序严重混乱"。

可见,寻衅滋事司法解释中对于何为“造成公共秩序严重混乱”并未给出量化的标准。

根据中国互联网络信息中心(CNNIC)发布报告显示,截至2011年12月底,我国网民规模达到5.13亿。而侦查卷一第五张光盘显示,“中国秦××_f92”发布的微博文转评数量为:转发10997,评论3365。相较于庞大的网民数量而言,这一转评量很难称其为“造成公共秩序严重混乱”。

综上,“中国秦××_f92”既非编造虚假信息的造谣者,亦非明知是编造的虚假信息而在互联网上散布的传谣者。准确地讲,他是一个盲从地跟风者。但其行为并不构成寻衅滋事罪。

第三章　对量刑问题的辩护意见

关于本案的量刑问题,辩护人认为,虽然公诉机关以诽谤罪和寻衅滋事罪两个罪名起诉,但对被告人不应实行数罪并罚。

假使涉案的有关微博文系被告人秦某某发布,其针对有关个人或有关单位发文时主观故意和客观行为也并无不同。其主观方面均是为了引起网络舆论关注,提升个人知名度;客观方面均是通过网络媒体发布微博文章。由于本案中微博文所指对象分别为公民个人或有关单位,公诉机关才将其行为指控为两个罪名。

辩护人认为,如果合议庭在认定其犯两罪的基础上对其实行数罪并罚,将使被告人对同一行为两次承担刑责,这无疑加重了对被告人的处罚。同时,这也不符合我国刑法对被告人罚当其罪的立法本意。

辩护人希望合议庭认真考虑辩护人就有关实体问题、程序问题,以及定罪问题、量刑问题发表的意见,给本案被告人秦某某一个公正的判决。

【一审刑事判决书】

某市某区人民法院
刑事判决书

(2013)××刑初字第××××号

公诉机关某市某区人民检察院。

被告人秦某某,男,××××年××月××日出生于××省××县,汉族,高中文化,××××信息技术有限公司职工,住××省××县×××镇××村××组;

因涉嫌犯寻衅滋事罪于2013年8月19日被刑事拘留,同年9月18日被逮捕;现羁押在某市第一看守所。

辩护人孙晓洋,北京市鑫泰洋律师事务所律师。

辩护人张力明,北京市鑫泰洋律师事务所律师。

某市某区人民检察院以×××检刑诉(2013)××××号起诉书指控被告人秦某某犯寻衅滋事罪,于2013年10月25日向本院提起公诉,后于2014年1月17日变更起诉,指控被告人秦某某犯诽谤罪、寻衅滋事罪。本院依法组成合议庭,公开开庭审理了本案。某市某区人民检察院指派检察员贾某某、代理检察员李某出庭支持公诉。被告人秦某某及其辩护人孙晓洋、张力明到庭参加诉讼。现已审理终结。

某市某区人民检察院指控:

一、诽谤罪

被告人秦某某于2012年12月至2013年8月间,分别使用"东土秦××"、"淮上秦××"、"江淮秦××"和"炎黄秦××"等新浪微博账户捏造损害罗某、杨某、兰某、张海某等人名誉的事实在信息网络上散布,引发大量网民转发和负面评论。

二、寻衅滋事罪

被告人秦某某于2011年8月20日,为了自我炒作、引起网络舆论关注、提升个人知名度,使用名为"中国秦××_f92"的新浪微博账户编造、散布虚假信息攻击原某部委,引发大量网民转发和负面评论。

被告人秦某某作案后于2013年8月19日被公安机关查获归案。

某市某区人民检察院就上述指控向本院移送了被害人陈述、证人证言、书证及被告人供述等证据,认为被告人秦某某捏造损害他人名誉的事实在信息网络上散布,造成恶劣社会影响,严重危害社会秩序;编造虚假信息在信息网络上散布,起哄闹事,造成公共秩序严重混乱,其行为已构成诽谤罪、寻衅滋事罪,提请本院依法判处。

被告人秦某某对公诉机关的指控未提出异议。其辩护人的辩护意见为:(1)起诉书指控诽谤杨某、兰某的博文系由秦某某所发布的证据不足;秦某某的行为既不属于捏造、篡改事实并散布,也不属于明知是捏造的事实而散布;本案诽谤部分不属于公诉案件。(2)起诉书指控涉及攻击原某部委的博文系由秦某某所发布的证据不足;秦某某的行为不属于编造虚假信息并散布,也不属于明知是编造的虚假信息并散布;认定秦某某的行为造成公共秩序严重混乱的依据不足。(3)即使秦某某的行为构成犯罪,也不应对诽谤和寻衅滋事的事实分别予以法律评价,而应以一罪处理,且其具有认罪悔罪表现,建议对其从轻处罚。

经审理查明:

一、诽谤的事实

(一)被告人秦某某明知罗某(男,中国战略文化促进会常务副会长兼秘书长)系军人,于2013年2月25日使用昵称为“东土秦××”的新浪微博账户(UID号:319××××857)捏造“罗某之兄罗某甲在德国西门子公司任职”的事实,无端质疑罗某及其家人搞“利益交换关系”,并在信息网络上散布。该信息被转发2500余次,引发大量网民对罗某的负面评价。

上述事实,有公诉机关当庭宣读、出示的下列证据予以证明:

1. 被害人罗某陈述:一个叫“秦××”的在新浪微博上编造涉及其家人的虚假信息:其大哥罗某甲曾在西门子公司工作,且已去世。其是一名军人,网络谣言对其造成了很大的伤害,同时对其家人也造成了身心上的创伤,其要求依法惩处该人。

2. 新浪微博截图证明:西门子(中国)有限公司于2013年2月25日发布声明,称该公司从未雇用名为“罗某甲”的员工。

3. 乙公司及公安机关出具的书证证明:

(1)“东土秦××”新浪微博账户的用户名为149257××××@qq.com,UID号为319××××857,注册时间为2012年12月21日,注册IP地址为116.90.82.180(IP归属地为丙公司,位于某市某区)。

(2)“东土秦××”于2013年2月25日9时27分44秒发布微博,内容为:“@罗某,再问你一个严肃的问题,你大哥为什么能成为德国西门子(远东)公司高级顾问,后来又成为西门子(中国)公司副总经理?你们罗家出了老二罗某乙和老三罗某两个少将,现在又有老大罗某甲和老四罗某病两个兄弟分别在德国和美国公司任高层?这当中是不是有什么利益交换关系?请解释这个问题。”发布IP地址为116.90.82.180。该微博被转发2500余次,评论600余次。从甲公司出具的具体评论内容来看,引发了网民对罗某的负面评价。

4. 丙公司出具的书证及证人李媛某(该公司人力资源部总监)的证言证明:秦某某于2012年12月14日至2013年4月14日在该公司任职,该公司为职工工作期间提供上网支持。该公司的IP地址为:116.90.82.179-18×;116.90.86.219-23×。

5. 被告人秦某某供述:其在网上看到罗某发表的言论,产生不满情绪,遂于2013年2月用“东土秦××”新浪微博账户发布博文损害罗某的名誉,说罗某既然是爱国将领为什么他的哥哥在西门子公司工作。罗某的哥哥在西门公司工作,其就造谣说罗某的哥哥在西门子公司工作,然后以原创的方式发布到微博上。

以上证据,经庭审举证、质证,本院予以确认。

(二)被告人秦某某明知“杨某(女,××媒体集团控股有限公司董事局主席)

向希望工程虚假捐赠”系捏造的事实,于2013年7月15日使用昵称为“淮上秦××”的新浪微博账户(UID号:3621××××50)在信息网络上散布。该信息被转发700余次,引发大量网民对杨某的负面评价。

上述事实,有公诉机关当庭宣读、出示的下列证据予以证明:

1. 被害人杨某的报案材料证明:秦某某使用“秦××”的微博账号捏造事实,损害杨某的名誉,杨某于2013年7月25日向公安机关报案。

2. 新浪微博截图及甲公司出具的书证证明:杨某于2011年6月23日发布微博声明,澄清虚假捐款问题;该微博系实名认证。

3. 某基金会官网截图证明:该会于2011年6月25日发布声明,称杨某捐款属实。

4. 甲公司及公安机关出具的书证证明:

(1)“淮上秦××”新浪微博账户的用户名为168587××××@qq.com,UID号为3621××××50,注册时间为2013年7月15日0时32分,注册IP地址为202.104.158.14×。

(2)“淮上秦××”于2013年7月15日19时52分42秒发布微博,内容为:“@杨某曾经在1997年公开宣布,将《凭海临风》的20万元稿费捐给希望工程,事后却又以工作经费的名义秘密地领走了同样数额的费用。杨某此后又以同样方式,多次从青基会财务部领取过希望工程的大额工作经费,2002年此事被曝光后,由于影响太大,直接导致‘希望工程’项目直接停止。”发布IP地址为:124.65.149.13×。该微博被转发700余次,评论200余次。从甲公司出具的具体评论内容来看,引发了网民对杨某的负面评价。

(3)2013年7月15日,秦某某曾在某互联网上网服务有限公司实名上网,并使用“淮上秦××”微博账户。

5. 丁公司出具的书证及证人刘某(该公司总经理)的证言证明:秦某某于2013年5月初到该公司沈阳办事处社区部工作,每两周代表沈阳分公司社区部到北京开会。北京总公司网络的IP地址为:124.65.149.13×。

6. 被告人秦某某供述:“淮上秦××”新浪微博账户由其使用。2013年7月,其用该账户发布博文对杨某进行攻击,称杨某出书所得到的版税捐给希望工程后又以其他名义将该捐款领回。这是其通过天×八卦论坛看到一些关于杨某的消息,没有经过任何核实,就添油加醋,将事实夸大,以更有故事性、曝料性的原创方式发布出来。

针对该起事实,辩护人当庭宣读、出示的证据为:(1)网络文章截图,以证明本案涉及杨某虚假捐款的信息此前已在互联网上形成;(2)公安机关关于“淮上秦××”微博账户的注册地在广东省中山市的书证,以证明涉案微博不是秦某某所发布。

以上证据,经庭审举证、质证,本院认证如下:1. 被告人秦某某关于其使用"淮上秦××"微博账户并在北京发布该条微博的供述有华迅天下公司、甲公司出具的书证及证人刘某的证言佐证,且微博账户的注册不需要本人到注册地亲自操作,故微博账户注册地在广东省中山市不影响案件事实的认定;2. 关于杨某虚假捐款的不实信息虽然在互联网上曾有流传,但在杨某及某基金会做出澄清的情况下,被告人秦某某仍然予以散布,可以认定其明知系捏造的事实而散布。故本院对辩护人的相关意见不予采纳,对公诉机关当庭宣读、出示的证据予以确认。

(三)被告人秦某某在信息网络上看到了"兰某(男,35岁)被老女人包养"的不实信息后,将上述信息篡改为"兰某被老女人周某某包养",并于2013年7月至8月间使用昵称为"366×××323-307"的新浪微博账户(UID号:366×××323,昵称又曾为"江淮秦××")多次在信息网络上散布。该信息累计被转发900余次,引发大量网民对兰某的负面评价。

上述事实,有公诉机关当庭宣读、出示的下列证据予以证明:

1. 被害人兰某陈述:2013年7月,"江淮秦××"发布了很多诽谤其的博文,说其被老女人周某某包养,都是胡编乱造的。其要求严肃惩处诽谤其的人。

2. 秦某某与贺某(微博昵称:"××××××二世")的QQ聊天记录证明:贺某于2013年7月26日14时许,给了秦某某用户名为qin×××××××123@126.com的微博账户和密码。

3. 甲公司及公安机关出具的书证证明:

(1)"366×××323-307"的微博账户的用户名为qin×××××××123@126.com,UID号为366×××323,注册时间为2013年7月26日;昵称为"江淮秦××"微博账户的UID号也为366×××323,由于UID号具有唯一性,故"江淮秦××"与"366×××323-307"系同一用户。

(2)"366×××323-307"的微博账户于2013年七八月间发布微博称兰某律师被老女人周某某包养、吃软饭,并附照片。发布IP地址为:60.17.18.101、218.24.106.146。该微博累计被转发900余次,评论500余次。从甲公司出具的具体评论内容来看,引发了网民对兰某的负面评价。

(3)经查询,60.17.18.10×的IP地址位于华×天下公司沈阳分公司;218.24.106.14×的IP地址位于辽宁省沈阳市。

(4)除了上述微博外,未搜索到其他微博用户发表过类似直接提到周某某姓名的微博。

4. 新浪微博截图证明:在秦某某发布涉案微博之前,互联网上有关于兰某被老女人包养的信息。

5. 被告人秦某某供述:2013年7月26日,微博上一个叫"隐士德×伊"的人用网易邮箱 qin××××××123@126.com 帮其注册了微博账户,当时的用户名是一串数字,其自己改成了"江淮秦××",并修改了密码。这个账户注册后一直由其使用。2013 年 7 月,其用该微博账户发微博,称兰某被 50 岁的老女人包养,后更曝料说出那个 50 岁女人的名字。其攻击兰某的目的是想把兰某搞臭,让网民不信任兰某的言论。

针对该起事实,辩护人当庭宣读、出示的证据为:(1)甲公司出具的书证,以证明 UID 号为 325××××035 的"江淮秦××"微博账户与"366××××323-307"的微博账户并非同一账户;(2)网络文章截图,以证明本案涉及兰某的信息此前已在互联网上形成。

以上证据,经庭审举证、质证,本院认证如下:(1)因 UID 号为 325××××035 的"江淮秦××"微博账户与公诉机关指控的涉案 UID 号为 366××××323 的"江淮秦××"微博账户并非同一账户,故辩护人出示的 UID 号为 325××××035 的"江淮秦××"微博账户相关材料与本案缺乏关联性,本院不予确认;(2)关于兰某的不实信息虽已在互联网上形成,但被告人秦某某在此类信息中加入周某某的姓名,属于捏造事实。故本院对辩护人的相关意见不予采纳,对公诉机关当庭宣读、出示的证据予以确认。

(四)被告人秦某某于 2012 年 11 月 27 日,使用昵称为"炎黄秦××"的新浪微博账户(UID 号:29309×××××)捏造"张海某(女,中国残疾人联合会主席)具有德国国籍"的事实并散布,后经网友举报,甲公司判定上述信息为不实信息,张海某亦于 2012 年 11 月 28 日通过微博发布澄清声明。被告人秦某某又于 2012 年 12 月 31 日使用"炎黄秦××"的新浪微博账户再次发布有关上述信息的博文,在短时间内被转发 20 余次,引发网民对张海某的负面评价。

上述事实,有公诉机关当庭宣读、出示的下列证据予以证明:

1. 被害人张海某陈述:"秦××"在网络上制造谣言说其具有外国国籍。该谣言一直影响其工作,更影响了中国残疾人事业。

2. 新浪微博截图及甲公司出具的书证证明:张海某于 2012 年 11 月 28 日发布微博声明,澄清其国籍问题;该微博系实名认证。

3. 甲公司及公安机关出具的书证证明:

(1)"炎黄秦××"新浪微博账户的用户名为 194456××××@qq.com,UID 号为 29309×××××,注册时间为 2012 年 10 月 1 日,注册 IP 地址为 124.228.60.166(IP 归属地位于湖南省 HY 市)。

(2)"炎黄秦××"于 2012 年 11 月至 12 月间发布微博,称张海某具有德国国籍。其中 2012 年 12 月 31 日 12 时 46 分 0 秒发布的微博被转发 20 余次,评论 20 余次。从甲公司出具的具体评论内容来看,引发了网民对张海某的负面评价。

(3)“炎黄秦××”曾于2012年11月27日23时22分40秒发布微博称张海某具有德国国籍,有网友向甲公司举报该内容不实,甲公司判定张海某未加入德国国籍,被举报人言行构成“发布不实信息”。

(4)秦某某曾实名购买了2012年9月25日北京西到衡阳、2012年10月6日衡阳到北京西的火车票。

4.常住人口基本信息表证明:张海某的户籍所在地为北京市。

5.被告人秦某某供述:“炎黄秦××”的微博账户是其在湖南省HY市注册的。2012年12月,其在网上了解到张海某在德国小住过一段时间,就以此为由,胡乱编造说张海某具有德国国籍,并通过“炎黄秦××”微博账户以原创形式发布,损害张海某的名誉。

针对该起事实,辩护人向法庭宣读、出示了论坛网页截图(该帖子发表于2010年12月19日),以证明在秦某某发布该条涉案微博前,有关张海某具有德国国籍的虚假信息已在互联网上形成。

以上证据,经庭审举证、质证,本院认证如下:关于被告人秦某某是否捏造事实诽谤张海某,甲公司出具的在案书证及秦某某供述证明,秦某某于2012年11月27日发布张海某具有德国国籍的信息后,经举报已被甲公司判定为不实信息,在张海某于2012年11月28日发布声明,澄清其国籍问题后,秦某某仍于2012年12月31日再次发布上述虚假信息。以上证据足以认定秦某某捏造事实诽谤张海某。故本院对辩护人的相关意见不予采纳,对公诉机关当庭宣读、出示的证据予以确认。

二、寻衅滋事的事实

2011年7月23日,甬温铁路浙江省温州市相关路段发生特别重大铁路交通事故(“7·23”甬温线动车事故)。在事故善后处理期间,被告人秦某某为了利用热点事件进行自我炒作,提高网络关注度,于2011年8月20日使用昵称为“中国秦××_f92”的新浪微博账户(UID号:17466××××)编造并散布虚假信息,称原某部委向7·23甬温线动车事故中外籍遇难旅客支付3000万欧元高额赔偿金。该微博被转发11,000次,评论3300余次,引发大量网民对国家机关公信力的质疑,原某部委被迫于当夜辟谣。被告人秦某某的行为对事故善后工作的开展造成了不良影响。

上述事实,有公诉机关当庭宣读、出示的下列证据予以证明:

1.甲公司及公安机关出具的书证证明:

(1)“中国秦××_f92”新浪微博账户的用户名为101373××××@qq.com,UID号为17466××××,注册时间为2010年5月25日,注册IP地址为124.126.28.156(IP归属地位于北京市)。该微博账户与“中国秦××”新浪微博账户的UID号一致,系同一用户。

(2)该微博账户先前所发布的微博中,曾经提到"地铁求粉丝"和与"尔玛公司"相关的信息,与秦某某个人情况相符。

(3)该微博账户于2011年8月20日19时49分54秒发布微博,内容为:"就在刚刚得到消息,某部委已经向动车事故中意大利遇难者茜茜协议赔偿3000万欧元(折合人民币接近2亿元),据悉,这是某部委在参照欧洲法律中有关人身意外伤害条款后,不得不同意此赔偿协议。若此赔偿协议属实,则将开创中国对外个人意外最高赔偿纪录。"该微博被转发11,000次,评论3300余次。从甲公司出具的具体评论内容看,引发了网民对国家机关公信力的质疑。

2. 新浪微博截图证明:2011年8月20日之前,网络上曾经发布过"动车事故中给意大利女子的赔偿金额是2000万欧元"的信息。

3. 某市公安局网络安全保卫总队远程勘验笔录证明:原某部委曾于2011年7月30日12时在人民网上发布了声明,称7·23事故遇难人员赔偿标准为91.5万元。

4. 中国铁路总公司出具的书证证明:原某部委于2011年8月20日夜间发布了《温州动车事故遇难外籍旅客获高额赔偿属谣言》进行辟谣,称将对外籍遇难旅客与中国籍遇难旅客实行同一赔偿救助标准;涉案微博发布后对原某部委的相关工作造成了负面影响。

5. 甲公司及北京××科技有限公司出具的书证证明:昵称为"路西法老大"的微博账户(UID号:179××××985)于2011年8月20日20时45分,发布了关于原某部委向外籍旅客赔偿3000万欧元的博文;豆瓣网上所记录"路西法"发布上述博文的时间为2011年8月20日18时38分34秒,但经查询网站数据,上述微博内容系经过修改后形成的,修改时间为2011年8月20日20时50分18秒。

6. 被告人秦某某供述:2010年5月,其注册了昵称为"雁度千山"的新浪微博账户。2010年7月,其去尔玛公司后,将账户昵称修改为"中国秦××","中国秦××"后面是否带后缀其记不清了。2011年7月甬温线动车事故发生后,其看到网上有消息说外国遇难旅客所获赔偿金额为2000万欧元,高于国内旅客,觉得可以借此炒作一下。为了能吸引眼球,更具煽动性,其将赔偿金额由原先的2000万欧元改成了3000万欧元,然后用该微博账户以原创的形式发布。该微博短时间内被大量转发,官方对此问题还专门做了澄清。

针对该起事实,辩护人提交了"路西法"的微博(UID号:179××××985)于2011年8月20日18时38分34秒在豆瓣网发布的信息,内容为"某部委已经向动车事故中意大利遇难者茜茜协议赔偿3000万欧元",以证明在秦某某发布该信息之前,网上已有人发布了相同的信息。

以上证据,经庭审举证、质证,本院认证如下:(1)关于涉案微博信息是否为被告人秦某某发布,甲公司出具的书证能够证明该微博账户具有与秦某某相关的客观信息,足以证明该微博账户由秦某某所使用,秦某某亦多次供认其使用该微博账户发布涉案信息,证据之间相互印证,足以认定;(2)关于涉案微博信息是否为被告人秦某某所编造,原某部委在秦某某发布该信息前已经发表了赔偿标准的声明,秦某某关于其编造该信息的供述稳定,且其所供认的编造过程有控方提供的"赔偿外籍乘客2000万欧元"信息这一客观证据予以印证,证明其供述的真实性,足以认定;(3)关于在被告人秦某某发布该信息之前是否有他人发布了相同的信息,辩护人出示了"路西法"的微博,该微博显示发布时间早于秦某某,但公诉机关出示的甲公司及北京××科技有限公司出具的书证,能够证明"路西法"发布的微博系在秦某某微博发布之后修改而成。故本院对辩护人的相关意见不予采纳,对公诉机关当庭宣读、出示的证据予以确认。

被告人秦某某于2013年8月19日被查获归案。

对此,公诉机关宣读和出示了下列证据:

被告人秦某某的户籍材料及公安机关出具的到案经过,证明了被告人秦某某的身份及归案情况。

以上证据,经庭审举证、质证,本院予以确认。

关于辩护人所提被告人秦某某主观上不明知系虚假信息,客观上亦未实施捏造、编造虚假信息的行为的辩护意见。经查,被告人秦某某在信息网络上所发布的涉案微博内容或无中生有,为秦某某本人捏造、编造;或虚假信息所涉及内容有一定来源,但经秦某某进行过实质性篡改,以原创的方式发布;或虚假信息虽曾在信息网络上流传,但已经涉案被害人澄清,秦某某仍然增添内容在信息网络上予以散布。秦某某作为网络从业人员,对所发信息的真实性不仅没有尽到基本的核实义务,反而一贯捏造、编造虚假事实,足以证明其主观上明知涉案信息的虚假性。秦某某客观上亦实施了捏造、编造虚假信息的行为,本院在事实、证据认定部分已经分别予以论证。故该辩护意见本院不予采纳。

关于辩护人所提本案涉诽谤事实不属于公诉案件,部分被害人未主动要求司法机关予以追究,公诉机关适用公诉程序追究被告人秦某某诽谤罪刑事责任法律依据不足的辩护意见。经查,根据《中华人民共和国刑法》第246条规定,诽谤他人,情节严重的,构成诽谤罪;严重危害社会秩序和国家利益的,应适用公诉程序。根据《最高人民法院、最高人民检察院关于办理利用信息网络实施诽谤等刑事案件适用法律若干问题的解释》第2条、第4条的规定,同一诽谤信息被转发次数达到500次以上的,应当认定为上述刑法条款规定的"情节严重";一年内多次实施利用信息网络诽谤他人行为未经处理,诽谤信息实际被转发次数累计计算构成犯罪的,应当依法定罪处罚。同时,该司法解释第3条规定,具有诽谤多人,造成恶劣社会影响等情形的,应当认定为上述刑法条款规定的“严重危害社会秩序和国家利益”。本案中,秦某某利用信息网络,分别诽谤罗某、杨某、兰某、张海某4名公民,其中关于罗某、杨某、兰某3人的诽谤信息被转发次数均达到500次以上,应当认定为“情节严重”;关于张海某的诽谤信息被转发次数虽然未达到500次,但根据该司法解释第4条的规定,秦某某系在一年内分别诽谤罗某、杨某、兰某、张海某4人,应对上述诽谤信息的被转发次数累计计算。据此,秦某某诽谤罗某、杨某、兰某、张海某的行为构成诽谤罪,且系诽谤多人并造成了恶劣的社会影响,应当适用公诉程序追究秦某某所犯诽谤罪的刑事责任。故该辩护意见本院不予采纳。

关于辩护人所提被告人秦某某发布原某部委在“7·23甬温线动车事故”中天价赔偿外籍乘客的虚假信息不足以造成公共秩序严重混乱,公诉机关指控该起行为构成寻衅滋事罪的依据不足的辩护意见。经查,“7·23甬温线动车事故”为特别重大铁路交通事故,全民关注,秦某某在该事故善后处理期间,编造政府机关天价赔偿外籍乘客的信息并在网络上散布,起哄闹事,该虚假信息被转发11,000次,评论3300余次,不仅造成网络空间的混乱,也在现实社会引发不明真相群众的不满,扰乱了政府机关的善后工作。秦某某的该起行为足以认定为造成公共秩序严重混乱,符合寻衅滋事罪的构成要件。故该辩护意见本院不予采纳。

关于辩护人所提被告人秦某某发布涉案微博的主观故意和客观行为并无不同,对其以诽谤罪、寻衅滋事罪实行数罪并罚,将使被告人的同一行为两次承担罪责的辩护意见。经查,诽谤罪、寻衅滋事罪两罪的犯罪构成不同,诽谤罪侵犯的客体是公民的人格和名誉,寻衅滋事罪侵犯的客体是社会秩序,两罪的行为特征不同。本案中,秦某某捏造损害罗某、杨某、兰某、张海某等公民人格、名誉的事实,在信息网络上散布,其行为符合诽谤罪的犯罪构成;而秦某某在“7·23”甬温线动车事故发生后,编造政府机关天价赔偿外籍乘客的虚假信息在信息网络上散布,起哄闹事,造成了社会公共秩序的严重混乱,其行为符合寻衅滋事罪的犯罪构成。公诉机关根据不同性质的案件事实,分别认定为诽谤罪、寻衅滋事罪,定性准确,本院予以支持。故该辩护意见本院不予采纳。

本院认为,被告人秦某某无视国法,在信息网络上捏造事实,诽谤他人,情节严重,且系诽谤多人,造成恶劣社会影响,其行为已构成诽谤罪;被告人秦某某在重大突发事件期间,在信息网络上编造、散布对国家机关产生不良影响的虚假信息,起哄闹事,造成公共秩序严重混乱,其行为已构成寻衅滋事罪,依法应予以惩处并实行数罪并罚。某市某区人民检察院指控被告人秦某某犯诽谤罪、寻衅滋事罪的事实清楚,证据确实、充分,指控的罪名成立。被告人秦某某在较长时间段内在信息网络上多次肆意实施违法犯罪行为,根据其所犯诽谤罪、寻衅滋事罪的事实、性质、情节及社会危害程度,本应对其酌情予以从重处罚。但鉴于被告人秦某某归案后能如实供述所犯罪行,认罪悔罪态度较好,本院对其所犯诽谤罪、寻衅滋事罪均依法予以从轻处罚。辩护人建议对被告人秦某某从轻处罚的辩护意见,本院予以采纳。本院依照《中华人民共和国刑法》第246条、第293条第1款第(4)项、第67条第3款、第61条、第69条第1款以及《最高人民法院、最高人民检察院关于办理利用信息网络实施诽谤等刑事案件适用法律若干问题的解释》第1条、第2条、第3条、第4条、第5条第2款之规定,判决如下:

被告人秦某某犯诽谤罪,判处有期徒刑2年;犯寻衅滋事罪,判处有期徒刑1年6个月,决定执行有期徒刑3年(刑期从判决执行之日起计算。判决执行以前先行羁押的,羁押1日折抵刑期1日,即自2013年8月19日起至2016年8月18日止)。

如不服本判决,可在接到判决书的第二日起10日内,通过本院或者直接向某中级人民法院提出上诉。书面上诉的,应当提交上诉状正本一份,副本二份。

审 判 长 ×××
代理审判员 ×××
人民陪审员 ×××
2014年4月17日
书 记 员 ×××

办案总结

本案是2013年全国公安机关集中开展打击网络有组织制造传播谣言等违法犯罪行动和最高人民法院、最高人民检察院出台《关于办理利用信息网络实施诽谤等刑事案件适用法律若干问题的解释》以来,第一起依法公开审理的典型案件。

本案属新型、利用互联网实施的犯罪。因此,案件证据存在三大特点:第一,证据种类多样化;第二,证据数量庞大,尤其是存在大量光盘等电子数据;第三,在案证据涉及较为复杂的网络、微博等技术性问题。上述证据特点使得辩护律师的工作面临严峻挑战。首先,类似案件几乎没有先例可循;其次,在案各类证据尤其是电子数据的比对工作量巨大;再次,辩护律师应当深入了解并熟练掌握与案件有关的互联网、微博等技术性问题,如微博注册时间、注册IP等;最后,律师要将技术问题对本案事实的认定以及法律适用等的影响进行深入剖析和精准定位。

值得关注的是,虽然秦某某本人在庭审过程中对公诉机关指控的犯罪事实"照单全收",但律师在核心辩护意见中明确指出,本案不同种类的证据之间存在严重矛盾,根据公诉机关提供的相关证据,不能得出"有关涉案微博账号是被告人秦某某注册,有关涉案微博文是秦某某发布"的唯一性结论。即在案有关证据不能支持起诉书指控的有关事实。

本案作为网络谣言第一案,首次将司法解释的相关规定进行落地实践,具有重要的示范意义。本案的审理对此后其他类似案件(如立二拆四非法经营案)的审理具有重要的借鉴意义。本案社会影响较大,舆论关注度较高。2014 年 4 月 11 日,某市某区人民法院公开开庭审理了本案。中央电视台等多家媒体和网站对庭审情况进行了大量报道,法院也对本案庭审情况进行了微博直播。

辩护律师的工作专业、认真、负责,受到了被告人秦某某及其家属、新闻媒体以及办案机关的高度评价。2014 年 4 月 17 日,某市某区人民法院判决秦某某犯诽谤罪,判处有期徒刑 2 年;犯寻衅滋事罪,判处有期徒刑 1 年 6 个月,决定执行有期徒刑 3 年。从判决结果来看,律师的辩护意见对本案量刑产生了较大影响。判决结果超出了秦某某本人的庭前预期。

本案厘清网络言论自由与网络谣言的边界,揽获多项荣誉。本案入选 2014 年度人民法院十大刑事案件、首届首都十大网络安全案件。2015 年"两会"期间,在最高人民法院院长周强所做工作报告中,本案被列为 2014 年人民法院的重要工作内容之一。

专家点评

本案是一起利用网络实施的犯罪,触及的罪名虽然传统,但行为方式较为新颖,可以称之为新型犯罪。同时,本案又是在关于利用网络实施犯罪的相关司法解释出台后的首例案件,对法律的理解和适用具有示范效应。

办理这种新型犯罪,对辩护律师提出了更高的要求。辩护律师不仅要具有专业的法律知识和技术,对法律规定有精准的理解和把握,还要对涉及的其他相关领域的知识有所了解,并且将其与法律有机地结合起来,从法律层面作出解读。

此外,对于这样涉及法律之外专业知识的案件,专家、专家辅助人的作用,不容忽视,毕竟术业有专攻。

作为新型犯罪的首例案件,在无章可循的情况下,辩护律师有理有据的法律解读,不仅维护了自己当事人的合法利益,更重要的是对今后类似案件处理的深远影响。

本案虽然没有改变公诉机关指控的罪名,但律师的专业工作,实现了个案的有效辩护,和对司法实践的指引意义。

点评人:常铮(北京市尚权律师事务所律师、北京市律师协会智库重大复杂案件课题组刑事组组员)

复核人:许兰亭(北京市君永律师事务所律师、北京市律师协会智库重大复杂案件课题组刑事组组长)

网络盗窃案件的既遂标准

——李某掩饰、隐瞒犯罪所得案*

争议焦点

盗窃罪与掩饰、隐瞒犯罪所得罪的区分;虚拟货币是否属于法律意义上的财物;盗窃既遂的认定。

关键词

盗窃罪　掩饰、隐瞒犯罪所得　虚拟货币　盗窃既遂

案情简介

公诉机关某市某区人民检察院。

被告人李某,男,××××年××月××日出生,汉族,出生地××省××县,大学文化,××大学学生,因涉嫌犯掩饰、隐瞒犯罪所得罪,于2009年3月15日被羁押,同年4月16日被逮捕;同案被告人李某某,网名"教皇";被告人谢某某,网名"幸运";被告人黄某某,网名"叫我山鸡哥",均因涉嫌犯掩饰、隐瞒犯罪所得罪被逮捕。

某市某区人民检察院指控,2008年11月,陈某(另案处理)利用黑客程序侵入本市甲公司的计算机系统,盗取大量联众游戏用户的账户名和密码(账户内有"联众币"160万个),后陈某伙同被告人李某将上述物品销售给被告人李某某。被告人李某某又将上述物品销售给被告人黄某某、谢某某,被告人黄某某、谢某某遂在淘宝网上将上述物品销售给周某(另案处理)等人。周某随即冒名登录联众游戏账户,使用该账户内的

* 案例提供人、承办律师:张竞(北京市张竞律师事务所)。

"联众币"消费后,将消费物以赠予的形式转移至自己的联众账户。经鉴定,160 万个"联众币"价值人民币 16 万元。2009 年 2 月 20 日,被告人黄某某、李某某、谢某某被公安机关抓获归案。2009 年 3 月 15 日,被告人李某被公安机关抓获归案,此后公诉机关以犯盗窃罪向某区人民法院提起公诉。

辩护人认为,李某的行为不构成盗窃罪,应认定为掩饰、隐瞒犯罪所得罪,二审法院最终采纳了辩护人的意见。

案件历程

【起诉书】

某市某区人民检察院
起诉书

××检刑诉(2009)×××号

被告人李某,男,××××年××月××日出生,身份证号码为××××××××××××××××××,汉族,××省××县人,大学文化,××农业大学学生,户籍所在地为××省××县××镇×××小区××号。因涉嫌犯掩饰、隐瞒犯罪所得罪,于 2009 年 3 月 15 日被某市公安局某分局刑事拘留,经本院批准,于 2009 年 4 月 16 日被某市公安局某分局逮捕。

被告人李某某,网名"教皇",男,××××年××月××日出生,身份证号码为××××××××××××××××××,汉族,××省××市人,高中文化,无业,户籍所在地为××省××市××区×××街×××委×××组。因涉嫌犯掩饰、隐瞒犯罪所得罪,于 2009 年 2 月 20 日被某市公安局某分局刑事拘留,经本院批准,于 2009 年 3 月 27 日被某市公安局某分局逮捕。

被告人谢某某,网名"幸运",男,××××年××月××日出生,身份证号码为××××××××××××××××××,汉族,××省××市人,大专文化,无业,户籍所在地为××省××市××区×××号××座×××单元。因涉嫌犯掩饰、隐瞒犯罪所得罪,于 2009 年 2 月 20 日被某市公安局某分局刑事拘留,经本院批准,于 2009 年 3 月 27 日被某市公安局某分局逮捕。

被告人黄某某,网名"叫我山鸡哥",男,××××年××月××日出生,身份证号码为××××××××××××××××××,汉族,××省××县人,大专文化,户籍所在地为××省××县××乡××村××路××号。因涉嫌犯掩饰、隐瞒犯罪所得罪,于2009年3月27日被某市公安局某分局逮捕。

本案由某市公安局某分局侦查终结,以被告人李某、李某某、谢某某、黄某某涉嫌犯掩饰、隐瞒犯罪所得罪,于2009年6月5日向本院移送审查起诉。本院受理后,依法告知被告人有权委托辩护人,被害人有权委托诉讼代理人等诉讼权利,依法讯问了被告人,审查了全部案件材料。其间,因案情复杂,依法延长案件审查期限3次各15天;因需要补充完善证据,退回补充侦查2次,2009年10月28日案件再次移送审查起诉。

经依法审查查明:

2008年11月,陈某(另案处理)利用黑客程序侵入本市某区甲公司的计算机系统,盗取大量联众游戏用户的账户名和密码(账户内有"联众币"160万个),后陈某伙同被告人李某将上述物品销售给被告人李某某。被告人李某某又将上述物品销售给被告人黄某某、谢某某,被告人黄某某、谢某某遂在淘宝网上将上述物品销售给周某(另案处理)等人。周某随即冒名登录联众游戏账户,使用该账户内的"联众币"消费后,将消费物以赠予的形式转移至自己的联众账户。经鉴定,160万个"联众币"价值人民币16万元。

认定上述事实的证据如下:被告人李某、李某某、谢某某、黄某某的供述与辩解、证人霍旭某、吴浩某、周某的证言、鉴定结论等证据材料。

2009年2月20日,被告人黄某某被公安机关电话传唤到案;被告人黄某某到案后协助公安机关于2009年2月20日将被告人李某某抓获归案;2009年2月20日,被告人谢某某被公安机关抓获归案;2009年3月17日,被告人李某被公安机关抓获归案。

本院认为,被告人李某、李某某、谢某某、黄某某秘密窃取他人财物,数额特别巨大,其行为触犯《中华人民共和国刑法》第264条之规定,犯罪事实清楚,证据确实充分,应当以盗窃罪追究其刑事责任。被告人黄某某到案后协助公安机关抓获同案犯,有立功表现,依照《中华人民共和国刑法》第68条之规定,可以从轻或者减轻处罚。根据《中华人民共和国刑事诉讼法》第141条之规定(现行《中华人民共和国刑事诉讼法》第172条),提起公诉,请依法判处。

此致

某市某区人民法院

代理检察员:×××
2009年12月11日
书　记　员:×××

附：

1. 被告人李某、李某某、谢某某、黄某某现羁押于某市某区看守所。

2. 换押证4份。

3. 证据目录1份、主要证据复印件1册。

【一审刑事判决书】

某市某区人民法院
刑事判决书

(2010)××刑初字第×××号

公诉机关某市某区人民检察院。

被告人李某，男，××××年××月××日出生，汉族，出生地××省××县，大学文化，××农业大学学生，户籍地为××省××县××镇××××小区××号；因涉嫌犯掩饰、隐瞒犯罪所得罪，于2009年3月15日被羁押，同年4月16日被逮捕，现羁押在某市某区看守所。

辩护人张竞，北京市张竞律师事务所律师。

被告人李某某，网名"教皇"，男，××××年××月××日出生，汉族，出生地××省××市××区××街××委×××团；因涉嫌犯掩饰、隐瞒犯罪所得罪，于2009年2月20日被羁押，同年3月27日被逮捕，现羁押在某市某区看守所。

辩护人××，××市××律师事务所律师。

被告人谢某某，网名"幸运"，男，××××年××月××日出生，汉族，出生地××省××市，大专文化，无业，户籍地为××省××市××区×××号××座××单元；因涉嫌犯掩饰、隐瞒犯罪所得罪，于2009年2月20日被羁押，同年3月27日被逮捕，现羁押在某市某区看守所。

辩护人××，××市××律师事务所律师。

被告人黄某某，网名"叫我山鸡哥"，男，××××年××月××日出生，汉族，出生地××省××县，大专文化，无业，户籍地为××省××县××乡××村××路××号；因涉嫌犯掩饰、隐瞒犯罪所得罪，于2009年2月20日被羁押，同年3月27日被逮捕，现羁押在某市某区看守所。

辩护人×××，××××律师事务所律师。

某市某区人民检察院以××检刑诉(2009)×××号起诉书指控被告人李某、李某某、谢某某、黄某某犯盗窃罪,于2009年12月24日向本院提起公诉。本院依法组成合议庭,公开开庭审理了本案。某市某区人民检察院指派代理检察员××出庭支持公诉,被告人李某及其辩护人张竞,被告人李某某及其辩护人××,被告人谢某某及其辩护人××,被告人黄某某及其辩护人×××均到庭参加诉讼。现已审理终结。

某市某区人民检察院指控,2008年11月,陈某(另案处理)利用黑客程序侵入本市某区甲公司的计算机系统,盗取大量联众游戏用户的账户名和密码(账户内有"联众币"160万个),后陈某伙同被告人李某将上述物品销售给被告人李某某。被告人李某某又将上述物品销售给被告人黄某某、谢某某,被告人黄某某、谢某某遂在淘宝网上将上述物品销售给周某(另案处理)等人。周某随即冒名登录联众游戏账户,使用该账户内的"联众币"消费后,将消费物以赠予的形式转移至自己的联众账户。经鉴定,160万个"联众币"价值人民币16万元。2009年2月20日,被告人黄某某被公安机关电话传唤到案;被告人黄某某到案后协助公安机关于2009年2月20日将被告人李某某抓获归案;2009年2月20日,被告人谢某某被公安机关抓获归案;2009年3月17日,被告人李某被公安机关抓获归案。

针对以上事实,公诉机关向本院提交了相关的证据材料,认为被告人李某、李某某、谢某某、黄某某的行为已触犯了《中华人民共和国刑法》第264条之规定,构成盗窃罪,盗窃数额特别巨大;被告人黄某某具有自首、立功情节,提请本院依法对4名被告人定罪处罚。

被告人李某对起诉书指控的罪名提出异议,表示其仅实施了销赃行为,不应构成盗窃罪。其辩护人认为,被告人李某就盗窃行为与在逃案犯陈某并无共同的犯意联络,亦无事前通谋;本案中被盗的联众币是虚拟物品,能够通过技术手段予以恢复;被告人认罪态度较好,此次犯罪系初犯,建议法院对其从轻处罚。

被告人李某某对起诉书指控的罪名提出异议,表示其仅实施了销赃行为,不应构成盗窃罪。其辩护人认为,本案中实施盗窃行为的系在逃的陈某,而被告人李某某就盗窃并无共同的犯罪故意,不应构成盗窃罪;本案甲公司被盗的标的物联众币系虚拟财产,难以认定为公私财物;被告人李某某此次犯罪系初犯、偶犯,并表示愿意积极退赃,建议法院对其从轻处罚。

被告人谢某某对起诉书指控罪名提出异议,表示其仅实施了销赃行为,不应构成盗窃罪。其辩护人认为,被告人谢某某并无秘密窃取公私财物的行为,仅是伙同被告人黄某某实施了掩饰、隐瞒犯罪所得赃物的行为;且与实施盗窃行为的在逃案犯并无共同的犯意联络;被告人谢某某此次犯罪系初犯;认罪态度较好,建议法院对其从轻处罚。

被告人黄某某对起诉书指控的罪名异议,表示其仅实施了销赃行为,不应构成盗窃罪。其辩护人认为,被告人黄某某与其余被告人并无共同的盗窃犯意,其行为不构成盗窃罪;被告人黄某某具有自首情节;且协助公安机关抓捕同案犯,具有立功表现;认罪态度较好。综上,建议法院对其从轻、减轻处罚。

经审理查明,2008 年 11 月,陈某(现在逃)利用黑客程序侵入本市某区甲公司的计算机系统,盗取大量联众游戏用户的账户名和密码(账户内有“联众币”160 万个),后陈某伙同被告人李某将上述账户名和密码销售给被告人李某某。被告人李某某又将上述物品销售给周某(另案处理)等人。周某等人随即冒名登录联众游戏账户,使用该账户内的“联众币”消费后,将消费物以赠予的形式转移至自己的联众账户。经鉴定,160 万个“联众币”价值人民币 16 万元。2009 年 2 月 20 日,被告人黄某某被公安机关电话传唤到案。被告人黄某某到案后协助公安机关于当日将被告人李某某抓获归案。同时,被告人谢某某被公安机关抓获归案。2009 年 3 月 15 日,被告人李某被公安机关抓获归案。

庭审过程中,公诉人当庭宣读,出示了侦查机关在侦查阶段依法收集和调取的下列证据:

1. 被告人李某的供述,证实其曾供认其和陈某通过网络相识,后来成了朋友。2008 年 11 月,陈某来成都找其玩,说他通过互联网盗取了一批甲公司的用户名和密码,让其帮忙对外销售,其为了挣钱同意了。其通过 QQ 给购买的客户发送 TXT 文档,有时通过 QQ 给他们发一个网页,网页上有其上传的压缩包,里面有其销售的联众用户名和密码,客户再下载就行了,对方都是通过汇款到其的银行卡上,后其查询卡上共有汇款 6 万元,其自己留了 1.2 万元,剩下的 4.8 万元都给了陈某。

2. 被告人李某某的供述,证实其曾供认其自 2001 年开始在互联网上买卖虚拟物品及游戏币,低买高卖赚取差价。2008 年 11 月其的 QQ 群里有一个叫李某的卖家出售联众币,价格远低于市场价,其就从对方手中花了 6 万元买了联众账号和密码,账号里共计有 100 多万个游戏币,后其将上述游戏账户和密码转卖给一个网名叫“幸运”的买家,赚了 1 万余元。其怀疑过李某的联众账号是盗取来的,但为了挣钱就没管这么多。

3. 被告人谢某某的供述,证实 2008 年 10 月,其和网友黄某某打算在网上弄些游戏币和游戏装备卖了赚钱,但一直没有做成。11 月,其 QQ 的一个好友“教皇”联系其,说手里有一批带有联众币的联众用户名和密码,问其要不要。黄某某上网找了一下下家,见确实有销路,就向“教皇”进货。其以 3 折到 4 折的价格购入,以 4 折到 4.5 折的价格对外销售,前后销售的账户中共有 100 多万个“联众币”,后来因为“教皇”手里没有货了,才不卖了。其认为这些联众币肯定是偷来的,不然不会这么便宜,但不知道是不是“教皇”偷来的。

4. 被告人黄某某的供述,证实其曾供认其和谢某某住在一起,一天见谢某某在网上和一个网名叫"教皇"的人聊天时说有偷来的联众游戏账号和密码,可以变卖赚钱,其从网上看了一下确实有市场,就和"教皇"谈好从他那里购进,而后转卖牟利。其和谢某某共从"教皇"处购买了1000余个账户,游戏币总计约170万个,后转卖共获利3万余元。

5. 证人霍旭某(甲公司员工)的证言,证实2008年11月10日至21日,有495个用户向其公司投诉,反映其个人的联众ID上丢失了联众币,经初步统计丢失的联众币共计160余万个,造成的经济损失有16万元。后其公司技术部门通过反查数据发现在2008年11月9日凌晨至11月10日凌晨,有人利用公司对外的服务器中的漏洞,进入该服务器,而后进入公司主要服务器,从主服务器上将数据盗走。据用户反映,他们的联众账号下的联众币被换购成电子产品,送给了其他用户,但这些操作都不是用户本人完成的。

6. 证人吴浩某的证言,证实2008年11月20日晚上,其登录自己的联众账号时发现其账户内的2万多联众币被消费,但其并未从事过相关操作。

7. 证人周某的证言,证实其曾于2008年11月20日及11月13日,使用淘宝账户从一个网名为"叫我山鸡哥"的人手中购买了11个带密码的联众账户,账户内共有游戏币38,565个,花了人民币2359元,这些联众币都被其玩游戏时消费了,并向警方提供了交易记录。

8. 涉案财产价格鉴定结论书,证实经鉴定,涉案的160万个联众币共计价值人民币16万元。

9. 抓获经过,证实被告人李某某、谢某某、黄某某于2009年2月20日被公安机关抓获归案,被告人李某于2009年3月15日被抓获归案。

10. 公安机关出具的办案说明,证实被告人黄某某系公安人员电话通知其到公安机关接受审查,后被告人黄某某自行到公安机关投案。

11. 甲公司执照,证实甲公司的工商注册情况及营业范围。

12. 甲公司证明,证实甲公司服务器被入侵的情况。

13. 银行账户,证实被告人银行账户的交易情况。

经法庭质证,被告人李某、李某某、谢某某、黄某某及其辩护人对上述证据均未提出异议。控方提交的证据形式及来源合法,内容客观、真实,对其证明效力,本院予以确认。

本院认为,被告人李某、李某某、谢某某、黄某某伙同他人秘密窃取被害单位财物,数额特别巨大,其行为均已构成盗窃罪,应予惩处。某市某区人民检察院指控被告人李某、李某某、谢某某、黄某某犯盗窃罪的事实清楚,证据确凿,指控罪名成立。因其犯罪行为给被害单位造成的经济损失,本院责令其予以退赔。关于被告人李某等4人及其辩护人提出的其行为不构成盗窃罪的辩护意见,经查,本案定性的争议焦点在于盗窃既遂点的认定,在被告人李某等人尚未将联众游戏用户的账户及密码销售给玩家,并由玩家登录进行操作前,被害方对于涉案账户内的联众币仍然拥有实际的控制权,正是由于被告人李某、李某某、谢某某、黄某某销售账户和密码的行为,促成了本案盗窃行为最终达成既遂,由此可见,本案4名被告人对外销售账户名和密码的行为,就如同销售一串能够打开房门的钥匙,掌握这些钥匙,他人就可以随意打开房门,盗取那些本不属于自己所有的财物。因此,没有4名被告人销售的"钥匙",他人就不可能进入房间窃走财物,故4名被告人的销售行为是整个盗窃犯罪达成既遂不可或缺的重要组成部分,而不是他人盗窃既遂后对所窃赃物的销售行为,这就是本案应认定为盗窃罪的根本原因。辩护人关于本案应认定为掩饰、隐瞒犯罪所得罪的观点,主要是建立在将账户名和密码这把"钥匙"定性为赃物的基础上,而不去打开房门,"钥匙"本身并没有任何价值,他人的合法财产也不可能受到损失,因此,辩护人的观点与客观事实不符,本院不予采纳。鉴于被告人黄某某在接到公安机关电话传唤后能够自行到案,并如实供认自己的犯罪事实,系自首;且能够协助公安机关抓获被告人李某某,系立功,本院依法对其从轻处罚。对被告人李某、李某某、谢某某依照《中华人民共和国刑法》第264条、第25条第1款、第55条第1款、第56条第1款、第53条、第64条;对被告人黄某某依照《中华人民共和国刑法》第264条、第25条第1款、第55条第1款、第56条第1款、第67条第1款、第68条第1款、第53条、第64条之规定,判决如下:

1. 被告人李某犯盗窃罪,判处有期徒刑11年,剥夺政治权利2年,罚金人民币11,000元。

(刑期从判决执行之日起计算。判决执行以前先行羁押的,羁押一日折抵刑期一日,即自2009年3月15日起至2020年3月14日止;罚金限自本判决生效之次日起3个月内缴纳)

2. 被告人李某某犯盗窃罪,判处有期徒刑11年,剥夺政治权利2年,罚金人民币11,000元。

(刑期从判决执行之日起计算。判决执行以前先行羁押的,羁押一日折抵刑期一日,即自2009年2月20日起至2020年2月19日止;罚金限自本判决生效之次日起3个月内缴纳)

3. 被告人谢某某犯盗窃罪,判处有期徒刑11年,剥夺政治权利2年,罚金人民币11,000元。

(刑期从判决执行之日起计算。判决执行以前先行羁押的,羁押1日折抵刑期1日,即自2009年2月20日起至2020年2月19日止;罚金限自本判决生效之次日起3个月内缴纳)

4. 被告人黄某某犯盗窃罪,判处有期徒刑10年,剥夺政治权利2年,罚金人民币10,000元。

(刑期从判决执行之日起计算。判决执行以前先行羁押的,羁押1日折抵刑期1日,即自2009年2月20日起至2020年2月19日止;罚金限自本判决生效之次日起3个月内缴纳)

5. 责令被告人李某、李某某、谢某某、黄某某共同退赔人民币160,000元,发还被害单位甲公司。

如不服本判决,可在接到判决书的第二日起10日内,通过本院或者直接向某人民法院提出上诉。书面上诉的,应当提交上诉状正本一份,副本四份。

审　判　长　×××
人民陪审员　×××
人民陪审员　×××
2010年4月16日
书　记　员　×××

【二审辩护词】

尊敬的审判长、审判员:

北京市张竞律师事务所接受被告人李某的委托,指派本律师担任其二审辩护人。根据事实和法律,发表如下辩护意见:

被告人不服一审判决,提出上诉。辩护人认为,一审判决将本案定性为盗窃罪是错误的,应当定性为掩饰、隐瞒犯罪所得罪。

一、李某不构成盗窃罪共犯

1. 起诉书认定陈某利用黑客程序,盗取联众用户的账户名和密码,盗窃行为是陈某独立完成的。

2. 本案的赃物是信息,载体是账户名和密码。陈某个人利用黑客程序盗取后的赃物就是这些信息,陈某利用李某在QQ群上的便利销售这些信息。李某的转卖行为是在盗窃行为完成后的销赃行为,陈某通过网络把赃物发给李某,李某明知这些信息是赃物而销售获利,符合掩饰、隐瞒犯罪所得的犯罪构成。

3. 李某等4个被告没有共同的意思联络,每个人都是独立的销售行为,连续加价,每个人都获取各自加价的利润,没有分赃的行为,也证明没有共同的故意。李某和实施盗窃行为的陈某没有共同进行盗窃的意思联络,盗窃行为是陈某个人独自完成的,事先和事后李某都没有参与。

二、本案犯罪的标的物不适格,Q币不是法律意义上的财物,法律没有将虚拟货币纳入刑法保护的范围

1. 本案涉案的标的物"联众币"是甲公司发行的一种虚拟货币。虚拟货币作为一种拟制的货币,不具备法律意义上的财产属性,将其作为盗窃罪的对象没有法律依据。"虚拟财产"在现实中又是没有使用价值的,不是实体财物,很难认定是公私财物,把虚拟财产等同于盗窃实物,缺乏法律依据。鉴于此,根据我国刑法的"疑罪从无"原则,不能以盗窃罪追究被告人的刑责。

2. 虚拟货币的实质,其在网络游戏系统这一计算机信息系统中表现出来的就是数据,是电磁记录,无论这种数据通过何种形式体现一定的价值,都不能改变其"虚拟"的特性。联众币不是实际存在的物,技术上完全可复制,实际上本案甲公司在联众用户投诉丢失联众币后,都补偿了联众用户币,对于甲公司来讲没有任何的损失,只是增加一些数据而已。

3. 公诉机关出示的证据不能充分证明联众用户丢失的联众币和本案被告人的行为存在因果关系。

公诉机关提交了联众币丢失用户的投诉记录及服务器被入侵的情况说明作为指控犯罪行为的证据,但是并没有联众用户购买联众币的实际汇款单,或甲公司开给用户的任何票据不能凭他们双方之间说价值多少就是多少,没有证据能证明入侵行为和本案被告人之间存在联系,也只有一个联众用户的陈述(公安询问笔录)和实际分赃人周斌供述,存在证据瑕疵。

综上所述,辩护人认为一审判决定性为盗窃罪是错误的,应认定为掩饰、隐瞒犯罪所得罪,请求二审法院予以纠正。鉴于李某此次犯罪是初犯,主观恶性小,有真诚的认罪、悔罪表现,恳请二审法庭予以酌情考虑,给其一个悔过自新、重新做人的机会。

辩护人:张竞

2010年6月26日

【二审刑事判决书】

××市第一中级人民法院
刑事判决书

(2010)一中刑终字第××××号

原公诉机关某市某区人民检察院。

上诉人(原审被告人)李某,男,××岁(××××年××月××日出生),汉族,出生地××省××县,大学文化,××农业大学学生,户籍所在地:××省××县××镇×××小区××号。因涉嫌犯掩饰、隐瞒犯罪所得罪,于2009年3月15日被羁押,同年4月16日被逮捕,现羁押在某市某区看守所。

辩护人张竞,北京市张竞律师事务所律师。

辩护人×××,××市××律师事务所律师。

上诉人(原审被告人)李某某,网名"教皇",男,××岁(××××年××月××日出生),汉族,出生地××省××市,高中文化,无业,户籍所在地:××省××市××区×××街×××委××团。因涉嫌犯掩饰、隐瞒犯罪所得罪,于2009年2月20日被羁押,同年3月27日被逮捕,现羁押在某市某区看守所。

辩护人××,××市××律师事务所律师。

上诉人(原审被告人)谢某某,网名"幸运",男,××岁(××××年××月××日出生),汉族,出生地××省××市,大专文化,无业,户籍所在地:××省××市××区×××号××座××单元。因涉嫌犯掩饰、隐瞒犯罪所得罪,于2009年2月20日被羁押,同年3月27日被逮捕,现羁押在某市某区看守所。

辩护人×××,××市××律师事务所律师。

上诉人(原审被告人)黄某某,网名"叫我山鸡哥",男,24岁(1983年8月20日出生),汉族,出生地福建省连江县,初中文化,无业,户籍所在地:××省××县××乡××村××路××号。因涉嫌犯掩饰、隐瞒犯罪所得罪,于2009年2月20日被羁押,同年3月27日被逮捕,现羁押在某市某区看守所。

辩护人×××,××市××律师事务所律师。

某市某区人民法院审理某市某区人民检察院指控被告人李某、李某某、谢某某、黄某某犯盗窃罪一案,于2010年4月16日作出(2010)××刑初字第×××号刑事判决。李某、李某某、谢某某、黄某某不服,提出上诉。本院依法组成合议庭,经过阅卷,讯问了上诉人,听取了辩护人的意见,认为本案事实清楚,决定不开庭审理。现已审理终结。

一审法院判决查明及认定部分(略)。

上诉人李某的上诉理由为:一审判决定性有误,对其量刑过重。

上诉人李某的辩护人张竞的主要辩护意见为:李某不构成盗窃共犯,其行为构成掩饰、隐瞒犯罪所得罪;本案涉及的虚拟货币不是法律意义上的财物;公诉机关出示的证据不能证明联众用户丢失的联众币和本案被告人的行为存在因果关系。

上诉人李某的辩护人×××的主要辩护意见为:李某在他人盗窃行为既遂后,代他人销售联众币的行为不属盗窃,应属掩饰、隐瞒犯罪所得罪;一审判决认定被告人犯罪数额有误。

上诉人李某某的上诉理由:其没有预谋盗窃,其行为不构成盗窃罪。

上诉人李某某的辩护人××的主要辩护意见为:本案涉及的联众币为虚拟财产,只要拥有了用户名和密码,就拥有了其所代表的权益,一审法院对盗窃罪既遂的界定有误;李某某买卖联众币的行为属掩饰、隐瞒犯罪得罪;一审判决认定的犯罪数额有误;原判量刑过重。

上诉人谢某某的上诉理由为:一审判决对其定性有误;原判认定的犯罪数额有误。

上诉人谢某某的辩护人×××的主要辩护意见为:一审判决定性错误,谢某某的行为属于买卖赃物行为,应以掩饰、隐瞒犯罪所得罪定罪;本案现有证据仅能证明给被害人造成实际损失2000余元,请求法庭对谢某某从轻处罚。

上诉人黄某某的上诉理由为:一审判决定性有误;原判量刑过重。

上诉人黄某某的辩护人×××的主要辩护意见为:一审判决对盗窃罪既遂点的认定有误,黄某某的行为不构成盗窃罪,应属掩饰、隐瞒犯罪所得罪;一审判决认定犯罪数额特别巨大依据不足;原判量刑过重。

经二审法院审理查明的事实、证据与一审法院认定的事实、证据相同。一审判决所据证据,收集合法,且经法定程序查证属实,能够证明案件真实情况,本院予以确认。

另查明,上诉人李某在被公安机关抓获时,被追缴了赃款人民币10,000元。

在本院二审期间,李某的亲属代其退赔人民币40,000元;李某某的亲属代其退赔人民币40,000元;谢某某的亲属代其退赔人民币40,000元;黄某某的亲属代其退赔人民币30,000元。

上诉人谢某某及上诉人李某、李某某、谢某某、黄某某的各自辩护人关于一审认定数额有误的上诉理由及辩护意见,经查,李某、李某某、黄某某对明知系赃物而大量销售联众币的事实均有供述,且销售行为发生时间与甲公司大量用户发现账户内联众币被盗用的时间相符,上诉人对销售联众币数量以及获利金额的供述与甲公司报案所称被盗联众币数量也基本吻合,因此,本案涉及被盗联众币与被告人所销售联众币能够相互对应,应予认定。因此,对谢某某的此项上诉理由及李某、李某某、黄某某的各自辩护人的此项辩护意见,本院不予采纳。

上诉人李某的辩护人关于本案涉及的虚拟货币不是法律意义上的财物的辩护意见,经查,甲公司作为网络服务公司,其所提供的网络服务具有价值属性,联众币是用于享受付费网络服务的支付手段,是甲公司推出的有统一定价的商品,其同样具有财物属性。因此,对李某的辩护人的此项辩护意见,本院不予采纳。

上诉人李某、李某某、谢某某、黄某某及其各自辩护人关于李某、李某某、谢某某、黄某某的行为不构成盗窃罪,应属掩饰、隐瞒犯罪所得罪的上诉理由及辩护意见,经查,在案的李某的供述证实,涉案的联众币由陈某窃得,陈某在窃取后让其帮助转卖。涉案的联众币系显现于所在的甲公司用户的用户名及密码之下的虚拟财产,陈某通过在甲公司服务器的管理员组内添加恶意账号,并安装非法访问程序的手段,将此部分联众币所在的用户名及密码进行复制,陈某在取得用户名及密码时,即已取得对该账户内的联众币的实际控制,获取了对这些账户内的虚拟财产的处置权力。因此,陈某在窃取到用户名及密码后,其盗窃行为就已完成。陈某在盗窃后,通过本案上诉人将窃得的联众币所在的用户名及密码进行转卖,从而实现了其非法获利的目的。而现有证据不能证实李某、李某某、谢某某、黄某某与陈某在实施盗窃之前有事前通谋,但能够证实李某、李某某、谢某某、黄某某主观上明知是陈某窃得的联众币而予以销售,帮助陈某在盗窃后实现获利,因此,四人应对销售赃物的行为承担刑事责任。因此,对李某、李某某、谢某某、黄某某的此项上诉理由及其各自辩护人的此项辩护意见,本院予以采纳。

本院认为,上诉人李某、李某某、谢某某、黄某某明知是他人犯罪所得而帮助销售,行为均已构成掩饰、隐瞒犯罪所得罪,均应依法惩处。黄某某经公安机关电话传唤后主动到案,如实供述了犯罪事实,系自首,其协助公安机关抓捕同案犯,有立功表现,对黄某某可依法从轻处罚。上诉人李某、李某某、谢某某、黄某某的亲属在本院二审期间,代上述上诉人退赔了本案全部赃款,可酌予从轻处罚。一审法院认定上诉人李某、李某某、谢某某、黄某某犯罪的事实正确,但定性、适用法律有误,导致量刑不当,本院予以纠正,据此,依照《中华人民共和国刑事诉讼法》第189条第2项[现行《中华人民共和国刑事诉讼法》第225条第1款第2项]、《中华人民共和国刑法》第312条,第25条第1款,第26条第1款、第4款,第67条第1款,第68条第1款,第53条,第61条,第64条之规定,判决如下:

1. 撤销某市某区人民法院(2010)××刑初字第×××号刑事判决主文部分。即:(1)被告人李某犯盗窃罪,判处有期徒刑11年,剥夺政治权利2年,罚金人民币11,000元。(2)被告人李某某犯盗窃罪,判处有期徒刑11年,剥夺政治权利2年,罚金人民币11,000元。(3)被告人谢某某犯盗窃罪,判处有期徒刑11年,剥夺政治权利2年,罚金人民币11,000元。(4)被告人黄某某犯盗窃罪,判处有期徒刑10年,剥夺政治权利1年,罚金人民币10,000元。(5)责令被告人李某、李某某、谢某某、黄某某共同退赔人民币160,000元,发还被害单位甲公司。

2. 上诉人(原审被告人)李某犯掩饰、隐瞒犯罪所得罪,判处有期徒刑2年,罚金人民币2000元。

(刑期自本判决执行之日起计算,判决执行以前先行羁押的,羁押1日折抵刑期1日,即自2009年3月15日起至2011年3月14日止;罚金限自本判决生效之次日起3个月内缴纳)。

3. 上诉人(原审被告人)李某某犯掩饰、隐瞒犯罪所得罪,判处有期徒刑2年,罚金人民币2000元。

(刑期自本判决执行之日起计算,判决执行以前先行羁押的,羁押1日折抵刑期1日,即自2009年2月20日起至2011年2月19日止;罚金限自本判决生效之次日起3个月内缴纳)

4. 上诉人(原审被告人)谢某某犯掩饰、隐瞒犯罪所得罪,判处有期徒刑2年,罚金人民币2000元。

(刑期自本判决执行之日起计算,判决执行以前先行羁押的,羁押1日折抵刑期1日,即自2009年2月20日起至2011年2月19日止;罚金限自本判决生效之次日起3个月内缴纳)

5. 上诉人(原审被告人)黄某某犯掩饰、隐瞒犯罪所得罪,判处有期徒刑1年6个月,罚金人民币1500元。

(刑期自本判决执行之日起计算,判决执行以前先行羁押的,羁押1日折抵刑期1日,即自2009年2月20日起至2010年8月19日止;罚金限自本判决生效之次日起3个月内缴纳)。

6. 在案扣押人民币160,000元发还被害单位甲公司。

本判决为终审判决。

审　判　长　×××
审　判　员　×　×
代理审判员　×　×
2010年7月27日
书　记　员　×　×

办案总结

本案一审判决认定为盗窃罪,二审改判为掩饰、隐瞒犯罪所得罪,对本案的定性做出了截然不同的判定,笔者认为二审判决是正确的。

盗窃罪的既遂问题,是认定盗窃罪的关键。一审判决认定被告在网络上卖给最后一个下家,该下家使用后才构成盗窃的既遂,因此认定该案为盗窃罪,不认为是掩饰、隐瞒犯罪所得罪。二审判决认定盗窃的既遂点在于被告窃取到用户名和密码,被告人实际控制该用户名和密码后就完成了盗窃行为。其他被告人的转卖行为构成掩饰、隐瞒犯罪所得罪。

司法实践中对于盗窃罪的既遂标准有多种学说,笔者认为以"控制说"作为认定盗窃既遂标准更为合适。盗窃罪的既遂标准应该结合案件的具体时间、地点和被盗物品的特性来分析。在中外刑法理论中,关于盗窃既遂与未遂的标准存在多种学说和观点。一般来说,盗窃罪既遂是指行为人在主观上实现了犯罪意图,在客观上完成了犯罪行为,达到了主客观相统一的状态。控制说认为应以行为人是否已经实际控制所盗窃的财物为标准来判断盗窃罪的既遂与未遂,只要行为人已经实际控制盗窃财物是既遂,没有实际控制所窃得财物为未遂。笔者认为"控制说"符合理论界关于盗窃罪构成要件齐备,达到盗窃犯罪主观客观构成要件的齐备。主观方面是达到了非法占有财物的目的,客观方面是实施了盗窃行为,并发生了非法占有该财物的结果,符合主客观相一致的原则。

结合本案的盗窃既遂的标准,是陈某(另案处理)在窃取到了用户名及密码后,其盗窃行为就已完成符合司法实践中控制说的理论。笔者辩护的被告李某及其他被告人是在陈某盗窃既遂后,层层转卖,是明知他人犯罪所得而帮助销售,符合掩饰隐瞒犯罪所得罪的构成要件。

结合控制说的观点,笔者认为陈某的行为已经构成盗窃罪的既遂标准,陈某主观上有非法占有公私财物的目的,客观上实施了盗窃行为,该行为是通过在联众公司的服务器的管理员组内添加恶意账号,安装非法访问程序的手段,将此部分联众币所在的用户名和密码进行复制,陈某在取得用户名及密码时,即已取得对该账户内的联众币的实际控制,获取了对这些虚拟财产的处置权力,发生了占有处分该财产的结果,完全符合盗窃罪既遂构成要件齐备的标准。

陈某的盗窃行为既遂后,通过本案的被告人将其窃得的联众币所在的用户名和密码进行转卖,从而实现了其非法获利的目的,而本案的相关证据不能证明李某等被告人与陈某在实施盗窃之前有事前通谋,不能作为盗窃罪的共犯,但他们明知是盗窃而将联众币予以销售,应承担掩饰、隐瞒犯罪所得罪的刑事责任。

综观本案,经过一审二审的激烈控辩,产生了不同的定性判决。对于网络盗窃案件的既遂标准问题是新时代的新的法律问题,值得法学界同仁进行不断的探究。

专家点评

张竞律师承办的李某案，应该说效果是非常好的，李某等几个被告人一审被法院以盗窃罪判处有期徒刑11年。上诉以后，经过律师的据理力争，二审改判为掩饰、隐瞒犯罪所得罪，刑期由有期徒刑11年减为2年，是一个很大的变化，即使用翻天覆地来形容也不为过，这当中离不开辩护律师的艰苦努力。

律师如果想做好刑事辩护工作，应该熟悉实体法，即罪与非罪、此罪与彼罪、罪轻罪重的问题，本案实际上是此罪与彼罪的问题，一个较轻的罪名，一个非常重的罪名，正是由于律师专业、判断准确，提出来了最恰当的一个罪名，使法院最终认可律师的意见，被告人得到从轻的处罚。其实，作为一个刑事辩护律师来讲，应当熟悉业务，既懂实体法，也懂程序法，也懂证据法，这样才能够更好地维护被告人的合法权益。如果律师自己都不太懂法律，稀里糊涂，很难会有效地维护当事人的合法权益。

作为律师一定要牢记，每一个案件一定要具体问题具体分析。如果这个案件就是构成犯罪的，根据事实、证据进行衡量，定罪是没有问题的，这种情况下就不要徒劳地去做无罪辩护。所有的案件都是有罪与无罪的问题，如果这个案件定罪不可避免，那么律师可以选择做罪轻辩护，从事实、情节等方面进行辩护，也可以寻找一个更恰当的比较轻的罪名进行辩护。就如同本案所体现的这样，这样也叫作成功，并不是只有无罪才算是成功。

总之，通过本案可见律师的专业水准、敬业精神都是很重要的，既要认真负责，又要熟悉业务。律师与医生是一样的，有经验的医生一眼就能看到问题的所在，为病人制定最有效、恰当的治疗方案。律师也是如此，根据事实、法律、本案的具体情况，为被告人选择最恰当的方案，该认罪认罪，该赔偿赔偿。这样才能争取一个好的辩护效果。本案的盗窃罪既遂问题，是一个很重要的理论问题，也是一个比较疑难的理论问题，但张竞律师很好地把握住了这一点，提出了有理有据的辩护意见，最终被二审法院所采纳，才使该案件取得了一个比较理想的结果。

点评人：许兰亭（北京市君永律师事务所律师、北京市律师协会智库重大复杂案件课题组刑事组组长）

复核人：谢炳光（北京市华联律师事务所主任、北京市律师协会智库重大复杂案件课题组副组长）

计算机软件源代码的著作权保护*

争议焦点

侵犯商业秘密罪与侵犯著作权罪的区分；软件源代码同一性与著作权鉴定的区分。

关键词

侵犯商业秘密罪　侵犯著作权罪　软件源代码同一性　著作权司法鉴定

案情简介

2009 年，北京甲投资顾问有限公司（以下简称甲公司）控告韩某等人侵犯其计算机软件算法等商业秘密，致韩某被羁押。律师会见后，立即提交文献资料，确证甲公司所谓的商业秘密是早已见诸专业书籍的公共知识。某区检察院不久即作出不起诉决定。

2010 年 7 月 1 日，甲公司将其 2007 年 2 月委托杭州乙公司（以下简称乙公司）开发的"××动态股票分析软件 V4.0"的著作权转让给辽宁省丙软件股份公司（以下简称丙公司）。

2011 年 10 月 26 日，丙公司向辽宁省某公安局报案，控告北京 a 科技发展有限公司（以下简称 a 公司）、韩某、李某某等人制作、发行"a 软件"的行为侵犯××动态股票分析软件 V4.0 的著作权。公安机关立案后，某市人民检察院提前介入。接受李某某之妻孙某的委托后，律师很快发现该司法机关是以北京市某区公安分局指控韩某涉嫌侵犯商业秘密案的基础材料为依据，指控李某某、韩某等人涉嫌侵犯著作权犯罪，其论调是：某区检察院不予起诉不当，应追究韩某等人的刑事责任；律师立即提交法律意见，

* 案例提供人、承办律师：游志雄（北京市逸峰律师事务所）。

指出商业秘密保护与著作权保护存在显著差异。

随后,律师又发现司法机关认为丙公司拥有著作权且被韩某等人侵犯的软件源代码,部分属于国际开源代码,部分早在2005年即已出现在韩某等人设立的北京丁投资顾问有限公司开发的"b软件"之中;此时,甲历动态股票分析软件V4.0软件尚未研发;遂再次提交书面意见,强调"享有著作权的作品必须具有独创性;在先发表、使用的行为,必然、无争议地否定在后形成的相同作品的著作权"。

获得司法机关作为关键控罪证据的北京某司法鉴定所司法鉴定检验报告书之后,律师又发现:第一,鉴定机构仅对V4.0和"a软件"相关源代码作了同一性鉴定,但对部分源代码相同的原因未予关注;第二,北京某司法鉴定所没有计算机软件知识产权司法鉴定资格。

法院一审期间,各被告一致申请重新鉴定,未获批准;该院认定李某某有罪,判处有期徒刑3年。李某某上诉后,上级人民法院将案件发回重审。原一审法院重审期间,委托北京某司法鉴定中心重新鉴定,该中心确认:涉案两款软件的服务器端源代码部分版权信息来源于第三方,这些代码信息是否具有开源性,其版权归属是否属于甲或者丙公司尚不清楚。法院再次判决李某某构成犯罪,但免予刑事处罚。李某某等人再次上诉,中级人民法院终审宣告所有被告人无罪。

案件历程

【起诉书】

×××市某区人民检察院
起诉书

×检刑诉(2012)第×××号

被告单位北京a科技发展有限公司,注册号:11070501×××,注册地址:××市××区×××。实际经营地址:××市××区×××大街××号,××市××区。法人代表:韩惠某;公司股东:杜某、刘某某、韩某、韩惠某。

诉讼代表人:柯某某,北京a科技发展有限公司客服工作人员,身份证号码:××××××××××××××××××。

被告人,韩惠某,男,1974年×月×日出生,身份证号码:××××××××××××××××××,汉族,大学文化,系北京市北京a科技发展有限公司法人代表,技术总监,被捕前住××市××区××小区××栋×单元×××室。于2011年

11月18日被刑事拘留,同年12月23日被依法逮捕。

被告人韩某,男,1971年×月×日出生,身份证号码:××××××××××××××××××,汉族,中专文化,系北京市北京a科技发展有限公司股东,被捕前住××市××区××小区×门×号。于2011年11月18日被刑事拘留,同年12月23日被依法逮捕。

被告人李某某,男,1980年×月×日出生,身份证号码:×××××××××××××××××××,汉族,大学文化,系北京市北京a科技发展有限公司行政经理,被捕前住××市××区××西里××号楼×单元×室。于2011年11月18日被刑事拘留,同年12月23日被依法逮捕。

被告人胡某某,男,1983年×月×日出生,身份证号码:××××××××××××××××××,汉族,大学文化,系北京市北京a科技发展有限公司销售经理,被捕前住××市××区××××小区××号楼×单元×室。于2012年2月10日被刑事拘留,同年3月13日被依法逮捕。

本案由×××市公安局侦查终结,以被告单位北京a科技发展有限公司、被告人韩惠某、韩某、李某某、胡某某涉嫌侵犯著作权罪、销售侵权复制品罪,于2012年3月28日经×××市人民检察院交由本院复查起诉。本院受理后,于同日已告知被告人有权委托辩护人,依法讯问了被告人,审查了全部案件材料。其间退回补充侦查2次,延长审查期限15天。

经依法审查查明:被告人韩惠某作为北京市北京a科技发展有限公司法人代表,担任公司技术总监,参与××股票价值分析系统软件的改编。被告人韩某是北京市a科技发展有限公司的股东,××股票价值分析系统软件制作者之一。被告人李某某为北京市a科技发展有限公司总经理,负责该公司的日常管理工作及财务工作,是公司直接负责的主管人员。被告人胡某某作为a科技发展有限公司的销售经理,负责该公司全国11个代理商的销售工作,上列被告人伙同杜某、刘某某(均在逃)在被告单位北京a科技有限公司经营期间,在未经许可的前提下,部分复制"××动态股票分析软件V4.0"软件制成了"××股票价值分析系统"软件予以销售。"××动态股票分析软件V4.0"软件为北京甲投资顾问有限公司研发,于2007年6月11日首次发表。2007年10月11日中华人民共和国国家版权局根据《计算机软件保护条例》和《计算机软件登记办法》对该软件予以登记,并颁发了编号为软著登字第××××号、登记号为××××的计算机软件著作权登记证书。辽宁省丙软件股份有限公司于2010年7月1日与北京甲投资顾问有限公司签订"××动态股票分析软件V4.0"软件著作权权益转让合同,依法享有该软件的著作权及全部权利。经北京某司法鉴定所对"××股票价值分析系统"软件的服务器端及客户端源代码与"××动态股票分析软件"的服务器端及客户端源代码进行司法鉴定得出结论:“××”软件客户端源代码与“××动态股票分析软件V4.0”软件客户端源代码Zlix、Newzix两个目录中源代码相似度为100%的文件有48个;“××股票价值分析系统”软件与“××动态股票分析软件V4.0”软件服务器端源代码相似度100%的文件有564个;文件名相同内容不完全相同的文件中,相同行数占行数的平均百分比为88.21%的文件有192个,平均相似度不低于85.27%。北京a科技有限公司以营利为目的,在软件侵权的前提下仍非法经营,经对“××股票价值分析系统软件”公司的账册、会计凭证、数据光盘等进行会计司法鉴定得出结论:2010年7月至2011年11月间,该公司软件收入数额达12,612,208.00元,服务收入数额达1,449,914.00,总计金额14,062,122.00元。

认定上述事实的证据有:证人证言、鉴定结论、被告人供述等。

本院认为,被告单位北京a科技有限公司及被告韩惠某、韩某、李某某、胡某某目无国法,以营利为目的,违反著作权管理法规,未经著作权人的许可,非法复制、发行他人作品,情节特别严重,其行为均触犯了《中华人民共和国刑法》第25条、第217条第1项、第220条,犯罪事实清楚,证据确实、充分,应当以侵犯著作权罪追究其刑事责任,根据《中华人民共和国刑事诉讼法》第141条的规定(现行《中华人民共和国刑事诉讼法》第172条),提起公诉,请依法判处。

此致

×××市某区人民法院

×××市某区人民检察院

【一审刑事判决书】

×××市某区人民法院
刑事判决书

(2012)××初字第00382号

公诉机关×××市某区人民检察院。

被告单位北京a科技发展有限公司,注册号:1107××××××××××,注册地址:北京市朝阳区×××××。实际经营地址:北京市宣武区××××××,北京市大兴区×××××××。法定代表人:韩惠某,公司股东:杜某、刘某某、韩某、韩惠某。

诉讼代表人:柯某某,北京a科技发展有限公司客服工作人员,身份证号码××××××××××××××××××。

辩护人赵成某、王某,系北京市××律师事务所律师。

被告人韩惠某,男,××××年×月×日出生于××省某市,身份证号码××××××××××××××××××,汉族,大学文化,系北京a科技发展有限公司法定代表人、技术总监,被捕前住北京市某区××××××××,因本案于2011年11月18日被刑事拘留,同年12月23日被依法逮捕。现羁押于×××市看守所。

辩护人宝某某,系北京市××律师事务所律师。

被告人韩某,男,××××年×月×日出生于××市,身份证号码×××××××××,汉族,中专文化,系北京a科技发展有限公司股东,被捕前住××市××区××××××小区×门×××号,因本案于2011年11月18日被刑事拘留,同年12月23日被依法逮捕。现羁押于×××市看守所。

辩护人钟某某,系北京市××律师事务所律师。

辩护人王某,系北京市××律师事务所律师。

被告人李某某,男,1980年×月×日出生于河北省某市,身份证号码××××××××××××××××××,汉族,大学文化,系北京a科技发展有限公司行政经理,被捕前住北京市大兴区。因本案于2011年11月18被刑事拘留,同年12月23日被依法逮捕。现羁押于×××市看守所。

辩护人游志雄,系北京市逸峰律师事务所律师。

被告人胡某某,男,××××年×月×日出生于湖北省某市,身份证号码4××××××××××××××××××,汉族,大学文化,系北京a科技发展有限公司销售经理,被捕前,往××市××区。因本于2012年2月10日被刑事拘留,同年3月13日被依法逮捕。现羁押于×××市看守所。

辩护人陈海某、张某,系北京市××律师事务所律师。

×××市某区人民检察院以×检刑诉(2012)第373号起诉书指控被告单位北京a科技发展有限公司、被告人韩惠某、韩某、李某某、胡某某侵犯著作权一案,于2012年9月28日向本院提起公诉。本院依法组成合议庭,公开开庭审理了本案。×××市某区人民检察院指派检察员王某出庭支持公诉,被告单位北京a科技发展有限公司诉讼代表人柯某某及其辩护人赵成某、王柱某,被告人韩惠某及其辩护人宝某某,被告人韩某及其辩护人钟某某、王某,被告人李某某及其辩护人游志雄,被告人胡某某及其辩护人陈海某、张某到庭参加诉讼。现已审理终结。

×××市某区人民检察院指控,被告人韩惠某作为北京a科技发展有限公司法人代表,担任公司技术总监,参与a股票价值分析系统软件的改编。被告人韩某是北京a科技发展有限公司的股东,a股票价值分析系统软件制作者之一。被告人李某某为北京a科技发展有限公司的总经理,负责该公司的日常管理及财务工作,是公司直接负责的主管人员。被告人胡某某作为a科技发展有限公司销售经理,负责该公司全国11个代理商的销售工作。上述被告人伙同杜某、刘某某(均在逃)在被告单位北京a科技有限公司经营期间,在未经许可的前提下部分复制"××动态股票分析软件V4.0"软件制成了"a股票价值分析系统"软件予以销售。"××动态股票分析软件动态股票分析软件V4.0"软件为北京甲投资顾问有限公司研发,于2007年6月11日首次发表。2007年10月11日中华人民共和国国家版权局根据《计算机软件保护条例》和《计算机软件登记办法》对该软件予以登记,并颁发了编号为软著登字第081×××号、登记号为2007SR×××××的计算机软件著作权登记证书。辽宁省丙软件股份公司于2010年7月1日与北京甲投资顾问有限公司签订"××动态股票分析软件V4.0"软件著作权权益转让合同,依法享有该软件的著作权及全部权利。经北京某司法鉴定所对"a股票价值分析系统"软件的服务器端及客户端源代码与《甲历动态股票分析软件》软件的服务器端及客户端源代码进行司法鉴定得出结论:"a"软件客户端源代码与"××动态股票分析软件V4.0"软件客户端源代码下Zlix、Newzix两个目录中源代码相似度为100%的文件有48个;"a股票价值分析系统"软件与"××动态股票分析软件V4.0"软件服务器端源代码相似度100%的文件有564个;文件名相同内容不完全相同的文件中,相同行数占总行数的平均百分比为88.2%的文件有192个,平均相似度不低于85.27%。北京a科技有限公司以营利为目的,在软件侵权的前提下仍非法经营,经对"a"公司的账册、会计凭证、数据光盘等进行会计司法鉴定得出结论:2010年7月至2011年11月该公司软件收入数额达12,612,208.00元,服务费收入数额达1,449,914.00元,总计金额14,062,122.00元。

为指控上述事实,公诉机关提供了证人证言、被告人供述、鉴定意见等证据材料,认为被告单位北京a科技有限公司及被告人韩惠某、韩某、李某某、胡某某目无国法,以营利为目的,违反著作权管理法规,未经著作人的许可,非法复制发行他人作品,情节特别严重,其行为均触犯了《中华人民共和国刑法》第25条、第217条第1项、第230条,犯罪事实清楚,证据确实、充分,应当以侵犯著作权罪追究其刑事责任。

被告单位北京a科技发展有限公司对公诉机关指控的犯罪事实及罪名有异议。其辩护人的辩护意见是:"a股票价值分析系统"软件为自主知识产权,与"××动态股票分析软件V4.0"不相同也不相似,"××动态股票分新软件V4.0"是委托杭州乙信息技术有限公司技术开发的,另侵犯著作权犯罪是指百分之百的复制而非部分复制,故没有证据证明被告单位实施了犯罪行为,应判决被告单位无罪。

被告人韩惠某对公诉机关指控的犯罪事实有异议,辩称没有侵犯著作权。其辩护人的辩护意见是："a 股票价值分析系统"软件是韩惠某负责软件的界面、功能、特色方面的设计，韩某与杭州的俞某、俞礼某共同完成编辑程序，而"××动态股票分析软件 V4.0"没有证据证明该软件就是 2007 年 10 月 11 日在版权局登记注册的软件，本案中也没有证据证明被告人复制了侵权计算机软件，被告人行为不构成侵犯著作权犯罪。

被告人韩某对公诉机关指控的犯罪事实有异议，辩称不构成侵犯著作权罪。其辩护人的辩护意见是：《刑法》所述"复制"应当是"完全相同"，北京某司法鉴定所不具备知识产权司法鉴定资质，鉴定范围是公安机关指定目录下的特定文件，而不是对软件全部源程序进行鉴定，该检验报告不能作为案件事实的证据使用，本案没有其他证据证明两款软件"部分相同"，公诉机关指控证据明显不足，应依法判决被告人韩某无罪。

被告人李某某对公诉机关指控的犯罪事实有异议，辩称不构成侵犯著作权罪。其辩护人的辩护意见是，涉案所有司法鉴定均不具备知识产权司法鉴定资质，鉴定报告不能作为指控犯罪证据，被控侵权的 a 软件相关内容，著作权归于外国人和杭州乙信息技术有限公司，甲公司相关软件内容不具有独创性，对被控侵权软件内容不享有著作权，被告人不是简单地非法复制甲公司计算机软件，至多只是"剽窃"他人软件的部分内容，控方提交的证据无法排除合理怀疑，被告人李某某无罪。

被告人胡某某对公诉机关指控的犯罪事实有异议，辩称不构成侵犯著作权罪。其辩护人的辩护意见是，2 被告人未实施《刑法》第 217 条规定的复制行为，最多只是软件指标部分相同或相似，公诉机关出示的鉴定报告在内的所有证据，均不能证明被告人实施了《刑法》第 217 条规定的行为，不能排除对被告人无罪的合理怀疑，被告人胡某某无罪。

经审理查明，被告人韩惠某作为北京 a 科技发展有限公司的法定代表人，担任该公司技术总监，参与 a 股票价值分析系统软件的改编。被告人韩某是北京 a 科技发展有限公司的股东，a 股票价值分析系统软件制作者之一。被告人李某某为北京 a 科技发展有限公司的总经理，负责该公司的日常管理工作及财务工作，是公司直接负责的主管人员。被告人胡某某作为 a 科技发展有限公司的销售经理，负责该公司全国 11 个代理商的销售工作。上列被告人伙同杜某、刘某某(均在逃)在被告单位北京 a 科技发展有限公司经营期间，在未经许可的前提下，部分复制"××动态股票分析软件 V4.0"软件，制成了"a 股票价值分析系统"软件予以销售。"××动态股票分析软件"V4.0 软件为北京甲投资顾问有限公司研发，于 2007 年 6 月 11 日首次发表。2007 年 10 月 11 日中华人民共和国国家版权局根据《计算机软件保护条例》和《计算机软件登记办法》对该软件予以登记，并颁发了编号为软著登字第 08××××号、登记号为 2007SR××××××的计算机软件著作权登记证书。辽宁丙软件股份有限公司于2010年7月1日与北京甲投资顾问有限公司签订"××动态股票分析软件V4.0"软件著作权权益转让合同,依法享有该软件的著作权及全部权利。经北京某司法鉴定所对"a股票价值分析系统"软件的服务器端及客户端源代码与"××动态股票分析软件"的服务器端及客户端源代码进行司法鉴定得出结论:a软件客户端源代码与"××动态股票分析软件V4.0"软件客户端源代码下Zlix、Newzix两个目录中源代码相似度为100%的文件有48个;"a股票价值分析系统"软件与"××动态股票分析软件V4.0"软件服务器端源代码相似度100%的文件有564个;文件名相同内容不完全相同的文件中,相同行数占总行数的平均百分比为88.21%的文件有192个,平均相似度不低于85.27%。北京a科技发展有限公司以营利为目的,在软件侵权的前提下仍非法经营,经对北京a科技发展有限公司的账册、会计凭证、数据光盘等进行会计司法鉴定得出结论:2010年7月至2011年11月间,该公司软件收入数额12,612,208.00元,服务费收入数额1,449,914.00元,总计经营金额14,062,122.00元。

上述事实,有下列证据予以证实:

1.证人俞某证实,他和杭州乙公司的俞礼某曾帮助韩某、杜某编制一套动态软件,韩某给他的是静态软件叫b软件。编制动态软件的过程中,主要源代码由俞礼某编制,他编制了一小部分,韩某也参与了编制,没有韩某,这套软件也无法完成,他们之间是合作开发,报酬是人民币150,000元,他和俞礼某每人一半。时间是2007年左右,整个过程有8~9个月,具体时间记不清了。

2.证人俞礼某证实,他于2001年至2008年年底在杭州乙信息技术有限公司工作,主要是软件开发。他们乙公司在2007年2月帮助甲公司开发、研制了"××网络动态股票分析软件",他是软件开发的技术负责人。2007年6月至2008年1月和俞某帮助韩某、杜某编制一套动态软件,韩某提供给他们的静态软件叫b软件,这个动态软件是他和俞某、韩某共同合作开发、编制完成的。在编制动态软件期间,用网名"浩然一×"与韩某联系。"××"公司的动态软件与杜某、韩某的b动态软件都是他直接参与开发、编制的,这两款软件"××"动态软件在前,杜某、韩某的动态软件在后,韩某也知道他帮助"××"公司编制软件的情况。他把帮助甲公司开发、研制的动态软件的内容给韩某了,他知道杜某、韩某与甲公司有纠纷,因此他曾多次告诉韩某他们,要把代码、程序进行修改,不要与甲公司的一样,不能不经修改就使用,以免带来麻烦。

3.证人王某证实,2010年7月北京甲投资顾问有限公司(以下简称甲公司)将该公司的"××动态股票分析软件V4.0"转让给丙公司,同时受让该软件著作权的所有权益。丙公司在经营此股票分析软件时发现,北京a科技有限公司(以下简称a公司)股东有杜某、刘某某、韩某、韩惠某,其中韩某系原甲公司"××动态股票分析软件V4.0”核心开发人员,未经丙公司授权许可,擅自复制其股票分析软件;在未改动软件源程序、源代码的前提下,简单进行界面、文字修改制成“a股票价值分析系统”,并通过网络等途径向全国各地大量销售,非法销售数额巨大,a公司的行为侵犯了丙公司的著作权,给丙公司带来巨大的经济损失。

4. 证人李某证实,2011年9月20日,他在a网站上联系,以9600.00元的价格买了四套a股票分析软件,钱汇给孙某了。

5. 证人杨亚某证实,2011年9月初,他在a网站上联系,以4980.00元的价格买了四套a股票分析软件,钱汇给孙某了。

6. 证人孙明某证实,2001年9月初,他在a网站上联系,以4980.00元的价格买的a股票价值分析系统2.0,a公司给他邮来的,并安装使用。

7. 证人张某证实,2011年7月,他在网站看到a公司有股票分析软件,在网上联系以4890.00元的价格买了1套,钱打到了柯某某的账号上,他有发票。

8. 证人周代某证实,他2004年购买过××动态软件,2005年7月升级成b软件,2008年10月升级成a软件,并交纳100元升级费。

9. 证人熊青某证实,2005年8月购买的b软件,2008年9月升级成a软件,并交纳100元升级费。

10. 证人傅艳某证实,2005年7月花1580.00元购买的b软件,每年还需交纳服务费720.00元,2008年11月交纳100元升级费,升级成a软件。

11. 证人尹某证实,2009年7月到北京a科技发展有限公司,负责公司客服和技术维护支持工作。公司主要销售a股票分析决策软件。a软件原来叫b软件a版,是韩某修改了“××动态股票分析软件”软件的界面和升级了一些特色指标而来的,是他进公司一个月左右,在客服为客户解决技术维护,请教韩惠某时,他在李某某总经理办公室,听李某某、胡某某、吴×、韩惠某谈话时,他在场听来的。销售方式主要通过网络销售,通过网上银行汇到公司或孙×账户,服务器由韩惠某负责管理。

12. 证人吴某证实,他是北京a科技发展有限公司销售经理,主要销售a软件。普通版1890.00元,VIP版9600.00元,软件是谁研发的他不知道。知道公司前些年有软件侵权行为,公司现使用的软件还是延续韩某以前被公安机关打击过的那种软件,但有的地方稍做变化。

13. 证人高淑某证实,她是北京a科技发展有限公司会计,公司对外销售软件的钱先转至孙某账户上,后孙某从账户提出现金给她,每月给她200,000元到400,000元的现金。公司股东杜某、刘某某、韩某、韩惠某,主要负责人李某某、胡某某、吴某、韩惠某。2005年她到丁公司当会计,丁公司没正常验收被工商局注销了,她按照杜某、刘某某的要求,帮助他们注册了“盛世××”公司,后来更名为“a”公司。

14. 北京网络行业协会某司法鉴定中心关于“北京丁公司涉嫌侵犯商业秘密案”司法鉴定意见书证实，××市公安局某区分局委托北京网络行业协会某司法鉴定中心对“北京丁公司涉嫌侵犯商业秘密案”涉案的服务器、移动硬盘、光盘内存储的数据进行电子数据司法鉴定。鉴定结论中第二项是：认定b软件使用的服务器端与××软件的服务器端实质性相似，客户端是依据××软件的客户端源代码开发的。

15. 北京市某区法院(2008)某民初字第××××号民事判决书及北京市某中级人民法院(2009)×中民终字第××××号民事判决书认定，丁公司的b软件在“行情数据”“公司大事”和“指标说明”三个方面侵犯了甲公司“××股票分析软件V5.0”软件的文字著作权和数据著作权。

16. “××动态股票分析软件”软件著作权权益转让合同证实：2010年7月1日，北京甲投资顾问有限公司将“甲历动态股票分析软件V4.0”软件著作权的所有权益出让给辽宁丙软件股份有限公司。

17. ××股权转让协议证实：2004年9月3日韩某自愿将北京甲投资顾问有限公司及其分支机构原持有的股权转让给他人，韩某保证对北京甲投资顾问有限公司拥有版权的××软件程序代码不从本人泄漏出去。并承诺在一年内不使用delphi语言开发同类产品。

18. 中国版权保护中心计算机软件著作权登记证书证实，著作权人北京甲投资顾问有限公司的“××动态股票分析软件V4.0”首次发表日期2007年6月11日，登记证书日期2007年10月11日。

19. 北京市工商局内资企业设立(变更)登记(备案)审核表证实，北京盛世××信息科技有限公司变更为北京a科技发展有限公司，法定代表人为韩惠某，投资人股东为杜某、刘某某、韩某、韩惠某。

20. 企业法人营业执照证实，辽宁丙软件股份有限公司，住所地×××市某县，法定代表冯某。

21. 北京甲投资顾问有限公司与杭州乙信息技术有限公司技术开发合同证实，2007年2月北京甲投资顾问有限公司委托杭州乙信息技术有限公司研究开发××网络动态股票分析软件。

22. 北京甲投资顾问有限公司与杭州乙信息技术有限公司的保密协议证实，杭州乙信息技术有限公司向北京甲投资顾问有限公司提供“××网络动态股票分析软件”客户端软件的全部完整源代码，北京甲投资顾问有限公司对上述软件应履行保密义务。

23. 委托开发协议证实，杜某曾委托俞某，开发一套行情发送、行情接收、行情主站和行情客户端在内的互联网网上证券实时行情系统，但没有签订委托开发的时间。

24. 北京某司法鉴定所声像资料检验报告证实,对“a股票价值分析系统”软件的服务器端及客户端源代码与“××动态股票分析软件”软件的服务器端及客户端源代码进行司法鉴定得出结论:“a”软件客户端源代码与“××动态股票分析软件V4.0”软件客户端源代码下Zlix、Newzix两个目录中源代码相似度为100%的文件有48个;“a股票价值分析系统”软件与“××动态股票分析软件V4.0”软件服务器端源代码相似度100%的文件有564个;文件名相同内容不完全相同的文件中,相同行数占总行数的平均百分比为88.21%的文件有192个,平均相似度不低于85.27%。

25. 北京某司法鉴定所补充鉴定结论证实,涉案的“a股票价值分析系统”软件的服务器“服务器.RAR”压缩文件内存在甲公司版权信息和软件特有名词check-hItpasX、CRecieveSessioX、CYIsEmtpyCIasX、hItuseX、IsEmtpyPacKeX、X力通、X里通_、CHecKHItpasX、mnHLTeheckUseX、3ADC8F37BX、szHItUseX关键词。

26. ×××某司法鉴定所会计司法鉴定报告证实,2010年7月1日至2011年11月30日,北京a公司及其代理商收入数额12,612,208.00元,服务费收入数额1,449,914.00元,总计经营金额14,062,122.00元。

27. 公安机关搜查笔录及扣押物品清单证实,公安机关扣押北京a科技发展有限公司及被告人韩某电脑主机、光盘、机箱、笔记本电脑、路由器、存储卡、硬盘、财物账本、销售收据等相关文件的情况。

28. 购买软件发票证实,a科技发展有限公司销售a股票价值分析系统的情况。

29. 聊天记录证实,2001年6月至2008年1月,被告人韩某与俞礼某(网名“浩然一×”)在互联网上聊天讨论计算机软件方面的内容。

30. 北京市司法局司法鉴定管理处关于北京某司法鉴定所声像资料鉴定业务范围的说明证实,该鉴定所具备声像资料鉴定的鉴定业务范围,可对电子数据鉴定进行司法鉴定,其中,电子数据鉴定含软件一致性检验鉴定。

31. 北京某司法鉴定所工作说明证实,在北京市司法局系统,电子物证鉴定属于声像资料鉴定大类,×××市委托鉴定的事项对送检的1台服务器、2张光盘内指定目录下的文件进行提取和一致性分析,属于电子物证鉴定。

32. 被告人韩惠某、韩某、李某某、胡某某供述,在被告单位a公司及之前的公司丁公司任职情况及丁公司与甲公司侵犯计算机软件著作权民事纠纷的情况。

上述证据,经庭审质证,能互相印证,可以作为定案的依据,本院予以确认。

本院认为,被告单位北京a科技发展有限公司及被告人韩惠某、韩某、李某某、胡某某以营利为目的,违反著作权管理法规,未经著作权人许可复制、发行其计算机软件,情节特别严重,其行为均已构成侵犯著作权罪。公诉机关对被告单位北京a科技发展有限公司及被告人韩惠某、韩某、李某某、胡某某犯有侵犯著作权罪的指控罪名成立。在共同犯罪中被告人韩惠某、韩某起主要作用,系主犯,被告人李某某、胡某某系从犯,可以从轻处罚。被告单位及被告人韩惠某、韩某、李某某、胡某某均提出不构成侵犯著作权犯罪及其各辩护人提出,北京某司法鉴定所不具备知识产权司法鉴定资质,鉴定范围是公安机关指定目录下的特定文件,而不是对软件全部源程序进行鉴定,该鉴定意见不能作为案件事实的证据使用,被控侵权的"a股票价值分析系统"软件是韩惠某负责软件的界面、功能、特色方面的设计,韩某与杭州的俞某、俞礼某共同完成编辑程序,为自主知识产权,著作权归于外国人和杭州乙信息技术有限公司,甲公司相关软件内容不具有独创性,对被控侵权软件内容不享有著作权,《刑法》所述"复制"应当是百分之百的"完全相同",被告人不是简单的整体复制计算机软件,公诉机关指控证据不足,无法排除合理怀疑;被告单位及被告人韩惠某、韩某、李某某、胡某某不构成侵犯著作权罪的辩护意见,经查:(1)北京某司法鉴定所是北京市司法局审核登记的司法鉴定机构,鉴定业务范围可对:电子数据鉴定案件进行司法鉴定,其中电子数据鉴定包含计算机软件一致性检验鉴定,电子数据属于刑事证据的一种,北京某司法鉴定所对电子数据具有鉴定资质,该鉴定的检材由侦查机关扣押提取,来源合法,可以作为指控犯罪的证据使用。(2)计算机程序包括源程序和目标程序。源程序是指用高级语言或汇编语言编写的程序;目标程序是指源程序经编译或解释加工以后,可以由计算机直接执行的程序。而文档则是用来描述程序内容、功能及使用方法的文字资料和图表。由此可见,对于任何计算机软件来说,源程序代码都是其最核心的内容。本案电子数据鉴定结论:a软件客户端源代码与"××动态股票分析软件V4.0"软件客户端源代码下ZIip、Newzip两个目录中源代码相似度为100%文件有48个;"a股票价值分析系统"软件与"××动态股票分析软件V4.0"软件服务器端源代码相似度100%的文件有564个;文件名相同内容不完全相同的文件中,相同行数占总行数的平均百分比为88.21%的文件有192个,平均相似度不低于85.27%。虽然两者有不同之处,不一定是对软件全部源程序进行鉴定比对,即使是部分复制,该行为仍为著作权法意义上的复制行为,侵犯了著作权人的相关权益,具有社会危害性。《计算机软件保护条例》第24条明确规定,复制或者部分复制著作权人软件,触犯刑律,依照刑法关于侵犯著作权的规定,依法追究刑事责任。(3)著作权人北京甲投资顾问有限公司的"××动态股票分析软件V4.0)"已于2007年10月11日在中国版权保护中心取得计算机软件著作权登记证书,被告人韩某原系北京甲投资顾问有限公司的软件开发人员,又通过与俞礼某的接触,掌握了"××动态股票分析软件V4.0"软件的源代码,未经甲公司许可,用其所掌握的源代码,编制成"a股票价值分析系统"软件,通过a公司经营销售。故本院对上述被告单位、被告人及其各辩护人提出的辩解和辩护意见不予采纳,对其重新鉴定申请亦不予支持。据此,依照《中华人民共和国刑法》第25条,第220条,第217条第1款,第26条第1、4款,第27条,第52条,第53条,第64条;最高人民法院、最高人民检察院《关于办理侵犯知识产权刑事案件具体应用法律若干问题的解释》第5条第2款;《关于办理侵犯知识产权刑事案件具体应用法律若干问题的解释二》第4条之规定,判决如下:

1.被告单位北京a科技发展有限公司犯侵犯著作权罪,判处罚金人民币10,000,000.00元。(罚金于本判决发生法律效方后10日内缴付本院)

2.被告人韩惠某犯侵犯著作权罪,判处有期徒刑4年,并处罚金人民币10,000,000.00元。(罚金于本判决发生法律效力后10日内缴付本院)

(刑期从判决执行之日起计算,判决执行以前先行羁押的,羁押1日折抵刑期1日,即从2011年11月18日起至2015年11月17日止)

3.被告人韩某犯侵犯著作权罪,判处有期徒刑4年,并处罚金人民币10,000,000.00元。(罚金于本判决发生法律效力后10日内缴付本院)

(刑期从判决执行之日起计算,判决执行以前先行羁押的,羁押1日折抵刑期1日,即从2011年11月18起至2015年11月17日止)

4.被告人李某某犯侵犯著作权罪,判处有期徒刑3年,并处罚金人民币800,000.00元。(罚金于本判决发生法律效力后10日缴付本院)

(刑期从判决执行之日起计算,判决执行以前先行羁押的羁押1日折抵刑期1日,即从2011年11月18日起至2014年11月17日止)

5.被告人胡某某犯侵犯著作权罪,判处有期徒刑3年,并处罚金人民币800,000.00元。(罚金于本判决发生法律效力后10日内缴付本院)

(刑期从判决执行之日起计算,判决执行以前先行羁押的,羁押2日折抵刑期1日,即从2012年2月10日起至2015年2月9日止)。

6.被告单位北京a科技发展有限公司及被告人韩惠某、韩某、李某某、胡某某的违法所得予以追缴没收;查获并扣押在案的电脑主机、光盘、笔记本电脑、路由器、存储卡、硬盘等与犯罪有关的物品,予以没收。

如不服本判决,可在接到判决书的第二日起10日内,通过本院或者直接向辽宁省某市中级人民法院提出上诉。书面上诉的,应当提交上诉状正本一份,副本十份。

审 判 长 ×××

审 判 员 ×××

审 判 员 ×××

本件与原本核对无异

2013年3月5日

书 记 员 ×××

【二审辩护意见】

尊敬的审判长、审判员、书记员：

现就李某某等涉嫌侵犯著作权罪一案，补充辩护意见如下：

一、北京丁投资顾问有限公司（以下简称丁公司）与北京甲投资顾问有限公司（以下简称甲公司）之间的3起民事诉讼

北京市某区人民法院一审后，由北京市某中级人民法院终审的民事案件有3起，裁判文号分别是：

1. 北京市某中级人民法院（2008）××××字第4461号民事裁定书

该案上诉人、原审原告为丁公司，被上诉人、原审被告为甲公司和北京百年坦途科技发展有限公司；裁判结果是：上诉人撤回上诉，法院裁定按北京市某区人民法院（2007）××××第27818号民事判决书执行。

该案由丁公司提起，案由为不正当竞争纠纷，与本案无关。

2. 北京市某中级人民法院××××字第00013号民事判决书

该案上诉人、原审原告为甲公司，上诉人、原审被告为丁公司；裁判结果是：法院认定b软件中的"公司大事"、"行情数据"、"指标说明"，与"××股票分析软件V5.0"相应部分的内容相同或高度近似，构成侵权，判决丁公司赔偿甲公司经济损失及合理费用45,000元；其中，"公司大事"是对上市公司公告内容的汇总，并进行文字改编、整理和编排；"指标说明"也是对相关公开材料的汇总和整理形成的；"行情数据"是股票交易所形成的数据，法院认定甲公司进行了选择、编排。

该案涉及的是对公共信息编辑、汇编权的保护，与计算机软件源代码毫无关系；涉案软件中，不含"公司大事"、"指标说明"、"行情数据"等内容，控方也没有指控被上诉人因使用前述内容而构成犯罪；公安机关、检察机关此前一直以该判决为据，认定被上诉人是直接故意犯罪，但是，实事求是地讲，该案与本案毫无关系。

3. 北京市某中级人民法院（2009）××××字第03791号民事判决书

该案原告、上诉人为丁公司，被告、上诉人为甲公司，案由为计算机软件著作权纠纷；法院认定：第一，丁公司通过受让取得丁b软件，其对该软件作品享有的著作权应受法律保护；甲公司关于丁b软件剽窃于甲公司软件的说法，依据不足，不予支持；第二，甲布道者王者归来软件表层源代码部分侵犯丁b软件著作权；第三，甲布道者王者归来软件界面侵犯丁b软件界面著作权；第四，甲布道者王者归来软件侵犯丁b软件帮助文档中的8266字内容的著作权。

该判决没有认定丁b软件侵犯甲公司软件的著作权，如果认定a软件源自丁b软件，则该判决可以作为上诉人无罪的证据，不能作为上诉人有罪的证据。

上述裁判文书均可通过互联网直接下载。

坦率地讲,前述判决与本案关系十分有限,前两个判决与本案毫无关系;控方一直试图使用第二个判决指控上诉人是故意犯罪,存在明显错误;最后一个判决涉及的内容与本案事实上也没有多大的关系,只有在意图证明控方指控有误时,才与本案稍具关联性。

但是,从另一个角度来看,第二、第三个民事判决可以证实一个基本的法律常识:不同软件部分内容相同,既可能是合法所致,也可能仅仅是民事侵权,并不一定就能上升到犯罪和刑事追究的程度。

二、××动态股票分析软件 V4.0 软件的著作权归属

××动态股票分析软件 V4.0 是杭州乙公司研发的,乙公司并未与甲公司约定将该软件著作权归属于甲公司;依法,该软件著作权只能归于杭州乙公司;甲公司和辽宁丙公司对此不享有著作权。

这是基本的法律规定,此前已经反复说明,不再重复。

三、××动态股票分析软件 V4.0 软件服务器端部分源代码的著作权是否与××动态股票分析软件 V4.0 软件一起整体归属于杭州乙公司

依法,著作权源于研发,而不是源于登记。

控方原来指控上诉人侵犯了客户端和服务器端两部分源代码。现在,控方已经明知客户端相关源代码为国际开源代码,不属于杭州乙公司、辽宁丙公司、甲公司,因此,不再指控上诉人侵犯了客户端的著作权。

司法鉴定报告已经确认服务器端部分源代码也标注了著作权信息,其著作权人多为除乙公司之外的案外第三人,且标注的研发、使用时间亦早于 2005 年;鉴于著作权源于研发,而非源于登记或者使用,因此,应当认定服务器端源代码首先不能归属于甲公司和辽宁丙公司,也不能认定其完全归属于杭州乙公司;而应当根据软件源代码的研发时间分别认定其著作权归属于不同的研发人。

四、现有证据确实尚未排除合理怀疑的证实上诉人"非法复制并发行了辽宁丙公司享有著作权的软件",这一控罪事实,不宜认定上诉人的行为构成犯罪

首先,如前所述,××动态股票分析软件 V4.0 的著作权根本就不属于甲公司和辽宁丙公司。

其次,控方指控××动态股票分析软件包含两个部分,分别为客户端和服务器端;司法鉴定报告已经明确两者客户端并不相同;基于此,应当认定 a 软件与××动态股票分析软件 V4.0 软件至少有一个重要的组成部分是不相同的。根据最高人民法院刑事办案指南,两软件如果功能存在差异,就会得出两软件不构成复制,至多只是涉嫌演绎的结论。基于此,两个软件的客户端不同,就必然存在两软件功能存在差异的可能性,控方就应当举证排除这种可能性,以充分必要的证据证实两软件功能相同、构成非法复制;但是,截至今日,控方并未举证证明两软件功能一致,

构成整体性、实质性相同,没有履行排除合理怀疑的证明被告有罪的证明责任。

最后,××动态股票分析软件 V4.0 客户端的源代码,乙公司根本就没有交付给甲公司和辽宁丙公司;a 公司本身确实是支付 160,000 元的对价后,通过委托俞某、俞礼某合作研发而取得;无论俞某、俞礼某的行为是否合理、合法、妥当,上诉人的行为均不构成犯罪,相关争议也不应当由法院刑庭来解决,更不宜由×××市司法机关来处理;如果认定上诉人自俞某、俞礼某处取得相关软件源代码构成犯罪,案件的被告人首先就应当是俞某、俞礼某,案件管辖地就应当是杭州市司法机关。

五、本案中,只要稍微尊重俞某、俞某某、韩某依靠自己的知识、能力谋生的生存权,只要稍存鼓励科技进步、社会发展、经营竞争的理念,就会得出直接而明确的结论:所有上诉人根本不构成犯罪。

以上,恳请法庭予以关注。不胜感激。

辩护人:游志雄

【二审刑事裁定书】

××省×××市中级人民法院
刑事裁定书

(2013)×刑二终字第 00076 号

原公诉机关×××市某区人民检察院。

上诉人(原审被告单位)北京 a 科技发展有限公司,注册号:××××××,注册地址:北京市××××××。实际经营地址:北京市××××,北京市××××。

法定代表人:韩惠某,公司股东:杜某、刘某某、韩某、韩惠某。

诉讼代表人:柯某某、北京 a 科技发展有限公司客服工作人员,身份证号:×××××。

辩护人赵成某,北京市××律师事务所律师。

上诉人(原审被告人)韩惠某,男,××××年××月××日出生于武汉市、汉族、大学文化,系北京 a 科技发展有限公司法定代表人、技术总监,被捕前住北京市大兴区×××××。因本案于 2011 年 11 月 18 日被刑事拘留,同年 12 月 23 日被依法逮捕。现羁押于×××市看守所。

辩护人宝某某,北京市××律师事务所律师。

上诉人(原审被告人)韩某,男,××××年××月××日出生于北京市,汉族,中专文化,系北京a科技发展有限公司股东发展有限公司股东,被捕前住在北京市大兴区××××,因本案于2011年12月23日被依法逮捕。现羁押于×××市看守所。

辩护人钟某某,北京市××律师事务所律师。

辩护人王某,北京市××律师事务所律师。

上诉人(原审被告人)李某某,男,××××年××月××日出生于河北省某市,汉族,大学文化,系北京a科技发展有限公司行政经理,被捕前住北京市大兴区××××。因本案于2011年11月18日被刑事拘留,同年12月23日被依法逮捕。现羁押于×××看守所。

辩护人游志雄,北京市逸峰律师事务所律师。

上诉人(原审被告人)胡某某,男,××××年××月××日,出生于湖北省某市,汉族、大学文化,系北京a科技发展有限公司销售经理,被捕前住北京市大兴区×××××。因本案于2012年2月10日被刑事拘留,同年3月13日被依法逮捕。现羁押于×××看守所。

辩护人陈海某、张某,北京市××律师事务所律师。

×××市某区人民法院审理×××市某区人民检察院指控被告单位北京a科技发展有限公司、被告人韩惠某、韩某、李某某、胡某某侵犯著作权一案,于2013年3月5日作出(2012)××刑初字第×××××号刑事判决。宣判后,被告人韩惠某、韩某、李某某、胡某某均不服,提出上诉。本院受理后,公开开庭审理了本案,×××市人民检察院检察员隋××、尚××、檀××出庭履行职务。上诉人北京a科技发展有限公司的委托代理人赵成某,上诉人韩惠某及其辩护人宝某某,韩某及其辩护人钟某某某某、王某,上诉人李某某及其辩护人游志雄,上诉人胡某某及其辩护人陈海某、张某到庭参加诉讼,×××市人民检察院检察员隋××、尚××、檀××出庭履行职务。本案现已审理终结。

本院认为,原判认定事实不清,证据不足,依照《中华人民共和国刑事诉讼法》第225条第3项之规定裁定如下:

1. 撤销×××市某区人民法院(2012)××刑初字第×××××号刑事判决书。

2. 发回×××市某区人民法院重新审判。

本裁定为终审裁定。

审　判　长　詹××

代理审判员　刘××

代理审判员　薛××

2013年6月16日

书　记　员　戴××

本判决书援引的相关法律条款：

《中华人民共和国刑事诉讼法》第二百二十五条第（三）项“第二审人民法院对不服第一审判决的上诉、抗诉案件，经过审理后，应当按照下列情形分别处理：……（三）原判决认定事实不清楚或者证据不足的，可以在查清楚事实后改判；也可以裁定撤销原判，发回原审人民法院重新审判”。

【重审一审辩护词1】

尊敬的审判长、审判员、书记员：

受李某某之妻孙某的委托及北京市逸峰律师事务所指派，我作为李某某的辩护人，依法参与本案的诉讼活动，现发表辩护意见如下，供法庭参考。

首先，我对贵院在处理本案中体现的严谨、慎重，表示感激；对控方在各方没有争议的部分问题上，体现的客观、求实态度，表示感激。

虽然案件直到今天，数被告都被羁押了一年之久；但是，我本人十分理解。

涉及计算机软件的侵犯著作权罪案件，在全国就十分少见；本案更是×××司法机关处理的第一起涉嫌侵犯计算机软件著作权的刑事案件。因为罕见，因为未曾接触，出错可以理解。

正是因为不熟悉、不了解计算机软件的相关知识，公安机关和市检察院联合接受辽宁丙公司的报案时，将北京市公安局某分局侦办的侵犯商业秘密案与侵犯著作权案混为一谈，没有注意到两者之间存在本质区别；也没有注意到辽宁丙公司报案中涉及的时间黑洞、××彩虹之类的东西，均属20世纪80年代即已公开出版的公有、公知的行业基础知识。

也正是因为各方都不太懂，司法鉴定机构又没有尽到善意释明的责任；因此，一直到一审开庭前，辩方不得不反复证明：音像资料司法鉴定与计算机软件知识产权司法鉴定，是完全不同的两回事，前者解决的是同一性问题，不解决著作权利归属和是否侵权的问题；后者则主要关注著作权利归属和是否侵权的问题；如果想解决是否拥有著作权、是否侵犯著作权的问题，就只能启动知识产权司法鉴定；如果不关心权利归属，不关注鉴定对象是否侵权，只关注鉴定对象之间是否存在同一性，则可以启动音像资料鉴定。

事实上，早在侦查阶段，公安机关就认定：a软件“服务器.RAR”解压缩后的文件中含有的、被控侵权的源代码；a软件智策客户端下的Zlix、Newzix两个目录中的源代码；在北京丁公司2005年6月2日取得《计算机软件著作权登记证书》的“布×者股票分析软件V1.0”（以下简称丁b软件）中，即已存在。也就是说，2005年研发的丁b软件，早于2007年研发的××动态股票分析软件V4.0取得著作权登记，也早于××动态股票分析软件V4.0使用涉案源代码。若此,因为欠缺“创新性”这一法定要件,甲公司也好、丙公司也好,都不能因为××动态股票分析软件V4.0的研发、登记、发表,而取得在先已经发表、使用的涉案源代码的著作权;顺着这个逻辑得出的结论,就只能是:丙公司不享有相关源代码的使用权,涉嫌诬告或者错告;被告没有侵犯丙公司的著作权,本案控罪不能成立,×××市司法机关对本案没有管辖权。

正是因为公安机关自己认定丁公司使用前述源代码的时间早于××动态股票分析软件V4.0的研发时间,无法解释2007年研发的××动态股票分析软件V4.0软件为什么能够独享2005年6月2日以前早已出现并为北京丁公司使用的源代码;公安机关在《移送审查意见书》中才出现:××动态股票分析软件V4.0系甲公司自20世纪90年代开始研发,被告韩某作为甲公司员工参与了研发工作等错误表述;且回避了××动态股票分析软件V4.0系2007年2月才委托杭州乙公司研发等客观事实。

坦率地讲,案件到了某区检察院后,检察官王先生本人体现了极大的诚意、谨慎,依法给我们提供了阅卷、会见的便利,反复、认真地听取了我们的辩护意见。不管案件处理到什么程度,对此前从未谋面的王先生,我都得表达我个人的感激和敬意。

一审承办法官×××庭长至少表述过几个意见:

一是案件过于复杂,且从未处理过类似案件,因此,要解决著作权归谁所有、被告是否侵权的问题,法官说了不算,检察官说了不算,专家说了不算,被告说了不算,律师说了也不算,得由司法鉴定机构说了算;

二是北京某司法鉴定所的司法鉴定报告,解决的是同一性问题,不是权利归属和是否侵权的问题;作为解决同一性的司法鉴定报告,北京某司法鉴定所的司法鉴定报告,从鉴定资格上讲,没有问题;如果作为知识产权鉴定报告使用,就可能存在资质问题。

坦率地讲,因为新《刑事诉讼法》的实施和检察官、法官表现的谨慎、坦诚,我们曾经对一审寄予极大的希望。

事有不谐,我们十分无奈,但是,还是坚信:一切的一切都是缘于各方不太专业,而不是缘于司法的恶意。

基于此,智策公司和李某某本人及家属反复跟我们强调:我们只希望恢复清白,无意挑战司法机关的权威,更无意于责任追究和国家赔偿之类的东西。

贵院的开庭过程,承办法官的办案风格;检察官当庭对部分基础事实的认可;再次燃起所有被告人对法律、司法的期待和信念。对此,我们不能不先说一说“谢谢”。

一、一审适用法律确有错误

《刑法》关于侵犯著作权罪的表述是“复制”,没有提及“部分复制”;一审法院引用的《计算机软件保护条例》提及的则是“复制”或者“部分复制”;由此可知,“复制”与“部分复制”是有区别的。一审以低层级的《条例》修改、诠释高层级的《刑法》,完全不具合法性。

从最高人民法院公布的类似案例来看,非法复制计算机软件包含两种情形:一种是百分之百的整体复制;另一种是构成实质相同的、变相的整体复制。对后者,最高法院案例选编使用了“整体”、“机械”等限制性用词;且将“(虽然整体相同)但存在功能性改进”的作品,归于“演绎”的范畴,排除在著作权罪的适用范围之外。

据此,要想认定被告侵犯了丙公司的著作权,构成侵犯著作权罪,就得排除合理怀疑的证明以下事项:

1. 相关源代码的著作权确实归于丙公司,而不归于案外第三人;

2. 被告使用相关源代码,违反法律规定,损害了丙公司的著作权;

3. 因为相关源代码的使用,构成了a软件系对××动态股票分析软件 V4.0 非法复制的严重后果;

4. 因为相关源代码的使用,a软件与××动态股票分析软件 V4.0 构成实质性相同,已经达到“机械”、“整体”复制的严重程度;

5. a软件与××动态股票分析软件 V4.0 之间确实不存在任何程度、性质的“改进”。

一审既没有查明相关源代码的权利归属,也没有排除被告使用相关源代码的合法性,没有关注相关源代码在整体软件中的作用、地位,更没有关注××动态股票分析软件 V4.0 与a软件之间是否存在实质性相同或者是否存在功能、属性等方面不同;直接以两个软件部分源代码相同为依据,认定被告的行为构成“部分复制”,因而认定被告有罪,其裁判逻辑和法律适用均存在明显错误。

打个比方,一审本来要做的事,是证明某甲是“被通缉的男人”;但是一审已经做的事,只是证明“某甲与被通缉的男人存在5%或者10%的同一性”,然后就将某甲认定为“被通缉的男人”;其错误是显而易见的。

二、一审认定事实存在明确错误,本案应当直接宣告无罪或者发回重审

一审认定:(1)“××动态股票分析软件服务器程序”目录下的文件与智策“服务器.RAR”解压缩后的文件,有564个完全相同、192个相似度为88.21%;(2)××动态股票分析软件客户端源代码与智策客户端下的 Zlix、Newzix 两个目录中的源代码相似度为100%的文件有48个;以此作为被告非法复制××动态股票分析软件 V4.0 计算机软件的事实根据。

二审期间,各方均认可:××动态股票分析软件客户端源代码与智策客户端下的 Zlix、Newzix 两个目录中的源代码,均系著作权归于外国人的国际开源代码。

据此,辽宁丙公司对××动态股票分析软件客户端下的 Zlix、Newzix 两个目录中的源代码显然不拥有著作权;被告使用前述源代码不构成对丙公司的侵权,应无疑问。

仅此,即可认定:

1. 一审判决认定的关键案件事实存在错误,应予撤销;

2. 两个软件的部分源代码相同,并不能得出"后登记的软件必然侵犯先登记的软件的著作权"的唯一、排他结论;此时,完全存在其他的可能性,即均源自第三方,彼此之间不存在复制或者侵权关系;均系合法使用,不构成违法性等。

基于此,"××动态股票分析软件服务器程序"目录下的文件与智策"服务器.RAR"解压缩后的文件,有 564 个完全相同、192 个相似度为 88.21%,理所当然存在一种可能性,即相同的部分均源自第三方,相关著作权归属第三方,a 软件与××动态股票分析软件 V4.0 之间不存在复制或者侵权关系。

如前所述,本案一、二审期间,新刑诉法已经生效;刑事证明标准已经确认为:排除合理怀疑。

此时,要认定被告的行为侵犯了辽宁丙公司的著作权,构成侵犯著作权罪,就要排除合理怀疑的证明:

第一,"××动态股票分析软件服务器程序"目录下的相关源代码的著作权属于辽宁丙公司;

第二,被告使用前述源代码存在侵权的主观故意,侵犯了辽宁丙公司的著作权;

第三,被告使用服务器程序目录下的数百个文件,导致 a 软件和××动态股票分析软件构成实质性相同,构成刑法意义上的非法复制。

但问题是:

1. 如果打开相关软件,就可以发现 a 软件服务器程序中存在的、被控侵犯的部分源代码标注的著作权人是杭州乙公司,发布时间是 2004 年至 2005 年;

2. a 软件和××动态股票分析软件 V4.0 的相关内容均系委托第三方研发;

3. 一审判决已经查明:研发单位杭州乙公司没有将××动态股票分析软件服务器程序的源代码"提交给"甲公司;乙公司还与甲公司因之签订了保密协议;甲公司、丙公司没有任何事实根据、法律依据或者合同根据,证明自己拥有××动态股票分析软件 V4.0 服务器程序下源代码的著作权。

基于此,现有证据不仅不能排除合理怀疑的证明被告侵犯了甲公司或者丙公司的著作权,反而能够排除合理怀疑的证明丙公司不拥有前述源代码的著作权,能够排除合理怀疑的证明被告没有侵犯丙公司的著作权。

尊敬的审判长、审判员,维持一审判决,对甲公司和丙公司而言,得到的是巨额的不当利益;对被告而言,则是数个家庭的灭顶之灾。

为了被告人垂老的父母,为了被告人刚出生的孩子,为了最基本的公平、正义,我们恳请法庭依法宣告被告无罪。

辩护人:游志雄

2013 年 5 月 21 日

【重审一审辩护词 2】

尊敬的审判长、审判员、书记员:

关于这个案件,我一直要求 a 公司和李某某家属去购买××动态股票分析软件 V4.0 软件,我自己也试图做这样的努力,但是,直到今天,我们还是无法从市面上买到××动态股票分析软件 V4.0 软件。

我们一直在要求司法机关调取××动态股票分析软件 V4.0 软件和被控侵权的 a 软件,我们希望司法机关组织人员现场比对两个软件,比对两个软件的源代码,一直想知道两个软件的相近率到底有多少,到底是什么东西相同,两个软件到底有没有不同,有没有实质性不同,但是,没有任何人理睬我们。

现在,5 个被告被控偷取了别人的东西,但是他们到底偷了什么,他们偷盗的对象是什么,我们不知道;受侵犯对象的芳容,我们至今无法一睹为快。

这太奇怪了。

毫无疑问,如果讲一个杀了人,总得让我们知道被杀的人是谁,讲一个人伤了人,也总得让我们知道伤的是谁;无论怎么讲,控方不能将声称被损害的××动态股票分析软件 V4.0 软件秘不示人。

××动态股票分析软件 V4.0 在刑事案件中是什么,它就是杀人案件中的尸体,是伤害案件中的伤情,如果它真的失踪了,也就拉倒了,如果他真的还躺在公安机关的刑事档案里,为什么就不可能把它拿到这里来展示一下呢?

基于此,我们想,如果要排除合理怀疑的证明被告有罪,至今得让我们在座的被告、辩护人看一眼被侵害的东西是什么,长得什么样;否则,就谈不上事实清楚、证据清楚。

我们注意到,控方对 ZLIX/NEWSZIX 似乎不再那么坚持,控方也认可这一部分源代码是国际开源代码,是外国人研发的,授权全世界所有人都可以免费使用、自由使用的源代码。

我们也注意到控方和韩某某都用了一个词:ZLIX/NEWSZIX 是研发工具;而且是通常大家都要使用的研发工具;是通常大家都会自由、无偿使用的工具。

我想,大家都应当已经知道了一个事实,一审将ZIP、NEWZIP源代码视为甲公司的私有财产,肯定错了。

在这里,我们想强调一点,剽窃与复制是两个概念:剽窃是民事责任,非法复制是刑事责任。

刑罚有一个基本原则,就是经济性原则。从合法到剽窃到复制,这里有一个从量到质的过程;这就好比考试时我抄你一个答案,可能构成剽窃,但百分之八十五相同,才可能被认定为雷同;百分之百或者近乎百分之百的相同,才构成复制。

但问题是,控方到现在也只是告诉我们两个软件部分源代码相同,却一直没有告诉我们这两个软件整体上是否相同或者雷同;这是明显的缺陷,应当引起关注。

对两个软件部分源代码相同,控辩双方都没有争议。现在争议的是:这是可以共享的科技进步,还是外人不可进入的丙公司的后花园。

如果一审判决不改,别说五个被告权利不保;就是微软公司谷歌、苹果这样的公司,都会构成犯罪;只要用电脑,只要用软件,就得构成违法、犯罪。因为,只要你玩电脑,你就不可能不动ZIP软件。本来,五被告只是享受了开源联盟给予的科技红利,现在面对的却是无尽的悲哀。因为美国人试图造福全球的研发成果,已经因为一审判决变成了甲公司和丙公司独自享有的私有财产。

因此,一审判决不改,不但被告权利不保,中国的计算机软件的科技进步,所有中国计算机软件工作人员的饭碗也不保,除非他们都只给甲公司或者丙公司打工,否则他们就是在违法、侵权。

因此,根据最高人民法院关于一定要平衡好知识产权保护和科技进步、技术人员的就业保护的规定,我们恳请贵院宣告被告无罪。

【重审一审辩护词3】

尊敬的审判长、审判员、书记员:

一、本案可以认定的事实

1. ×××市某区人民法院(2012)××××第××××号刑事判决书确认:××动态股票分析软件系北京甲投资顾问有限公司(以下简称甲公司)于2007年2月委托杭州乙信息技术有限公司(以下简称乙公司)开发,乙公司提供了该软件客户端全部源代码,甲公司对前述软件应履行保密义务;俞某和乙公司的俞礼某曾帮助韩某、杜某编制动态软件,获得报酬人民币150,000元。

2. 2007年2月7日,甲公司作为甲方与乙公司作为乙方签订的《技术开发合同书》约定:“甲方委托乙方开发××网络动态股票分析软件”,“乙方提供客户端的全部完整源代码”;“甲方也不能将本系统所涉及的设计思想、系统结构、技术文档等技术产权资料转让或者透露给第三方”;该合同没有约定乙公司受托研发的软件的著作权应当归属于委托方甲公司。

3. 北京市某公证处(2012)京某内民证字第××××、××××1公证书证明:Zlix、Newzix源代码,系开源代码。

4. 将a软件被控侵权的源代码用记事本的方式打开,清楚显示:Zlix、Newzix源代码,著作权归属于外国人;a软件服务器端被控侵权的源代码,著作权归属于包括乙公司在内的其他著作权人;两者的研发时间均早于2007年2月。

5. 北京某司法鉴定所某首(2011)声像鉴字第×××号声像资料检验报告书及司法鉴定许可证可以证明:北京某司法鉴定所只具有声像资料司法鉴定资格,不具备计算机软件知识产权司法鉴定资格;北京某司法鉴定所明知其做出的鉴定报告将用于“侵犯著作权”案的侦查工作;但是,该所做出的检验报告没有明确被控侵权的软件源代码的权利归属,没有明确相关源代码在整个软件中所占比例、所起作用,没有比对两个软件是否构成整体性、实质性相同。

二、本案所涉法律依据

1.《著作权法》第2条规定,中国公民、法人或者其他组织的作品,不论是否发表,依照本法享有著作权。

第17条规定,受委托创作的作品,著作权的归属由委托人和受托人通过合同约定。合同未作明确约定或者没有订立合同的,著作权属于受托人。

2.《著作权法实施条例》第2条规定,著作权法所称作品,是指文学、艺术和科学领域内具有独创性并能以某种有形形式复制的智力成果。

3.《计算机软件保护条例》第5条规定,中国公民、法人或者其他组织对其所开发的软件,不论是否发表,依照本条例享有著作权。

第7条规定,软件著作权人可以向国务院著作权行政管理部门认定的软件登记机构办理登记。软件登记机构发放的登记证明文件是登记事项的初步证明。

第9条规定,软件著作权属于软件开发者,本条例另有规定的除外。

如无相反证明,在软件上署名的自然人、法人或者其他组织为开发者。

第11条规定,接受他人委托开发的软件,其著作权的归属由委托人与受托人签订书面合同约定;无书面合同或者合同未作明确约定的,其著作权由受托人享有。

第15条第2款规定,软件著作权属于法人或者其他组织的,法人或者其他组织变更、终止后,其著作权在本条例规定的保护期内由承受其权利义务的法人或者其他组织享有;没有承受其权利义务的法人或者其他组织的,由国家享有。

第24条规定,除《中华人民共和国著作权法》、本条例或者其他法律、行政法规另有规定外,未经软件著作权人许可,有下列侵权行为的,应当根据情况,承担停止侵害、消除影响、赔礼道歉、赔偿损失等民事责任;同时损害社会公共利益的,由著作权行政管理部门责令停止侵权行为,没收违法所得,没收、销毁侵权复制品,可以并处罚款;情节严重的,著作权行政管理部门并可以没收主要用于制作侵权复制品的材料、工具、设备等;触犯刑律的,依照刑法关于侵犯著作权罪、销售侵权复制品罪的规定,依法追究刑事责任:

(1)复制或者部分复制著作权人的软件的……

4.《计算机软件著作权登记办法》第7条规定,申请登记的软件应是独立开发的,或者经原著作权人许可对原有软件修改后形成的在功能或者性能方面有重要改进的软件。

第10条规定,软件的鉴别材料包括程序和文档的鉴别材料。

程序和文档的鉴别材料应当由源程序和任何一种文档前、后各连续30页组成。整个程序和文档不到60页的,应当提交整个源程序和文档。除特定情况外,程序每页不少于50行,文档每页不少于30行。

第12条规定,申请软件著作权登记的,可以选择以下方式之一对鉴别材料作例外交存:

(1)源程序的前、后各连续的30页,其中的机密部分用黑色宽斜线覆盖,但覆盖部分不得超过交存源程序的50%;

(2)源程序连续的前10页,加上源程序的任何部分的连续的50页;

(3)目标程序的前、后各连续的30页,加上源程序的任何部分的连续的20页。

文档作例外交存的,参照前款规定处理。

第13条规定,软件著作权登记时,申请人可以申请将源程序、文档或者样品进行封存。除申请人或者司法机关外,任何人不得启封。

5.《刑法》第217条规定,以营利为目的,有下列侵犯著作权情形之一,违法所得数额较大或者有其他严重情节的,处3年以下有期徒刑或者拘役,并处或者单处罚金;违法所得数额巨大或者有其他特别严重情节的,处3年以上7年以下有期徒刑,并处罚金:

(1)未经著作权人许可,复制发行其文字作品、音乐、电影、电视、录像作品、计算机软件及其他作品的……

三、基于事实和法律得出的结论

(一)关于鉴定

综合法律、理论、实务,要判断被告的行为是否侵犯计算机软件的著作权,应当进行计算机软件知识产权司法鉴定,而不是声像资料司法鉴定。

单从北京市某司法鉴定所的司法鉴定资格、鉴定结论和某市公安局的委托鉴定事项看,鉴于北京某司法鉴定所只是认定a软件和××动态股票分析软件部分源代码是否相同或者相近;从这个层面上,不能讲北京某司法鉴定所的司法鉴定报告不对。

但是,北京市某司法鉴定所明知公安机关侦办的是侵犯著作权案;从专业技术的角度,该所应当明知其鉴定结论将用于判断犯罪嫌疑人是否侵犯被害人的著作权,其行为是否构成侵犯著作权罪。换言之,作为司法鉴定机构,北京某司法鉴定所应当明知,其鉴定结论的功能、用途是:判断某一计算机软件全部或者部分的著作权归属,某一计算机软件是否侵犯另一计算机软件的著作权。北京市某司法鉴定所作为专业机构,应当明知该类鉴定不是声像资料检验报告,而是计算机软件知识产权司法鉴定报告。在这个层面上,北京某司法鉴定所的鉴定报告存在问题。

计算机软件部分内容相同的原因很多,有合法性相同,也有非法性相同;表述的偶发性相同、可供选用的表达方式有限、合法引用、第三方合法授权,都可能阻却软件内容相同的违法性。

根据北京某司法鉴定所的鉴定报告,不能当然得出a软件侵犯××动态股票分析软件著作权的结论。

(二)委托开发的计算机软件的著作权归属

《著作权法》第17条规定,受委托创作的作品,著作权的归属由委托人和受托人通过合同约定。合同未作明确约定或者没有订立合同的,著作权属于受托人。

《计算机软件保护条例》第9条规定,软件著作权属于软件开发者,本条例另有规定的除外;第11条规定,接受他人委托开发的软件,其著作权的归属由委托人与受托人签订书面合同约定;无书面合同或者合同未作明确约定的,其著作权由受托人享有。

据此,无书面合同或者合同未作明确约定的,委托开发的计算机软件的著作权归于受托方。

(三)没有书面合同或者合同未作明确约定的情况下,委托方能否直接以著作权人的身份,因为著作权登记行为,合法取得著作权

《著作权法》第2条规定,中国公民、法人或者其他组织的作品,不论是否发表,依照本法享有著作权。

《计算机软件保护条例》第5条规定,中国公民、法人或者其他组织对其所开发的软件,不论是否发表,依照本条例享有著作权。

《计算机软件著作权登记办法》第7条规定,申请登记的软件应是独立开发的,或者经原著作权人许可对原有软件修改后形成的在功能或者性能方面有重要改进的软件。

据此,计算机软件著作权的取得并非源于著作权登记,而是源于计算机软件开发;计算机软件开发完毕,著作权即已形成,权利人亦初步确定。如果是委托开发,且没有明确约定著作权归属于委托方,那么,法律后果十分清楚:著作权归属于受托方。在此情形之下,如果委托方隐瞒委托开发的事实,对不是自己"独立开发"、著

作权应当归属于受托方的计算机软件申请办理著作权登记,就违背了《计算机软件著作权登记办法》第7条的规定,不具合法性。任何单位或者个人都不能因为非法行为而合法取得著作权,这是常识。

(四)能否直接基于某一计算机软件已经取得著作权登记,就认定该计算机软件的所有内容的著作权都归属于登记权人

《计算机软件保护条例》第7条规定,软件著作权人可以向国务院著作权行政管理部门认定的软件登记机构办理登记。软件登记机构发放的登记证明文件是登记事项的初步证明。

第9条规定,软件著作权属于软件开发者,本条例另有规定的除外";"如无相反证明,在软件上署名的自然人、法人或者其他组织为开发者。

基于此,著作权登记只是软件著作权归属的初步证明,不是著作权归属的充分证明;如果存在相反证明,就不能认定软件的署名人即为软件的开发人或者著作权人。

乙公司与甲公司2007年签订的《技术开发合同书》,就属于××动态股票分析软件的著作权不属于甲公司或者丙公司的相反证明。

即使是自行、独立开发计算机软件,软件开发人也不能对其软件包含的、合法引用他人作品的内容,享有著作权。

(五)基于现有证据,××动态股票分析软件的著作权应当归谁所有

在没有其他证据证明乙公司已经与甲公司另行签订合同,明确将××动态股票分析软件的著作权授予甲公司的前提下,单凭现有证据,只能认定××动态股票分析软件的著作权归乙公司所有,不能认定××动态股票分析软件的著作权归于甲公司或者丙公司。

(六)甲公司能否将××动态股票分析软件的著作权转让给丙公司

如果没有其他证据证实乙公司已经明确将甲历动态股票分析软件的著作权转让给了甲公司,甲公司就无权将自己不拥有著作权的计算机软件的著作权转移给第三方。

分析乙公司2007年2月7日与甲公司签订的《技术开发合同书》第7条,也能得出甲公司不能转移××动态股票分析软件著作权的结论。

(七)国际开源代码的使用人,能否禁止他人继续使用国际开源代码

Zlix、Newzix均属国际开源代码;对国际开源代码的创新、升级成果,也应当属于国际开源代码的组成部分。

国际开源代码的使用人,无权禁止他人使用国际开源代码,这是常识。

(八)单凭北京某司法鉴定所的司法鉴定报告能否认定被告的行为侵犯了××动态股票分析软件的著作权,能否认定被告的行为侵犯了丙公司的著作权

如前所述,在没有相反证据的前提下,××动态股票分析软件的著作权应当归属

于该软件的开发人乙公司，而不属于甲公司；在这个层面上，甲公司和丙公司都不是××动态股票分析软件的独立开发人，也不是它的著作权人。

即使出现相反证据证明甲公司、丙公司已经合法取得××动态股票分析软件的著作权；鉴于被控侵权的客户端下 Zlix、Newzix 源代码属于国际开源代码；××动态股票分析软件服务器端源代码，一则乙公司没有交给甲公司；二则相关源代码的版权标识也显示其研发时间早于 2007 年 2 月，著作权属于乙公司或者其他案外第三人。

基于此，单凭现有证据，不能证实被告侵犯了甲公司或者丙公司的著作权。

（九）单凭现有证据能否认定 a 软件系复制于××动态股票分析软件，被告的行为构成侵犯著作权罪

从法律、行政法规的规定来看，复制与部分复制是有区别的。

单凭现有证据，不能认定 a 软件与××动态股票分析软件完全相同或者构成实质性、整体性相同，不能认定 a 软件是在机械性地复制××动态股票分析软件。

【重审一审辩护词 4】

尊敬的审判长、审判员、书记员：

我首先想强调一点，本案，×××市司法机关没有管辖权；

甲公司、丙公司对××动态股票分析软件 V4.0 也不享有著作权。

本案客户端相同或者相近的源代码属于国际开源代码，属于各方公知的事实；使用国际开源代码肯定不会侵犯甲公司或者丙公司的著作权。

按照现在控方的观点，就是外国人搞了一堆源代码，好心好意开放给全世界使用；甲委托别人研发时，使用了一下这些国际开源代码，甲公司就不允许其他人使用了，谁使用谁就犯罪了；受惠于国际开源代码，就试图非法霸占国际开源代码，并试图利用刑事追诉手段禁止他人使用国际开源代码，这不是依法维权，这是贪天之功，据为己有；如果这种偷窃、非法霸占行为，能够由司法机关启动刑事程序予以保护；这不只是中国的司法笑话，而且也是国际性的司法笑话，我不知道这样的保护对美国的开放源代码的著作权人是个什么概念。

既然使用开源代码，构成彼此相同，不构成犯罪，凭什么说其他源代码内容只要相同就构成犯罪。

而且，服务器端源代码，本属杭州乙公司案外第三人所有；××动态股票分析软件 V4.0 是委托研发的；法律规定得很清楚，委托研发的软件著作权，如果合同没有明确约定，就应当归属研发方，而不得归属于委托方；甲公司无论如何都无权取得相关软件的著作权，更不得将自己无权转让的东西转让给了第三方。

正如韩惠某所言,委托合同中,乙公司本来就没有将服务器端的源代码交付甲公司,甲公司手里根本就不应当有这些源代码;不明来源的东西,说不清楚,道不明白,就难逃偷窃嫌疑;自己是不是偷的,都说不清楚,怎么好意思来主张盗窃。

这个案件整个方向似乎都与刑法规定不符,刑法规定的是“复制”,控方指控的是“部分复制”。

复制是机械性的复制。两个软件,300多万个文件,800多个相同的,相同的还包括国际开源代码,这算不算复制。

最高人民法院在张安涛侵犯著作权纠纷一案中明确:两个软件存在功能不同,即为演绎,不构成非法复制;只有整体、机械复制才构成侵犯著作权罪。

换言之,法律和最高人民法院讲的复制,是整体相同,或者无任何功能差异的整体相同;它关心的是面,而不是两个软件是否存在点的相同或者局部相同。

也就是说,法律和最高人民法院对定罪关注的是:无不同,或者无功能性不同,只要出现功能性不同,就是演绎,不是犯罪;也就是说,找出不同,就不是犯罪;但是,我们现在搞成了,并不关心两个软件是否存在不同,也不关心两个软件是否整体相同,而在证明某点或者某个局部相同或者雷同,这就彻底错了。

控方一直在讲北京市某中级人民法院的案件,这两个案件是怎么回事呢;一个判决判丁胜诉,这个判决我在侦查阶段交了,在检察院交了,在一审交了,在二审也交了,但是,案卷里面没有,判决书也没有提;我不知道这里有怎样的恶意,但是,我们可以清楚明白地看到,在这个判决里法院认定丁公司没有侵犯甲公司软件本身和软件源代码的著作权,但是十分明确地认定甲公司侵犯了b软件及其源代码的著作权;如果按照控方现在指控的,有相同就犯罪,那么,甲公司早就犯罪了。另一个判决是丁公司败诉,它与本案一毛钱关系也没有,他讲的是丁公司侵犯了甲公司对公共信息的编辑权,它讲的是,虽然甲公司对公共信息本身没有权利,但是,它有汇编权、编辑权,它十分明白丁公司在当年7月自第三方购得相关公共信息的编辑成果,仅对此前两三个月的使用情况给予惩罚。现在,a软件中根本就没有用这些公共信息,与前述判决毫无关系。

a软件有三个版本,一个是2007年版本,一个是2011年1月版本,一个是2011年11月版本。

2007年版本,与俞某、俞某某有关;系对丁公司版本的升级、换代,北京市某中级人民法院认定丁公司对该软件享有著作权,同时认定甲公司侵犯了该软件的著作权。

2011年版本,与俞某、俞某某无关;2011年1月版本,系a公司与戊公司合作研发。

2011年11月版本系戊公司研发。

按照某市公安局的说法,2011 年 11 月版本是完全合法的,与甲公司无关。

根据仔细比对,现在指控侵权的产品,应当是 a 公司 2011 年 1 月研发的版本;如果被控侵权的产品确实是该版本的话,本案就更成问题。

乙公司将相关产品的著作权转让给了己公司;己公司再将相关著作权转让给了戊公司;戊公司与 a 公司合作研发 2011 年 1 月版 a 软件;该软件服务器端源代码由戊公司提供给 a 公司。

若此,一个合法的著作权人将其享有著作权的产品有偿提供给 a 公司使用,根本就不存在违法性,戊公司也好,a 公司也好,更不构成犯罪。

基于此,我们再次请求贵院责成检察机关提供被控侵权的 a 软件,并明确该软件的研发时间,请求控方明确被控侵权的 a 软件到底是 2007 年版本,还是 2011 年 1 月的版本。

另外,据介绍,软件和软件源代码区别极大,软件源代码要转换成执行程序,才能变成上市交易的软件;市场上买卖的软件,就是执行程序,而不是软件源代码;软件也就是市场上销售的执行程序,一般而言,不包含软件源代码,也不能反向推出软件源代码。

本案中,客户端源代码系国际开源代码,控辩双方已无疑问,无须再论。

甲公司没有从乙公司获得服务器端源代码;a 公司自戊公司有偿取得了服务器端源代码;甲公司作为委托方,根本无权享有相关服务器源代码,更无权对相关源代码享有、行使著作权;a 公司则有权依据著作权人的授权,合法拥有、使用相关服务器端的源代码。

若此,本案就不是贼喊捉贼,而是贼打好人;甲公司盗用他人的著作权并违法转让,却反过来诬陷合法使用权人。

为了进一步说明控告有误,我们试图从服务器端源代码中节选出部分文件,以相关文件带有的权利标识,证明相关源代码的著作权归属于第三方,形成于 2005 年以前,与甲公司、丙公司毫无关系。

【重审一审辩护词 5】

尊敬的审判长、审判员、书记员:

现就李某某涉嫌侵犯著作权一案,补充以下辩护意见,供法庭参考。

一、作品必须具有独创性才能拥有著作权;著作权因为创作而取得,不适用“登记优先”

1.《著作权法》第 2 条规定,中国公民、法人或者其他组织的作品,不论是否发表,依照本法享有著作权。

据此,杭州乙公司研发涉案软件或者软件源代码后,无论是否登记,只要相关内容具有“独创性”,即自然形成归属于杭州乙公司的著作权;此后,包括甲公司在内的其他单位或者个人的援引、使用或者著作权登记行为,都不能产生对抗杭州乙公司著作权的法律效力。

换言之,具有独创性的作品,一经著述完毕,即自然形成著作权;此后,其他单位的使用、登记行为,不能对他人此前已经著述的作品或者作品内容形成新的著作权。

2.《著作权法实施条例》第2条规定,著作权法所称作品,是指文学、艺术和科学领域内具有独创性并能以某种有形形式复制的智力成果。

据于此,没有“独创性”的作品,重复、援引、使用他人的作品的作品或者作品内容,就不能因为发表、登记等行为,取得法律意义上的著作权。

基于此,涉案软件客户端的部分源代码,发表于20世纪80年代,著作权归属于外国人,系国际开源代码;a公司、杭州乙公司、甲公司,于2006年年底至2007年年初,合法援用前述源代码,不可能、也不应该对他人早已发布并授权全世界使用的开源代码享有新的著作权。

同样,涉案软件服务器端的部分源代码,形成于2005年以前,由包括杭州乙公司在内的单位或者个人研发;a公司、杭州乙公司、甲公司2007年援用前述源代码时,也因为不具“独创性”,而不能对他人早已完成研发的源代码享有著作权。

二、没有特别约定,委托研发的作品的著作权,归于受托方,而不归于委托方;无论如何,甲公司都不是涉案源代码的著作权人

《著作权法》第17条规定,受委托创作的作品,著作权的归属由委托人和受托人通过合同约定。合同未作明确约定或者没有订立合同的,著作权属于受托人。

现在,××动态股票分析软件系北京甲公司于2007年2月委托杭州乙公司研发,已经没有异议。相关合同中,没有杭州乙公司放弃涉案源代码著作权,相关源代码著作权归于甲公司的表述。恰好相反,合同附件显示:乙公司将客户端援用的国际开源代码“提交给”了甲公司;但没有约定将服务器端的源代码“提交给”甲公司;而且,杭州乙公司还与甲公司签订了一个保密协议;求诸常理,如果杭州乙公司已经将包括源代码在人的所有作品的著作权都转移给了甲公司;那么,应当负有保密责任的,就不应当是甲公司而应当是乙公司了。

由此,可以认定:无论如何,甲公司都不可能因为“委托乙公司研发”的行为,获得涉案源代码的著作权。

三、辽宁丙公司只能基于2007年2月研发的××动态股票分析软件V4.0软件主张权利,×××市司法机关对与此无关的著作权争议案,不拥有管辖权

无论辽宁丙公司与北京甲公司是不是关联公司,丙公司仅仅因为受让行为而

获得××动态股票分析软件V4.0中“具有独创性”且“已经明确约定属于甲公司所有的”内容拥有的著作权;这一点,应无疑问。

当然,如前所述,因为“具有独创性”和“已经明确约定属于弘扬公司所有”这两个前提并不存在,甲公司也好,丙公司也好,事实上,对本案争议的作品,根本就不拥有著作权。

即使暂时回避权利归属这一大问题,无论如何,丙公司都不能对2007年2月研发的××动态股票分析软件V4.0之外的其他软件享有、主张权利。对××动态股票分析软件V4.0之外的其他软件的权利保护,不仅在丙公司的权利之外,亦在×××市司法机关的管辖之外。

四、韩某于2004年9月离开甲公司,××动态股票分析软件于2007年2月才委托研发;韩某没有也不可能在离开甲公司两三年后,参与××动态股票分析软件V4.0的研发工作,更不可能就此签订保密协议

一审判决第10页倒数第1段“证据17”证实:2004年9月3日,韩某离开甲公司。

一审判决第11页第4段“证据21”证实:2007年2月7日,甲公司与杭州乙公司签订《技术开发合同》,委托杭州乙公司研发××动态股票分析软件V4.0。

韩某不可能在离开甲公司两年零五个月之后,再作为甲公司的员工和研发核心,参与××动态股票分析软件V4.0的研发工作;更不可能因此与甲公司签订保密协议。

公安侦查之所以给人韩某参与了××动态股票分析软件V4.0研发的错觉,是因为:公安机关一开始并没有注意也不认可××动态股票分析软件V4.0是2007年2月才委托杭州乙公司研发的;公安机关在移送审查起诉以前,一直坚持:××动态股票分析软件V4.0系甲公司自行研发(详见《起诉意见书》第2页倒数第17~18行“××动态股票分析软件V4.0软件为北京甲投资顾问有限公司自行研发”;同样的错误,还出现在《起诉意见书》第3页倒数第8~18行),其研发时间自一九九几年开始;公安机关一直错误的坚持:涉案被控侵权的源代码系甲公司自行研发,韩某是该研发团队的核心成员,相关源代码分别出现在2005年的“b软件”和2007年的“a软件”之中。正是这种错误认知,导致本案的错立、错捕、错判;恳请法庭高度关注。

五、刑法侵犯著作权罪关注的是“非法复制”,而不是“两个不同的作品,部分内容相同”;前者是刑事犯罪,后者涉及的是著作权民事侵权

基于此,我们想再次陈述几个常识:

1. 如果法庭认为被告使用国际开源代码构成犯罪,先抛开违背法律和常识不说;作为可能侵犯外国人著作权的刑事案件,既要考虑中国的刑事和著作权法律,还要考虑美国的刑事和著作权法律,同时还得考虑这个案件可能或者必然产生的行业、国际影响。

如果司法机关以刑事追究的方式,禁止中国公民、中国公司使用国际开源代码,其法律、政治、政策、社会影响,肯定不能只用“恶劣”两个字来简单概括。

2. 如果法庭认为被告的行为不侵犯丙公司的著作权,则本案不能成立,应予撤销。

3. 如果法庭认为被告的行为可能侵犯杭州乙公司的著作权或者美国人的著作权,则应当由他地、他人另立民事案件,依法解决;无论如何,相关争议都不构成犯罪,也不能由××岛市司法机关来处理。

尊敬的审判长、审判员,单就证据和法律而言,被告无罪是确凿无疑的;但是,站在我们的角度,我们更愿意相信这是甲公司、丙公司和北京××××等鉴定机构误导的结果,我们不抱怨从未处理过类似案件、同样受人误导的司法机关;恳请贵院尽快对被告变更强制措施并宣告被告无罪。

以上,敬请关注。

辩护人:游志雄

2013年7月9日

【重审一审判决】

×××市某区人民法院
刑事判决书

(2013)××初字第×××××号

公诉机关×××市某区人民检察院。

被告单位北京a科技发展有限公司,注册号:×××××,注册地址:北京市朝阳区××××××。实际经营地址:北京市宣武区×××××,北京市大兴区×××××。法定代表人:韩惠某,公司股东:杜某、刘某某、韩某、韩惠某。

诉讼代表人:柯某某,北京a科技发展有限公司客服工作人员,身份证号码××××××××××××××××××。

被告人韩惠某,男,××××年××月××日出生,身份证号码××××××××××××××××××,汉族,大学文化,系北京a科技发展有限公司法定代表人、技术总监,被捕前住××市××区×××××。因本案于2011年11月18日被刑事拘留,同年12月23日被依法逮捕,于2014年2月28日被取保候审。

辩护人宝某某,系北京市××律师事务所律师。

被告人韩某,男,××××年××月××日出生,身份证号码××××××××××××××××××,汉族,中专文化,系北京a科技发展有限公司股东,被捕前住××市××区××××××。因本案于2011年11月18日被刑事拘留,同年12月23日被依法逮捕,于2014年1月14日被取保候审。

辩护人钟某某,系北京市××律师事务所律师。

辩护人王某,系北京市××律师事务所律师。

被告人李某某,男,××××年××月××出生,身份证号码××××××××××××××××××,汉族,大学文化,系北京a科技发展有限公司行政经理,被捕前住××市××区××××××。因本案于2011年11月18日被刑事拘留,同年12月23日被依法逮捕,于2014年1月17日被取保候审。

辩护人游志雄,系北京市逸峰律师事务所律师。

被告人胡某某,男,××××年××月××日出生,身份证号码××××××××××××××××××,汉族,大学文化,系北京a科技发展有限公司销售经理,被捕前住××市××区××××××。因本案于2012年2月10日被刑事拘留,同年3月13日被依法逮捕,于2014年1月17日被取保候审。

辩护人李世某,系北京市××律师事务所律师。

×××市某区人民检察院以×检刑诉(2012)第×××号起诉书指控被告单位北京a科技发展有限公司、被告人韩惠某、韩某、李某某、胡某某犯侵犯著作权一案,于2012年9月28日向本院提起公诉。本院于2013年3月11日作出(2012)×刑初字第××××号刑事判决后,被告单位北京a科技发展有限公司、被告人韩惠某、韩某、李某某、胡某某提出上诉。市中级人民法院于2013年6月26日作出(2013)×刑二终字第×××××号刑事裁定,撤销原判,发回重审。本院依法另行组成合议庭,公开开庭审理了本案。×××市某区人民检察院指派检察员王某出庭支持公诉,被告单位北京a科技发展有限公司诉讼代表人柯某某,被告人韩惠某及其辩护人宝某某,被告人韩某及其辩护人钟某某、王某,被告人李某某及其辩护人游志雄,被告人胡某某及其辩护人李世某到庭参加诉讼。现已审理终结。×××市某区人民检察院指控,被告人韩惠某作为北京a科技发展有限公司法人代表,担任公司技术总监。参与××股票价值分析系统软件的改编。被告人韩某是北京a科技发展有限公司的股东,××股票价值分析系统软件制作者之一。被告人李某某为北京a科技发展有限公司的总经理负责该公司的日常管理工作及财务工作,是公司直接负责的主管人员。被告人胡某某作为a科技发展有限公司销售经理,负责该公司全国11个代理商的销售工作,上列被告人伙同杜某、刘某某(均在逃)在被告单位北京a科技有限公司经营期间,在未经许可的前提下,部分复制"××

动态股票分析软件 V4.0”,软件制成了“××股票价值分析系统”,软件予以销售。“××动态股票分析软件 V4.0”软件为北京甲投资顾问有限公司研发,于 2007 年 6 月 11 日首次发表。2007 年 10 月 11 日中华人民共和国国家版权局根据《计算机软件保护条例》和《计算机软件登记办法》对该软件予以登记,并颁发了编号为软著登字第×××××号、登记号为××××××的计算机软件著作权登记证书。辽宁省丙软件股份公司于 2010 年 7 月 1 日与北京甲投资顾问有限公司签订“××动态股票分析软件 V4.0”软件著作权权益转让合同,依法享有该软件的著作权及全部权利。经北京某司法鉴定所对“××股票价值分析系统”软件的服务器端及客户端源代码与“××动态股票分析软件”软件的服务器端及客户端源代码进行司法鉴定得出结论:“××”软件客户端源代码与“××动态股票分析软件 V4.0”软件客户端源代码下 Zlix、Newzix 两个目录中源代码相似度为 100% 的文件有 48 个;“××股票价值分析系统”软件与“××动态股票分析软件 V4.0”软件服务器端源代码相似度 100 的文件有 564 个;文件名相同内容不完全相同的文件中,相同行数占总行数的平均百分比为 88.21% 的文件有 192 个,平均相似度不低于 85.27%。北京 a 科技有限公司以营利为目的,在软件侵权的前提下仍非法经营,经对“××”公司的账册、会计凭证、数据光盘等进行会计司法鉴定得出结论:2010 年 7 月 ~2011 年 11 月,该公司软件收入数额达 12,612,208.00 元,服务费收入额达 1,449,914.00 元,总计金额 14,062,122.00 元。

为指控上述事实,公诉机关提供了证人证言、被告人供述、鉴定意见等证据材料,认为被告单位北京 a 科技有限公司被告人韩惠某、韩某、李某某、胡某某目无国法,以营利为目的,违反著作权管理法规,未经著作权人的许可,非法复制,发行他人作品,情节特别严重,其行为均触犯了《中华人民共和国刑法》第 25 条、第 217 条第 1 项、第 220 条,犯罪事实清楚,证据确实、充分,应当以侵犯著作权罪追究其刑事责任。

被告单位北京 a 科技发展有限公司诉讼代表人辩称,其公司没有侵权,依法不构成犯罪。

被告人韩惠某辩称,a 软件是其公司独立开发,该软件部分辅助系统是从杭州科技公司购买的,其不构成侵犯著作权犯罪。其辩护人的辩护意见是:“××股票分析决策软件”,是韩惠某负责软件的界面、功能、特色方面的设计,韩某负责编辑程序,与杭州的俞某、俞礼某共同完成动态版本,控方提交的北京某司法鉴定所的鉴定报告在鉴定资质、检材取得、鉴定内容方面存在严重问题,新的鉴定结论意见与控方提交的鉴定结论意见不一致,该鉴定结论意见证明两款软件客户端的源代码是不同的,存在相同源代码的部分版权也是归属其他公司,没有证据证明 a 软件实施了复制发行“××动态股票分析软件 V4.0”的行为,且韩惠某也只是公司的挂名法定代表人,韩惠某不构成侵犯著作权犯罪。

被告人韩某辩称,2004 年 9 月离开北京甲投资顾问有限公司,于 2007 年至 2008 年在北京 a 科技发展有限公司与大家共同研发了 a 软件,a 软件的静态部分是原来研发的 b 软件。动态部分是委托杭州的俞某开发,没有证据证明其有侵权行为,其不构成侵犯著作权罪。其辩护人的辩护意见是:认同新的鉴定结论意见,依据该鉴定结论,两款软件的核心价值和内容,即销售给客户的光盘的软件源代码不相同,两款软件不构成实质的侵权;甲公司在版权局进行登记的是客户端,而依据鉴定结论恰是客户端的源程序不相同,而相同的服务器端的源程序是智策公司支付费用委托俞礼某和 × × 公司开发的,其可以依法使用,且存在相同源代码的版权归属案外第三方,不是本案所谓的被害单位,不能证明被告单位及被告人构成对被害单位的侵权;另外被告人韩某于 2008 年退股离开智策公司,没有证据证明其任职期间的软件与被控侵权的软件相同,公诉机关指控证据不足,应依法宣告被告人韩某无罪。

被告人李某某辩称,从没有听说过被侵权的甲软件,其公司是合法经营,不构成侵犯著作权罪。其辩护人的辩护意见是:智策公司销售的是光盘,鉴定结论明确指出两款软件的光盘不相同,不存在智策公司复制发行的问题,且服务器端的相同部分也不属于智策公司或甲公司;且没有证据证明著作权归属为甲公司,不能证明 a 软件完全复制甲公司计算机软件,至多只是“剽窃”他人软件的部分内容,控方提交的证据无法排除合理怀疑,被告人李某某无罪。

被告人胡某某辩称,其负责公司的销售,没有犯罪故意,也没有证据证明其构成侵犯著作权罪。其辩护人的辩护意见是:被告人未实施《刑法》及相关解释规定的复制行为,只有部分嫌疑,且胡某某只负责产品销售,其对是否侵犯著作权并不知晓,客观方面不具备,被告人胡某某不构成侵犯著作权罪。

经审理查明,被告人韩惠某作为北京 a 科技发展有限公司的法定代表人,担任该公司技术总监,参与 × × 股票价值分析系统软件的改编。被告人韩某是北京 a 科技发展有限公司的股东,× × 股票价值分析系统软件制作者之一。被告人李某某为北京 a 科技发展有限公司的总经理,负责该公司的日常管理工作及财务工作。被告人胡某某作为 a 科技发展有限公司的销售经理,负责该公司全国 11 个代理商的销售工作。上列被告人伙同杜某、刘某某(均在逃)在被告单位北京 a 科技有限公司经营期间,制作“ × × 股票价值分析系统”软件予以销售。“ × × 动态股票分析软件 V4.0”软件为北京甲投资顾问有限公司委托杭州乙公司研发,于 2007 年 6 月 11 日首次发表。2007 年 10 月 11 日中华人民共和国国家版权局根据《计算机软件保护条例》和《计算机软件登记办法》对该软件予以登记,并颁发了编号为软著登字第 × × × × 号、登记号为 × × × × × 的计算机软件著作权登记证书。辽宁省丙软件股份公司于 2010 年 7 月 1 日与北京甲投资顾问有限公司签订“ × × 动态股票分析软件V4.0”软件著作权权益转让合同。经北京某司法鉴定所:对“××股票价值分析系统”软件的服务器端及客户端源代码与××动态股票分析软件的服务器端及客户端源代码进行司法鉴定得出结论:“××”软件客户端源代码与“××动态股票分析软件V4.0”软件客户端源代码下ZlipN ewzip两个目录中源代码相似度为100%的文件有48个;“××股票价值分析系统”软件与“××动态股票分析软件V4.0”软件服务器端源代码相似度100%的文件有564个;文件相同内容不完全相同的文件中,相同行数占总行数的平均百分比为88.21%的文件有192个,平均相似度不低于85.27%。本案在审理过程中,被告人韩惠某、韩某、李某某、胡某某及各辩护人提出对两款涉案软件源代码重新鉴定的申请,本院委托市中级人民法院进行鉴定,市中级人民法院依法委托了北京某知识产权司法鉴定中心进行了鉴定。北京某知识产权司法鉴定中心对公安机关扣押的“××股票价值分析系统”软件的服务器端及客户端源代码与“××动态股票分析软件”软件的服务器端及客户端源代码进行了司法鉴定,并于2014年6月11日作出鉴定结论:1.××光盘中的软件源代码与××动态股票分析软件光盘中的软件源代码不相同;××服务器中的“服务器.rar(智策服务器.rar)”文件与××动态股票分析软件光盘中的“服务器程序.Rar”,软件源代码实质相同;××源代码的最后修改日期为1999年11月14日至2008年1月6日;××动态股票分析软件源代码的最后修改日期为1999年4月30日至2010年4月27日。2.鉴定材料中相同源代码的功能主要为:(1)管理文件读写和压缩/解压;(2)行情数据处理;(3)通信管理;(4)程序管理。3.鉴定材料中相同源代码中部分C/C++文件中存在版权信息。存在版权信息的源代码中反映出的版权信息表明,版权分别属于“Tadeusz Dracz”、“Jean-loup G ailly”、“Jean-loup Gailly他Mark Adler”,共有、“Mark Adlei”、“信息技术有限公司”、“北京某科技有限公司”、“杭州乙信息技术有限公司”、“Stas Khirman”、“L001T11TI an Sofiware”、“Alcxcy Kazakovsky”、“%111111111%技术有限公司”和“上海某有限公司”。4.写有“××动态股票分析软件客户端+服务器”字样,并盖有辽宁丙软件股份有限公司公章的光盘中存储的源代码中,“××动态股票分析软件客户端程序\2007-06-12\客户端\NewQuote\Main Frm.cpp”文件和“××动态股票分析软件客户端程序\2007-06-12\客户端\NcwQuotctc\VicwCutPage.cpp”文件与已在国家版权局登记软件著作权的“××动态股票分析软件V4.0”软件所提交的登记材料一致。5.在委托人提交的鉴定材料中,相同源代码之间的动、静态关系为:部分静态源代码可以生成动态源代码,供程序在软件中执行。经对北京a科技有限公司的账册、会计凭证、数据光盘等进行会计司法鉴定得出结论:2010年7月至2011年11月,该公司软件收入数额达12,612,08.00元,服务费收入数额达1,44 9,914.00元,总计经营金额14,062,122.00元。

上述事实,有下列证据予以证实:

1. 证人俞某证言,他和杭州乙公司的俞礼某曾帮助韩某、杜某编制一套动态软件,韩某给他的是静态软件叫“布道者”软件。编制动态软件的过程中,主要源代码由俞礼某编制,他编制了一小部分,韩某也参与了编制,没有韩某,这套软件无法完成,他们之间是合作开发,报酬是人民币150,000元,他和俞礼某每人一半。时间是2007年左右,整个过程有8~9个月,具体时间记不清了。

2. 证人俞礼某证言,他于2001年至2008年年底在杭州乙信息技术有限公司工作,主要是软件开发。他们“乙”公司在2007年2月帮助“××”公司开发、研制了“××网络动态股票分析软件”,他是软件开发的技术负责人。2007年6月至2008年1月和俞某帮助韩某、杜某编制一套动态软件,韩某提供给他们的静态软件叫“布道者”软件,这个动态软件是他和俞某、韩某共同合作开发、编制完成的。在编制动态软件期间,用网名“浩然一范”与韩某联系。“××”公司的动态软件与杜某、韩某的“布道者”动态软件都是他直接参与开发、编制的,这两款软件“××”动态软件在前,杜某、韩某的动态软件在后,韩某也知道他帮助“××”公司编制软件的情况。他把帮助“××”公司开发、研制的动态软件的内容给韩某了,他知道杜某、韩某与“甲公司”有纠纷,因此他曾多次告诉韩某他们,要把代码、程序进行修改,不要与“甲公司”的一样,不能不经修改就使用,以免带来麻烦。

3. 证人王某证言,2010年7月北京甲投资顾问有限公司(以下简称甲公司)将该公司的《××动态股票分析软件V4.0》转让给丙公司,同时受让该软件著作权的所有权益。丙公司在经营此股票分析软件时发现,北京a科技有限公司(以下简称智策公司)股东有杜某、刘某某、韩某、韩惠某,其中韩某系原甲公司《××动态股票分析软件V4.0》核心开发人员,未经丙公司授权许可,擅自复制其股票分析软件,在未改动软件源程序、源代码的前提下,简单进行界面、文字修改制成“××股票价值分析系统”,并通过网络等途径向全国各地大量销售,非法销售数额巨大。智策公司的行为侵犯了丙公司的著作权,给公司带来巨大的经济损失。

4. 证人李某证言,2011年9月20日,他在智策网站上联系,以9600.00元的价格买了4套智策股票分析软件,钱汇给孙某了。

5. 证人杨某某证言,2011年9月初,他在智策网站上联系,以4980.00元的价格买了4套智策股票分析软件,钱汇给孙某了。

6. 证人孙某某证言,2011年9月初,他在智策网站上联系,以4980.00元的价格买的智策股票价值分析系统V2.0,智策公司给他邮来的,并安装使用。

7. 证人张某证言,2011年7月,他在网站看到智策公司有股票分析软件,在网上联系以4890.00元的价格买了1套,钱打到了柯××的账号上,他有发票。

8. 证人周某某证言,他2004年购买过甲历软件,2005年7月升级成b软件,

2008年10月升级成a软件，并交纳100元升级费。

9. 证人熊某某证言，2005年8月购买的b软件，2008年9月升级成a软件，并交纳100元升级费。

10. 证人傅某某证言，2005年7月花1580.00元购买的b软件，每年还需交纳服务费720.00元，2008年11月交纳100元升级费，升级成a软件。

11. 证人尹某证言，2009年7月到北京a科技发展有限公司，负责公司客服和技术维护支持工作。公司主要销售××股票分析决策软件。a软件原来叫b软件××版，是××修改了××动态股票分析软件的界面和升级了一些特色指标而来的，是他进公司一个月左右，在客服为客户解决技术维护，请教韩惠某时，他在李某某总经理办公室，听李某某、胡某某、吴某、韩惠某谈话时，他在场听来的。销售方式主要通过网络销售，通过网上银行汇到公司或孙某账户，服务器由韩惠某负责管理。

12. 证人吴某证言，他是北京a科技发展有限公司销售经理，主要销售a软件。普通版4890.00元，VIP版9600.00元，软件是谁研发的他不知道。知道公司前些年有软件侵权行为，公司现使用的软件还是延续韩某以前被公安机关打击过的那种软WRH，但有的地方稍做变化。

13. 证人高淑某证言，她是北京a科技发展有限公司会计，公司对外销售软件的钱先转到孙某账户上，后孙某从账户提现金给她，每月给她200,000元到400,000元的现金。公司股东杜某、刘某某、韩某、韩惠某。主要负责人李某某、胡某某、吴某、韩惠某。2005年她到丁公司当会计，丁公司没正常验收被工商局注销了，她按照杜某、刘某某的要求，帮助他们注册了"××××"公司，后来更名为"a"公司。

14. 北京网络行业协会某司法鉴定中心关于"北京丁公司涉嫌侵犯商业秘密案"司法鉴定意见书证明，××市公安局某分局委托北京网络行业协会某司法鉴定中心对"北京丁公司涉嫌侵犯商业秘密案"涉案的服务器、移动硬盘、光盘内存储的数据进行电子数据司法鉴定。鉴定结论中第二项是：认定b软件使用的服务器端与××软件的服务器端实质性相似，客户端是依据××软件的客户端源代码开发的。

15. 北京市某区法院(2008)某民初字第×××××号民事判决及北京市某中级人民法院(2009)某中民终字第××××号民事判决二项认定，丁公司的b软件在"行情数据"、"公司大事"和"指标说明"三个方面侵犯了甲公司"甲历股票分析软件V5.0"软件的文字著作权和数据著作权。

16. "××动态股票分析软件"软件著作权权益转让合同证明，2010年7月1日，北京甲投资顾问有限公司将"××动态股票分析软件V4.0"软件著作权的所有权益出让给辽宁丙软件股份有限公司。

17. ××股权转让协议证明,2004年9月3日,韩某自愿将北京甲投资顾问有限公司及其分支机构所持有的股份转让给他人,韩某保证对北京甲投资顾问有限公司拥有版权的甲历软件程序代码不从本人泄露出去,并承诺在一年内不使用dc1pli语言开发同类产品。

18. 中国版权保护中心计算机软件著作权登记证书证明,北京甲投资顾问有限公司的《××动态股票分析软件V4.0》首次发表日期2007年6月11日,登记证书日期2007年10月11日。

19. 北京市工商局内资企业设立(变更)登记(备案)审核表证明,北京××××信息科技有限公司变更为北京a科技发展有限公司,法定代表人为韩惠某,投资人股东为杜某、刘某某、韩某、韩惠某。

20. 企业法人营业执照证明,辽宁丙软件股份有限公司,住所地×××市某县,法定代表人冯某。

21. 北京甲投资顾问有限公司与杭州乙信息技术有限公司技术开发合同证明,2007年2月北京甲投资顾问有限公司委托杭州乙信息技术有限公司研究开发甲历网络动态股票分析软件。

22. 北京甲投资顾问有限公司与杭州乙信息技术有限公司的保密协议证明,杭州乙信息技术有限公司向北京甲投资顾问有限公司提供"××网络动态股票分析软件"客户端软件的全部完整源代码,北京甲投资顾问有限公司对上述软件应履行保密义务。

23. 委托开发协议证明,杜某曾委托俞某开发一套行情发送、行情接收、行情主站和行情客户端在内的互联网网上证券实时行情系统,但没有签订委托开发的时间。

24. 北京某知识产权司法鉴定中心司法鉴定意见证明,××光盘中的软件源代码与××动态股票分析软件光盘中的软件源代码不相同;××服务器中的"服务器.rat(智策服务器.rat)"文件与××动态股票分析软件盘中的"××动态股票分析软件服务器程序.rat"软件源代码实质相同;智策源代码的最后修改日期为1999年11月14日至2008年1月6日;××动态股票分析软件源代码的最后修改日期为1999年4月30日至2010年4月27日。鉴定材料中相同源代码的功能主要为:(1)管理文件读写和压缩/解压;(2)行情数据处理;(3)通信管理;(4)程序管理。鉴定材料中相同源代码中部分C/C++文件中存在版权信息,存在版权信息的源代码中反映出的版权信息表明,版权分别属于"Tadeusz Dracz"、"Jea - 1oup Gai11y"、"MarkAdler信息技术有限公司"、"北京某科技有限公司"、"杭州乙信息技术有限公司"、"Stas Khirman"、"Loomman Software"、"AloxeyKazakovsky"、某某技术有限公司"和"上海某有限公司"。写有"××动态股票分析软件客户端+服务器”字样,并盖有辽宁丙软件股份有限公司公章的光盘中存储的源代码中,“××动态股票分析软件客户端程序\2007－06－12\客户端\NewQuote\Main Frm. cpp”文件和“××动态股票分析软件客户端程序\2007－06－12\客户端\NewQuote\VJew-CutPagc. cpp”文件与已在国家版权局登记软件著作权的,“××动态股票分析软件V4.0”软件所提交的登记材料一致。在委托人提交的鉴定材料中,相同源代码之间的动、静态关系为:部分静态源代码可以生成动态源代码,供程序在软件中执行。

25. ×××某司法鉴定所司法鉴定报告证明,2010年7月1日至2011年11月30日,北京a公司及其代理商软件收入数额12,612,208.00元,服务费收入数额1,449,914.00元,总计经营金额14,062,122.00元。

26. 公安机关搜查笔录及扣押物品清单证明,公安机关扣押北京a科技发展有限公司及被告人韩某电脑主机、光盘、机箱、笔记本电脑、路由器、存储卡、硬盘、财物账本、销售收据等相关文件的情况。

27. 购买软件发票证明,a科技发展有限公司销售××股票价值分析系统的情况。

28. 聊天记录证明,2001年6月至2008年1月,被告人韩某与俞礼某(网名“浩然一范”)在互联网上聊天讨论计算机软件方面的内容。

29. 被告人韩惠某、韩某、李某某、胡某某供述,在被告单位智策公司及之前的公司“丁”公司任职情况及“丁”公司与“甲”公司侵犯计算机软件著作权民事纠纷的情况。

30. 股权转让协议证明,韩某于2008年9月24日将原持有北京a科技发展有限公司、成都某公司、天津某投资咨询公司、成都布道者公司股权转让给杜某、刘某某。

31. 杭州市工商局企业档案证明,乙公司于2012年1月18日被工商部门注销。

上述证据,经庭审质证,能互相印证,可以作为定案的依据,本院予以确认。

本院认为,被告单位北京a科技发展有限公司以营利为目的,违反著作权管理法规,未经著作权人许可,复制发行其计算机软件,情节特别严重,被告人韩惠某、韩某、李某某、胡某某作为被告单位北京a科技发展有限公司的直接责任人员,其与被告单位北京a科技发展有限公司的行为均已构成侵犯著作权罪。公诉机关对被告单位北京a科技发展有限公司及被告人韩惠某、韩某、李某某、胡某某犯有侵犯著作权罪的指控罪名成立。北京甲投资顾问有限公司的《××动态股票分析软件V4.0》已于2007年10月11日在中国版权保护中心取得计算机软件著作权登记证书,被告人韩某原系北京甲投资顾问有限公司的软件开发人员,又通过与俞礼某的接触,掌握了“××动态股票分析软件V4.0”软件的源代码,未经“甲”公司许可,用其所掌握的源代码,编制成“××股票价值分析系统”软件,通过“a”公司经营销售,且北京××知识产权司法鉴定中心司法鉴定意见书被控辩双方认可,该鉴定结论意见明确被告单位的软件与××动态股票分析软件的服务器软件源代码实质相同,足以认定被告单位复制发行了他人的计算机软件。被告人韩惠某、韩某、李某某、胡某某及各辩护人提出,被控侵权的“××股票价值分析系统”软件为自主知识产权,被告单位、被告人韩惠某、韩某、李某某、胡某某不构成侵犯著作权罪的辩解和辩护意见于法无据,本院不予采纳。被告人韩惠某、韩某、李某某、胡某某作为被告单位北京a科技发展有限公司的直接责任人员,其行为虽构成犯罪,但犯罪情节轻微,可以免予刑事处罚。综上,依照《中华人民共和国刑法》第25条、第220条、第217条第(1)项、第52条、第53条、第37条,最高人民法院、最高人民检察院《关于办理侵犯知识产权刑事案件具体应用法律若干问题的解释》第5条第2款,《关于办理侵犯知识产权刑事案件具体应用法律若干问题的解释二》第4条之规定,判决如下:

1. 被告单位北京a科技发展有限公司犯侵犯著作权罪,判处罚金人民币10,000,000.00元。

2. 被告人韩惠某犯侵犯著作权罪,免予刑事处罚。

3. 被告人韩某犯侵犯著作权罪,免予刑事处罚。

4. 被告人李某某犯侵犯著作权罪,免予刑事处罚。

5. 被告人胡某某犯侵犯著作权罪,免予刑事处罚。

6. 对被告单位北京a科技发展有限公司的违法所得予以追缴没收;查获并扣押在案的电脑主机、光盘、笔记本电脑、路由器、存储卡、硬盘等与犯罪有关的物品,予以没收。

如不服本判决,可在接到判决书的第二日起10日内,通过本院或者直接向辽宁省某市中级人民法院提出上诉。书面上诉的,应当提交上诉状正本一份,副本十份。

审 判 长 刘××
审 判 员 李××
代理审判员 康××

本件与原件核对无异

2014年8月14日
书 记 员 薛 ×

【重审二审辩护词1】

尊敬的审判长、审判员、书记员:

受李某某的委托及北京市逸峰律师事务所指派,我作为李某某的辩护人,依法参与本案的诉讼活动,现发表辩护意见如下,供法庭参考。

单位非法所得超千万,构成重罪,受重罚;涉案个人则“犯罪情节轻微,不予追究刑事责任”;这无论如何不是特别好解释的事情。如果对单位的认定是正确的,对个人的认定无疑是错误的;如果对个人的认定没有太大的错误,对单位的认定,就肯定存在问题。重罚已经陷入绝境的单位,放过本就无辜的个人,这大约是一审法庭面对系统性错误无可奈何的智慧吧!

坦率地讲,虽然我们一直剑拔弩张,虽然我们与公、检、一审法庭激烈争执;但是,作为个人,我一直能够感受到来自公安办案民警、一审检察官、两个一审合议庭、本案原二审法庭、原二审公诉人最大程度的善意。我相信,每一个接触本案的司法人员,对五个上诉人都抱有发自内心的深刻同情,当他们看清本案的实质时,都已经尽了最大的努力去纠正错误、降低损害,在自己的能力范围内,最大可能地体现了对正义的尊重。

基于此,作为辩护人,我首先要感谢本案所涉司法人员已经展现的善意。

但是,对本案的定性,我只能说,这是一个彻头彻尾的错案,它从一开始就错了,一直错到了今天。

相对于北京市某区侦办韩某涉嫌侵犯商业秘密罪一案,某市公安机关动手抓人之时,手里并没有什么新的东西;某市公安局和检察院似乎认为北京市某区检察院在侦办侵犯商业秘密案时,有失妥当,捡起北京市公安局某分局侦办商业秘密案的战袍,以侦办商业秘密罪的材料办起了侵犯著作权的案件。

正是因为这种错误,所谓的“受害人”在报案时,某市公安局在办案时,就不约而同地在时空认定上出现了极大的错误,直到原一审终结,司法机关仍均认定:2004年就已经离开北京甲公司,与他人共同设立北京丁公司的韩某,居然参与了2007年2月甲公司委托杭州乙公司研发××动态股票分析软件V4.0的核心研发工作,掌握了该项研发的核心秘密。为了坐实韩某等人构成犯罪,直到一审庭审结束,检察机关仍坚持:涉嫌侵权的软件源代码不仅出现在a软件、××动态股票分析软件V4.0之中,而且,还曾出现在2005年5月的b软件之中。

且不说,离开甲公司3年之久,身处与甲公司存在竞争关系的丁公司的韩某,居然能够受甲公司委派,介入杭州乙公司2007年2月之后的核心研发工作,有多荒唐;单论2005年5月的b软件中已经存在被控侵权的软件源代码这一事实,就能够直接得出本案基础事实根本不成立,五被告不可能构成犯罪的必然结论。北京市某中级人民法院(2009)××××字第×××××号民事判决书驳回了甲公司关于

b软件源代码侵犯其著作权的指控;北京市某中级人民法院(2009)××××终字第×××××号民事判决书则认定甲公司侵犯丁公司b软件的著作权。只要尊重生效的司法裁判文书,就得认定:丁公司的b软件源代码不侵犯甲公司的著作权;而b软件的发布时间不仅早于a软件,也早于××动态股票分析软件V4.0的委托研发时间。如果涉案软件源代码在丁公司2005年5月发布的软件中,早已存在;那么,如果非得将第三人的著作权归于涉案当事人各方,就只能认定相关软件源代码的著作权归于研发、发表在先的丁公司,而不能归于委托研发在后的甲公司。众所周知,丁公司与××公司之间渊源深厚,丁公司相关著作已经事实上为××公司所承继。按照这样的逻辑,就只能得出一个结论:涉案软件源代码的著作权,是丁公司的;甲公司涉嫌民事侵权或者刑事犯罪;再怎么着也不能认定:丁公司2005年5月发布的软件中存在相关源代码,却无权拥有著作权;甲公司2007年2月委托研发的软件中使用了相关源代码,却能因为在后使用而获得著作权,并否定他方在先研发、使用的权利。

大概正是因为已经明知这样的表述存在问题,某市公安局、某区检察院、某区法院才认定1997年研发、1998年面世的××软件中也存在相关软件源代码。

这样一来,麻烦又来了。1997年就已经存在的软件源代码的著作权,总不能归属到2007年2月委托研发的××动态股票分析软件V4.0的头上来吧。如果不否定这样的基本认识,就应当认定××动态股票分析软件V4.0在使用他人早已开发的软件源代码,对被控侵权的软件源代码不享有著作权。基于此,我们就只能顺理成章地认定××动态股票分析软件V4.0的著作权未被侵犯,辽宁丙公司不是本案的受害人;由此,我们也不得不认定×××市不是软件著作权受害人所在地,×××市司法机关对本案没有著作权。

等到搞清楚商业秘密"秘不示人",而著作则"公之于世"的根本区别后;无论被告和辩护人如何提出异议,公安机关的最大善意都不能走到委托有资质的鉴定机构,搞一个合理、合法的司法鉴定。

虽然,我们将司法鉴定单位的鉴定范围、北京市司法局关于司法鉴定机构的公示公告、音像资料鉴定和知识产权鉴定的法律依据以及两者间区别、具备知识产权司法鉴定资格的单位名录等问题,反复呈报公安机关;但是,直到原一审开庭,公安、检察均错误坚持北京某司法鉴定所具备知识产权司法鉴定资格,致使案件久错难纠,迫使上诉人家属不得不控告、投诉××××鉴定所,不得不向北京市司法局求助、信访。

等到原二审法庭查明本案搞了将近3年,却没有一份合理、合法的司法鉴定报告后,本案才有了转机。案件发回重审后,我们先被告知检察机关已经申请补充调查;检察机关则告知案件已经退回补充侦查。本来,我们期待案件直接通过公安机关取保候审或者检察机关相对不起诉,达成一个:被告免于冤屈,各方利益稍微平衡的了局。但是转了一圈之后,案件又原封不动地回到一审法院。

应当讲,一审对四名上诉人予以取保候审,并正式委托有资质的机构进行司法鉴定后,我们看到了希望。

鉴定报告一出来,我们更坚信本案根本不构成犯罪。

一审庭审中,我们反复要求鉴定人员确认两个事实:一个是涉案被控侵权的软件源代码著作权到底应当归属于谁;另一个是 a 软件与 ××动态股票分析软件在功能上到底是没有区别,构成实质性相同,还是存在区别?但不管鉴定人员是谦虚,还是有意回避,总之,其答复是:根据现有资料,基于法庭的委托,鉴定机关对这两个问题都不能给出明确的结论;不能言其是,也不能言其非。换言之,鉴定机构至今也不能肯定被控侵权的软件源代码著作权是不是该归于丁公司、甲公司、丙公司、杭州乙公司,还是其他案外第三人;鉴定机构至今也不能排除合理怀疑得出唯一的结论:a 软件与 ××动态股票分析软件 V4.0 不存在功能区别,两者构成实质性相同。

截至目前,本案能够确认的只有以下几个事实:

1. 证人俞某、俞某某声称:"曾帮助韩某、杜某编制一套动态软件,韩某给他的静态软件叫'b'软件。编制动态软件的过程中,主要源代码由俞某某编制,他编制了一小部分,韩某也参与了编制,没有韩某,这套软件无法完成(一审判决第 9 页倒数第 2 行至第 10 页第 2 行)";"甲公司的动态软件与杜某、韩某的 b 动态软件都是他直接参与开发、编制的(一审判决第 10 页第 13、14 行)"。

两人的证言是否完全属实,暂且不论;如果涉案软件确实均由俞某、俞某某、韩某三人研发,且"没有韩某,这套软件无法完成",那么,就意味着上诉人的软件中包含了"因为韩某而独有的功能、特色";仅此,就足以认定上诉人的软件与甲历的软件至多也只是"演绎与被演绎"的关系,不能认定为"复制与被复制"。

如果上诉人的软件系其与俞某、俞某某"合作开发,报酬是 150,000 元人民币";那么,即使上诉人的软件与甲历的软件存在相同之处,也只不过是"同一受托人用自己的著作为不同的委托人提供技术服务而引发的必然后果";因为来源相同,且均为他人研发所得,因此,无论上诉人还是甲公司对相关源代码都不具著作权。受托人将自己的著作分别融入两个不同软件,显然属于技术人员合理利用自有技术、知识谋生的问题,法律没有禁止,任何人也不得禁止,这一点,最高人民法院曾明文确认,并无疑义。

一审和控方的思路,不是关注可能的"一权两用",而是假定:上诉人一定要在自己本身就持有相关源代码的情况下,放着自己花了 150,000 元并"合作开发"的成果,不使用,非得将上诉人手中与自己一模一样的作品偷过来使用。

众所周知,计算机软件源代码属于非物质性的、可重复使用的技术作品;当上诉人自己本来就持有的时候,上诉人想怎么用就怎么用,根本用不着去盗取别人手中一模一样的东西;法庭凭什么得出上诉人正在使用的不是他本身就持有的东西,而是他偷来的东西呢?

因为计算机软件源代码,我们很多人都不大专业,搞不明白;我们打过比方:俞某搞出来的计算机源代码,就好比柳永写好的诗词;柳永写好后,交给张歌女,送给了李歌女;现在张歌女在唱柳永的词,李歌女也在唱柳永的词,凭什么认定张歌女放着自家的柳词文本不唱,非得偷着李歌女家完全相同的柳词文本传唱?明明是大家都有的、都熟悉的词曲本身,还怎么可能存在偷盗、复制的问题?还有什么偷盗、复制的必要性。

2. 2007 年 2 月,北京甲投资顾问有限公司委托杭州××××××××公司研究开发××网络动态股票分析软件(一审判决第 14 页倒数第 5~7 行)。

《著作权法》第 17 条规定:“受委托创作的作品,著作权的归属由委托人和受托人通过合同约定。合同未作明确约定或者没有订立合同的,著作权属于受托人。”

《计算机软件保护条例》第 9 条规定:“软件著作权属于软件开发者,本条例另有规定的除外”;第 11 条规定:“接受他人委托开发的软件,其著作权的归属由委托人与受托人签订书面合同约定;无书面合同或者合同未作明确约定的,其著作权由受托人享有。”

据此,甲公司不是自行研发,而是委托研发;甲公司与乙公司没有约定软件的著作权归属;依法,××动态股票分析软件 V4.0 的著作权就应当归于乙公司,甲公司无权拥有更不得转让;无论如何,本案都不涉及甲公司或者辽宁丙公司著作权被侵犯的问题,本案认定的事实不能成立,×××市司法机关对本案也没有管辖权。

3. 北京某知识产权司法鉴定中心确认“××光盘中的软件源代码与××动态股票分析软件光盘中的软件源代码不相同”;“××源代码的最后修改日期为 1999 年 11 月 14 日至 2008 年 1 月 6 日;××动态股票分析软件源代码的最后修改日期为 1999 年 4 月 30 日至 2010 年 4 月 27 日”。

仅此,就可以得出两个结论:

第一,a 软件与××动态股票分析软件本身是不同的;两个不同的软件,不可能构成“复制与被复制关系”,上诉人的行为不可能构成犯罪。

第二,完全相同的软件源代码中,a 软件的最后修改时间为 2008 年 1 月 6 日,××动态股票分析软件的最后修改时间为 2010 年 4 月 27 日;也就是说,a 软件比甲历动态股票分析软件早定型两年零三个月。

先定型的东西,与后定型且有后续改动的东西,一模一样;如果存在抄袭,该认定先定型的抄袭了后定型的,还是后定型的抄袭了先定型的;这是常识,所有人都应当知道答案。这就好比一个现代人发表了与李白的名篇《静夜思》一模一样诗作,你总不好意思认定李白是抄袭者、侵权人吧;因为,他的诗作毕竟早你多年就面世了,他不可能抄袭后世人的作品。但是,十分遗憾的是,如果按照一审和控方的逻辑,李白就很有可能该被认定为侵权的,因为,现代人可能搞了一个著作权登记,没有登记但先完成创作的李白同志就只好受委屈了。这样的结论当然是荒唐的,但是,这样的逻辑恰好就是控方和一审的逻辑。

应当讲,北京某知识产权司法鉴定中心的鉴定报告十分细致,根据该报告足以认定:第一,绝大部分相同的软件源代码形成于2005年以前;既不是a软件研发时新形成的作品;也不是2007年2月委托研发××动态股票分析软件时新形成的作品;上诉人与甲公司、辽宁丙公司对此均不享有著作权;第二,a软件和××动态股票分析软件均标明了绝大部分源代码的著作权标识,根据这些标识,相关源代码的著作权归属于案外第三人,形成时间均早于2005年。

对此,上诉人及其辩护人反复强调,但一审明显予以回避。

综上所述,我们认为:本案能够得出的直接必然结论只能是:

1. ××动态股票分析软件V4.0的著作权不属于北京甲公司和辽宁丙公司,而属于杭州乙公司;

2. 被控侵权的软件源代码,因其研发、发表时间均早于2005年,且已经注明其著作权归属于案外第三人,上诉人使用相关软件源代码并不侵犯2007年2月委托研发的××动态股票分析软件V4.0的著作权;

3. a软件光盘与××动态股票分析软件V4.0光盘,是不相同的;两者不存在复制与被复制的问题;

4. a软件完成涉案软件源代码的修改时间,早于××动态股票分析软件V4.0完成涉案软件源代码的修改时间;如果真如一审判决所言,两个软件最终完成修改的地方都是一致的;那么,在先完成修改的a软件不可能抄袭在后完成的××动态股票分析软件V4.0的著作权;在后完成修改的××动态股票分析软件V4.0倒有可能抄袭在先完成的a软件;

5. 即使加上后来的鉴定结论,鉴定机构和鉴定人员也不能当庭给出一个技术上的认定:a软件与××动态股票分析软件不存在功能差异,两者构成实质相同。

我们都知道,控方有责任排除合理怀疑的证实被告人的行为已经构成犯罪;我们也知道,正是因为司法机关对复杂的专业技术问题难以做出准确判断,才借助于司法鉴定;如果司法鉴定机构、司法鉴定人员根据现有证据材料,基于已经进行的专业技术比对,都不能确定涉案源代码的研发时间、权利归属,无法得出a软件与××动态股票分析软件V4.0没有功能差异、构成实质相同的结论;我们怎么可以排除合理怀疑的认定丁公司和被告人2005年以前就已经使用的软件源代码,侵犯了2007年2月才委托研发的甲历动态股票分析软件的著作权呢?

落实到李某某的头上,他只是一个学销售、管理的软件门外汉;如果司法机关搞不清楚,得求助于司法鉴定;司法鉴定到现在也搞不明白相关软件源代码的权利归属,搞不清楚a软件是不是与××动态股票分析软件V4.0是不是存在功能差异,两者是不是构成实质性相同;我们凭什么认定李某某作为一个门外汉,早就知道1998年即已形成、发表并被各方使用多年的源代码,会在2007年2月突然违背法律、违背常识的归属给了北京甲公司?怎么能够认定李某某早就明知××公司侵犯了甲公司2007年2月委托研发的××动态股票分析软件V4.0的著作权?!

如果我们不强行做出这样离谱的事实认定,又怎么能够认定李某某在发行明知是侵犯著作权的软件,构成直接故意犯罪?

尊敬的审判长、审判员,到了今天,本案已经不是什么疑难复杂案件了,它已经简单到了一句话就足以概括:1998年以前就已经存在,2005年被告原所在的丁公司就已经使用,2009年北京市第二中级人民法院认定丁公司不因之侵犯甲公司著作权的作品;能不能因为2007年2月委托杭州乙公司研发的行为,就被甲公司据为已有,并禁止原著作权以及其他在先使用人继续使用?如果结论是否定的,上诉人的行为就不构成犯罪;如果结论是否定的,那么中国所有相关法律就都应当推倒重来,基于甲公司和辽宁丙公司利益而新修订的法律还都得具备溯及力,否则就无法可依。

综上所述,我们认为,本案的事实和定性都是清楚的,就是:上诉人的行为不构成犯罪;扣在刑诉法上,就是本案尚无充分必要证据,能够排除合理怀疑的证明被告的行为构成犯罪。

尊敬的审判长、审判员,我们每一个人都在呼唤法治,无论是刑诉法的修改、中央的法治宣言,还是终身责任制度的提出,最核心的一点,无非是,当我们直面一个明白的错案时,能够坚守司法的底线,不直接故意的冤枉一个无罪的人。

应当讲,在此之前,无论是辩护人,还是被告,都反复声称:我们期待无罪宣判,但是,也能够接受再次发回重审后的撤诉、不起诉;被告人十分明确,他对办案人员没有任何异议,愿意完全放弃国家赔偿,只求还他一个清白。

我们请求法庭基于事实和法律,基于对司法的信念和良知,考虑五个被告、四个家庭的清白,依法裁判。

谢谢。

辩护人:游志雄

2014年10月

【重审二审辩护词 2】

尊敬的审判长、审判员、书记员:

首先,我们要感激合议庭的专业、坚持和谨慎,没有合议庭的专业、坚持、谨慎,我们现在面对的就不是二审,而是再审、申诉;对此,我们铭记在心。

其次,我们要感激合议庭的耐心、细心和专业;对发回重审后的二审而言,庭前能听取被告的意见,庭审中能够专业而细致的询问案情;无论结果如何,我们都感激合议庭的职业素养。

除了坚持此前的观点外,我针对控方的几个观点,补充辩护意见如下,供法庭参考。

一、著作权的取得,到底是基于研发,还是基于著作权登记

《著作权法实施条例》第 2 条规定,著作权法所称作品,是指文学、艺术和科学领域内具有独创性并能以某种有形形式复制的智力成果。

《计算机软件保护条例》第 5 条规定,中国公民、法人或者其他组织对其所开发的软件,不论是否发表,依照本条例享有著作权。

第 7 条规定,软件著作权人可以向国务院著作权行政管理部门认定的软件登记机构办理登记。软件登记机构发放的登记证明文件是登记事项的初步证明。

第 9 条规定,软件著作权属于软件开发者,本条例另有规定的除外。

如无相反证明,在软件上署名的自然人、法人或者其他组织为开发者。

据此,软件著作权显然属于软件开发者;如果未与他人协商一致,并依法办理权利转移、转让手续,即将他人已经开发的软件登记在自己名下,就违背了《著作权法实施条例》第 2 条、《计算机软件保护条例》第 5 条的规定,构成对研发人的权利侵犯,因其不具备"创新性""合法性",而不能合法拥有著作权。

公安机关、检察机关一直坚持:登记是著作权取得的法律程序,因之认定甲公司能够基于其 2007 年 2 月的委托研发行为以及此后的违法登记行为,取得 2005 年早已存在的、著作权明显属于他人的软件源代码著作权,并因之拥有禁止此前、此后使用相关源代码的各方当事人的绝对的、排他的、对世权利;且不讲,这些观点已经错误到了违法的地步,沿着这一错误的认知,眼下有一个更为明显的问题无法解决;因为 b 软件、a 软件都已经进行了著作权登记;如果著作权因登记而取得,那么,b 软件、a 软件的著作权就都是合法取得的;合法取得著作权的权利人使用自己已经办理著作权登记的软件,又怎么会构成犯罪呢?

如果按照控方的"登记取得权利"的逻辑,所有被告显然是无罪的;如果控方在面对北京 × × 动态股票分析软件 V4.0 时适用"登记取得权利"的逻辑;在面对 a 软件时,马上就变成"研发并创新方取得著作权"的逻辑;明目张胆地搞双重标准;那么,控方在本案中的问题,就不是过失,而是故意了;我们相信人民法院会坚持法律

面前人人平等的基本规则，不给甲公司特殊优待，而刻意打压、损害a公司的合法权益。

二、委托研发的软件源代码到底归谁所有；研发人注销后，其拥有的著作权到底归谁所有

《著作权法》第2条规定，中国公民、法人或者其他组织的作品，不论是否发表，依照本法享有著作权。

第17条规定，受委托创作的作品，著作权的归属由委托人和受托人通过合同约定。合同未作明确约定或者没有订立合同的，著作权属于受托人。

《计算机软件保护条例》第11条规定，接受他人委托开发的软件，其著作权的归属由委托人与受托人签订书面合同约定；无书面合同或者合同未作明确约定的，其著作权由受托人享有。

据此，除非当事人另有约定，否则，委托研发的软件著作权归于研发人，而不归于委托研发人；本案中，甲公司和乙公司没有约定××动态股票分析软件V4.0的著作权归属；依法，该软件如果确实具备独创性而拥有著作权，那么，著作权只能归于乙公司，而不能归于甲公司，更不能归于辽宁丙公司。

控方认可著作权本应归于研发单位乙公司，但以权利可以转移、转让为由，认为不排除甲公司可以获得著作权的可能性；但问题，权利的转移、转让应当是看得见、查得清的，试问，本案到目前为止，除了控方说“可能”之外，哪里还能找得到“权利转移、转让的影子”。

案件事实应当源自证据的认定，而不能源于控方的“可能”；依据在案证据，只能认定甲公司、辽宁丙公司对××动态股票分析软件V4.0不享有著作权。

至于，乙公司注销后，其依法应当享有的××动态股票分析软件V4.0的著作权，是不是就仅仅因为乙公司自己处理或者没有处理，就自动合法归属于甲公司；法律也有明文规定。

《计算机软件保护条例》第15条第2款规定，软件著作权属于法人或者其他组织的，法人或者其他组织变更、终止后，其著作权在本条例规定的保护期内由承受其权利义务的法人或者其他组织享有；没有承受其权利义务的法人或者其他组织的，由国家享有。

换言之，乙公司因研发取得××动态股票分析软件V4.0的著作权后，如果其已经将相关权利归于戊公司，在戊公司与a公司存在全面合作关系的情况下，甲公司、辽宁丙公司都没有权利指控a公司违法、侵权；如果乙公司在注销时，并未将相关权益归于戊公司，没有处理相关权益，则相关权益依法归于国家，依法，亦不归甲公司、乙公司所有。

控方关于“乙公司的著作权转让协议中没有提到××动态股票分析软件V4.0，相关权利就自然归属于甲公司”的说法，不能成立。

三、本案的管辖权归属

如前所述,××动态股票分析软件V4.0的著作权,如果有的话,只能归于乙公司,不能归于甲公司或者辽宁丙公司;因此,如果控方现在意图指控辽宁丙公司著作权被侵犯,这样的事实根本就不存在;如果控方意图将权利被侵犯的对象上溯至乙公司2005年以前研发的新视野,本案管辖权就得归于北京市或者杭州市相关司法部门;如果控方意图将权利被侵犯的对象上溯至1997年至1998年研发的甲历5.0,本案管辖权就得归于北京市相关司法部门;无论如何,本案的管辖权都不能归于×××市司法机关。

另外,如果控方真的为了保险起见,将权利保护的对象上延至乙新视野或者甲历5.0;本案还会出现一个新的问题,怎么认定a软件与乙新视野或者甲历5.0构成实质性相同;如果不能做此认定,如何能够认定被告罪名成立。

四、上诉人该不该强调北京市某中级人民法院两个民事判决的问题

上诉人刚刚被刑事拘留,本辩护人即将北京市某中级人民法院的两份民事判决书送至辽宁省某公安局,并分寄公安局局长、检察院检察长。但是,公安、检察、一审法院一直以其中的一份判决书作为被告直接故意犯罪的控罪证据,根本无视另一份判决书。

直到本案上一次二审和发回重审后的再次审理,控方仍以北京市某中级人民法院的一份判决书为据,指控上诉人自始恶意侵犯甲公司软件著作权,依然无视另一份判决的存在。

但事实上,北京市某中级人民法院没有认定丁公司侵犯甲公司软件源代码的著作权,相反,已经认定甲公司侵犯了丁公司软件源代码的著作权;在事实十分清楚的情况下,公安、检察、一审法院或者存在认识错误,或者只见稍稍不利上诉人都与本案毫无关系的树木,却拒绝关注十分有利于上诉人的巨大森林。

自己反复错误引用与本案无关的北京市某中级人民法院的民事判决,却不允许上诉人引用与本案有关的另一民事判决书;真的是只许州官放火,不许百姓点灯吗?

五、关于部分软件源代码的修改时间

a软件部分软件源代码标注的修改完成时间,明显早于××动态股票分析软件V4.0源代码的修改完成时间。

上诉人的观点是:a软件完成修改时间早于甲历动态股票分析软件V4.0;如果两者真的完全相同;先完成修改的a软件不可能抄袭后完成修改的甲历动态股票分析软件V4.0;这在道理、情理上,确实是讲得通的;至少说,这是一种合理存在的可能性。

控方的观点是,这种情况包含多种可能性,并非只有上诉人所说的一种可能性;上诉人将这一问题扩大并绝对化了。

也就是说，上诉人的观点是，单凭这一情形即足以排除上诉人有罪的可能性；控方的观点实际上是，上诉人的说法也许存在可能，但也不能排除其他多种可能性。

这时，就得直面刑事审判的证据标准问题。

作为辩方，他的责任不是证实，只是提出或者指出无罪或者罪轻的可能性；作为控方，他的责任则是证实无罪或者罪轻的可能性并不存在；现在，辩方已经合理地指出本案存在被告无罪的可能性；控方没有否定这种可能性，只是指出：也许还存在多种可能性。

尊敬的审判长、审判员，被告只能因为被充分必要的证据，排除合理怀疑的确证了的犯罪事实和责任承受刑事处罚；而不能为也许构成犯罪也许不构成犯罪的"莫须有"、"或许有"，就稀里糊涂地承受刑事责罚。

六、关于法律适用的问题

众所周知，一个软件的部分源代码与另一个软件部分源代码相同，可能是合法所致，也可能是非法所致；即使是非法，也存在不当引用、非法抄袭、部分复制、复制等多种情形；刑法只将"复制并发行"作为侵犯著作权罪的打击对象。

现在，a软件被认定包含客户端和服务器端；法院已经认可其客户端与××动态股票分析软件V4.0的客户端，不相同。

如果按照控方的观点，一个软件必然包括服务器端和客户端（我们不认可这种观点）；那么，就得认定a软件和××动态股票分析软件至少有一个组成部分是不相同的；按照这个思路，就得认定a软件和××动态股票分析软件相比较，至少它们的两个组成部分中的一个是不相同的。在此情况下，至多只能认定两个软件存在部分相同，而不是两个软件整体上相同。

如果两个软件只是部分相同，那么，我们面对的问题，可能就不是演绎不演绎的问题，而是根本就不能适用刑法，不能归于犯罪的问题。

刑法明明打击的是"复制并发行"，相关法律明明将"复制"、"部分复制"并列规定为两种情形；动用针对"复制"的刑法，打击连"部分复制"、是否违法都无定论的行为；公安、检察、一审法院适用法律存在的错误，不言自明。

谢谢法庭。

辩护人：游志雄

2014年10月25日

【重审二审判决】

××省某市中级人民法院
刑事判决书

(2014)某刑终字第××××号

原公诉机关×××市某区人民检察院。

上诉人(原审被告单位)北京a科技发展有限公司,注册号:××××××,注册地址:北京市××××××。实际经营地址:北京市×××××,北京市大兴区×××××。

法定代表人韩惠某,系该公司的技术总监。

诉讼代表人戴某某,北京a科技发展有限公司内勤,身份证号码××××××××××××××××××。

上诉人(原审被告人)韩惠某,男,××××年×月×日出生于湖北省某市,汉族,大学文化,系北京a科技发展有限公司法定代表人、技术总监,被捕前住北京市大兴区×××××。因本案于2011年11月18日被刑事拘留,同年12月23日被依法逮捕。2014年2月28日被取保候审。

上诉人(原审被告人)韩某,男,××××年×月×日出生于北京市,汉族,中专文化,系北京a科技发展有限公司股东,被捕前住北京市大兴区×××××。因本案于2011年11月18日被刑事拘留,同年12月23日被依法逮捕。2014年1月14日被取保候审。

上诉人(原审被告人)李某某,男,××××年×月×日出生于河北省某市,汉族,大学文化,系北京a科技发展有限公司行政经理,被捕前住北京市大兴区×××××××。因本案于2011年11月18日被刑事拘留,同年12月23日被依法逮捕。2014年1月17日被取保候审。

辩护人游志雄,系北京市逸峰律师事务所律师。

上诉人(原审被告人)胡某某,男,××××年×月×日出生于湖北省某市,汉族,大学文化,系北京a科技发展有限公司销售经理,被捕前住北京市大兴区×××××。因本案于2012年2月10日被刑事拘留,同年3月13日被依法逮捕。2014年1月17日被取保候审。

×××市某区人民法院审理×××市某区人民检察院指控被告单位北京a科技发展有限公司(以下简称a公司)、被告人韩惠某、韩某、李某某、胡某某犯侵犯著作权一案，于2014年8月14日作出(2013)连刑初字第××××刑事判决。宣判后，被告单位a公司、被告人韩惠某、韩某、李某某、胡某某均不服，提出上诉。本院受理后，公开开庭审理了本案，上诉人a公司的诉讼代表人戴某某，上诉人韩惠某、韩某、李某某及其辩护人、上诉人胡某某到庭参加诉讼，市人民检察院检察员隋××、尚××、檀××出庭履行职务。本案现已审理终结。

一审法院判决查明及认定部分(略)。

北京a科技发展有限公司的上诉理由是，原判决认定甲公司享有著作权存在重大瑕疵，上诉人的行为不构成犯罪。

被告人韩惠某的上诉理由是，甲公司的"××动态股票分析软件V4.0"的软件是在乙公司定制的，但双方合同上明确约定，甲公司定制的仅是客户端软件，并无服务器端，且有证据证明，甲公司服务器端源代码来源不明。乙公司注销后，其所相关的知识产权由杭州某公司继承，a公司自己花钱定制的软件与甲公司没有任何关系，故不构成犯罪；

被告人韩某的上诉理由是根据现有证据，足以认定软件代码著作权不属于甲公司，a公司通过委托他人开发，支付报酬的情况下，合法的对源代码进行持有和使用，且北京某中级人民法院在(2009)民终字第××××号判决书中认定甲公司侵犯了北京丁投资顾问有限公司的b软件源代码，故根据现有证据上诉人无罪。

被告人李某某的上诉理由是，甲公司不享有软件的著作权，且根据俞某的证言，在没有韩某的参与下，此款软件是不能被研发出来的，根据现有证据，上诉人无罪，其辩护人提出，a公司销售的是光盘，鉴定结论明确指出两款软件的光盘不相同，不存在a公司复制发行的问题，且服务器端的相同部分也不属于a公司或甲公司，且没有证据证明著作权归属为甲公司，不能证明a软件完全复制甲公司计算机软件，至多只是"剽窃"他人软件的部分内容，控方提交的证据无法排除合理怀疑，被告人李某某无罪。

被告人胡某某的上诉理由是，其负责公司的销售，没有犯罪故意，不构成侵犯著作权罪。

市人民检察院的出庭的意见是，原判决认定事实清楚，证据确实充分，建议二审法院驳回上诉，维持原判。

二审查明事实与原审认定事实无异。另查明，1998年，冯某、韩某、杜某、刘某某共同出资成立甲公司，韩某研发软件"甲历股票分析软件V5.0"(静态版)(以下简称甲历5.0)由该公司经营。2004年9月，韩某、杜某、刘某某从甲公司退出。

2005年4月，韩某、杜某、刘某某每人投资50万元，注册成立了"北京丁投资顾问有限公司(以下简称丁公司)"，韩某开发了"b软件"(静态版)(以下简称"布道者静态版")。

2007年2月7日,甲公司(甲方)与乙公司(乙方)签订技术开发合同,约定:甲公司向乙公司提供合同产品而使用的信息、数据、资料,乙公司研发"××动态股票分析软件V4.0"。该软件系统包括:甲历网络动态股票分析软件服务器系统、行情发送系统、行情接受系统、客户开号及管理系统及专用客户端(EXE方式)。另约定乙公司提供客户端软件的全部完整源代码,在三年内不得为任何销售b软件或晨凯软件的公司定制开发同类产品;2007年2月双方签订了保密协议,约定"保密信息是指乙方向甲方披露的一切信息,包括乙方向甲方提供的××网络动态股票分析软件客户端软件的全部完整源代码、本协议的内容及其他有关认为机密的技术及商业信息。此保密信息的所有权归乙方所有。"

杜某(甲方)与俞某(乙方)于2007年左右签订委托开发协议,约定俞某为杜某开发一套包括行情发送、行情接受、行情主站和行情客户端(COM组件方式)在内的互联网网上证券实时行情系统。杜某已有一套完整的静态行情客户端软件。乙方提供系统所有模块的可执行程序、源代码和相关技术文档给甲方。

2008年8月,韩惠某、杜某、刘某某、韩某成立a公司。

2008年9月24日,韩某转让股权退出。

2011年1月7日,a公司与中某公司共同将a软件进行优化、完善,完成现有的"a软件"。

2000年6月17日丙公司成立,其于2010年7月1日与甲公司签订"××动态股票分析软件V4.0"软件著作权权益转让合同。

2011年1月17日,(甲方)a公司与(乙方)中某公司,产品名称行情分析系统客户端,行情分析系统服务器即对a软件进行优化和完善,甲方支付乙方50,000元整。

乙公司,成立时间1998年5月21日,经营截止日期2008年5月20日,注销时间2012年1月18日。

原审法院在判决书中列举了认定本案事实的证据,经原审开庭审理,并经本院审查,在本院审理期间,各上诉人及辩护人均未提供出新的有效证据,故本院对原审采信的证据予以确认。

本院认为,侵犯著作权罪,是指以营利为目的,未经著作权人许可复制发行其文字、音像、计算机软件等作品,出版他人享有出版权的图书,未经制作者许可复制发行其制作的音像制品,制作、出售假冒他人署名的美术作品,违法所得数额较大或者有其他严重情节的行为。所谓的著作权,也称版权,是作者或其他著作权人对已经创作出来的文学、艺术和科学作品所享有的专有权利。

具体到本案,首先,虽然北京某知识产权司法鉴定中心司法鉴定意见书明确a软件与"××动态股票分析软件V4.0"软件的服务器源代码实质相同,但"××动态股票分析软件 V4.0”软件是甲公司委托乙公司研发的，根据甲公司与乙公司的委托合同及保密协议书证实，乙公司仅向甲公司提供客户端源代码，未提供服务器端源代码，故“××动态股票分析软件 V4.0”软件的服务器端源代码来源不明。

其次，“××动态股票分析软件 V4.0”软件虽然在中国版权保护中心取得计算机软件著作权登记证书，但《中华人民共和国著作权法》第2条规定，中国公民、法人或者其他组织的作品，不论是否发表，依照本法享有著作权。第11条第4款规定，如无相反的证明，在作品上署名的公民、法人或者其他组织为作者。《计算机软件保护条例》第5条的规定，中国公民和单位对其所开发的软件，不论是否发表，不论在何地发表，均依照本条例享有著作权。第9条规定，软件著作权属于软件的开发者，本条例另有规定的除外；如无相反证明，在软件上署名的自然人、法人或者其他组织为开发者。著作权的取得并不以版权中心的登记为准，应当是该软件的开发者，即无相反证明，在软件上署名的自然人、法人或者其他组织为开发者，同时，《中华人民共和国著作权法》第17条规定，受委托创作的作品，著作权的归属由委托人和受托人通过合同约定。合同未作明确约定或者没有订立合同的，著作权属于受托人，经查，甲公司与乙公司签订的委托合同，对著作权归属未作明确约定，故甲公司是否享有“××动态股票分析软件V4.0”软件的著作权事实不清，证据不足；

再次，“××动态股票分析软件 V4.0”软件是甲公司委托乙公司研发的，而“a”软件是被告单位及被告人韩某委托俞某、俞礼某研发，俞礼某系乙公司软件研发的工作人员，两份委托研发合同的具体研发人均系俞礼某，虽然俞礼某证实称“我把帮助甲公司开发、研制的动态软件的内容给韩某了……并告诉韩某他们，要把代码、程序进行修改，不要和甲公司的一样，不能不经修改就使用，以免带来麻烦”，但俞礼某所给韩某的“动态软件的内容”属于何种代码，在软件中能实现何种功能尚不清楚，是否确实使用于“××动态股票分析软件 V4.0”软件及 a 软件，事实不清，证据不足；虽经鉴定证实，两款软件服务器源代码实质相同，但形成原因不清，不能证实系被告单位及被告人犯罪行为造成，且俞礼某为甲公司研发的“××动态股票分析软件 V4.0”软件是否是职务作品，俞礼某是否有权利将该内容告诉韩某，此节事实不清。

最后，根据北京某知识产权司法鉴定意见，两款软件的服务器端源代码部分版权信息来源于第三方，这些代码信息是否具有开源性，其版权归属是否属于公司尚不清楚。

综上，本院认为依据现有证据不足以认定 a 软件侵犯“财运星 V4.0”软件的著作权，原判决认定被告单位及被告人构成侵犯著作权罪事实不清，证据不足。依照《中华人民共和国刑法》第3条，《中华人民共和国刑事诉讼法》第225条第(2)项、第195条第(3)项之规定，判决如下：

1. 撤销×××市某区人民法院(2013)××刑初字第××××号刑事判决书[即:(1)被告单位北京a科技发展有限公司犯侵犯著作权罪,判处罚金人民币1,000,000,000元。(2)被告人韩惠某犯侵犯著作权罪,免予刑事处罚。(3)被告人韩某犯侵犯著作权罪,免予刑事处罚。(4)被告人李某某犯侵犯著作权罪免予刑事处罚。(5)被告人胡某某犯侵犯著作权罪,免予刑事处罚。(6)对被告单位北京a科技发展有限公司的违法所得予以追缴没收;查获并扣押在案的电脑主机、光盘、笔记本电脑、路由器、存储卡、硬盘等与犯罪有关的物品,予以没收]。

2. 改判上诉人北京a科技发展有限公司无罪。

3. 改判上诉人韩惠某无罪。

4. 改判上诉人韩某无罪。

5. 改判上诉人李某某无罪。

6. 改判上诉人胡某某无罪。

本判决为终审判决

审 判 长 詹××
代理审判员 薛××
代理审判员 刘××
2015年10月15日
书 记 员 陆××

本件与原件核对无异

本刑事判决书援引的相关法律条款:

《中华人民共和国刑事诉讼法》第225条,第二审人民法院对不服第一审判决的上诉、抗诉案件,经过审理后,应当按照下列情形分别处理:……(2)原判决认定事实没有错误,但适用法律有错误,或者量刑不当的,应当改判……

《中华人民共和国刑事诉讼法》第195条第3项,证据不足,不能认定被告人有罪的,应当作出证据不足、指控的犯罪不能成立的无罪判决。

《中华人民共和国刑法》第3条,法律明文规定为犯罪行为的,依照法律定罪处罚;法律没有明文规定为犯罪行为的,不得定罪处刑。

【重审二审国家赔偿决定书】

×××市某区人民法院
国家赔偿决定书

(2016)辽14××× 法赔1号

赔偿请求人北京a科技发展有限公司,联系地址:北京市西城区×××××。

法定代表人韩惠某,该公司技术总监。

赔偿请求人韩惠某,男,××××年×月×日生,汉族,联系地址:北京市西城区×××××。赔偿请求人韩某,男,××××年×月×日生,汉族,联系地址:北京市西城区×××××。

赔偿请求人李某某,男,××××年×月×日生,汉族,联系地址:北京市西城区×××××。赔偿请求人胡某某,男,××××年×月×日生,汉族,联系地址:北京市西城区×××××。

赔偿请求人的共同委托代理人游志雄、李世某,系北京市逸峰律师事务所律师。

北京a科技发展有限公司、韩惠某、韩某、李某某、胡某某以二审改判无罪为由,向本院申请国家赔偿。本院立案受理后依法进行了审查。本案现已审查终结。

北京a科技发展有限公司申请国家赔偿事项:要求赔偿停业期间必要的经常性费用500,000.00元,财产损失400,000.00元,合计:900,000.00元。

韩惠某申请国家赔偿事项:要求赔偿人身自由赔偿金201,835.90元。

韩某申请国家赔偿事项:(1)要求赔偿人身自由赔偿金190,932.40元;(2)发还暂扣的车牌号为HP7××××的黑色别克车辆及其他物品,并赔偿与该车辆相关的各项损失100,000.00元。

李某某申请国家赔偿事项:要求赔偿人身自由赔偿金191,659.30元。

胡某某申请国家赔偿事项:要求赔偿人身自由赔偿金171,548.40元。

本院审查查明,北京a科技发展有限公司、韩惠某、韩某、李某某、胡某某因涉嫌侵犯著作权于2012年9月28日被辽宁省某市某区人民检察院提起公诉。2013年3月5日×××市某区人民法院作出(2012)××刑初字第×××××号刑事判决,认定:北京a科技发展有限公司犯侵犯著作权罪,判处罚金人民币10,000,000.00元;韩惠某犯侵犯著作权罪,判处有期徒刑4年,并处罚金人民币10,000,000.00元;韩某犯侵犯著作权罪,判处有期徒刑4年,并处罚金人民币

10,000,000.00元;李某某犯侵犯著作权罪,判处有期徒刑3年,并处罚金人民币8,000,000.00元;胡某某犯侵犯著作权罪,判处有期徒刑3年,并处罚金人民币8,000,000.00元。宣判后,北京a科技发展有限公司、韩惠某、韩某、李某某、胡某某不服一审判决提出上诉,2013年6月26日,某中级人民法院审理后将该案发回×××市某区人民法院重审。2014年8月14日×××市某区人民法院作出(2013)××刑初字第×××××号刑事判决,认定:北京a科技发展有限公司犯侵犯著作权罪,判处罚金人民币10,000,000.00元;韩惠某犯侵犯著作权罪,免予刑事处罚;韩某犯侵犯著作权罪,免予刑事处罚;李某某犯侵犯著作权罪,免予刑事处罚;胡某某犯侵犯著作权罪,免予刑事处罚。宣判后,北京a科技发展有限公司、韩惠某、韩某、李某某,胡某某不服判决再次提出上诉,2015年10月15日,某中级人民法院作出(2014)×刑终字第×××××号刑事判决,判决:一、撤销×××市某区人民法院(2013)××刑初字第×××××号刑事判决;二、改判北京a科技发展有限公司、韩惠某、韩某、李某某、胡某某无罪。

另查明,韩惠某于2011年11月18日被辽宁省某市公安局刑事拘留,2014年2月28日×××市某区人民法院为其办理取保候审,其间韩惠某被羁押833天;韩某于2011年11月18日被×××市公安局刑事拘留,2014年1月14日×××市某区人民法院为其办理取保候审,其间韩某被羁押788天;李某某于2011年11月18日被×××市公安局刑事拘留,2014年1月17日×××市某区人民法院为其办理取保候审,其间李某某被羁押791天;胡某某于2012年2月10日被×××市公安局刑事拘留,2014年1月17日×××市某区人民法院为其办理取保候审,其间胡某某被羁押708天。

本院认为,北京a科技发展有限公司、韩惠某、韩某、李某某、胡某某二审改判无罪,依据《中华人民共和国国家赔偿法》的相关规定,有权申请国家赔偿。北京a科技发展有限公司要求赔偿停业期间必要的经常性费用500,000.00元,财产损失400,000.00元,因其未能提供经济损失的证据,本院无法予以确认,对其请求不予赔偿。韩惠某、韩某、李某某胡某某要求赔偿人身自由赔偿金符合法律规定,应予赔偿。

韩某要求发还暂扣的车牌号为HP××××的黑色别克车辆及其他物品,并赔偿与该车辆相关的各项损失100,000.00元,因该车辆并未被×××市某区人民法院扣押,该车辆的相关损失亦不应由×××市某区人民法院予以赔偿。据此,依照《中华人民共和国国家赔偿法》第21条第4款、第33条、第36条之规定,决定如下:

1.赔偿义务机关×××市某区人民法院赔偿请求人韩惠某人身自由赔偿金833天×242.30元/天=201,835.90元。

2.赔偿义务机关×××市某区人民法院赔偿请求人韩某人身自,由赔偿金788天×242.30元/天=190,932.40元。

3. 赔偿义务机关×××市某区人民法院赔偿请求人李某某人身自由赔偿金791天×242.30元/天=191,659.30元。

4. 赔偿义务机关×××市某区人民法院赔偿请求入胡某某人身自由赔偿金708天×242.30元/天=171,548.40元。

5. 赔偿请求人北京a科技发展有限公司,韩某的其他经济损失不予赔偿。

如对本决定有异议,可在收到本决定之日起30日内向市中级人民法院赔偿委员会申请作出赔偿决定。

办案总结

李某某等涉嫌侵犯著作权案,有以下几个特点:

一是比较专业。

控方认定甲公司对其委托杭州某某公司研发的××动态股票分析软件V4.0源代码拥有著作权,指控李某某等人复制、发行“a软件”的行为构成侵犯著作权犯罪。计算机软件源代码的著作权保护,十分专业,以至于案发之初,能够将案情讲清楚的,仅有韩某、韩某某等专业技术人员。

二是司法机关对案件存在重大误解。

第一,公、检将侵犯商业秘密与侵犯著作权混为一谈,曾试图两线并查,择一处罚。第二,公、检确曾误认为谁取得著作权登记,谁就当然取得该登记对应的计算机软件中所有源代码的著作权。第三,直到二审,司法机关才确知北京某司法鉴定所做出的同一性认定并不能解决著作权归属和是否侵犯著作权的问题。

三是司法鉴定机构确有误导或者怠于释明的嫌疑。

公安机关先后获取三份声像资料司法鉴定报告,确证××动态股票分析软件V4.0与“a软件”服务器端部分源代码高度一致,由此得出李某某等人涉嫌侵犯著作权罪的结论。此间,没有一家鉴定机构主动释明声像资料司法鉴定与计算机软件知识产权司法鉴定的区别;更未试图说明软件服务器端源代码高度一致,但客户端源代码不一致意味着什么;在部分源代码的权利标示足以证明其著作权归属于案外第三人时,没有一家鉴定机构提请司法机关关注。

基于此,辩方组织了两次专家论证;一次立足于犯罪构成;另一次立足于计算机软件著作权认定及保护。后一次论证引起了二审法院和市检察院的高度关注,两单位均派员与专家会面,咨询案件争议焦点,商请当场演示;这一次法、检同时在场的庭外专业咨询,为案件发回重审打下了基础。

针对司法鉴定存在的问题,辩方反复提出异议、反复申请重新鉴定,最终在发回重审之后获准。在重新鉴定报告对被告有利但可能被法庭误读的情况下,辩方又申请鉴定人员出庭作证。虽然,鉴定人员对两软件整体上是否构成复制、被复制关系或者是否已经高度雷同等问题极力回避;但是,对开源代码、源代码权利标识等问题,还是作了合理说明,并最终认可单凭现有证据不能证明李某某等人侵犯了“××动态股票分析软件 V4.0”的著作权。

应当讲,本案最终宣判无罪,除了被告本就无罪之外,与大司法环境的变化,“发回重审原则上不加刑”规则的确立,都有极大的关系;否则,重审期间,法院考虑审限对所有被告均予取保,在以前是无法想象的;重审判决无罪之后,各被告是否还有勇气上诉,也是一个现实问题。

法治进步成就了本案的无罪宣判,这是我们的认知。

专家点评

本案属于知识产权犯罪案件,专业性较强。因此,辩护的难点在于如何向并不专业的司法人员讲清楚案件的症结,通过仔细分析和对比几个软件之间的差异及著作权保护的客体,向法官讲明为何被诉侵权软件并不构成软件著作权侵权,使法官相信该案是一个错案。过程注定是曲折的,仅审判程序就经过一审、二审、发回重审后一审、二审四个阶段。但每一阶段比前一阶段均有进步,最后获得无罪判决的圆满结局。在这个过程中,游志雄律师展现出的专业素养、敬业精神着实令人敬佩、感动,很好地诠释了辩护律师为了司法公正和当事人合法权益,执着、坚韧与不屈的信念。

点评人:王兆峰(北京德恒律师事务所律师、北京市律师协会智库重大复杂案件课题组刑事组成员)

复核人:马建(北京市嘉和律师事务所律师、北京市律师协会智库重大复杂案件课题组刑事组副组长、秘书组、民商二组成员)

办案人简介

1. 邢战涛律师

中国人民大学法学硕士，北京市东友律师事务所党支部书记、高级合伙人、中国法学会成员、北京市律师协会刑事诉讼法专业委员会委员。2006年执业至今，主做刑事案件。

执业期间多次参与组织中国人民大学、中国政法大学的各类法学及律师技能培训，参与承办了相当数量的涉外刑事案件。

师从顾永忠教授，并参加了顾教授主办的“青年刑辩律师示范项目”，承办刑事法律援助案件几十起。办案之余，多次在各类报纸、刊物上发表相关法学文章。基础理论知识扎实、办案思路开阔。

2013年，荣获朝阳区律师协会“优秀党员”称号；2014年，成为朝阳区建外街道首批区域化党建工作指导员，并荣获建外地区“2014年北京榜样”称号；2015年，成为朝阳区永东社区区域化党建共商理事会理事；2016年再次荣获朝阳区律师协会“优秀党员”称号。

2. 刘帅军律师

北京市京德律师事务所律师，北京市优秀公益律师，北京市东城区道路交通事故人民调解委员会调解员。另外，撰写了《看我无罪辩护》《死刑改判三部曲》《律师如何做才能使二审改判》等很多篇实用文章。

3. 刘笑宇律师

北京市汉良律师事务所主任，高级合伙人，华北科技学院荣誉教授，北京民族大学客座教授，北京市律师协会监事、第十届申请律师执业人员面试考官，北京市朝阳区第一届律师代表大会代表、第一届律师代表大会理事，北京市朝阳区律师协会行政业务研究会主任、宣传与联络委员会主任、理事，东北亚开发研究院产业经济研究所特邀研究员。

刘笑宇律师具有深厚的法学理论功底和多年的办案实践经验，擅长处理重大、疑难复杂案件。自2009年至2016年多次被评为优秀共产党员、优秀律师党员、优秀党务工作者、普法法治宣传教育先进个人、社会公益法律服务先进个人、先进个人、创先争优先进标兵。

执业15年，承办并参与了多起国内影响较大的刑事、民事、商事大案要案，曾多次被数家新闻媒体报道。

4. 李红钊律师

中央司法警官学院本科毕业,中国政法大学硕士研究生同等学力,北京市冠腾律师事务所律师。北京市律协刑法专业委员会副秘书长、刑事疑难案件指导小组成员,北京市公益法律服务与研究中心专家委员会专家委员。在《检察日报》《环球时报》《湖北警官学院学报》等报刊发表专业论文数篇,出版《刑法常用罪名新解》《刑法适用一本通》《刑法配套规范新集成》等著作。多次应邀参加全国刑法学术年会以及各级法院、检察院等司法机关举办的座谈会。专注刑事辩护及企业刑事风险防控,承办的数起普通或者在全国有一定影响的重大疑难刑民事案件,绝大多数得到了委托人的好评。

5. 潘泽河律师

(简介附后,具体见北京市律师协会智库重大复杂案件课题组成员简介)

6. 张万臣律师

毕业于北京邮电学院,北京市汉衡律师事务所律师,刑事业务部主任。中国电子商务协会政策法律委员会委员。曾为北京市律师协会信息网络专业委员会、电信与邮政专业委员会委员,现为第十届职务犯罪预防与辩护专业委员会委员。1970 年毕业于北京邮电学院,曾从事过邮电、广播电视、公安工作,1984 年开始从事专职律师工作至今。

受表彰情况:

(1)2010 年,在 2010 年度警示教育活动中被北京市司法局、北京市律师协会评为“优秀律师”。

(2)2011 年,被北京市律师协会评为“北京市百名优秀刑辩律师”。

(3)2011 年,在央视新址火灾“危险物品肇事”案中的辩护词,被人民网、中华全国律师协会评为“2010 年度最佳辩护词”三等奖。

(4)2012 年,被北京市律师协会评为“2009 ~ 2011 年度北京市优秀律师”。

7. 白文霞律师

白文霞律师具有法学、金融双专业背景,北京市中闻律师事务所权益合伙人、矿产能源部负责人。擅长矿产能源、金融领域的法律服务。曾受邀在中国—东盟矿业项目交流会上就“海外矿业投资风险防范与法律保障”进行主题演讲;发表过《柬埔寨王国矿业投资分析及提示》等文章,作为项目组负责人为国内大型民企并购矿业项目提供全程法律服务,代理过多起矿业类纠纷诉讼、仲裁,为企业挽回了重大经济损失。

8. 许兰亭律师

（简介附后，具体见北京市律师协会智库重大复杂案件课题组成员简介）

9. 姜志强律师

北京市东卫律师事务所合伙人、律师。中国行为法学会理事，北京市律师协会刑事诉讼法专业委员会副主任，北京市朝阳区律师协会刑事业务研究会主任。

2008 年执业，擅长刑事辩护。荣获"首都市民学习之星"，"2013～2014 年度北京市未成年人保护工作先进个人"，2011～2013 年度北京市朝阳区"优秀律师"，首届朝阳区"十佳青年律师"，北京市朝阳区律师协会"个人贡献奖""优秀共产党员"，首届全国公诉人与律师电视辩论大赛北京选拔赛团体一等奖、"最佳风采奖"，北京青年律师辩论大赛团体一等奖、"最佳辩手奖"。

中央电视台《法律讲堂》主讲人，中央电视台《我是大律师》《热线 12》《夜线》嘉宾。荣获中央电视台"最具社会普法价值奖"。经中央电视台《法律讲堂》推荐、撰写《罪爱——姜志强律师解密伦理疑案 20 例》，通过中国民主法制出版社出版。

10. 高子程律师

中共党员，法学学士、经济学硕士、管理学博士。北京市康达律师事务所合伙人、律师、业务部主任、中国国际商会商法与惯例委员会副主席、中国国际商会企业责任与反腐败委员会副主席、中国国际经济贸易仲裁委员会仲裁员、北京市律师协会会长、北京市法学会副会长、中央财经大学客座教授、中国人民大学硕士生导师、华东政法大学特聘教授、北京市人大代表。

11. 刘立木律师

中共党员，四川大学法学硕士学位，北京市康达律师事务所律师。北京市律师协会青工委委员、北京市朝阳区律师协会商事法律研究会副主任、北京市朝阳区第二届律师代表大会代表。2011～2013 年度北京市朝阳区优秀律师，2009 年、2010 年、2011 年、2013 年北京市朝阳区优秀党员律师。执业领域为刑事辩护、民商事诉讼、企业法律顾问。

12. 刘博今律师

中国政法大学法学硕士，北京博审律师事务所主任。本科毕业于中国刑事警察学院刑事侦查系，进入律师行业前在北京从事公安刑警 10 年，曾经参与并破获了多起重大刑事案件。1999 年 4 月起开始从事律师行业，其于工作期间就读北京大学法学院、中国政法大学法学院进修法学硕士研究生课程并取得硕士学位。

刘博今律师为《北京晚报》《新京报》《京华时报》《法制晚报》法制栏目的特约律师,腾讯网、人民网、凤凰网等重要栏目的作客嘉宾。

13. 王刚律师

中国人民大学文学学士、中央党校法学理论在职研究生、南开大学EMBA。北京德恒律师事务所一级合伙人,中共中央直属机关青联委员、中国红色文化研究会常务理事、北京市西城区社会新阶层人士联谊会理事、南开大学商学院EMBA北京同学会常务副秘书长。

1999年开始执业,此前从事公安工作多年,具备证券从业资格、独立董事资格。

执业领域:涉及公司股权纠纷、投资纠纷、合同纠纷的重大民事诉讼;重大经济犯罪刑事举报代理;重大经济犯罪和职务犯罪的辩护;综合运用刑民交叉手段追索债务。

14. 任丽颖律师

中国人民大学法学硕士,北京中勉律师事务所高级合伙人、首席律师,中华全国律师协会知识产权专业委员会委员、北京市律师协会理事、北京律协行业发展研究委员会副主任、北京律协传媒与新闻出版法律专业委员会名誉主任。北京市人大常委立法咨询专家库成员、首都法学法律高级人才库、司法部优秀人才库成员、中国侨联法顾委委员、文化产业知识产权法律服务平台特邀专家。

1983年起从事律师职业。历年来被评为北京市十佳法律顾问律师、北京市三八红旗手、首届北京市十佳女律师、北京市优秀律师、优秀公益律师、优秀共产党员、十佳专业委员会主任,其担任主任的北京律协新闻与出版法律专业委员会被评为最佳专业委员会、十佳专业委员会,2017年1月评为中国传媒法影响力人物。

15. 李宝珠律师

中共党员,首都经济贸易大学研究生,北京市律理律师事务所律师,北京市律师协会合同法专业委员会委员,北京基督教女青年会理事。

1983年开始从事律师职业,是北京市恢复律师制度以来,投身律师事业的先行者之一,曾任职北京市国信律师事务所。

在从事律师工作三十多年的执业生涯中,以其勤奋和奉献精神,在行业内树立了良好的口碑,多次受到各种表彰。李宝珠律师在多年的执业生涯中,成功办理了大量涉及经济、民事、行政等领域的诉讼、仲裁案件,并多次参加重大刑事案件的辩护。同时,为多家企业、事业单位担任法律顾问。其通过规范、严谨、高效的法律服务,广泛赢得了委托方及社会各界的信赖和好评。

曾荣获“北京市先进律师”、北京市司法行政系统“人民满意的先进个人”等荣誉称号。

16. 常铮律师

（简介附后，具体见北京市律师协会智库重大复杂案件课题组成员简介）

17. 孙晓洋律师

吉林大学法学学士，北京大学法律硕士，北京市鑫泰洋律师事务所主任。

曾承办多起具有重大影响的刑事案件，一直主张刑辩律师应当具备全面、立体的法律知识结构。她是一位优秀的刑辩律师，其辩护意见深入、扎实、切实有效，办案效果良好。她高度负责的工作态度、优秀的业务素质和优异的庭上表现赢得了当事人及家属、办案机关以及新闻媒体的盛赞。其曾获全国优秀律师称号。

18. 张竞律师

中国政法大学国际经济法本科专业，美国伊利诺伊大学肯特法学院比较法学硕士，北京张竞律师事务所主任律师。中华全国律师协会刑事业务委员会委员，中国政法大学校友会理事。中国政法大学法学院兼职教授，北京林业大学法律实务导师，司法部法援专家律师，北京市百名优秀刑辩律师。

2000 年开始律师执业。2012 年北京市海淀区优秀专业律师。2013 年、2014 年、2015 年、2016 年连续四年被海淀区司法局评为法律援助先进个人，2013 年被评为海淀区法律援助十大辩护律师，2014 年被中央电视台 12 频道《法律讲堂》栏目组评定为节目主持人，曾担任中央电视台法律频道法律援助案件的主持人。《年鉴人物》2014 年度优秀刑辩律师。2014 年北京市海淀区律师协会律师才艺展示大赛一等奖。

19. 游志雄律师

西南政法大学刑事司法专业本科毕业，北京市逸峰律师事务所律师。2001 年开始执业。2003 年起，受聘为北京市侨联法律顾问、北京市西城区侨联侨界人民调解委员会副主任，为两单位提供法律意见。2012 年 5 月 8 日被中国侨联聘为法律顾问委员会委员，2013 年 11 月被中国侨联评为“全国侨联系统先进个人”。2013 年 5 月被北京市司法局评为 2012 年度“法律服务社区行”十佳律师。

北京市律师协会智库
重大复杂案件课题组成员简介

1. 王峥律师

吉林大学经济法硕士，北京市立天律师事务所主任、律师。北京市律师协会智库重大复杂案件课题组组长，北京市律师协会会员事务委员会副主任，北京市东城区律师协会副会长。1985 年从事律师至今，是理论与实践结合的实力派律师，擅长各类疑难案件的办理，并得到社会各界高度认可。

王峥律师办理过上千件民事、刑事诉讼及非诉讼案件，担任过上百家企事业单位法律顾问，主要擅长金融业、建筑工程、房地产、IT 企业纠纷、公司股权纠纷、对外贸易、政府法律事务及各类刑事案件。

曾获得北京市律师协会 2009 ~ 2011 年优秀律师、北京市律师协会 2011 年百名优秀刑辩律师。

发表的文章主要有:《论同时履行抗辩权》(吉林大学学报)、《论不安抗辩权》(吉林大学学报)、《交到法庭的学费》(城市晚报)、《保障也需要法律护航》(《保障》杂志)、《合同的艺术》(《财富圈》杂志)。

2. 谢炳光律师

中国人民大学法律硕士，北京市华联律师事务所主任、高级律师，北京市律师协会智库重大复杂案件课题组副组长。1983 ~ 1992 年为北京市中级人民法院审判员，1992 年至今为北京市华联律师事务所主任，高级合伙人。

曾任或现任中国国际贸易仲裁委员会与中国国际商会调解员、中国消费者协会律师顾问团成员、中华全国律师协会刑法业务委员会委员、北京仲裁委员会仲裁员、北京市律师协会民法业务委员会委员、北京法学会经济会理事、北京市律师协会房地产法专业委员会委员、北人股份有限公司(上市公司)独立董事。

谢炳光律师具有较深的法学理论功底、丰富的法院审判经验及律师工作经验，并有很强的语言和文字驾驭能力，长期司法实践中，办理了大量民事、经济、刑事责任类诉讼案件以及大量的非诉项目，擅长证券、金融、企业改制上市等综合类案件及项目。

3. 许兰亭律师

中国政法大学硕士生导师，法学博士，北京市君永律师事务所律师，北京市律师协会智库重大复杂案件课题组刑事组组长，全国律协刑事业务委员会副主任，北京市律师协会刑法专业委会副主任。

曾入选“2003年全国律师界十大新闻人物”“2004年全国十大刑辩律师”“2005年中国十大风云律师”“北京市律师协会百名优秀刑辩律师”“2016年刑事辩护杰出成就奖”，连续多年获得北京市律师协会“优秀专业委员会主任”荣誉。

4. 潘泽河律师

经济学硕士、高级律师、建筑工程师、建筑经济师、企业政工师，北京市安衡律师事务所主任、中共安衡党支部书记。北京市律师协会重大复杂案件课题组秘书长，北京市律协建设工程法律专业委员会专业顾问组成员，东城区老律师工作委员会副主任。

曾获首届全国建设领域百名优秀专业律师、北京市优秀律师、百名优秀刑辩律师、优秀律师党员、司法部党员标兵等荣誉。

其承办的诸多案件被众多媒体报道，被收录《共和国的功勋》一书《江淮英模》卷，入选《中国建筑与房地产专业律师》名录、《2010年中国律师年鉴》《时代先锋》。

著有《建筑房地产律师代理实务》《建设工程施工项目管理法律实务研究》《建设工程项目管理相关法律制度》等论文六十余篇。

擅长处理建筑房地产企业项目投资与管理、经济合同等领域的法律事务及刑事辩护。

5. 马建律师

毕业于北京大学法律系，在美国弗兰克林皮尔斯法学院获得知识产权法硕士学位。北京市嘉和律师事务所合伙人，北京市律师协会智库重大复杂案件课题组刑事组副组长、民商二组成员，中华全国律师协会会员，北京市律师协会商标法专业委员会副主任。同时拥有中国律师执业资格、美国纽约州律师执业资格及中国土地估价师资格。曾当选为北京市十佳留学归国律师，为2013年8月全国律协第一期涉外律师领军人才培训班成员。

6. 王兆峰律师

德恒管理合伙人，北京市律师协会智库重大复杂案件课题组刑事组成员，北京市西城区律师协会副会长。擅长重大复杂经济纠纷诉讼及仲裁、刑事疑难案件的办理，曾经或正在为多家企业单位、政府机关担任法律顾问。

作为 2015 年当选的《亚洲法律杂志》(ALB)中国诉讼领域杰出律师,王兆峰律师是中国最杰出的辩护律师之一,擅长处理复杂疑难的法律问题,曾在北京市检察机关担任业务领导职位,对于中国刑事司法体系的运作有着深刻理解的他以学者身份访问过美国、英国和德国,对于涉外法律业务也有着宽广的视野和实践经验。

7. 余尘律师

中国政法大学法学博士,北京市合达律师事务所主任。北京市律师协会智库重大复杂案件课题组刑事组成员,中华全国律师协会刑事专业委员会委员,北京市律师协会理事,北京市律师协会商事犯罪预防与辩护委员会副主任,北京市律师协会律师权益保障委员会副主任,北京市检察机关人民监督员,北京市石景山区人大代表,清华大学法学院兼职硕士生导师,石景山区人民法院监督员,石景山区人民政府法律顾问,石景山区人大常委会法律顾问,北京市作家协会会员。

从事律师近二十年,荣获过"司法部党员律师标兵""首都五一劳动奖章""北京市优秀律师""北京市司法行政系统先进个人""北京社会好人""北京市优秀公益法律服务律师"等称号。承办过大量的刑事辩护业务,许多案件均取得了较好的辩护效果。

8. 林小建律师

中国社会科学院法律硕士,北京国舜律师事务所主任律师。北京市律师协会智库重大复杂案件课题组刑事组成员,国内领先的法律电商"丁丁律师"创始人,北京市律师协会代表,申执委副主任,北京市律师协会刑事诉讼法专业委员会委员,北京市西城律协理事、代表,北京市西城区法学会理事。1999 年取得律师资格证书,2000 年开始执律师业。

林小建律师执业以来,办理了大量的刑事案件,所办案件均取得了良好的社会效果。

9. 李向辉律师

北京市盛法律师事务所律师(执行管理人),北京市律师协会智库重大复杂案件课题组刑事组成员。拥有矿业机电工程和法学本科学位和教育背景,以及在某市人民政府八年多的工作经历。其为 2002 年国家首次实行司法考试制度后的第一批执业律师。

十几年来,李向辉律师致力于民商事案件代理、刑事辩护等诉讼实务,通过其勤勉的工作态度和精益求精的工作作风,在所承办的数百件案件中,得到了当事人的高度赞誉和广泛好评。

同时,利用自身的多学科专业背景和政府公务员的从业经历,李向辉律师还在公司改制、不良资产处置、投融资并购等非诉领域积累了丰富的工作经验。

李向辉律师系第十届北京市律师代表大会代表，并担任第十届北京市律协青工委秘书长职务。其还是第一届、第二届北京市东城区律师代表大会代表，第二届东城区律协理事，同时并担任东城区律协会员事务委员会主任职务。

10. 常铮律师

西南政法大学法学学士、经济学学士，中国政法大学刑事诉讼法学硕士。中国社会科学院法学研究所法学系硕士生导师。北京市尚权律师事务所主任、合伙人。北京市律师协会智库重大复杂案件课题组刑事组成员，第十届北京市律师协会刑事诉讼专业委员会副主任，业务拓展与创新委员会副秘书长，第二届北京市东城区律师协会代表、理事，律师权益保障委员会主任。首届“北京市十佳青年律师”，2012～2014 年度“北京市优秀律师”。

凭借丰富的司法经验、娴熟的辩护技巧和优质的人脉资源，长期专业从事各类刑事案件，特别是重大、疑难、复杂刑事案件的辩护和刑事附带民事诉讼代理工作。

11. 王收律师

北京市律师协会智库重大复杂案件课题组秘书组、民商一组、刑事组成员。1986 年起专职律师执业至今，先后在吉林大学法学院、中国政法大学研究生院学习，其间参加吉林省经济律师培训班、司法部第五期英语强化班、中国证券监督委员会举办的独立董事培训班学习。

先后办理刑事、民事(经济)、行政案件千余件。现在以金融、公司法律顾问业务为执业方向。

被中国银行业协会聘为法律专家库成员，被北京市银行业协会聘为金融纠纷特约调解员。

12. 陈俊律师

毕业于吉林大学法学院，北京市汇京律师事务所主任，北京市律师协会智库重大复杂案件课题组秘书组成员。北京市律师协会执业纪律与执业调处委员会委员。

陈律师具有较深的法学理论功底，曾经在《中国法学》《中国律师》《法制日报》《出国与就业》《北京律师》等报刊杂志上发表专业文章。

13. 付世德律师

中国政法大学研究生,北京市经纬律师事务所主任,北京市律师协会智库重大复杂案件课题组副组长,北京市律师协会外事工作委员会副主任,西城区律师协会监事。

曾经从事工商行政管理教学工作,有着在国办及民办律师事务所的工作经历。从1985年开始做专职律师,曾经和正在担任上百家行政机关、媒体、协会、金融、外贸、房地产以及文化机构和企业的常年法律服务顾问。作为刑事案件被告人的辩护人,民事、行政诉讼和仲裁争议的代理人,付世德律师曾经参加过上千次的法庭案件的审判和审理,积累了办理各类重大复杂案件的经验。

14. 毕文胜律师

中国人民公安大学法学学士、西南财经大学经济学博士,北京市嘉维律师事务所律师,北京市律师协会智库重大复杂案件课题组副组长,北京市律师协会理事,北京市律师协会业务拓展与创新工作委员会主任,北京市律师协会合同法专业委员会副主任,北京市海淀区律师协会副会长。执业20年,主要执业领域为政府法律顾问、大中型企业及事业单位法律顾问。毕文胜律师以其精湛的专业水平及负责的执业态度获得了行业内的高度认可,所获得的荣誉有:2008年至2012年,全国优秀律师;2010年至2011年,北京市律师行业优秀律师党员;2009年至2014年,北京市优秀律师;2012年至2014年,北京市司法行政系统先进个人;2005年至2014年,海淀区优秀律师;2015年,北京市优秀公益法律服务律师。

15. 郝萍律师

北京金尚律师事务所主任,北京市律师协会重大复杂案件课题组民商一组组长,北京市律师协会民法委员会副主任,北京市法学会妇女法学研究会理事,北京市律师协会女律师工作委员会副主任。

16. 房德权律师

北京华沛德权律师事务所高级合伙人,北京市律师协会重大复杂案件课题组民商二组组长,国家知识产权战略专家库专家,北京市律师协会专利委员会主任,北京知识产权保护协会理事,首都科技服务业协会理事,主要从事知识产权管理咨询、专利侵权诉讼、专利信息分析项目。主持完成了数十项专利信息分析项目,代理了一大批专利侵权等典型案件。

17. 刘玉明律师

北京市中伦律师事务所资深合伙人，北京市律师协会智库重大复杂案件课题组民商一组成员，中国国际经济贸易仲裁委员会仲裁员，北京仲裁委员会仲裁员、深圳仲裁委员会仲裁员、北京市朝阳区律师协会副会长。具有20多年争议解决经验，在最高人民法院有丰富的审判经历，曾任职于最高人民法院10余年。

18. 王连清律师

中共党员，北京大学法律硕士，北京市天济律师事务所主任，北京市律师协会智库重大复杂案件课题组民商一组成员，北京市律师协会规章委员会副主任，北京市东城区律师协会党委委员，北京市东城区律师协会副会长。

1984年毕业于中国政法大学，1999年毕业于北京大学法学院，法律硕士。曾为中共北京市委组织部干部，北京市对外经济贸易委员会（现北京市商务委员会）条约法规处副处长。

王连清律师曾在法院刑庭、检察院刑事检察庭、澳大利亚CLAYTON UTZ律师楼、北京市对外经济贸易委员会（现北京市商务委员会）工作，长期从事外商投资企业的设立、合同、章程的审批、国际经济贸易、海外投资等涉外法律的实际管理工作，对外商投资企业、在国际投资法法律、法规、对外经济贸易法律、法规、公司法、合同法、行政诉讼法、贸易法、刑法等具有较丰富的实践经验。

19. 张凤成律师

法学本科学历，北京市三维律师事务所主任，北京市律师协会智库重大复杂案件课题组民商二组成员。第七次、第九次全国律师代表，第八届、第十届北京市律师协会理事，第九届北京市律师协会监事，第九届北京市律师协会农村法律事务专业委员会主任，第一届北京市大兴区律师协会监事长，第二届北京市律师协会会长，第三届北京市大兴区政协委员，第五届北京市大兴区人大常委、法制委员会副主任。第一届北京市大兴区社会组织联合会副会长，第四届北京市大兴区工商联执委、大兴商会副会长，第一届北京市大兴区法学会副会长。曾被评为“全国优秀律师”“全国创优争先先进个人”“司法行政系统先进个人”“北京市法律服务先进个人”等。主要业务领域：建筑工程、房地产开发、公司法律事务等。

20. 李学辉律师

华中师范大学民商法学硕士,中国政法大学民商法学博士,对外经济贸易大学民商法学博士后,北京市兰台律师事务所合伙人,北京市律师协会智库重大复杂案件课题组民商一组成员,中央国家机关青年联合会委员,北京市律师协会合同法专业委员会主任。华中师范大学建校 110 周年百名杰出校友、第二届“首都十大杰出青年法学家(提名奖)”获得者。多次被评为北京市优秀律师、北京市优秀律师党员。李学辉被多所大学聘为法律硕士兼职导师(兼职教授),现为中国仲裁法学研究会会员、中国法学会律师法学研究会特邀研究员。

21. 梁枫律师

金诚同达律师事务所高级合伙人,北京市律师协会智库重大复杂案件课题组民商二组成员,北京市律师协会劳动法专业委员会主任,北京市劳动和社会保障法学会常务理事兼劳动法分会副会长,中国案例法学研究会理事。长期致力于公司法、劳动法领域法律实践与研究,专长于公司治理、人力资源战略运营与管理实践中的法律事务与解决方案,在公司并购、重组、改制、破产等方面具有丰富经验,擅长处理商事诉讼与劳动争议。

曾获得北京市“十佳劳动法专业律师”荣誉称号、多次入选 Chambers、The Legal 500 等国际法律评级机构评选的亚太地区劳动法领域“领先律师”,出版有《防火墙:人力资源法律风险提示全书》等多部专著。

22. 张鹏律师

中共党员,大学本科学历,北京市京师律师事务所。北京市律师协会智库重大复杂案件课题组民商二组成员,北京市朝阳区律师协会理事,争议解决业务研究会主任,北京市律师协会仲裁法专业委员会主任,PPP 课题组副组长。1998 年开始执业,具有丰富的民商事诉讼与仲裁业务实务技能及较高的业务研究水准;尤其擅长民商事诉讼程序研究、诉讼和仲裁中的证据制度、民事诉讼法的历次修改及其对仲裁的影响、合同的成立生效变更转让撤销无效制度、代位权、违约责任、买卖合同、建设工程施工合同、融资租赁合同、公司股权转让、合并分立解散清算、票据纠纷、政府和社会资本合作(PPP)等专业领域。

23. 王文杰律师

工科学士，工程管理专业，高级工程师，上市公司独立董事，工程法律专业律师。北京大成律师事务所合伙人、律师。北京市律师协会智库重大复杂案件课题组副秘书长、民商一组成员，海南、武汉、宁波、台州、广州、哈尔滨、青岛等多个仲裁委员会的仲裁员，中国建筑协会调解中心调解员，北京市律师协会建设工程法律专业委员会委员、秘书长，北京市建设工程造价管理协会经济纠纷调解中心副秘书长，北京律协城乡结合部整治改造专项行动法律服务组副组长。

1983～1999 年，在河北唐山钢铁集团公司工作，先后从事专业技术、工程管理工作；1999～2000 年，在住房和城乡建设部（原建设部）法规司工作；2000 年后在北京从事专职律师工作。

个人著述有《建设工程法律实务操作及疑难问题深度剖析》《建筑火灾事故民事赔偿法律实务》等。

24. 齐红玲律师

烟台大学法学硕士，时代九和律师事务所执业律师、合伙人，北京市律师协会智库 PPP 课题组成人员、重大复杂案件课题组副秘书长，北京市律师协会行政法及行政诉讼法专业委员会副主任，北京市律师协会会员事务委副秘书长，西城区律师协会会员委主任，淄博仲裁委员会仲裁员，曾多年从事教育工作。

主要执业领域：PPP 项目及重大工程建设项目；民商事诉讼与仲裁；行政复议与诉讼（政府、机关）；公司有关业务；经济和渎职犯罪辩护等。

25. 张亚梅律师

中国政法大学法学硕士，北京高文律师事务所主任，北京市律师协会智库重大复杂案件课题组民商二组成员。北京市律师协会仲裁专业委员会副主任，北京市朝阳区律协人大政协专委会成员，北京市朝阳区民革委员，中国法学会仲裁委员会会员，南京仲裁委员会仲裁员、西安仲裁委员会仲裁员，广州仲裁委员会仲裁员。张亚梅律师被授予 2012～2014 年度北京市优秀律师、2013 年北京市朝阳区优秀女律师、2015 年中国当代优秀律师，2015～2016 年度北京市律师行业党建之友。主编了《公司法律风险防范与管理》，应工信部之邀，组织编辑出版了《民营企业（中小企业）法律问题百问百答》，任《公司纠纷疑难解答与实务指导》一书编委会主任。

26. 程璇律师

毕业于西北政法大学、中国政法大学,北京市中闻律师事务所权益合伙人律师,北京市律师协会智库重大复杂案件课题组民商二组成员。第十届北京市律师协会民法专业委员会副主任,海淀区政协信息员,北京市律师协会实习律师面试考核主考官。程璇律师被北京市律师协会评为“2012～2014年度北京市优秀律师”“北京律协专业委员会优秀委员”。被北京市司法局、北京市律师协会评选为“百名优秀公益法律服务律师”。被北京市中闻律师事务所评为“2015 年度中闻业务培训先锋人物”。获北京市律师协会颁发的面试考核考官突出贡献奖。

27. 李梅律师

中国政法大学研究生,北京市鑫诺律师所合伙人,北京市律师协会智库重大复杂案件课题组民商二组成员。第八届、第九届、第十届北京市律师协会民事诉讼法专业委员会副主任;第十届北京市律师协会惩戒委员会委员;西城区律师协会青年律师工作委员会副主任;中国侨联法律顾问委员会委员;全国妇联维护妇女儿童权利律师志愿团成员;北京市公益与法律服务与研究中心“涉诉信访化解专家”;“第三方参与涉诉信访化解工作律师服务团”律师;政协北京市海淀区第九届委员会反映社情民意特邀信息员;首届“北京市律师辩论大赛”代表西城律协夺得团体冠军,个人荣获“十佳辩手”;北京市西城区律师辩论大赛“最佳风采奖”;《民事诉讼典型案例选编》副主编,同时本人撰写的《合同变更引发的纠纷》已入选该书;论文《民事诉讼案件超审限相关问题的探讨》入选《律师参与诉讼正义》一书“民事诉讼编”。

28. 张雪梅律师

北京联合大学文法学院法律系法学学士,在校期间主要攻读民法及民事诉讼法。中国人民大学法律系经济法学专业硕士研究生,同时在中国政法大学研究生院研修美国宪法。2011 年获得长江商学院高级工商管理专业硕士学位。北京市北斗鼎铭律师事务所管委会主任,北京市律师协会智库重大复杂案件课题组民商一组成员。张雪梅律师主要负责公司、房地产、金融、投资等方面的诉讼与仲裁(含国际)出庭代理业务,是律师事务所主要的出庭律师;同时担任各类政府机关、企事业单位及公司常年法律顾问;曾经为许多国内外知名企业解决法律纠纷并进行诉讼、仲裁和国际仲裁。

张雪梅律师 2013 年 3 月获首届朝阳优秀女律师称号。担任北京市朝阳区律师协会教育培训委员会主任。

29. 由莉雅律师

中国政法大学硕士研究生，北京市圣奇律师事务所主任、高级合伙人、资深律师，北京市律师协会智库重大复杂案件课题组民商一组成员，北京市丰台区第十届政协委员、北京市丰台区工商联执委、丰台区商会副会长，曾获得北京市律师行业优秀共产党员、北京市丰台区优秀女律师等荣誉称号。

由莉雅律师经验丰富、业绩卓著，担任多家公司法律顾问，并成功代理多起房产建筑领域纠纷、金融证券领域纠纷，尤其是擅长代理最高人民法院和最高人民检察院的再审和申诉案件。

30. 刘勇律师

高级经济师，北京市营建律师事务所合伙人、主任，北京市律师协会智库重大复杂案件课题组民商一组成员。中国建筑业协会调解中心秘书长，中国建筑业协会建筑工程技术专家委员会委员，北京建筑大学经济与管理工程学院硕士研究生导师（兼职），北京市丰台区律师协会副会长，北京仲裁委员会、中国国际经济贸易仲裁委员会等六家商事仲裁机构仲裁员，北京市评标专家。

刘勇律师有21年在国家大型建筑企业从事施工管理、合约管理和法律事务管理的经历，专业从事建设工程和房地产法律服务。

曾荣获首届“全国施工企业十佳法律顾问”称号，两次获得全国建造师执业资格考试工作“优秀命题专家”奖状，三次被美国《工程新闻纪录》（ENR）杂志/中国《建筑时报》评为“最值得推荐的60位中国工程法律专业律师”，2015年4月被授予“北京市优秀律师”荣誉称号。

后　记

两年前,与子程会长一个月内的两次深入交流,应是北京市律师协会智库编辑出版“二审再审改判案例集”的最初萌芽。忆起当时我们对当前法治社会前景,以及北京律协此前所取得的成就的认识,共同感觉到协会应当以一种前所未有的作为,将北京律师多年积累的精华,形成系列化成果,与业界、法律共同体以及社会一起分享。共同的认知很快得到了协会领导的一致认可,并迅速组建了以实战派专家律师为成员的北京律协智库“重大复杂案件课题组”(以下简称“重案组”),编写“二审再审改判案例集”即刻纳入“重案组”的重要工作内容。

北京律师人才济济,“重案组”成员更应当是精英中的精英,在协会的重视下,东、西、朝、海、丰等北京市主要区律师协会的会长、副会长相继成为“重案组”成员,同时北京市律师协会相关专业委员会主任、副主任也加入了“重案组”。“三军未动,粮草先行”。为保证所征集的案例能够在公开、公平、公正的环境下得以充分地展现,同时让每一位北京律师都能有同等机会参与其中,“重案组”充分认识到制定统一规则的重要性,旋即制定了多个“规则”“细则”,成为衡量、甄选、审核、复核、点评案例等的依据,同时也使审核、复核工作有章可循、有法可依。

对于“重案组”成员来说,虽然大家都是办案能手,但编辑却是纯粹的外行!尽管有规则、有细则、有助理陪伴、有承办人协同,但由于个案的特殊性,对相关文件的理解,还是五花八门,在征集、编辑案例过程中,各种困难接踵而至。30位“重案组”成员与70多位案例承办人以及他们的助理之间,几百人的编辑和参编团队,相互交织在一起,且时间地点均不固定,可以想见编辑的难度有多大。在一年多的时间里,方案一次次变化,内容一次次更新,但目的只有一个——要出精品案例!每当“重案组”成员一次次向我诉说和问询如何审核、整理案例的情况时,每当他们报告“战果”时,我仿佛看到,他们在开庭间隙、出差途中、休假期间整理案例的身影!仿佛看到他们起早贪黑、废寝忘食、忙里偷闲地复核、点评的场景!一个自由职业者的律师,一个经常办案和社会事务缠身的“重案组”律师,在没有任何酬劳的情况下,是什么动力让他们如此这般付出?是什么信念让他们辛勤劳作?是他们自律的觉悟,是要出版精品案例的责任感,是为行业发展的使命感,促使他们砥砺前行!

此次出版的“改判案例集”,有八个突出的特点:一是改判,案例集中九成的案例是二审或再审改判案例。二是真实,所有案例都是实践中的真实案例。三是涉及面广,几十个案例涉及近二十个省市。四是涉及公、检、法机关众多,涉及近百家法院,二三十家公安、检察机关。五是涉及刑事、民事案例广泛,其中刑事案例有暴力犯罪、经济犯罪、职务犯罪等;民事案例有家事、劳动合同、公司股东、金融领域、建筑工程、房地产、知识产权领域等案例。六是全文刊载了律师的辩护词、代理词,向各界展示了律师在改判案例中起到怎样的作用以及律师的价值。七是体例编排有所创新。面对众多专业和非专业人士,体例中不仅有各级法院的判决、简介、总结、点评,还突出介绍了律师辩护词、代理词。由于"改判案例集"多数为改判案例,因此在一审、二审或者再审之间,法官在认定事实和适用法律方面,会有较大的差异,这些认定事实或适用法律冲突较大的案件,辩护和代理律师怎样将事实与法律交融?如何阐明观点?如何论辩?进而引导或影响法官的最终裁判?辩护词和代理词在改判案例中,特别彰显了律师的法律功底和综合能力!此外,承办律师的案件总结以及专家点评,亦是读者消化、理解案例的良方!八是整个案例集时间跨度大,从 20 世纪 90 年代至今,时间跨越 30 年,几乎见证了恢复法律制度后的律师发展史。

"斗转星移,岁月如梭。"在近两年的时间里,"重案组"的同仁与承办案件的律师们,以及他们身边的那些无名英雄,用他们的智慧、汗水和心血,以他们的信念、思想和成果交织出一曲动人的乐章!但愿"改判案例集"能给同仁们以借鉴和参考!能给社会上的法律人以启迪和思考!能够抛砖引玉,促进我国的法治建设健康发展!

由于"改判案例集"受各种主、客观条件限制,也由于"改判案例集"是首次出版,编委们缺少编辑经验,缺点和不足在所难免!诚请读者提出宝贵意见!希望今后精英云集的北京律师有更多、更好的案例参与其中,以利于我们在续集上改进!

在出版"改判案例集"这样的时刻,回想起三百六十五个日日夜夜与我的同仁们,在那个没有硝烟的战线上,殚精竭虑,刀笔如枪,完成着时代赋予我们的责任和使命!此时此刻,要感谢的人有很多!在此,我仅代表北京市律师协会智库重大复杂案件课题组,感念十届北京律师协会创设智库,给予广大会员展示才干、释放热情、传播经验、提示教训的机会!相信智库平台必将大力增强协会的向心力和行业凝聚力,助力律师之家前景!向全体"重案组"成员,向所有承办律师,向参加此次编辑的所有辅助律师、律师助理表示感谢!感谢你们无私的奉献和忘我的精神!感谢你们辛劳的付出!向北京市律师协会高子程会长、高鹏秘书长的大力支持,以及北京市司法局有关领导的支持,表示诚挚的谢意和衷心的感谢!向中华全国律师协会会长王俊峰的支持,向法律出版社的参编人员,表示衷心的祝福和诚挚的感谢!

北京市律师协会重大复杂案件课题组组长
丛书执行主编 **王峥律师**
2017 年 11 月

关于重大复杂案件课题组征集“二审再审改判”重大疑难案例的通知

各律师事务所、全市律师：

北京市律师协会智库重大复杂案件课题组向北京全体律师征集“二审、再审改判”的重大疑难案例。具体要求如下：

一、征集范围

征集以下几类二审、再审判决或裁定改判的刑事、民事、行政案件。

1. 刑事案件无罪判决的、改变起诉书性质的判决的、改变起诉书指控的重大事宜的、检察院不起诉的决定的、二审改判一审的、再审改判一审或二审给犯罪嫌疑人减少刑期的；

2. 民事案件一审改判仲裁机构的，二审、再审改判的，发回重审改判的，一审、二审判决不同，再审改判维护当事人利益的；

3. 执行程序中改变执行局裁定给当事人带来重大利益的；

4. 行政案件二审、再审改判的，发回重审改判的案件；

5. 特殊情况下，虽然案件没有在二审或再审改判，但经历了三次以上法院审理程序，涉及民事诉讼的诸多程序，案件比较复杂，有典型的代表意义，最终维持原判决的案例。

二、提供材料

1. 案情介绍（1000 字以内）。

2. 一审、二审（再审）判决书、裁定书。

3. 主观性诉讼文书：起诉状、答辩状或反诉状、上诉状、再审申请书、申诉书、仲裁申请书、律师函（或反请求申请书）、代理词、辩护词等，其中代理词或辩护词必备。

4. 鉴定结论、评估报告、质量检验报告等（对案件有实质性影响的）。

5. 案件总结（1000 字以内）。

6. 承办律师简介（350 字以内）。

简介内容：最终学历、所在单位与职务、执业时间、律协、社会任职、受表彰及奖励情况等。

7. 电子版 2 寸照片（蓝底、正装照）。

8. 联系方式：座机、手机、电子邮箱。

9. 案例正副标题。

举例如下：刑事案例：利害关系人证人证言的证明力——刘某故意杀人案；民事案例：法定继承中的被继承人婚内财产协议的效力——唐某诉唐某某、李某某法定继承纠纷案。

10. 其他证明资料。

注：所有材料均须提供可编辑的 Word 版本；其中起诉书、判决书、裁定书、还需另外提供原件扫描版。

三、投稿邮箱

“征集案例 + 案例名称 + 律师姓名”压缩成一个文件形式发送至课题组邮箱 bjlxzaz@163.com。

四、案例筛选审定原则

1. 案例集原则上每个律师事务所入选最多不超过刑事方面一个案例、民事方面一个案例；

2. 代理人或辩护人为两人的，每集每个人只收入一个案例；

3. 如遇案情近似的案例，优先选取社会影响力较大、最能体现律师代理水平、案例发生时间较近的一个典型案例；

4. 在同等条件下，70 岁以上的老律师享有案例入选优先权；

5. 禁入原则：

(1) 案例涉及国家机密和个人隐私的，不列入评选范围之内；

(2) 涉及敏感性及政治性案件不列入评选范围之内；

(3) 受过行政处罚的律师，5 年内没有入选资格，律师事务所被投诉的律师承办的案件亦无入选资格；

(4) 案例虽经二审、再审改判，但明显违反法律、法规情形的，不列为入选案例。

五、诚信声明

投稿人应保证其提供的案件材料的真实性和准确性，并授权北京市律师协会及出版社根据出版需要对稿件进行删改修订后发表。

北京市律师协会智库重大复杂案件课题组

图书在版编目(CIP)数据

刑事二审再审改判案例：诉讼过程与争点剖析／北京市律师协会主编. -- 北京：法律出版社，2017
ISBN 978-7-5197-1713-1

Ⅰ. ①刑… Ⅱ. ①北… Ⅲ. ①刑事诉讼－案例－中国
Ⅳ. ①D925.205

中国版本图书馆 CIP 数据核字(2017)第 293260 号

刑事二审再审改判案例:诉讼过程与争点剖析
XINGSHI ERSHEN ZAISHEN GAIPAN ANLI: SUSONG GUOCHENG YU ZHENGDIAN POUXI

北京市律师协会 主编

责任编辑 赵明霞
装帧设计 汪奇峰

出版 法律出版社
总发行 中国法律图书有限公司
经销 新华书店
印刷 三河市兴达印务有限公司
责任印制 胡晓雅

编辑统筹 法商出版分社
开本 710 毫米×1000 毫米 1/16
印张 33.25
字数 649 千
版本 2017 年 12 月第 1 版
印次 2017 年 12 月第 1 次印刷

法律出版社／北京市丰台区莲花池西里 7 号(100073)
网址／www.lawpress.com.cn
投稿邮箱／info@lawpress.com.cn
举报维权邮箱／jbwq@lawpress.com.cn
销售热线／010-63939792/9779
咨询电话／010-63939796

中国法律图书有限公司／北京市丰台区莲花池西里 7 号(100073)
全国各地中法图分、子公司销售电话：
统一销售客服／400-660-6393
第一法律书店／010-63939781/9782
西安分公司／029-85330678
重庆分公司／023-67453036
上海分公司／021-62071010/1636
深圳分公司／0755-83072995

书号:ISBN 978-7-5197-1713-1
定价:118.00 元
(如有缺页或倒装,中国法律图书有限公司负责退换)